中小学实践教育教学研究

小学生◎学习用书

刘国战 著

中国美术学院出版社

责任编辑：史梦龙
版式设计：李世静
责任校对：杨轩飞
责任出版：张荣胜

图书在版编目(CIP)数据

中小学实践教育教学研究 /刘国战著． --杭州：中国美术学院出版社，2020.1
（济源市示范性综合实践基地课程与线路系列丛书）
ISBN 978-7-5503-2079-6

Ⅰ.①中… Ⅱ.①刘… Ⅲ.①中小学教育—教学研究 Ⅳ.①G63

中国版本图书馆CIP数据核字（2019）第236135号

中小学实践教育教学研究

刘国战 著

出 品 人：祝平凡
出版发行：中国美术学院出版社
社　　址：中国·杭州市南山路218号
网　　址：http://caapress.com
邮　　编：310002
印　　刷：济源佳彩印务传媒设计有限公司
版　　次：2020年1月第1版
印　　次：2020年1月第1次印刷
印　　张：59.75
开　　本：787mm×1092mm　1/16
字　　数：870千
图　　数：300幅
印　　数：0001-1000
书　　号：ISBN 978-7-5503-2079-6
定　　价：260.00元（全六册）

序　言

济源，是全国具有重要影响力的中小学研学旅行实验区。

济源市示范性综合实践基地（营地），是全国首批河南省首家“全国中小学生研学实践教育营地”。

“十二五”以来，济源市示范性综合实践基地（营地）在国家教育部、财政部等部委、河南省委省政府和济源市委市政府的大力支持和帮助下，立足中国特色社会主义新时代，把握教育事业发展新要求，依托中原区位资源优势，紧紧抓住各种有利时机，积极探索中小学研学实践教育科学发展的新路子，以发展中小学生研学实践教育为重要内容，加快推进研学实践教育发展，取得了初步成效，先后获得“全国课程建设示范性基地联盟常务理事单位”“全国中小学生研学实践教育营地”“全国中小学生研学实践教育示范营地”“河南省首批省级青少年户外体育活动营地”“河南省中小学综合性社会实践教育基地”“河南省中小学社会实践教育基地（综合性基地）”和“河南省研学旅游示范基地”等荣誉称号。

着眼长远、不断发展是济源市示范性综合实践基地（营地）矢志不渝的战略目标。自投入使用以来，实践基地始终本着“实践出真知”的教育理念，全面贯彻落实“立德树人”根本任务，持续开展研学实践教育活动，接待青少年学生达 10 万余人次，开发线路 24 条，研发综合实践课程 86 门，为青少年学生提供了广阔的研学实践教育平台。

优势独特、资源丰富是济源市示范性综合实践基地（营地）快速发展的坚实基础。河南是中华文明和中华民族最重要的发源地，中国八大古都河南占有

其四，文物古迹众多，地下文物和馆藏均居全国首位；是中国姓氏的重要发源地，孕育的风流人物灿若群星；也是自然景观荟萃之地，山川壮美，风光秀丽，融南秀北雄于一体。济源作为华夏文明和中原文化的重要传承区，具备得天独厚的文化资源、自然资源、生态资源和交通区位优势。中华“四渎”，济源独占其二，济水、黄河文化源远流长；愚公移山，发祥于济源，是中华民族宝贵的精神财富和动力源泉；王屋山，世界地质公园，号称“天下第一洞天”；小浪底工程举世闻名，一座水利大坝，千年治黄历史；留庄民兵营、杜八联、晋豫革命边区、朱德出太行旧线，红色基因在济源代代相传；济源地处豫西北，毗连晋东南，区位独特，能够立足河南、辐射中部，实现全国营地优质教育资源的交流和共享。

前景广阔、佳境可期是济源市示范性综合实践基地（营地）持续发展的不竭动力。济源市委市政府高度重视研学实践教育营地建设，市委、市政府主要领导多次到实践基地现场调研、听取专题汇报，先后做出“全力争取国家级重点示范性营地项目、建设全国一流的研学实践教育营地、打造国内独一无二的研学小镇”的重要批示；利用省教育厅爱国主义教育基地周边资源，进一步开拓营地格局、打开发展空间。济源市示范性综合实践基地将借助上级领导的重视和支持，全面整合周边的土地、自然、人文、旅游资源，广泛与林业、交通、农业、体育、规划等部门开展共建共创，凝聚发展合力，将实践基地打造成国内规模一流、设施一流、师资一流、课程一流的研学实践教育营地。

“雄关漫道真如铁，而今迈步从头越。”济源市示范性综合实践基地（营地）将乘着国家大力发展校外教育事业的东风，发扬“愚公移山，敢为人先”的精神，更新观念，顺时应势，在加强研学实践教育效果的前提下，立足“奋斗青春美丽”的基本教育思想，围绕不同学段和主题，科学开发并利用好宝贵而独特的华夏文明研学实践教育资源，设计基地（营地）特色课程体系，使其成为推进河南乃至全国校外实践教育的新动力，谱写新时代研学实践教育发展的崭新篇章。

济源市示范性综合实践基地简介

济源市示范性综合实践基地是“十二五”期间，由教育部、财政部利用中央专项彩票公益金支持建设的全国首批、河南省首家公益性校外教育场所项目，同时也是“十三五”期间全国首批、河南省首家国家级“全国中小学生研学实践教育营地”项目，2018 年又被教育部评为“全国中小学生研学实践教育示范营地”。实践基地位于黄河小浪底库区的大峪镇涅泉，占地面积约 2.1 万余平方米（310 亩），建筑面积 4.5 万余平方米，总投资 1.54 亿元，可同时接待 1000 余名中小学生开展活动并保障食宿。

实践基地建设了室内综合实践区、室外劳动实践区、综合训练区和生活区四大功能分区，设施先进，设备齐全。在室内综合实践区建设有防震减灾体验馆、公共安全体验馆、科技体验馆、金工木工实践馆、机器人竞技体验馆、模拟金融体验馆、模拟法庭体验馆等 19 个专题实践场馆；在室外劳动实践区建设有农业示范区、自主厨艺加工区等活动场所；在综合训练区建设有拓展训练区、交通园区、学军活动区、攀岩区、户外体育活动营地这 5 个室外活动区，为广大青少年搭建了广阔的研学实践教育平台。

实践基地拥有一支思想素质好、业务水平高的师资队伍。实践老师队伍力量雄厚，拥有（专职、兼职、全职）研学实践教育老师 104 名，完全能够满足 1000 余名青少年学生开展各类研学实践教育活动的需求；师资队伍年龄结构合理，中青年老师 102 人，占比 98%；实践老师全部具备与岗位相适应的学历水平和岗位技能，其中专科以上学历老师 96 人，占比 92%，大学本科以上学历老师 55 人，占比52%；专职实践老师持证上岗率为 100%。

济源市示范性综合实践基地初步建立了符合研学实践教育要求和青少年成长需求的实践课程体系，全面落实《示范性综合实践基地实践活动指南（试行)》《济源市中小学研学旅行课程方案》的相关要求，制订了《研学线路及课程建设规划（2017—2020)》。充分利用河南省社会教育资源，开展各种基于济源地域特点的整合性校外教育活动课程体系。从国家战略高度落实有关研学实践、综合实践等政策，结合河南省的“愚公移山精神”“红旗渠精神”“焦裕禄精神”这三大“时代精神”，立足现有课程体系和运营模式，围绕和利用基地现有设施条件、自然环境，整合周边社会教育资源，定位开展以“奋斗青春美丽”为教育主题思想的济源基地综合实践活动课程，把教育目标确定为“奋斗的人格”教育，即：培养锲而不舍、坚忍不拔的愚公移山精神；鼓励攻坚克难、协作制胜的红旗渠精神；倡导艰苦奋斗、迎难而上的焦裕禄精神。小学以“愚公移山精神”为单元主题、中学以“红旗渠精神”为单元主题、高中以“焦裕禄精神”为单元主题的营地实践教育活动，目前已经完成小学 28 门、初中 32 门、高中 26 门，共计 86 门活动课程。研发研学线路 26 条，其中市内线路 6 条、省内线路 17 条、省外线路 3 条，囊括了优秀传统文化、革命传统教育、国防科工、自然生态、国情教育等研学实践教育的各个版块，研发面向小学、初中、高中三个阶段的线路课程五大版块共 78 门，完全能够满足当前营地研学实践教育活动开展需求。

多年来，济源市示范性综合实践基地坚持大力开展面向广大青少年学生的研学实践教育活动，基地总接待数量达 10 万余人次，在研学实践教育领域形成了一定的影响力，先后被评为“全国示范性综合实践基地课程联盟常务理事单位”“全国中小学生研学实践教育营地”“全国中小学生研学实践教育示范营地”“全国青少年农业科普示范基地”“河南省中小学社会实践教育基地（综合性基地)”“河南省省级青少年户外体育活动营地”“河南研学旅游示范基地”“河南省科普教育基地”“河南省防震减灾科普教育基地”“济源市青少年法治教育实践基地”“济源市科普教育基地”“济源市妇女儿童教育实践基地”“济源市关心下一代教育基地”“智慧营地研究中心”“安徽工程大学体育学院、安徽工程大学体验产业学院硕士研究生实践教学和研究基地”。今后，济源市示范性综合实践基地将继续坚持上级部门的正确领导，紧紧依托黄河以北这片教育热土，紧密联合周边众多研学基地，发挥丰厚教育资源的集中优势，持之以恒推进研学实践教育发展，全面贯彻落实“立德树人”根本任务，为社会主义现代化建设培养更多又红又专、德才兼备、全面发展的合格建设者和可靠接班人。

contents
目 录

第一单元 信 念

一线生机 …… 3
出行与食品安全 …… 5
秒懂百科 …… 7
珍味饺子 …… 9
逐鹿中原 …… 11
大海捞针 …… 13

第二单元 信 心

酷炫折纸 …… 17
秀美济源 …… 19
银行那些事儿 …… 21
巧做智拼 …… 23
杯舞飞翔 …… 25

达·芬奇密码 …… 27
绝壁求生 …… 29
信心传递 …… 31
步步为赢 …… 33
信任之旅 …… 35

第三单元 决 心

创意组装 …… 39
沙漠骆驼 …… 41
直冲云霄 …… 43
拆弹部队 …… 45
决战到底 …… 47

第四单元 恒 心

勇往直前 …… 51
梵塔传奇 …… 53
月球漫步 …… 55
车轮滚滚永向前 …… 57
思维迷宫 …… 59

第五单元 奋斗之魂

追梦小浪底——锲而不舍 …… 63
问道王屋山——奋斗之道 …… 71

1

第一单元

信念

XINNIAN

一线生机

适用年级：小学　　建议时长：90 分钟

【活动概要】

此课程以“愚公移山精神”——锲而不舍、坚忍不拔精神为指导，属于信念品质单元的室内活动课程。在防震减灾体验馆，通过情景模拟开展演练活动，熟练运用地震逃生的方法。

【场地器材】

场地：防震减灾体验馆。

器材：地震倾斜小屋、地震练习小屋。

【学习目标】

1. 了解地震带分布、地震逃生等知识。
2. 提升自我的团队协作能力和面对突发情况的紧急逃生能力。
3. 培养自己在面对不可抵御的灾难时拥有坚定的求生信念。

【注意提醒】

1. 禁止在体验过程中跑动、推、挤。
2. 一旦有同学出现意外，立刻终止活动。

3. 体验完成后回到原位时当心踩到别人。

【任务】

1. 学习：了解地震逃生的相关知识。

2. 体验：在地震倾斜小屋中，每组同学进入倾斜小屋后有 5 秒时间逃生，要在地震发生后 2 秒之内做出正确的反应。

3. 总结：对体验过程中出现的问题进行总结并改正。

【回顾反思】

1. 我们有多少人成功逃生了？你们在逃生成功后有什么感受？

2. 为什么我们在两次逃生体验过程中逃出的人数会有差别？

【自我评价】

评价维度	评价要点	评价结果（描述或判断）
个人	1. 我最喜欢哪一个环节？	
	2. 我对地震有了哪些新的认识？	
	3. 对体验的过程是否感觉很新奇？	
	4. 如果地震来了，我能正确逃生吗？	
团队	5. 在地震小屋中我对哪位同学印象最深刻？	
	6. 我们小组成员的合作是否愉快？	
	7. 我们小组在哪个环节表现最为出色？	

出行与食品安全

适用年级：小学　　　建议时长：90 分钟

【活动概要】

此课程以“愚公移山精神”—— 锲而不舍、坚忍不拔精神为指导，属于信念品质单元的室内活动课程。在公共安全体验馆，通过视频鉴赏认知公共安全的重要性和学会意外伤害防护措施。

【场地器材】

场地：公共安全体验馆。

器材：安检 X 光机、安检门、手持金属探测仪、行李包、平衡膳食宝塔、食物多宝格。

【学习目标】

1. 了解出行安全与食品安全的相关知识。

2. 提高自我保护、救助、逃生的基本技能。

3. 培养自我热爱生命、敬畏生命、尊重生命的情感和坚守、珍爱生命的信念。

【注意提醒】

1. 禁止触碰未经老师允许的教学设备。

2. 禁止触碰馆内电源插头、消防设施等基础设施。

3. 禁止在活动场地追逐打闹。

【任务】

1. 体验：安全通过出行安检设备的查验。

2. 学习：饮食安全儿歌、拐卖儿歌，并识记食品安全标识。

【回顾反思】

1. 这节课我们学习了哪些安全知识？

2. 回到家你会向你的父母分享哪方面的安全知识？

【自我评价】

评价维度	评价要点	评价结果（描述或判断）
个人	1. 体验的过程中哪个环节我最感兴趣？	
	2. 我对出行安全有了哪些新的认识？	
	3. 学习拐卖儿歌对我有帮助吗？	
	4. 最后宣读寄语的时候我的心情如何？	
团队	5. 我认为哪一位同学表现得最出色？	
	6. 我们小组成员的合作是否愉快？	
	7. 我们小组在哪个环节表现最为出色？	

秒懂百科

适用年级：小学　　　建议时长：90 分钟

【活动概要】

此课程以“愚公移山精神”—— 锲而不舍、坚忍不拔的精神为指导，属于信念品质单元的室内活动课程。在科技体验馆，通过体验直观感知展品，认识声、光、电磁的知识，通过小组体验活动了解科技的重要性。

【场地器材】

场地：科技体验馆。

器材：“天籁之声”展品、“电磁的奥妙”展品、“绚丽的光”展品。

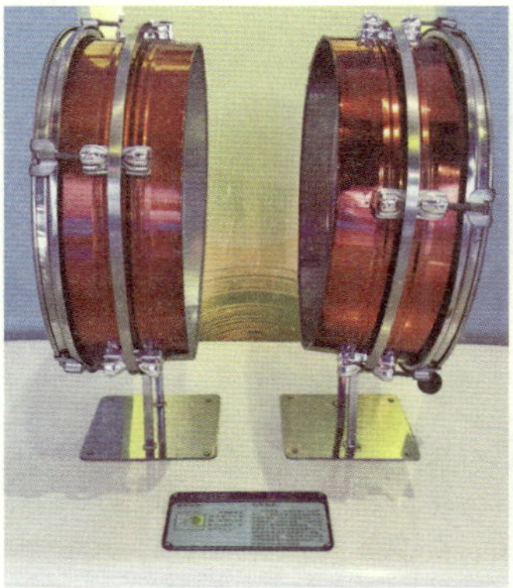

【学习目标】

1. 学习声音、光影和电磁的相关知识。

2. 锻炼自主学习的能力。

3. 培养科学探究的意识和积极进取的信念。

【注意提醒】

1. 对于展品，轻拿轻放。

2. 展品只有开的开关，在限定时间内展品会自动关闭。

3. 不允许在场馆内追逐打闹，保证自身的安全。

【任务】

1. 学习：掌握声音、光学、电磁知识和各展品的基本原理。

2. 体验：小组合作在 20 分钟内完成展品中提出的问题。

【回顾反思】

1. 在任务完成的过程中哪个环节出现了困惑，你是通过什么方法完成的？

2. 你对哪个探索环节最感兴趣？这给你带来什么样的启发？

【自我评价】

评价维度	评价要点	评价结果（描述或判断）
个人	1. 我喜欢这个课程吗？	
	2. 我对声音有新的认识吗？	
	3. 我对“绚丽的光”的原理理解吗？	
	4. 我对“电磁的奥妙”感兴趣吗？	
团队	5. 我认为哪一位同学表现最认真？	
	6. 我们小组成员的合作是否愉快？	
	7. 我们小组在哪个环节表现最为出色？	

珍味饺子

适用年级：小学　　　　建议时长：90 分钟

【活动概要】

此课程以“愚公移山精神”—— 竭尽全力、积极进取精神为指导，属于信念单元的室内活动课程。在自主厨艺馆，学习饺子的制作方式并自己动手包饺子、煮饺子、分享饺子。

【场地器材】

场地：农业示范区自主厨艺馆。

器材：面粉、刀具、擀面杖、饺子馅、锅、托盘等。

【学习目标】

1. 了解中华民族的特色饮食文化饺子的由来和寓意。

2. 学会包饺子，锻炼动手能力和团队协作能力。

3. 培养自己爱父母、爱家乡和弘扬中华民族优秀传统文化的坚定信念。

【注意提醒】

1. 禁止追逐打闹、拿刀具对人。

2. 禁止触碰馆内电源插头、消防设施等基础设施。

3. 禁止浪费粮食、乱开水龙头。

4. 水开后下饺子的过程注意要缓速，避免开水溅出烫伤。

【任务】

1. 观察：了解饺子皮的制作以及饺子馅儿的搅拌步骤。

2. 制作：小组合作完成饺子制作并煮熟与其他组分享。

【回顾反思】

1. 在揉面团、擀饺子皮、包饺子的过程中你是什么样的心情？你品尝到自己包的饺子有什么样的感受？

2. 如果你家里包饺子，你会主动做什么？

【自我评价】

评价维度	评价要点	评价结果（描述或判断）
个人	1. 我学会包饺子了吗？	
	2. 包饺子的过程我最喜欢做什么？	
	3. 包饺子的过程辛苦吗？	
	4. 我能想起爸爸妈妈曾经给我包饺子的场景吗？	
团队	5. 我认为哪一位同学包得最好？	
	6. 我们小组成员的合作是否愉快？	
	7. 我们小组成员在哪个环节配合得最好？	

逐鹿中原

适用年级：小学　　　建议时长：90 分钟

【活动概要】

此课程以“愚公移山精神”——锲而不舍、坚忍不拔精神为指导，属于信念品质单元的室外活动课程。在活动体验中，通过角色扮演、合理分工、相互交流配合共同完成任务。

【场地器材】

场地：室外或者室内平整安全场地。

器材：小桶、弹力球。

【学习目标】

1. 懂得有目标和有信念的意义。
2. 锻炼自己合理分工的能力、观察能力和执行能力。
3. 培养自己在不断失败中依然能坚定目标、不轻言放弃的品质。

【注意提醒】

1. 将身上尖锐的、易掉落的物品取下，根据老师要求统一摆放。

2. 捡球员在跑动时要注意安全。

3. 近期做过手术或不宜奔跑的同学要及时向老师反馈。

【任务】

团队分为 4 组，每组又分为投球员与捡球员，三轮比赛得分最高的小组获胜。

【回顾反思】

1. 经过三轮比赛，哪一组分数最高，为什么这组分数最高？

2. 如果再给一次机会，你们会怎么安排这三轮比赛？

【自我评价】

评价维度	评价要点	评价结果（描述或判断）
个人	1. 活动中我的角色是什么？	
	2. 投球或者捡球的过程累吗？	
	3. 当我投进球或捡到球的时候心情如何？	
	4. 三轮竞赛中我最有成就感的是哪一轮？	
团队	5. 我认为哪一组表现最出色？	
	6. 我们小组成员的合作是否愉快？	
	7. 我们小组在哪个活动中表现最为出色？	

大海捞针

适用年级：小学　　　建议时长：90 分钟

【活动概要】

此课程以“愚公移山精神”——锲而不舍、坚忍不拔精神为指导，属于信念品质单元的室外活动课程。在室外场地，让学生按照逻辑顺序进行翻牌活动。

【场地器材】

场地：室外或者室内平整安全场地。

器材：大海捞针卡片。

【学习目标】

1. 了解关于卡牌的知识和逻辑的相关概念。
2. 锻炼应对环境变化的随机应变能力。
3. 培养自己的团队荣誉感和为实现目标坚持不懈的品质。

【注意提醒】

1. 将身上尖锐的、易掉落的物品取下，根据老师要求统一摆放。

2. 近期做过手术或不宜奔跑的同学要及时向老师反馈。

3. 遵守活动要求，听从老师安排。

【任务】

以团队为单位进行 PK，团队中的每一位伙伴接力从起点奔跑到挑战区，按照 1~13 的顺序将各自小队的卡牌翻开。三轮比赛后，所用时间最少者获胜。

【回顾反思】

1. 你们小组在翻牌的过程出现了什么现象？

2. 比赛结束了，哪一组成绩最好？获胜组值得我们学习的点有哪些？

【自我评价】

评价维度	评价要点	评价结果（描述或判断）
个人	1. 这个活动是在挑战我奔跑的速度吗？	
	2. 我返回后有没有及时和小组成员反馈信息？	
	3. 三轮竞赛中哪一轮我的表现最好？	
	4. 最让我兴奋的是哪一个场景？	
团队	5. 我认为哪一组表现最出色？	
	6. 小组成员的合作是否愉快？	
	7. 我们小组哪一点表现最为出色？	

第二单元

信心

XINXIN

中小学实践教育
教学研究

ZHONGXIAOXUE
SHIJIANJIAOYU JIAOXUEYANJIU

酷炫折纸

适用年级：小学　　建议时长：90 分钟

【活动概要】

此课程以“愚公移山精神”—— 锲而不舍、坚忍不拔精神为指导，属于信心品质单元的室内活动课程。在创意纸艺馆，通过课件以及视频的讲解学会三角插的折法，了解三角插的基本插法，完成鱼的造型。

【场地器材】

场地：创意纸艺场馆。

器材：每组 15 张彩纸，白胶、三角插展示作品。

【学习目标】

1. 掌握三角插的折法，了解三角插的基本插法。

2. 提升团队成员观察、动手能力，增强团队的分工和合作意识。

3. 学会遇见困难不气馁、不退缩，敢于直面挫折的勇气和面对挑战时必胜的信心。

【注意提醒】

1. 禁止触碰未经老师允许的教学设备。

2. 禁止触碰馆内电源插头、消防设施等基础设施。

3. 禁止在活动场地追逐打闹。

【任务】

1. 制作：小组合作在 15 分钟内完成足够数量的三角插。

2. 组合：小组合作在 15 分钟内利用三角插合成金鱼。

【回顾反思】

1. 折纸过程中大家是怎么分工的？过程中遇到哪些问题？你是如何解决的？

2. 回家后会把你的作品送给谁？为什么？

【自我评价】

评价维度	评价要点	评价结果（描述或判断）
个人	1. 三角插的折法我学会了吗？	
	2. 我能否分清正插、反插的方法？	
	3. 当完成金鱼作品的时候我是什么样的心情？	
团队	4. 我认为哪一组的作品最好看？	
	5. 我们小组成员的合作是否愉快？	
	6. 我们小组成员在配合中遇见问题时是否有积极应对？	

秀美济源

适用年级：小学　　　建议时长：90 分钟

【活动概要】

此课程以“愚公移山精神”——锲而不舍、坚忍不拔的精神为指导，属于信心品质单元的室内活动课程。在济源发展馆，通过模块讲解和各项活动比赛详细了解济源在旅游、工业、农业、教育的发展情况。

【场地器材】

场地：济源发展馆。

器材：抢答器、电脑、篮球器材。

【学习目标】

1. 了解济源人文历史。

2. 提高自己的阅读能力，锻炼自己的演讲能力。

3. 唤醒自己对家乡的热爱之情和自豪感，树立为家乡作贡献的志向，并对家乡未来充满信心。

【注意提醒】

1. 注意仪器设备用电安全，远离插座。

2. 禁止在场馆内追逐打闹、大声喧哗。

3. 禁止在场馆内吃东西、乱扔垃圾、随地吐痰。

【任务】

1. 参观：老师讲解后自行参观了解相应模块。

2. 收集：小组成员协助演讲者收集材料。

3. 演讲：各代表进行演讲比赛。

【回顾反思】

1. 你对济源有了哪些新的发现？

2. 如果能让你为济源代言，你会怎么做？

【自我评价】

评价维度	评价要点	评价结果（描述或判断）
个人	1. 我最喜欢济源的什么？	
	2. 我为济源代言的时候是什么样的心情？	
	3. 我对济源有新的认识吗？是什么？	
团队	4. 谁是济源最佳代言人？	
	5. 我们小组成员在“你画我猜”的活动中猜出了多少个？	
	6. 我们小组成员配合得愉快吗？	

银行那些事儿

适用年级：小学　　建议时长：90分钟

【活动概要】

此课程以“愚公移山精神”——锲而不舍、坚忍不拔精神为指导，属于信心品质单元的室内活动课程。在模拟金融馆，通过视频了解货币、银行的发展史，通过角色扮演体验银行各职业的职责。

【场地器材】

场地：模拟金融馆。

器材：视频、货币、验钞机、打印机。

【学习目标】

1. 了解货币发展及银行业务相关知识。
2. 模拟银行的体验，了解银行各职业的相关技能。
3. 培养正确的消费观、理财观，增进自信心，拥有积极和乐观的心态。

【注意提醒】

1. 禁止触碰未经老师允许的教学设备。

2. 禁止触碰馆内电源插头。

3. 禁止在活动场地追逐打闹。

【任务】

1. 学习：了解货币的发展史以及银行近代史相关知识。

2. 体验：小组合作在25分钟内完成模拟银行的角色体验。

3. 实践：在10分钟内为自己制订一份零花钱分配计划表。

【回顾反思】

1. 你学习到哪些关于银行的知识？

2. 今天的学习对你以后的生活、学习有哪些帮助？

【自我评价】

评价维度	评价要点	评价结果（描述或判断）
个人	1. 我学会点钞的方法了吗？	
	2. 我是否熟悉银行业务流程？	
	3. 我对零花钱的利用是否有了合理的计划？	
团队	4. 谁点钞点得最快？	
	5. 我们小组成员自由参观时对货币相关知识是否有讨论？	
	6. 我们小组成员配合得愉快吗？	

巧做智拼

适用年级：小学　　建议时长：90分钟

【活动概要】

此课程以“愚公移山精神”——锲而不舍、坚忍不拔的精神为指导，属于信心品质单元的室内活动课程。在金工木工馆，通过视频了解七巧板的知识，并动手制作加工七巧板。

【场地器材】

场地：金工木工馆。

器材：锯床、木板、护目镜、刷子、砂纸。

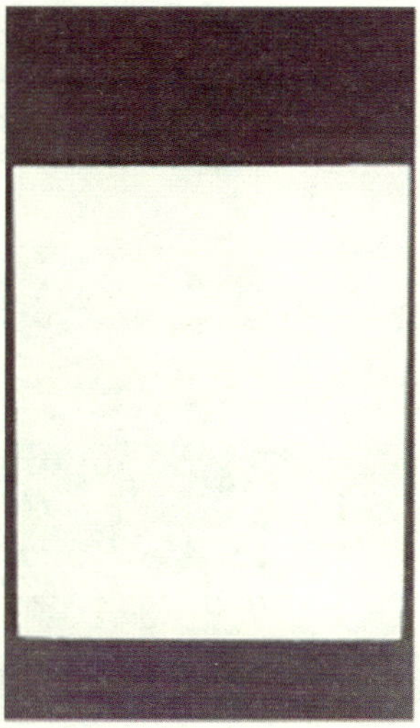

【学习目标】

1. 了解七巧板的构造与故事。
2. 锻炼自己的动手实践能力。
3. 培养敢于赏识自我、肯定自我的习惯。

【注意提醒】

1. 禁止触碰未经老师允许的教学设备。

2. 禁止在室内追逐打闹、大声喧哗。

3. 操作时，穿戴好安全装备，不能有违规操作。

【任务】

1. 制作：在 30 分钟内完成七巧板的切割。

2. 拼图：在 10 分钟内运用七巧板拼出尽可能多的图案。

【回顾反思】

1. 你最大的收获是什么？请用一句话来表达。

2. 在制作过程中，你认为最难的点在哪？后来是怎么解决的？这为你带来什么启发？

【自我评价】

评价维度	评价要点	评价结果（描述或判断）
个人	1. 我学会制作七巧板了吗？	
	2. 我学会正确使用锯床了吗？	
	3. 当我成功地拼出图形时是什么样的心情？	
团队	4. 我们小组最后拼出图形的数量是最多的吗？	
	5. 我们小组成员的合作是否愉快？	
	6. 我们小组在哪个环节表现得最出色？	

杯舞飞翔

适用年级：小学　　　建议时长：90 分钟

【活动概要】

此课程以“愚公移山精神”——锲而不舍、坚忍不拔精神为指导，属于信心品质单元的室内活动课程。通过用视频鉴赏感受杯子舞和踢踏舞的魅力，通过练习掌握舞蹈的基本动作。

【场地器材】

场地：空旷的场地。

器材：视频播放器、杯子。

【学习目标】

1. 初步了解杯子舞和踢踏舞的相关文化及风格特点。

2. 锻炼自己的手眼协调能力，提升自己的专注力和团队默契度。

3. 提升自己的自信心和成就感。

【注意提醒】

1. 禁止随意离开活动场地。

2. 活动过程中禁止追逐打闹、大声喧哗。

【任务】

1. 杯子舞：学会杯子舞《稻香》的基本动作。

2. 踢踏舞：学会踢踏舞《稻香》的基本舞步。

3. 展示：完成团队合作表演。

【回顾反思】

1. 我们经历了不断的练习，最后的结果满意吗？你从中领悟到了什么？

2. 当多次练习我们还不满意时，是什么力量促使我们又重新开始练习？

【自我评价】

评价维度	评价要点	评价结果（描述或判断）
个人	1. 我喜欢这个活动吗？	
	2. 我学会杯子舞的动作了吗？	
	3. 回家后我会表演给家人看吗？	
团队	4. 我们的团队表演配合得你满意吗？	
	5. 我们团队的合作是否愉快？	
	6. 我们团队最大的优点是什么？	

达·芬奇密码

适用年级：小学　　建议时长：90 分钟

【活动概要】

此课程以“愚公移山精神”—— 锲而不舍、坚忍不拔精神为指导，属于信心品质单元的室外活动课程。在活动体验中，通过分组竞技，相互交流配合，按照任务书完成卡片排序活动。

【场地器材】

场地：室外或者室内，平整安全的场地。

器材：任务书、达·芬奇密码卡片。

【学习目标】

1. 认知奇数、偶数、顺时针、逆时针等概念。
2. 提高自己的应变能力和团队合作能力。
3. 培养自己面对挑战的信心，不畏惧失败。

【注意提醒】

1. 禁止在从起点到卡牌摆放区的区域奔跑，注意自身安全。

2. 卡牌摆放区内卡牌不允许随意移动，遵守活动规则。

【任务】

将圆上的数字按照任务书上的顺序快速排序，分三轮比赛，三轮计时完成总时间最短的组获胜。

【回顾反思】

1. 在挑战中你最有信心的时刻是什么时候？

2. 挑战成功的时候，团队是什么样的状态？失败的时候，团队状态发生了什么变化？

【自我评价】

评价维度	评价要点	评价结果 （描述或判断）
个人	1. 我喜欢这个活动吗？	
	2. 我是否一直积极地配合伙伴？	
	3. 完成任务的时候我是什么样的心情？	
团队	4. 我最欣赏的一位队员是谁？	
	5. 我们团队的合作是否愉快？	
	6. 第几轮挑战最难？我们是怎样克服的？	

绝壁求生

适用年级：小学　　　建议时长：90 分钟

【活动概要】

此课程以“愚公移山”—— 锲而不舍、坚忍不拔的精神为指导，属于信心品质单元的室外活动课程。在绝壁墙器械场地上，从起点处独自通向终点完成穿越绝壁墙。

【场地器材】

场地：绝壁墙场地。

器材：全身安全带、半身安全带、钢索、主锁、扁带、安全头盔等安全装备。

【学习目标】

1. 了解高空装备的正确使用方法。

2. 锻炼自己动手的实践能力和心理素质。

3. 培养自信和勇敢的品质。

【注意提醒】

1. 近期手术、身体不适或有隐形疾病的学生提前告知老师。

2. 听从老师的指挥进行挑战，完成挑战。

3. 高空作业场所，未经允许不得追逐打闹和私自攀爬器械。

【任务】

所有成员安全从绝壁墙起点移动至终点。

【回顾反思】

1. 在空中行走的过程中，是否有步履维艰的感觉？你穿上装备的心情是什么样的？

2. 当你听到同学的鼓励和加油的时候，你想到了什么？

【自我评价】

评价维度	评价要点	评价结果（描述或判断）
个人	1. 我喜欢这个活动吗？	
	2. 我站在高空的时候是什么样的心情？	
	3. 我是否一直在为进行挑战的同学鼓励加油？	
团队	4. 我最佩服的一位队员是谁？	
	5. 我们团队成员的合作是否愉快？	
	6. 我们团队成员是否都挑战成功？	

信心传递

适用年级：小学　　　建议时长：90 分钟

【活动概要】

此课程以“愚公移山精神”—— 锲而不舍、坚忍不拔精神为指导，属于信心品质单元的室外活动课程。在室外训练场地，相互交流配合，利用 U 型槽接力将球移动到杯子里。

【场地器材】

场地：室外或者室内，平整安全的场地。

器材：U 型槽、球、杯子。

【学习目标】

1. 了解惯性、摩擦力等相关的物理知识。
2. 锻炼自己解决问题的能力和合作能力。
3. 培养自己坚定不移的意志和面对挑战的信心。

【注意提醒】

1. 活动中严禁嬉笑打闹，禁止私自离开挑战场地。
2. 挑战中，注意避免奔跑，以免摔倒。

3. 严格遵守活动规则，有问题及时向老师反馈。

【任务】

小组所有人用 U 型槽，以接力的形式，把小球从起点运到杯子里，用时最短的为获胜组。

【回顾反思】

1. 过程中你们最开心的环节是？

2. 挑战过程中有没有放弃的想法，是什么力量让你们坚持到最后？

【自我评价】

评价维度	评价要点	评价结果（描述或判断）
个人	1. 我喜欢这个活动吗？	
	2. 当球进入杯子的时候我的心情如何？	
	3. 我有没有找到好的方法？	
团队	4. 哪一组结果最好？	
	5. 练习的过程中，我们小组失败的多还是成功的多？	
	6. 我们小组成员的合作是否愉快？	

步步为赢

适用年级：小学　　　建议时长：90 分钟

【活动概要】

此课程以“愚公移山精神”——锲而不舍、坚忍不拔的精神为指导，属于信心品质单元的室外活动课程。在活动体验中，通过与他人合作、互相帮助，顺利通过环形圈。

【场地器材】

场地：室外或者室内平整安全的场地。

器材：环形圈、眼罩。

【学习目标】

1. 提升自己对合作和沟通的认知。
2. 锻炼自身的沟通能力和执行能力。
3. 培养自己相信自己、信任他人的品质。

【注意提醒】

1. 控制速度，防止摔倒。
2. 取下身上所有尖锐以及容易掉落的物品。

3. 在挑战过程中不准违背挑战规则。

【任务】

我们的任务是和搭档一起顺利通过挑战的场地。

【回顾反思】

1. 用三个词语形容你们成功后的感受？

2. 如果再给你一次机会，你会怎样与你的搭档合作？

【自我评价】

评价维度	评价要点	评价结果（描述或判断）
个人	1. 我喜欢这个活动吗？	
	2. 当我蒙着眼睛前进的时候是否害怕？	
	3. 我能否有效地指挥我的搭档？	
团队	4. 我和我的搭档返回了几次？	
	5. 我最佩服的是哪一组？	
	6. 我和搭档的合作是否愉快？	

信任之旅

适用年级：小学　　建议时长：90 分钟

【活动概要】

此课程以“愚公移山精神”——锲而不舍、坚忍不拔精神为指导，属于信心品质单元的室外活动课程。在户外训练场，分别体验盲人和引路人，搭档相互交流配合，一起走一段路程。

【场地器材】

场地：户外或室内场地。

器材：眼罩。

【学习目标】

1. 体验角色，体悟责任与担当。
2. 锻炼自己的沟通能力和执行能力。
3. 培养互相信任、互相协作的品质。

【注意提醒】

1. 注意控制好行进速度。
2. 严禁在挑战中私自摘下眼罩。

3. 安全员注意保护到位，为自己的队友保驾护航。

【任务】

挑战者在保护者的保护下，行走一段不寻常的路程。

【回顾反思】

1. 在信任之旅中让你最感动的一件事是什么？

2. 在活动过程当中，你对队友的信任程度有变化吗？

【自我评价】

评价维度	评价要点	评价结果（描述或判断）
个人	1. 活动体验是否让我有所感动？	
	2. 当我蒙着眼睛前进的时候是否感到紧张？	
	3. 我是否信任我的搭档？	
团队	4. 我们的团队是否具有组织纪律性？	
	5. 我最佩服的是哪一组？	
	6. 我和搭档的合作是否愉快？	

3

第三单元 决心

JUEXIN

创意组装

适用年级：小学　　　建议时长：90 分钟

【活动概要】

此课程以“愚公移山精神”—— 锲而不舍、坚忍不拔精神为指导，属于决心品质单元的室内活动课程。在机器人竞技馆，认识慧鱼零件，并利用零件组装三轮车。

【场地器材】

场地：机器人竞技馆。

器材：慧鱼创意组合模型、操作组装手册、悬臂式起重机、推土机、挖掘机、仿生狗、烘手器模型样品。

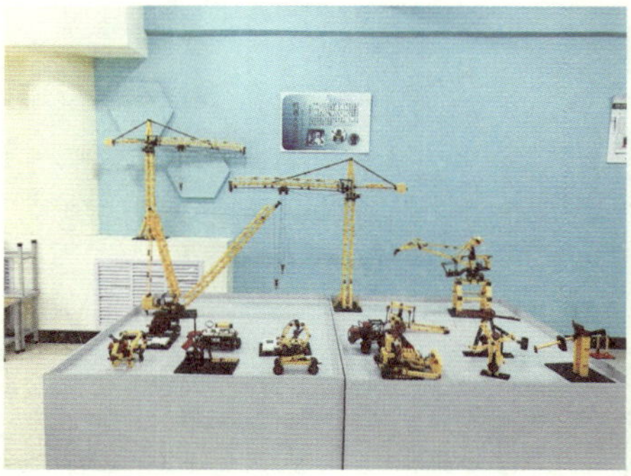
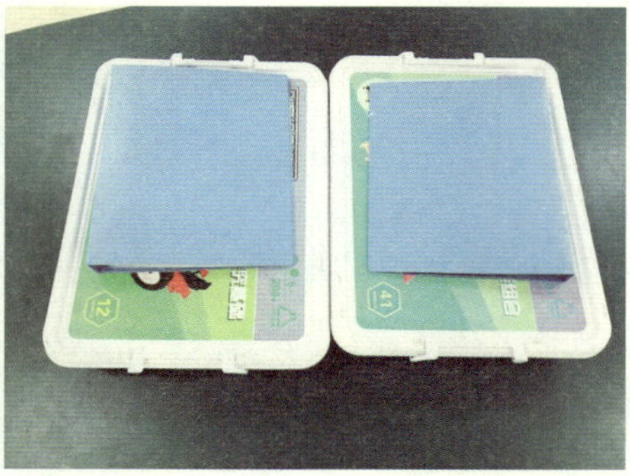

【学习目标】

1. 了解三轮车的构造和用途。

2. 锻炼自己的动手实践能力和探索能力。

3. 培养自己做事目标坚定的决心。

【注意提醒】

1. 未经老师允许禁止触碰教学设备。

2. 禁止触碰馆内电源插头。

3. 禁止在活动场地追逐打闹。

【任务】

1. 分工：各小组对负责找零件和组装的人员进行合理分工。

2. 组装：小组在规定时间内合作完成模型组装。

3. 创意：小组在完成的模型上进行创意组装。

4. 展示：各小组派出一位代表进行创意展示和讲解分享。

【回顾反思】

1. 组装过程中哪一个环节让你感觉很兴奋？为何会兴奋？

2. 生活中当你遇到困难想放弃时，你是如何面对的？

【自我评价】

评价维度	评价要点	评价结果（描述或判断）
个人	1. 我是否喜欢这个活动？	
	2. 我是否在寻找和选择零件的过程中表现得很细心？	
	3. 创意三轮车活动中我有什么创意？	
团队	4. 这个活动中，我最佩服的同学是？	
	5. 我们小组是否完成了任务？	
	6. 我们小组成员的合作是否愉快？	

沙漠骆驼

适用年级：小学　　　建议时长：90 分钟

【活动概要】

此课程以“愚公移山精神”—— 锲而不舍、坚忍不拔精神为指导，属于决心品质单元的室内活动课程。在创意搭建场馆，通过用课件以及图纸的讲解认识科乐思零件，并根据图纸拼接出骆驼作品。

【场地器材】

场地：创意搭建场馆。

器材：“科乐思”零件。

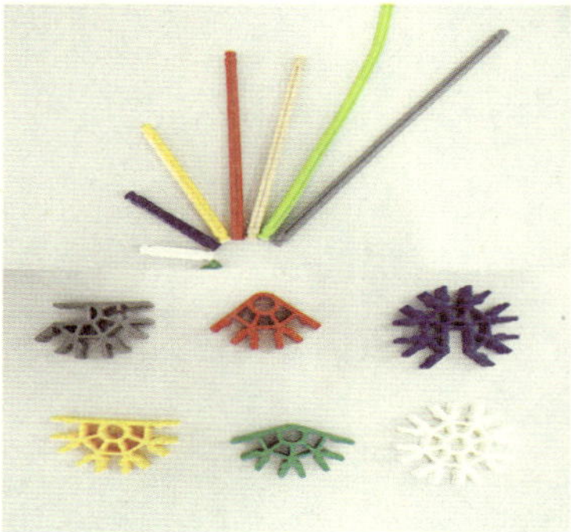

【学习目标】

1. 认识科乐思零件并且熟悉零件的拼接方法。
2. 提高自己动手实践、创新、观察、协作的能力。
3. 培养自己不怕困难、勇于挑战的意志。

【注意提醒】

1. 禁止触碰未经老师允许的教学设备。
2. 禁止触碰馆内电源插头、消防设施等基础设施。

3. 禁止在活动场地追逐打闹。

【任务】

1. 观察：了解搭建骆驼零件的特点与种类以及模型制作步骤。

2. 组装：小组合作在 15 分钟内成功完成组装任务。

3. 创意搭建：小组或者个人 20 分钟内完成创意作品。

【回顾反思】

1. 试想骆驼身上有什么值得我们学习的精神？

2. 假如接下来你们要参加全员合作的课程你会怎么做？

【自我评价】

评价维度	评价要点	评价结果（描述或判断）
个人	1. 我是否喜欢这个活动？	
	2. 我是否积极主动配合小组成员？	
	3. 展示我们组作品时，我的心情如何？	
团队	4. 在小组合作中有没有遇到问题？怎么解决了？	
	5. 我们小组是否完成任务了？	
	6. 我们小组成员的合作是否愉快？	

直冲云霄

适用年级：小学　　　建议时长：90 分钟

【活动概要】

此课程以“愚公移山精神”—— 锲而不舍、坚忍不拔的精神为指导，属于决心品质单元的室内活动课程。在多元实践馆，通过视频鉴赏了解长征二号火箭发射历程，通过动手操作学会气球火箭的制作和发射。

【场地器材】

场地：多元实践馆。

器材：铅笔气球、打气筒、剪刀、双面胶、尾翼图纸、标志图纸、彩纸。

【学习目标】

1. 认识火箭外部基本结构和火箭发射的基本原理。
2. 提高自己动手实践的能力和小组合作的能力。
3. 培养自己做事有决心、有信心、有耐心的品质。

【注意提醒】

1. 禁止触碰馆内电源插头等带电设施。
2. 禁止在活动场地追逐打闹。

3. 安全使用剪刀和充气筒。

【任务】

1. 分工：组长分工明细，使每个组员都参与火箭的制作。

2. 制作：每组至少制作两个“长征二号”气球火箭。

3. 发射：每位同学至少掌握一种气球火箭的发射方法。

4. 比赛：全体同学参与“长征二号”气球火箭发射比赛。

【回顾反思】

1. 当制作过程中出现尾翼粘贴错误时，小组是如何处理的？

2. 你知道中国古代的火箭是什么样子的吗？对中国长征系列火箭你还了解多少？

【自我评价】

评价维度	评价要点	评价结果（描述或判断）
个人	1. 我是否喜欢这个活动？	
	2. 我是否掌握气球火箭的发射方法？	
	3. 在“长征二号”气球火箭发射比赛中，我的心情如何？	
团队	4. 在小组合作中有没有遇到问题？怎么解决了？	
	5. 我们小组的“长征二号”气球火箭是否制作成功？	
	6. 我们小组成员的合作是否愉快？	

拆弹部队

适用年级：小学　　　建议时长：90 分钟

【活动概要】

此课程以“愚公移山精神”—— 锲而不舍、坚忍不拔精神为指导，属于决心品质单元的室外活动课程。在活动体验中，通过角色分工，相互交流配合，完成活动挑战。

【场地器材】

场地：室外或者室内平整安全的场地。

器材：弹簧拉绳、橡胶圈、杯子、球。

【学习目标】

1. 增加对空间距离的认识。
2. 提升自己的计划能力、执行能力、沟通能力。
3. 培养自己目标坚定、永不放弃的品质。

【注意提醒】

1. 注意活动中自己与伙伴之间的配合与相处态度。

2. 活动过程中，不得私自离开规定的活动范围。

【任务】

在规定时间内，成功转移炸弹。

【回顾反思】

1. 在运输的过程中你的心情是怎样的？

2. 这个活动为你带来最大的启发是什么？

【自我评价】

评价维度	评价要点	评价结果（描述或判断）
个人	1. 我是否喜欢这个活动？	
	2. 我是否很用心地扮演操作者？	
	3. 我是否很有效地指挥操作者？	
团队	4. 我最佩服我们小组中的谁？	
	5. 我们小组是否挑战成功？	
	6. 我们小组的合作是否愉快？	

决战到底

适用年级：小学　　　建议时长：90分钟

【活动概要】

此课程以“愚公移山精神”——锲而不舍、坚忍不拔精神为指导，属于决心品质单元的室外活动课程。在室外训练场地，分组进行三个环节挑战。

【场地器材】

场地：室外平整安全的空地。

器材：皮球、跳绳。

【学习目标】

1. 了解世界第一高峰——珠穆朗玛峰。
2. 锻炼自己的沟通、协作能力。
3. 培养自己目标坚定、永不放弃的品质。

【注意提醒】

1. 近期手术、身体不适或有隐形疾病的学生提前告知老师。
2. 去掉身上尖锐和易脱落的物品，根据老师指令统一放置。

【任务】

完成三个环节挑战用时最短的小组为获胜组。

【回顾反思】

1. 在练习的时候我们是什么样的状态？比赛的时候我们是什么样的状态？

2. 如何才能下定决心让我们小组最终获胜？

【自我评价】

评价维度	评价要点	评价结果（描述或判断）
个人	1. 我是否喜欢这个活动？	
	2. 我是否很认真地投入每一个环节？	
	3. 每挑战完一个环节，我的心情是什么样的？	
团队	4. 我最欣赏我们小组哪位队员？	
	5. 我们小组最后的挑战结果是什么？	
	6. 我们小组的合作是否愉快？	

4

第四单元

恒心

HENGXIN

中小学实践教育
教学研究

ZHONGXIAOXUE
SHIJIANJIAOYU JIAOXUEYANJIU

勇往直前

适用年级：小学　　建议时长：90 分钟

【活动概要】

此课程以“愚公移山精神”—— 锲而不舍、坚忍不拔精神为指导，属于恒心品质单元的室内活动课程。在多米诺骨牌馆，通过分工协作，完成多米诺骨牌三个任务的挑战。

【场地器材】

场地：多米诺骨牌馆。

器材：多米诺骨牌、码牌器、玻璃桥。

【学习目标】

1. 了解多米诺骨牌的历史及图案的设计方法。
2. 锻炼自己的动手实践能力、创新能力、合作能力。
3. 培养自己持之以恒、坚持不懈的品质。

【注意提醒】

1. 禁止触碰未经老师允许的教学设备。
2. 禁止触碰馆内电源插头、消防设施等基础设施。

3. 禁止在活动场地追逐打闹。

【任务】

1. 挑战叠叠高：按照横竖交错的摆法将骨牌一层一层向上叠高，最先叠完30层的小组获胜。

2. 自由练习：每人可以自行选择2~3个图案来摆放。

3. 设计小组图案：小组自行设计并搭建跟班级文化有关或值得纪念的图案。

【回顾反思】

1. 在搭建叠叠高的过程中骨牌总是意外倒下，你们是怎么解决这个问题的？

2. 仔细思考一下，你认为骨牌精神是什么？

【自我评价】

评价维度	评价要点	评价结果（描述或判断）
个人	1. 我是否喜欢这个活动？	
	2. 我是否成功地挑战了叠叠高？	
	3. 当骨牌意外倒下，我的心情是什么样的？	
团队	4. 我们小组哪一位成员是我学习的榜样？	
	5. 我们小组成员合作创作的图案有无亮点？	
	6. 我们小组成员的合作是否愉快？	

梵塔传奇

适用年级：小学　　　建议时长：90 分钟

【活动概要】

此课程以“愚公移山精神”—— 锲而不舍、坚忍不拔的精神为指导，属于恒心品质单元的室外活动课程。在空旷平整的场地上，通过互相沟通与协作，按照一定的逻辑顺序完成梵塔传奇活动。

【场地器材】

场地：室外或者室内场地。

器材：塔片。

【学习目标】

1. 了解梵塔的起源及相关知识。
2. 锻炼自己的逻辑推理能力、团队合作能力。
3. 培养自己遇事敢于尝试、迎难而上、持之以恒的品质。

【注意提醒】

1. 取下身上尖锐和易脱落的物品，按照老师指令统一放置。
2. 近期手术、身体不适或有隐形疾病的学生提前告知老师。

3. 注意自己的奔跑速度，防止摔倒。

【任务】

全组人员共同协作，按规则要求将塔片从原塔区经过中转区移到目标区，用时最短小组获胜。

【回顾反思】

1. 你们小组过程中有没有失误？你是如何面对的？

2. 再给各位一次机会你们会怎样操作？

【自我评价】

评价维度	评价要点	评价结果（描述或判断）
个人	1. 我是否喜欢这个活动？	
	2. 我是否找到了活动的逻辑规律？	
	3. 我是否积极主动地配合同伴？	
团队	4. 这个活动中，谁是我们学习的榜样？	
	5. 我们小组面对失败有没有气馁？	
	6. 我们小组的合作是否愉快？	

月球漫步

适用年级：小学　　　建议时长：90 分钟

【活动概要】

此课程以“愚公移山精神”—— 锲而不舍、坚忍不拔的精神为指导，属于恒心品质单元的室外活动课程。在空旷平整的场地上，每组成员从起点出发，彼此用弹性绑腿带连接在一起通过环形山返回宇宙飞船。

【场地器材】

场地：平整安全的室外或者室内场地。

器材：呼啦圈、弹性绑腿带。

【学习目标】

1. 了解航天及登月相关知识。
2. 提高自己的沟通能力、协作能力。
3. 培养自己服务意识、团队意识和目标坚定、坚持不懈的恒心。

【注意提醒】

1. 取下身上尖锐和易脱落的物品，按照老师指令统一放置。
2. 近期手术、身体不适或有隐形疾病的学生提前告知老师。

【任务】

这个活动是团队 PK 的活动，小组的每一位伙伴都彼此连接在一起，哪个小组完成挑战用时最短为获胜方。

【回顾反思】

1. 如何做才能前进得更快呢？

2. 能够挑战成功的团队具有什么样的特点，请用三个词来描述？

【自我评价】

评价维度	评价要点	评价结果（描述或判断）
个人	1. 我是否喜欢这个活动？	
	2. 我是否很用心地投入活动？	
	3. 我是否积极主动地配合同伴？	
团队	4. 这个活动中，我最佩服的同学是谁？	
	5. 我们小组的比赛成绩怎么样？	
	6. 我们小组的合作是否愉快？	

车轮滚滚永向前

适用年级：小学　　　建议时长：90 分钟

【活动概要】

此课程以“愚公移山精神”——锲而不舍、坚忍不拔精神为指导，属于恒心品质单元的室外活动课程。在室外训练场，通过团队配合完成项目挑战。

【场地器材】

场地：室外训练场。

器材：履带。

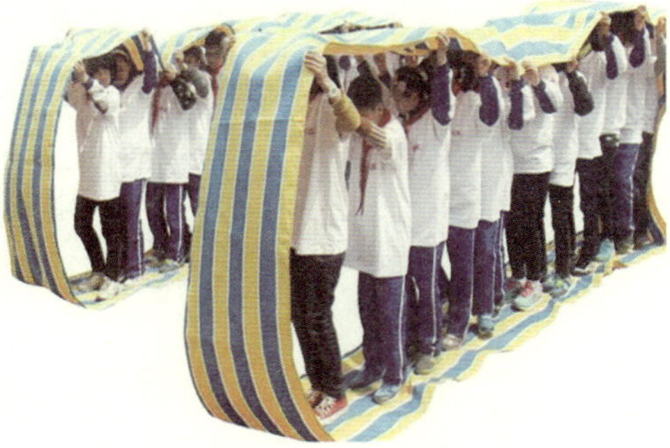

【学习目标】

1. 认识履带车常识及其前进方式。
2. 提升自己的沟通能力、协作能力。
3. 提升自己和其他同学配合的默契度，培养自己做事坚持不懈的品质。

【注意提醒】

1. 活动中注意与同伴及时交流沟通。
2. 严禁私自离开规定活动场地。
3. 活动进行中要严格遵守规则。

【任务】

小组所有人站在履带上沿着规定路线前进，用时最少的小组为获胜者。

【回顾反思】

1. 你在练习和比赛时的状态有什么不同？

2. 如果再给大家一次机会，你会怎样做？

【自我评价】

评价维度	评价要点	评价结果（描述或判断）
个人	1. 我是否喜欢这个活动？	
	2. 我是否很用心地投入活动？	
	3. 我是否积极主动地配合同伴？	
团队	4. 这个活动中，我最佩服的同学是？	
	5. 我们小组的比赛结果是什么？	
	6. 我们小组成员的合作是否愉快？	

思维迷宫

适用年级：小学　　建议时长：90 分钟

【活动概要】

此课程以“愚公移山精神”—— 锲而不舍、坚忍不拔精神为指导，属于恒心品质单元的室内活动课程。在益智游戏场馆，通过木质类和金属类益智教具的探索体验，掌握 6~10 种益智游戏的玩法。

【场地器材】

场地：益智游戏场馆。

器材：木质教具、连环锁、鲁班锁、大型益智游戏器材。

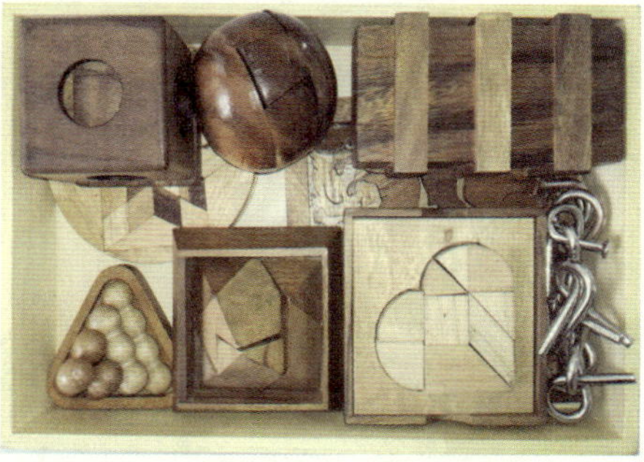

【学习目标】

1. 了解益智游戏的范畴、来源和中国古代四大益智游戏的历史。
2. 锻炼自己的逻辑分析能力、独立思考能力和实践动手能力。
3. 培养自主探究意识和迎难而上、持之以恒的优秀品质。

【注意提醒】

1. 在场馆内禁止咀嚼口香糖、吃零食、乱扔垃圾。
2. 禁止大声喧哗，有问题请向老师报告。
3. 使用教具时轻拿慢放，避免磕碰损伤。

4. 在活动体验完毕后，将教具和大型玩具整理归位。

【任务】

1. 科普：了解中国古代四大益智游戏。

2. 解锁：至少学会六种益智游戏的解锁方法。

3. 解锁：至少学会一种连环锁的解扣方法。

4. 合作：各小组探索大型游戏器材，组员之间相互商讨合作。

【回顾反思】

1. 每个种类的连环锁你都解开了吗？你能总结的规律有哪些？

2. 当你遇到挫折时，是怎样的感受？当你成功解锁一种游戏后，是什么样的心情？

【自我评价】

评价维度	评价要点	评价结果（描述或判断）
个人	1. 我是否喜欢这个活动？	
	2. 中国四大益智游戏是什么？	
	3. 我是否学会六种益智游戏的解锁方法？	
团队	4. 活动中，我最佩服的同学是谁？	
	5. 我们小组完成了几个任务？	
	6. 我们小组成员的合作是否愉快？	

5

第五单元

奋斗之魂

FENDOUZHIHUEN

追梦小浪底——锲而不舍

适用年级：小学　　　建议时长：一天

一、研学目的地

地点：小浪底水利枢纽工程。

说明：小浪底水利枢纽是治理开发黄河的关键性工程，位于黄河中游最后一段峡谷的出口处，距河南省济源市西南30公里（坝址所在地南岸为孟津县小浪底村，北岸为济源市蓼坞村），南距河南省洛阳市中心城区40公里，距三门峡水库130公里，距郑州花园口115公里，是黄河干流三门峡以下唯一能够取得较大库容的控制性工程。工程于1997年截流，2001年年底竣工，属国家“八五”重点项目。小浪底工程坝址控制流域面积69.42万平方公里，占黄河流域面积的92.3%。水库总库容126.5亿立方米，调水调沙库容10.5亿立方米，死库容75.5亿立方米，有效库容51.0亿立方米。小浪底工程的开发目标是以防洪、防凌、减淤为主，兼顾供水、灌溉和发电等。

小浪底大坝不仅是中国治黄史上的丰碑，而且是世界水利工程史上最具有挑战性的杰作，也是我国跨世纪第二大水利工程。总装机容量为 180 万千瓦（6 台 30 万千瓦混流式发电机）的地下发电厂房，高 160 米、长 1667 米的壤土斜心墙堆石坝，巍峨的进水塔，壮观的出水口，在不足一平方公里范围内拥有纵横交错的 108 条洞群等，使小浪底具备了防洪、防凌、发电、排沙等多项功能，是旅游者观赏黄河沧桑巨变的一大景观。一年一度的调水调沙活动，气势雄伟，媲美钱塘潮。水库蓄水后在大坝上游所形成的浩淼水面、曲折河巷与雄伟山势竞相生辉，构成了“北国山水好风光——黄河小浪底”。

二、学习目的

1. 了解黄河流域的自然地理环境，小浪底水利枢纽工程的功能及建设过程，增加自己的见闻和知识储备。

2. 锻炼自己的创新能力和实践能力，能够解决生活和学习中遇到的问题。

3. 了解小浪底工程建设的艰辛，培养自己不怕困难、迎难而上的奋斗精神。

三、研学实践活动流程

活　动	地　点	活动安排
车程预热	车上	老师带领学生观察途经地并进行介绍，提前让学生了解小浪底与愚公移山的故事。
领取研学手册	车上	分组领取研学手册。
参观爱国主义教育展厅	爱国主义教育展厅	分组在展馆内进行探究学习，全面深入了解小浪底建设过程及重要作用。
“保卫母亲河”系列活动	景区空地	听老师讲解小浪底文化及精神，设计保卫黄河宣传语，举行保卫黄河宣誓及签字活动。

追梦黄河画为诗	景区空地	分组绘画黄河诗篇，加深对黄河诗篇的理解，表达对黄河的热爱之情。
午餐	景区空地	在老师的带领下用餐，学习就餐礼仪。
参观工程文化广场	工程文化广场	分组参观工程文化广场，讨论当时建设小浪底时使用的工具，了解当时艰苦的建设条件。
参观雕塑广场	雕塑广场	分小组参观雕塑广场，探寻雕塑含义。
穿越黄河微缩景观	黄河微缩景观	穿越黄河微缩景观，观察黄河流域地貌，了解黄河干流上的大型水电站，黄河流经的省份。

四、研学任务

序号	研学任务	研学地点
任务1	展厅探究竟	爱国主义教育展厅
任务2	我为母亲河代言	宣誓活动
任务3	追梦黄河画为诗	景区空地
任务4	我是文明小“食”客	餐桌礼仪
任务5	看图识机械	工程文化广场
任务6	巧手绘大坝	工程文化广场
任务7	雕塑连连看	雕塑广场
任务8	神奇小飞侠	黄河微缩景观

任务1：展厅探究竟

（1）小浪底水利枢纽工程的六大重要作用分别是______、灌溉、______、______、______、防凌。

（2）小浪底的建设长达______年。

A. 8　　B. 9　　C. 10

（3）请将下列小浪底的三大主体标段与承建的公司连起来。

一标	排沙泄洪系统	法国杜美兹公司
二标	拦河大坝	意大利英波吉罗公司
三标	引水发电系统	德国旭普林公司

（4）截流动员大会上发出的口号（小组集体展示）是________________。

任务 2：我为母亲河代言

（1）请设计一则保护黄河的宣传语。

（2）我们该如何用实际行动保卫母亲河？

任务 3：追梦黄河画为诗

（1）白日依山尽，黄河入海流。欲穷千里目，更上一层楼。（王之涣《登鹳雀楼》）

（2）君不见黄河之水天上来，奔流到海不复回。（李白《将进酒》）

（3）大漠孤烟直，长河落日圆。（王维《使至塞上》）

（4）黄河远上白云间，一片孤城万仞山。（王之涣《凉州词》）

任务 4：我是文明小“食”客

（1）餐桌礼仪“知”多少？请在自己知道的餐桌礼仪前的方格内打“√”。

□吃饭前要洗手　□打饭时不能乱　□饭桌上需安静

□放饭时有顺序　□不暴食不厌食　□食不言寝不语

□要勤俭讲节约　□讲卫生有礼貌

（2）“光盘行动”我践行！请从下面几个方面给自己打分，满分是5星。

就餐文明：☆☆☆☆☆

没有剩饭：☆☆☆☆☆

是否挑食：☆☆☆☆☆

与人分享：☆☆☆☆☆

（3）我为小浪底洗洗澡

就餐完毕以后整理好自己的垃圾并且带走，另外请帮小浪底捡拾一次垃圾。

任务4：看图识机械

（1）请把下面的名字与对应的工程机械连起来。

钢模台车

佩尔蒂尼自卸车

黄河1号盾构机

徐工DE400载重车

（2）“我和大汽车”——我的身高是（　　　），根据自己的身高估测一下佩尔蒂尼车的轮子有多高。

任务 6：巧手绘制大坝

任务 7：雕塑连连看(根据图片内容连名称)

小浪底工程咨询有限公司 

德国旭普林公司 

意大利英波吉罗公司 

法国杜美兹公司 

黄河明珠 

中国 FFT 

黄河水利委员会 

主体雕塑 

任务 8：神奇小飞侠

（1）你在行走黄河微缩景观的过程中注意观察了吗？请把下面水电站的序号填到图中正确的位置上。

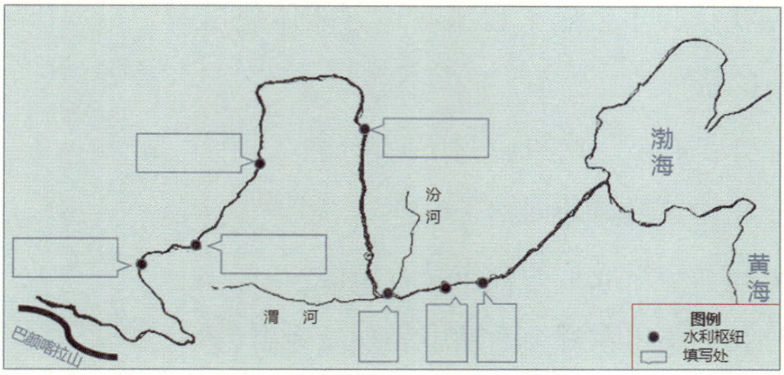

①龙羊峡水电站 ②青铜峡水电站 ③刘家峡水电站 ④三门峡水电站

⑤小浪底水电站 ⑥西霞院水电站 ⑦万家寨水电站

（2）黄河的发源地是（　　　），入海口是（　　　）。

（3）黄河全程流过了9个省份，你知道是哪9个省吗？请你选出来。

□青海 □四川 □山东 □宁夏 □江苏 □内蒙古

□河南 □山西 □湖北 □甘肃 □江西 □陕西

小结：

眼睛记录美好的生活

脚步丈量世界的宽度

愿同学们在以后的学习和生活中

积极进取、努力拼搏

因为奋斗的青春最美丽！

评价维度	评价要点	评价结果（描述或判断）
个人	1. 我最喜欢的活动是哪一个？	
	2. 我会主动做到保护环境、节约用水吗？	
	3. 我认为小浪底工程哪些地方能体现出奋斗的精神？	
	4. 如果有下一次机会我还会来吗？	
团队	5. 我印象最深的同学是谁？	
	6. 我和小组成员的合作是否愉快？	
	7. 我们小组在哪个活动中表现最为出色？	

问道王屋山——奋斗之道

适用年级：小学　　　建议时长：一天

一、研学目的地

地点：王屋山风景区

说明：王屋山，是中国古代九大名山之一，道教“天下第一洞天”，轩辕黄帝祭天之所，《愚公移山》寓言故事的发祥地。主峰天坛山，海拔1715米。据文献记载，轩辕黄帝于元年正月甲子，登天坛山设坛祭天，打败蚩尤，统一华夏，开创中国5000年的文明史，因此，天坛山成为中华民族大一统圣地。

景区内有以道家精神文化为代表的道境广场和阳台宫，展现了丰富多彩的道家文化和元素，对于学生了解和传承优秀传统文化有着非常重要的作用。

这里是愚公精神的发源地，同时也是新时期愚公精神的创新地。新开发的愚公移山红色教育基地是济源的研学实践活动目的地之一，主题是传承和创新愚公精神，是新时期愚公精神的宣传地，拥有丰富的研学资源。

二、学习目的

1. 了解王屋山的历史文化及愚公精神。

2. 全方位了解王屋山，提升自己的观察能力；培养自己发现问题，并运用知识分析问题和解决问题的能力。

3. 学习愚公坚持不懈、坚忍不拔、吃苦耐劳的精神。

三、研学实践活动流程

活　动	地　点	活动安排
车程预热	车上	观赏沿途秀丽风光，听老师讲解道文化和愚公移山的故事。
领取资料	车上	领取研学手册。
参观道境广场	道德经墙	参观道境广场，看牌坊了解神话故事；集体朗诵《道德经》，感受优秀传统文化。
参观阳台宫	阳台宫院内	听老师讲解阳台宫，然后进行实地探究，讨论如何保护文物并进行宣誓和签字仪式。
午餐	饭店	午餐休息。
探访愚公移山红色教育基地	愚公移山红色教育基地	在老师的带领下探访北山愚公村，感悟愚公移山志，传承愚公移山精神；参与“叩石垦壤，箕畚运于渤海之尾”的实景体验课程，感悟愚公移山的艰辛与不易，学习愚公艰苦奋斗的精神。

四、研学任务

序　号	研学任务	研学地点
任务 1	初见道境广场	道境广场
任务 2	诵读道德经书	道德经墙
任务 3	我在阳台宫观	阳台宫
任务 4	探访愚公故里	愚公移山红色教育基地

任务 1：初见道境广场

(1) 五门上的字分别是什么？请在下面圆圈中写出来。

(2) 神话故事连连看。（根据图片把相关的图片故事名称连到一起）

伏羲演八卦　　黄帝大战蚩尤　　后羿射日　　神农尝百草　　女娲补天　　大禹治水

(3) 选择其中的一个故事讲给身边的伙伴听。

任务 2：诵读道德经书

（1）《道德经》的作者是______。

A.  B.  C. 

（2）《道德经》全文共约______字，共有______章节。

A. 2000；8

B. 5000；83

C. 5000；81

（3）你看过《道德经》吗？请将下列句子连起来。

道可道，非常道	始于足下
千里之行	水善利万物而不争
上善若水	名可名，非常名。

任务 3：我在阳台宫观

（1）看画联，填对联。（请在下列括号内填写画联相对应的字）

上联：风调（　　）顺，（　　）泰民安

下联：（　　）海无涯，回头是（　　）

（2）看图填空（写出下列图案所对应的故事名称）

图1：

图2：

图3：

任务4：探访愚公故里

（1）愚公移山故事中，愚公移的是______和______两座大山。

（2）我们已经了解了愚公移山这个故事，你觉得愚公身上有哪些值得我们学习的精神？（多选）

A. 团结友爱

B. 互帮互助

C. 不怕困难

D. 坚持不懈

（3）以下生活事例，是否体现了当代的"愚公精神"？是的请在选项前打"√"。

□无论刮风下雨，小红同学都是第一个到教室上课，从来不迟到，不旷课。

□在研学旅行途中，张小天同学总是帮其他同学背书包、拿水杯。

□在运动会长跑中，王晓宇同学自己觉得跑不完全程，放弃了比赛。

小结：

眼睛记录美好的生活

脚步丈量世界的宽度

愿同学们在以后的学习和生活中

积极进取、努力拼搏

因为奋斗的青春最美丽！

评价维度	评价要点	评价结果（描述或判断）
个人	1. 我最喜欢的活动是哪一个？	
	2. 我最喜欢《道德经》里面的哪一句话？	
	3. 我认为愚公移山故事中哪些内容体现了奋斗的精神？	
	4. 如果有下一次机会我还会来吗？	
团队	5. 我印象最深的同学是谁？	
	6. 我和小组成员的合作是否愉快？	
	7. 我们小组在哪个活动中表现最为出色？	

中小学实践教育教学研究

初中生◎学习用书

刘国战 著

中国美术学院出版社

责任编辑：史梦龙
版式设计：李世静
责任校对：杨轩飞
责任出版：张荣胜

图书在版编目(CIP)数据

中小学实践教育教学研究 /刘国战著．--杭州：中国美术学院出版社，2020.1
（济源市示范性综合实践基地课程与线路系列丛书）
ISBN 978-7-5503-2079-6

Ⅰ.①中… Ⅱ.①刘… Ⅲ.①中小学教育—教学研究 Ⅳ.①G63

中国版本图书馆CIP数据核字（2019）第236135号

中小学实践教育教学研究

刘国战　著

出 品 人：祝平凡
出版发行：中国美术学院出版社
社　　址：中国·杭州市南山路218号
网　　址：http://caapress.com
邮　　编：310002
印　　刷：济源佳彩印务传媒设计有限公司
版　　次：2020年1月第1版
印　　次：2020年1月第1次印刷
印　　张：59.75
开　　本：787mm×1092mm　1/16
字　　数：870千
图　　数：300幅
印　　数：0001-1000
书　　号：ISBN 978-7-5503-2079-6
定　　价：260.00元（全六册）

序 言

济源，是全国具有重要影响力的中小学研学旅行实验区。

济源市示范性综合实践基地（营地），是全国首批河南省首家“全国中小学生研学实践教育营地”。

“十二五”以来，济源市示范性综合实践基地（营地）在国家教育部、财政部等部委、河南省委省政府和济源市委市政府的大力支持和帮助下，立足中国特色社会主义新时代，把握教育事业发展新要求，依托中原区位资源优势，紧紧抓住各种有利时机，积极探索中小学研学实践教育科学发展的新路子，以发展中小学生研学实践教育为重要内容，加快推进研学实践教育发展，取得了初步成效，先后获得“全国课程建设示范性基地联盟常务理事单位”“全国中小学生研学实践教育营地”“全国中小学生研学实践教育示范营地”“河南省首批省级青少年户外体育活动营地”“河南省中小学综合性社会实践教育基地”“河南省中小学社会实践教育基地（综合性基地）”和“河南省研学旅游示范基地”等荣誉称号。

着眼长远、不断发展是济源市示范性综合实践基地（营地）矢志不渝的战略目标。自投入使用以来，实践基地始终本着“实践出真知”的教育理念，全面贯彻落实“立德树人”根本任务，持续开展研学实践教育活动，接待青少年学生达 10 万余人次，开发线路 24 条，研发综合实践课程 86 门，为青少年学生提供了广阔的研学实践教育平台。

优势独特、资源丰富是济源市示范性综合实践基地（营地）快速发展的坚实基础。河南是中华文明和中华民族最重要的发源地，中国八大古都河南占有

其四，文物古迹众多，地下文物和馆藏均居全国首位；是中国姓氏的重要发源地，孕育的风流人物灿若群星；也是自然景观荟萃之地，山川壮美，风光秀丽，融南秀北雄于一体。济源作为华夏文明和中原文化的重要传承区，具备得天独厚的文化资源、自然资源、生态资源和交通区位优势。中华“四渎”，济源独占其二，济水、黄河文化源远流长；愚公移山，发祥于济源，是中华民族宝贵的精神财富和动力源泉；王屋山，世界地质公园，号称“天下第一洞天”；小浪底工程举世闻名，一座水利大坝，千年治黄历史；留庄民兵营、杜八联、晋豫革命边区、朱德出太行旧线，红色基因在济源代代相传；济源地处豫西北，毗连晋东南，区位独特，能够立足河南、辐射中部，实现全国营地优质教育资源的交流和共享。

前景广阔、佳境可期是济源市示范性综合实践基地（营地）持续发展的不竭动力。济源市委市政府高度重视研学实践教育营地建设，市委、市政府主要领导多次到实践基地现场调研、听取专题汇报，先后做出“全力争取国家级重点示范性营地项目、建设全国一流的研学实践教育营地、打造国内独一无二的研学小镇”的重要批示；利用省教育厅爱国主义教育基地周边资源，进一步开拓营地格局、打开发展空间。济源市示范性综合实践基地将借助上级领导的重视和支持，全面整合周边的土地、自然、人文、旅游资源，广泛与林业、交通、农业、体育、规划等部门开展共建共创，凝聚发展合力，将实践基地打造成国内规模一流、设施一流、师资一流、课程一流的研学实践教育营地。

“雄关漫道真如铁，而今迈步从头越。”济源市示范性综合实践基地（营地）将乘着国家大力发展校外教育事业的东风，发扬“愚公移山，敢为人先”的精神，更新观念，顺时应势，在加强研学实践教育效果的前提下，立足“奋斗青春美丽”的基本教育思想，围绕不同学段和主题，科学开发并利用好宝贵而独特的华夏文明研学实践教育资源，设计基地（营地）特色课程体系，使其成为推进河南乃至全国校外实践教育的新动力，谱写新时代研学实践教育发展的崭新篇章。

济源市示范性综合实践基地简介

济源市示范性综合实践基地是“十二五”期间，由教育部、财政部利用中央专项彩票公益金支持建设的全国首批、河南省首家公益性校外教育场所项目，同时也是“十三五”期间全国首批、河南省首家国家级“全国中小学生研学实践教育营地”项目，2018 年又被教育部评为“全国中小学生研学实践教育示范营地”。实践基地位于黄河小浪底库区的大峪镇涅泉，占地面积约 2.1 万余平方米（310 亩），建筑面积 4.5 万余平方米，总投资 1.54 亿元，可同时接待 1000 余名中小学生开展活动并保障食宿。

实践基地建设了室内综合实践区、室外劳动实践区、综合训练区和生活区四大功能分区，设施先进，设备齐全。在室内综合实践区建设有防震减灾体验馆、公共安全体验馆、科技体验馆、金工木工实践馆、机器人竞技体验馆、模拟金融体验馆、模拟法庭体验馆等 19 个专题实践场馆；在室外劳动实践区建设有农业示范区、自主厨艺加工区等活动场所；在综合训练区建设有拓展训练区、交通园区、学军活动区、攀岩区、户外体育活动营地这 5 个室外活动区，为广大青少年搭建了广阔的研学实践教育平台。

实践基地拥有一支思想素质好、业务水平高的师资队伍。实践老师队伍力量雄厚，拥有（专职、兼职、全职）研学实践教育老师 104 名，完全能够满足 1000 余名青少年学生开展各类研学实践教育活动的需求；师资队伍年龄结构合理，中青年老师 102 人，占比 98%；实践老师全部具备与岗位相适应的学历水平和岗位技能，其中专科以上学历老师 96 人，占比 92%，大学本科以上学历老师 55 人，占比52%；专职实践老师持证上岗率为 100%。

济源市示范性综合实践基地初步建立了符合研学实践教育要求和青少年成长需求的实践课程体系，全面落实《示范性综合实践基地实践活动指南 (试行)》《济源市中小学研学旅行课程方案》的相关要求，制订了《研学线路及课程建设规划 (2017—2020)》。充分利用河南省社会教育资源，开展各种基于济源地域特点的整合性校外教育活动课程体系。从国家战略高度落实有关研学实践、综合实践等政策，结合河南省的“愚公移山精神”“红旗渠精神”“焦裕禄精神”这三大“时代精神”，立足现有课程体系和运营模式，围绕和利用基地现有设施条件、自然环境，整合周边社会教育资源，定位开展以“奋斗青春美丽”为教育主题思想的济源基地综合实践活动课程，把教育目标确定为“奋斗的人格”教育，即：培养锲而不舍、坚忍不拔的愚公移山精神；鼓励攻坚克难、协作制胜的红旗渠精神；倡导艰苦奋斗、迎难而上的焦裕禄精神。小学以“愚公移山精神”为单元主题、中学以“红旗渠精神”为单元主题、高中以“焦裕禄精神”为单元主题的营地实践教育活动，目前已经完成小学 28 门、初中 32 门、高中 26 门，共计 86 门活动课程。研发研学线路 26 条，其中市内线路 6 条、省内线路 17 条、省外线路 3 条，囊括了优秀传统文化、革命传统教育、国防科工、自然生态、国情教育等研学实践教育的各个版块，研发面向小学、初中、高中三个阶段的线路课程五大版块共 78 门，完全能够满足当前营地研学实践教育活动开展需求。

多年来，济源市示范性综合实践基地坚持大力开展面向广大青少年学生的研学实践教育活动，基地总接待数量达 10 万余人次，在研学实践教育领域形成了一定的影响力，先后被评为“全国示范性综合实践基地课程联盟常务理事单位”“全国中小学生研学实践教育营地”“全国中小学生研学实践教育示范营地”“全国青少年农业科普示范基地”“河南省中小学社会实践教育基地 (综合性基地)”“河南省省级青少年户外体育活动营地”“河南研学旅游示范基地”“河南省科普教育基地”“河南省防震减灾科普教育基地”“济源市青少年法治教育实践基地”“济源市科普教育基地”“济源市妇女儿童教育实践基地”“济源市关心下一代教育基地”“智慧营地研究中心”“安徽工程大学体育学院、安徽工程大学体验产业学院硕士研究生实践教学和研究基地”。今后，济源市示范性综合实践基地将继续坚持上级部门的正确领导，紧紧依托黄河以北这片教育热土，紧密联合周边众多研学基地，发挥丰厚教育资源的集中优势，持之以恒推进研学实践教育发展，全面贯彻落实“立德树人”根本任务，为社会主义现代化建设培养更多又红又专、德才兼备、全面发展的合格建设者和可靠接班人。

contents

目　录

第一单元　责　任

奋斗之源 …… 3
模拟法庭 …… 5
黄金四分钟 …… 7
公共安全 …… 9
责无旁贷 …… 11
天使之路 …… 13
责任电网 …… 15
责任墙 …… 17
最佳拍档 …… 19
团队竞速 …… 21

第二单元　创　新

妙手沙画 …… 25
创意相框 …… 27

指尖艺术 …………………………………… 29
百变绳结 …………………………………… 31
巧取生命水 ………………………………… 33
智闯雷阵 …………………………………… 35
数字对对碰 ………………………………… 37

第三单元　合　作

魅力孔雀 …………………………………… 41
奇妙世界 …………………………………… 43
巨人脚步 …………………………………… 45
团队节拍 …………………………………… 47
争分夺秒 …………………………………… 49
协作闯关 …………………………………… 51
携手共进 …………………………………… 53
盲兵布阵 …………………………………… 55
逻辑碎片 …………………………………… 57

第四单元　勇　毅

勇毅之塔 …………………………………… 61
长征之路 …………………………………… 63
中空漫步 …………………………………… 65
勇攀高峰 …………………………………… 67

第五单元　奋斗之魂

追梦小浪底——协作制胜 ……………………… 71
问道王屋山——学习之道 ……………………… 81

1

第一单元

责任

ZEREN

中小学实践教育
教学研究

ZHONGXIAOXUE
SHIJIANJIAOYU JIAOXUEYANJIU

奋斗之源

适用年级：初中　　　建议时长：90 分钟

【活动概要】

此课程以“红旗渠精神”—— 攻坚克难、协作制胜精神为指导，属于责任品质单元的室内活动课程。在时代精神馆，通过视频和老师讲解愚公移山精神、焦裕禄精神和红旗渠精神，感受奋斗之源——“时代精神”的内涵与意义。

【场地器材】

场地：时代精神馆。

器材：视频、图片、展品、道具。

【学习目标】

1. 了解愚公移山故事、红旗渠修建背景和水渠的构成，以及焦裕禄事迹。

2. 感受当时劳动人民的艰辛，锻炼自己的表达能力、创新能力。

3. 培养自己生活责任意识和社会责任意识，使自己成为敢于担当的新时代接班人与传承者。

【注意提醒】

1. 禁止触碰未经老师允许的教学设备。

2. 禁止触碰馆内电源插头、消防设施、报警装备等基础设施。

3. 禁止在活动场地追逐打闹。

【任务】

1. 学习：愚公移山精神、焦裕禄精神以及红旗渠精神，了解三大精神的时代背景。

2. 体验：观看相关视频及展板上的内容，并完成朗诵、情景演绎、凌空除险等活动。

【回顾反思】

1. 你所理解的三大精神的内涵分别是什么？

2. 如何在以后的生活中发扬时代精神？

【自我评价】

评价维度	评价要点	评价结果（描述或判断）
个人	1. 我能主动参与活动吗？	
	2. 这节课我最大的收获是什么？	
	3. 我将如何在以后的学习、生活中践行今天的收获？	
团队	4. 我最欣赏的同学是谁？为什么？	
	5. 我们小组成员在活动中的合作是否愉快？	
	6. 我们小组在哪些方面表现最为出色？	

模拟法庭

适用年级：初中　　　　建议时长：90 分钟

【活动概要】

此课程以“红旗渠精神”——攻坚克难、协作制胜精神为指导，属于责任品质单元的室内活动课程。在模拟法庭馆，通过视频和角色扮演了解刑事第一审普通程序和模拟未成年刑事犯罪第一审普通程序。

【场地器材】

场地：综合实践楼二楼模拟法庭馆

器材：模拟法庭剧本

【学习目标】

1. 了解法庭基本物品的名称含义以及基本法律常识。

2. 锻炼自己的语言表达能力，提高自我的团队协作能力。

3. 提高自我的法律认知意识，培养对自我负责、对社会负责的意识，做遵纪守法的好少年。

【注意提醒】

1. 禁止触碰馆内电源插头、消防设施等基础设施以及未经老师允许的其他教学设备。

2. 尽可能调整自己的状态，不要笑场、哄闹、扰乱法庭纪律。

3. 禁止在活动场地追逐打闹。

【任务】

1. 学习：了解法庭基本物品的名称含义以及基本法律常识。

2. 模拟：根据剧本将案件审判过程进行情景演绎。

【回顾反思】

1. 你刚刚扮演的是哪个角色？扮演这个角色心情如何？为何有这样的心情？

2. 在今后的生活学习中，如果你和同学、朋友发生矛盾冲突，你会寻求哪些方式解决？

【自我评价】

评价维度	评价要点	评价结果（描述或判断）
个人	1. 我能投入自己所担任的角色当中吗？	
	2. 我能主动提出自己的建议吗？	
	3. 这节课我最大的收获是什么？	
团队	4. 我最欣赏的同学是谁？为什么？	
	5. 我们小组成员在活动中的合作是否愉快？	
	6. 我们小组在哪些方面表现最为出色？	

黄金四分钟

适用年级：初中　　建议时长：90 分钟

【活动概要】

此课程以“红旗渠精神”—— 攻坚克难、协作致胜精神为指导，属于责任品质单元的室内活动课程。在防震减灾体验馆，通过观看视频了解心跳呼吸骤停的危害，并通过亲自动手体验，掌握心肺复苏的操作方法。

【场地器材】

场地：防震减灾体验馆。

器材：心肺复苏模拟假人、一次性 CPR 屏障消毒面膜。

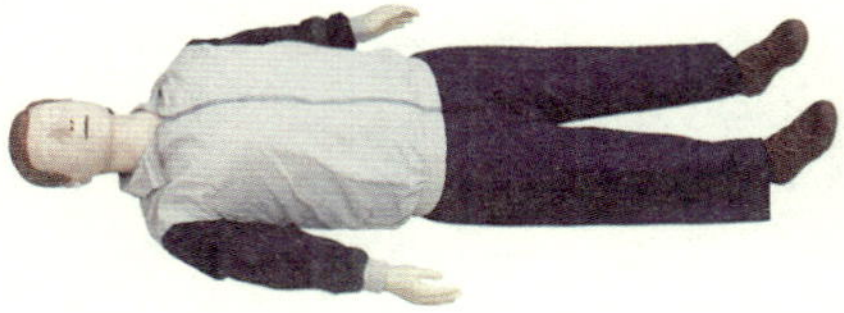

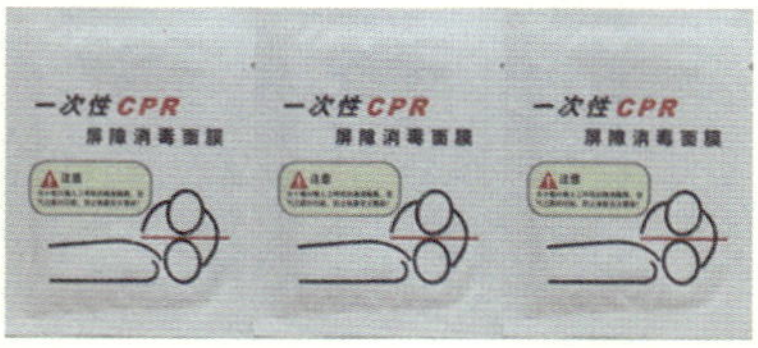

【学习目标】

1. 掌握心肺复苏的操作方法。

2. 提升自救及他救的能力以及处理突发状况的能力。

3. 培养自身珍爱生命以及对自己对他人生命负责的态度。

【注意提醒】

1. 禁止把盛放假人的箱子打开置于一旁。

2. 禁止在活动场地乱跑。

3. 按照要求进行操作，避免出现扭伤等现象。

【任务】

1. 学习：掌握心肺复苏的基础知识以及操作方法。

2. 体验：在模拟假人上进行心肺复苏练习。

【回顾反思】

1. 在心肺复苏操作过程中哪些步骤比较困难？难在哪里？

2. 如果在生活中碰到需要救助的情况，你会怎么做？

【自我评价】

评价维度	评价要点	评价结果（描述或判断）
个人	1. 我是否掌握了心肺复苏操作的流程？	
	2. 我是否认为“黄金四分钟”很重要？	
	3. 我能以严肃认真的态度参与活动吗？	
团队	4. 我最佩服的同学是谁？	
	5. 我们小组成员的合作是否愉快？	
	6. 我们小组在哪些方面表现最为出色？	

公共安全

适用年级：初中　　　建议时长：90分钟

【活动概要】

此课程以“红旗渠精神”—— 攻坚克难、协作制胜精神为指导，属于责任品质单元的室内活动课程。在公共安全体验馆，观看公共安全视频和展板，并进行紧急救护措施情景演练。

【场地器材】

场地：公共安全体验馆。

器材：器官模型、应急包。

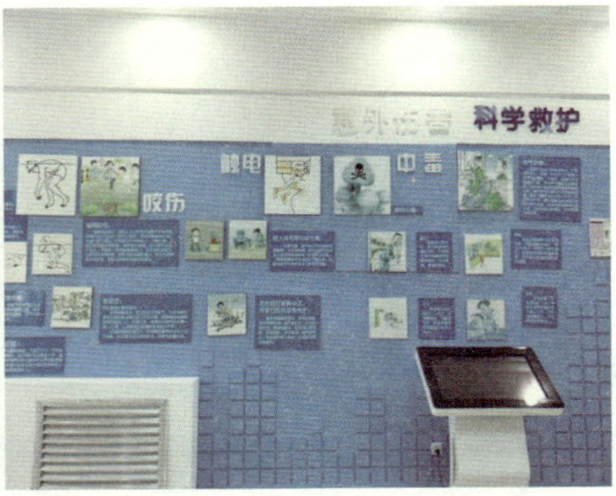

【学习目标】

1. 增加自己对公共安全的认知。

2. 提高自我保护、救助、逃生的基本技能，以及自我防范和辨别是非的能力。

3. 增强关注自身健康的责任意识。

【注意提醒】

1. 禁止触碰未经老师允许的教学设备。

2. 禁止触碰馆内电源插头、消防设施等基础设施。

3. 禁止在活动场地追逐打闹。

【任务】

1. 学习：了解疾病类型并组装疾病器官模型，了解毒品的危害和信息安全常识。

2. 体验：从老师手中抽出一张卡片，学生按照卡片上规定的情景演绎出来。

【回顾反思】

1. 这节课我们学习了哪些安全知识？

2. 今天你对生命有什么新的认识？

【自我评价】

评价维度	评价要点	评价结果（描述或判断）
个人	1. 我是否掌握了疾病防控的基本知识？	
	2. 我是否掌握了意外伤害的紧急处理方法？	
	3. 我能以严肃认真的态度参与活动吗？	
团队	4. 我最欣赏的同学是谁？	
	5. 我们小组情景演绎的合作是否愉快？	
	6. 我们小组在哪些方面表现最为出色？	

责无旁贷

适用年级：初中　　建议时长：90 分钟

【活动概要】

此课程以“红旗渠精神”—— 攻坚克难、协作致胜精神为指导，属于责任品质单元的室内活动课程。在防震减灾体验馆，练习止血和包扎的方法，并分角色进行模拟救护演练。

【场地器材】

场地：防震减灾体验馆。

器材：绷带、纱布、止血带。

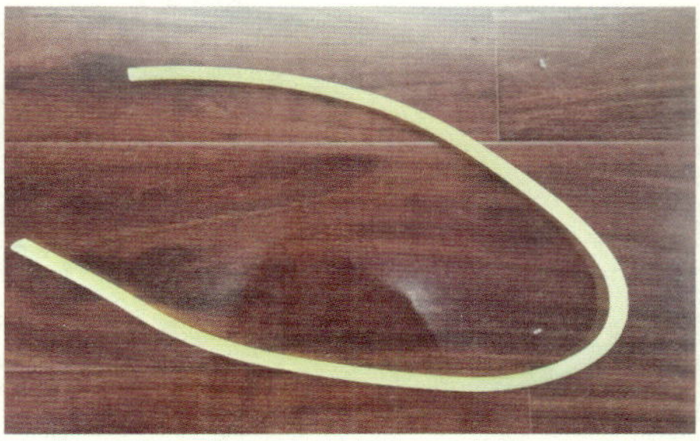

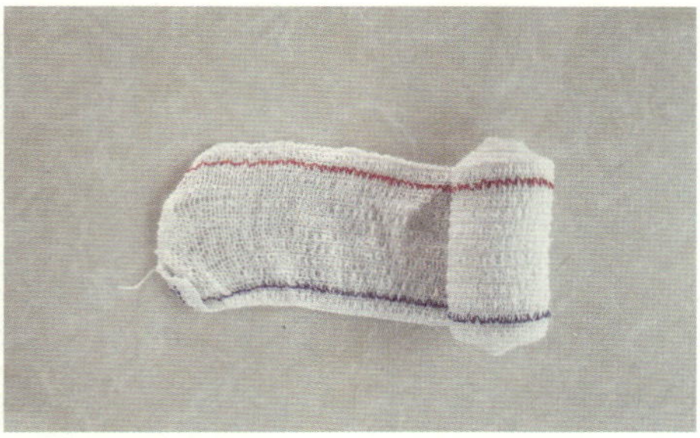

【学习目标】

1. 掌握止血方法、包扎方法和认识人体生理构造。

2. 提升自己现场急救技能以及应对突发状况的处理能力。

3. 建立珍爱生命的情感以及人道、博爱、奉献的红十字精神，培养对生命负责的态度。

【注意提醒】

1. 禁止使用道具进行危险操作。

2. 禁止在活动场地乱跑。

3. 按照要求进行操作，避免出现扭伤、拉伤等现象。

【任务】

1. 学习：了解常见的止血和伤口包扎方法。

2. 练习：在同伴身上对已学的现场急救知识进行练习。

3. 模拟：在 3 分钟内对模拟场景中出现的伤员进行救治。

【回顾反思】

1. 在操作过程中哪些步骤比较困难？难在哪里？

2. 如果你给家人普及现场急救知识，你会分享什么？

【自我评价】

评价维度	评价要点	评价结果（描述或判断）
个人	1. 我是否掌握了绷带包扎的方法？	
	2. 我是否掌握了常用的止血方法？	
	3. 我能以严肃认真的态度参与活动吗？	
团队	4. 我觉得我们组中谁的领导力是最强的？	
	5. 我们小组成员的合作是否愉快？	
	6. 我们小组不同于其他组的地方在哪？	

天使之路

适用年级：初中　　　建议时长：90 分钟

【活动概要】

此课程以“红旗渠精神”——攻坚克难、协作致胜精神为指导，属于责任品质单元的室外活动课程。在活动体验中，分角色搭建一座木板桥，并依次从桥上爬过去。

【场地器材】

场地：室外或者室内平整。

器材：音响、话筒、浮桥、浮台。

【学习目标】

1. 了解相关道具的使用操作方法与身体受力状态下的相关保护常识。

2. 锻炼自己，学会换位思考能力、抗压能力，提升班级的凝聚力。

3. 使自己懂得感恩与奉献，培养自己勇于承担责任和决不轻言放弃的拼搏精神。

【注意提醒】

1. 活动过程中坚守岗位，不得私自离开。

2. 活动过程中如果发现道具或者相关人员有安全隐患，应及时报告。

3. 严禁在浮桥上站立。

4. 听到哨音或者禁止命令，必须马上停止当前动作，保持静止。

5. 活动中不得嬉笑打闹，不得做其他与课程无关的事情。

【任务】

挑战者在规则的约束下，跟随老师和安全员行走一段不寻常的路程。

【回顾反思】

1. 当肩扛浮桥木板的时候，你是什么感受？是什么力量让你坚持下来的？

2. 生活中还有哪些人在默默地用肩膀扛起我们前进的道路？我们以后应该为他们做些什么？

【自我评价】

评价维度	评价要点	评价结果（描述或判断）
个人	1. 我是否喜欢这个活动？	
	2. 我能为团队承担应有的责任吗？	
	3. 我是否积极主动地配合伙伴？	
团队	4. 我还记得我的搭档是谁吗？	
	5. 活动中团队成员有互相鼓励吗？	
	6. 活动中最让你感动的一件事是什么？	

责任电网

适用年级：初中　　　　建议时长：90分钟

【活动概要】

此课程以“红旗渠精神”——攻坚克难、协作制胜精神为指导，属于责任单元的室外活动课程。在室外训练场地，通过和同学们的协作，从电网中的网洞穿越。

【场地器材】

场地：室外训练场。

器材：电网器材。

【学习目标】

1. 增进自己对团队和责任的理解。
2. 锻炼自己的计划能力、抗挫能力、沟通能力、协作能力。
3. 锻炼自己不服输的心态和敢于担当责任的品质。

【注意提醒】

1. 注意课堂纪律，不许随意跑动，嬉笑打闹，有问题请举手示意。
2. 硬质、尖锐和容易掉落的物品须统一摆放到指定位置。

【任务】

利用大小不一的网洞，全体同学成功穿越电网。

【回顾反思】

1. 请问在穿越的过程中，你怎样做才是对团队最好的配合？

2. 团队要想取得成功，我们每个人应该怎么做？

【自我评价】

评价维度	评价要点	评价结果（描述或判断）
个人	1. 我是否觉得提前计划很重要？	
	2. 我能为团队承担应有的责任吗？	
	3. 我能以严肃认真的态度参与活动吗？	
团队	4. 我最想感谢的同学是谁？	
	5. 我们的团队成员合作默契吗？	
	6. 我们团队达到成功需要哪些条件？	

责任墙

适用年级：初中　　　建议时长：90 分钟

【活动概要】

此课程以“红旗渠精神”—— 攻坚克难、协作制胜精神为指导，属于责任品质单元的室外活动课程。在责任墙活动场地，与同学一起，不借助任何道具翻越一面高墙。

【场地器材】

场地：拓展训练区。

器材：责任墙。

【学习目标】

1. 了解责任墙相关背景和安全保护常识。
2. 锻炼自己的分析能力、领导能力和团队合作能力。
3. 培养自己的团队意识、感恩意识和责任意识。

【注意提醒】

1. 摘去身上的一切尖锐和易脱落的物品，如手表、眼镜、钥匙、发卡等。

2. 攀爬时的专业动作须认真听从老师安排。

3. 三个月内做过大型手术的，或者有先天性疾病的，或者手腕、脚腕、肩膀患习惯性脱臼的同学，不适合参与该活动。

4. 攀爬过程中要注意保护自身安全和同伴安全。

【任务】

和同学一起安全顺利翻越责任墙。

【回顾反思】

1. 你在刚才的活动中担当了哪个角色？你觉得自己为团队做了什么？

2. 这是一面有形的墙，在现实生活和学习中依然会有一面墙，然而它可能是一面无形的墙，那么这面墙是什么？以后我们遇到它会怎样面对？

【自我评价】

评价维度	评价要点	评价结果（描述或判断）
个人	1. 我能主动参与活动吗？	
	2. 我能为团队承担应有的责任吗？	
	3. 我能以严肃认真的态度参与活动吗？	
团队	4. 我最欣赏的同学是谁？	
	5. 我们的团队成员合作是否愉快？	
	6. 我们团队最大的优点是什么？	

最佳拍档

适用年级：初中　　建议时长：90 分钟

【活动概要】

此课程以“红旗渠精神”——攻坚克难、协作制胜精神为指导，属于责任品质单元的室外活动课程。在室外活动场地，分角色与搭档一起利用工具完成任务。

【场地器材】

场地：室外活动场地。

器材：橡胶圈、塑料杯、细绳、眼罩、餐巾纸。

【学习目标】

1. 体会团队合作和关注细节对成功的重要性。
2. 锻炼自己的表达能力、协作能力、指挥能力。
3. 培养自己的服务意识、责任意识、团队意识。

【注意提醒】

1. 听从老师指挥，不得私自行动。

2. 遵守操作规则，不得在操作过程中打开眼罩。

3. 禁止在活动场地追逐打闹。

【任务】

利用所提供的资源，把核弹移到安全区域。

【回顾反思】

1. 操作者和指挥者如何配合，才算是最佳拍档？

2. 这个活动给你带来最大的启发是什么？

【自我评价】

评价维度	评价要点	评价结果（描述或判断）
个人	1. 我更喜欢操作者还是指挥者的角色？	
	2. 我和搭档配合默契吗？	
	3. 我能和搭档进行有效的沟通吗？	
团队	4. 我们的总指挥指挥得如何？	
	5. 我们小组成员的合作是否愉快？	
	6. 我们小组在哪些方面表现最为出色？	

团队竞速

适用年级：初中　　建议时长：90 分钟

【活动概要】

此课程以“红旗渠精神”——攻坚克难、协作致胜精神为指导，属于责任品质单元的室外活动课程。在室外训练场，分组分轮次进行跟数字方面有关的任务竞赛。

【场地器材】

场地：室外训练场

器材：团队竞技道具、白板、记号笔

轮次/组别	第一轮	第二轮	第三轮	第四轮	第五轮	第六轮	总分
1 组							
2 组							
3 组							
4 组							

【学习目标】

1. 提升自己对数字规律的认知。

2. 锻炼自己的观察能力、执行能力、分享能力。

3. 培养自己的反馈意识、责任意识。

【注意提醒】

1. 取下身上尖锐物品和易掉落的物品。

2. 明确本组的活动区域，与其他小组之间不要互相干扰。

3. 跑动时注意自身安全。

【任务】

每组派出参赛挑战者，在60秒的时间里，把1~50的数字依次指出，每个团队成员循环参赛。

【回顾反思】

1. 挑战过程中有没有遇到困难？又是怎么解决的？

2. 如果再给你一次机会，你会做出什么样的改变？

【自我评价】

评价维度	评价要点	评价结果（描述或判断）
个人	1. 我是否非常投入体验活动？	
	2. 在活动中我体验了什么样的角色？	
	3. 我最开心的那一刻是？	
团队	4. 我最佩服的同学是谁？	
	5. 我们小组成员的合作是否愉快？	
	6. 我们小组观察员的观察能力强吗？	

2

第二单元 创新

CHUANGXIN

妙手沙画

适用年级：初中　　　　建议时长：90 分钟

【活动概要】

此课程以“红旗渠精神”——攻坚克难、协作制胜精神为指导，属于创新品质单元的室内活动课程。在雏鹰成长馆，进行沙画艺术创作。

【场地器材】

场地：雏鹰成长馆。

器材：沙画台、细沙、刷子。

【学习目标】

1. 了解沙画的历史意义。
2. 培养自己动手实践能力、创新创造能力。
3. 培养自己探索意识、创新意识、审美意识。

【注意提醒】

1. 注意纪律，不允许大声喧哗，有问题请举手示意。
2. 不许随意跑动、嬉笑打闹和摆弄沙子。
3. 上课前将手洗干净、晾干。

【任务】

1. 练习：掌握6种基础的沙画手法。

2. 创作：结合所学的沙画手法，创作一幅“梅兰竹菊”百花组合图。

3. 展示：在5分钟内完成小组展示。

【回顾反思】

1. 我们制作沙画时，各种手法的使用特点是什么？

2. 如果再给大家一次机会，你会对自己的作品做哪些方面的创新？

【自我评价】

评价维度	评价要点	评价结果（描述或判断）
个人	1. 我对沙画有了哪些新的了解？	
	2. 我能否掌握沙画中6种基础手法？	
	3. 我在沙画活动体验中有哪些创意？	
团队	4. 我觉得同学中谁的创造力最好？	
	5. 我认为同学中谁的沙画作品最好？	
	6. 我们班级在哪些方面表现最为出色？	

创意相框

适用年级：初中　　　　建议时长：90 分钟

【活动概要】

此课程以“红旗渠精神”—— 攻坚克难、协作致胜精神为指导，属于创新品质单元的室内活动课程。在金工木工馆，动手设计、制作相框。

【场地器材】

场地：金工木工馆。

器材：锯床、木板、护目镜、刷子、砂纸、铅笔、尺子、纸等。

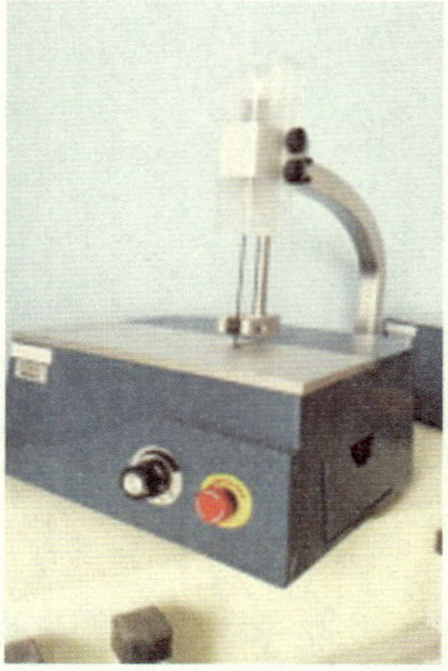
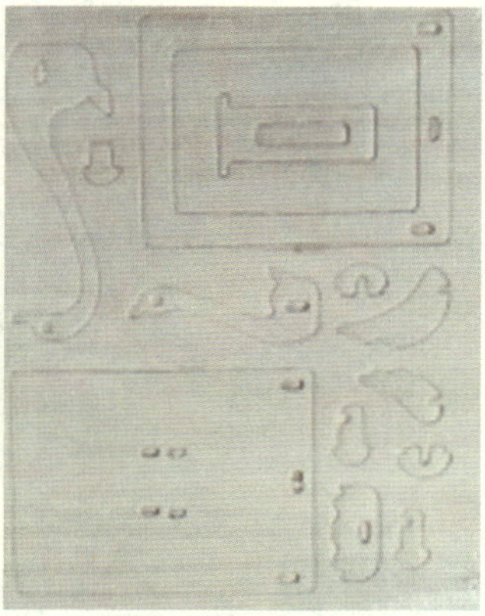

【学习目标】

1. 了解相框的构造和作用。
2. 锻炼自己的动手实践能力、创新创造能力。
3. 培养自己的探索意识、创新意识。

【注意提醒】

1. 禁止触碰未经老师允许的教学设备。
2. 禁止在室内追逐打闹、大声喧哗。

3. 操作时，穿戴好安全装备，不能违规操作。

【任务】

1. 制作：在 30 分钟内完成各自设计的相框。

2. 展示：在 5 分钟时间内对本小组的作品进行展示。

【回顾反思】

1. 你最感兴趣的环节是哪个环节？为什么？

2. 对自己的作品满意吗？你作品中最有创意的是哪一点？

【自我评价】

评价维度	评价要点	评价结果（描述或判断）
个人	1. 我对相框有了哪些新的了解？	
	2. 我能熟练掌握相框的制作方法吗？	
	3. 我在相框制作活动体验中有哪些创意？	
团队	4. 你最欣赏哪位同学的作品？	
	5. 我们小组成员的相处是否愉快？	
	6. 我们小组最大的优点是什么？	

指尖艺术

适用年级：初中　　　建议时长：90 分钟

【活动概要】

此课程以“红旗渠精神”—— 攻坚克难、协作制胜精神为指导，属于创新品质单元的室内活动课程。在多米诺骨牌场馆，进行刻纸技巧的练习和刻纸创作。

【场地器材】

场地：多米诺骨牌场馆。

器材：刻板、黑色卡纸、红纸、模板图案、刻刀、棉签、胶水。

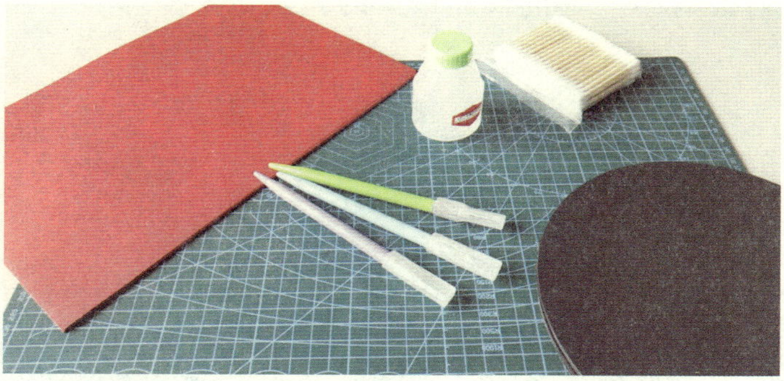

【学习目标】

1. 了解阴刻和阳刻的特点。

2. 掌握刻纸的简单技法和创作方法，提升自己的动手实践能力和审美能力。

3. 激发自己热爱民间艺术的情感，培养自己敢于打破常规、推陈出新的意识。

【注意提醒】

1. 禁止触碰未经老师允许的教学设备。

2. 禁止触碰馆内电源插头等带电设施。

3. 禁止在活动场地追逐打闹。

【任务】

1. 技法：运用刻刀雕刻作品。

2. 刻纸：刻制一幅自己的生肖属相作品。

3. 创意：刻制具有自我风格的小型图案装饰作品。

【回顾反思】

1. 你在雕刻中遇到的困难是什么？怎么克服的？

2. 你认为你的作品最大的亮点在哪里？

【自我评价】

评价维度	评价要点	评价结果（描述或判断）
个人	1. 我能否区分阴刻和阳刻？	
	2. 我能正确使用制作刻纸的工具吗？	
	3. 我在刻纸制作过程中有哪些创意？	
团队	4. 我认为谁分享的作品最有创意？	
	5. 我们小组成员的相处是否愉快？	
	6. 如果让你创造一个作品，你会设计什么内容？	

百变绳结

适用年级：初中　　　　建议时长：90 分钟

【活动概要】

此课程以“红旗渠精神”—— 攻坚克难、协作致胜精神为指导，属于创新品质单元的室内活动课程。在多元实践馆，练习绳结的打法，亲自动手编织。

【场地器材】

场地：多元实践馆。

器材：A4 纸、绳子、画笔。

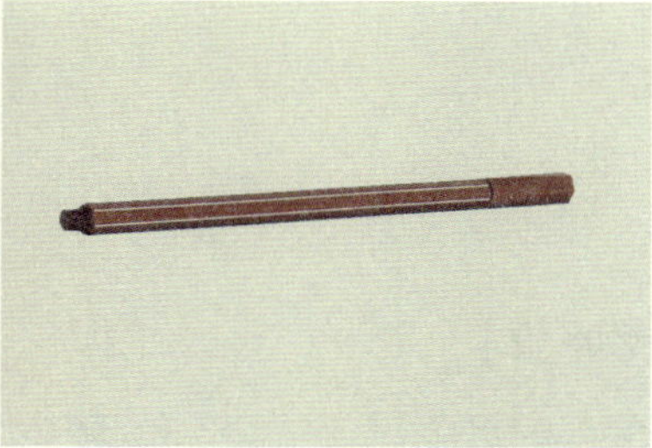

【学习目标】

1. 学会单结、平结、单八结、称人结、蝴蝶结、渔人结的打法。
2. 锻炼自己的动手能力和创新能力。
3. 培养自己积极探索、努力创新的意识。

【注意提醒】

1. 禁止在体验过程中跑动、推、挤。
2. 在有同学出现意外时立刻停止。
3. 在制作信封的时候，使用剪刀的环节要注意安全。

【任务】

1. 学习：6 种绳结的打法。

2. 制作：编织一条手链并制作一封祝福信。

3. 情感传递：将自己制作的礼物送给父母。

【回顾反思】

1. 你认为哪个绳结的制作方法最难掌握？

2. 今天的学习对我们的生活有什么帮助和影响？

【自我评价】

评价维度	评价要点	评价结果（描述或判断）
个人	1. 我能否掌握单结、平结、单八结、称人结、蝴蝶结、渔人结的打法？	
	2. 我是否知道这些绳结分别在什么情况下使用？	
	3. 我的手链制作成功了吗？	
团队	4. 我最欣赏的同学是谁？为什么？	
	5. 我们班级成员的相处是否愉快？	
	6. 我们班级在哪些方面表现最为出色？	

巧取生命水

适用年级：初中　　　建议时长：90 分钟

【活动概要】

此课程以“红旗渠精神”—— 攻坚克难、协作制胜精神为指导，属于创新品质单元的室外活动课程。在室外训练场，与其他同学合作，通过道具在一定的规则范围内取水。

【场地器材】

场地：室外训练场。

器材：雷区图、15 米粗绳子、8 米细绳子、矿泉水。

【学习目标】

1. 了解创新的概念和方法。
2. 锻炼自己团队合作的能力、解决问题的能力。
3. 培养自己的探索意识、创新意识。

【注意提醒】

1. 身体不适或近期做过大型手术的同学要提前报告，以免出现意外情况。
2. 尖锐和容易掉落的物品须根据老师要求统一摆放到指定位置。

3. 挑战过程中，注意自身安全和小组其他成员安全。

【任务】

采用至少 6 种不同的方法成功取水。

【回顾反思】

1. 这么多取水的方法，是怎么产生的？

2. 挑战过程中你们是如何分工的？又是如何执行的？

【自我评价】

评价维度	评价要点	评价结果（描述或判断）
个人	1. 我能主动参与活动吗？	
	2. 我能主动提出自己关于取水方法的建议吗？	
	3. 我能认真倾听他人的想法吗？	
团队	4. 我们团队中提出方法最多的那个同学是谁？	
	5. 我们小组一共用了多少种方法取水？我们满意吗？	
	6. 其他小组值得我们学习的地方是什么？	

智闯雷阵

适用年级：初中　　　建议时长：90 分钟

【活动概要】

此课程以“红旗渠精神”—— 攻坚克难、协作制胜精神为指导，属于创新品质单元的室外活动课程。在平整开阔场地，在雷阵图上不断尝试，找出一条安全通道。

【场地器材】

场地：平整开阔场地。

器材：雷阵图。

【学习目标】

1. 了解创新的定义和创新的方法。

2. 锻炼自己的沟通能力和表达能力。

3. 培养自己不服输的心态和勇于打破常规的素养。

【注意提醒】

1. 禁止随意离开活动场地。

2. 活动过程中禁止追逐打闹、大声喧哗。

【任务】

全员在这个雷阵图上找出一条安全通道并能顺利通过。

【回顾反思】

1. 在什么情况下，我们开始尝试去走红区？为什么？红区对我们来说意味着什么？

2. 如果在以后的生活和学习中，我们也遇到了类似的困境，这个活动会对我们有什么启发？

【自我评价】

评价维度	评价要点	评价结果（描述或判断）
个人	1. 我能发现完成活动任务的突破点吗？	
	2. 我能主动提出自己关于行走线路的建议吗？	
	3. 我能认真倾听他人的想法吗？	
团队	4. 我们班是否有人突破红区？	
	5. 我们班在挑战中是否配合愉快？	
	6. 我们班在哪些方面表现最为出色？	

数字对对碰

适用年级：初中　　　建议时长：90 分钟

【活动概要】

此课程以“红旗渠精神”——攻坚克难、协作制胜精神为指导，属于创新单元的室外活动课程。在平整开阔场地，进行翻牌竞赛。

【场地器材】

场地：平整开阔场地。

器材：大型扑克牌。

【学习目标】

1. 增强自己对创新的理解和认知。
2. 锻炼自己的沟通能力和表达的能力。
3. 锻炼自己应变的意识和创新意识。

【注意提醒】

1. 注意课堂纪律，不许随意跑动、嬉笑打闹，有问题请举手示意。
2. 特殊体质的同学要提前报告，以免出现意外情况。
3. 注意自身安全，跑动速度不要过快，以免摔倒跌伤。

【任务】

各小组按照要求拿走扑克，数量最多的小组为获胜组。

【回顾反思】

1. 你们小组用了什么方法？它的好处是什么？

2. 三轮牌型的不断变化，给你带来什么样的启发？

【自我评价】

评价维度	评价要点	评价结果（描述或判断）
个人	1. 我能主动参与活动吗？	
	2. 我能主动提出合理化的建议吗？	
	3. 我能及时准确地反馈吗？	
团队	4. 我最欣赏的同学是谁？为什么？	
	5. 我们小组成员的相处是否愉快？	
	6. 我们小组在哪些方面表现最为出色？	

3

第三单元

合作

HEZHUO

中小学实践教育
教学研究

ZHONGXIAOXUE
SHIJIANJIAOYU JIAOXUEYANJIU

魅力孔雀

适用年级：初中　　　建议时长：90 分钟

【活动概要】

此课程以“红旗渠精神”—— 攻坚克难、协作制胜精神为指导，属于合作品质单元的室内活动课程。在毛条手工馆，自己动手制作魅力孔雀。

【场地器材】

场地：毛条手工馆。

器材：彩色毛条、剪刀。

【学习目标】

1. 学会捏、折、卷、缠等多种手工制作基本表现方法和技巧。

2. 锻炼自己的动手实践能力、创新创造能力与逻辑思维能力。

3. 增强自己的团队合作意识。

【注意提醒】

1. 禁止将上课期间的工具当作玩具。

2. 禁止触碰馆内电源插头。

3. 禁止在活动场地追逐打闹。

【任务】

1. 选材：确定孔雀身体各部位颜色后领取毛条。

2. 制作：小组合作，在30分钟内成功制作出孔雀。

【回顾反思】

1. 制作孔雀的活动中，你最大的收获是什么？

2. 你们小组是怎么分工合作的？

【自我评价】

评价维度	评价要点	评价结果（描述或判断）
个人	1. 我能主动参与活动吗？	
	2. 我能熟练掌握毛条的操作方法吗？	
	3. 我能认真倾听他人的想法吗？	
团队	4. 我认为哪一组的孔雀最有魅力？	
	5. 我们小组能否有效合作？	
	6. 我们小组在哪些方面表现最为出色？	

奇妙世界

适用年级：初中　　　　建议时长：90 分钟

【活动概要】

此课程以“红旗渠精神”—— 攻坚克难、协作制胜精神为指导，属于合作品质单元的室内活动课程。在科技体验场馆，通过科技展品，来体验声、力、生物科学所带来的科技奥秘。

【场地器材】

场地：科技体验馆。

器材：无弦竖琴、螺旋飞车、保持平衡。

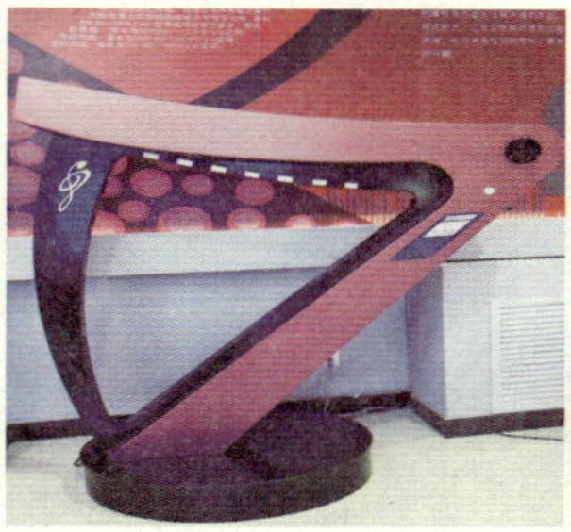

【学习目标】

1. 巩固声学、力学、生物学等学科知识。
2. 培养自己自主探究和团队协作的能力。
3. 培养自己与其他同学之间的团队合作意识。

【注意提醒】

1. 禁止触碰未经老师允许的教学设备。
2. 禁止触碰馆内电源插头、消防设施等基础设施。
3. 禁止在活动场地追逐打闹。

【任务】

1. 观察：回顾声学、力学、生物学相关知识，观察展品所发生的现象，动脑思考现象所涉及的原理知识。

2. 体验：小组合作学习，30 分钟内完成声学、力学、生物学体验任务，并进行小组讨论解决个人有疑惑的地方。

【回顾反思】

1. 在任务完成的过程中哪个环节出现了困惑？

2. 科技给我们生活带来了哪些便捷？举例说明。

【自我评价】

评价维度	评价要点	评价结果（描述或判断）
个人	1. 我能自觉遵守活动秩序吗？	
	2. 我有哪些新的发现？	
	3. 我最喜欢的活动是哪一个？	
团队	4. 在活动中你认为谁配合得比较好？	
	5. 我们小组能够有效合作吗？	
	6. 我们小组在哪些方面表现最为出色？	

巨人脚步

适用年级：初中　　　建议时长：90 分钟

【活动概要】

此课程以“红旗渠精神”—— 攻坚克难、协作制胜精神为指导，属于合作品质单元的室外活动课程。在户外训练场地，与小组成员一起，在一定的规则下快速前进。

【场地器材】

场地：户外训练场地。

器材：绑腿带。

【学习目标】

1. 了解绑腿带的正确使用方法和安全前进的方法。
2. 锻炼自己团队合作能力和肢体协调能力。
3. 锻炼自己敢于面对、勇于挑战的心态和互帮互助的团队意识。

【注意提醒】

1. 近期手术、身体不适或有隐性疾病的学生提前告知老师。
2. 须提前取下身体上尖锐和容易掉落的物品，并统一摆放。
3. 挑战过程中要听从老师的指挥。

【任务】

以小组为单位，组员横排前进，在绑腿带不断开的情况下，从起点到终点，再从终点返回起点，用时最少的队伍获胜。

【回顾反思】

1. 刚开始你们的队伍不整齐，后面怎么调整得整齐了？

2. 在团队中我们如何和身边的同学合作才能使我们团队更优秀？

【自我评价】

评价维度	评价要点	评价结果（描述或判断）
个人	1. 我对自己在活动中的表现满意吗？	
	2. 我是否能很好地与小组成员配合？	
	3. 我是否能主动给小组提供建议？	
团队	4. 我们的小组长是否有领导力？	
	5. 我们小组的成员能够有效合作吗？	
	6. 我们小组在哪些方面表现最为出色？	

团队节拍

适用年级：初中　　　建议时长：90分钟

【活动概要】

此课程以“红旗渠精神”——攻坚克难、协作制胜精神为指导，属于合作品质单元的室内活动课程。在空旷的场地，在老师的带领下进行队形的变换，并分组进行乐章的合奏表演。

【场地器材】

场地：空旷的场地。

器材：无。

	1	2	3	4		5	6	7	8
一、	X	X	X	X	|	X	X	X	X
二、	XX	X	XX	X	|	XX	XX	XX	X
三、	X	XX	X	XX	|	X	XX	X	XX
四、	X	XX	X	XX	|	X	XX	XX	X

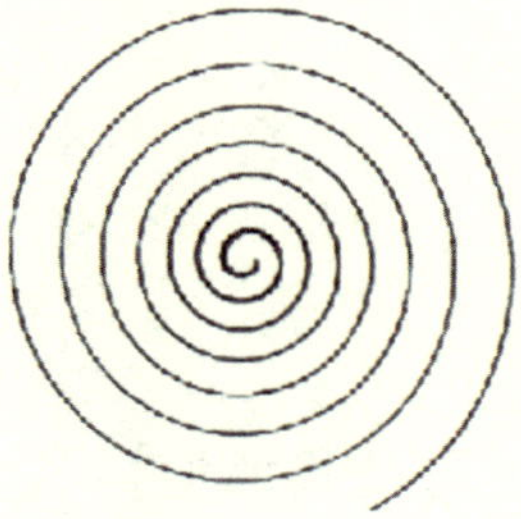

【学习目标】

1. 学习基本的节奏节拍。
2. 锻炼自己的手脑协调能力和创新能力。
3. 培养自己的解决问题意识、团队合作意识。

【注意提醒】

1. 禁止随意离开活动场地。
2. 活动过程中禁止追逐打闹、大声喧哗。

【任务】

1. 体验行列式：根据要求变换队形和肢体动作。

2. 挑战华彩乐章：把不同的声部演绎成一篇完美的华彩乐章。

【回顾反思】

1. 你认为一个和谐优秀的团队，应该具备哪些特点？

2. 大家从这个活动中得到什么启发？与自己的学习和生活会有哪些结合？

【自我评价】

评价维度	评价要点	评价结果（描述或判断）
个人	1. 我喜欢这个活动吗？	
	2. 我的双手和身体的协调性怎么样？	
	3. 我对自己的表现满意吗？	
团队	4. 我对班级在团队节拍中的表现满意吗？	
	5. 我们小组能够有效合作吗？	
	6. 我们班级在哪些方面表现最为出色？	

争分夺秒

适用年级：初中　　　建议时长：90 分钟

【活动概要】

此课程以“红旗渠精神”—— 攻坚克难、协作致胜精神为指导，属于合作品质单元的室外活动课程。在平整开阔场地，通过团队合作按照要求依次取出数字信息卡片。

【场地器材】

场地：平整开阔场地。

器材：卡片。

【学习目标】

1. 增进学生对数字的综合知识的学习。

2. 锻炼自己的沟通能力、合作能力。

3. 培养自己不服输的心态和团队合作的品质。

【注意提醒】

1. 注意自身安全，不要追逐打闹，不要触碰到周围障碍物。

2. 在 30 分钟之内，每队只有 3 次挑战机会。

【任务】

小组成员把 30 张卡片按照从 1~30 的顺序依次找出来。

【回顾反思】

1. 我们是如何利用这 3 次机会的？每次体验后都做了些什么改进？

2. 我们合作得顺利吗？如果再给我们一次机会，该如何合作？

【自我评价】

评价维度	评价要点	评价结果（描述或判断）
个人	1. 我是否主动参与活动？	
	2. 我是否喜欢这个活动？	
	3. 我能认真倾听他人的想法吗？	
团队	4. 我对小组在“争分夺秒”中的表现满意吗？	
	5. 我们小组成员能够有效合作吗？	
	6. 我们小组在哪些方面表现最为出色？	

协作闯关

适用年级：初中　　建议时长：90分钟

【活动概要】

此课程以“红旗渠精神”——攻坚克难、协作致胜精神为指导，属于合作品质单元的室外活动课程。在室外平整开阔场地，通过团队合作，完成四个环节的挑战。

【场地器材】

场地：室外平整开阔场地。

器材：不倒森林、珠行万里、绑腿带。

【学习目标】

1. 认识团队的重要性。

2. 锻炼自己的协作能力、反应能力。

3. 培养自己的团队意识、服务意识。

【注意提醒】

1. 开始前做充分的热身活动。

2. 开始前要摘除手表、手链等硬物和容易掉落的物品。

3. 使用道具时注意轻拿轻放，避免损坏道具。

【任务】

用最短时间挑战四个环节。

【回顾反思】

1. 当因为出错而重新开始时，你会如何来要求自己去配合团队？

2. 这个活动给你带来最大的收获是什么？

【自我评价】

评价维度	评价要点	评价结果（描述或判断）
个人	1. 我喜欢这个活动吗？	
	2. 我能主动配合团队吗？	
	3. 我认为最难挑战的是哪个活动环节？	
团队	4. 挑战过程中我们队的成员有没有发生过争执？	
	5. 我们小组成员能够有效合作吗？	
	6. 我们小组在哪个环节表现最为出色？	

携手共进

适用年级：初中　　建议时长：90 分钟

【活动概要】

此课程以“红旗渠精神”—— 攻坚克难、协作致胜精神为指导，属于合作品质单元的室外活动课程。在平整开阔场地，通过团队合作，借助道具完成挑战。

【场地器材】

场地：室外或者室内的平整开阔场地。

器材：木砖。

【学习目标】

1. 认知团队合作、合理分工的重要性。
2. 锻炼自己的动手实践能力、沟通能力。
3. 增强自己和其他同学之间的团结合作能力。

【注意提醒】

1. 近期手术、身体不适或有隐性疾病的学生提前告知老师。
2. 在挑战前，取下身上尖锐和容易掉落的物品，并统一摆放。

3. 听从老师的指令进行挑战。

【任务】

利用道具，全员顺利从起点到达终点，完成挑战。

【回顾反思】

1. 如何做才能前进得更快？

2. 如果再给大家一次机会，我们该如何配合呢？

【自我评价】

评价维度	评价要点	评价结果（描述或判断）
个人	1. 我能主动参与活动吗？	
	2. 我是否能够和身边的同伴互相合作？	
	3. 让我比较感动的场景是什么？	
团队	4. 我最欣赏的同学是谁？为什么？	
	5. 我们小组成员能够有效合作吗？	
	6. 我对小组在活动中的表现满意吗？	

盲兵布阵

适用年级：初中　　　　建议时长：90 分钟

【活动概要】

此课程以“红旗渠精神”—— 攻坚克难、协作致胜精神为指导，属于合作品质单元的室外活动课程。在室外或室内平整开阔场地，通过团队合作，按要求把绳子排放成相应的图形。

【场地器材】

场地：室外或室内平整开阔场地。

器材：绳子、眼罩。

【学习目标】

1. 增加自己对正方形的认知和团队沟通的认知。

2. 锻炼自己的领导能力、沟通能力、执行能力。

3. 提升自己的团队意识，培养自己做事情有计划、懂合作、重细节的优秀品质。

【注意提醒】

1. 活动体验开始后不能随意打开眼罩。

2. 不能快速移动或者奔跑，防止摔倒或者冲撞他人。

3. 前行时，必须把双手放在身体前方，防止撞到障碍物。

【任务】

找到绳子，并且解开绳子上所有绳结，围成最大面积四边形，所有人平均分配在四边形的每条边上，不能平均分配的组员请站到四边形的正中间位置。

【回顾反思】

1. 你们认为这个活动中最困难的环节是什么？

2. 如果再来一次，我们该如何配合？

【自我评价】

评价维度	评价要点	评价结果（描述或判断）
个人	1. 我理解盲兵布阵的任务吗？	
	2. 我能有效地表达自己的想法吗？	
	3. 我能认真倾听他人的想法吗？	
团队	4. 我们小组完成盲兵布阵的任务了吗？	
	5. 我们小组成员是怎么合作的？	
	6. 我对小组在活动中的表现满意吗？	

逻辑碎片

适用年级：初中　　　　建议时长：90 分钟

【活动概要】

此课程以“红旗渠精神”—— 攻坚克难、协作致胜精神为指导，属于合作品质单元的室外活动课程。在平整开阔场地，通过团队合作，把信息卡片进行排序。

【场地器材】

场地：平整开阔场地。

器材：卡片、坐垫。

【学习目标】

1. 增加逻辑感的认知。
2. 锻炼自己沟通能力和协作能力。
3. 培养自己的集体意识和团队合作意识。

【注意提醒】

1. 禁止随意离开自己的位置。

2. 禁止随意抛扔卡片。

3. 禁止奔跑或嬉戏打闹。

【任务】

小组按照一定的逻辑顺序摆放好卡片。

【回顾反思】

1. 你希望别人如何描述卡片？你是如何描述自己的卡片的？

2. 这个活动为你的学习生活带来什么样的启发？

【自我评价】

评价维度	评价要点	评价结果（描述或判断）
个人	1. 我能理解各个卡片之间的逻辑关系吗？	
	2. 我能有效地表达自己的想法吗？	
	3. 我能认真倾听他人的想法吗？	
团队	4. 我们小组完成逻辑碎片活动的任务了吗？	
	5. 我们小组成员能够有效合作吗？	
	6. 我们小组成员在合作中最大的优点是什么？	

4

第四单元

勇毅

YONGYI

勇毅之塔

适用年级：初中　　　建议时长：90 分钟

【活动概要】

此课程以“红旗渠精神”——攻坚克难、协作致胜的精神为指导，属于勇毅品质单元的室内活动课程。在机器人竞技馆，亲自动手组装信号塔模型。

【场地器材】

场地：机器人竞技馆。

器材：组装信号塔相关零件。

【学习目标】

1. 认识信号塔和它的用途。

2. 提升自己的合作能力、动手能力。

3. 培养自己遇到难题要迎难而上，不轻言放弃，努力克服困难，坚持不懈的品质。

【注意提醒】

1. 禁止触碰未经老师允许的教学设备。

2. 禁止触碰馆内电源插头、报警装备等基础设施。

3. 禁止在活动场地追逐打闹。

【任务】

1. 观察：了解信号塔的图片手册中零件的特点、种类，以及模型制作步骤。

2. 组装：小组合作，在25分钟内成功完成组装任务。

【回顾反思】

1. 在整个过程中我们小组是否进行了讨论交流？是怎么进行有效分工的？

2. 解决难题的过程中，你最大的收获是什么？

【自我评价】

评价维度	评价要点	评价结果（描述或判断）
个人	1. 我完成了信号塔的拼装吗？	
	2. 我的动手能力有所提升吗？	
	3. 我有接受他人的帮助或者帮助他人吗？	
团队	4. 我对小组哪位同学的印象最深？	
	5. 我们小组成员的相处是否愉快？	
	6. 我们班哪个小组的分享是最好的？	

长征之路

适用年级：初中　　　建议时长：90分钟

【活动概要】

此课程以“红旗渠精神”——攻坚克难、协作制胜精神为指导，属于勇毅品质单元的室内活动课程。在长征教育馆，通过观看视频、自主参观、活动体验等方式了解长征精神。

【场地器材】

场地：长征教育馆。

器材：蜡像、绑腿、视频。

【学习目标】

1. 了解长征精神、路线、背景等知识。

2. 培养自己动手及团队协作能力。

3. 培养自己艰苦奋斗、勇往直前、百折不挠、坚持不懈的精神，让自己铭记历史，增强民族自豪感。

【注意提醒】

1. 禁止触碰未经老师允许的教学设备。

2. 禁止触碰馆内电源插头、消防设施、报警装备等基础设施。

3. 禁止在活动场地追逐打闹。

【任务】

1. 学习：了解长征精神、路线、背景等知识。

2. 体验：小组成功完成打绑腿带的任务、各版块的视频及展板的学习实践活动。

3. 实践：小组进行长征知识抢答竞赛，完成学唱红歌的任务。

【回顾反思】

1. 你理解的长征精神是什么？

2. 学习了长征精神，在生活中遇到困难你会怎么解决？

【自我评价】

评价维度	评价要点	评价结果（描述或判断）
个人	1. 我会打绑腿带吗？	
	2. 我最感兴趣的是哪个环节？	
	3. 我是否能唱一首红歌？	
团队	4. 我对小组哪位同学的印象最深？	
	5. 我们班级成员的相处是否愉快？	
	6. 在看展板环节中，给你印象最深的一个红军场面是什么？	

中空漫步

适用年级：初中　　　建议时长：90 分钟

【活动概要】

此课程以“红旗渠精神”—— 攻坚克难、协作制胜精神为指导，属于勇毅品质单元的室外活动课程。在中空拓展区，从中空断桥的一端跨越到另一端。

【场地器材】

场地：中空断桥器械场。

器材：断桥装备。

【学习目标】

1. 了解极限安全装备的相关专业知识。

2. 提升自己克服困难和突破自我的能力。

3. 培养自己勇于突破自我、克服困难、积极向上的心态。

【注意提醒】

1. 近期手术、身体不适或有隐性疾病的学生提前告知老师。

2. 听从老师的指令进行挑战、完成挑战。

3. 中空作业场所，未经允许不得追逐打闹、私自攀爬器械。

【任务】

从中空断桥的一端跨越到另一端，然后从另一端再跨越回来，则视为挑战成功。

【回顾反思】

1. 你最佩服你们团队中哪一位同学？为什么？

2. 这个活动挑战的是你的能力还是心态？我们应该以什么样的心态去面对困难？

【自我评价】

评价维度	评价要点	评价结果（描述或判断）
个人	1. 我成功地跳过断桥了吗？	
	2. 我是否有过犹豫？	
	3. 我站在上面是什么样的感受？	
团队	4. 我们班级每个同学都成功跳过断桥了吗？	
	5. 我们班级在活动中的团队氛围怎么样？	
	6. 我对班级在活动中的表现满意吗？	

勇攀高峰

适用年级：初中　　建议时长：90 分钟

【活动概要】

此课程以“红旗渠精神”—— 攻坚克难、协作致胜精神为指导，属于勇毅品质单元的室外活动课程。在攀岩活动场地，根据自己设定的目标进行攀爬岩壁的活动。

【场地器材】

场地：攀岩墙。

器材：高空安全装备。

【学习目标】

1. 了解攀岩和相关装备的基本使用常识。
2. 锻炼学生肢体的协调力、爆发力、耐力和意志力。
3. 培养学生不断挑战、坚持不懈的毅力和勇敢的优秀品质。

【注意提醒】

1. 三个月内做过大型手术，或者有先天性疾病，或有手腕、脚腕、肩膀习惯性脱臼的同学不能参与。

2. 所有人取下高空容易掉落的物品，如手表、眼镜、钥匙、发卡等。

3. 在挑战前清理过长的指甲。

4. 长头发的女同学要把头发平铺到安全头盔内。

5. 每次学生开始攀爬前一定让老师确认后方能出发。

【任务】

在安全装备保护下按照安全要求依次完成攀岩挑战。

【回顾反思】

1. 你认为完成这个挑战，最应该具备哪种品质？

2. 你是如何理解勇攀高峰的？这给你以后的学习生活带来什么样的启发？

【自我评价】

评价维度	评价要点	评价结果（描述或判断）
个人	1. 我成功地完成自己设定的目标了吗？	
	2. 我能主动为同伴加油鼓励吗？	
	3. 挑战过程和我预期的一样吗？	
团队	4. 在活动中我最佩服的一位同学是谁？	
	5. 我们班级在活动中的团队氛围怎么样？	
	6. 我对班级在活动中的表现满意吗？	

5

第五单元

奋斗之魂

FENDOUZHIHUEN

追梦小浪底——协作制胜

适用年级：初中　　　建议时长：一天

一、研学目的地

地点：小浪底水利枢纽工程。

说明：小浪底水利枢纽是治理开发黄河的关键性工程，位于黄河中游最后一段峡谷的出口处，距河南省济源市西南 30 公里（坝址所在地南岸为孟津县小浪底村，北岸为济源市蓼坞村），南距河南省洛阳市中心城区 40 公里，距三门峡水库 130 公里，距郑州花园口 115 公里，是黄河干流三门峡以下唯一能够取得较大库容的控制性工程。工程于 1997 年截流，2001 年底竣工，属国家“八五”重点项目。小浪底工程坝址控制流域面积 69.42 万平方公里，占黄河流域面积的 92.3%，水库总库容 126.5 亿立方米，调水调沙库容 10.5 亿立方米，死库容 75.5 亿立方米，有效库容 51.0 亿立方米。小浪底工程的开发目标是以防洪、防凌、减淤为主，兼顾供水、灌溉和发电等。

小浪底大坝不仅是中国治黄史上的丰碑，而且是世界水利工程史上最具有挑战性的杰作，也是我国跨世纪第二大水利工程。总装机容量为180万千瓦（6台30万千瓦混流式发电机）地下发电厂房，高160米、长1667米的壤土斜心墙堆石坝，巍峨的进水塔，壮观的出水口，在不足一平方公里范围内拥有纵横交错的108条洞群等，使小浪底具备了防洪、防凌、发电、排沙等多项功能，是旅游者观赏黄河沧桑巨变的一大景观。一年一度的调水调沙活动，气势雄伟，媲美钱塘潮。水库蓄水后在大坝上游所形成的浩淼水面、曲折河巷与雄伟山势竞相生辉，构成了“北国山水好风光——黄河小浪底”。

二、学习目的

1. 通过探究活动，重温课本上与黄河相关的历史文化知识，增强对这部分知识的记忆和理解。

2. 通过参与保卫母亲河系列活动，锻炼自己的合作创新能力和实践能力。

3. 通过深入了解小浪底的建设过程，增强对母亲河的热爱之情，深度理解红旗渠精神，培养攻坚克难、协作制胜的品质。

三、研学实践活动流程

活　动	地　点	活动安排
车程预热	车上	跟随老师带领，倾听老师介绍，了解小浪底与红旗渠的故事。
领取研学手册	车上	分组领取研学手册。
参观观景平台	观景平台	听老师讲解小浪底工程概况，初步了解小浪底。
探究雕塑广场	雕塑广场	分小组参观雕塑广场，了解各个雕塑的含义，分清小浪底工程的四个标段。
走过“万里黄河”	黄河微缩景观	穿越微缩黄河，观察黄河流域地貌，了解黄河干流上大型水电站，黄河流经的省份。

认识工程机械	工程文化广场	分组参观工程文化广场，讨论当时建设小浪底时使用的工具，了解当时艰苦的建设条件。
室外就餐	景区空地	在老师的组织下用餐。
参与净水实验	景区空地	分组进行净水实验，了解小浪底大坝的沉降作用。
参观爱国主义教育展厅	爱国主义教育展厅	分组在展馆内进行探究性学习，全面深入了解小浪底建设过程及重要作用。
“保护母亲河”系列活动	景区空地	听老师讲解小浪底文化及精神，进行诗歌朗诵，举行保卫母亲河宣誓及签字活动。

四、研学任务

序号	研学任务	研学地点
任务 1	纵览世纪工程	观景平台
任务 2	那些年的小浪底	雕塑广场
任务 3	蜿蜒母亲河	黄河微缩景观
任务 4	厉害了，我的小浪底!	工程文化广场
任务 5	文明室外餐	景区空地
任务 6	实践出真知	景区空地
任务 7	我们是小浪底人	爱国主义教育展厅
任务 8	爱我母亲河	景区空地

任务 1：纵览世纪工程

（1）小浪底工程始建于________年。工程主体分为三大部分，分别是________、________、________。

（2）思考：小浪底大坝为什么会建设在这里，建设大坝需要考虑的因素有哪些？请列举出来。

任务 2：那些年的小浪底

（1）一座雕塑，一种含义，请依次填写与下列雕塑相对应的建设单位。

设计方：（　　　）　二标工程：（　　　）　机组安装：（　　　）

一标工程：（　　　）　三标工程：（　　　）

任务 3：蜿蜒母亲河

（1）你在行走黄河微缩景观的过程中注意观察了吗？请在图中空格处依次填写水电站的名称。

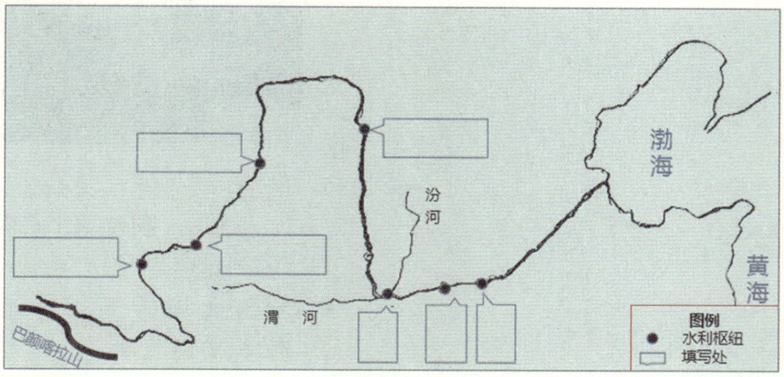

（2）黄河的发源地是（　　），入海口是（　　　）。黄河全程流过了 9 个省份，你知道它的先后顺序吗？请在下面省份前填上正确的序号。

（　）青海　（　）四川　（　）宁夏　（　）内蒙古　（　）河南

（　）山西　（　）山东　（　）甘肃　（　）陕西

（3）造成黄河里的泥沙含量高的原因是什么？我们应该如何以实际行动保护母亲河？

任务 4：厉害了，我的小浪底！

想一想

（1）钢模台车的工作原理是什么？钢模台车在现实生活中的应用范围有哪些？请举例说明。

简介

钢模台车适应于引水洞、导流洞等为全圆或椭圆的地下洞室的砼衬砌施工。

导流洞施工中，它代替了传统的木模浇筑工艺，不仅大大提高了工效，而且确保了洞体的浇筑质量，为导流洞施工立下了“战功”。

（2）如果用我们的佩尔蒂尼车运送成年的亚洲象（一只成年大象为5吨），那么一辆佩尔蒂尼车一次能运送多少只大象呢？

简介

佩尔蒂尼自卸车，载重65吨，轮子直径2米，由意大利生产制造，拦河大坝的土石填筑就是主要靠这种车辆运输的。

（3）大家都知道小浪底工程的规模特别宏伟壮观，建设拦河大坝的时候共完成土石方挖填9478万立方米。如果用这些土石方建成1米宽、1米高的石墙，它有多长？已知地球平均半径6371.004千米，它能绕地球赤道几周？

任务5：文明室外餐

（1）“谁知盘中餐，粒粒皆辛苦”，以“珍惜粮食”为主题，小组为单位，进行诗词接龙小比赛。

（2）“光盘行动”我践行！请从下面几个方面给自己打分，满分是5星。

就餐文明：☆☆☆☆☆

没有剩饭：☆☆☆☆☆

营养合理：☆☆☆☆☆

与人分享：☆☆☆☆☆

(3) 我为小浪底洗洗澡

就餐完毕以后整理好自己的垃圾并且带走，另外请帮小浪底捡拾一次垃圾。

任务 6：实践出真知

(1) 过滤原则：先过滤较（大　小）杂质，再过滤较（大　小）杂质。

请正确填写器材放置顺序。将“卫生纸、沙子、小石子、大石子”分别填到图中空格处。

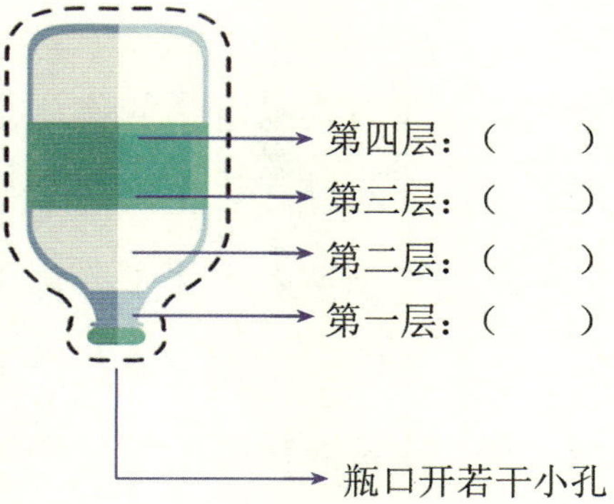

(2) 野外紧急取水：在野外时我们可能找不到相应器材，想一想我们可以用什么东西代替它们？

卫生纸——(　　　　)

石　头——(　　　　)

沙　子——(　　　　)

(3) 过滤后的水中可能还存在很多微生物和细菌等，还需要经过哪一关键步骤才能饮用？

注意：喝生水的害处很多！

1. 因为自来水中的氯气可以和没烧开的水中残留的有机物质相互作用，导致患膀胱癌、直肠癌的概率增加。煮开沸腾 3 分钟的开水，可以使水中的氯气及一些有害物质蒸发掉，同时又能保留水中对人体必需的营养物质。

2. 生水里面有细菌，喝了生水易感染疾病。

3. 工业废水、废渣、农药及其他化学物品等，都可能造成水源污染。

任务 7：我们是小浪底人

（1）小浪底水利枢纽工程的六大重要作用分别是__________、__________、__________、__________、__________、__________。

（2）西霞院水电站的作用是________________________________。

（3）判断题。（正确的请在括号内打“√”，错误的打“×”）

①小浪底主体工程开工的时间是 1994 年 9 月。（　　）

②三门峡水电站是黄河上游的水利枢纽工程。（　　）

③黄河面临的主要问题有泥沙问题、洪水问题、凌讯灾害以及水资源污染问题。（　　）

（4）右图中这句话的含义是什么？

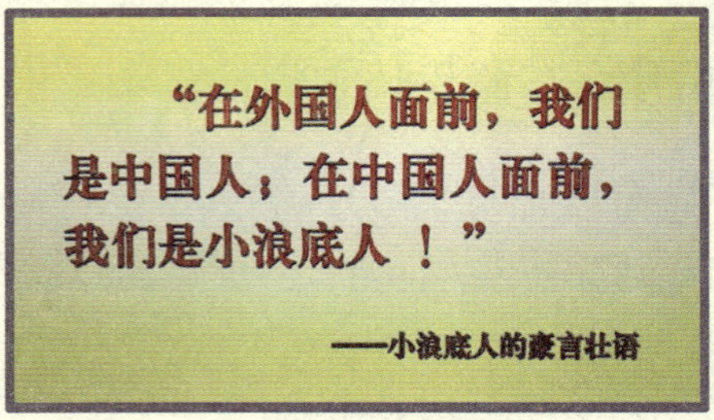

任务 8：爱我母亲河

（1）请将誓词的内容填写下来，并在现实生活中践行。

誓词：

（2）如何保护黄河，具体有哪些做法？

生态问题	具体做法
水土流失严重	
水污染严重	
泥沙淤积	

同饮黄河水，共保母亲河

（3）保护环境可以从正确处理生活垃圾入手，你知道下列垃圾该如何分类吗？

A. 废旧电池　B. 饮用水瓶　C. 蔬菜叶子

D. 破碎玻璃　E. 污染纸张　F. 茶叶渣

G. 食品骨头　H. 农药瓶子　I. 过期药品

J. 运动粪便　K. 烟头　L. 旧衣服

M. 废弃灯泡　N. 旧电线

提示：

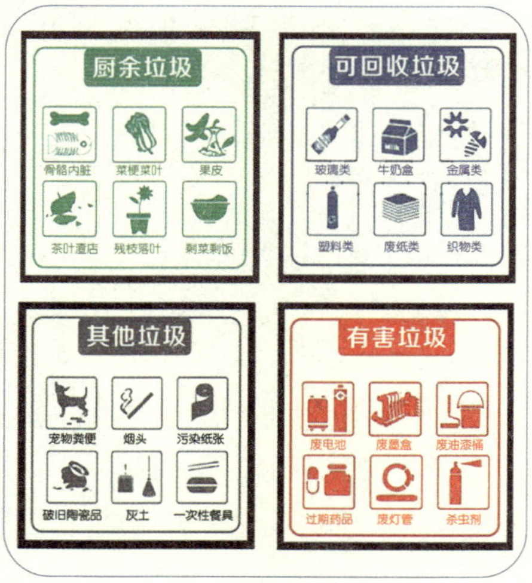

红：　　　　黄（灰）：

蓝：　　　　绿：

小结：

眼睛记录美好的生活

脚步丈量世界的宽度

愿同学们在以后的学习和生活中

积极进取、努力拼搏

因为奋斗的青春最美丽！

评价维度	评价要点	评价结果（描述或判断）
个人	1. 我最喜欢的活动是哪一个？	
	2. 我能否正确掌握净化水的方法？	
	3. 我在研学活动中有没有收获和成长？	
	4. 我会主动做到保护环境、节约用水吗？	
团队	5. 我印象最深的同学是谁？	
	6. 我和小组成员的合作是否愉快？	
	7. 我们小组在哪个活动环节中的表现最为出色？	

问道王屋山——学习之道

适用年级：初中　　　建议时长：一天

一、研学目的地

地点： 王屋山风景区

说明： 王屋山风景区位于河南省西北部的济源市，东依太行，西接中条，北连太岳，南临黄河，国家级 AAAA 风景名胜区，总面积 265 平方公里，是中国九大古代名山、道教十大洞天之首，也是愚公的故乡，愚公移山的故事因《列子》的记载和毛泽东对《愚公移山》的引用而家喻户晓。

主峰天坛山，海拔 1715 米，是中华民族祖先轩辕黄帝设坛祭天之所，世称“太行之脊”“擎天地柱”。整个景区森林覆盖率达 98%以上，其中最为珍奇的是被称为“世界植物活化石”的有着两千多年历史的银杏树。

阳台宫，最为瞩目的是三重式建筑玉皇阁，凌空欲飞的飘逸之势，令人叹为观止。主体建筑上的几十对石刻柱子，使这里成为石刻艺术的殿堂，柱子上刻有翻滚的云龙、朝凤的百鸟、闹梅的喜鹊、牧羊的苏武、过海的八仙、战蚩尤的黄帝等。阳台宫内苍松翠柏，郁郁葱葱，其中的一株七叶菩提树，树围近3米，高14米，为唐代所留。

二、学习目的

1. 通过王屋山探究学习，了解王屋山历史文化和中国传统文化——道文化，增强对这些知识的记忆和理解。

2. 通过对《道德经》名言警句的学习，提升理解和学习能力。

3. 通过参观愚公村，了解王屋山古朴风俗文化，学习愚公移山的精神，理解奋斗的含义。

4. 通过参观王屋山地质博物馆，深入了解王屋山地质地貌特征，探索生命起源，加深对生命价值的认同。

三、研学实践活动流程

活　动	地　点	活动安排
车程预热	车程	在老师带领下参观途径地，倾听老师讲解，了解王屋山文化及新时代的愚公移山精神。
领取研学手册	车上	分组领取研学手册。
参观道境广场	道德经墙	参观道德经墙，在老师的讲解下，学习《道德经》名言警句，提升理解能力和学习能力。学习优秀传统文化，更好地指导以后的学习和生活。
参观阳台宫	阳台宫内	聆听老师讲解结束后，参观阳台宫、三清殿和玉皇阁等建筑，了解古代建筑风格，树立保护文物的意识，传承中华文化。
午餐	室内	在老师的带领下，按照基地餐训要求进行室内桌餐，培养学生艰苦朴素、勤俭节约、乐于分享的意识。

参观地质博物馆	地质博物馆	通过分组参观王屋山地质博物馆，深入了解王屋山地质地貌特征，探索生命起源，加深对生命价值的认同。
参观愚公群雕	愚公群雕前	通过了解愚公移山故事的发源地，重新探访愚公生活过的地方，寻找愚公移山的足迹，深入学习和领悟愚公移山精神的精髓，使我们在未来的学习生活中，不畏艰险，迎难而上。

四、研学任务

序号	研学任务	研学地点
任务 1	看一卷艺术经墙	道德经墙
任务 2	观一处皇家道观	阳台宫
任务 3	阅一部地质史书	王屋山地质博物馆
任务 4	访一处愚公故居	愚公故居

任务 1：看一卷艺术经墙

（1）道家思想创始人

老子，姓____名____。中国春秋时期思想家、哲学家，著有《道德经》一书，是道家学派的经典著作。道德经全文共______字，____章。老子与后世的庄子并称________。

（2）《道德经》名言

天下难事，必作于易；天下大事，必作于细。

释文：____。

知人者智，自知者明。胜人者有力，自胜者强。

释义：____。

为学日益。

释文：____。

(3) 走近老子，洞见智慧。

道生一，一生二，二生三，三生万物。万物负阴而抱阳，冲气以为和。

世间万物都是一个“生”的过程，包括学生的“生”，我们每天学习就是在学中生出一些新的知识。请列举出学过的知识中哪些是旧知生出的新知。

任务 2：观一处皇家道观

(1) 阳台宫简介

唐开元十二年（724 年），唐玄宗召________入京，命他在王屋山自选形胜，建观而居。开元廿三年（公元 735 年）道院落成，取名阳台宫。

阳台宫坐北朝南，依山而建，逐级递升，殿阁高低错落有致。

2006 年 5 月 25 日，阳台宫作为_______（朝代）古建筑，被国务院批准列入第六批全国重点文物保护单位名单。

(2) 画中真言

风调雨顺____________。

苦海无边____________。

小故事大道理：

以上雕刻描述的是哪个故事？请简述。

(3) 践行文物保护

文物是历史的绝唱。十八大以来，习近平总书记多次就文物保护工作做出重要指示，到地方考察调研也十分关心文物保护工作，对提升文物保护水平提出了更高要求。2014年2月25日，习近平在北京考察工作时强调，“历史文化是城市的灵魂，要像爱惜自己的生命一样保护好城市历史文化遗产”。

为了增强文化自信，为了弘扬优秀传统文化，我们每个青少年都应担起保护文物的职责，在文物保护事业中，贡献出自己的一份力量。

宣誓誓词： 我愿意成为一名文物保护志愿者。我承诺：尽己所能，严谨尽责，团结协作。践行志愿精神，为中国文物保护与传承奉献力量！

任务 3：阅一部地质史书

(1) 王屋山地质博物馆

王屋山地质博物馆位于天坛山脚下，就地取景，依山而建，自然景观与人工展示浑然一体，互为补充。清晰地记录了（　　）、（　　）、（　　）、（　　）、（　　）五个地质发展时期的地球发展及演变过程。

(2) 恐龙是怎样灭绝的？

任务 4：访一处愚公故居

（1）愚公移山

《愚公移山》是中国古代寓言故事，选自________，作者是春秋战国时期的列御寇。

《愚公移山》讲述了愚公不畏艰难，坚持不懈，挖山不止，最终感动天帝而将山挪走的故事。原文中有一段非常经典的对话，你是否知道呢？

智叟：“甚矣，汝之不惠（huì）！以残年余力，曾不能毁山之一毛，其如土石何？”

愚公：________________________________

____

____

（2）愚公精神拓展阅读

●抗战时期的《愚公移山》

作为“老三篇”之一的《愚山移山》，它的来历是1945年6月11日，毛泽东在中共“七大”以“愚公移山”为题做了闭幕词。毛泽东详细引用了中国古代“愚公移山”的寓言故事之后发出号召：愚公家门前有两座山，中国人民头上也有两座大山，一座叫帝国主义，一座叫封建主义，只要中国共产党发扬愚公移山的精神，不断地工作，动员全国人民大众一齐起来，就会推翻这两座大山。毛泽东为愚公移山这则寓言注入了以“奋斗”为主题词的精神新元素。

毛泽东阐发愚公精神，不是抽象地讲要坚定信念和信心，而是揭示“愚公们”的信念和信心，来自充分发动群众，团结群众，依靠群众。

●在新的历史条件下，发扬光大愚公移山精神

习近平总书记在几次讲话中提倡要发扬愚公移山精神，他在讲话中谈到的踏石留印、水滴石穿、久久为功、功成不必在我、战略定力、咬定青山不放松、善作善成等等，实际上就是在新的历史条件下，呼吁发扬光大愚公移山精神。

●愚公移山精神与社会主义核心价值观

“愚公移山”寓言在今天要再次焕发出强大的生命力，就需要进一步挖掘其时代意蕴，愚公移山精神也需要被赋予新的时代内涵。

习近平总书记也多次强调，我们要让劳动最光荣、劳动最崇高、劳动最伟大、劳动最美丽的观念蔚然成风，要让崇尚劳动、尊重劳动者成为社会的价值追求。在这里，劳动不仅是辛勤劳动，还是诚实劳动，也是创造性劳动。这些都赋予了愚公移山精神新的内涵。

小结：

眼睛记录美好的生活

脚步丈量世界的宽度

愿同学们在以后的学习和生活中

积极进取、努力拼搏

因为奋斗的青春最美丽！

评价维度	评价要点	评价结果（描述或判断）
个人	1. 我最喜欢的活动是哪一个？	
	2. 《道德经》中我印象最深刻的一句话是什么？	
	3. 通过研学活动，在学习方面我将做出什么样的改变？	
	4. 如果有下一次机会我还来吗？	
团队	5. 我最欣赏的一位同学是谁？他有哪些表现？	
	6. 我和小组成员的合作是否愉快？	
	7. 我们小组在哪个活动中表现最为出色？	

中小学实践教育教学研究

高中生◎学习用书

刘国战 著

中国美术学院出版社

责任编辑：史梦龙
版式设计：李世静
责任校对：杨轩飞
责任出版：张荣胜

图书在版编目(CIP)数据

中小学实践教育教学研究 /刘国战著． --杭州：中国美术学院出版社，2020.1
（济源市示范性综合实践基地课程与线路系列丛书）
ISBN 978-7-5503-2079-6

Ⅰ.①中… Ⅱ.①刘… Ⅲ.①中小学教育—教学研究 Ⅳ.①G63

中国版本图书馆CIP数据核字（2019）第236135号

中小学实践教育教学研究
刘国战　著

出 品 人：祝平凡
出版发行：中国美术学院出版社
社　　址：中国·杭州市南山路218号
网　　址：http://caapress.com
邮　　编：310002
印　　刷：济源佳彩印务传媒设计有限公司
版　　次：2020年1月第1版
印　　次：2020年1月第1次印刷
印　　张：59.75
开　　本：787mm×1092mm　1/16
字　　数：870千
图　　数：300幅
印　　数：0001-1000
书　　号：ISBN 978-7-5503-2079-6
定　　价：260.00元（全六册）

序　言

济源，是全国具有重要影响力的中小学研学旅行实验区。

济源市示范性综合实践基地（营地），是全国首批河南省首家“全国中小学生研学实践教育营地”。

“十二五”以来，济源市示范性综合实践基地（营地）在国家教育部、财政部等部委、河南省委省政府和济源市委市政府的大力支持和帮助下，立足中国特色社会主义新时代，把握教育事业发展新要求，依托中原区位资源优势，紧紧抓住各种有利时机，积极探索中小学研学实践教育科学发展的新路子，以发展中小学生研学实践教育为重要内容，加快推进研学实践教育发展，取得了初步成效，先后获得“全国课程建设示范性基地联盟常务理事单位”“全国中小学生研学实践教育营地”“全国中小学生研学实践教育示范营地”“河南省首批省级青少年户外体育活动营地”“河南省中小学综合性社会实践教育基地”“河南省中小学社会实践教育基地（综合性基地）”和“河南省研学旅游示范基地”等荣誉称号。

着眼长远、不断发展是济源市示范性综合实践基地（营地）矢志不渝的战略目标。自投入使用以来，实践基地始终本着“实践出真知”的教育理念，全面贯彻落实“立德树人”根本任务，持续开展研学实践教育活动，接待青少年学生达10万余人次，开发线路24条，研发综合实践课程86门，为青少年学生提供了广阔的研学实践教育平台。

优势独特、资源丰富是济源市示范性综合实践基地（营地）快速发展的坚实基础。河南是中华文明和中华民族最重要的发源地，中国八大古都河南占有

其四，文物古迹众多，地下文物和馆藏均居全国首位；是中国姓氏的重要发源地，孕育的风流人物灿若群星；也是自然景观荟萃之地，山川壮美，风光秀丽，融南秀北雄于一体。济源作为华夏文明和中原文化的重要传承区，具备得天独厚的文化资源、自然资源、生态资源和交通区位优势。中华“四渎”，济源独占其二，济水、黄河文化源远流长；愚公移山，发祥于济源，是中华民族宝贵的精神财富和动力源泉；王屋山，世界地质公园，号称“天下第一洞天”；小浪底工程举世闻名，一座水利大坝，千年治黄历史；留庄民兵营、杜八联、晋豫革命边区、朱德出太行旧线，红色基因在济源代代相传；济源地处豫西北，毗连晋东南，区位独特，能够立足河南、辐射中部，实现全国营地优质教育资源的交流和共享。

前景广阔、佳境可期是济源市示范性综合实践基地（营地）持续发展的不竭动力。济源市委市政府高度重视研学实践教育营地建设，市委、市政府主要领导多次到实践基地现场调研、听取专题汇报，先后做出“全力争取国家级重点示范性营地项目、建设全国一流的研学实践教育营地、打造国内独一无二的研学小镇”的重要批示；利用省教育厅爱国主义教育基地周边资源，进一步开拓营地格局、打开发展空间。济源市示范性综合实践基地将借助上级领导的重视和支持，全面整合周边的土地、自然、人文、旅游资源，广泛与林业、交通、农业、体育、规划等部门开展共建共创，凝聚发展合力，将实践基地打造成国内规模一流、设施一流、师资一流、课程一流的研学实践教育营地。

“雄关漫道真如铁，而今迈步从头越。”济源市示范性综合实践基地（营地）将乘着国家大力发展校外教育事业的东风，发扬“愚公移山，敢为人先”的精神，更新观念，顺时应势，在加强研学实践教育效果的前提下，立足“奋斗青春美丽”的基本教育思想，围绕不同学段和主题，科学开发并利用好宝贵而独特的华夏文明研学实践教育资源，设计基地（营地）特色课程体系，使其成为推进河南乃至全国校外实践教育的新动力，谱写新时代研学实践教育发展的崭新篇章。

济源市示范性综合实践基地简介

济源市示范性综合实践基地是“十二五”期间，由教育部、财政部利用中央专项彩票公益金支持建设的全国首批、河南省首家公益性校外教育场所项目，同时也是“十三五”期间全国首批、河南省首家国家级“全国中小学生研学实践教育营地”项目，2018 年又被教育部评为“全国中小学生研学实践教育示范营地”。实践基地位于黄河小浪底库区的大峪镇涅泉，占地面积约 2.1 万余平方米（310 亩），建筑面积 4.5 万余平方米，总投资 1.54 亿元，可同时接待 1000 余名中小学生开展活动并保障食宿。

实践基地建设了室内综合实践区、室外劳动实践区、综合训练区和生活区四大功能分区，设施先进，设备齐全。在室内综合实践区建设有防震减灾体验馆、公共安全体验馆、科技体验馆、金工木工实践馆、机器人竞技体验馆、模拟金融体验馆、模拟法庭体验馆等 19 个专题实践场馆；在室外劳动实践区建设有农业示范区、自主厨艺加工区等活动场所；在综合训练区建设有拓展训练区、交通园区、学军活动区、攀岩区、户外体育活动营地这 5 个室外活动区，为广大青少年搭建了广阔的研学实践教育平台。

实践基地拥有一支思想素质好、业务水平高的师资队伍。实践老师队伍力量雄厚，拥有（专职、兼职、全职）研学实践教育老师 104 名，完全能够满足 1000 余名青少年学生开展各类研学实践教育活动的需求；师资队伍年龄结构合理，中青年老师 102 人，占比 98%；实践老师全部具备与岗位相适应的学历水平和岗位技能，其中专科以上学历老师 96 人，占比 92%，大学本科以上学历老师 55 人，占比52%；专职实践老师持证上岗率为 100%。

济源市示范性综合实践基地初步建立了符合研学实践教育要求和青少年成长需求的实践课程体系，全面落实《示范性综合实践基地实践活动指南（试行)》《济源市中小学研学旅行课程方案》的相关要求，制订了《研学线路及课程建设规划（2017—2020)》。充分利用河南省社会教育资源，开展各种基于济源地域特点的整合性校外教育活动课程体系。从国家战略高度落实有关研学实践、综合实践等政策，结合河南省的“愚公移山精神”“红旗渠精神”“焦裕禄精神”这三大“时代精神”，立足现有课程体系和运营模式，围绕和利用基地现有设施条件、自然环境，整合周边社会教育资源，定位开展以“奋斗青春美丽”为教育主题思想的济源基地综合实践活动课程，把教育目标确定为“奋斗的人格”教育，即：培养锲而不舍、坚忍不拔的愚公移山精神；鼓励攻坚克难、协作制胜的红旗渠精神；倡导艰苦奋斗、迎难而上的焦裕禄精神。小学以“愚公移山精神”为单元主题、中学以“红旗渠精神”为单元主题、高中以“焦裕禄精神”为单元主题的营地实践教育活动，目前已经完成小学 28 门、初中 32 门、高中 26 门，共计 86 门活动课程。研发研学线路 26 条，其中市内线路 6 条、省内线路 17 条、省外线路 3 条，囊括了优秀传统文化、革命传统教育、国防科工、自然生态、国情教育等研学实践教育的各个版块，研发面向小学、初中、高中三个阶段的线路课程五大版块共 78 门，完全能够满足当前营地研学实践教育活动开展需求。

多年来，济源市示范性综合实践基地坚持大力开展面向广大青少年学生的研学实践教育活动，基地总接待数量达 10 万余人次，在研学实践教育领域形成了一定的影响力，先后被评为“全国示范性综合实践基地课程联盟常务理事单位”“全国中小学生研学实践教育营地”“全国中小学生研学实践教育示范营地”“全国青少年农业科普示范基地”“河南省中小学社会实践教育基地（综合性基地)”“河南省省级青少年户外体育活动营地”“河南研学旅游示范基地”“河南省科普教育基地”“河南省防震减灾科普教育基地”“济源市青少年法治教育实践基地”“济源市科普教育基地”“济源市妇女儿童教育实践基地”“济源市关心下一代教育基地”“智慧营地研究中心”“安徽工程大学体育学院、安徽工程大学体验产业学院硕士研究生实践教学和研究基地”。今后，济源市示范性综合实践基地将继续坚持上级部门的正确领导，紧紧依托黄河以北这片教育热土，紧密联合周边众多研学基地，发挥丰厚教育资源的集中优势，持之以恒推进研学实践教育发展，全面贯彻落实“立德树人”根本任务，为社会主义现代化建设培养更多又红又专、德才兼备、全面发展的合格建设者和可靠接班人。

contents
目 录

第一单元 务 实

刀刻人生 …… 3
逻辑魔阵 …… 5
真相旋涡 …… 7
智慧拼图 …… 9
团队攀岩 …… 11
数字迷城 …… 13

第二单元 自 律

破冰行动 …… 17
直击庭审 …… 19
通天塔 …… 21
孤岛求生 …… 23

千手观音 …………………………………………………… 25
背摔 ………………………………………………………… 27

第三单元 乐 观

曼妙沙舞 …………………………………………………… 31
四季之歌 …………………………………………………… 33
突破壁垒 …………………………………………………… 35
跳出真我 …………………………………………………… 37
高空漫步 …………………………………………………… 39
胜利墙 ……………………………………………………… 41
笑傲浮桥 …………………………………………………… 43
相信的力量 ………………………………………………… 45

第四单元 立 志

第一时间 …………………………………………………… 49
为目标而奔跑 ……………………………………………… 51
三五之争 …………………………………………………… 53
圆梦未来 …………………………………………………… 55

第五单元 奋斗之魂

追问小浪底——艰苦奋斗 ………………………………… 59
问道王屋山——责任之道 ………………………………… 67

1

第一单元

WUSHI

务实

中小学实践教育
教学研究

ZHONGXIAOXUE
SHIJIANJIAOYU JIAOXUEYANJIU

刀刻人生

适用年级：高中　　　建议时长：90 分钟

【活动概要】

此课程以“焦裕禄精神”——艰苦奋斗、迎难而上的精神为指导，属于务实品质单元的室内活动课程。在多米诺骨牌场馆，通过刻纸体验，掌握刻刀的使用方法并创设作品。

【场地器材】

场地：多米诺骨牌场馆。

器材：刻板、黑色卡纸、红纸、白纸、刻刀、棉签、胶水、铅笔、橡皮。

【学习目标】

1. 了解刻纸艺术和刻纸题材的分类。
2. 锻炼自己的控制能力和审美能力。
3. 培养自己对民间艺术的热爱和脚踏实地的务实作风。

【注意提醒】

1. 握刀姿势要正确，让手力作用在刀上，手与刀杆成一条直线。
2. 雕刻圆形或者弧形时，不可用力扭动刻刀，而是每刻一刀，都需用手捻动刀杆，调整角度。

3. 不用刻刀的时候及时合上盖子。

【任务】

1. 探究：5 人一组学习分析刻纸作品，并总结刻纸的题材。

2. 实践：每人刻一幅跟自己未来的人生相关的作品。

【回顾反思】

1. 完成作品后，你有什么样的感受或想法？为什么会产生这样的感受或想法？

2. 回顾刻纸的过程，你能感受或领略到古代工匠的哪些精神？对你有什么启迪？

【自我评价】

评价维度	评价要点	评价结果（描述或判断）
个人	1. 我最喜欢的剪纸作品是哪一个？	
	2. 我是否对刻纸感兴趣？	
	3. 我的刻纸主题是我的下一个成长目标吗？	
团队	4. 我们通过分析讨论，是否能快速总结出刻纸题材？	
	5. 我们是否能保证工作台周边的卫生整洁？	
	6. 我是否能从别人的刻纸中受到鼓舞？	

逻辑魔阵

适用年级：高中　　　建议时长：90 分钟

【活动概要】

此课程以“焦裕禄精神”—— 艰苦奋斗、迎难而上的精神为指导，属于务实品质单元的室内活动课程。在多米诺骨牌场馆，分角色去探索魔阵逻辑关系并且组拼魔阵。

【场地器材】

场地：多米诺骨牌场馆。

器材：空方阵。

【学习目标】

1. 了解团队配合的重要性，掌握各种不规则图形的合理拼法。

2. 锻炼自我解决问题的能力和团队协作能力。

3. 培养自己做事脚踏实地、实事求是的优秀品质。

【注意提醒】

1. 禁止触碰带电设施。

2. 禁止摔、抛、扔图形模块。

3. 禁止在活动场地追逐打闹。

【任务】

小组在规定的时间内完成逻辑拼图。

【回顾反思】

1. 你的角色是什么？体验后你有什么样的感受？

2. 在学习生活中，遇到问题的时候你会以怎样的态度去面对？

【自我评价】

评价维度	评价要点	评价结果（描述或判断）
个人	1. 我认为今天最难突破的点是什么？	
	2. 我对拼图的逻辑有什么认识？	
	3. 我将如何在以后的学习、生活中践行今天的收获？	
团队	4. 哪个小组表现得最出色？	
	5. 我对我们小组的表现是否满意？	
	6. 我们小组内的三个小队中，哪个小队表现得最好？	

真相旋涡

适用年级：高中　　　建议时长：90分钟

【活动概要】

此课程以“焦裕禄精神”——艰苦奋斗、迎难而上精神为指导，属于务实单元的室外活动课程。在多元实践馆，各组成员在看不见的情况下探秘积木的真相。

【场地器材】

场地：多元实践馆。

器材：彩色板、眼罩。

【学习目标】

1. 认识到有效沟通的方式和重要性。

2. 锻炼自身的沟通能力、表达能力和逻辑分析能力。

3. 使自己认识到真实理性表达的重要性，培养尊重事实、崇尚实干的品质。

【注意提醒】

1. 严格遵守规则，不要起来走动，保证自身安全。

2. 不要让彩色板的棱角划伤身体。

【任务】

每个小组按照活动规则在 40 分钟之内找出老师随机拿走的彩色板，并对应好彩色板的形状和颜色。

【回顾反思】

1. 当别人听不懂你的描述时，你的心情如何？当你听不懂别人的描述时，你的心情如何？

2. 这次活动，可以给你带来哪些启发？

【自我评价】

评价维度	评价要点	评价结果（描述或判断）
个人	1. 我能否以积极的态度参与活动？	
	2. 我的沟通能力是否有所进步？	
	3. 我将如何在以后的学习、生活中践行今天的收获？	
团队	4. 我们团队是否成功完成任务？	
	5. 活动中我最佩服的一个人是谁？	
	6. 我们小组在哪个活动环节表现最为出色？	

智慧拼图

适用年级：高中　　建议时长：90 分钟

【活动概要】

此课程以“焦裕禄精神”——艰苦奋斗、迎难而上精神为指导，属于务实品质单元的室外活动课程。在活动场地，团队成员分组合作进行智慧拼图，并且完成任务卡上所有任务。

【场地器材】

场地：室内或室外空场地。

器材：七巧板、图纸、任务书。

【学习目标】

1. 了解竞争与合作的价值与意义。
2. 锻炼自我的沟通能力和分析能力。
3. 培养自己求真务实、自省自悟的品质。

【注意提醒】

1. 注意活动秩序，禁止抛扔。

2. 活动进行中不允许离开自己的位置。

【任务】

所有小组在40分钟之内，完成各自小组的任务。

【回顾反思】

1. 每组派一个代表来说一下，自己小组在活动中出现了哪些问题？

2. 这个活动给你的最大启发是什么？

【自我评价】

评价维度	评价要点	评价结果（描述或判断）
个人	1. 我对自己的表现满意吗？	
	2. 我能很好地参与小组配合吗？	
	3. 我能很顺畅地与别人沟通吗？	
团队	4. 我们小组完成任务了吗？	
	5. 我认为哪个小组表现得最棒？	
	6. 我对第七小组表现的领导力认可吗？	

团队攀岩

适用年级：高中　　　建议时长：90分钟

【活动概要】

此课程以“焦裕禄精神”——艰苦奋斗、迎难而上精神为指导，属于务实品质单元的室外活动课程。在专业的攀岩场地，团队成员通过学习攀爬技巧、制定目标、体验攀岩的过程，培养团队成员精诚合作、突破目标的能力。

【场地器材】

场地：攀岩专业场地。

器材：动力绳、八字环、主锁、半身式安全带、全身式安全带、安全头盔等。

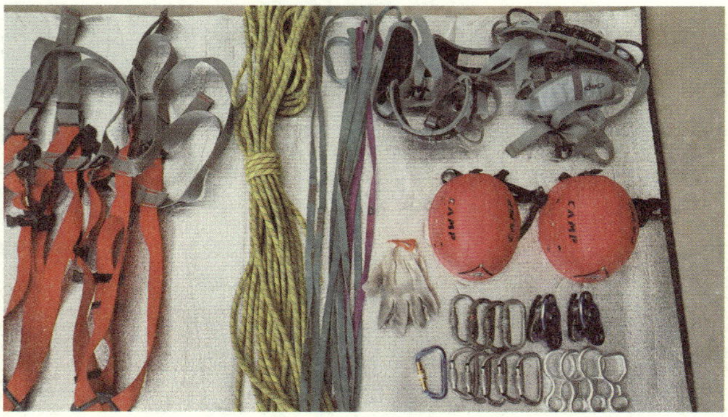

【学习目标】

1. 了解攀岩的相关知识和基本动作要领。
2. 锻炼自己的协调能力、团队合作能力。
3. 培养自己遇事保持冷静、脚踏实地、步步为营的品质。

【注意提醒】

1. 近期手术、身体不适或有隐性疾病的学生提前告知老师。

2. 根据老师要求取下身上尖锐或易脱落的物品，统一摆放。

3. 提前做充分的热身活动。

4. 长头发的女同学要把头发平铺到安全头盔内。

【任务】

以小组为单位，按照规定顺序依次完成攀岩挑战，实现本组的计划目标分值。

【回顾反思】

1. 我们是否达到了制定的目标分数？我们制定的目标是否合理？

2. 目标的制定对我们今后的学习有什么启发？

【自我评价】

评价维度	评价要点	评价结果（描述或判断）
个人	1. 我是否实现了自己设定的目标？	
	2. 我对自己的表现满意吗？	
	3. 我有没有突破自己？	
团队	4. 谁是我们小组的第一勇士？	
	5. 我们小组所有人是否完成了任务？	
	6. 我们小组是否完成了团队目标？	

数字迷城

适用年级：高中　　　建议时长：90 分钟

【活动概要】

此课程以“焦裕禄精神”—— 艰苦奋斗、迎难而上精神为指导，属于务实品质单元的室外活动课程。在室外空旷的场地，团队成员一起探秘数字排布的规律并体验分工合作。

【场地器材】

场地：室外或室内项目场地。

器材：乒乓球、数字喷绘图。

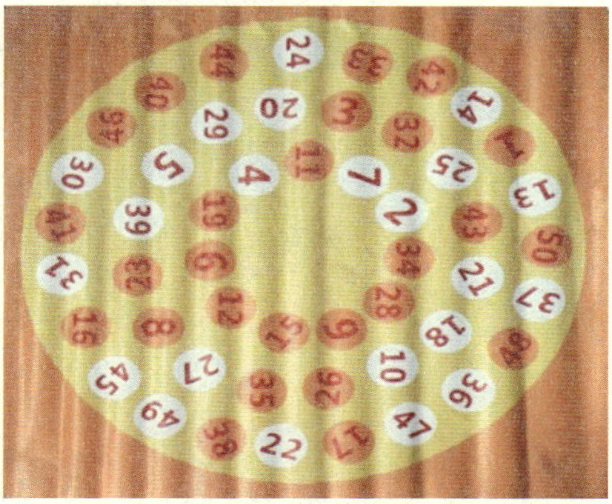

【学习目标】

1. 学习团队合作完成任务的有效方式和方法。
2. 锻炼同学之间的沟通能力、分工协作能力。
3. 培养自我珍惜机会、脚踏实地走好每一步的做事风格。

【注意提醒】

1. 严禁嬉笑打闹，禁止离开活动场地。

2. 近期手术、身体不适或有隐性疾病的同学提前告知老师。

3. 活动开始前取下身上尖锐或易脱落的物品，统一摆放。

【任务】

在规则要求内把这些数字按 1~50 的顺序用手指触碰出来。

【回顾反思】

1. 在整个活动中，我们的团队沟通交流遇到过哪些问题？

2. 这个活动给你带来最大的收获是什么？

【自我评价】

评价维度	评价要点	评价结果（描述或判断）
个人	1. 我今天在团队中扮演了什么角色？	
	2. 我对自己的表现满意吗？	
	3. 用一个词描述一下这个活动最大的特点是什么？	
团队	4. 谁是我们小组的带领者？	
	5. 我们小组所有人是否完成了任务？	
	6. 我们小组有没有发现数字迷城的规律？	

2

第二单元

自律

ZILU

破冰行动

适用年级：高中　　　建议时长：90 分钟

【活动概要】

此课程以“焦裕禄精神”—— 艰苦奋斗、迎难而上精神为指导，属于自律品质单元的室内活动课程。在公共安全体验馆，通过用视频鉴赏认知毒品的危害并通过卡片体验活动认知毒品的种类。

【场地器材】

场地：公共安全体验馆。

器材：毒品样品、活动卡片。

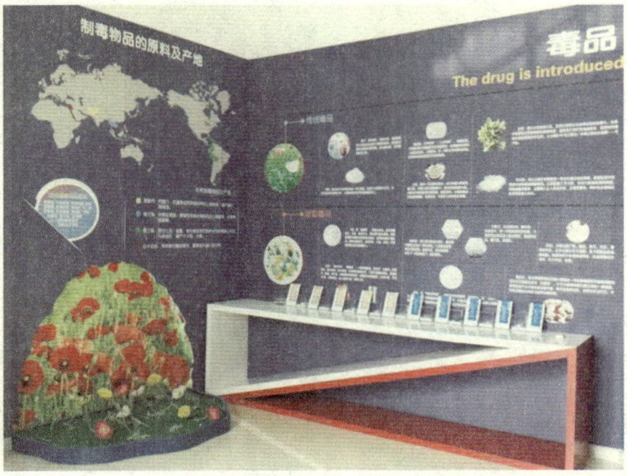

【学习目标】

1. 认识毒品的危害性，认清吸毒的错误行为。
2. 提高自己防毒、拒毒的心理防御能力、分析能力。
3. 提高自己禁毒意识和拒绝毒品的自律意识。

【注意提醒】

1. 禁止触碰未经老师允许的教学设备。

2. 禁止触碰馆内电源插头、消防设施、报警装备等基础设施。

3. 禁止在活动场地追逐打闹。

【任务】

1. 学习：了解毒品知识，认识毒品样品。

2. 操作：动手操作吸毒血液循环模型，了解毒品危害。

3. 讨论：小组内讨论分享如何防毒。

【回顾反思】

1. 吸毒的危害有哪些？

2. 本次活动你最大的收获是什么？

【自我评价】

评价维度	评价要点	评价结果（描述或判断）
个人	1. 我今天有认真参观展馆的陈列吗？	
	2. 我对禁毒是否有新的认知？	
	3. 我会向别人宣传毒品的危害吗？	
团队	4. 谁是我们小组学习积极性最高的？	
	5. 我们小组的合作愉快吗？	
	6. 我们小组最大的优点是什么？	

直击庭审

适用年级：高中　　　建议时长：90 分钟

【活动概要】

此课程以“焦裕禄精神”——艰苦奋斗、迎难而上精神为指导，属于自律品质单元的室内活动课程。在模拟法庭馆，通过体验直击庭审活动，剖析案件庭审现场，认识庭审现场各个职位的职责。

【场地器材】

场地：模拟法庭馆。

器材：剧本大纲、刑法修正案（十）、《刑法》条文、刑诉法。

【学习目标】

1. 了解刑事审判庭各个职位的职责。
2. 锻炼自己语言表达能力和辩论能力，提高团结协作能力。
3. 培养自我严格要求、规范自己的行为、明辨是非的品质。

【注意提醒】

1. 禁止触碰未经老师允许的教学设备。

2. 禁止触碰馆内电源插头、消防设施等基础设施。

3. 禁止在活动场地追逐打闹。

【任务】

1. 学习：掌握我国人民法院基本的审判制度和基本原则，以及了解刑事审判庭各个职位的职责。

2. 练习：自主选择角色后，根据选择的角色进行分组，运用提供的法律条文，自己设计台词。

3. 模拟：直击案件庭审现场。

【回顾反思】

1. 你们小组运用了哪些法律条文？模拟过程中你心情如何？

2. 在今后的学习生活中，如果你和同学、朋友发生矛盾冲突，你会用哪些方式解决？

【自我评价】

评价维度	评价要点	评价结果（描述或判断）
个人	1. 我今天认真体验庭审流程吗？	
	2. 认为自己掌握相应的法律法规重要吗？	
	3. 我模拟的角色是什么？	
团队	4. 我们小组谁的表现最为出色？	
	5. 对我们小组的模拟体验满意吗？	
	6. 我们小组都掌握了庭审流程了吗？	

通天塔

适用年级：高中　　　建议时长：90 分钟

【活动概要】

此课程以“焦裕禄精神”—— 艰苦奋斗、迎难而上精神为指导，属于自律品质单元的室内活动课程。在多米诺骨牌馆，分组、分角色利用积木搭建通天塔。

【场地器材】

场地：多米诺骨牌馆。

器材：积木、任务书。

【学习目标】

1. 了解世界不同塔的造型及结构。
2. 锻炼自我肢体表达能力和交流协作能力。
3. 培养自我管理、自觉遵循规则的自律行为习惯。

【注意提醒】

1. 禁止触碰未经老师允许的教学设备。

2. 挑战过程中小组之间禁止用语言沟通。

3. 禁止在活动场地追逐打闹。

【任务】

1. 观察：了解组装塔的零件及不同塔的外形特点。

2. 组装：小组合作按照任务卡要求完成任务。

【回顾反思】

1. 你在小组中担任什么角色？你是否严格遵守了活动规则？

2. 这个活动给你带来的最大启发是什么？

【自我评价】

评价维度	评价要点	评价结果（描述或判断）
个人	1. 我今天在活动中的角色是什么？	
	2. 我对自己的表现是否满意？	
	3. 我将如何在以后的学习、生活中践行今天的收获？	
团队	4. 我们小组成功筑塔了吗？	
	5. 我们小组人员的合作愉快吗？	
	6. 我们小组谁的表现最为出色？	

孤岛求生

适用年级：高中　　　建议时长：90 分钟

【活动概要】

此课程以“焦裕禄精神”—— 艰苦奋斗、迎难而上精神为指导，属于自律品质单元的室外活动课程。在室外拓展训练场，团队成员分角色完成三个岛的任务。

【场地器材】

场地：室外拓展训练场。

器材：孤岛逃生器材。

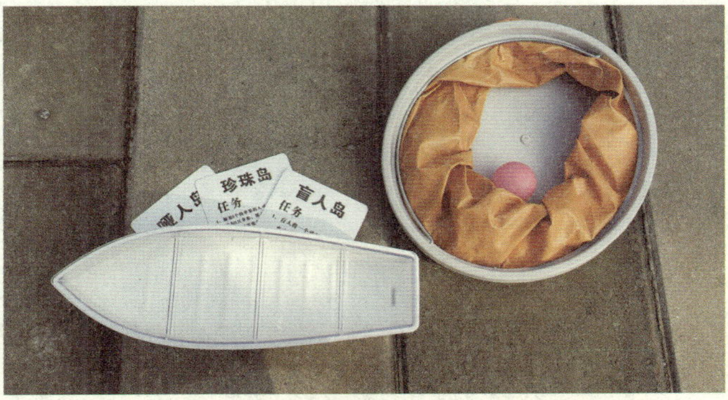

【学习目标】

1. 明确每个人如何完成自己的角色任务。
2. 锻炼自己的沟通能力、合作能力和领导能力。
3. 培养自我约束、自我管理的意识。

【注意提醒】

1. 扮演哑人者严禁讲话。

2. 扮演盲人者严禁摘下眼罩。

3. 组内安全员注意保护到位，为自己的队友保驾护航。

【任务】

在规定的时间内完成任务书上三个岛上的任务。

【回顾反思】

1. 上岛后，各个岛上的人能做什么？不能做什么？大家有没有按要求来行动？

2. 如果把你安排到珍珠岛或者其他岛上，你会怎么做？

【自我评价】

评价维度	评价要点	评价结果（描述或判断）
个人	1. 我今天在活动中担任什么样的角色？	
	2. 我是否严格遵守任务卡的规则？	
	3. 我给自己今天的表现打几分（满分 10 分）？	
团队	4. 我们小组之间的合作是否顺畅？	
	5. 我们小组有没有挑战成功？	
	6. 我最佩服的同学是谁？为什么？	

千手观音

适用年级：高中　　　建议时长：90分钟

【活动概要】

此课程以“焦裕禄精神”——艰苦奋斗、迎难而上精神为指导，属于自律品质单元的室外活动课程。在空旷安全的室外场地，团队成员进行分组体验，齐心协力把杆降到地面上。

【场地器材】

场地：平整安全的室外或者室内。

器材：长杆。

【学习目标】

1. 认知自我控制和坚持的意义。
2. 锻炼自己的沟通和配合能力。
3. 培养立足本职角色的自律品质。

【注意提醒】

1. 此活动无运动量，需全员参与。

2. 在挑战过程中不准违背挑战规则。

3. 听从老师的指挥进行挑战，完成挑战。

【任务】

所有人食指在不离开杆子的情况下把杆子降到地面。

【回顾反思】

1. 每次重新开始的时候，你的情绪有什么变化？我们该如何做好自己？

2. 你认为完成这个挑战应该具备什么样的品质？

【自我评价】

评价维度	评价要点	评价结果（描述或判断）
个人	1. 我是否很严格地要求自己？	
	2. 我是否能包容他人的不足？	
	3. 整个体验中，我的情绪变化是什么样的过程？	
团队	4. 我们小组是否成功地将杆降至地面？	
	5. 我们小组是否能快速发现问题，并有效解决问题？	
	6. 我是否满意我们小组在合作中的表现？	

背 摔

适用年级：高中　　　建议时长：90 分钟

【活动概要】

此课程以“焦裕禄精神”——艰苦奋斗、迎难而上精神为指导，属于自律品质单元的室外活动课程。在室外背摔场地，每一位同学站在背摔台上笔直地倒在保护者的手臂上。

【场地器材】

场地：室外背摔场地。

器材：背摔台、背摔绳。

【学习目标】

1. 感受到做好自己的事就是对团队最大的贡献。

2. 锻炼自己的协调能力、团队合作能力。

3. 懂得严于律己、规范自己方可获得信任。

【注意提醒】

1. 本活动为危险系数最高的活动，为保障同学安全，无论是保护者还是背摔者，全程必须严格按照老师要求的动作规范执行。

2. 所有同学在活动挑战前，须将身上尖锐的和容易掉落物品（如：眼镜、手表、手链、钥匙等）全部取下，以免活动过程中伤到同学和自己。

3. 倒下的同学须谨记，在倒下时身体一定要笔直，不得倾斜，否则将伤到同学和自己。

4. 保护者要保持高度专注，时刻关注即将倒下的同学以便随时应对，同时不得嬉笑打闹。

5. 保护者在接到背摔者后，一定要等同学平稳站立，方可松手，否则极有可能让背摔者坠地受伤。

【任务】

成功地完成背摔挑战。

【回顾反思】

1. 当你站在背摔台上挑战的时候，你的职责是什么？你做到了吗？

2. 背摔绳的作用是什么？

【自我评价】

评价维度	评价要点	评价结果（描述或判断）
个人	1. 我今天在活动中担任过哪些角色？	
	2. 我对信任有什么新的理解？	
	3. 今天我最大的收获是什么？	
	4. 我会懂得换位思考吗？	
团队	5. 我们小组的学习积极性高吗？	
	6. 我们小组所有人是否能主动支持他人？	
	7. 我们小组谁是第一勇士？	

3

第三单元

乐观

LEGUAN

曼妙沙舞

适用年级：高中　　　建议时长：90 分钟

【活动概要】

此课程以“焦裕禄精神”—— 艰苦奋斗、迎难而上的精神为指导，属于乐观品质单元的室内活动课程。在雏鹰成长馆，每一位同学体验沙画创作和自我展示。

【场地器材】

场地：雏鹰成长馆。

器材：沙画台、细沙、刷子。

【学习目标】

1. 了解沙画由来、使用工具和历史意义。
2. 掌握对沙的流量和力度的控制。
3. 培养自己奋发向上、努力进取、挑战挫折的乐观品质。

【注意提醒】

1. 确保地面整洁，防止沙子随意散落。

2. 严格遵守规则，确保自身安全。

【任务】

1. 练习：掌握 12 种基础的沙画手法。

2. 创作：围绕给定主题，结合所学的沙画手法，创作出连贯的沙画作品。

3. 展示：在 5 分钟内完成小组展示。

【回顾反思】

1. 你是第一次参与沙画制作吗？在创作环节，哪个环节最让你记忆犹新？

2. 创作的过程中，你认为最难的是什么？后来是怎么克服的？

【自我评价】

评价维度	评价要点	评价结果（描述或判断）
个人	1. 我今天在活动中用沙画描绘了什么场景？	
	2. 我对艺术有什么新的理解？	
	3. 今天我最大的收获是什么？	
	4. 我会懂得通过沙画思考人生吗？	
团队	5. 我们小组的学习积极性高吗？	
	6. 我们小组所有人是否都能完成自己的作品？	
	7. 我们小组谁的作品最能得到大家的肯定？	

四季之歌

适用年级：高中　　　　建议时长：90 分钟

【活动概要】

此课程以“焦裕禄精神”——艰苦奋斗、迎难而上精神为指导，属于乐观品质单元的室内活动课程。在多元实践馆，通过视频鉴赏和诗词组合竞赛等活动，学习 24 节气的相关知识。

【场地器材】

场地：多元实践馆。

器材：二十四节气卡片、贴纸。

【学习目标】

1. 熟悉节气知识，熟记节气歌。
2. 锻炼自己的团队合作能力，调动自己解决问题的积极性。
3. 培养自己传承传统文化的意识和乐观向上的生活态度。

【注意提醒】

1. 未经老师允许，禁止触碰教学设备。
2. 禁止触碰馆内电源插头等带电设施。
3. 禁止在活动场地追逐打闹。

【任务】

1. 学习：24 节气歌、节气健身操。

2. 诗词组合：根据 24 个节气汇总 24 句相对应的节气诗句。

3. 体验：按照 24 节气的逻辑顺序翻卡片，四个小组竞赛，用时最少的获胜。

4. 讨论：以小组为单位探讨环境问题及保护措施。

【回顾反思】

1. 我们现在正处什么节气？你还对哪些节气印象深刻？

2. 看到生机勃勃的大自然，我们应该以什么样的态度面对生活？

【自我评价】

评价维度	评价要点	评价结果（描述或判断）
个人	1. 我今天在活动中学会 24 节气歌了吗？	
	2. 我对 24 节气有什么新的理解？	
	3. 今天我最大的收获是什么？	
	4. 我学会 24 节气健身操了吗？	
团队	5. 我们小组的学习积极性高吗？	
	6. 我们小组所有人是否完成自己的作品？	
	7. 课程结束后我们小组能否主动打扫卫生？	

突破壁垒

适用年级：高中　　　建议时长：90 分钟

【活动概要】

此课程以“焦裕禄精神”——艰苦奋斗、迎难而上精神为指导，属于乐观品质单元的室外活动课程。在室外训练场，大家被分成不同角色进行有效传递信息并完成任务。

【场地器材】

场地：室外训练场。

器材：笔、任务卡、信息卡、便签纸。

【学习目标】

1. 了解团队管理的基本结构。
2. 锻炼自己的沟通能力和协作能力。
3. 培养自己面对困难时，迎难而上、积极乐观的心态。

【注意提醒】

1. 领到任务卡后须将其摆放在地上，挑战开始后才可以看自己的卡片信息。

2. 听清楚任务规则，活动一旦开始老师将不再回答任何问题。

3. 整个操作过程不允许发出任何声音。

【任务】

在相互配合下完成小组任务。

【回顾反思】

1. 大家在挑战过程中进行了几轮信息传递？迟迟不出结果时，大家都有哪些情绪产生？

2. 什么是沟通壁垒？今天的活动体验给你带来什么样的启发？

【自我评价】

评价维度	评价要点	评价结果（描述或判断）
个人	1. 我今天在活动中担任什么角色？	
	2. 我对有效沟通有什么新的理解？	
	3. 今天我最大的收获是什么？	
	4. 我会懂得有效利用资源吗？	
团队	5. 我们小组完成任务了吗？	
	6. 我们小组所有人是否都能积极配合“总经理”？	
	7. 课程中表现最佳的人是谁？	

跳出真我

适用年级：高中　　　　建议时长：90 分钟

【活动概要】

此课程以“焦裕禄精神”——艰苦奋斗、迎难而上精神为指导，属于乐观品质单元的室外活动课程。在高空拓展区，每一位同学在安全的情况下攀爬到9米的高空平台上，跳起来用力抓住空中的横杠。

【场地器材】

场地：高空器械场。

器材：高空装备三套。

【学习目标】

1. 了解极限安全装备的相关专业知识。

2. 学习高空装备穿戴的技巧、攀爬的技巧、抓杠的技巧、下降的技巧。

3. 培养自我乐观向上、克服困难的品质。

【注意提醒】

1. 近期手术、身体不适或有隐形疾病的学生提前告知老师。
2. 在挑战过程中不准违背挑战规则。
3. 听从老师的指令进行挑战、完成挑战。
4. 高空作业场所，未经允许不得追逐打闹、私自攀爬器械。

【任务】

在安全保护的情况下，站在起跳点跳起来双手抓住单杠。

【回顾反思】

1. 当你站立在平台的时候你想到了什么？是什么力量让你纵身一跃？

2. 在学习生活中那个横杠象征着什么？这为你带来什么启发？

【自我评价】

评价维度	评价要点	评价结果（描述或判断）
个人	1. 谁是今天活动中的第一勇士？	
	2. 我对如何克服恐惧有什么新的理解？	
	3. 今天我最大的收获是什么？	
	4. 我成功完成挑战了吗？	
团队	5. 我们小组的团队氛围好吗？	
	6. 我们小组成员之间能够互相鼓励吗？	
	7. 小组中表现最佳的人是谁？	

高空漫步

适用年级：高中　　　建议时长：90 分钟

【活动概要】

此课程以“焦裕禄精神”—— 艰苦奋斗、迎难而上精神为指导，属于乐观品质单元的室外活动课程。在高空专业拓展区，每一位同学在安全保护的情况下，攀爬到 9 米的高空去跨越 1.2 米的断桥。

【场地器材】

场地：高空断桥器械场。

器材：断桥装备三套。

【学习目标】

1. 了解极限安全装备的相关专业知识。
2. 掌握高空装备穿戴的技巧、攀爬的技巧、跨越的技巧、下降的技巧。
3. 培养自我敢于突破、克服困难、积极乐观的心态。

【注意提醒】

1. 近期手术、身体不适或有隐形疾病的学生提前告知老师。

2. 在挑战过程中不准违背挑战规则。

3. 听从老师的指挥进行挑战、完成挑战。

4. 高空作业场所，未经允许不得追逐打闹、私自攀爬器械。

5. 长头发的同学要把头发平铺到安全头盔内。

【任务】

从9米高空断桥的一端跨越到另一端，然后再跨越回来，则视为挑战成功。

【回顾反思】

1. 在跨越成功的前后你的心情发生了什么变化？

2. 学习生活中有没有类似断桥的挑战？一旦碰到类似的场景你该如何面对？

【自我评价】

评价维度	评价要点	评价结果（描述或判断）
个人	1. 谁是活动中的第一勇士？	
	2. 面对挑战，我如何调整自己的情绪状态？	
	3. 今天我最大的收获是什么？	
	4. 我可以自己穿戴安全装备吗？	
团队	5. 我们小组的团队氛围好吗？	
	6. 我们小组成员之间能够互相鼓励吗？	
	7. 小组中表现最佳的人是谁？	

胜利墙

适用年级：高中　　　建议时长：90 分钟

【活动概要】

此课程以“焦裕禄精神”——艰苦奋斗、迎难而上为指导，属于乐观进取单元室外活动课程。在专业的室外拓展区，全员不借用任何器械成功翻越 4.2 米的胜利墙。

【场地器材】

场地：室外训练场。

器材：胜利墙。

【学习目标】

1. 了解有关胜利墙的相关历史背景和一些安全保护常识。

2. 锻炼自己的分析能力、决策能力、评估能力和问题解决能力。

3. 培养自己勇于实践、不断尝试的乐观品质。

【注意提醒】

1. 摘去身上的一切硬质物品，如手表、眼镜、钥匙、发卡等。

2. 三个月内做过大型手术的，或者有先天性疾病的，或者手腕、脚腕、肩膀有习惯性脱臼的同学，可以不参与今天的活动；如果有感到身体特别不舒服的同学，可以到旁边休息。

【任务】

在规定时间内全班同学不借助任何外力成功翻越 4.2 米的胜利墙。

【回顾反思】

1. 我们获得了最后的胜利，靠的是什么？

2. 今天这面墙是有形的墙，看得见摸得着，在未来生活中我们还会碰到许多无形的墙，我们该如何积极面对呢？

【自我评价】

评价维度	评价要点	评价结果（描述或判断）
个人	1. 今天我帮助了几个人？	
	2. 我对困难有什么新的理解？	
	3. 今天我最大的收获是什么？	
	4. 我会主动为别人搭建人梯吗？	
团队	5. 我们班级完成任务了吗？	
	6. 我们班级所有成员面对困难足够团结吗？	
	7. 活动中表现最佳的人是谁？	

笑傲浮桥

适用年级：高中　　　建议时长：90 分钟

【活动概要】

此课程以“焦裕禄精神”——艰苦奋斗、迎难而上为指导，属于乐观单元的室外活动课程。在室外平整安全区域，同学们两两结合搭建成一座浮桥让挑战者爬过去。

【场地器材】

场地：平整安全的室外或者室内场地。

器材：团队浮桥器材。

【学习目标】

1. 了解相关道具的使用操作方法、身体受力状态下的相关保护常识。

2. 锻炼团队合作能力和组织能力。

3. 使自己学会换位思考，懂得感恩与奉献，勇于承担责任；同时培养自己决不轻言放弃、乐观向上的拼搏精神。

【注意提醒】

1. 每个岗位人员要清楚了解自己的任务。

2. 爬行者、搭桥者、安全员要严格要求自己，做到安全事故防患于未然。

3. 活动中不得嬉笑打闹。

【任务】

所有人在规定时间内从浮台 A 前进到浮台 B，即为挑战成功。

【回顾反思】

1. 当你在下面做搭桥者时肩膀疼吗？是什么力量支持你坚持到最后？

2. 此刻你最想感谢谁？你最想对他说什么？

【自我评价】

评价维度	评价要点	评价结果（描述或判断）
个人	1. 今天我帮助了几个人？	
	2. 我对困难有什么新的理解？	
	3. 今天我最大的收获是什么？	
	4. 我会主动为别人加油鼓励吗？	
团队	5. 我们小组完成任务了吗？	
	6. 我们小组所有成员面对困难足够团结吗？	
	7. 活动中表现最佳的人是谁？	

相信的力量

适用年级：高中　　　建议时长：90 分钟

【活动概要】

此课程以“焦裕禄精神”——艰苦奋斗、迎难而上精神为指导，属于乐观品质单元的室外活动课程。在室外平整开阔无障碍的场地，大家齐心协力将绳子进行甩动，达到团队设定的目标次数。

【场地器材】

场地：平整安全的室外或者室内。

器材：静力绳、手套。

【学习目标】

1. 了解目标对于激发团队潜能的重要性。
2. 锻炼自己的团队协作能力和身体协调能力。
3. 培养坚持到底、勇于拼搏、笑对困难、挑战挫折的乐观精神。

【注意提醒】

1. 摘去身上的一切硬质物品，如手表、眼镜、钥匙、发卡等。

2. 三个月内做过大型手术的，或者有先天性疾病的，或者手腕、脚腕、肩膀有习惯性脱臼的同学，可以不参与今天的活动；如果有感到身体特别不舒服的同学，可以到旁边休息。

【任务】

大家一起摇动绳子至少2000次。

【回顾反思】

1. 在体验过程中，有没有想要放弃的时候，又是什么力量让你坚持到最后？

2. 这个活动给你的学习、生活带来什么样的启发？

【自我评价】

评价维度	评价要点	评价结果（描述或判断）
个人	1. 今天我有想过放弃吗？	
	2. 我对自己的能力有什么新的发现？	
	3. 今天我最大的收获是什么？	
	4. 我能坚持主动摇动绳子吗？	
团队	5. 我们小组完成了多少次的成绩？	
	6. 我们小组所有成员面对困难会相互鼓励吗？	
	7. 活动中表现最佳的人是谁？	

4

第四单元

LIZHI

立志

第一时间

适用年级：高中　　　建议时长：90 分钟

【活动概要】

此课程以“焦裕禄精神”——艰苦奋斗、迎难而上精神为指导，属于立志品质单元的室内活动课程。在防震减灾体验馆，通过了解现场急救知识和亲自动手体验掌握现场急救的基本操作。

【场地器材】

场地：防震减灾体验馆。

器材：心肺复苏模拟假人、一次性 CPR 屏障消毒面膜、止血带。

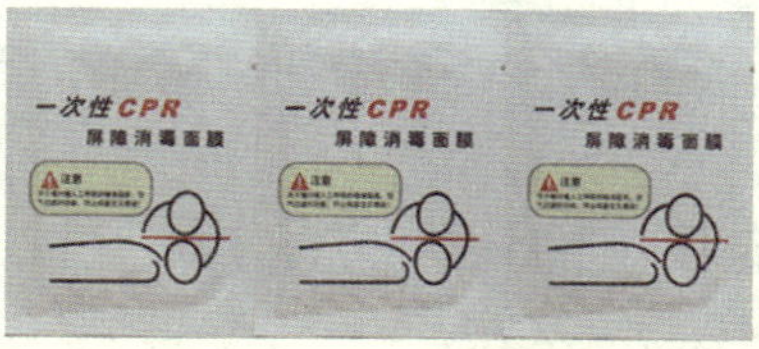

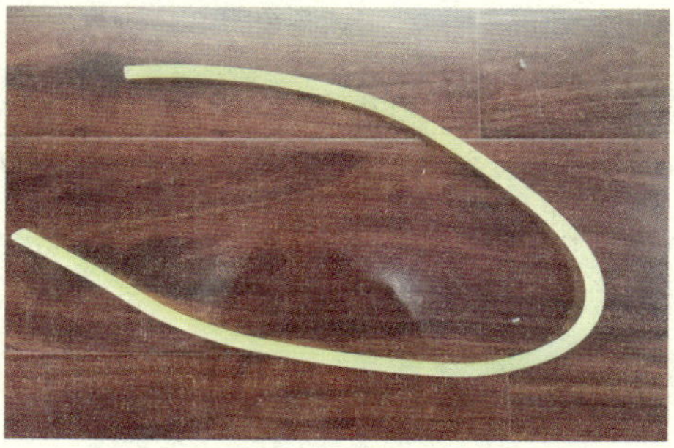

【学习目标】

1. 熟悉和运用已知的心肺复苏、伤口止血等知识。

2. 提升自救及他救的能力和应对突发状况的能力。

3. 培养自己珍爱生命、关爱他人的品质，弘扬人道、博爱、奉献的红十字精神。

【注意提醒】

1. 禁止把盛放假人的箱子打开置于一旁。

2. 禁止在活动场地追逐打闹。

3. 按照要求进行操作、正确使用道具。

【任务】

1. 学习：了解心肺复苏和止血的相关知识。

2. 练习：在假人身上用心肺复苏和止血知识进行练习。

3. 模拟：在 5 分钟内对模拟场景中出现的伤员进行救治。

【回顾反思】

1. 哪些伤害是需要优先处理的？

2. 你是如何看待 120 急救这个职业的？

【自我评价】

评价维度	评价要点	评价结果（描述或判断）
个人	1. 今天我学会如何进行心肺复苏了吗？	
	2. 我对生命有什么新的理解？	
	3. 今天我最大的收获是什么？	
	4. 我会主动给需要帮助的人做心肺复苏吗？	
团队	5. 我们小组所有人都掌握心肺复苏的方法了吗？	
	6. 我们掌握简易包扎术了吗？	
	7. 课程中表现最佳的人是谁？	

为目标而奔跑

适用年级：高中　　　　建议时长：90 分钟

【活动概要】

此课程以“焦裕禄精神”—— 艰苦奋斗、迎难而上精神为指导，属于立志品质单元的室外活动课程。在室外平整开阔场地，同学们按照逻辑顺序拿出卡片摆放，并获取相应的分数。

【场地器材】

场地：室外训练场。

器材：活动卡片。

【学习目标】

1. 了解不同数字信息的表现形式。

2. 培养自己的沟通及协作能力。

3. 培养认真负责、不怕挑战、坚持目标的品质。

【注意提醒】

1. 注意自身安全，不要追逐打闹，不要触碰周围障碍物。

2. 听清楚任务规则。

【任务】

把 30 张卡片按照从小到大的顺序依次摆放出来。

【回顾反思】

1. 第二轮和第一轮，你们小组在操作上发生了什么变化？

2. 这个活动为你的学习、生活带来了什么启发？

【自我评价】

评价维度	评价要点	评价结果（描述或判断）
个人	1. 今天我在团队中担任什么角色？	
	2. 我会和小组成员分享好的方法吗？	
	3. 今天我最大的收获是什么？	
	4. 我会全身心投入到比赛中吗？	
团队	5. 我们小组会积极商讨交流方法吗？	
	6. 我们赢得比赛了吗？	
	7. 课程中表现最佳的人是谁？	

三五之争

适用年级：高中　　　建议时长：90 分钟

【活动概要】

此课程以“焦裕禄精神”—— 艰苦奋斗、迎难而上精神为指导，属于立志品质单元的室外活动课程。在室外平整安全场地，三个团队的智囊团在棋盘上进行排兵布阵。

【场地器材】

场地：平整开阔的室内或室外场地。

器材：三五之争棋盘教具。

【学习目标】

1. 了解五子棋的相关知识。
2. 提高自己的团队计划、组织协调、领导沟通能力。
3. 培养自己的规划意识和大局观念，激发自己的职业规划意识。

【注意提醒】

1. 活动过程中要积极沟通，充分发挥团队决策能力。
2. 不允许私自调换所在小组。

【任务】

挑战者扮演将军和士兵的角色，完成地盘争夺的比赛。

【回顾反思】

1. 如果你担任将军角色，你会怎么排兵布阵？

2. 你觉得活动中每个角色都需要哪些能力，这些能力对我们的学习、生活有什么样的影响？

【自我评价】

评价维度	评价要点	评价结果（描述或判断）
个人	1. 今天我在团队中担任什么角色？	
	2. 我会和小组成员默契配合吗？	
	3. 今天我最大的收获是什么？	
	4. 我会全身心投入到比赛中吗？	
团队	5. 我们会在挑战之前制作计划吗？	
	6. 我们赢得比赛了吗？	
	7. 课程中表现最佳的人是谁？	

圆梦未来

适用年级：高中　　建议时长：90分钟

【活动概要】

此课程以“焦裕禄精神”——艰苦奋斗、迎难而上精神为指导，属于立志品质单元的室外活动课程。全体同学在室外开阔平整场地，分组、分工、分角色一起创设一幅巨画。

【场地器材】

场地：室外训练场。

器材：画板、颜料、画笔、大图纸、小图纸、铅笔、A4纸。

【学习目标】

1. 学习颜料的基本配色原理。
2. 锻炼自己的沟通能力及协作能力。
3. 培养坚定信念、努力奋斗的品质。

【注意提醒】

1. 注意卫生，不要拿颜料乱涂乱画。

2. 注意自身安全，不要快速跑动。

【任务】

所有小组完成各自画作，并拼接成完整的巨画。

【回顾反思】

1. 你们为什么要呈现这样的主题和内容？

2. 今天体验完圆梦未来对你自己未来的学业有什么帮助？

【自我评价】

评价维度	评价要点	评价结果（描述或判断）
个人	1. 今天我在团队中担任什么角色？	
	2. 我会和小组成员默契配合吗？	
	3. 今天我最大的收获是什么？	
	4. 我会有效利用现场的绘画材料？	
团队	5. 我们绘画的效率高吗？	
	6. 我们会利用团队的合力吗？	
	7. 活动结束后我们会为结果感到震惊吗？	

5

第五单元

奋斗之魂

FENDOUZHIHUN

追梦小浪底——艰苦奋斗

适用年级：高中　　　建议时长：一天

一、研学目的地

地点：小浪底水利枢纽工程。

说明：小浪底水利枢纽是治理开发黄河的关键性工程，位于黄河中游最后一段峡谷的出口处，距河南省济源市西南30公里（坝址所在地南岸为孟津县小浪底村，北岸为济源市蓼坞村），南距河南省洛阳市中心城区40公里，距三门峡水库130公里，距郑州花园口115公里，是黄河干流三门峡以下唯一能够取得较大库容的控制性工程。工程于1997年截流，2001年年底竣工，属国家“八五”重点项目。小浪底工程坝址控制流域面积69.42万平方公里，占黄河流域面积的92.3%。水库总库容126.5亿立方米，调水调沙库容10.5亿立方米，死库容75.5亿立方米，有效库容51.0亿立方米。小浪底工程的开发目标是以防洪、防凌、减淤为主，兼顾供水、灌溉和发电等。

小浪底大坝不仅是中国治黄史上的丰碑，而且是世界水利工程史上最具有挑战性的杰作，也是我国跨世纪第二大水利工程。总装机容量为 180 万千瓦 (6 台 30 万千瓦混流式发电机) 地下发电厂房，高 160 米、长 1667 米的壤土斜心墙堆石坝，巍峨的进水塔，壮观的出水口，在不足一平方公里范围内拥有纵横交错的 108 条洞群等，使小浪底具备了防洪、防凌、发电、排沙等多项功能，是旅游者观赏黄河沧桑巨变的一大景观。一年一度的调水调沙活动，气势雄伟，媲美钱塘潮。水库蓄水后在大坝上游所形成的浩淼水面、曲折河巷与雄伟山势竞相生辉，构成了“北国山水好风光——黄河小浪底”。

二、学习目的

1. 通过探究活动，将书本与现实生活联系起来，丰富自己的知识储备和见闻。了解小浪底建设的前世今生，明白小浪底水利枢纽工程的重要作用与意义。

2. 通过实践探究活动，增强自己理论联系实际的能力；培养自己的观察能力和思考能力，能用所学知识理解和解释生活中所见事物。

3. 通过深入了解小浪底的建设过程，感受建设者的艰辛，同时体会小浪底建设者求真务实、严于律己、乐观进取、立志报国的高尚情怀。

三、研学实践活动流程

活　动	地　点	活动安排
车程预热	车上	老师带领学生观察途经地并进行介绍，提前帮学生了解小浪底与焦裕禄的故事。
领取研学资料	车上	分组领取研学手册。
参观观景平台	观景平台	听老师讲解小浪底工程概况，初步了解小浪底。
探究雕塑广场	雕塑广场	分小组参观雕塑广场，探寻雕塑含义。
走过“万里黄河”	黄河微缩景观	穿越微缩黄河，观察黄河流域地貌，了解黄河干流上的大型水电站，以及黄河流经的省份。

认识工程器械	工程文化广场	分组参观工程文化广场，讨论当时建设小浪底时使用的工具，了解当时艰苦的建设条件。
室外就餐	景区空地	在老师的组织下用餐。
参与水土流失实验	景区空地	分组进行水土流失实验，了解水土保持的原理与方法。
参观爱国主义教育展厅	爱国主义教育展厅	分组在展馆内进行探究学习，全面深入了解小浪底建设过程及重要作用。
“保护母亲河”系列	景区空地	听老师讲解小浪底文化及精神，进行《保卫黄河》大合唱，举行保卫母亲河宣誓及签字活动。

四、研学任务

序　号	研学任务	研学地点
任务1	纵览世纪工程	观景平台
任务2	建设者之歌	雕塑广场
任务3	九曲黄河万里沙	黄河微缩景观
任务4	厉害了，我的小浪底!	工程文化广场
任务5	合理膳食，健康体魄	景区空地
任务6	跳进黄河洗得清	景区空地
任务7	我们都是追梦人	爱国主义教育展厅
任务8	爱我母亲河	景区空地

任务1：纵览世纪工程

（1）消力塘的作用是什么？

（2）探讨“世纪工程”的历史重要性。

任务 2：建设者之歌

（1）小浪底精神和焦裕禄精神的共同之处是________。（多选）

A. 无私奉献　　B. 坚持不懈

C. 大智若愚　　D. 吃苦耐劳

（2）小浪底工程向世界招标的原因是________。（多选）

A. 国内技术人才紧缺　B. 资金匮乏

C. 世界全球化发展　　D. 国外友人主动支援

（3）从多国参与小浪底建设角度出发，浅谈世界合作。（例：一带一路）

（4）以连队为单位，在雕塑广场上，用你们的肢体创设出向建设者致敬的作品，并拍照。

（5）所有学生组成图示造型。

任务 3：九曲黄河万里沙

小组内进行探究和分享，分析治理黄河泥沙的方法还有哪些？

任务 4：厉害了，我的小浪底！

（1）参观完工程文化广场，你有什么感受呢？

（2）你还知道我国的哪些超级工程呢？请举例。

任务 5：合理膳食，健康体魄

（1）“合理饮食”我能行！通过顺口溜帮助大家牢记健康饮食的好习惯。

蔬菜多一点，口味淡一点　　宜慢不贪快，宜暖不贪热

品种多一点，饮食热一点　　宜少不贪多，宜杂不贪精

饭要稀一点，吃要慢一点　　宜素不贪荤，宜醋不贪酒

早餐好一点，晚饭少一点　　宜苦不贪甜，宜早不贪晚

（2）“光盘行动”我践行！请从下面几个方面给自己打分，满分是 5 星。

就餐文明：☆☆☆☆☆

没有剩饭：☆☆☆☆☆

是否挑食：☆☆☆☆☆

与人分享：☆☆☆☆☆

任务 6：跳进黄河洗得清

1. 实录记录卡

（1）有草的浅盘，流到盘里的水________。

（2）无草的浅盘，流到盘里的水________。

2. 实验分析

（1）水、土、植物是相互依存的：植物可以保护______不被______冲走，同时也使______不致流失。

（2）有了________和________，植物才能生存。没有植物的保护，________容易被________冲走，同时也使________流失，没有了________和________，植物都不能生存。

3. 谈谈你对小浪底的调水调沙功能的认识。

任务7：我们都是追梦人

小浪底工程建设是如何实现大河圆梦的?

1. 千秋遗梦
2. 世纪寻梦
3. 十年追梦
4. 大河圆梦

任务8：爱我母亲河

(1) 请思考，目前我国水资源存在的主要问题是______。

A. 人均水资源不足　　B. 水资源空间分布不均

C. 水资源时间分布不均　　D. 浪费、污染现象严重

(2) 结合自己的生活实际，写下践行保护母亲河的准则。

作为新时代的青年，我一定会：________________

____

____

小结：

眼睛记录美好的生活

脚步丈量世界的宽度

愿同学们在以后的学习和生活中

积极进取、努力拼搏

因为奋斗的青春最美丽！

评价维度	评价要点	评价结果（描述或判断）
个人	1. 我最喜欢的活动是哪一个？	
	2. 我对小浪底有了哪些新的认识？	
	3. 今天我最大的收获是什么？	
	4. 我将如何在以后的学习、生活中践行今天的收获？	
团队	5. 我最欣赏的同学是谁？为什么？	
	6. 我和小组成员的合作是否愉快？	
	7. 我们小组在哪个活动中表现最为出色？	

问道王屋山——责任之道

适用年级：高中　　　建议时长：一天

一、研学目的地

地点： 王屋山风景区

说明： 王屋山风景区位于河南省西北部的济源市，东依太行，西接中条，北连太岳，南临黄河，国家级AAAA风景名胜区，总面积265平方公里，是中国九大古代名山、道教十大洞天之首，也是愚公的故乡，愚公移山的故事因《列子·汤问》的记载和毛泽东对《愚公移山》的引用而家喻户晓。

主峰天坛山，海拔1715米，是中华民族祖先轩辕黄帝设坛祭天之所，世称“太行之脊”“擎天地柱”。整个景区森林覆盖率达98%以上，其中最为珍奇的是被称为“世界植物活化石”的有着两千多年历史的银杏树。

阳台宫，最为瞩目的是三重式建筑玉皇阁，凌空欲飞的飘逸之势，令人叹为观止。主体建筑上的几十对石刻柱子，使这里成为石刻艺术的殿堂，柱子上刻有翻滚的云龙、朝凤的百鸟、闹梅的喜鹊、牧羊的苏武、过海的八仙、战蚩尤的黄帝等。阳台宫内苍松翠柏，郁郁葱葱，其中的一株七叶提树，树围近 3 米，高 14 米，为唐代所留。

愚公移山红色教育基地，以“弘扬愚公移山精神，传承红色奋斗基因”为主旨，设置系统丰富的红色教育课程体系。基地分为神话时代、革命年代、新时代三个篇章，重点建设了愚公村遗址院落、觉悟院、皮影馆、新时代广场、铁卷书、科技体验中心、愚公移山情景体验区等。

二、学习目的

1. 学会用愚公移山精神直面生活中的问题和苦难；学会如何传承传统文化和保护文物；通过集体出行的方式，学会在团队行动中应该如何遵守纪律，增强团队行动力，承担自己应承担的责任；学会在生活、学习及社会活动中辨清自己有哪些责任。

2. 通过讲述愚公移山的故事，学习愚公坚持不懈、坚忍不拔、吃苦耐劳的精神，培养责任意识；了解先进人物，同时通过榜样法，提升思想，规范行为，担当责任；通过学习《道德经》体会为人处事的道理，体悟责任。

三、研学实践活动流程

活　动	地　点	活动安排
车程预热	车上	观赏沿途秀丽风光，听老师讲解道文化和愚公移山的故事。
领取资料	车上	领取研学手册。
参观道境广场	道德经墙	参观道境广场，看牌坊了解神话故事；集体朗诵《道德经》，感受优秀传统文化。

探索阳台宫	阳台宫	听老师讲解阳台宫，然后进行实地探索，讨论如何保护文物并进行宣誓和签字仪式。
午餐	饭店	午餐休息。
探访愚公移山红色教育基地	愚公移山红色教育基地	在老师的带领下探访北山愚公村，感悟愚公移山志、传承愚公移山精神；参与“叩石垦壤，箕畚运于渤海之尾”的实景体验课程，感悟愚公移山的艰辛与不易，学习愚公艰苦奋斗的精神；了解现代先进人物，学习时代楷模。

四、研学任务

序　号	研学任务	研学地点
任务 1	走一走道境广场	道境广场
任务 2	读一读《道德经》书	道德经墙
任务 3	品一品阳台宫观	阳台宫
任务 4	探一探愚公故里	愚公移山红色教育基地
任务 5	辩一辩愚公其人	愚公移山红色教育基地
任务 6	悟一悟愚公精神	愚公移山红色教育基地

任务 1：走一走道境广场

画联临摹：各小组成员分别选择不同的图案进行临摹，最后将成果与小组成员分享。

任务 2：读一读《道德经》书

探究《道德经》里的哪些内容与责任有关，请写下来并在小组内分享。

任务 3：品一品阳台宫

(1) 经典画联

上联：____________，____________。

下联：____________，____________。

宣誓誓词：

保护文化遗产，守望精神家园，肩负历史责任，弘扬传统文化。保护文物，刻不容缓，积极践行，从我做起。

(2) 小组合作探究古建筑亭台楼阁有什么特征？

任务 4：探一探愚公故里

古今对话

（如果你是当代“愚公”，你会怎么回应？）

任务 5：辩一辩愚公其人

（正方/反方）

辩题：

任务 6：悟一悟愚公精神

如果没有天神帮助，你将如何续写愚公移山的故事并体现新时代愚公移山精神？请把你的故事分享给小组成员听。（可在下面写故事架构）

小结：

眼睛记录美好的生活

脚步丈量世界的宽度

愿同学们在以后的学习和生活中

积极进取、努力拼搏

因为奋斗的青春最美丽！

评价维度	评价要点	评价结果（描述或判断）
个人	1. 我最喜欢的活动是哪一个？	
	2.《道德经》里面的哪一句话能成为我的座右铭？	
	3. 我对愚公移山故事有了哪些新认识？	
	4. 我将如何在以后的学习、生活中践行今天的收获？	
团队	5. 我最欣赏的同学是谁？为什么？	
	6. 我和小组成员的合作是否愉快？	
	7. 我们小组在哪个活动中表现最为出色？	

中小学实践教育教学研究

小学教师◎指导用书

刘国战 著

中国美术学院出版社

责任编辑：史梦龙
版式设计：李世静
责任校对：杨轩飞
责任出版：张荣胜

图书在版编目(CIP)数据

中小学实践教育教学研究 /刘国战著. --杭州：中国美术学院出版社，2020.1
(济源市示范性综合实践基地课程与线路系列丛书)
ISBN 978-7-5503-2079-6

Ⅰ.①中… Ⅱ.①刘… Ⅲ.①中小学教育—教学研究 Ⅳ.①G63

中国版本图书馆CIP数据核字（2019）第236135号

中小学实践教育教学研究

刘国战　著

出 品 人：祝平凡
出版发行：中国美术学院出版社
社　　址：中国·杭州市南山路218号
网　　址：http://caapress.com
邮　　编：310002
印　　刷：济源佳彩印务传媒设计有限公司
版　　次：2020年1月第1版
印　　次：2020年1月第1次印刷
印　　张：59.75
开　　本：787mm×1092mm　1/16
字　　数：870千
图　　数：300幅
印　　数：0001-1000
书　　号：ISBN 978-7-5503-2079-6
定　　价：260.00元（全六册）

序 言

济源，是全国具有重要影响力的中小学研学旅行实验区。

济源市示范性综合实践基地（营地），是全国首批河南省首家“全国中小学生研学实践教育营地”。

“十二五”以来，济源市示范性综合实践基地（营地）在国家教育部、财政部等部委，河南省委省政府和济源市委市政府的大力支持和帮助下，立足中国特色社会主义新时代，把握教育事业发展新要求，依托中原区位资源优势，紧紧抓住各种有利时机，积极探索中小学研学实践教育科学发展的新路子，以发展中小学生研学实践教育为重要内容，加快推进研学实践教育发展，取得了初步成效，先后获得“全国课程建设示范性基地联盟常务理事单位”“全国中小学生研学实践教育营地”“全国中小学生研学实践教育示范营地”“河南省首批省级青少年户外体育活动营地”“河南省中小学综合性社会实践教育基地”“河南省中小学社会实践教育基地（综合性基地）”和“河南省研学旅游示范基地”等荣誉称号。

着眼长远、不断发展是济源市示范性综合实践基地（营地）矢志不渝的战略目标。自投入使用以来，实践基地始终本着“实践出真知”的教育理念，全面贯彻落实“立德树人”根本任务，持续开展研学实践教育活动，接待青少年学生达10万余人次，开发线路24条，研发综合实践课程86门，为青少年学生提供了广阔的研学实践教育平台。

优势独特、资源丰富是济源市示范性综合实践基地（营地）快速发展的坚

实基础。河南是中华文明和中华民族最重要的发源地，中国八大古都河南占有其四，文物古迹众多，地下文物和馆藏均居全国首位；是中国姓氏的重要发源地，孕育的风流人物灿若群星；也是自然景观荟萃之地，山川壮美，风光秀丽，融南秀北雄于一体。济源作为华夏文明和中原文化的重要传承区，具备得天独厚的文化资源、自然资源、生态资源和交通区位优势。中华“四渎”，济源独占其二，济水、黄河文化源远流长；愚公移山，发祥于济源，是中华民族宝贵的精神财富和动力源泉；王屋山，世界地质公园，号称“天下第一洞天”；小浪底工程举世闻名，一座水利大坝，千年治黄历史；留庄民兵营、杜八联、晋豫革命边区、朱德出太行旧线，红色基因在济源代代相传；济源地处豫西北，毗连晋东南，区位独特，能够立足河南、辐射中部，实现全国营地优质教育资源的交流和共享。

前景广阔、佳境可期是济源市示范性综合实践基地（营地）持续发展的不竭动力。济源市委市政府高度重视研学实践教育营地建设，市委、市政府主要领导多次到实践基地现场调研、听取专题汇报，先后做出“全力争取国家级重点示范性营地项目、建设全国一流的研学实践教育营地、打造国内独一无二的研学小镇”的重要批示；利用省教育厅爱国主义教育基地周边资源，进一步开拓营地格局、打开发展空间。济源市示范性综合实践基地将借助上级领导的重视和支持，全面整合周边的土地、自然、人文、旅游资源，广泛与林业、交通、农业、体育、规划等部门开展共建共创，凝聚发展合力，将实践基地打造成国内规模一流、设施一流、师资一流、课程一流的研学实践教育营地。

“雄关漫道真如铁，而今迈步从头越。”济源市示范性综合实践基地（营地）将乘着国家大力发展校外教育事业的东风，发扬“愚公移山，敢为人先”的精神，更新观念，顺时应势，在加强研学实践教育效果的前提下，立足“奋斗青春美丽”的基本教育思想，围绕不同学段和主题，科学开发并利用好宝贵而独特的华夏文明研学实践教育资源，设计基地（营地）特色课程体系，使其成为推进河南乃至全国校外实践教育的新动力，谱写新时代研学实践教育发展的崭新篇章。

济源市示范性综合实践基地简介

济源市示范性综合实践基地是“十二五”期间，由教育部、财政部利用中央专项彩票公益金支持建设的全国首批、河南省首家公益性校外教育场所项目，同时也是“十三五”期间全国首批、河南省首家国家级“全国中小学生研学实践教育营地”项目，2018年又被教育部评为“全国中小学生研学实践教育示范营地”。实践基地位于黄河小浪底库区的大峪镇涅泉，占地面积约2.1万余平方米（310亩），建筑面积4.5万余平方米，总投资1.54亿元，可同时接待1000余名中小学生开展活动并保障食宿。

实践基地建设了室内综合实践区、室外劳动实践区、综合训练区和生活区四大功能分区，设施先进，设备齐全。在室内综合实践区建设有防震减灾体验馆、公共安全体验馆、科技体验馆、金工木工实践馆、机器人竞技体验馆、模拟金融体验馆、模拟法庭体验馆等19个专题实践场馆；在室外劳动实践区建设有农业示范区、自主厨艺加工区等活动场所；在综合训练区建设有拓展训练区、交通园区、学军活动区、攀岩区、户外体育活动营地这5个室外活动区，为广大青少年搭建了广阔的研学实践教育平台。

实践基地拥有一支思想素质好、业务水平高的师资队伍。实践老师队伍力量雄厚，拥有（专职、兼职、全职）研学实践教育老师104名，完全能够满足1000余名青少年学生开展各类研学实践教育活动的需求；师资队伍年龄结构合理，中青年老师102人，占比98%；实践老师全部具备与岗位相适应的学历水平和岗位技能，其中专科以上学历老师96人，占比92%，大学本科以上学历老

师55人，占比52%；专职实践老师持证上岗率为100%。

济源市示范性综合实践基地初步建立了符合研学实践教育要求和青少年成长需求的实践课程体系，全面落实《示范性综合实践基地实践活动指南(试行)》《济源市中小学研学旅行课程方案》的相关要求，制订了《研学线路及课程建设规划（2017—2020）》。充分利用河南省社会教育资源，开展各种基于济源地域特点的整合性校外教育活动课程体系。从国家战略高度落实有关研学实践、综合实践等政策，结合河南省的“愚公移山精神”“红旗渠精神”“焦裕禄精神”这三大“时代精神”，立足现有课程体系和运营模式，围绕和利用基地现有设施条件、自然环境，整合周边社会教育资源，定位开展以“奋斗青春美丽”为教育主题思想的济源基地综合实践活动课程，把教育目标确定为“奋斗的人格”教育，即：培养锲而不舍、坚忍不拔的愚公移山精神；鼓励攻坚克难、协作制胜的红旗渠精神；倡导艰苦奋斗、迎难而上的焦裕禄精神。小学以“愚公移山精神”为单元主题、中学以“红旗渠精神”为单元主题、高中以“焦裕禄精神”为单元主题的营地实践教育活动，目前已经完成小学28门、初中32门、高中26门，共计86门活动课程。研发研学线路26条，其中市内线路6条、省内线路17条、省外线路3条，囊括了优秀传统文化、革命传统教育、国防科工、自然生态、国情教育等研学实践教育的各个版块，研发面向小学、初中、高中三个阶段的线路课程五大版块共78门，完全能够满足当前营地研学实践教育活动开展需求。

多年来，济源市示范性综合实践基地坚持大力开展面向广大青少年学生的研学实践教育活动，基地总接待数量达10万余人次，在研学实践教育领域形成了一定的影响力，先后被评为“全国示范性综合实践基地课程联盟常务理事单位”“全国中小学生研学实践教育营地”“全国中小学生研学实践教育示范营地”“全国青少年农业科普示范基地”“河南省中小学社会实践教育基地（综合性基地）”“河南省省级青少年户外体育活动营地”“河南研学旅游示范基地”“河南省科普教育基地”“河南省防震减灾科普教育基地”“济源市青少年法治教育实践基地”“济源市科普教育基地”“济源市妇女儿童教育实践基地”“济

源市关心下一代教育基地”“智慧营地研究中心”“安徽工程大学体育学院、安徽工程大学体验产业学院硕士研究生实践教学和研究基地”。今后，济源市示范性综合实践基地将继续坚持上级部门的正确领导，紧紧依托黄河以北这片教育热土，紧密联合周边众多研学基地，发挥丰厚教育资源的集中优势，持之以恒推进研学实践教育发展，全面贯彻落实“立德树人”根本任务，为社会主义现代化建设培养更多又红又专、德才兼备、全面发展的合格建设者和可靠接班人。

目录

CONTENS

小学阶段“愚公移山精神”系列课程教学大纲 ……001

第一单元 信念

一线生机 ……015
出行与食品安全 ……021
秒懂百科 ……028
珍味饺子 ……034
逐鹿中原 ……040
大海捞针 ……046

第二单元 信心

酷炫折纸 ……053
秀美济源 ……058
银行那些事儿 ……065
巧做智拼 ……070
杯舞飞翔 ……076
达芬奇密码 ……083
绝壁求生 ……089
信心传递 ……095

步步为赢 ……100
信任之旅 ……106

第三单元　决心

创意组装 ……115
沙漠骆驼 ……120
直冲云霄 ……125
拆弹部队 ……132
决战到底 ……138

第四单元　恒心

勇往直前 ……145
梵塔传奇 ……151
月球漫步 ……157
车轮滚滚永向前 ……162
思维迷宫 ……167

第五单元　奋斗之魂

问道王屋山——奋斗之道 ……177
追梦小浪底——锲而不舍 ……192

小学阶段“愚公移山精神”系列课程教学大纲

课程性质	综合实践课程	先修课程	小学学科课程
开课单位	济源市示范性综合实践基地	适用对象	小学阶段
综合实践学时	52	研学实践学时	两天

一、课程背景说明

（一）国家政策背景

1. 2014年教育部研制印发《关于全面深化课程改革落实立德树人根本任务的意见》提出：

“教育部将组织研究提出各学段学生发展核心素养体系，明确学生应具备的适应终身发展和社会发展需要的必备品格和关键能力。”从中观层面深入回答“立什么德、树什么人”的根本问题。以培养“全面发展的人”为核心，分为文化基础、自主发展、社会参与三个方面，综合表现为人文底蕴、科学精神、学会学习、健康生活、责任担当、实践创新六大素养，具体细化为国家认同等18个基本要点。各素养之间相互联系、互相补充、相互促进，在不同情境中整体发挥作用。根据这一总体框架，可针对学生年龄特点进一步提出各学段学生的具体表现要求。

2. 2017年4月份，教育部印发关于《中小学综合实践活动课程指导纲要》中提出小学阶段具体目标是：

（1）价值体认：通过亲历、参与少先队活动、场馆活动和主题教育活动，参观爱国主义教育基地等，获得有积极意义的价值体验。理解并遵守公共空间的基本行为规范，初步形成集体思想、组织观念，培养对中国共产党的朴素感情，为自己是中国人感到自豪。

（2）责任担当：围绕日常生活开展服务活动，能处理生活中的基本事务，初步养成自理能力、自立精神、热爱生活的态度，具有积极参与学校和社区生活的意愿。

（3）问题解决：能在教师的引导下，结合学校、家庭生活中的现象，发现并提出自己感兴趣的问题。能将问题转化为研究小课题，体验课题研究的过程与方法，提出自己的想法，形成对问题的初步解释。

（4）创意物化：通过动手操作实践，初步掌握手工设计与制作的基本技能；学会运用信息技术，设计并制作有一定创意的数字作品。运用常见、简单的信息技术解决实际问题，服务于学习和生活。

3. 2016年11月30日，教育部、国家发展改革委等11部门以教基一〔2016〕8号印发《关于推进中小学生研学旅行的意见》对各年级学段开展研学旅行的主要任务做了明确要求：

在纳入中小学教育教学计划的同时在小学阶段开展以乡土乡情为主的研学旅行活动课程体系。即：

（1）小学一至三年级参与研学旅行时，宜设计以知识科普型和文化类型资源为主的产品，并以乡土乡情研学为主；

（2）小学四至六年级参与研学旅行时，宜设计以知识科普型、自然观赏型和励志拓展型资源为主的产品，并以县情市情研学为主。

（二）基地资源分析

《愚公移山》作为一则寓言故事，出于先秦思想家列御寇的《列子·汤问》篇。其中通过“子子孙孙无穷尽”的意象作为锲而不舍、坚忍不拔精神的佐证，说明人生领域需要有坚定信念、持之以恒的精神。故事中愚公坚信能够移除大山、挖山不止的信念与行为，不断地激励着不同时代的人们。

1. 古代对愚公移山精神的传承

南北朝时期的诗人庾信在《拟连珠四十四首》之三十八中说“愚公何德，

遂荷锸而移山”。充分肯定愚公不畏困难、勇于挑战的决心和勇气。

唐朝诗人邱鸿渐在《愚公移山赋》中提道：“止万物者艮，会万灵者人。艮为山以设险，人体道以神通。是知山之大，人之心亦大，故可以议其利害也。”“今者移山之功既已成，河冀之地又以平，则愚公之道行。”提出愚公移山的“天道与人道说”，指出移山之既成，在于愚公之道行，人心坚韧，最终获得成功，充分肯定人的坚持与主观能动性。

明代万历年间，著名政治家、理学家沈鲤在《归德府儒学重修记》说：“华巧慧者，皆注吾之耳目，而孩之斯，岂不愚公移山哉。亦感受矣，虽然愚公移山而期之子复子孙也，卒能感山神而役之。”借用愚公移山的故事再次强调锲而不舍，方可诸事有成。

2. 近代中国共产党对愚公移山精神的弘扬

20世纪新文化运动时期，傅斯年在1918年《新潮》杂志第一卷发表注明的《人生问题发端》，指出“我的人生观念就是‘愚公移山论’。简捷说罢，人类的进化，恰合了愚公的办法。人类之所以能据有现在的文化和福利，都因为从古以来的人类，不知不觉地慢慢移山上的石头土块；人类不灭，因而渐渐平下去了。然则愚公移山论，竟是合于人生的真义，断断乎无可疑了”。

毛泽东也对愚公移山精神进行过三次经典解读。一是1938年4月30日，在抗大第三期第二大队毕业典礼上，毛泽东对即将开赴太行山等地的干部们提出要求，要学习愚公挖山精神，把帝国主义、封建主义、资本主义三座大山统统移掉。二是1945年党的七大召开前后的三次论述，毛泽东分别在“口头政治报告”“结论”“闭幕词”中对《愚公移山》故事进行了复述和阐述。号召人们发扬愚公移山精神：“现在中国也有两座压在中国人民头上的大山，一座叫帝国主义，一座叫封建主义。中国共产党早就下定决心，要挖掉这两座山。我们一定要坚持下去，一定要不断工作。我们也会感动玉帝的，这个玉帝不是别人，就是全中国的人民大众。”同时，他把愚公精神概括为四点：“下定决心，不怕牺牲，排除万难，去争取胜利。”三是1957年10月，毛泽东看到山东省莒南县厉家寨村群众艰苦奋斗两年多，把穷山村改造建设成富裕村，写下批语“愚公移山，改造中国，厉家寨是个好例”。

毛泽东对《愚公移山》的重新诠释，使愚公移山有了崭新的时代含义，成为中国共产党带领全国各族人民不断取得胜利、迈向新征程的伟大动力。

3. 中国改革开放后对愚公移山精神的全面弘扬

1987年邓小平同志在会见荷兰首相时说："我没有去过你们国家，听说荷兰不少土地是填海造出来的，这种艰苦奋斗的精神了不起。中国有句话叫作'愚公移山'，这是我们民族的一个传统，你们称得上是'愚公填海'。"

1995年，毛泽东《愚公移山》发表50年之际，江泽民写下"愚公移山，坚忍不拔，开拓进取，振兴中华"的纪念题词。

党的十八大以来习近平多次提到愚公移山精神，2015年3月6日，在十二届全国人大第三次会议江西代表团审议时，习近平讲："立下愚公志，打好攻坚战，让全体人民共享全面建成小康社会成果。"2015年11月在中央扶贫开发工作会上，习近平要求："立下愚公山志，咬定目标、苦干实干，坚决打赢脱贫攻坚战。" 2018年3月20日在第十三届全国人民代表大会第一次会议上，习近平讲话指出："在几千年历史长河中，中国人民始终心怀梦想、不懈追求，我们不仅形成了小康生活的理念，而且秉持天下为公的情怀，盘古开天、女娲补天、伏羲画卦、神农尝草、夸父追日、精卫填海、愚公移山等我国古代神话深刻反映了中国人民勇于追求和实现梦想的执着精神。"并指出"山再高，往上攀，总能登顶；路再长，走下去，定能到达"。中国人始终具有开天辟地的伟大创造精神和坚持不懈实现伟大梦想的精神。

随着发展，愚公移山精神已经升华为中华民族精神，它是中华民族的价值体现，是中华民族的灵魂所在，是新时代青少年必须学习与践行的中华民族精神。是中华民族锲而不舍、坚忍不拔、自强不息的精神核心。

（三）资源关联分析

1. 新时代教育的需求

愚公移山精神体现的是一种敢想敢干、坚忍不拔、锲而不舍的精神境界。愚公移山精神有独特的育人功能。它影响和塑造了几代中国人的思想观念、价值取向和道德情操。特别是中国改革与发展的新历史上，愚公移山精神正以其与时俱进的精神品格，为我们提供着源源不断的精神鼓舞和价值引领，为实现“中国梦”提供不竭的动力。

教育的主要任务是育人，育人的核心在于德性与价值观的养成，在“立德树人”的方针的指引下，结合济源市示范性综合实践基地的资源，在实践活动中吸收、借鉴、传承、创新愚公移山精神，利用其精髓与内涵践行社会主义核心价值观，弘扬民族精神和时代精神。将愚公移山精神与济源基地课程相结合，对学生有意识地进行愚公移山精神的引导与灌输，打造特色济源基地综合实践活动课程体系，使中国优秀传统文化发挥应有作用。

2. 济源基地的区位优势

济源市示范性综合实践基地北依太行，西距王屋，千古故事《愚公移山》源于太行、王屋二山，随着愚公移山精神不断地被解读与弘扬。愚公移山精神逐渐成为中华民族的奋斗精神，成为指引济源人民自强不息奋斗的精神，成为实现“中国梦”的必备精神，成为中国青少年培养与教育中必不可少的精神，而济源市示范性综合实践基地附近有王屋山风景区、愚公移山红色教育基地、黄河小浪底水利工程。王屋山是《愚公移山》的发源地，愚公移山红色教育基地是为传承与弘扬愚公移山精神而创建的学习基地，黄河小浪底水利工程是中国10年坚持不懈、锲而不舍的治水工程，这些周边的资源都为济源市示范性综合实践基地开展以“愚公移山精神”为主题的课程系列提供了重要资源。

3. 小学阶段匹配

小学四、五年级的学生处于成长的关键期，生理和心理变化明显，思维能力发展迅速，开始从具体形象思维转向抽象逻辑思维，喜欢游乐性、趣味性、活动性游戏，开始从被动学习向主动学习转变，有了自己的想法，但辨别是非的能力还是有限，社会交往经验缺乏，经常会遇到很多难以解决的问题，《愚公移山》常常以形象的故事形式出现在大众的视听中，形象的描述、动人的故事，对小学生来说《愚公移山》故事更能引起兴趣，起到共鸣。而小学生的这一时期是培养学习能力、情绪能力和意志能力的最佳时期。所以此阶段的学生开展活动时，设计要以有趣的便于学生直接参与的动手活动为主，通过综合实践活动的室内课堂和室外课堂及研学实践课堂，引导学生感受新时期愚公移山精神的时代内涵，引导学生发扬艰苦奋斗、锲而不舍、坚忍不拔、开拓进取的精神，促进“奋斗的人格”的形成。

（四）课程的性质、地位和任务

济源市示范性综合实践基地课程体系包括三个部分：以“愚公移山精神”为主题的课程系列、以“红旗渠精神”为主题的课程系列、以“焦裕禄精神”为主题的课程系列。其中以“愚公移山精神”为主题的课程系列是济源市示范性综合实践基地课程体系中适用于小学阶段的综合实践课程，课程以河南时代精神为主线与背景，在主题思想的指导下，依托各种课程活动，实现“奋斗的人格”的育人目标。

本课程是教育部基础教育指导纲要规定的课程，结合教育部等11部委联合下发的全面推进有关中小学生营地学习指导文件规定，开设满足学生“读万卷书，行万里路”的教育形式，通过对各种项目活动的体验、分享、反思、总结，完成对学生“奋斗的人格”的教育与培育目标。

课程的主要任务是通过三天的体验教学，让学生们在体验中认知、在体验中反思、在体验中领悟，作为祖国的未来，应学习中华民族精神中最优秀的人物与事迹，牢记中华民族的优秀的民族精神，并能将之体悟，进而树立远大理想和奋斗目标，明确责任始于足下，感悟幸福都是奋斗出来的，以济源特有地域文化精神熏陶其浓厚的自豪感和社会责任感。

（五）课程教学的基本要求

本课程是基于学校学科教学和生活教育为本的整合性综合实践课程。在《济源市示范性综合实践基地教育总纲》的指导下，以“愚公移山精神”为学段主题精神，培养青少年“锲而不舍，坚忍不拔”的精神品质，实现“奋斗 青春 美丽”的教育思想。

教学中立足理论与实践结合、体验与探究结合、营地内与营地外结合、训练与教练结合、学习与带领结合等方面的结合。以学生为中心，以互动为中心，以价值引导为中心，构建师生互动平等的“教学做”关系，让学生在课堂中主动学习，以实践为导向，坚持理论来源于实践、理论服务于实践、实践检验理论、实践创造理论的教育方针，侧重引导和关注学生的实践理论、实践技能、实践成效。注重培养学生的社会责任感。在教学中运用讲授式、体验式、探究式、团队式、问题式、分享式等多元化教学方法和手段，充分发挥基地及周边环境等教学资源的作用，调动学生积极、主动、快乐的学习情绪和渴望成长发展的内在动力需求，高效率地实现课堂教学目的。

（六）本课程的重点与难点

重点：每个活动中潜移默化地引导“锲而不舍，坚忍不拔”教育目标的实现；课程结束前的引导分享和价值澄清是针对教学目标的有效组织。

难点：引导技术的合理使用、课程安全的把控与监管、课程实施中教学目标的凸显与课堂元素的整合统一、课堂的总结性评价。

二、课堂教学时数及课后任务分配

“愚公移山精神”——锲而不舍，坚忍不拔的单元结构								
单元名称		诠释	体验活动	环境	核心素养	时长	课后任务	
							反思	计划
第一单元	信念	是坚信不移的想法，是执着的追求，是精神的支柱，有信念就有希望，拥有坚定的信念，即便有挫折，也将困难当作垫脚石，不断提升自己的能力。有了信念，不会有“我做不到”的想法，培养学生要像愚公一样竭尽全力，永远积极进取，在学习生活中坚持到底，不因一点困难就放弃。	一线生机	室内	责任担当	90分钟		
			出行与食品安全	室内	健康生活	90分钟		
			秒懂百科	室内	科学精神	90分钟		
			珍味饺子	室内	健康生活	90分钟		
			逐鹿中原	室外	学会学习	90分钟		
			大海捞针	室外	学会学习	90分钟		

“愚公移山精神”——锲而不舍，坚忍不拔的单元结构								
单元名称		诠释	体验活动	环境	核心素养	时长	课后任务	
							反思	计划
第二单元	信心	是指对尚未预见的人、事物的推断想象和信任程度，信心表现构成包括对行动实现难度的外在认知、情绪、反映、外在意识。信心分为自信、他信、信他。愚公就是具备了足够的信心，并在挖山过程中，不断得到邻里的信任。对学生而言，在学习生活和未来工作中敢于赏识自我，使学生始终能感到“我能行”，学会评价自我，让学生采取积极行动，肯定自我。	酷炫折纸	室内	实践创新	90分钟		
			秀美济源	室内	人文底蕴	90分钟		
			银行那些事儿	室内	学会学习	90分钟		
			巧做智拼	室内	实践创新	90分钟		
			杯舞飞翔	室内	学会学习	90分钟		
			达芬奇密码	室外	实践创新	90分钟		
			绝壁求生	室外	健康生活	90分钟		
			信心传递	室外	责任担当	90分钟		
			步步为赢	室外	学会学习	90分钟		
			信任之旅	室外	学会学习	90分钟		
第三单元	决心	是凭着坚定不移的意志，为完成目标、达成目的、完成任务所做出的决心，它是一种不达目的不罢休的态度。学习愚公立志移山的决心，在活动中鼓励学生敢下决心，并能坚持下去，是为了培养学生不怕困难、坚持不懈的品质。	创意组装	室内	实践创新	90分钟		
			沙漠骆驼	室内	实践创新	90分钟		
			直冲云霄	室内	科学精神	90分钟		
			拆弹部队	室外	实践创新	90分钟		
			决战到底	室外	责任担当	90分钟		

“愚公移山精神”——锲而不舍，坚忍不拔的单元结构								
单元名称		诠释	体验活动	环境	核心素养	时长	课后任务	
							反思	计划
第四单元	恒心	是持之以恒的毅力。移山虽难，但是愚公坚持“子子孙孙无穷匮也”，坚持不懈，挖山不止，最终感动天帝而将山挪走。在活动中，鼓励学生在学习生活中遇到困难要迎难而上，不服输，不轻言放弃，努力克服困难，持之以恒地解决问题，从而培养学生自力更生、坚持不懈的品质。	勇往直前	室内	实践创新	90分钟		
			梵塔传奇	室外	科学精神	90分钟		
			月球漫步	室外	责任担当	90分钟		
			车轮滚滚永向前	室外	责任担当	90分钟		
			思维迷宫	室内	学会学习	90分钟		
第五单元	奋斗之魂	奋斗是指为达到一定目的而努力，是为了实现目标不断克服困难的过程。“功崇惟志，业广惟勤。”小浪底修建经历十年，土石方挖填1亿立方米，在修建过程中，将黄河移石改道，堪为当代的“愚公移山”，小浪底的修建亦如愚公移山一样，在面对自然问题时下定决心，锲而不舍，以辛勤劳动和艰苦努力，创造世界水利工程史上最具有挑战性的工程。在研学过程中，通过一系列活动培养学生在面对困难时，锲而不舍、坚忍不拔、持之以恒的精神品质。	追梦小浪底：锲而不舍	研学实践	人文底蕴	290分钟		

“愚公移山精神”——锲而不舍，坚忍不拔的单元结构								
单元名称		诠释	体验活动	环境	核心素养	时长	课后任务	
							反思	计划
第五单元	奋斗之魂	道即规律、即自然，是万事万物运行的轨道，是事物变化运动的场所。奋斗是逢山开路、遇水搭桥的开拓精神。世间万物的进化，恰合愚公之说法；人类文明的发展，亦皆因为从古以来的人类，不知不觉地慢慢移山上的石头土块。进取奋斗就是要实现与自然的和谐相处。愚公移山红色教育基地以还原式情境演绎古代、现代、当代的“愚公”故事。在研学过程，通过一系列活动培养学生不忘初心、持之以恒、不断进取的精神品质。	问道王屋山：奋斗之道	研学实践	人文底蕴	405分钟		

三、教学参考书目

［1］薛保红. 活动策划［M］. 北京：中国标准出版社，2014.

［2］薛保红，盛建华，肖沛宇. 体验培训——创造优秀的培训师［M］. 北京：中国标准出版社，2016.

［3］薛保红. 营地教育［M］. 北京：中国标准出版社，2016.

［4］李一新. 最新野外生存手册［M］. 北京：石油工业出版社，2007.

［5］戴育红. 营地心理辅导手册［M］. 广州：广东教育出版社，2003.

［6］薛保红. 体验教育创新——原理与方法［M］. 北京：中国标准出版

社， 2013.

［7］田兆元 . 愚公移山故事主题的解读与体裁认知[J]. 长江文艺评论，2018（03）：40—45.

［8］孙甜 . 从毛泽东《愚公移山》解读中国梦[J]. 新西部，2018（27）：115—116.

［9］王向军 . 传承愚公移山精神 培养新时代新愚公[J]. 济源职业技术学院学报，2018，17（04）：5—8.

［10］辛世俊 . 新时代弘扬愚公移山精神的新思考[J]. 济源职业技术学院学报，2018，17（02）：1—7.

［11］周海涛 . 愚公移山精神的时代演变[J]. 河南农业，2018（33）：52—53.

1

第一单元

信念

XINNIAN

一线生机

适用年级：小学　　建议时长：90分钟

教学内容	课程目标	教学重点与难点
1. 组织学生观看科普视频。 2. 组织学生体验倾斜小屋。 3. 组织学生体验地震小屋。 4. 组织学生对活动体验进行分享总结。	1. 通过观看地震科普视频，了解地震带、地震逃生等知识。 2. 通过地震逃生体验，提升学生的团队协作能力和面对突发情况的紧急逃生能力。 3. 通过地震模拟场景中所遇到的问题，培养学生在面对不可抵御的灾难时拥有坚定的求生信念。	1. 重点：活动线是学生对地震逃生进行的模拟体验。教育线是懂得敬畏自然，珍惜生命。 2. 难点：把控体验过程，不出现拥挤、摔倒等意外情况。

结构	教学内容	组织与教法
活动准备	**一、活动布置** 1. 场地：防震减灾体验馆。 2. 器材：提前检查地震模拟场景，提前准备好视频设备。	**一、实景图** 
活动实施（70分钟）	**一、课堂常规（5分钟）** 1. 集合分组 6～8人一组。 2. 师生认识和问好 老师：同学们好，我是××老师。奋斗的青春？ 学生：最美丽！	**一、组织** 

结构	教学内容	组织与教法
活动实施 （70分钟）	**二、活动环节** （一）地震案例导入（5分钟） 2008年5月12日下午2点28分，四川汶川发生了8.0级特大级地震，地震发生时，四川德阳市东汽中学教学楼发生坍塌，在地震发生的一瞬间，该校教导主任谭千秋张开双臂趴在课桌上，身下死死地护着4个学生，地震过后4名学生都获救了，然而谭老师却不幸遇难。在地震发生时这样感人的场景在不同的地方一次次上演。 汶川地震是继唐山地震之后我国伤亡最严重的一次地震灾害，影响范围特别广、破坏力特别大。在破坏力如此巨大的地震灾害中，我们的救援人员从废墟中成功救出了成千上万的生命。有的伤员在废墟下坚持了7天后才被成功救援，他们是怎么坚持下来的呢？ 他们是如何在灾难发生的那一刻赢得一线生机的呢？这就是我们接下来要学习的内容。 （二）科普视频观看（10分钟） 下面我们来观看一段视频，希望我们可以从中得到一些启发。 提问： 1. 从视频中我们学到了什么新知识？ 2. 地震发生前我们应该做一些什么准备？ 3. 地震发生时应该怎么应对？ （三）倾斜小屋模拟（20分钟） 如果各位同学处于2008年的汶川大地震之中，你们在地震发生之时会有一个怎样的表现呢？ 假如你们身处一间超市之中，突然地震来袭，你会怎么办呢？ 由于超市比较大，你所处位置离门很远，不能及时逃出去，你又会做些什	**二、教法** 1. 案例导入法 2. 视频法 3. 情景模拟法 

<table>
<tr><th>结构</th><th>教学内容</th><th>组织与教法</th></tr>
<tr><td>活动实施
（70分钟）</td><td>么事情呢？
十分幸运的是地震结束之后房子没有倒下，但是地面发生了倾斜，墙体出现了缝隙，好在逃生通道畅通无阻，这时你又会怎么做呢？
下面我们就是那些地震过后在超市里准备逃生的人，我们来模拟一下从超市里逃生的过程。
规则：
1. 以小组为单位进行逃生演练。
2. 人员必须从入口进入，逃生出口逃出。
3. 进入倾斜小屋后要做到双手抱头，重心放低排队有序地从小屋中走出，不能出现跑动、跳跃等动作。
4. 在倾斜小屋中有很多物品，每位同学可以在逃生的过程中拿一件对抵御地震有用的物品。
5. 每组同学进入倾斜小屋后有5秒时间逃生，如未逃出视为逃生失败。
6. 练习完毕的小组设计一套从教室或家中进行安全逃生的方案。
7. 3个月内有骨折或习惯性脱臼、先天性心脏病等不宜剧烈运动的同学请不要参与活动。
体验完成之后以小组为单位，分享一下你们小组在逃生过程中所遇到的问题。
（四）地震小屋模拟（30分钟）
大家通过倾斜小屋的练习对怎样安全逃出房间有了了解，那么下面把大家放入一间5楼的教室中，在上课的过程中突然发生了地震，需要各位同学根据所掌握的知识进行躲避，并在地震结束之后转移到安全的地点。
规则：
1. 以小组为单位进行练习。
2. 地震发生后要在2秒之内做出正确的反应。
3. 地震结束之后安全有序地转移到空旷的区域。</td><td>4. 情景模拟法
</td></tr>
</table>

结构	教学内容	组织与教法
活动实施 （70分钟）	**三、注意事项** 1. 体验之前讨论模拟的步骤。 2. 讲解活动场地之内的注意事项。 3. 安排安全员进行现场监督。 4. 教师进入场地进行管理。 **四、活动监控** 1. 安全监控 （1）禁止在体验过程中跑动、推、挤，如果发现，及时提醒或制止。 （2）发现学生出现意外时立刻停止模拟。 （3）模拟完成回到原位的过程中避免踩到别人，提醒大家有序返回。 2. 语言监控 （1）聆听各小组人员怎样商议选择物品。 （2）聆听学生如何评价违反规则的同学。 3. 行为监控 （1）观察小组成员进出体验场所的方式。 （2）观察得分落后的小组有什么样的表现。	
活动总结 （20分钟）	**一、集合整队（1分钟）** **二、学生分享（14分钟）** 1. 回顾反思 （1）我们有多少人成功逃生了？	**一、组织** 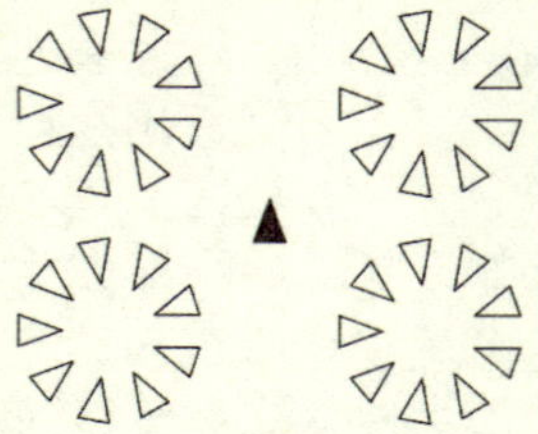 岛屿型 **二、教法** 1. 问题引导法 2. 组内分享和代表分享法

结构	教学内容	组织与教法
活动总结（20分钟）	（2）你们在逃生成功后有什么感受？ （3）为什么我们在两次逃生体验过程中逃出的人数会有差别？ （4）今天学习有关地震逃生的知识对我们有什么用？ 2. 组织分享 **三、教师总结（5分钟）** 1. 分享整合 地震灾害随时随地都有可能发生，目前我们有很多关于地震逃生的方法，我们可以从多种渠道了解普及，多做练习才能熟练掌握，未来遇到时，才能更好地保护自己。 自然灾害的发生是客观存在的，不会随个人意志而转移，自然灾害的威力又是巨大的，现阶段我们又不能完全避免，在这种不可抵御的灾难面前自身力量虽然有限，但是我们一定不能放弃任何希望。在坚定的求生信念支撑下，大胆细心不断尝试，才能为自己争得一线生机。同样在做任何事情时，意想不到的困难随时会发生，我们不能被困难所吓倒，要时刻抱着勇往直前的信念，攻克难关，最后一定能取得胜利。 2. 价值澄清 希望大家拥有坚定不移的信念。不负青春。 因为：奋斗的青春最美丽！	3. 归纳法

<table>
<tr><th colspan="2">评价维度</th><th>评价要点</th><th>评价结果（描述或判断）</th></tr>
<tr><td colspan="2" rowspan="2">教学准备</td><td>1. 是否提前准备和调试好视频资料？</td><td></td></tr>
<tr><td>2. 是否提前检查好地震模拟场景？</td><td></td></tr>
<tr><td colspan="2" rowspan="8">教学过程</td><td>3. 各个活动时间节点把控是否按计划进行？</td><td></td></tr>
<tr><td>4. 是否给予学生足够的时间进行体验和实践？</td><td></td></tr>
<tr><td>5. 在讲解过程中，对自己的表情、肢体动作、语言表达等如何评价？</td><td></td></tr>
<tr><td>6. 在教学过程中，是否发挥教师作为引导者、观察者、分享者的角色功能？</td><td></td></tr>
<tr><td>7. 在教学活动中，你对哪个环节的组织最满意？</td><td></td></tr>
<tr><td>8. 你是否能对学生的问题做及时有效的回应？</td><td></td></tr>
<tr><td>9. 在教学过程中，你在哪些方面给予了学生针对性指导？</td><td></td></tr>
<tr><td>10. 在教学过程中，是否有安全事故发生？</td><td></td></tr>
<tr><td colspan="2" rowspan="3">教学效果</td><td>11. 你能否引导所有学生有效完成学习手册？</td><td></td></tr>
<tr><td>12. 你是否组织学生有秩序地完成倾斜小屋模拟、地震小屋模拟活动？</td><td></td></tr>
<tr><td>13. 你是否能够引导学生面对地震灾难有正确的信念？</td><td></td></tr>
<tr><td rowspan="3">活动小结</td><td>优点</td><td colspan="2"></td></tr>
<tr><td>不足</td><td colspan="2"></td></tr>
<tr><td>改进</td><td colspan="2"></td></tr>
</table>

出行与食品安全

适用年级：小学　　　　建议时长：90分钟

教学内容	课程目标	教学重点与难点
1. 组织学生体验出行安检。 2. 组织学生学习食品安全知识。 3. 组织学生学习公共安全知识。 4. 组织学生进行分享和总结。	1. 通过了解公共安全常识，了解出行安全与食品安全的相关知识。 2. 通过体验出行与食品安全活动，提高学生自我保护、救助、逃生的基本能力。 3. 通过体验公共安全活动，培养学生热爱生命、敬畏生命、尊重生命的情感和珍爱生命的信念。	1. 重点：活动线是学生对出行与食品安全知识的认知。教育线是学生产生热爱生命的信念。 2. 难点：如何激发学生主动学习安全常识的兴趣。

结构	教学内容	组织与教法
活动准备	**一、前期布置** 1. 场地：公共安全体验馆。 2. 器材：安检X光机、安检门、手持金属探测仪、行李包、平衡膳食宝塔、食物多宝格、医疗工具、视频资料、情景演绎环节所使用到的道具。	**一、实景图** 
活动实施 （70分钟）	**一、课堂常规（5分钟）** 1. 集合分组 6～8人一组。 2. 师生认识和问好 老师：同学们好，我是××老师。奋斗的青春？ 学生：最美丽！	**一、组织** 

结构	教学内容	组织与教法
活动实施 （70分钟）	**二、活动环节** （一）公共安全活动（5分钟） 1. 导入 在动画世界里，坏人总是被主人公轻易打败，主人公即使受到伤害，也能转眼恢复。可是在现实世界，我们并不强大，也没有神奇的力量，危险时时刻刻都存在于我们身边，如果不提高警惕，一些违法犯罪活动就有可能危害到我们的生命、健康和利益。那我们要注意哪些安全呢？今天这节课我们一起来学习跟出行和食品相关的公共安全知识。 2. 公共安全活动介绍 向学生介绍该馆内所有区域及主要内容，结合墙面展示板和多媒体触摸屏，学习公共安全基本范畴、公共安全事故及预防等知识。 （二）出行安检体验活动（15分钟） 1. 导入 （暑假到了，丁丁的爸爸妈妈要带着丁丁去上海看望外婆。） 丁丁：“妈妈，我们要怎么去外婆家呢？” 妈妈：“我们坐火车去啊。” 丁丁：“太棒了，我还没有坐过火车呢！妈妈，我要给舅舅家的小弟弟带一些礼物好不好？” 妈妈：“可以啊。” （丁丁拿出一把非常好看的玩具枪。） 丁丁：“妈妈，我要把这把AK-47玩具枪送给弟弟。” （妈妈仔细看了看。） 妈妈：“这把玩具枪不能带上火车，警察叔叔会没收的。” （丁丁一脸疑惑，心想只是一个玩具为什么不能带上火车呢？） 问：同学们，谁能帮丁丁解除这个	**二、教法** 1. 情境导入法 2. 场景导入法 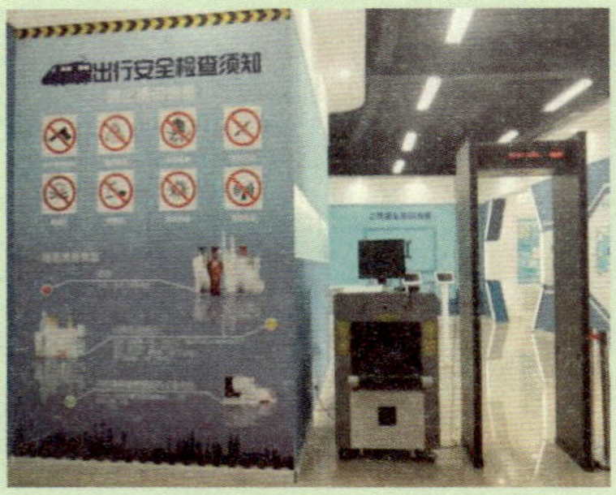

结构	教学内容	组织与教法
活动实施（70分钟）	疑惑呢？ 还有哪些物品是不允许被带上火车、飞机、轮船等公共交通工具上呢？ 接下来，在这个展厅里我们将找到答案。 2. 体验出行安检设备 该区域主要通过情景还原的方式学习交通出行中的安检流程。以小组为单位，每个小组每人依次拿着行李包按顺序通过安检设备，体验完毕后把行李包放回原处，以方便其他同学使用。该区域体验时需要X光机操作员1名，安检门、手持金属探测仪操作员各1名，其余学生可作为乘客通过安检，小组内各岗位可轮流担任。当出现危险物品时，由操作员将行李和持有此行李的学生交至教师处，学生说出危险物品有哪几种后方可通过。 （三）食品安全活动（15分钟） 1. 学习饮食安全儿歌 食品安全很重要，病从口入要知道。 购买食品认真看，三无产品会分清。 过期变质买不得，吃了危害大又大。 饭前便后要洗手，卫生习惯要优良。 油炸腌制要少吃，健康危害正面临。 专用餐具专人用，饭后洗净袋内装。 生吃蔬菜与瓜果，洗净削皮不能忘。 莫贪饮料味道甜，防腐色素里面添。 良好习惯要养成，食品安全记心田。 2. 讲解食品安全标识 分别对生产许可、有机食品、绿色食品、安全饮品标志、保健食品进行简单介绍。然后根据墙面食品安全标识，辨别多宝格中的食品是否安全，并说出辨别依据。 3. 辨别多宝格中的食品是否安全 该区域可以扫描食品的二维码，二维码涉及十六大食品分类中三十余种食品的范畴、生产工艺、食品添加剂、选购方法、优劣真假鉴别、安全食用方法	3. 讲授法 

结构	教学内容	组织与教法
活动实施（70分钟）	以及食品安全制备原则、食品安全标志、食品安全维权等知识内容。 4. 讲解平衡膳食宝塔 人类为了维持生命与健康，必须每天从食物中获取人体所必需的各种营养物质。营养不良或过剩都会影响人体的健康。通过平衡膳食宝塔的学习使学生学会如何合理营养地选择食物，以此防止营养性疾病的生成。主要给学生讲解每天所需主食、副菜、主菜、奶类、大豆类、坚果类、盐各多少克。 （四）社会安全活动（10分钟） 1. 导入 让学生通过观看社会安全教学视频与图文漫画，增强其社会安全的自我防范、机智应对危险等方面的意识，包括防诈骗、防盗窃、防抢劫、防拐卖、远离暴力、机智与陌生人交往、12338、12355维权热线、防身术学习等知识。 2. 学习防拐卖儿歌 陌生人，给零食，莫伸手，不贪吃。 陌生人，来搭茬，不说话，转身走。 陌生人，给饮料，不要喝，怕下药。 陌生人，抱你走，抓住栏杆不松手。 家长们，得警惕，防拐意识要升级。 孩子们，别恐惧，爸妈一定找到你。 （五）自由活动（10分钟） 让学生自由参观和学习公共安全体验馆内的内容，有问题的向老师咨询并解决。 （六）宣读“珍爱生命，安全同行”寄语（10分钟） 生命只有一次，可贵却脆弱。珍爱生命，从自我保护做起，提高安全警觉意识，养成良好行为习惯，平安、健康、快乐成长。注意安全，寄语未来，做有原则、有责任、有担当的好少年。	4. 视频导入法

结构	教学内容	组织与教法
活动实施 （70分钟）	**三、注意事项** 1. 先用故事和视频资料做导入后再讲解会让学生更加认真听讲。 2. 利用情景还原活动使学生在玩耍中学到知识。 3. 让调皮的学生任小组长并维持纪律，课堂纪律问题能够得到有效改善。 **四、活动监控** 1. 安全监控 （1）禁止触碰未经老师允许的教学设备。 （2）禁止触碰馆内电源插头、消防设施等基础设施。 （3）禁止在活动场地追逐打闹。 （4）如有以上情况请立马提醒或者制止。 2. 语言监控 （1）聆听学生在学习中的疑问。 （2）聆听学生讨论的内容。 3. 行为监控 （1）观察学生在活动中的参与度。 （2）观察各个小组的组织纪律性。	
活动总结 （20分钟）	**一、集合整队（1分钟）** **二、学生分享（14分钟）** 1. 回顾反思 （1）这节课我们学习了哪些安全知识？	**一、组织** 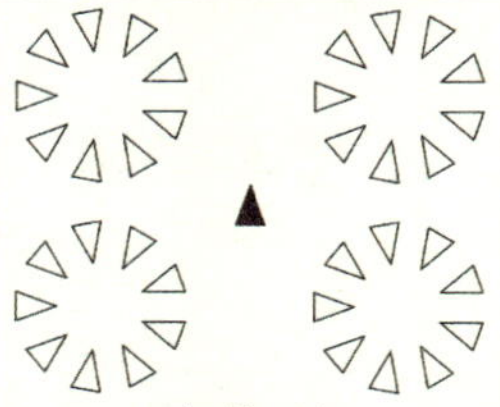 岛屿型 **二、教法** 1. 问题引导法

结构	教学内容	组织与教法
活动总结（20分钟）	（2）学习完这些安全知识，你有什么样的感受？ （3）你最感兴趣的是哪一个安全知识？ （4）如果回到家你会和父母分享哪方面的安全知识？ 2. 组织分享 **三、教师总结（5分钟）** 1. 分享整合 每个人都离不开衣食住行，出行与食品安全是我们每天生活的重要内容，也是每个人都关注的话题。谁都想平平安安过一生，但现实生活总会发生一些意外，让我们不得不提高警惕，小心翼翼地呵护我们的生命。 老师想和大家分享一个故事。几个学者与一个老者同船共渡，学者们问老者是否懂得什么是哲学，老者摇摇头。学者们纷纷叹息：“那你已经失去了一半的生命。”这时一个巨浪打来，小船被掀翻了，老者问：“你们会不会游泳啊？”学者们异口同声地说不会。老者叹息说：“那你们就失去了全部的生命。”虽然这只是个故事，但其中蕴含的哲理却耐人寻味。灾难的发生对每个人来说不分贫富贵贱，无论性别年龄。孩子、学子、工人、知识分子、人民公仆等等，无论咿呀学语，还是学富五车，无论纤弱，还是身强力壮。 2. 价值澄清 希望大家能尊重每一个生命、爱惜自己，坚定自己的理想与信念，不负青春。 因为：奋斗的青春最美丽！	2. 组内分享和代表分享法 3. 归纳法

评价维度	评价要点	评价结果（描述或判断）
教学准备	1. 是否提前调试好视频设备？	
	2. 是否检查并准备好X光机、安检门、手持金属探测仪、行李包、平衡膳食宝塔、食物多宝格、医疗工具等道具？	
教学过程	3. 各个活动时间节点把控是否按计划进行？	
	4. 是否给予学生足够的时间进行体验和实践？	
	5. 在讲解带领过程中，对自己的表情、肢体动作、语言表达等如何评价？	
	6. 在教学过程中，是否发挥教师作为引导者、观察者、分享者的角色功能？	
	7. 在教学活动中，你对哪个环节的组织最满意？	
	8. 你是否能对学生的问题做及时有效的回应？	
	9. 在教学过程中，你在哪些方面给予了学生针对性指导？	
	10. 在教学过程中，是否有安全事故发生？	
教学效果	11. 你能否引导所有学生有效完成学习手册？	
	12. 你是否能够有效引导和组织学生进行安全出行的体验？	
	13. 在宣读“珍爱生命，安全同行”时，大家的状态如何？	
活动小结	优点	
	不足	
	改进	

秒懂百科

适用年级：小学　　　　建议时长：90分钟

教学内容	课程目标	教学重点与难点
1. 组织学生探索声音知识。 2. 组织学生探索光学知识。 3. 组织学生探索电磁知识。 4. 组织学生对活动体验进行分享总结。	1. 通过体验展品，学习声音、光学、电磁的相关知识。 2. 通过小组探究，锻炼学生自主学习能力、探究能力。 3. 通过对科学知识的学习，培养学生积极进取的信念。	1. 重点：活动线是体验与声音、光、电磁等相关活动。教育线是提升学生探索的兴趣。 2. 难点：学生在体验过程中对物理抽象知识的理解。

结构	教学内容	组织与教法
活动准备	**一、前期布置** 1. 场地：科技体验馆。 2. 器材：“天籁之声”展品、“电磁的奥妙”展品、“绚丽的光”展品。	**一、实景图** 
活动实施（70分钟）	**一、课堂常规（5分钟）** 1. 集合分组 6～8人一组。 2. 师生认识和问好 老师：同学们好，我是××老师。奋斗的青春？ 学生：最美丽！	**一、组织** 

<table>
<tr><th>结构</th><th>教学内容</th><th>组织与教法</th></tr>
<tr><td>活动实施（70分钟）</td><td>

二、活动环节

（一）课程导入（5分钟）

同学们看过中央电视台播出的一档科普节目《走近科学》吗？谁来说一说生活中的科学小知识？
今天老师将带领大家走进科技体验馆，了解生活中的科学小知识，着重来学习“天籁之声”“电磁的奥妙”“绚丽的光”三个展区的内容。希望通过今天的学习和体验能够快速了解各种科学知识，激发大家学习科学知识的兴趣，接下来让我们走进“秒懂百科”。

（二）展品学习（40分钟）

1. 走进“天籁之声”，探索声音知识
同学们我们身边处处有声音，那声音是如何产生的呢？产生声音的原理是什么呢？接下来我们推荐一名同学根据指示牌上的内容，体验一下“击鼓共振”。请你观察有哪些现象产生？（小棒敲击鼓面使得小球发生跳动）
怎样判断左侧的鼓会发生振动现象？（小球跳动）
击鼓共振现象产生的原因是什么？
物理学上指振动频率相同的两个系统，其彼此间的振动，可产生交互感应作用的现象。比如：乐器的音响共振、太阳系一些类木行星的卫星之间的轨道共振、动物耳中基底膜的共振、电路的共振等。
案例分享：桥梁倒塌
19世纪初，一队拿破仑士兵在指挥官的口令下，迈着威武雄壮、整齐划一的步伐，通过法国昂热市一座大桥。快走到桥中间时，桥梁突然发生强烈的颤动并且最终断裂坍塌，造成许多官兵和市民落入水中丧生。后经调查，造成这次惨剧的罪魁祸首，正是共振！因为大队士兵齐步走时，产生的一种频率正好与大桥的固有频

</td><td>

二、教法

1. 问题导入法

2. 探究法

</td></tr>
</table>

结构	教学内容	组织与教法
活动实施（70分钟）	率一致，使桥的振动加强，当它的振幅达到最大限度直至超过桥梁的抗压力时，桥就断裂了。类似的事件还发生在俄国和美国等地。有鉴于此，所以后来许多国家的军队都有这么一条规定：大队人马过桥时，要改齐走为便步走。 简单地说是一个物体发生振动引起其他物体的震动，在共振频率下，很小的周期振动便可产生很大的振动，因为系统储存了能量，当阻力很小时，共振频率大约与系统自然频率或称固有频率相等，后者是自由振动时的频率。 生活中还有许多跟声音有关的知识，同学们以小组为单位完成本展区的问题： （1）无弦竖琴的运用原理。 （2）声音变频与生活中你见过的哪些软件有关。 （3）结合声音的特性回想它在生活中的应用，并举例说明。 2. 走进“绚丽的光”，探索光学知识 所有同学都要参加体验，按下启动键并观看，仔细观察，有哪些现象产生？（灯光点亮，风叶转动速度越来越快） 光驱动下风车为什么会旋转？教师可以适当地提示让同学们讲解自己的理解。（因为有光的照射和叶面有不同的颜色） 讲解光压风车的原理。（光总是照在风车不同颜色的叶片表面。由于光具有能量和动量，而且黑色面和白色面对光的吸收率不同，因此叶片上将产生一个压力差，驱动风车转动。） 生活中还有哪些物品运用到了这种原理？ （太阳能发电机……） 3. 走进“电磁的奥妙”，探索电磁知识 （1）先讲解脚踏发电的使用方法，再推选一位体验者像骑自行车一样蹬动	3. 探究法 

结构	教学内容	组织与教法
活动实施（70分钟）	脚踏板，其他学生观看。 （2）通过观察和体验，提问此展品会出现什么现象？指示灯亮的原因？ （经过蹬动脚踏板，前方指示灯被点亮。将动力转换成为电力。） （3）讲解发电机的原理。 （发电机是指将其他形式的能源转换成电能的机械设备，它由水轮机、汽轮机、柴油机或其他动力机械驱动，将水流、气流、燃料燃烧产生的能量转化为机械能传给发电机，再由发电机转换为电能。） （4）同学们思考生活中还有哪些运用到机械能转换成电能的例子。（风力发电、光能发电、水力发电……） （三）分组体验（20分钟） 按照分组并结合讲解中提出的问题，进行展品体验和探究。 **三、注意事项** 1. 提醒学生展品只有开的开关，在限定时间内会自动关闭。 2. 为保证学生的安全，不允许在场馆内追逐打闹。 3. 及时解答学生提出的疑问。 **四、活动监控** 1. 安全监控 （1）在课程讲解中，不准触碰任何展品及电源插销。 （2）如果发现以上现象要及时提醒或制止。 2. 语言监控 （1）聆听小组互相讨论的声音。 （2）聆听小组成员在讨论过程中的疑惑。 3. 行为监控 （1）观察小组长如何组织秩序。 （2）观察小组成员通过什么方法解决问题。	4. 问题法、体验法 

结构	教学内容	组织与教法
活动总结 （20分钟）	**一、集合整队（1分钟）** **二、学生分享（14分钟）** 1. 回顾反思 （1）同学们任务是否能完成？ （2）在任务完成的过程中哪个环节出现了困惑，通过什么方法来完成的？ （3）体验过程中，小组在哪个展区学到的新知识最深刻？ （4）你对哪个探索最感兴趣？这给你带来什么样的启发？ 2. 组织分享 **三、教师总结（10分钟）** 1. 分享整合 在探索过程中同学们用口头或书面等方式表达探究过程的结果，与他人进行交流讨论时，敢于发表自己的观点，倾听并尊重他人的意见。在现象、解释等方面与他人存在不同之处时，能与他人进行讨论，不断反思，并提出改进的具体建议，能体验到探究活动的乐趣和学习成功的喜悦。 各位同学让我们在生活中爱科学、学科学、讲科学、用科学，努力成长为祖国的栋梁之材。 2. 价值澄清 希望大家拥有追求科学、坚持探索、积极进取的信念，不负青春。 因为：奋斗的青春最美丽！	**一、组织** 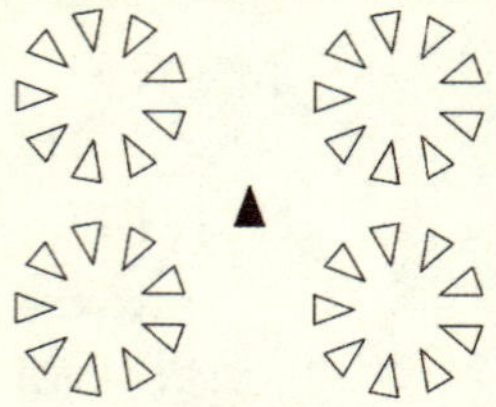 岛屿型 **二、教法** 1. 问题引导法 2. 代表分享法 3. 归纳法

评价维度	评价要点	评价结果（描述或判断）
教学准备	1. 是否提前检查好“天籁之声”展品、“电磁的奥妙”展品、“绚丽的光”展品能正常使用？	
	2. 是否提前检查好场馆有安全隐患？	
教学过程	3. 各个活动时间节点把控是否按计划进行？	
	4. 是否给予学生足够的时间进行体验和实践？	
	5. 在讲解带领过程中，对自己的表情、肢体动作、语言表达等如何评价？	
	6. 在教学过程中，是否发挥教师作为引导者、观察者、分享者的角色功能？	
	7. 在教学活动中，你对哪个环节的组织最满意？	
	8. 你是否能对学生的问题做及时有效的回应？	
	9. 在教学过程中，你在哪些方面给予了学生针对性指导？	
	10. 在教学过程中，是否有安全事故发生？	
教学效果	11. 你能否引导所有学生有效完成学习手册？	
	12. 你能否通过课程提升学生的自主学习能力？	
	13. 你能否通过课程增强学生对科学探索的兴趣？	
活动小结 优点		
活动小结 不足		
活动小结 改进		

珍味饺子

适用年级：小学　　　　　建议时长：90分钟

教学内容	课程目标	教学重点与难点
1. 组织学生制作饺子皮。 2. 组织学生制作饺子馅儿。 3. 组织学生包饺子、煮饺子、分享饺子。 4. 组织学生进行分享总结。	1. 通过对故事追溯，了解中华民族的特色饮食文化饺子的由来和寓意。 2. 通过体验包饺子，锻炼学生的动手实践能力、团队协作能力。 3. 通过体验包饺子，培养学生爱父母、爱家乡和弘扬中华优秀传统文化的坚定信念。	1. 重点：活动线是学生体验包饺子。教育线是培养学生对中华传统文化的热爱。 2. 难点：学生能擀好饺子皮、包好饺子、煮好饺子。

结构	教学内容	组织与教法
活动准备	**一、前期布置** 1. 场地：自主厨艺馆。 2. 器材：面粉、小刀、擀面杖、饺子馅、锅、托盘、视频、图片资料。	**一、实景图** 
活动实施（70分钟）	**一、课堂常规（5分钟）** 1. 集合分组 6～8人一组。在常规分组的基础上，调整分组，将以前包过饺子的和没有包过饺子的相互结合，取长补短，并选出组长。 2. 师生认识和问好 老师：同学们好，我是××老师。	**一、组织** 

结构	教学内容	组织与教法
活动实施 （70分钟）	奋斗的青春? 学生：最美丽！ **二、活动环节** （一）课程导入（5分钟） 1. 课前小调查 同学们，在家里你有没有包过饺子？有哪位同学知道为什么我们过年、冬至要吃饺子？饺子里面包硬币又代表什么含义呢？ 2. 介绍饺子的由来 俗话说“好吃不过饺子”。每逢新春佳节，饺子就成为一种应时且不可缺少的佳肴之一。据说，女娲捏土造人时，由于天寒地冻，黄土人的耳朵很容易冻掉，为了使耳朵能固定不掉，女娲在人的耳朵上扎一个小眼，用细线把耳朵拴住，线的另一端放在黄土人的嘴里咬着，这样才算把耳朵做好。老百姓为纪念女娲功绩，就包起饺子来，用面捏成人耳朵的形状，内包有馅（钱）。还有一种说法就是饺子的原名是“娇耳”，在我国有2600多年历史，源自“医圣”张仲景“冬至舍药”。 （二）制作饺子皮（20分钟） 1. 和面 把适量的面粉放入瓷盆里，缓慢注入清水，同时另一只手拿筷子不断地搅拌，也可以直接用手搅拌。 2. 醒面 搅拌均匀后，用手将这些面揉到一起，使用揉、揣等手法使面团更均匀；确定面团里没有小面疙瘩后，将面团置于瓷盆里，并盖上盖子，这叫“醒面”。目的是使面团里所含的水分更加均匀。 3. 揉面 把已经醒好的面切成几块，分别揉成两指宽的粗面条，再用刀切成一个个小块，切一下滚一下，再切一下，向相反的方向滚一下，把切好的小块在干面	**二、教法** 1. 问题导入法 2. 讲授法 3. 演示法  

结构	教学内容	组织与教法
活动实施 （70分钟）	粉里滚一下，按成一个个小圆饼备用。 4. 擀饺子皮 用一根两头细、中间粗的面棍擀皮儿。把小面饼放在面棍下，一手滚动面棍，另一只手拽着面饼转动。直到成为一个饺子皮。双手用力要均匀，使饺子皮成为中间厚、四周薄的圆片。 （三）拌馅儿（5分钟） 1. 剁馅 将肥瘦适宜的猪肉剁成肉末（也可以使用店里出售的加工好的肉末）。放在瓷碗里，倒入适量的花椒水打馅，目的是给猪肉去腥提鲜。 2. 调陷 把白菜也剁成末，放在容器中，撒盐，杀出白菜中多余的水分。过一会，用手将白菜末团起，使劲地挤压，尽量挤出白菜末里的水分。之后将菜末放到肉末中，同时放入拌过香油的葱花、姜末、盐及酱油等调味品。用筷子或勺等工具按顺时针的方向快速地搅拌。一定要注意的是：只能按一个方向搅拌，不然会把馅打散的。 3. 教师分配 教师边讲解边示范，将拌好的馅儿分发给各组。 （四）包饺子（20分钟） 1. 用宽竹片或筷子挑起适量的馅料，放在饺子皮的中间。 2. 将饺子皮对折，按实一小块，将它立在手心里，将两边没有合上的部分拿折儿、压实。 3. 包好的饺子放在撒过干面粉的托盘上，摆满饺子后在所有饺子上撒一些干面粉，防止相互粘连。 （五）煮饺子（5分钟） 1. 烧水 把锅里的水烧开，放入包好的饺子。 2. 下饺子 用汤勺按顺时针的方向搅动锅里的水，把饺子带着转动起来，以防止粘在	  4. 实践法 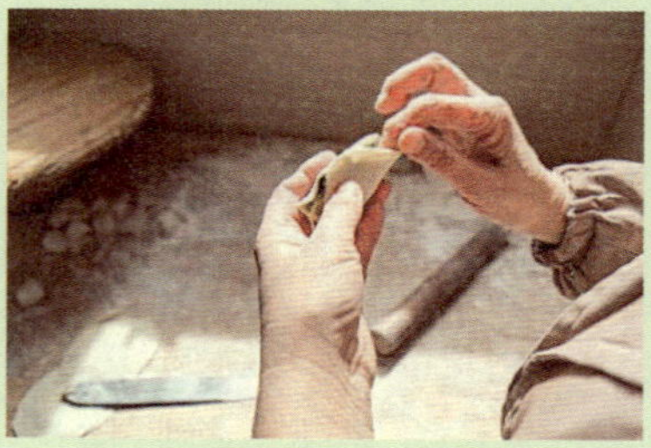

结构	教学内容	组织与教法
活动实施（70分钟）	锅底，破了馅儿。 3. 煮饺子 把火关小，盖上盖子。等开锅后，倒入一碗凉水，接着煮，再开锅，再倒一碗，开锅后，看见饺子一个个都圆滚滚地浮在水面就可以出锅了。 （六）分享饺子（5分钟） 1. 将各小组的饺子依次盛出，小组派代表选出最棒的饺子。 评选标准：饺子是否完整，是否破损，外形有无创意。 2. 小组内品尝饺子，分享感受。 3. 小组间交换品尝，互相评价。 （七）观看视频《包宝宝》（5分钟） 集体观看获得第91届奥斯卡金像奖最佳动漫短片《包宝宝》，同时思考教师提出的问题。 **三、注意事项** 1. 引导学生和面时清水注入的速度要慢，搅拌要均匀，不要让面粉结成块。 2. 制作饺子的过程中可能出现的安全隐患，关注学生，随时提醒学生远离危险。 3. 煮饺子的时候，防止学生被烫伤。 **四、活动监控** 1. 安全监控 （1）关注学生使用刀时的正确姿势，如有危险行为及时提醒或制止。 （2）禁止学生靠近汤锅、电源或者追逐打闹，如果发现及时提醒或制止。 2. 语言监控 （1）聆听学生制作饺子过程中的交流与对话。 （2）聆听学生在品尝饺子时的交流与对话。 3. 行为监控 （1）观察学生制作饺子过程中互帮互助的情况。 （2）观察学生对于现场环境卫生维护的情况。	

结构	教学内容	组织与教法
活动总结（20分钟）	**一、集合整队（1分钟）** **二、学生分享（14分钟）** 1. 回顾反思 （1）你刚刚在包饺子的过程中负责什么？ （2）揉面团、擀饺子皮、包饺子的过程是什么样的心情？你品尝自己包的饺子有什么样的感受？ （3）如果你家里包饺子，你会主动做什么？ （4）观看《包宝宝》后，在今后的生活中同学们应该怎么做？怎么去对待家人？ 2. 组织分享 **三、教师总结（5分钟）** 1. 分享整合 饺子是中华民族从饮食习惯中积累的智慧结晶，是重亲情和对美好生活向往的传统美德，它古而不老，折射出中华民族的风土人情和生活百态，它历久弥新，启迪、熏陶今人，从辉煌的民族文化中窥见过去、展望美好未来。百人百味，众口难调。饺子的味道虽变幻莫测，但其中不变的味道叫作爱。饺子是架通孩子和父母感情的桥梁，是拉近游子与家乡距离的那艘小船，是承载中华传统文化的实物载体。作为中华儿女，我们要坚定发扬中华民族传统文化的信念，让饺子在古往今来中，在东西文化的碰撞中熠熠生辉；我们要有爱父母爱家乡的坚定信念，让饺子成为每个人心中最温暖的食物，最美好的味道。 2. 价值澄清 希望大家发扬和传承中华民族传统文化的信念，不负青春。 因为：奋斗的青春最美丽！	**一、组织** 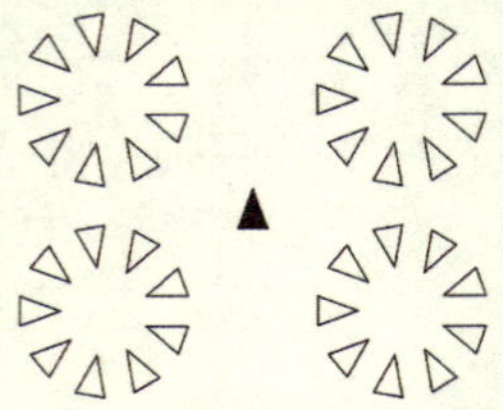 岛屿型 **二、教法** 1. 问题引导法 2. 代表分享法 3. 归纳法

评价维度	评价要点	评价结果（描述或判断）
教学准备	1. 是否提前准备好了面粉、小刀、擀面杖、饺子馅、锅、托盘等物品？	
	2. 是否提前准备好《包宝宝》的视频？	
教学过程	3. 制作饺子皮、包饺子、煮饺子、分享饺子、观看视频等环节时间把控是否按计划进行？	
	4. 学生在哪个环节中体验的时间最长？	
	5. 在活动引导中，对自己的表情、肢体动作、语言表达等如何评价？	
	6. 在教学过程中，是否发挥教师作为引导者、观察者、分享者的角色功能？	
	7. 在教学活动中，你对哪个环节的组织最满意？	
	8. 你是否能对学生的问题做及时有效的回应？	
	9. 在教学过程中，你在哪些方面给予了学生针对性指导？	
	10. 在教学过程中，是否有安全事故发生？	
教学效果	11. 你能否引导所有学生有效完成学习手册？	
	12. 所有学生是否都学会了包饺子？	
	13. 观看《包宝宝》视频后，分享时学生是否能主动说出其中所蕴含的父母之爱、家庭之爱？	
活动小结	优点	
	不足	
	改进	

逐鹿中原

适用年级：小学　　　　建议时长：90分钟

教学内容	课程目标	教学重点与难点
1. 组织学生体验破冰活动老虎猎人枪。 2. 组织学生体验活动逐鹿中原。 3. 组织学生对活动体验进行分享总结。	1. 通过活动的挑战和体验，认识目标和信念的意义。 2. 通过活动挑战，锻炼学生合理分工的能力、观察能力和执行能力。 3. 通过学生体验沟通交流，培养学生在不断失败中依然能坚定目标，不轻言放弃的品质。	1. 重点：活动线是让学生通过体验相互配合合理分工共同完成任务。教育线是培养学生越挫越勇、坚持到底的品质。 2. 难点：如何保证学生在挑战中配合更默契、更高效。

结构	教学内容	组织与教法
活动准备	**一、前期布置** 1. 场地：室外或者室内平整安全的场地。 2. 器材：小桶四个、弹力球60个。	**一、实景图** 
活动实施（70分钟）	**一、课堂常规（5分钟）** 1. 集合分组 分成4组。 2. 师生认识和问好 老师：同学们好，我是××老师。奋斗的青春? 学生：最美丽!	**一、组织** 1. 集合时队形 

结构	教学内容	组织与教法
活动实施 （70分钟）	**二、破冰活动——老虎猎人枪（10分钟）** 1. 活动导入 同学们，今天我们来做一个活动，“老虎、猎人、枪”。这个活动中有三种角色，每种角色都有相应的动作和声音。 首先是老虎，饿虎扑食的动作是什么样的？它会发出什么声音呢（做老虎的动作和声音，让学生跟着做）？第二个角色是猎人，猎人在森林里打猎，他有着豪爽的性格，我们可以用什么动作和声音表达猎人的性格呢？我们可以把右手放在下巴上，同时发出爽朗的笑声“哈哈”（让学生跟着做）。第三个角色是猎枪。我们用手比画一把枪，怎么比画呢？猎枪会发出什么声音呢（让学生跟着做）？ 大家已经掌握了三种角色的动作和声音，三者的关系是：老虎吃猎人，猎人拿枪，枪打老虎。接下来我们一起来挑战吧！ 2. 活动规则 （1）将所有学生分为4组，每组10～15人。 （2）两组学生背对背站好，保持2米左右，每组沟通时间2分钟。 （3）当老师数到三的时候两组组员转身做动作。 （4）小组动作如果不统一将判定为本轮输。 （5）五局三胜制，胜利的两个小组再次进行对决。 3. 注意事项 （1）确保每个学生对每个角色的动作都很熟练。 （2）组与组的距离保持2米左右，方便老师监控。 （3）每一轮都要尽量给出固定的沟通探讨时间。	2. 破冰活动时队形  并列型 3. 活动讲解时队形 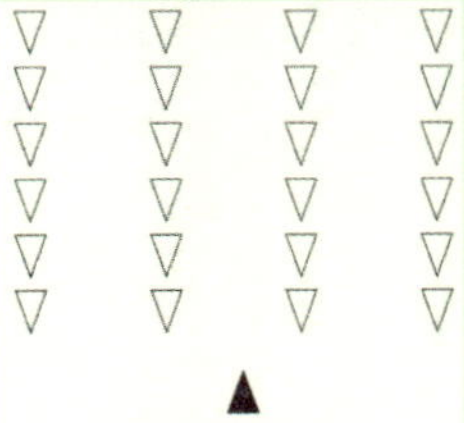 纵路型

<table>
<tr><th>结构</th><th>教学内容</th><th>组织与教法</th></tr>
<tr><td>活动实施
（70分钟）</td><td>三、活动环节（15分钟）
1. 活动导入
同学们，刚才的老虎猎人枪是我们的一个热身活动，接下来我们要进行一个更为激烈的竞争活动，这个活动叫作逐鹿中原。
2. 活动目标
这个活动是团队PK的活动，分为4小组，每组角色有投球员与捡球员，投球员负责投球，捡球员负责捡球，投进球会得相应的分数，三轮后得分最高的小组获胜。
3. 活动规则
（1）每组20个小球，每轮挑战时间为5分钟。
（2）投球手只能投球不能捡球，必须站在起点线后，捡球手只能捡球不能投球。一旦有人违规，则该分数不记。
（3）每组自行分配投球手和捡球手,一旦角色确定,本轮角色不得更换。
（4）小球至少要与地面接触一次再落入桶中方为有效得分。
（5）第一轮：4个小桶由近及远分值分别为5分、10分、15分、20分。小球可以不停投掷，直至时间结束或者小球全部入桶。捡球人员可以在内部捡球。
（6）第二轮：捡球人员不再捡球，其他规则与第一轮相同。
（7）第三轮：4个小桶由近及远分值分别为10分、20分、30分、40分，其他规则与第一轮相同。
（8）三轮比赛结束，累计得分最高的小组获胜。
四、注意事项
1. 开始前，要求学生取下身上硬质物品和易掉落物品并统一摆放。
2. 划清边界线，明确挑战区域。</td><td>二、教法
1. 直接导入法</td></tr>
</table>

结构	教学内容	组织与教法
活动实施 （70分钟）	3. 每一轮规则在每一轮开始前讲解。 **五、活动监控（40分钟）** 1. 安全监控 （1）严禁嬉笑打闹，或者离开挑战场地，如果发现要及时提醒或制止。 （2）禁止捡球手快速跑动，如果发现要及时提醒或制止。 2. 语言监控 （1）发现和注意有没有学生因挑战失败而出现埋怨、争吵的现象。 （2）聆听各小组关于角色分配和操作技巧的沟通。 3. 行为监控 （1）观察和发现挑战过程中有无违反安全规则的行为。 （2）观察各组在过程中的团队势气和同学们的投入度。	
活动总结 （20分钟）	**一、集合整队（1分钟）** **二、学生分享（14分钟）** 1. 回顾反思 （1）经过三轮比赛，哪一组分数最高？他们为什么分数最高？ （2）当你们投进高分球的时候是什么样的心情？ （3）你认为你们小组第几轮配合得最好？	**一、组织** 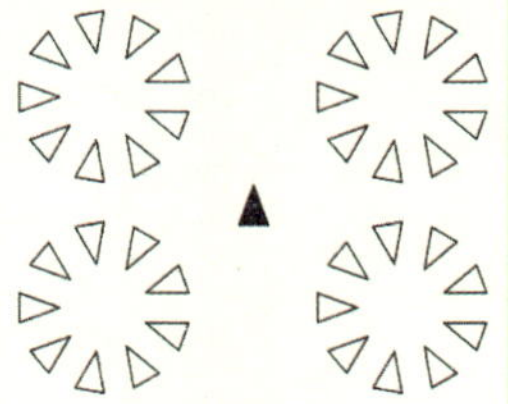 岛屿型 **二、教法** 1. 问题引导法

结构	教学内容	组织与教法
活动总结（20分钟）	（4）如果再给一次机会，你们会怎么安排这三轮比赛？ 2. 组织分享 **三、教师总结（5分钟）** 1. 分享整合 接下来分享一个关于信念的故事：有一年，一支英国探险队进入撒哈拉沙漠的某个地区，在茫茫的沙海里跋涉。大家口渴难耐，心急如焚——水没有了。这时，探险队长拿出一只水壶，说："这里还有一壶水，但穿越沙漠前，谁也不能喝。"一壶水，成了穿越沙漠的信念之源。终于，探险队顽强地走出了沙漠，挣脱了死神之手。大家喜极而泣，用颤抖的手拧开那壶支撑他们的精神之水时，缓缓流出来的，却是满满的一壶沙子。 听完这个故事，再结合我们刚才的体验，你有什么样的思考？ 2. 价值澄清 生活中不可能都是一帆风顺的，面对挫折和失败时，不轻言放弃，坚定目标，总会成功。希望大家都能拥有这样的品质，不负青春。 因为：奋斗的青春最美丽！	2. 小组内部分享和代表分享法 3. 故事法

评价维度	评价要点	评价结果（描述或判断）
教学准备	1. 是否提前准备好小桶四个、弹力球60个？	
	2. 是否提前布置好活动的场地？	
教学过程	3. 学生进行三轮PK，时间把控是否按计划进行？	
	4. 三轮PK过程是否有秩序地组织实施？	
	5. 在轮次规则讲解过程中，对自己的表情、肢体动作、语言表达等如何评价？	
	6. 在教学过程中，是否发挥教师作为引导者、观察者、分享者的角色功能？	
	7. 在三轮PK把控中，对第几轮的组织把控最满意？	
	8. 是否能对学生的问题做及时有效的回应？	
	9. 在教学过程中，在哪些方面给予了学生针对性指导？	
	10. 在教学过程中，是否有安全事故发生？	
教学效果	11. 能否引导所有学生有效完成学习手册？	
	12. “老虎猎人枪”破冰活动是否实现教学目标？	
	13. 分数最低那一组经过你的引导后状态如何？	
活动小结	优点	
	不足	
	改进	

大海捞针

适用年级：小学　　　　建议时长：90分钟

教学内容	课程目标	教学重点与难点
1. 组织学生体验破冰活动勇者之路。 2. 组织学生体验活动大海捞针。 3. 组织学生对活动体验进行分享总结。	1. 通过活动讲解，了解关于卡牌内容的知识和逻辑的相关概念。 2. 通过体验活动，锻炼学生对于环境变化的适应能力。 3. 通过体验活动，培养学生的团队荣誉感和为实现目标坚持不懈的品质。	1. 重点：活动线是让学生按照逻辑顺序进行翻牌活动。教育线是培养学生有效沟通和不断尝试、坚持不懈的品质。 2. 难点：引导学生正确地面对活动中的变化。

结构	教学内容	组织与教法
活动准备	**一、前期布置** 1. 场地：室外或者室内平整安全场地。 2. 器材：大海捞针卡片4套。	**一、实景图** 
活动实施（70分钟）	**一、课堂常规（5分钟）** 1. 集合分组 分成4组。 2. 师生认识和问好 老师：同学们好，我是××老师。奋斗的青春？ 学生：最美丽！	**一、组织** 1. 集合时队形 

结构	教学内容	组织与教法
活动实施（70分钟）	**二、破冰活动——勇者之路（10分钟）** 1. 活动导入 同学们，我们把勇敢的人称为勇者，请每一队推选出一名勇者。我们来看看哪一名勇者，会赢得最后的胜利。 2. 活动规则 （1）每队推选一人当“勇者”，其他人面对他排成一路纵队，和勇者的距离5米左右。 （2）每一队的第一名同学与“勇者”用手进行“石头、剪刀、布”，如果输了，要围绕勇者转一圈，如果再输，需要再转一圈，赢了以后才可以返回。 （3）返回的同学需要和下一名击掌后迅速到队尾，下一名出发继续和勇者比赛。如果没有击掌需要原地停留5秒才能继续行动。 3. 注意事项 （1）起点线和勇者的距离在5米左右，不要设计太远，毕竟不是为了考验奔跑能力。 （2）每队的勇者需要交换场地，代表本队去迎战其他队的学生。 （3）提醒学生注意安全，不要奔跑过快，选择平整、安全的场地。 **三、活动讲解（15分钟）** 1. 活动导入 同学们，刚才的勇者之路是我们的一个热身活动，接下来我们要进行一个更为激烈的竞争活动。 大家看我手里拿的是什么（扑克牌）？我们都见过扑克牌吧？但是你们知道每张扑克牌代表什么意思吗？四种花色代表四季，每种花色的13张都代表着这个季节的13周。一副扑克牌除了大小王还有52张，一年正好是52周，是不是很有意思？ 接下来，我们就用这副扑克牌做道具进行团队活动。一会儿我们要从这一副扑克牌里面找出我们需要的扑克牌，这个过	2. 破冰活动时队形  并列型 3. 活动讲解时队形 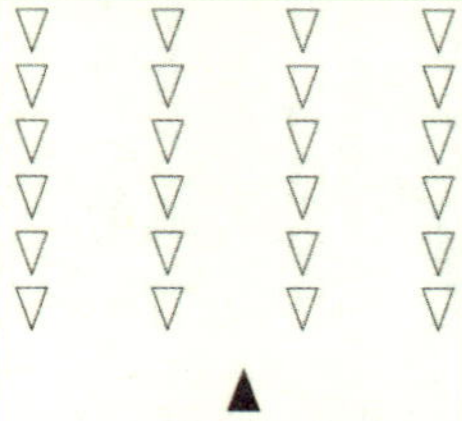 纵路型 **二、教法** 1. 道具导入法

结构	教学内容	组织与教法
活动实施（70分钟）	程有一定的难度，就像在大海里捞起一根针一样，所以我们这个活动就叫大海捞针。 2. 活动目标 这是个团队PK的活动，团队的每一位伙伴接力从起点奔跑到对面，按照1～13的顺序将各自小组的扑克牌翻开。我们将进行三轮比赛，最后所用时间最少者为获胜组。 3. 活动规则 （1）把扑克牌统一正面朝下摆放在地面上。 （2）除队长外每队学生成一路纵队，轮流从起点处前往终点翻牌，返回后与下一名同学击掌，下一名同学方可行动。 （3）按照由小到大的顺序翻出13张扑克牌。 （4）如果翻错，则把牌扣回原来的位置，翻牌过程中扑克牌依照初始时的摆放顺序，不得打乱。 （5）挑战分为三轮，每一轮扑克牌的摆放形状将根据实际情况发生一些变化。 4. 注意事项 （1）场地的选择要平整和开阔。 （2）起点线和终点距离是10～15米。 （3）从有序到无序，按照先易后难的原则摆放扑克牌。第一轮，将牌摆放成矩形方阵；第二轮，将牌摆放成钟表指针形状；第三轮，将牌随机无序摆放。 **四、活动监控（40分钟）** 1. 安全监控 （1）如果发现有学生奔跑过快，要及时提醒或制止。 （2）保持组与组之间的安全距离，如果发现有学生跑偏，要及时提醒或制止。 2. 语言监控 （1）聆听学生对于操作方法的讨论。 （2）聆听学生比赛过程中操作者与等待者之间的沟通内容。 3. 行为监控	

结构	教学内容	组织与教法
活动实施 （70分钟）	（1）关注各组在比赛过程中的团队势气。 （2）关注各组的组织纪律性。	
活动总结 （20分钟）	**一、集合整队（1分钟）** **二、学生分享（14分钟）** 1. 回顾反思 （1）在比赛中你最开心的那一刻是什么时候？ （2）你们小组在翻牌的过程中出现了什么现象？ （3）大海捞针这个活动的难点在什么地方？ （4）哪一组成绩最好？他们值得我们学习的方面有哪些？ 2. 组织分享 **三、教师总结（5分钟）** 1. 分享整合 有的小组成功了，有的小组失败了，其实成功和失败都很正常，而我们往往把成功看得过于重要，其实失败能给我们带来更多好的经验。懂得肯定自己，当别人不肯定你的时候，我们更要懂得肯定自己，这样才能磨炼自己有一颗永不言败的心。 2. 价值澄清 希望大家不管在生活中还是学习上，遇到挫折都要不断尝试、不断探索，永不放弃对成功的追求。不负青春。 因为：奋斗的青春最美丽！	**一、组织** 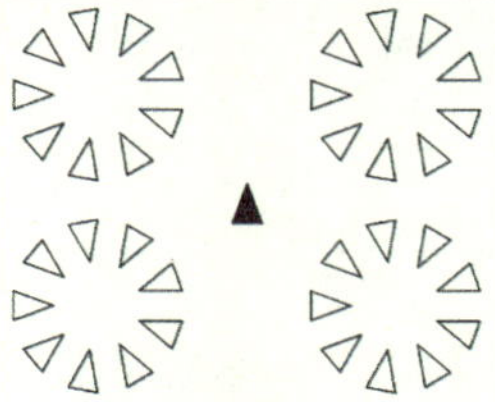 岛屿型 **二、教法** 1. 问题引导法 2. 小组内部分享和代表分享法 3. 归纳法

<table>
<tr><th colspan="2">评价维度</th><th>评价要点</th><th>评价结果（描述或判断）</th></tr>
<tr><td colspan="2" rowspan="2">教学准备</td><td>1. 是否提前准备好4套大海捞针卡片？</td><td></td></tr>
<tr><td>2. 是否提前布置好活动场地？</td><td></td></tr>
<tr><td colspan="2" rowspan="8">教学过程</td><td>3. 三轮竞赛的时间把控是否按计划进行？</td><td></td></tr>
<tr><td>4. 三轮PK的组织过程是否有秩序？</td><td></td></tr>
<tr><td>5. 在规则讲解中，对自己的表情、肢体动作、语言表达等如何评价？</td><td></td></tr>
<tr><td>6. 在教学过程中，是否发挥教师作为引导者、观察者、分享者的角色功能？</td><td></td></tr>
<tr><td>7. 在教学活动中，你对哪一轮的组织最满意？</td><td></td></tr>
<tr><td>8. 你是否能对学生的问题做及时有效的回应？</td><td></td></tr>
<tr><td>9. 在教学过程中，你在哪些方面给予了学生针对性指导？</td><td></td></tr>
<tr><td>10. 在教学过程中，是否有安全事故发生？</td><td></td></tr>
<tr><td colspan="2" rowspan="3">教学效果</td><td>11. 你能否引导所有学生有效地完成学习手册？</td><td></td></tr>
<tr><td>12. “勇者之路”破冰活动是否实现教学目标？</td><td></td></tr>
<tr><td>13. 活动结束后大家的状态如何？</td><td></td></tr>
<tr><td rowspan="3">活动小结</td><td>优点</td><td colspan="2"></td></tr>
<tr><td>不足</td><td colspan="2"></td></tr>
<tr><td>改进</td><td colspan="2"></td></tr>
</table>

2

第二单元

信心

XINXIN

中小学实践教育
教学研究

ZHONGXIAOXUE
SHIJIANJIAOYU JIAOXUEYANJIU

酷炫折纸

适用年级：小学　　　　建议时长：90分钟

教学内容	课程目标	教学重点与难点
1. 组织学生体验折三角插活动。 2. 组织学生体验用三角折纸做金鱼活动。 3. 组织学生对活动体验进行分享总结。	1. 通过折纸，掌握三角插的折法，了解三角插的基本插法。 2. 通过制作纸艺造型，提升学生的观察能力、动手实践能力。 3. 通过体验活动，培养学生遇到困难挫折时，不气馁、不退缩、直面挑战的信心。	1. 重点：活动线是用折纸学习金鱼的正插、反插。教育线是培养学生在遇到挫折时直面挑战的信心。 2. 难点：金鱼的正插、反插，小组合作完成金鱼。

结构	教学内容	组织与教法
活动准备	**一、前期布置** 1. 场地：创意纸艺馆。 2. 器材：彩纸每组15张、白胶、三角插展示作品、视频资料。	**一、实景图** 
活动实施 （70分钟）	**一、课堂常规（5分钟）** 1. 集合分组 6～8人一组。 2. 师生认识和问好 老师：同学们好，我是××老师。奋斗的青春？ 学生：最美丽！	**一、组织** 

结构	教学内容	组织与教法
活动实施 （70分钟）	**二、活动环节** （一）活动导入（5分钟） 大家之前玩过折纸吗？同学们能用彩纸做些什么小作品呢？今天我们来学习一种特殊的折纸（展示图片），这些工艺品都是利用三角插组合而成的。大家知道什么是三角插吗？今天，我们学习怎样利用三角插来制作金鱼。 （二）学习折三角插活动（15分钟） 1. 掌握基本三角插的折法：观看视频，学习三角插的折法。 2. 看完视频后每人发一张长方形彩纸折三角插。 3. 基本三角插的折法 （1）长方形纸片两边对准中线沿45度线折叠。 （2）反过来下面两个角向上沿45度线折叠。 （3）下面两角向上折上去，两边向内对折叠。 （三）金鱼组合方法（15分钟） 1. 播放金鱼教学视频，了解三角插的插法。 2. 一至八层递增，九至十四层递减，十五至十六层递增。 （四）活动开始（20分钟） 1. 组内分工明确，撕纸、叠纸、插纸。 2. 完成作品如果觉得不牢固，可以刷上白胶使其牢固。 （五）作品的展示及分享的感悟（10分钟） 每小组派出代表展示本小组作品并讲述制作作品时遇到的问题以及解决方法。	**二、教法** 1. 问题导入法 2. 视频法 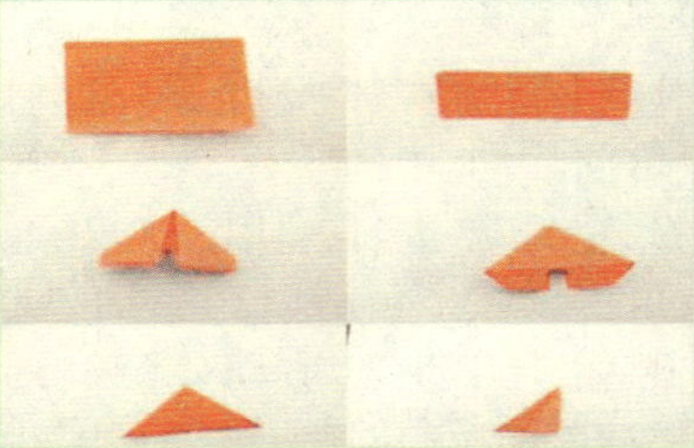 3. 视频法 4. 讲授法 

结构	教学内容	组织与教法
活动实施 （70分钟）	**三、注意事项** 1. 用视频教学法会使学生更清楚正插、反插的方法。 2. 走动式观察学生有没有插错方向，提醒学生提升折纸速度，制作作品的过程中要互相帮忙。 3. 提醒学生注意时间。 **四、活动监控** 1. 安全监控 （1）提醒学生坐好凳子，在小组范围内活动。 （2）提醒学生不要拿折纸作品互相投掷。 （3）如果发现以上现象要及时提醒或制止。 2. 语言监控 （1）聆听各组学生是如何分工的。 （2）聆听各小组学生有分歧时是如何沟通的。 3. 行为监控 （1）观察学生的任务完成进度。 （2）观察学生之间的互相指导和帮助行为。	
活动总结 （20分钟）	**一、集合整队（1分钟）** **二、学生分享（10分钟）** 1. 回顾反思 （1）折纸过程中大家怎么分工的？ （2）过程中遇到哪些问题？你是如何解决的？	**一、组织** 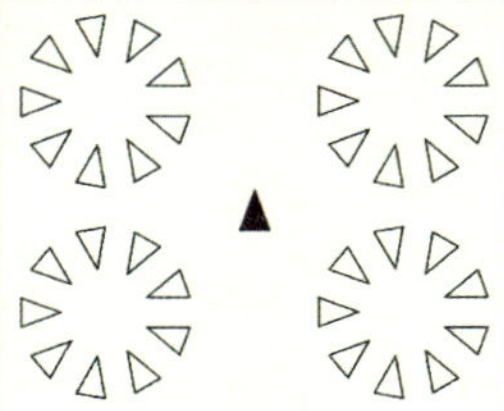 岛屿型 **二、教法** 1. 问题引导法

结构	教学内容	组织与教法
活动总结（20分钟）	（3）从制作金鱼的活动中，你最大的收获是什么？ （4）回家后会把你的作品送给谁？为什么？ 2. 组织分享 **三、教师总结（9分钟）** 1. 分享整合 通过对纸艺的了解，希望同学们能够喜欢制作纸艺作品，并逐渐培养自己的感性素养，学会运用纸艺作品的基本成型方法，创作出贴近生活、富有情趣的纸艺作品。当我们完成自己的作品时，有没有给大家带来惊喜？开始创造的时候，我们有没有想到这样的结果？今后当我们面对未知的事情一定要对自己有信心，对你的同伴有信心，学会配合，这样才能又快又好地完成任务。回去后多加练习制作金鱼的方法，期待大家可以做出更多有趣的作品。回家后还可以做一件纸艺作品送给父母。 我们每个人都是一个独立的个体，有着各自的任务，也有自己独立的意识和想法，同时，我们又处在团队和集体之中，需要通过我们共同的努力来达成一个又一个未知的目标。在这个过程中，个人也会收获成长，在今后的学习生活当中我们要敢于赏识自我、信任他人，对于任何事物都采取积极的行动，这样才能更快更好地完成任务。 2. 价值澄清 希望大家拥有在面对挑战时必胜的信心，不负青春。 因为：奋斗的青春最美丽！	2. 组内分享和代表分享法 3. 归纳法

<table>
<tr><th colspan="2">评价维度</th><th>评价要点</th><th>评价结果（描述或判断）</th></tr>
<tr><td colspan="2" rowspan="2">教学准备</td><td>1. 是否提前准备和调试好视频资料？</td><td></td></tr>
<tr><td>2. 是否提前准备好彩纸、白胶、三角插展示作品等？</td><td></td></tr>
<tr><td colspan="2" rowspan="8">教学过程</td><td>3. 各个环节时间节点把控是否按计划进行？</td><td></td></tr>
<tr><td>4. 是否给予学生足够的时间进行体验和实践？</td><td></td></tr>
<tr><td>5. 在活动导入的过程中，对自己的表情、肢体动作、语言表达等如何评价？</td><td></td></tr>
<tr><td>6. 在教学过程中，是否发挥教师作为引导者、观察者、分享者的角色功能？</td><td></td></tr>
<tr><td>7. 在教学活动中，你对哪个环节的组织最满意？</td><td></td></tr>
<tr><td>8. 你是否能对学生的问题做及时有效的回应？</td><td></td></tr>
<tr><td>9. 在教学过程中，你在哪些方面给予了学生针对性指导？</td><td></td></tr>
<tr><td>10. 在教学过程中，是否有安全事故发生？</td><td></td></tr>
<tr><td colspan="2" rowspan="3">教学效果</td><td>11. 你能否引导所有学生有效完成学习手册？</td><td></td></tr>
<tr><td>12. 学生是否都能顺利地创作出自己的作品？</td><td></td></tr>
<tr><td>13. 在作品展示及分享感悟环节中遇到问题，各小组是如何解决的？</td><td></td></tr>
<tr><td rowspan="3">活动小结</td><td>优点</td><td colspan="2"></td></tr>
<tr><td>不足</td><td colspan="2"></td></tr>
<tr><td>改进</td><td colspan="2"></td></tr>
</table>

秀美济源

适用年级：小学　　　　建议时长：90分钟

教学内容	课程目标	教学重点与难点
1. 组织学生了解济源主要特色景点和发展历程。 2. 组织学生进行演讲比赛。 3. 组织学生进行分享总结。	1. 通过探究和自主学习，深化学生对济源人文历史的认知。 2. 通过体验学习，提高学生的阅读能力，锻炼学生的演讲能力。 3. 通过参与活动，激发学生对家乡的热爱之情，树立为家乡做贡献的志向，并对家乡的发展充满信心。	1. 重点：活动线是详细了解济源在旅游、工业、农业、教育方面的发展情况。教育线是培养学生对家乡的热爱和对家乡发展的信心。 2. 难点：引导学生在活动中正确认识家乡的发展前景。

结构	教学内容	组织与教法
活动准备	**一、前期布置** 1. 场地：济源发展馆。 2. 器材：两台抢答器、两台电脑、一套篮球器材、诗词资料。	**一、实景图** 
活动实施（70分钟）	**一、课堂常规（5分钟）** 1. 集合分组 6～8人一组。 2. 师生认识和问好 老师：同学们好，我是××老师。奋斗的青春? 学生：最美丽!	**一、组织** 

结构	教学内容	组织与教法
活动实施（70分钟）	**二、活动环节** （一）济源发展导入（5分钟） 大家好！欢迎大家来到济源发展馆。我们生活在济源的这片土地上，大家了解它吗？你们想更多地了解它吗？今天将由我来带领大家领略一下我们秀美的济源。 （二）学习互动活动（45分钟） 1. 主要特色景点 教师重点讲解济源两大著名景点，王屋山和小浪底，让学生畅所欲言，描述自己印象中的王屋山和小浪底。 （1）景点介绍 王屋山：国家级重点风景名胜区，是中国古代九大名山之一，传说中，“愚公移山”的地方在王屋山的南边，《愚公移山》的故事就发生在这里。 小浪底：位于河南省洛阳市与济源市交界处，总面积1262平方公里。西霞湖、大坝湿地公园、张岭半岛度假区、黄河三峡，四大景区特色各异，东西相映，恰如镶嵌在母亲河上的四颗珍珠，成为令世人瞩目的旅游热点和研学实践基地。 （2）感悟分享 分享自己喜欢的一个济源景点并说一说它的特色。 2. 济源城市名片 在大家了解我们场馆内的各个模块后，我们会进行一个小小的演讲比赛，在过程中会设置四个互动小环节，每个环节选出一个优胜小组，优胜组可以选择出一名代表参加演讲比赛，组员帮助他（她）收集相应模块资料，来为演讲比赛做准备。 （1）学生自行参观 教师介绍相关产业，然后学生自行参观，丰富自己感兴趣的模块知识。	**二、教法** 1. 问题导入法 2. 讲授法  

结构	教学内容	组织与教法
活动实施 （70分钟）	工业：济源钢铁、豫光金铅；城市名人：卢仝、愚公；产业集聚区：虎岭产业集聚区、玉川产业集聚区；食品文化：双汇集团、伊利集团。 （2）知识抢答 要求： ①以小组为单位，每组派出代表依次参与知识抢答。 ②答对一题获得一颗星，最快得到五颗星的小组获胜。 ③优胜小组选出演讲代表。 3. 希望田野 （1）农业和水利 了解济源在农业方面（认识粮票、具有代表性的人物）和水利方面的发展（小浪底水利枢纽工程、蟒河口大坝工程、三峡水利工程）。 （2）观看诗词歌赋，然后进行朗诵活动。 要求： ①集体朗诵。 ②小组分组朗诵。 ③最后大家投票，每组有一颗星的投票权，得星最多的小组为优胜小组。 ④优胜小组选出演讲代表。 4. 秀美山水 （1）介绍著名旅游景点 五龙口太行猕猴区、济渎庙、黄河三峡。 （2）比比画画 小组进行你画我猜活动。 要求： ①可以自由发挥，在电脑屏幕上进行绘画创作，可以画山水，也可以画家乡的场景。 ②一组一台电脑，同时作画，三分钟完成。 ③完成后，各组之间猜一猜对方画的是什么，猜对一幅画获得一颗星，获星最多的小组获胜。 ⑤优胜小组选出演讲代表。	 

结构	教学内容	组织与教法
活动实施（70分钟）	5. 和谐家园 济源近几年在科技、教育、文化、体育、卫生方面的发展非常迅猛，代表性的建筑有科技馆、城展馆、篮球城、文化城。而篮球一直是大家所热爱的一项运动，今天我们就举行一场小小的投篮比赛。 要求： （1）以小组为单位进行比赛。 （2）每人投一球，投进一球获得一颗星。 （3）获星最多的小组获胜，该小组选出演讲代表。 （三）演讲比赛活动（20分钟） 1. 准备 请各小组代表针对各自优势模块进行准备，同组学生积极配合，同时思考在以后的学习生活中该如何做，才能为家乡的发展做出自己的贡献。 2. 我为济源代言 要求： （1）各位代表以“我爱我家，秀美济源——我为我家乡济源代言”为主题，进行演讲比赛，时间为每人三分钟。 （2）转化个人角色为讲解员，为大家介绍一下我们的家乡济源，时间为每人三分钟。 （3）各位代表演讲完毕后，由其余同学进行投票，评选“济源最佳代言人”。 **三、注意事项** 1. 注意仪器设备用电安全，避免靠近插座。 2. 禁止在场馆内追逐打闹、大声喧哗。 3. 禁止在场馆内吃东西、乱扔垃圾、随地吐痰。	

结构	教学内容	组织与教法
活动实施（70分钟）	4. 向学生呈现具体数据资料，更直观地感受济源工农业的发展历程。 **四、活动监控** 1. 安全监控 （1）防止学生触碰带电设施设备。 （2）禁止在活动场地追逐打闹。 （3）如果发现以上现象要及时提醒或制止。 2. 语言监控 （1）活动过程中，留意倾听同学们是如何进行交流的。 （2）聆听同学们对于济源的评价。 （3）聆听学生的演讲内容，发现亮点。 3. 行为监控 （1）观察小组成员有没有认真地观看学习。 （2）观察有学生演讲时，其他学生的聆听状态。	
活动总结（20分钟）	**一、集合整队（1分钟）** **二、学生分享（9分钟）** 1. 回顾反思 （1）你对济源有了哪些新的发现？你对场馆内哪一个模块的内容比较感兴趣？ （2）各项比赛，你都参与其中了吗？你对自己和小组有信心吗？	**一、组织**  **二、教法** 1. 问题引导法

结构	教学内容	组织与教法
活动总结（20分钟）	（3）重新认识济源以后，对自己今后的学习有什么计划或者目标？ （4）如果让你为济源代言，你会怎么做？ 2. 组织分享 **三、教师总结（5分钟）** 1. 分享整合 济源在河南宜居城市排名前三。这座城市虽小，但城市框架却拉得很开阔，四通八达，车走得顺畅，人心也舒畅。济源的绿化很到位，乔木、灌木、草坪搭配，到处所见，满眼清新。济源的环境很干净，大街的瓷砖、湖泊的波纹、空中的白云，一尘不染。我们的广场舞也是丰富了中老年的晚间生活，大家积极向上、乐观生活。本次活动中，同学们从人文历史、衣食住行等方面加深了对自己家乡济源的了解，让我们在今后的学习生活中更加努力，为济源家乡的明天添砖加瓦。济源的发展离不开济源人民的艰苦奋斗，同时也希望大家为自己是一位济源人而感到自豪，对济源的明天更加充满信心！ 2. 价值澄清 希望大家能为建设更好的家乡做出努力和贡献，不负青春。 因为：奋斗的青春最美丽！	2. 组内分享和代表分享法 3. 归纳法

评价维度		评价要点	评价结果（描述或判断）
教学准备		1. 是否提前准备好诗词资料？	
		2. 是否提前检查准备好抢答器、电脑、篮球器材？	
教学过程		3. “我为济源代言”的环节，时间节点把控是否按计划进行？	
		4. 是否给予学生足够的时间进行体验？	
		5. 在活动讲解中，你对自己的表情、肢体动作、语言表达等如何评价？	
		6. 在教学过程中，是否发挥教师作为引导者、观察者、分享者的角色功能？	
		7. 在教学活动中，你对哪个环节的组织最满意？	
		8. 你是否能对学生的问题做及时有效的回应？	
		9. 在教学过程中，你在哪些方面给予了学生针对性指导？	
		10. 在教学过程中，是否有安全事故发生？	
教学效果		11. 你能否引导所有学生有效完成学习手册？	
		12. 你是否组织学生有秩序地进行学习活动和演讲比赛？	
		13. 学生在参与“我为济源代言”演讲后，大家当时的状态如何？	
活动小结	优点		
	不足		
	改进		

银行那些事儿

适用年级：小学　　　　建议时长：90分钟

教学内容	课程目标	教学重点与难点
1. 组织学生观看视频以了解银行的发展史。 2. 组织学生进行模拟银行的角色体验。 3. 组织学生制作零花钱分配计划表。 4. 组织学生进行分享总结。	1. 通过观看相关视频，了解近代银行发展史，以及货币发展史相关知识。 2. 通过体验银行各个角色的工作，学习银行业务办理的流程和方法，提升学生的分工协作能力。 3. 通过体验分配计划表的制作，培养学生树立正确的消费观、理财观；通过银行发展史的体悟，培养学生对新时代中国经济发展的信心。	1. 重点：活动线是让学生体验银行各种角色的工作。教育线是培养对新时代中国经济发展的信心。 2. 难点：让学生了解银行相关业务及操作。

结构	教学内容	组织与教法
活动准备	**一、前期布置** 1. 场地：模拟金融馆。 2. 器材：模拟货币、填单、模拟银行柜台、取号机、笔、视频资料。	**一、实景图** 
活动实施（70分钟）	**一、课堂常规（5分钟）** 1. 集合分组 6~8人一组。 2. 师生认识和问好	

结构	教学内容	组织与教法
活动实施（70分钟）	老师：同学们好，我是××老师。奋斗的青春？ 学生：最美丽！ **二、活动环节** （一）课程导入（5分钟） 1. 问题导入 你有没有去过银行？去办理什么业务呢？ 2. 观看视频 《银行发展史》 （二）货币发展史（15分钟） 1. 看视频 通过观看视频《银行知多少》，使学生了解银行业务。 2. 讲解货币发展史 简单讲述货币发展史，并详细介绍每次货币大变化的时代背景，以及具有代表性的外币。 3. 自由参观 各小组进行自由参观，观看并讨论货币相关知识。 （三）银行的前世今生（10分钟） 1. 学习 了解最早的银行形式及操作，银行是怎样逐步走到今天。 2. 认识 银行在当代经济快速发展中的带动性，认识目前银行更加简便、快捷的业务操作，如：自助办理业务等。 3. 讨论 学生小组开动脑筋，讨论未来银行发展趋势及方向。 （四）模拟银行体验活动（25分钟） 1. 点钞PK 组织学生进行点钞比赛，简单点评之后，教会学生如何点钞。	**一、组织** 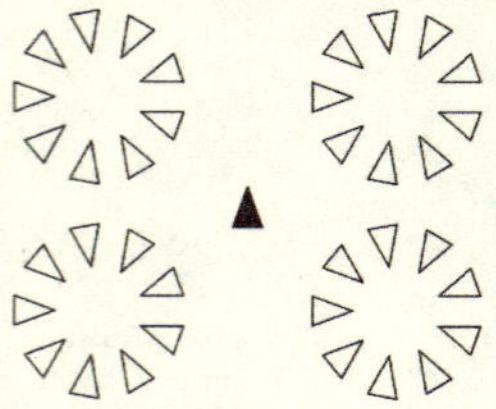 岛屿型 **二、教法** 1. 问题导入法、视频导入法 2. 视频法、视频法  3. 讲授法、讨论法

<table>
<tr><th>结构</th><th>教学内容</th><th>组织与教法</th></tr>
<tr><td>活动实施
（70分钟）</td><td>2. 银行单据填写
讲解单据的填写方法，并介绍银行业务办理的基本流程，使学生熟练掌握单据的正确填写方法。
3. 情景模拟
小组内分角色进行演练，办理银行开户业务，客户到银行进行填单以及开户业务，大堂经理负责引导客户，柜员进行业务的办理，熟悉银行流程。
（五）小小理财家活动（10分钟）
引导学生进行讨论，自己的零花钱、压岁钱如何存放？都以哪种方式进行消费？
在10分钟内为自己制订一份零花钱分配计划表。
三、注意事项
1. 先用视频资料展示后再讲解学生会更容易接受。
2. 过程指导模拟银行的操作方法。
3. 体验过程中关注学生的投入度，并及时提醒。
四、活动监控
1. 安全监控
（1）禁止损坏场馆内的电子设备，禁止在场馆内追逐打闹。
（2）禁止触碰开关、电源。
（3）发现以上现象要及时提醒或制止。
2. 语言监控
（1）聆听模拟银行体验过程中，学生之间的对话。
（2）聆听学生对于零花钱和压岁钱如何进行管理和消费的讨论。
3. 行为监控
（1）观察体验过程中小组各角色之间的配合，以及自身角色的演绎。
（2）观察学生在角色体验中的投入程度。</td><td>4. 讲授法、演绎法

5. 讨论法</td></tr>
</table>

结构	教学内容	组织与教法
活动总结 （20分钟）	**一、集合整队（1分钟）** **二、学生分享（14分钟）** 1. 回顾反思 （1）现在的银行和以前的银行比有什么样的变化？ （2）大家学到了关于银行的哪些知识？ （3）锻炼了自己哪方面的能力？有哪些提升？ （4）今天的学习对你今后的学习、生活有什么帮助？ 2. 组织分享 **三、教师总结（5分钟）** 1. 分享整合 通过对本节课程的体验和银行相关知识的掌握，使大家对银行业务有一定的认识，并体验了银行是如何进行工作的。 银行与我们现在的生活息息相关，它在整个人类的发展历程上也起到了十分重要的作用，一个时代的发展，经济起着决定性的作用，现代银行在经济的影响下飞速发展，无人业务的办理等等，都在影响着我们的日常生活，不断推动着我们向前发展，建议大家回去之后有机会能到银行里亲自感受一下新时代的银行和今天认知的有什么不一样。 2. 价值澄清 希望大家无论面对什么境况都能保持一颗乐观的心，相信自己，为自己的失败而总结，为自己的成功而喝彩，不负青春。 因为：奋斗的青春最美丽！	**一、组织** 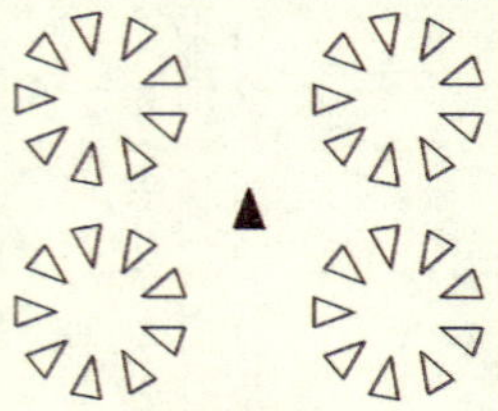 岛屿型 **二、教法** 1. 问题引导法 2. 组内分享和代表分享法 3. 归纳法

评价维度	评价要点	评价结果（描述或判断）
教学准备	1. 是否提前准备好视频资料？	
	2. 是否提前准备好模拟货币、填单、模拟银行柜台、取号机、笔等？	
教学过程	3. 各个活动时间节点的把控是否按计划进行？	
	4. 是否给予学生足够的时间进行体验和实践？	
	5. 在“银行发展史”讲解过程中，对自己的表情、肢体动作、语言表达等如何评价？	
	6. 在教学过程中，是否发挥教师作为引导者、观察者、分享者的角色功能？	
	7. 你是否组织学生有秩序地体验完“模拟银行和小小理财家”的活动？	
	8. 你是否能对学生的问题做及时有效的回应？	
	9. 在教学过程中，你在哪些方面给予了学生针对性指导？	
	10. 在教学过程中，是否有安全事故发生？	
教学效果	11. 你能否引导所有学生有效完成学习手册？	
	12. 学生是否完成零花钱分配计划表？	
	13. 在“模拟银行体验”活动中，学生能否顺利演绎银行业务流程？	
活动小结	优点	
	不足	
	改进	

巧做智拼

适用年级：小学　　　　建议时长：90分钟

教学内容	课程目标	教学重点与难点
1. 组织学生制作七巧板。 2. 组织学生做七巧板拼图。 3. 组织学生进行分享总结。	1. 通过观看成品，了解七巧板的构造与故事。 2. 通过制作加工七巧板，锻炼学生动手实践能力。 3. 通过体验动手制作七巧板，培养学生敢于自我赏识、自我肯定的意识。	1. 重点：活动线是动手制作七巧板。教育线是培养学生的自信心。 2. 难点：正确安全使用切割工具，引导学生在制作中以平静的心态完成制作。

结构	教学内容	组织与教法
活动准备	**一、前期布置** 1. 场地：金工木工场馆。 2. 器材：锯床、木板、护目镜、刷子、砂纸、视频资料、PPT。	**一、实景图** 
活动实施（70分钟）	**一、课堂常规（5分钟）** 1. 集合分组 6～8人一组。 2. 师生认识和问好 老师：同学们好，我是××老师。奋斗的青春？ 学生：最美丽！	**一、组织** 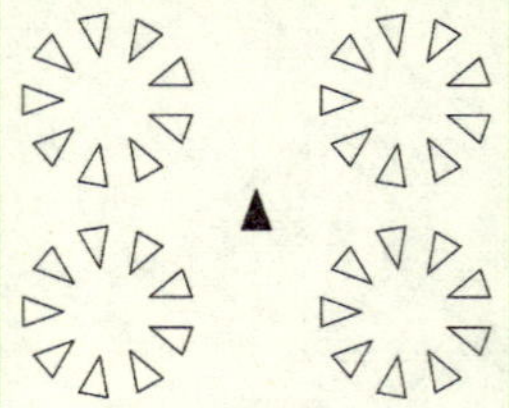 岛屿型

结构	教学内容	组织与教法
活动实施 （70分钟）	**二、活动环节** （一）七巧板导入（5分钟） 七巧板是我国最古老的智力玩具之一，很多的伟人也喜欢玩七巧板。（学生观看视频《身边的奥秘》来了解七巧板的由来。） 从前，有个国王要求一个贫穷的玻璃工匠为他宏伟的宫殿做一块正方形的玻璃。宫殿坐落在又陡又高的山上，很难到达。玻璃做好后，工匠小心翼翼地将它包好，开始了漫长的爬山旅程。他越爬越高，一不小心被岩石绊倒，摔了下来，玻璃碎成了均匀的7块。工匠费尽心思想把它拼成原状，他试了又试，却无法成功，无比沮丧。正打算放弃时，奇迹发生了，碎片组成了一匹飞马。此后，每次他重新排列7块碎片都会出现一个栩栩如生的动物形状，他决定把这块魔法玻璃献给国王，国王收到这块玻璃后十分高兴，让工匠和他的家人住在城堡里，并为他的整个王国制造玻璃。 （二）七巧板的制作方法（5分钟） 接下来我们回想一下视频中七巧板的制作方法，七巧板取材十分简单，手中只要有一张纸就可以做一副七巧板。我们生活中常见的七巧板是什么材质的？加工这样材质的七巧板时，我们都用到了哪些工具？ （三）学会使用锯床（10分钟） 1. 小组提出问题 （1）工作台上的材料放置在哪里？ 答：材料或木板应该贴于工作台上。 （2）切割时手的位置应该怎么放？ 答：手应该在以锯条为中心，左右两侧1～2厘米处按压在木板上。 （3）切割的先后有没有顺序？ 答：先切割木板周围的，再切割小	**二、教法** 1. 故事导入法 2. 视频法 3. 实践法、视频法 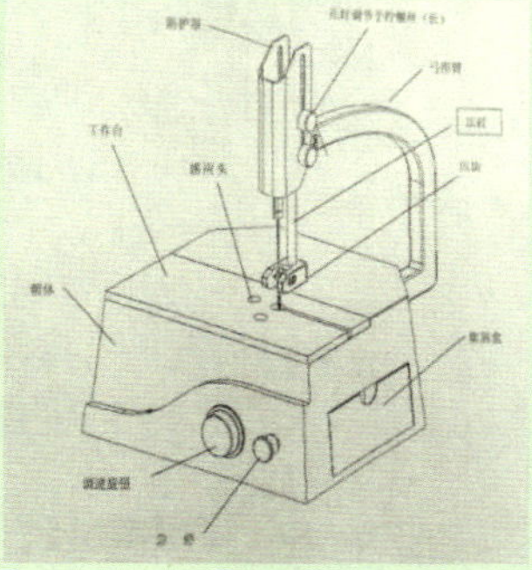

结构	教学内容	组织与教法
活动实施（70分钟）	的，小的零件需要一次成型切割。 2. 观看锯床的操作视频 锯床操作步骤如下： （1）锯床的锯条正对着自己，锯齿向下。 （2）戴上护目镜，将工件平放在锯台上。 （3）接上电源，双手压紧工件，慢慢向前推动工件。注意：双手必须始终保持在锯条的两侧，一般以1～2厘米为宜。在进给时一定要控制好进给量，否则会出现“咬死”现象。一旦工件出现“咬死”现象，应在5秒内立即关掉电源，切勿拖延关机时间，否则会烧坏马达。停止工作时，一定要关闭电源开关。 （4）切割曲线时，应用左手压紧工件，右手慢慢地转动工件。旋转角度不宜过大，否则会把锯条折断。 （5）如果要锯割工件中间部位，先用钻床在中间部分钻一个孔，然后将锯条穿过小孔锯割。 （四）动手制作七巧板（30分钟） 小组所有人都要动手体验，组长组织好本组的体验秩序。 要求：切割好的七巧板必须完整地拼接成一个正方形，边缘无毛刺。直线切割尽量横平竖直，达到效果。完成后清扫桌面卫生。 （五）七巧板拼图（15分钟） 七巧板可以拼出成千上万的图形，各种人物、动物、几何图形。拼图时有什么技巧吗？七巧板的玩法有4种： 1. 依图成形，即从已知的图形来排出答案。 2. 见影排形，从已知的图形找出一种以上的排法。 3. 自创图形，可以自己创造新的玩法、排法。	4. 体验法 5. 体验法 

结构	教学内容	组织与教法
活动实施 （70分钟）	4. 数学研究，利用七巧板来求解或证明数学问题。 拼图：全班推选出两名公证员，记录每小组的拼图数量。在相同时间里，哪个小组拼出的图形数量最多获胜。 **三、注意事项** 1. 操作锯床时必须戴上护目镜。 2. 在使用锯床时，要仔细认真，静下心来。 3. 学生如有不明白操作的部分，老师及时给予指导。 **四、活动监控** 1. 安全监控 （1）重点关注学生在锯床操作中的安全问题、工具使用的规范性，如果发现违规操作要及时提醒或制止。 （2）禁止嬉戏打闹或挥舞工具材料，如果发现要及时提醒或制止。 2. 语言监控 （1）聆听小组提出的操作问题。 （2）聆听各小组关于七巧板拼图创意的讨论。 3. 行为监控 （1）观察小组合作的有效性，小组成员的角色意识，执行计划的进度和效率。 （2）观察学生们的动手能力和参与度。	
活动总结 （20分钟）	**一、集合整队（1分钟）**	**一、组织** 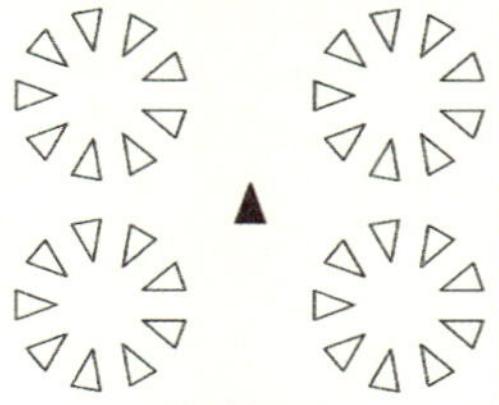 岛屿型

结构	教学内容	组织与教法
活动总结 （20分钟）	**二、学生分享（14分钟）** 1. 回顾反思 （1）我们今天动手做的是什么？ （2）哪一个环节让你感觉很兴奋？为何会兴奋？ （3）用一句话来表达你最大的收获？ （4）在制作过程中，你认为最难的环节是什么？后来是怎么解决的？这为你带来什么启发？ 2. 组织分享 **三、教师总结（5分钟）** 1. 分享整合 今天我们了解了七巧板的由来，学会使用工具帮助自己顺利完成作品，体会了劳动者的辛苦，也增长了信心，那么我们以后在生活和学习中应该怎么做呢？ 这个课程的意义不是学习如何做玩具，而是体验如何和同伴之间合作，增加信心，更加地赏识自我。 2. 价值澄清 希望大家在生活和学习中不管遇到困难还是挑战，都能相信自己，以平和、自信的心态面对，不辜负青春。 因为：奋斗的青春最美丽！	**二、教法** 1. 问题引导法 2. 组内分享和代表分享法 3. 归纳法

评价维度		评价要点	评价结果（描述或判断）
教学准备		1. 是否提前准备和调试好视频资料？	
		2. 是否提前准备好锯床、木板、护目镜、刷子、砂纸等？	
教学过程		3. 各个活动时间节点把控是否按计划进行？	
		4. 是否给予学生足够的时间进行体验和实践？	
		5. 在七巧板课程导入过程中，对自己的表情、肢体动作、语言表达等如何评价？	
		6. 在教学过程中，是否发挥教师作为引导者、观察者、分享者的角色功能？	
		7. 在教学活动中，你对哪个环节的组织最满意？	
		8. 你是否能对学生的问题做及时有效的回应？	
		9. 在教学过程中，你在哪些方面给予了学生针对性指导？	
		10. 在使用锯床的过程中是否有安全事故发生？	
教学效果		11. 你能否引导所有学生有效完成学习手册？	
		12. 你是否组织学生有秩序地完成七巧板拼图活动？	
		13. 各小组是否都成功完成七巧板制作？	
活动小结	优点		
	不足		
	改进		

杯舞飞翔

适用年级：小学　　　　建议时长：90分钟

教学内容	课程目标	教学重点与难点
1. 组织学生练习杯子舞的基本动作。 2. 组织学生练习踢踏舞的基本动作。 3. 组织学生进行杯子舞和踢踏舞团队合作表演。 4. 组织学生进行分享总结。	1. 通过杯子舞与踢踏舞的介绍，了解其相关文化和风格特点。 2. 通过练习杯子舞与踢踏舞，锻炼学生的手眼协调能力，提升专注力和团队默契度。 3. 通过团队表演活动，培养学生的成就感和自信心。	1. 重点：活动线是学习并体验杯子舞和踢踏舞。教育线是提升学生的自信心、自我赏识能力。 2. 难点：引导学生如何在一次又一次的动作练习中，依然能保持积极状态认真参与活动。

结构	教学内容	组织与教法
活动准备	**一、前期布置** 1. 场地：空旷的场地。 2. 器材：杯子、音乐、视频资料。	**一、实景图** 
活动实施（70分钟）	**一、课堂常规（5分钟）** 1. 集合分组 分成四组。把团队平均分成4组，1组和3组为男生，2组和4组为女生，1组和2组面对面坐，3组和4组面对面坐，确保每名学生都是1对1的形式排列。	**一、组织**  并列型

<table>
<tr><th>结构</th><th>教学内容</th><th>组织与教法</th></tr>
<tr><td>活动实施
（70分钟）</td><td>2. 师生认识和问好
老师：同学们好，我是××老师。奋斗的青春？
学生：最美丽！
二、活动环节
（一）活动导入（5分钟）
节奏是音乐的骨骼，每一首动听的歌曲离不开节奏，每一段优美的旋律也离不开节奏，现在我们一起来感受一下节奏的乐趣。
1. 示范
老师演示并教授拍拍操的动作步骤和要领。
2. 展示
跟随音乐一起练习拍拍操。
（二）快乐杯子舞（20分钟）
1. 导入
杯子舞的创作来自国外的一名面点厨师，他在工作时无意中发现可以用手来完成舞蹈，而且还不影响他做面点，于是在他的带领下，所有的员工都参与进来，形成了现在的杯子舞。
开始播放《稻香》杯子舞的片段，去感受杯子舞的乐趣。
2. 练习第一个动作
拍手（1、2）、拍桌子（1、2、3）、拍手（1）、抓、放。
3. 练习第二个动作
拍、抓、杯口、杯底、换抓、拍、放、交换。
4. 配上《稻香》音乐尝试练习
5. 学生自行练习
6. 边唱边演奏
（三）魅力踢踏舞（20分钟）
1. 导入
整齐而丰富的节奏让我感受到你们的热情和快乐，更让我想起了一种用耳</td><td>二、教法
1. 游戏导入法
2. 音乐导入法

3. 讲授法</td></tr>
</table>

结构	教学内容	组织与教法
活动实施（70分钟）	朵欣赏的舞蹈，你们听（播放踢踏舞的舞步声音）。 你们听到了什么？知道是什么舞蹈吗？（踢踏舞）现在就让我们走进著名的爱尔兰踢踏舞《大河之舞》的片段，去感受踢踏舞的魅力。 2. 了解 介绍爱尔兰踢踏舞的风格特点和基本舞步。 （1）踏步：如正常的走路移动，只用前掌踏地，后跟不着地，重心发生转换。（注意放松自然的移动，靠身体整体带动） （2）前掌触击：类似踏步，但是重心不发生转换，用大腿带动前掌，从上向下触击地面。 （3）跺步：用力用脚跺击地面，全脚着地，重心不发生转换。（注意用大腿带动） （4）全脚踏：如正常的走路移动，用全脚着地（前掌后跟同时着地），重心发生转换。（注意放松自然地移动，靠身体整体带动） （5）跟踢：用脚跟从上向下踢击地面，前掌不碰地，可进行重心转换，也可不进行重心转换。（注意身体和大腿的整体带动） （6）后跟敲击：前掌保持与地面的接触不离开地面，用后跟敲击地面，可单脚也可双脚同时进行。（注意利用身体重心的控制来完成，通过身体重量的下落来加强打击音量） （7）火车步：前掌保持与地面的接触不离开地面，然后身体向前搓动，后跟完成一下打击，可以双脚同时完成，也可以单脚完成。 （8）前掌敲击：后跟保持与地面的接触不离开地面，用前掌敲击地面，可单脚也可双脚同时进行。（注意利用身体重心的控制来完成，通过身体重量的下落来加强打击音量）	

结构	教学内容	组织与教法
活动实施（70分钟）	（9）足尖敲击：用足尖从上向下敲击地面。（注意通过腿的重量以及下落时重心的下降速率来改变打击的音量并增强对动作的控制力） （10）足尖站立：用足尖打击地面后用足尖支持身体站立，可以单脚足尖打击后站立，也可双脚足尖打击后站立。（注意选择合适的鞋子进行练习） （11）前掌前打击：用大腿带动，利用脚前掌向前打击地面，后跟不接触地面，打击后脚离开地面。（注意身体和大腿的带动，脚腕和膝盖部分尽量放松，不要发出擦地的声音） （12）前掌后打击：用大腿带动，利用脚前掌向后打击地面，后跟不接触地面，打击后脚离开地面。（注意身体和大腿的带动，脚腕和膝盖部分尽量放松，不要发出擦地的声音） （13）后跟前踢击：用后跟向前踢击地面，打击后脚离开地面。（注意身体和大腿的带动，脚腕和膝盖部分尽量放松） （14）拍掌：双掌拍击发出打击声。 3. 示范 请学生跟着一起学做基本舞步。 4. 练习 （1）跟随《稻香》音乐练习舞步。 （2）学生自行练习。 5. 展示 边唱边表演。 （四）团队表演（20分钟） 1. 第一组和第二组演奏杯子舞，第三组和第四组表演踢踏舞（全程录像）。 2. 第一组和第二组表演踢踏舞，第三组和第四组演奏杯子舞（全程录像）。 3. 播放录像，让学生感受到场面的震撼和完成表演的成就感。 **三、注意事项** 1. 先播放视频资料，后讲解。	4. 演示法

结构	教学内容	组织与教法
活动实施 （70分钟）	2. 引导同学之间要相互帮助。 3. 关注学习能力欠佳的学生，并且给予赏识性教育。 **四、活动监控** 1. 安全监控 （1）禁止随意离开活动场地。 （2）活动过程中禁止追逐打闹，大声喧哗。 2. 语言监控 （1）聆听活动中大家的动作节奏不一致时是如何沟通的。 （2）聆听大家关于杯子舞和踢踏舞的讨论。 3. 行为监控 （1）观察学生在活动中的参与积极性。 （2）观察学生之间动作配合的协调性。	
活动总结 （20分钟）	**一、集合整队（1分钟）** **二、学生分享（10分钟）** 1. 回顾反思 （1）本节课分别完成了哪些表演？ （2）从我们的练习过程中你感受到了什么？ （3）我们经历了不断的练习，最后的结果满意吗？你从中领悟到了什么？ （4）当多次练习我们还不满意时，是什么力量促使我们重新开始？	**一、组织**  **二、教法** 1. 问题引导法

结构	教学内容	组织与教法
活动总结（20分钟）	2. 组织分享 **三、教师总结（9分钟）** 1. 分享整合 这节课我们全体学生都掌握了杯子舞和踢踏舞的基本舞步并完美地演绎了团体表演，最终展现了一幅令人震撼的画面。练习这些舞步可以锻炼我们的手眼协调能力，开发右脑潜能，提升专注力。大家回去后可以经常练习，可以给家人表演一次今天学到的杯子舞或者踢踏舞，还可以和身边的朋友一起练习，这样会更加有乐趣。 通过刚才录像的回放，第一次练习和最后一次表演的现场氛围，你有没有感觉很震撼？很不可思议？然而同时我们也看到了，在表演过程中我们经历了很多次的失败，但我看到更多的是在一次次失败的背后，大家坚持不懈的身影，当你一次次地尝试，动作逐渐熟练后，你的心态是否也变得不同，你对自己能完成这个调整也逐渐有了更大的信心。细节决定成败，放弃很容易，坚持到底一定会很酷！ 2. 价值澄清 希望在以后的生活和学习中，当你遇见困难、遇见挑战及时调整心态，让自己保持乐观的心态、平淡的心态，相信自己、相信同伴、积极面对，不负青春。 因为：奋斗的青春最美丽！	2. 组内分享和代表分享法 3. 归纳法

评价维度		评价要点	评价结果（描述或判断）
教学准备		1. 是否提前调试好《稻香》音乐、《大河之舞》视频资料？	
		2. 是否提前准备好足够的杯子？	
教学过程		3. 各个活动时间节点把控是否按计划进行？	
		4. “快乐杯子舞”是否给予学生足够的时间进行练习？	
		5. 在活动导入过程中，对自己的表情、肢体动作、语言表达等如何评价？	
		6. 在教学过程中，是否发挥教师作为引导者、观察者、分享者的角色功能？	
		7. 在教学活动中，对哪个环节的组织最满意？	
		8. 是否能对学生的问题做及时有效的回应？	
		9. 在教学过程中，在哪些方面给予了学生针对性指导？	
		10. 在教学过程中，是否有安全事故发生？	
教学效果		11. 能否引导所有学生有效完成学习手册？	
		12. 是否组织学生有秩序地完成“团队表演”？	
		13. 学生一起完成“团队表演”之后是什么样的状态？	
活动小结	优点		
	不足		
	改进		

达芬奇密码

适用年级：小学　　　　建议时长：90分钟

教学内容	课程目标	教学重点与难点
1. 组织学生体验破冰活动眉目传数。 2. 组织学生体验活动达芬奇密码。 3. 组织学生对活动体验进行分享总结。	1. 通过完成活动的挑战和体验，认知奇数、偶数、顺时针、逆时针等概念。 2. 通过体验活动，提高应对环境变化的能力和团队合作能力。 3. 通过体验活动，培养学生面对困难的自信心和不怕失败的态度。	1. 重点：活动线是按照任务书完成卡片排序活动。教育线是培养学生敢于挑战、永不放弃的信心。 2. 难点：学生合理分组和牌型变化。

结构	教学内容	组织与教法
活动准备	**一、前期布置** 1. 场地：室外或者室内场地，平整安全。 2. 器材：任务书、达芬奇密码卡片。	**一、实景图** 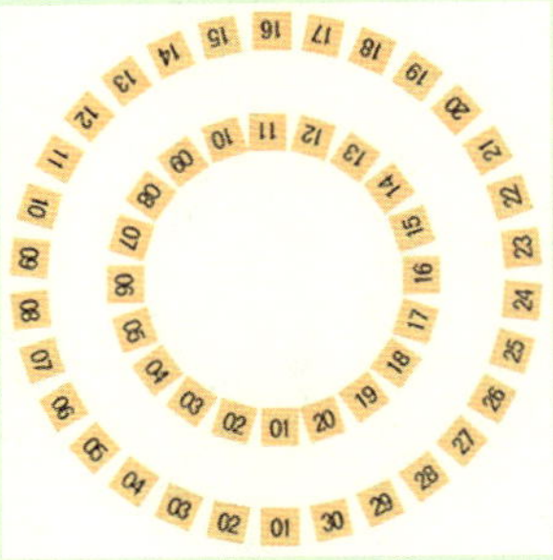
活动实施（70分钟）	**一、课堂常规（5分钟）** 1. 集合分组 分成两组。 2. 师生认识和问好 老师：同学们好，我是××老师。奋斗的青春？ 学生：最美丽！	**一、组织** 1. 集合时队形 

结构	教学内容	组织与教法
活动实施 （70分钟）	**二、破冰活动——眉目传数（10分钟）** 1. 活动导入 各位同学，接下来我们要体验的活动比较具有挑战性，同时又有趣味性，希望所有的同学都能够在快乐中完成挑战。活动的名称是眉目传数。我们要在不说话的情况下传数字。怎么传？用眼睛和嘴巴传。左眼代表百位数，右眼代表十位数，嘴巴代表个位数。比如传123，左眼需要眨1次，右眼需要眨2次，嘴巴需要嘟3次。 2. 活动规则 （1）各小组在起点线后排成一纵队，我们要用最短时间从最后一位同学向第一位同学传递三位数的数字。 （2）传递时，后面的同学先拍一下前面同学的肩膀，前面的同学才能转过身，这时候后面的同学只能借助眼睛和嘴巴将信息传给前面相邻同学，其他同学不能偷看、不允许讲话。 （3）比赛总共分为三轮，每轮传递结果准确同时用时间最少的小组获得胜利。 3. 注意事项 （1）活动讲解前，先分小组，以纵队站立或者就坐。 （2）每个小组的数字尽量公平，比如数字432/234/324等。 **三、活动讲解（15分钟）** 1. 活动导入 刚才的眉目传数，我们传递的是一组比较简单的数字。接下来这个活动所涉及的数字就非常多了，当然挑战也更大。 哈佛大学的符号学专家兰登，在法国巴黎出差期间接到一个紧急电话，得知卢浮宫博物馆年迈的馆长被人杀	2. 破冰活动时队形 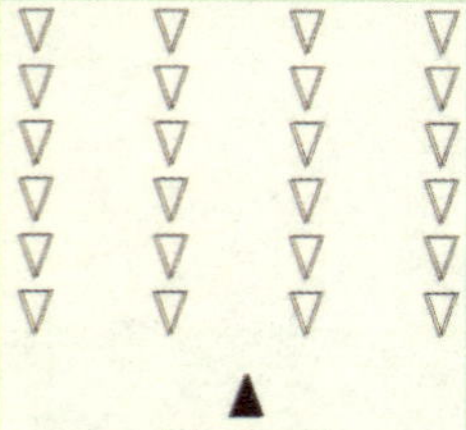 纵路型 3. 体验讲解时队形 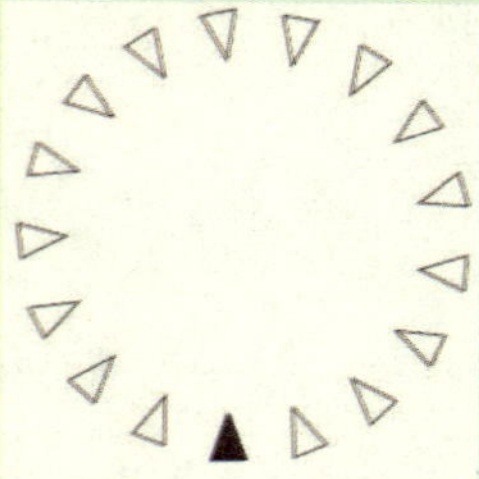 圆桌会议型 **二、教法** 1. 故事导入法

结构	教学内容	组织与教法
活动实施（70分钟）	害在卢浮宫博物馆里，人们在他的尸体旁边发现了一个难以捉摸的密码。兰登在对一大堆怪异的密码进行整理的过程当中，居然发现一连串的线索就隐藏在达芬奇的艺术作品当中。这些线索，大家都清楚可见，然而却被画家巧妙地隐藏起来。一串神奇而错综复杂的密码将带着大家进入达芬奇密码神奇的情境中。 我们接下来体验的活动就是达芬奇密码。 2. 活动目标 将圆上的数字按照任务书上的顺序快速排序。分三轮比赛，三轮计时总时间最短的组为获胜组。 3. 活动规则 （1）所有人在圆圈以外，不准进入圈内。 （2）每次操作过程中，每位学生每次只能移动一张卡片。 （3）完成任务的标准是：30张数字卡片摆放到任务书指定的30个位置上，顺序不能错乱。 （4）在操作过程中，如果出现有人进入圆内，或有同时移动一张以上的卡片，每发现一次，时间加5秒。 （5）每轮操作，由组长来告诉老师本组是否完成任务，然后老师确认。 4. 注意事项 （1）活动开始前，由各组组长决定先后顺序，活动计时开始前，大家不得进入场地。 （2）活动开始前，老师可以视情况提醒顺（逆）时针和奇偶数等概念。 （3）每轮操作结束后，让学生将数字卡片打乱。 （4）每次操作时，老师随机抽出任务书宣读两遍，学生确认后开始计时。 **四、活动监控（40分钟）** 1. 安全监控 （1）严禁嬉笑打闹，禁止离开挑战	

结构	教学内容	组织与教法
活动实施 （70分钟）	场地。 （2）严禁快速奔跑移动，如果发现要及时提醒或制止。 2. 语言监控 （1）聆听学生关于任务的讨论。 （2）聆听学生对于任务是否完成的讨论。 （3）聆听学生在操作过程中出现冲突时是如何沟通的。 3. 行为监控 （1）观察各组学生对于活动的参与度和投入度。 （2）观察活动过程中小组成员是如何进行分工配合的。	
活动总结 （20分钟）	**一、集合整队（1分钟）** **二、学生分享（14分钟）** 1. 回顾反思 （1）第一次挑战成功后大家的心情如何？ （2）在挑战中，你什么时候最有信心？ （3）任务卡一直在变化，而我们的方法有没有发生变化？ （4）挑战成功的时候，团队是什么样的状态？失败的时候，状态发生了什么变化？ 2. 组织分享	**一、组织** **二、教法** 1. 问题引导法 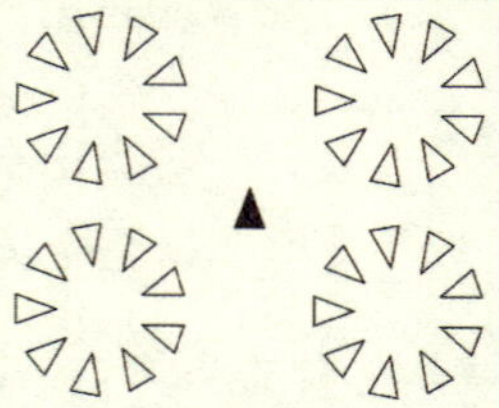 岛屿型 2. 小组内部分享和代表分享法

结构	教学内容	组织与教法
活动总结（20分钟）	**三、教师总结（5分钟）** 1. 分享整合 从前有两只小青蛙，溜到农民的房子里玩，它们不小心掉到一个油的坛子里面。它们想跳出来，油太黏，想爬出来，壁太滑。几经尝试，没有结果。青蛙A边游边想，看来今天是没希望了，怎么也出不去了，反正也没希望了，还游什么呢？这样想着，慢慢地游不动了。而青蛙B呢，想到今天真糟糕，怎么都出不去可还是继续游游看吧，也许会找到办法。四肢虽然很累了，可它还是坚持游着。边游边想，只要还有力气，不管怎样，我都要游下去。就在它几乎划不动的时候，后脚碰到了坚实的固体。原来，黄油在它不停地搅动下，凝固了。后来，青蛙B踩在黄油上跳出了坛子，独自回家了。这个故事告诉我们不管结果再糟糕也不要放弃，只要有信心就会创造奇迹。 2. 价值澄清 希望大家能在失败中学会学习，在探索中取得进步，永不放弃对成功的追求，不负青春。 因为：奋斗的青春最美丽！	3. 故事法

评价维度		评价要点	评价结果（描述或判断）
教学准备		1. 是否提前准备好任务书和达芬奇密码卡片？	
		2. 是否提前布置好活动场地？	
教学过程		3. 体验环节的时间把控是否按计划进行？	
		4. 三轮的PK过程，组织是否有秩序？	
		5. 在活动讲解过程中，对自己的表情、肢体动作、语言表达等如何评价？	
		6. 在教学过程中，是否发挥教师作为引导者、观察者、分享者的角色功能？	
		7. 在教学把控中，对哪个环节的组织把控最满意？	
		8. 是否能对学生的问题做及时有效的回应？	
		9. 在教学过程中，在哪些方面给予了学生针对性指导？	
		10. 在学生奔跑过程中，是否有安全事故发生？	
教学效果		11. 能否引导所有学生有效完成学习手册？	
		12. “眉目传数”破冰活动有无实现教学目标？	
		13. 学生通过活动的体验是否增加了自信心？	
活动小结	优点		
	不足		
	改进		

绝壁求生

适用年级：小学　　　　建议时长：90分钟

教学内容	课程目标	教学重点与难点
1. 组织学生进行热身活动。 2. 组织学生学习安全装备的穿戴方法。 3. 组织学生体验活动绝壁求生。 4. 组织学生对活动体验进行分享总结。	1. 通过活动体验，了解高空装备的使用方法和使用范围。 2. 通过活动体验，锻炼学生的实践能力和心理素质。 3. 通过活动体验，培养学生的自信和勇敢的品质。	1. 重点：活动线是让学生体验穿越绝壁墙的过程。教育线是培养学生敢于突破自我、勇于挑战的品质。 2. 难点：正确引导学生顺利通过绝壁墙。

结构	教学内容	组织与教法
活动准备	**一、前期布置** 1. 场地：绝壁墙场地。 2. 器材：中空保护装备。	**一、实景图** 
活动实施（70分钟）	**一、课堂常规（5分钟）** 1. 集合分组 6～8人一组。 2. 师生认识和问好 老师：同学们好，我是××老师。奋斗的青春？ 学生：最美丽！	**一、组织** 1. 集合时队形 

结构	教学内容	组织与教法
活动实施 （70分钟）	**二、破冰热身（10分钟）** 空中加油站 1. 热身运动 扩胸运动、伸展运动、腰部运动、全身运动、跳跃运动、前压腿、左压腿、右压腿。 2. 口号 师：1—2—3—4 生：5—6—7—8 **三、活动讲解（15分钟）** 1. 活动导入 同学们，今天这堂课挑战的活动是绝壁求生，大家看到前面有一面墙，称为绝壁墙，我们要走上去身体紧贴墙壁，从一侧慢慢移动至另一侧。有人说挑战一次绝壁墙，就是一场蜕变，经历困难的磨炼，会有意想不到的收获。面对困难，你们害怕吗？你们有信心吗？ 2. 活动目标 每位同学成功穿越绝壁墙。 3. 活动规则 （1）所有人员列队站好（坐好）。 （2）选出3～5名安全员帮助穿戴安全装备。 （3）在保护措施到位的情况下上器械，请老师先确认安全后方可攀爬。 4. 注意事项 （1）此活动应提前做好安全调查，三个月内做过大型手术的，或者有先天性疾病的，或者手腕、脚腕、肩膀有习惯性脱臼的同学，可以不参与今天的活动，如果现在感到身体特别不舒服的，也可以到旁边休息。 （2）整理队伍时，所有人取下容易掉落的物品，如手表、眼镜、钥匙、发卡等。 （3）长头发的女同学要把头发平铺到安全头盔内。 （4）每次学生开始挑战前一定要让	2. 破冰活动时队形 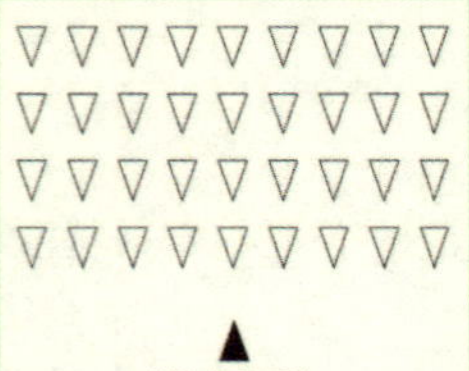 讲授型 3. 活动讲解时队形 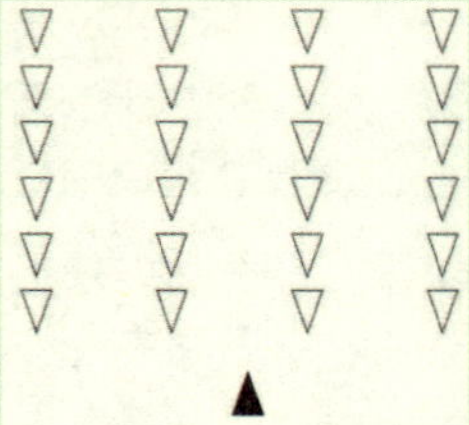 纵路型 **二、教法** 直接导入法

结构	教学内容	组织与教法
活动实施（70分钟）	老师确认安全后方能出发。 （5）时刻关注挑战过程中学生动态，让学生量力而行，避免因体力不支受伤。 5. 操作流程 安全装备的穿戴是非常重要的，我们使用的高空装备是登山、攀岩、高空使用的专用装备，均通过UIAA（国际登山联合会）或CE（欧盟检测认证）的专业认证。 （1）头盔：上去之前必须要佩戴头盔。我们的头盔为即碎型头盔，遭猛烈撞击后会第一时间发生粉碎，均衡受力，缓冲冲击力起到保护头部的作用。我们看到在里圈后侧有调节扣是用来调节学生头围大小的装置，通过试戴调整到头部合适位置，左右不可晃动，前头盔与眉毛一厘米左右的距离为宜，在头盔左右下端有两条固定带扣调到合适位置扣紧就好。 （2）安全带：安全带分为全身和半身，在这里我们主要用到的是半身安全带。半身安全带由腰带、腿带、安全拉环、装备环组成。穿戴时左手提腰带、右手提拉环，由腿部提至胯部以上，调整好松紧程度（侧面两个手指插进去不能轻松反转为宜）。 穿好安全装备后，由老师再次检查装备是否穿戴完好，而后在老师的指挥下攀爬器械。攀爬时，面向脚架，匀速向上攀爬，直至到达挑战位置。挑战完毕后，听从老师指挥按相同的动作从器械上到达地面。将装备脱放到指定地点，即为挑战结束。 在整个挑战过程中，其他同学应以掌声、加油声为挑战同学鼓励加油，增强其对活动挑战的信心。 **四、活动监控（40分钟）** 1. 安全监控 （1）禁止学生私自触碰处于保护状态的安全主锁，如有发现要及时提醒或制止。 （2）如果出现危险动作要及时制止。	

结构	教学内容	组织与教法
活动实施 （70分钟）	2. 语言监控 （1）聆听学生彼此鼓励加油的声音。 （2）聆听学生在挑战成功后发出的声音。 3. 行为监控 （1）观察学生安全装备穿戴的顺序和标准。 （2）观察学生间的帮助和支持行为。	
活动总结 （20分钟）	**一、集合整队(1分钟)** **二、学生分享(14分钟)** 1. 回顾反思 (1)当你穿上装备时的心情是什么样子的? (2)在空中行走的过程中,是否有步履维艰的感觉? (3)当你成功走过去之后心情是什么样的? (4)当你听到同学的鼓励和加油,你想到了什么? (5)过程中有没有想到放弃？后来是什么力量让你坚持下来了？这个给你带来的启发是什么? 2. 组织分享 **三、教师总结(5分钟)** 1. 分享整合 故事分享:有一个走钢丝的高空冒险家,有一次他在一个悬崖壁上做表演,两边的山峰围满了观众。他所走的长度是500米,底下是万丈深渊。气氛异常的紧张,观众们都屏住了呼吸,心跳得也特别厉害。虽然,大家都听说过这位冒险家是如何的厉害,可真要看他的表演未免有所担心。 冒险家准备了一番后,开始走上了钢丝绳。5米、10米、50米、200米,观众的心都提起来了,还有50米、10米、5米,终于过去了。成功啦！观众们长长地松了一口	**一、组织** 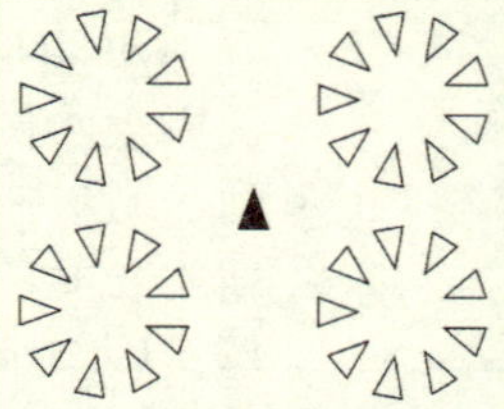 岛屿型 **二、教法** 1. 问题引导法 2. 小组内部分享和代表分享法 3. 故事法

结构	教学内容	组织与教法
活动总结（20分钟）	气，然后疯狂地鼓起掌来。面对如潮般的掌声，冒险家不为所动，而是大声地对大家说："你们相信我吗？"观众们异口同声地回答"我相信，我相信你"。"相信你"的声音在山峰的上空久久回荡。冒险家，又开始往回走，不过与上次不同的是，他是闭着眼睛走的。观众的心，又再一次被提起来了，很多人都担心冒险家一不小心掉下来，第一次成功所换来的信心马上就被他第二次行动给摧毁了！二十分钟以后，冒险家又再一次成功地走过了钢丝绳，这时候观众们开始沸腾起来了，喝彩声、欢呼声、鼓掌声不绝于耳。 过了一会儿，大家都平息下来。冒险家又告诉了大家一个无比震惊的消息：他将闭上自己的眼睛背着自己的儿子，走过钢绳。观众们无不觉得他疯啦！观众们刚刚还是那么地相信他，为什么突然间对他做出如此的评价呢？五岁的儿子跳上冒险家的肩膀，冒险家又走上了钢丝绳。5米、10米、20米、100米……许多观众干脆闭上了眼睛，在心里面为冒险家祈祷。终于又成功地走完了！ 观众们都异常兴奋地叫着冒险家的名字："我爱你，我相信你，你是我的偶像。"他征服了困难，更征服了观众！观众们无比的激动、狂热。 冒险家做了一个手势，全场奇迹般的鸦雀无声。冒险家又说话了："你们相信我吗？"观众们大声回答："我相信你。" "好的，现在谁愿意把你们的孩子交给我，让我背他过去呢？" 没有任何人回答，即使冒险家连续问了许多遍，还是没有人回答。 冒险家头也不回地走了，剩下的是既惊又怕，而且羞愧的观众。真正的自信来自内心，真正的信任也来自内心。 2. 价值澄清 希望大家拥有强大的内心与自信并勇敢地面对各种各样的挑战，不负青春。 因为：奋斗的青春最美丽！	

<table>
<tr><th colspan="2">评价维度</th><th>评价要点</th><th>评价结果（描述或判断）</th></tr>
<tr><td colspan="2" rowspan="2">教学准备</td><td>1. 是否提前复查空中保护装备？</td><td></td></tr>
<tr><td>2. 是否提前布好保护点并做好场地安全检查？</td><td></td></tr>
<tr><td colspan="2" rowspan="8">教学过程</td><td>3. 学生挑战的时间把控是否按计划进行？</td><td></td></tr>
<tr><td>4. 学生体验挑战是否有秩序地组织实施？</td><td></td></tr>
<tr><td>5. 在讲解过程中，对自己的表情、肢体动作、语言表达等如何评价？</td><td></td></tr>
<tr><td>6. 在教学过程中，是否发挥教师作为引导者、观察者、分享者的角色功能？</td><td></td></tr>
<tr><td>7. 在学生挑战过程中认为把控最满意的场景是？</td><td></td></tr>
<tr><td>8. 是否能对学生的问题做及时有效的回应？</td><td></td></tr>
<tr><td>9. 在教学过程中，在哪些方面给予了学生针对性指导？</td><td></td></tr>
<tr><td>10. 在挑战过程中，是否有安全事故发生？</td><td></td></tr>
<tr><td colspan="2" rowspan="3">教学效果</td><td>11. 能否引导所有学生有效完成学习手册？</td><td></td></tr>
<tr><td>12. 组织“空中加油站”时是否充分进行热身？</td><td></td></tr>
<tr><td>13. 有遇到不敢挑战的同学吗？如果有，是怎么引导突破的？</td><td></td></tr>
<tr><td rowspan="3">活动小结</td><td>优点</td><td colspan="2"></td></tr>
<tr><td>不足</td><td colspan="2"></td></tr>
<tr><td>改进</td><td colspan="2"></td></tr>
</table>

信心传递

适用年级：小学　　　　建议时长：90分钟

教学内容	课程目标	教学重点与难点
1. 组织学生体验破冰活动数字传递。 2. 组织学生体验活动信心传递。 3. 组织学生对活动体验进行分享总结。	1. 通过活动的挑战和体验了解惯性、摩擦力等相关的知识。 2. 通过活动的挑战，锻炼学生解决问题的能力和合作能力。 3. 通过学生体验沟通交流，培养学生坚定不移的意志和面对任务与挑战时必胜的信心。	1. 重点：活动线是让学生用U型槽接力传递运输球。教育线是提升学生遇到困难越战越勇的信心。 2. 难点：引导学生用U型槽拼接时与同学之间顺利配合。

结构	教学内容	组织与教法
活动准备	**一、前期布置** 1. 场地：室外或者室内，平整安全。 2. 器材：U型槽、球、杯子。	**一、实景图** 
活动实施 （70分钟）	**一、课堂常规（5分钟）** 1. 集合分组 分成两组。 2. 师生认识和问好 老师：同学们好，我是××老师。奋斗的青春？ 学生：最美丽！	**一、组织** 1. 集合时队形 ▽▽▽▽▽▽▽▽▽ ▽▽▽▽▽▽▽▽▽ ▽▽▽▽▽▽▽▽▽ ▽▽▽▽▽▽▽▽▽ ▲ 讲授型

结构	教学内容	组织与教法
活动实施 （70分钟）	**二、破冰活动——数字传递（10分钟）** 1. 活动导入 同学们，平时我们传递一个数字信息可以有哪些方法？比如我要把QQ号码告诉别人，可以怎么做呢？ 一般我们可以用直接说、写在纸上、短信、微信…… 今天这些方法我们都不用，我们用一种特别方法来传递信息。本次活动叫作“数字传递”。 2. 活动规则 （1）各组以纵路的队形坐下。 （2）老师将把一个数字信息告诉每组的最后一名同学，然后他要把这个信息传递到本组的第一位同学。 （3）在信息传递的过程中，任何人不允许说话、不允许扭头看、不允许离开自己的位置，双手不能超过前面同学的肩膀、不允许直接或间接传递有形的物品。 （4）最终传递信息正确且用时最短的小组获胜。 3. 注意事项 （1）要求每组完成任务后，由第一位同学把答案写在纸上交给老师。 （2）最后老师可以从前往后一一确认，检查在哪里出现了问题。 **二、活动讲解（15分钟）** 1. 活动导入 对于我们来说，在生活、学习，甚至未来的工作中，拥有完成一件事情的信心是非常重要的。 对于接下来的挑战，你有信心吗？ 我们接下来的活动，考验的不仅仅是个人的信心，更重要的是团队的信心。各个小组，你们有信心完成任务吗？这个活动需要我们本小组成员密切配合完成一项传递任务。希望大家彼此传递你的信心，给予团队成员正面的影响。	2. 破冰活动时队形 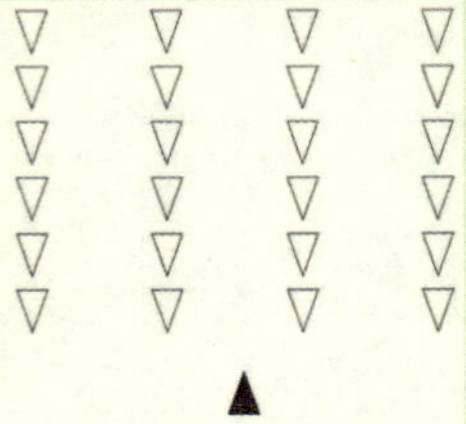 纵路型 3. 活动讲解时队形 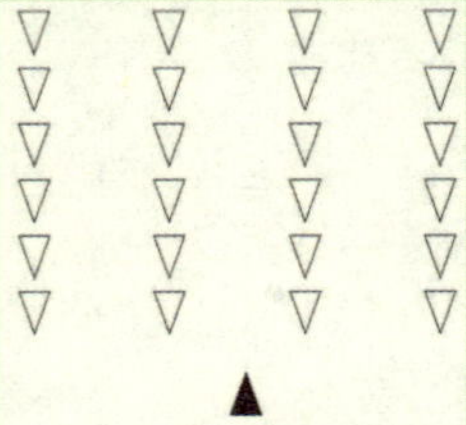 纵路型 **二、教法** 直接导入法

结构	教学内容	组织与教法
活动实施（70分钟）	2. 活动目标 小组所有人用U型槽，以接力的形式，把小球从起点运到杯子里，用时最短的为获胜组。 3. 活动规则 （1）每人手里只允许拿一个U型槽。 （2）任何人身体的任何部位不允许触碰球、不能用U型槽带球走。 （3）球不允许掉落、停止、倒滚。 （4）杯子不能倒，不能用手去碰。 （4）一旦违规将重新开始。 4. 注意事项 （1）距离设计尽量让每人能体验对接2～3次。 （2）分组尽量按照男女搭配和人数相当原则。 **三、活动监控（40分钟）** 1. 安全监控 （1）严禁嬉笑打闹以及离开挑战场地。 （2）严禁快速奔跑，如果发现，及时提醒或制止。 2. 语言监控 （1）聆听学生对于分工和站位的讨论。 （2）聆听学生在遇到挫折时是如何沟通的。 3. 行为监控 （1）观察各组为完成挑战所做出的各种努力。 （2）观察学生对于活动的参与度和投入度。	
活动总结（20分钟）	**一、集合整队（1分钟）** **二、学生分享（14分钟）** 1. 回顾反思 （1）挑战过程中你们最开心的是哪个环节？ （2）不断失败时，团队中指责抱怨和鼓励加油哪个更有用？	**一、组织** 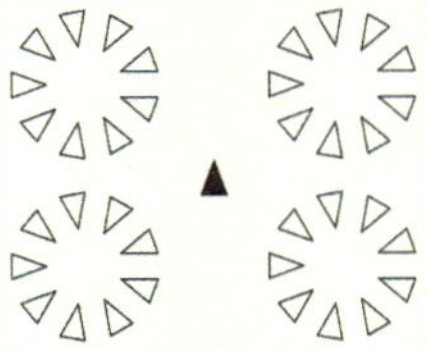 岛屿型

结构	教学内容	组织与教法
活动总结（20分钟）	（3）只为求快而不断失败和稳中求胜哪个更高效？ （4）挑战过程中有没有放弃的想法，后来是什么力量让我们坚持到了最后？ 2. 组织分享 **三、教师总结（5分钟）** 1. 分享整合 在一次因为战乱而产生的逃难者当中，有一位身体虚弱的母亲，带着她只有三岁的小孩一起逃难。难民靠着步行，缓慢地向边境移动。酷热的太阳，恶毒地在每一个难民的头上肆虐，他们不知道自己什么时候会倒下。那位虚弱的妈妈，终于支撑不下去了，她抱着她的小孩，找到了难民当中的一位神父。这位可怜的母亲，苦苦地哀求神父，帮她照顾小孩，因为她觉得自己绝对无法撑到边境。神父看着这位可怜的母亲，由于他略懂医道，在简单地检查了这位妈妈的身体状况后，便断然地拒绝了这位妈妈，神父说："你自己的孩子，当然要由你自己负责，我无法代劳!"虚弱的母亲，听到神父这般无情的拒绝，心中不由得十分愤怒，转身抱着自己的孩子，回到难民潮的队伍当中。一天一天过去，这一群难民终于步行到了边境，通过国际红十字会的照顾，在难民营中，每个人至少有了最起码的安身之处。这时候，神父再来探望这位身体已经恢复健康的母亲。神父看到她，欣慰地说："还好我没有接下你托孤的任务，今天才能看到你们母子都平安。"充满智慧的神父，在最危急的时刻，让这一位可怜的母亲，激发出无穷的潜能。生命的能量，往往在你有了信心的时候，可以全部被激发出来。希望你能了解信心的力量，在每次遇到困难的时候，激发出自己的生命潜能，勇敢地去面对眼前看似不容易通过的挫折。 2. 价值澄清 希望大家拥有坚定不移的意念和敢于挑战的勇气与信心，不负青春。 因为：奋斗的青春最美丽！	**二、教法** 1. 问题引导法 2. 小组内部分享和代表分享法 3. 故事法

评价维度	评价要点	评价结果（描述或判断）
教学准备	1. 是否提前准备好U型槽、球、杯子？	
	2. 是否提前布置好活动的场地？	
教学过程	3. 练习、挑战环节的时间把控是否按计划进行？	
	4. 学生是否有足够的时间进行练习？	
	5. 在讲解的过程中，对自己的表情、肢体动作、语言表达等如何评价？	
	6. 在教学过程中，是否发挥教师作为引导者、观察者、分享者的角色功能？	
	7. 在学生挑战过程中，对自己组织把控是否满意？	
	8. 是否能对学生的问题做及时有效的回应？	
	9. 在教学过程中，在哪些方面给予了学生针对性指导？	
	10. 在学生练习和比赛中，是否有安全事故发生？	
教学效果	11. 你能否引导所有学生有效完成学习手册？	
	12. “数字传递”活动有无实现破冰效果？	
	13. 学生通过活动的体验和你的引导是否增加了自信？	
活动小结	优点	
	不足	
	改进	

步步为赢

适用年级：小学　　　　建议时长：90分钟

教学内容	课程目标	教学重点与难点
1. 组织学生体验破冰活动一圈到底。 2. 组织学生体验活动步步为赢。 3. 组织学生对活动体验进行分享总结。	1. 通过活动的体验和挑战，提升学生对于合作、沟通的认知。 2. 通过体验活动，锻炼学生的沟通能力和执行能力。 3. 通过活动体验与同伴合作，培养学生相信自己，信任他人的品质。	1. 重点：活动线是体验通过互助帮助顺利穿越呼啦圈。教育线是培养学生合作的意识和面对挑战时的勇气。 2. 难点：让学生在挑战过程中不断增强自己的沟通技巧。

结构	教学内容	组织与教法
活动准备	**一、前期布置** 1. 场地：室外或者室内，平整安全。 2. 器材：呼啦圈、眼罩。	**一、实景图** 
活动实施（70分钟）	**一、课堂常规（5分钟）** 1. 集合分组 分成2组。 2. 师生认识和问好 老师：同学们好，我是××老师。奋斗的青春? 学生：最美丽!	**一、组织** 1. 集合时队形 

结构	教学内容	组织与教法
活动实施（70分钟）	**二、破冰活动——一圈到底（10分钟）** 1. 活动导入 同学们，这是什么？（拿一个呼啦圈给大家看）这是呼啦圈。我们一起来手拉手围成圈，大家依次穿越这个呼啦圈，所以我们的活动叫作一圈到底。我们一起来比比，看看哪个小组完成任务用的时间最短。 2. 活动规则 （1）把学生们分成两组。 （2）小组成员手拉手、面向圆心围成一个圆圈。在整个过程中不允许松开手，否则就会增加时间10秒。 （3）呼啦圈从起点出发经过传递再回到起点为结束。 （4）哨响则计时开始。 （5）第一轮活动结束后，通报各小组完成任务所用的时间。 （6）重新开始一轮活动，并告诉学生们这次要求大家能更快一些。反复进行4～5次呼啦圈传递，每次让学生自己制定下一轮的目标。 3. 注意事项 （1）练习的时间一定要给足，过程要给予同学们鼓励和引导。 （2）圈的大小要考虑到能让团队中最胖的人穿越过去。 **三、活动讲解（15分钟）** 1. 活动导入 同学们，你知道步步为营是什么意思吗？营是营地的营。 三国时，黄忠和严颜攻占太阳山后，黄忠又带领人马向定军山进军。 每行走一段路程就设下一道营垒，然后又继续向前推进。黄忠行军谨慎，防备又严密。夏侯渊不听张颌劝阻，轻率出击，不仅吃了败战，还伤了部将夏侯尚。黄忠的军队顺利推进到定军山下，夺取了定军山对面的高山。	2. 破冰活动时队形 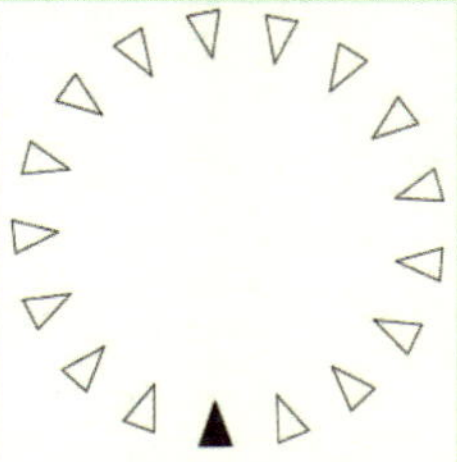 圆桌会议型 3. 活动讲解时队形 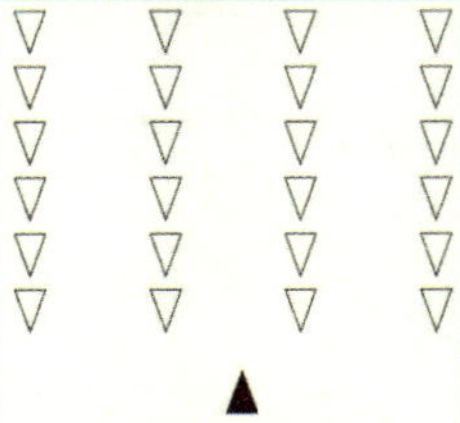 纵路型 **二、教法** 故事导入法

结构	教学内容	组织与教法
活动实施（70分钟）	这就是步步为营的由来。是指军队每向前推进一步就设下一道营垒。形容进军谨慎。也比喻行动，办事谨慎。 接下来的活动体验同样需要我们行动谨慎，每走一步都要万分小心。同时也需要我们每走一步都不能出错，一旦出错就会前功尽弃。所以，我们不仅要步步为营，还要步步为赢，这个赢是输赢的赢。 因为在当前的社会环境中，一个人要生存，要发展，必须有竞争意识、危机意识、使命意识。 今天让我们一起来挑战：步步为赢。 接下来让我们想象一个场景。你们两个人组成一组搭档，每一组搭档将会进入一个漆黑的小屋拿到小屋最深处的一件宝贝。小屋的空地上有很多地方布满了感应开关，小屋里什么都看不见，只要踩到或者触碰到，机关就会触发，警报就会响起。我们的每一组搭档经过商量，选择一名同学去执行这项任务，另一名同学潜入到小屋的监控室，在监控室可以通过红外摄像头看见小屋里的样子，以及机关的分布状态，并且可以通过耳麦对话指挥同伴。 2. 活动目标 我们的任务是和搭档一起顺利通过挑战的场地。 3. 活动规则 （1）执行任务的同学必须全程戴着眼罩。 （2）指挥者只能通过语言与搭档交流，不得使用其他交流手段。 （3）安全区域就是我们地上的圈，首先圈不能移动，其次身体的任何部位如果与圈外有任何接触，视为触动机关，需要重新开始。 （4）我们每一小组有若干组搭档，每一组搭档需要通过两次，每人都需要体验两个角色。 （5）我们有两组场地，每组场地可	

结构	教学内容	组织与教法
活动实施 （70分钟）	同时进行体验。 4. 注意事项 （1）要求学生取下身上所有尖锐物品及容易掉落的物品。 （2）分组尽量按照男女搭配。 （3）道具的设置要根据学生的情况确定。 **四、活动监控（40分钟）** 1. 安全监控 （1）严禁嬉笑打闹，禁止离开挑战场地。 （2）时刻关注挑战者的状态，如有危险行为要及时提醒或制止。 2. 语言监控 （1）聆听每组学生之间的沟通交流。 （2）聆听各个指挥者指挥语言有什么不同。 3. 行为监控 （1）观察挑战者的动作。 （2）观察各组的挑战的进度。	
活动总结 （20分钟）	**一、集合整队（1分钟）** **二、学生分享（14分钟）** 1. 回顾反思 （1）当你第一次蒙上眼睛的时候是什么感受？ （2）用三个词语形容我们成功后的感受？ （3）如果再给你一次机会，你会怎	**一、组织**  **二、教法** 1. 问题引导法

结构	教学内容	组织与教法
活动总结（20分钟）	样指挥你的搭档呢？ （4）这个活动哪个阶段让你最有信心？ 2. 组织分享 **三、教师总结（5分钟）** 1. 分享整合 各位同学，我们刚才分别体验了两种不同的角色，当体验指挥者后，就可以有方法地去指挥挑战者；当我们用心地体验完指挥者，就会很好地配合指挥者，这是为什么呢？一是换位思考的原因；二是不断的尝试和实践后积累了经验，有了相应的能力，再加上同伴和老师的肯定就形成了自信。自信的基础是能力，能力的基础是经验，经验的基础是尝试，尝试的基础是感受。所以，各位同学让我们努力成为自信少年，那就要多去做，多做到，多肯定自己。 2. 价值澄清 希望大家在学会自我欣赏与肯定的同时让自己成为有自信心的少年，不负青春。 因为：奋斗的青春最美丽！	2. 代表分享法 3. 归纳法

评价维度	评价要点	评价结果（描述或判断）
教学准备	1. 是否提前准备好相应的呼啦圈、眼罩？	
	2. 是否提前布置好活动的场地？	
教学过程	3. 是否所有学生都互换角色进行体验？	
	4. 在教学过程中，对时间的把控是否合理？	
	5. 在前期活动导入过程中，对自己的表情、肢体动作、语言表达等如何评价？	
	6. 在教学过程中，是否发挥教师作为引导者、观察者、分享者的角色功能？	
	7. 教学过程是否有秩序地组织实施？	
	8. 你是否能对学生的问题做及时有效的回应？	
	9. 在教学过程中，在哪些方面给予了学生针对性指导？	
	10. 在学生挑战中，是否有安全事故发生？	
教学效果	11. 能否引导所有学生有效完成学习手册？	
	12. 组织“一圈到底”破冰活动效果有无实现教学目标？	
	13. 学生的自信心是否在体验完活动后得到了提升？	
活动小结	优点	
	不足	
	改进	

信任之旅

适用年级：小学　　　　　建议时长：90分钟

教学内容	课程目标	教学重点与难点
1. 组织学生体验破冰活动我说。 2. 组织学生体验活动信任之旅。 3. 组织学生对活动体验进行分享总结。	1. 通过相互搀扶完成挑战，让学生体会责任与担当。 2. 通过角色扮演，信息传递，锻炼学生的沟通和表达能力。 3. 通过互换角色体验活动，培养学生在团队活动中互相信任的品质。	1. 重点：活动线是学生分角色行进一段路线。教育线是培养学生彼此配合时的信任感。 2. 难点：如何帮助学生突破心理障碍并引导学生积极面对挑战，共同完成任务。

结构	教学内容	组织与教法
活动准备	**一、前期布置** 1. 场地：户外或室内场地，无障碍。 2. 器材：眼罩。	**一、实景图** 
活动实施 （70分钟）	**一、课堂常规（5分钟）** 1. 集合分组 分成两组。 2. 师生认识和问好 老师：同学们好，我是××老师。奋斗的青春？ 学生：最美丽！	**一、组织** 1. 集合时队形 ▽▽▽▽▽▽▽▽▽ ▽▽▽▽▽▽▽▽▽ ▽▽▽▽▽▽▽▽▽ ▽▽▽▽▽▽▽▽▽ ▲ 讲授型

结构	教学内容	组织与教法
活动实施 （70分钟）	**二、破冰活动——我说（10分钟）** 1. 活动导入 同学们，我们一起体验一个活动叫作“我说”。所有的指令中，只有听到“我说”才能执行，否则不能执行。 2. 活动规则 （1）先试验一下，“我说，举起你们的左手来”，此时同学们要举起左手。“举起你们的右手来”，此时你们不能举起右手。 （2）活动进行三轮。第一轮：“我说，举起你的左手来。我说，举起你的右手来。击掌一次。”第二轮：“我说，举起你的左手来。我说，举起你的右手来。我说，击掌一次，击掌两次。”第三轮：“我说，举起你的左手来。我说，举起你的右手来。老师说，击掌一次。我说，击掌两次。好，请把手放下。” 3. 注意事项 （1）老师可以根据现场的情况随机给出指令。 （2）让大家做的动作最好有关联，在不经意中去掉“我说”。 （3）最后让两个人一组，彼此进行互动。 **三、活动讲解（15分钟）** 1. 活动导入 刚才我们体验了，一个人给另一个人下达指令后，另一个人如何通过聆听快速行动。 接下来的活动需要两人彼此互相帮助，扮演不同角色，其中一位是挑战者，一位是保护者。挑战者需要扮演盲人的角色，在保护者的保护下行走一段不平凡的路程。 活动中共分两个小组，一组作为挑战者，扮演盲人的角色；另一组作为保护者，扮演哑人的角色，挑战组排头作为队长，需要扮演哑人的角色。活动开	2. 破冰活动时队形  并列型 3. 活动讲解时队形  并列型 **二、教法** 1. 直接导入法 

结构	教学内容	组织与教法
活动实施（70分钟）	始后挑战者需要戴上眼罩，在队长的带领下，跟随老师行走一段不平凡的路程，而保护者需要在不讲话的前提下，保护每一位挑战者的安全。这个过程中保护者就像挑战者的眼睛，挑战者就像是保护者的身体，两种角色需要完全信任彼此才可能顺利完成任务。因为活动名称叫作信任之旅。 2. 活动目标 挑战者在保护者的保护下，行走一段不寻常的路程。 3. 活动规则 （1）队长和保护者全程不允许讲话。 （2）队长需要做到以下两点：第一，看清楚老师的行进路线，不得随便更改路线。第二，控制好整个队伍的行进速度。 （3）挑战的同学需要做到以下两点：第一，挑战过程中，不得摘下眼罩。第二，双手不得松开前面人员肩膀。 （4）保护者需要做到以下两点：第一，保证挑战同学的头部不被障碍物碰到。第二，保证挑战的同学不被障碍物绊到。 **四、注意事项** 1. 注意控制行进速度。 2. 严格禁止挑战者中途私自摘下眼罩。 3. 密切监控团队，确保保护者保护到位。 4. 行进路线选择应避开危险障碍物。 5. 阶段性给予学生鼓励，以增强其信心。 **五、活动监控（40分钟）** 1. 安全监控	

结构	教学内容	组织与教法
活动实施（70分钟）	（1）控制好行进速度并督促保护者是否保护到位。 （2）发现有危险行为要及时提醒或者制止。 2. 语言监控 （1）聆听在活动开始前保护者和挑战者的沟通。 （2）聆听转换角色时挑战者的感受分享。 3. 行为监控 （1）观察学生在挑战中是否存在松手及变更线路等行为。 （2）观察保护者和挑战者肢体上的互动。	
活动总结（20分钟）	**一、集合整队（1分钟）** **二、学生分享（14分钟）** 1. 回顾反思 （1）当蒙着眼睛走的时候，你的心情是什么样的？ （2）当你扮演保护者的角色，你认为自己应该怎样保护你的小伙伴？ （3）在信任之旅中让你最感动的一件事是什么？ （4）在活动过程当中，你对队友的信任有变化吗？ 2. 组织分享 **三、教师总结（5分钟）** 1. 分享整合 一个小女孩和她的爸爸一起过一座	**一、组织** 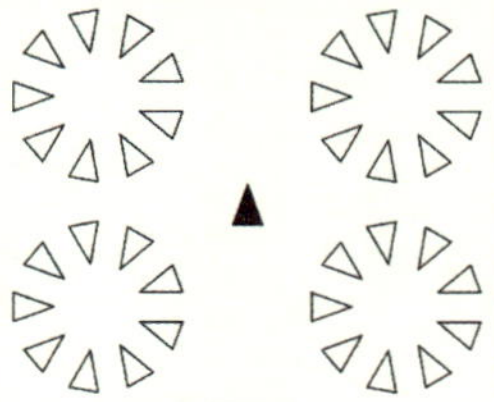 岛屿型 **二、教法** 1. 问题引导法 2. 代表分享法 3. 故事法

结构	教学内容	组织与教法
活动总结（20分钟）	独木桥，父亲有点担心地对小女孩说："宝贝，拉着我的手，这样你就不会掉进河里了。" 小女孩却说："不，爸爸！你拉着我的手！" "这有什么不一样吗？"父亲疑惑地问。 "这很不一样，"小女孩回答说："如果我拉你的手，当有意外发生，我可以松开你的手，不拖累你。但是，如果你拉着我的手，我非常确信无论发生什么事情你都不会松开我的手的。" 在生活中，信任的本质不是捆绑，而是一种更深层次的结合。 我们要做勇于挑战、敢于担当的青少年，更要怀着一颗感恩的心去做人做事。 2. 价值澄清 希望大家在与同伴进行配合时，要学会信任同伴，对同伴充满信心，团结一致，定能取得成功。不负青春！ 因为：奋斗的青春最美丽！	

评价维度	评价要点		评价结果（描述或判断）
教学准备	1. 是否提前准备好相应的眼罩？		
	2. 是否提前设计和预演好活动路线？		
教学过程	3. 学生是否按计划的时间体验挑战者或保护者？		
	4. 活动的组织实施是否有序？		
	5. 在分享点评讲解过程中，对自己的表情、肢体动作、语言表达等如何评价？		
	6. 在教学过程中，是否发挥教师作为引导者、观察者、分享者的角色功能？		
	7. 在学生挑战过程是否有私自摘下眼罩的学生？		
	8. 你是否能对学生的问题做及时有效的回应？		
	9. 在教学过程中，你在哪些方面给予了学生针对性指导？		
	10. 在体验信任之旅中，是否有安全事故发生？		
教学效果	11. 你能否引导所有学生有效完成学习手册？		
	12. 组织“我说”破冰活动效果有无实现教学目标？		
	13. 学生体验完活动后有无发生变化？有什么变化？		
活动小结	优点		
	不足		
	改进		

3

第三单元

决心

JUEXIN

创意组装

适用年级：小学　　　　建议时长：90分钟

教学内容	课程目标	教学重点与难点
1. 组织学生了解三轮车构造及用途。 2. 组织学生组装三轮车。 3. 组织学生进行创意组装。 4. 组织学生对体验活动进行分享总结。	1. 通过对组装三轮车的介绍，了解三轮车的构造和用途。 2. 通过体验组装三轮车的过程，锻炼学生的动手实践能力和探索能力。 3. 通过小组合作组装三轮车的过程，培养学生做事坚定不移、克服困难、达成目标的决心。	1. 重点：活动线是组装三轮车活动。教育线是培养学生做事坚定不移、克服困难、达成目标的决心。 2. 难点：在原来模型基础进行改进创新，完成独具特色的作品。

结构	教学内容	组织与教法
活动准备	**一、前期布置** 1. 场地：机器人竞技馆。 2. 器材：慧鱼创意组合模型各组一套，悬臂式起重机、推土机、挖掘机、仿生狗、烘手器模型。	**一、实景图** 
活动实施（70分钟）	**一、课堂常规（5分钟）** 1. 集合分组 6~8人一组。 2. 师生认识和问好 老师：同学们好，我是××老师。奋斗的青春？ 学生：最美丽！	**一、组织** 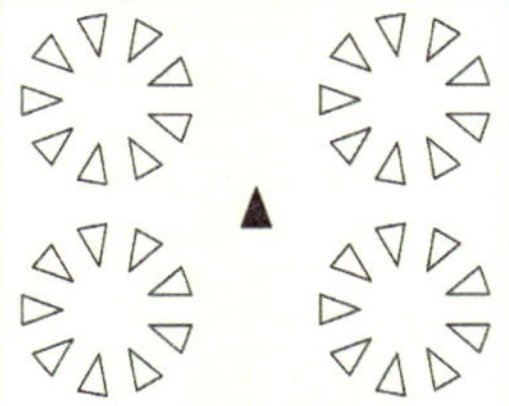 岛屿型

结构	教学内容	组织与教法
活动实施 （70分钟）	**二、活动环节** （一）三轮车知识导入（10分钟） 1. 课前小调查 你小时候骑过三轮车吗？是否知道三轮车是怎样组装而成的？今天就让我们一起动手组装三轮车并了解它的用途。 2. 介绍三轮车的分类 三轮车是一种自行车改造而成的交通工具，可以载人也可以运货，在20世纪30年代非常流行，随后逐步取代了人力车的地位。三轮车是人力车与电动车的结合体。可分为人力三轮车、电动三轮车、儿童三轮车和电瓶三轮车等。 3. 讲解模型零件 慧鱼创意组合模型的主要部件采用优质尼龙塑胶制造，尺寸精确，不易磨损，可以保证反复拆装的同时不影响模型结合的精确度，构件的工业燕尾槽专利设计使六面都可拼接，独特的设计可实现随心所欲的组合和扩充。 （二）组内分工（5分钟） 1. 各小组进行组内分工，讨论负责找零件的同学和组装的同学分别由谁担任。 2. 要求每一位同学参与分工。 （三）组装三轮车活动（30分钟） 1. 任务要求 各小组在规定时间内合作完成模型组装。 2. 组装流程和注意事项 (1)要求学生搭建时按照装配手册步骤图示，先把所需零件找齐后再进行组装，找一步做一步，不允许提前找零件。 (2) 要求学生按装配步骤图的顺序进行组装，禁止跨步操作。 (3) 组装或拆卸过程中不允许使用蛮力对零件造成损坏。 3. 引导并树立决心	**二、教法** 1. 问题导入法 2. 讲授法 3. 讲授法 4. 讨论法 5. 实践法

<table>
<tr><th>结构</th><th>教学内容</th><th>组织与教法</th></tr>
<tr><td>活动实施
（70分钟）</td><td>（1）出现问题时让学生先进行小组讨论，商量解决的办法。
（2）小组解决不了的问题，全班进行研究，老师在必要的时候进行适时的指导，给予学生解决问题的方法，重拾完成任务的决心。
（四）创意组装活动（20分钟）
1. 创意组装的目标设定
各小组完成创意三轮车的组装。
2. 创意组装的注意事项
（1）要求小组完成的模型必须由老师检查合格后，才可以在其基础上进行创意组装。
（2）小组讨论并发挥想象力，每位同学都要参与。
（3）组装结束后各小组派出一位代表进行创意展示并讲解。
教师引导创意方向，比如遇到下雨天气，该如何改造模型？可以想象一下20年后的三轮车是什么样的？是否可以改造成一辆智能多功能的三轮车？
三、注意事项
1. 提前带领学生观看已经组装好的模型后再讲解会更容易引起兴趣。
2. 引导学生正确组装。
3. 关注动手能力差的学生，并且给予赏识性教育。
四、活动监控
1. 安全监控
(1)禁止学生拿着零件玩耍。
(2)插座附近禁止学生活动。
(3)发现以上现象要及时提醒或制止。
2. 语言监控
(1)聆听学生关于创意的交流和对话。
(2)聆听学生如何介绍自己的作品。
3. 行为监控
(1)观察小组成员如何进行任务分配。
(2)观察未完成任务小组的团队士气。</td><td>6. 探究法、实践法</td></tr>
</table>

<table>
<tr><th>结构</th><th>教学内容</th><th>组织与教法</th></tr>
<tr><td>活动总结
(20分钟)</td><td>一、集合整队（1分钟）

二、学生分享（9分钟）
1. 回顾反思
（1）我们组装的交通工具是什么？
（2）组装过程中哪一个环节让你感觉很兴奋？为何会兴奋？
（3）你最大的收获是什么？
（4）生活中当你遇到困难想放弃时，你是如何面对的？
2. 组织分享

三、教师总结（10分钟）
1. 分享整合
1964年伟大的阿图·费舍尔先生为送给孩子一份有意义的生日礼物而发明了“六面可拼接体”，从那时候起，慧鱼创意组合模型以其牢固的拼接方式，良好的拓展性，丰富的知识性和趣味性日益博得广大欧美青少年乃至成人的认可和钟爱，并建立庞大的慧鱼迷俱乐部。
创意组合模型不同于我们平常玩的乐高类的组合玩具，而是涵盖了机械、电气、控制等一些技术原理。在我们动手组装的过程中出现了很多问题，一些同学看不明白图示找不到零件会心急，一些同学速度较慢落后于其他的同学会有想放弃的念头，但是仍然有小组同学出色地完成组装，克服困难、迎难而上，不达目的不罢休，最终非常漂亮地完成了任务。就像愚公移山一样，咬定目标下定决心，冲破重重障碍，最终完成了自己的移山之志。
2. 价值澄清
希望大家拥有坚定不移、克服困难、达成目标的决心，不负青春。
因为：奋斗的青春最美丽！</td><td>一、组织
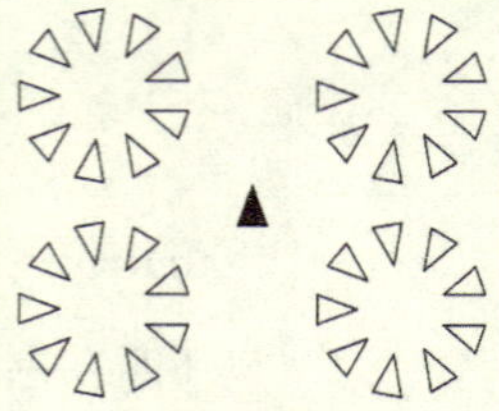
岛屿型

二、教法
1. 问题引导法

2. 代表分享法

3. 归纳法</td></tr>
</table>

评价维度		评价要点	评价结果（描述或判断）
教学准备		1. 是否提前准备好慧鱼创意组合模型各组一套？	
		2. 是否提前准备好悬臂式起重机、推土机、挖掘机、仿生狗、烘手器模型样品？	
教学过程		3. 各个活动的时间节点把控是否按计划进行？	
		4. 是否给予学生足够的时间进行实践和探究？	
		5. 在讲解带领过程中，对自己的表情、肢体动作、语言表达等如何评价？	
		6. 在教学过程中，是否发挥教师作为引导者、观察者、分享者的角色功能？	
		7. 在教学活动中，你对哪个环节的组织最满意？	
		8. 你是否能对学生的问题做及时有效的回应？	
		9. 在教学过程中，你在哪些方面给予了学生针对性指导？	
		10. 在教学过程中，是否有安全事故发生？	
教学效果		11. 你能否引导所有学生有效完成学习手册？	
		12. 学生在规定时间内是否合作完成模型组装？	
		13. 学生展示讲解创意组装作品时现场氛围怎样？	
活动小结	优点		
	不足		
	改进		

沙漠骆驼

适用年级：小学　　　　建议时长：90分钟

教学内容	课程目标	教学重点与难点
1. 组织学生进行骆驼拼接。 2. 组织学生进行创意作品搭建。 3. 组织学生对活动体验进行分享总结。	1. 通过认识科乐思零件，熟悉零件的拼接方法。 2. 通过骆驼模型的搭建活动，提高学生动手实践、创新、观察、协作的能力。 3. 通过自由搭建活动，培养学生不怕困难、勇于挑战的坚定意志。	1. 重点：活动线是学生进行自由搭建。教育线是培养学生不达目的不罢休的坚定意志。 2. 难点：两个蓝色有缺口的雪花连接件如何牢固地拼接在一起。

结构	教学内容	组织与教法
活动准备	**一、前期布置** 1. 场地：创意搭建场馆。 2. 器材：每组“科乐思”零件一套、视频资料。	**一、实景图** 
活动实施（70分钟）	**一、课堂常规（5分钟）** 1. 集合分组 6～8人一组。 2. 师生认识和问好 老师：同学们好，我是××老师。奋斗的青春？ 学生：最美丽！	**一、组织** 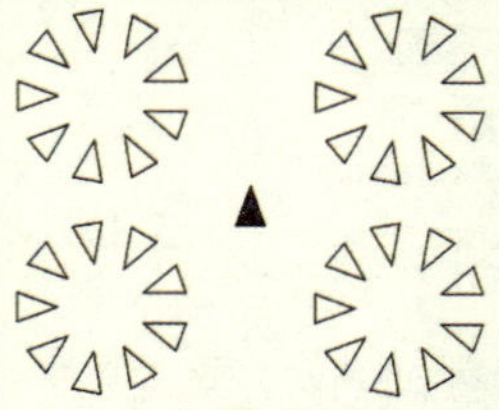 岛屿型

结构	教学内容	组织与教法
活动实施 （70分钟）	**二、活动环节** （一）科乐思模型活动的导入（5分钟） 1. 让学生观察桌子上的模型，并举手回答这些模型有什么直观的特点。 2. 问学生有没有玩过类似的模型或玩具，并指出有什么不同。 （二）对科乐思教具的讲解（15分钟） 1. 搭建来源 利用课件讲解关于创意搭建的来源，并利用现有模型来讲解学生难以理解的部分。例如：利用齿轮传动或机械传动来实现指定功能。可以用旋转木马来向学生直观地解释这句话的意思，让学生更有兴趣。 2. 解答疑惑 引导学生思考这些零件有什么特点，通过桌子上的模型思考（举手回答），最后根据学生的回答做出相应的补充。 3. 零件讲解 讲解“科乐思”的零件和拼接方法。 4. 介绍模型 介绍骆驼所需的零件以及所需零件的数量，讲解拼接的重难点。 （三）骆驼拼接活动开始（15分钟） 1. 骆驼分为四个部位，给小组一分钟的时间讨论每位同学负责的部位。 2. 小组成员合作完成骆驼的搭建。 3. 要求骆驼搭建完成后需由老师检查是否正确。 （四）创意作品搭建及规则（20分钟） 1. 可以在骆驼模型上进行改装。 2. 禁止模仿展台上的展品，开发想象力拼接出属于自己独一无二的作品。 3. 可以小组或者个人进行搭建。	**二、教法** 1. 问题导入法 2. 讲授法 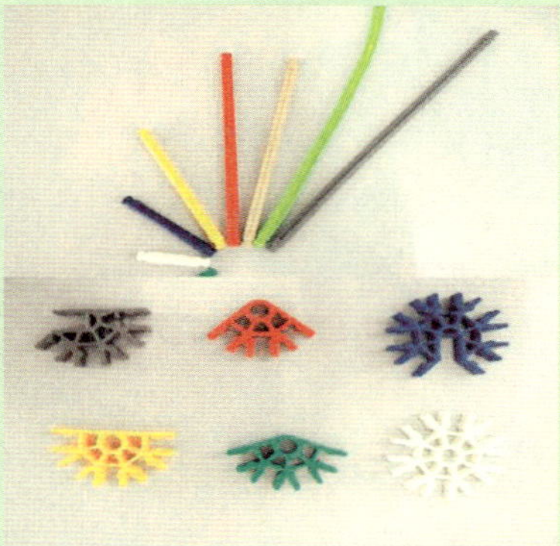 3. 讲授法 4. 讲授法

结构	教学内容	组织与教法
活动实施（70分钟）	（五）作品展示（10分钟） 1. 小组派出代表展示自己的创意作品并讲述制作该作品时的想法。 2. 优秀作品可单独向同学展示并放展台上进行观赏。 **三、注意事项** 1. 清楚讲解如何将两个蓝色有缺口的零件拼接到一起。 2. 活动开始后走动式引导学生正确使用零件，对于进度慢的学生进行赏识性教育。 3. 同学之间发现问题尽量让其互相帮忙解决。 **四、活动监控** 1. 安全监控 （1）禁止学生拿着零件玩耍。 （2）插座附近禁止学生活动。 （3）发现以上现象必须及时提醒或制止。 2. 语言监控 （1）聆听学生在拼接时的语言交流。 （2）聆听学生在拼接成功后的语言表达。 3. 行为监控 （1）观察小组是如何分配任务的。 （2）观察学生之间的互相帮助行为。	5. 展示法
活动总结（20分钟）	**一、集合整队（1分钟）**	**一、组织** 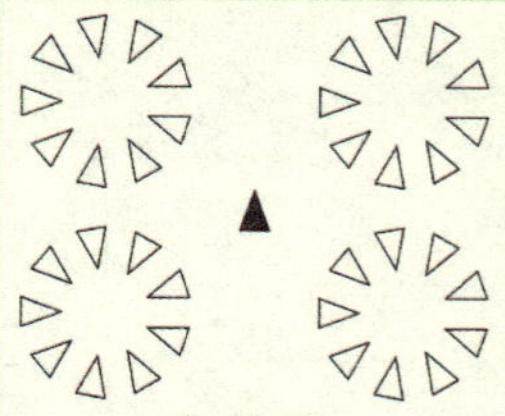 岛屿型

结构	教学内容	组织与教法
活动总结 （20分钟）	**二、学生分享（14分钟）** 1. 回顾反思 （1）你们小组的任务是由谁来进行分配的？各自有没有认真仔细地完成各自的任务？ （2）最后完成拼接任务时你们是什么样的感受？ （3）试想骆驼身上有什么值得我们学习的精神？ （4）假如下一节课你们要参加全员合作的课程，你会怎么做？ 2. 组织分享 **三、教师总结（5分钟）** 1. 分享整合 同学们，科乐思在创意搭建方面具有独有的特色，与其他玩具相比有更多不同的玩法。如果让你一个人在十五分钟内搭建一个骆驼你可以完成吗？显然是不能的。只有当每位同学完成自己搭建的部分后再拼接到一起，才能又快又准确地完成任务。在自由搭建的时候遇到缺少的零件我们可以用其他零件代替，知道了每个零件的拼接方法后我们就可以发挥自己的想象力做出最与众不同的作品。 2. 价值澄清 希望大家拥有不怕困难、勇于挑战的坚定的意志，不负青春。 因为：奋斗的青春最美丽！	**二、教法** 1. 问题引导法 2. 组内分享和代表分享法 3. 归纳法

<table>
<tr><th colspan="2">评价维度</th><th>评价要点</th><th>评价结果（描述或判断）</th></tr>
<tr><td colspan="2" rowspan="2">教学准备</td><td>1. 是否提前准备和调试好视频资料？</td><td></td></tr>
<tr><td>2. 是否提前准备好每组“科乐思”零件一套？</td><td></td></tr>
<tr><td colspan="2" rowspan="8">教学过程</td><td>3. 各个活动时间节点把控是否按计划进行？</td><td></td></tr>
<tr><td>4. 是否给予学生足够的时间进行体验和实践？</td><td></td></tr>
<tr><td>5. 在科乐思教具的讲解过程中，对自己的表情、肢体动作、语言表达等如何评价？</td><td></td></tr>
<tr><td>6. 在教学过程中，是否发挥教师作为引导者、观察者、分享者的角色功能？</td><td></td></tr>
<tr><td>7. 在教学活动中，你对哪个环节的组织最满意？</td><td></td></tr>
<tr><td>8. 你是否能对学生的问题做及时有效的回应？</td><td></td></tr>
<tr><td>9. 在教学过程中，你在哪些方面给予了学生针对性指导？</td><td></td></tr>
<tr><td>10. 在教学过程中，是否有安全事故发生？</td><td></td></tr>
<tr><td colspan="2" rowspan="3">教学效果</td><td>11. 你能否引导所有学生有效完成学习手册？</td><td></td></tr>
<tr><td>12. 各小组是否在规定时间内完成骆驼搭建？</td><td></td></tr>
<tr><td>13. 各小组展示自己的创意作品时，整个现场氛围如何？</td><td></td></tr>
<tr><td rowspan="3">活动小结</td><td>优点</td><td colspan="2"></td></tr>
<tr><td>不足</td><td colspan="2"></td></tr>
<tr><td>改进</td><td colspan="2"></td></tr>
</table>

直冲云霄

适用年级：小学　　　　建议时长：90分钟

教学内容	课程目标	教学重点与难点
1. 组织学生了解火箭的外部结构和发射原理。 2. 组织学生进行气球火箭的制作。 3. 组织学生对活动体验进行分享总结。	1. 通过观看长征二号火箭视频，了解神舟五号与其相关科技，认识火箭外部简单组成结构，火箭发射的基本原理。 2. 通过气球火箭的制作，提升动手实践的能力和小组合作的能力。 3. 通过体验活动，培养学生做事有决心、有信心、有耐心的品质。	1. 重点：活动线是制作完整的气球火箭并试飞成功。教育线是培养学生做事有决心、有信心、有耐心的品质。 2. 难点：掌握打气筒正确充气方法和火箭尾翼的粘贴位置及角度。

结构	教学内容	组织与教法
活动准备	**一、前期布置** 1. 场地：多元实践馆。 2. 器材：铅笔气球、打气筒、剪刀、双面胶、尾翼图纸、标志图纸、彩纸、视频资料。	**一、实景图** 
活动实施 （70分钟）	**一、课堂常规（5分钟）** 1. 集合分组 分成4组 2. 师生认识和问好 老师：同学们好，我是××老师。奋斗的青春？ 学生：最美丽！	**一、组织** 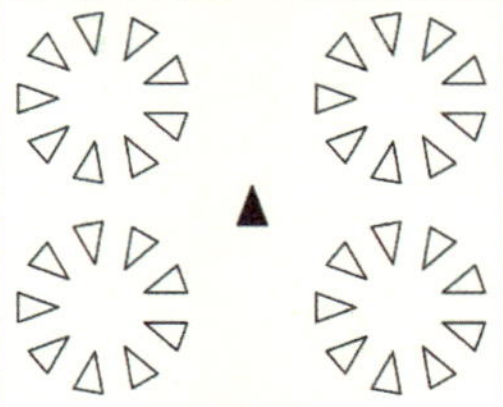 岛屿型

结构	教学内容	组织与教法
活动实施 （70分钟）	**二、活动环节** （一）长征二号火箭视频导入（10分钟） 观看视频 2003年10月15日9时，杨利伟乘坐的由长征二号F火箭运载的“神州五号”飞船在酒泉卫星发射中心发射，首次进入太空，于2003年10月16日6时23分返回。这个飞船的升空标志着中国成为前苏联（俄罗斯）和美国之后的第三个将人类送上太空的国家。它标志着我国在航天技术上的又一座里程碑。长征二号F运载火箭先后成功发射了神舟一号至神舟七号飞船，为我国成功实现载人航天飞行做出了历史性贡献。 要求： 学生观看后以小组形式讨论，尝试用自己的语言将火箭的外形构造和火箭发射原理表述出来。 （二）分析火箭结构（5分钟） 1. 讲授 长征二号F运载火箭在1999年首次发射并成功将中国第一艘实验飞船“神舟一号”送入太空，后因多次成功发射神舟系列飞船，已成为中国火箭家族的“明星”火箭。 长征二号系列火箭为航天史做出了巨大功绩，我们利用气球做一枚小型火箭模型，并命名“长征二号”，以此作为纪念。 2. 提问 （1）什么形状的气球更适合制作火箭？（铅笔气球） （2）铅笔气球能充当火箭外部哪些结构？（箭头、箭体、箭尾） （3）火箭如何发射升空？（助推器、反推力）	**二、教法** 1. 视频导入法 2. 讲授法 3. 问题法 

结构	教学内容	组织与教法
活动实施 （70分钟）	（三）领取制作工具（5分钟） 学生以小组为单位领取活动工具，教师示范打气筒充气的正确操作方法。 要求： （1）各小组长领取一支气球、一把剪刀、一个打气筒、一卷双面胶。 （2）拿取剪刀时注意安全，手柄向上，刀尖朝下。 （3）工具放于地毯中间，未要求使用前，不允许随意拿取。 （四）制作气球火箭活动（30分钟） 学生讨论制作气球火箭的方法和步骤： （1）构思探讨，形成方案。教师指导学生以小组为单位进行讨论，构思作品的外形、结构、制作方法，明确人员分工。 （2）方案执行。学生以小组为单位，组员分工合作，制作火箭模型。 教师带领学生完成以下步骤： 第一步，将一支气球拉伸后，对折、剪开，分为两支。 第二步，用打气筒将两支气球充满气体，每个气球尾端打结。 第三步，将充气后的两支气球调整为平直状。 第四步，在图纸上剪下3片火箭尾翼，以每个尾翼间间隔的120°均衡地粘贴于气球尾部。 第五步，学生思考这个时候火箭是否能顺利发射，是否可以发射很远。若不能，分析原因，寻找解决办法。（因火箭尾部粘贴尾翼，尾重头轻，箭体无法保持平衡，所以不能成功发射） 第六步，在火箭的头部粘贴一条配重纸，以保持箭体首尾平衡。 第七步，粘贴“长征二号”标志。	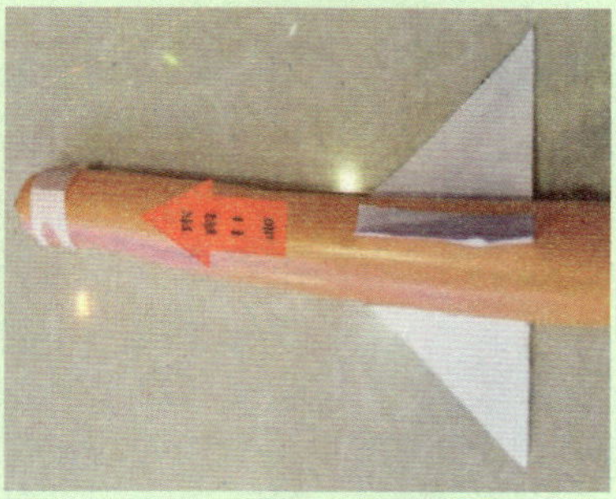

结构	教学内容	组织与教法
活动实施（70分钟）	第八步，气球火箭模型完成。 （五）气球火箭发射比赛（15分钟） 1. 讨论火箭发射方法 教师根据学生总结的各种方法，归类三种基本发射方法（飞机式发射、水平拍击发射、食指助推发射）。 2. 组织火箭发射比赛 将全体学生平均分为两大组，A组和B组，每组每位同学用自己喜欢的发射方法进行一次火箭飞行比赛。以气球火箭发射的平、稳、远为标准，最终评选各组前三名。 **三、注意事项** 1. 室外分组，选出小组长。 2. 请每位同学从老师手中抽取一张扑克牌。按照方块、红心、桃花、梅花四种花色将学生平均分为四组，每组推选一名组长。 3. 关注动手能力差的学生，并给予帮助和赏识性教育。 **四、活动监控** 1. 安全监控 （1）提醒学生正确使用剪刀，如果发现有危险操作要及时提醒或制止。 （2）个人不能随意发射火箭，也不能拿着器材玩耍，如果发现及时提醒或制止。 2. 语言监控 （1）聆听各小组成员讨论过程中的疑惑。 （2）聆听学生互相分享制作的技巧和心得。 3. 行为监控 （1）观察小组成员如何分工。 （2）观察小组成员如何解决遇到的问题。	

结构	教学内容	组织与教法
活动总结 （20分钟）	**一、集合整队（1分钟）** **二、学生分享（9分钟）** 1. 回顾反思 （1）你在给气球充气时害怕吗？如何克服对气球爆炸时的胆怯心理？ （2）制作过程中出现尾翼粘贴错误时，小组是如何解决的？ （3）你知道火箭是哪个国家发明的吗？ （4）你知道中国古代的火箭是什么样子吗？对中国长征系列火箭你还了解多少？ （5）小组合作制作气球火箭的过程中，有发生争执吗？有遇到困难吗？有放弃的想法吗？为了完成目标，怎样克服以上问题？ 2. 组织分享 **三、教师总结（10分钟）** 1. 分享整合 中国是古代火药火箭的故乡。由中国古代军事家最早运用火药创制的火箭，方法是将引火物附在弓箭头上，然后射到敌人身上引起焚烧的一种箭矢，或于过年过节放烟火使用。 长征系列运载火箭是中国自行研制的航天运载工具。1970年4月24日“长征一号”运载火箭首次发射“东方红一号”卫星成功。长征一号共进行了2次发射，均获成功，于1971年退役。截至2019年1月21日，我国长征	**一、组织**  **二、教法** 1. 问题引导法 2. 代表分享法 3. 归纳法

结构	教学内容	组织与教法
活动总结（20分钟）	系列运载火箭已飞行299次，发射成功率达到95.32%。运载火箭是目前人类克服地球引力、进入太空的唯一工具。 其实长征系列火箭在研制与发射过程中，有成功有失败，科学家身肩责任，怀抱梦想，为实现“一飞冲天”的载人航天技术理想，经历了种种艰苦，克服了种种困难。他们这种为了理想不达目誓不罢休的勇气和决心，给我们树立了优秀的榜样。 相信每位同学都有自己的理想。理想虽然远大，但目标合理制定还是可行的。回顾我们在制作气球火箭的过程中，需要一步一步学习和操作，有的同学不耐烦了，坚持不下去了，就把工具“扔”给小组成员，自己不管不顾；有的同学在给气球充气时经常打爆，就害怕了，气馁了，不敢再进行尝试；有的同学缺乏自信和勇气，担心自己无法顺利完成模型，多次让教师或伙伴代为制作，而不是独立思考和实践……无论何事，只有拿出勇气、下定决心、坚定意志去完成一个个小目标，才能接近更大的理想。 2. 价值澄清 希望大家拥有坚定不移的决心，不负青春。 因为：奋斗的青春最美丽！	

评价维度		评价要点	评价结果（描述或判断）
教学准备		1. 是否提前准备和调试好视频资料？	
		2. 是否提前准备好铅笔气球、打气筒、剪刀、双面胶、尾翼图纸、标志图纸、彩纸等？	
教学过程		3. 各个环节的时间把控是否按计划进行？	
		4. 教学过程是否有秩序地组织实施？	
		5. 在讲解过程中，对自己的表情、肢体动作、语言表达等如何评价？	
		6. 在教学过程中，是否发挥教师作为引导者、观察者、分享者的角色功能？	
		7. 你对教学过程组织把控是否满意？	
		8. 你是否能对学生的问题做及时有效的回应？	
		9. 在教学过程中，你在哪些方面给予了学生针对性指导？	
		10. 在制作气球火箭的过程中，是否有安全事故发生？	
教学效果		11. 你能否引导所有学生有效完成学习手册？	
		12. 能否所有学生都能制作成功气球火箭？	
		13. 气球火箭发射比赛现场的氛围如何？	
活动小结	优点		
	不足		
	改进		

拆弹部队

适用年级：小学　　　　建议时长：90分钟

教学内容	课程目标	教学重点与难点
1. 组织学生体验破冰活动圈地为营。 2. 组织学生体验活动拆弹部队。 3. 组织学生对活动体验进行分享总结。	1. 通过活动体验，增加学生对空间距离的认识。 2. 通过活动体验，锻炼学生的计划能力、执行能力、沟通能力。 3. 通过挑战运球和放球的不断失败的过程，培养学生目标坚定、永不放弃的品质。	1. 重点：活动线是分不同角色齐心协力运球到杯子里。教育线是培养学生坚定的决心。 2. 难点：引导学生在指挥者和执行者发生意见不一致时，进行有效协商与解决。

结构	教学内容	组织与教法
活动准备	**一、前期布置** 1. 场地：室外或者室内场地，平整安全。 2. 器材：拉环、杯子、球。	**一、实景图** 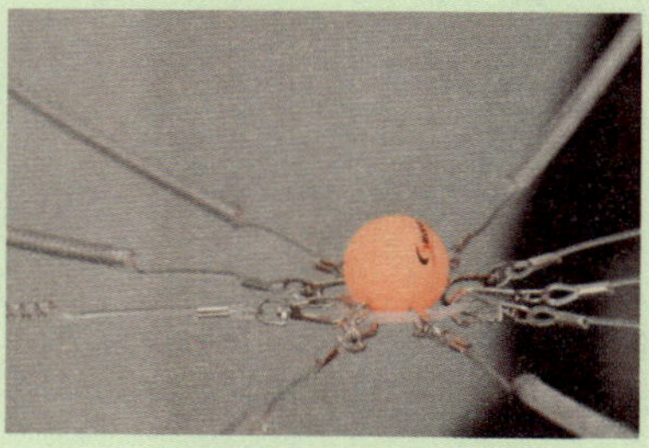
活动实施（70分钟）	**一、课堂常规（5分钟）** 1. 集合分组 分成4组。 2. 师生认识和问好 老师：同学们好，我是××老师。奋斗的青春？ 学生：最美丽！	**一、组织** 1. 集合时队形 

结构	教学内容	组织与教法
活动实施 （70分钟）	**二、破冰活动——圈地为营（10分钟）** 1. 活动导入 同学们，你们觉得有一个大的活动空间舒服还是有个狭小的活动空间舒服呢？接下来我们来切身体验一下，看看不同的空间大小能带给我们怎样的感受。 每组发一个绳圈，接下来我们要一起做一个活动，活动名称叫作圈地为营。 2. 活动规则 （1）所有人必须在绳圈里，不能接触绳圈以外的地面。 （2）每轮各组之间进行“石头、剪刀、布”PK，输的小组，需要把绳圈绳长缩小10厘米。 （3）最后看哪个小组的地盘不足以让所有同学在里面，则为输。 3. 注意事项 （1）绳圈的接头处用渔人结，以方便调整绳圈的大小。 （2）每队人员10～15人，可以两组、三组、四组一起PK。 （3）挑战进行到最后，提醒学生注意安全，防止站立不稳摔倒。 **三、活动讲解（15分钟）** 1. 活动导入 有部非常精彩的电影，讲述了一组美国拆弹专家被派往巴格达执行任务的故事，他们所处的环境危机四伏，必须小心翼翼，稍不留神就会付出生命的代价。在战友默契的配合，团队全力的协作下，完成一个个看似不可能完成的艰巨任务。这部电影获得了第82届奥斯卡金像奖最佳影片，这部电影叫作《拆弹部队》。 今天我们转换一下角色，扮演一组拆弹部队，去完成一件非常有挑战的任务。这个球就好比是我们要拆除的炸弹，我们的目标是把它转移到安全区域，也就是这个杯子里。我们所能用到的工具就	2. 破冰活动时队形  并列型 3. 活动讲解时队形 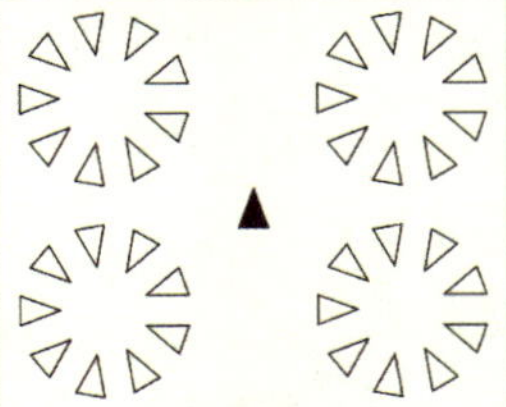 岛屿型 **二、教法** 1. 情境导入法

结构	教学内容	组织与教法
活动实施（70分钟）	是这些绳子和橡皮圈。 2. 活动目标 在规定时间内，成功转移炸弹。 3. 活动规则 （1）不允许手去碰球，小球在运输的过程中不允许落地上。 （2）一旦违反以上规则，需要返回到起点重新运输和放球。 （3）指挥人员只能指挥自己的操作人员，不能指挥别人的操作人员。 （4）总指挥只能指挥指挥者，所有指挥者只能用语言指挥，不能有肢体接触。 （5）20分钟互换角色，操作人员体验指挥者角色，指挥者体验操作者角色。 **四、注意事项** 1. 在活动中，要注意学生之间的配合状态。 2. 在分组时注意男女生比例和人数均等。 3. 全组成员必须严格按照活动规则来执行。 4. 活动过程中，时刻注意学生活动范围，避免受到伤害。 5. 体验结束后，让指挥者和操作者互换角色再进行体验。 **五、活动监控（40分钟）** 1. 安全监控 （1）时刻观察挑战者的行为动作，如有危险行为马上提醒或制止。 （2）时刻关注学生后退的方向有没有障碍，如有意外及时提醒。 2. 语言监控 （1）聆听指挥者如何进行指挥。 （2）聆听操作者有哪些困惑或疑问。 3. 行为监控 （1）观察指挥者与操作者之间有没有肢体接触。 （2）观察指挥者有没有指挥其他操作者的情况。	

结构	教学内容	组织与教法
活动总结 （20分钟）	**一、集合整队（1分钟）** **二、学生分享（14分钟）** 1. 回顾反思 （1）在运输的过程中你的心情是怎样的？ （2）当球掉地上的时候你是什么样的感受？ （3）我们怎样做才能更顺利地完成任务？ （4）这个活动为你带来最大的启发是什么？ 2. 组织分享 **三、教师总结（5分钟）** 1. 分享整合 有一次，苏格兰国王与英格兰军队打仗，他的士兵被打得落花流水，只得躲在一所不易被发现的古老木屋里。 当他带着失望与悲哀躺在草床上的时候，他看见一只蜘蛛正在小木屋的一角织它的网，为了取乐自己并看蜘蛛如何对付，国王毁坏了它将要完成的网。蜘蛛并不注意它的灾害，立刻继续工作，打算再结一个新网。苏格兰国王又把它的网破坏了，蜘蛛又开始结另一个网。他注视着这个蜘蛛，它正拼命地将一股丝朝木缘上织。狂野的风一次又一次地潜入小木屋的缝隙，将线头吹断，而这只小蜘蛛却一次再次地重复着同风的拼争。国王开始惊奇了。他自语道：“我已经被英格兰的军队打败了六次，准备放弃战争了。假使我把蜘蛛的网破	**一、组织** 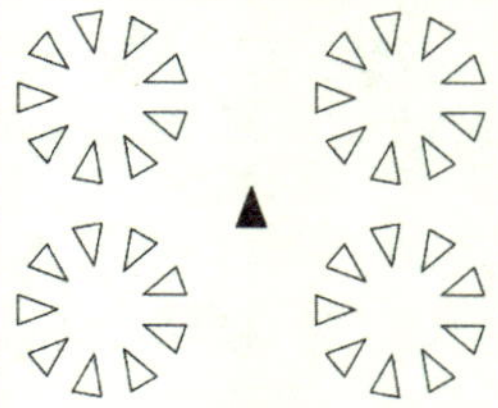 岛屿型 **二、教法** 1. 问题引导法 2. 代表分享法 3. 故事法

结构	教学内容	组织与教法
活动总结（20分钟）	坏6次，它是否会放弃它的结网工作呢？” 他毁坏了蜘蛛的网共6次。蜘蛛对这些灾难毫不介意，它耐心地做第7次新网，它织好一个线头，把它拉上屋缘。这一次，终于成功了。国王因为蜘蛛的行为而鼓起了勇气，他决意再做一次努力，从英格兰人的手里解放他的国家。他召集了一支新的军队，很谨慎而耐心地做着准备，终于打了一次重要的胜仗，把英格兰人赶出了苏格兰国土。 2. 价值澄清 希望大家拥有坚定不移的决心，用决心开启改变之门，用决心化失意为力量，用决心击碎眼前的桎梏，全力以赴冲向成功的梦想，不负青春。 因为：奋斗的青春最美丽！	

评价维度	评价要点	评价结果（描述或判断）
教学准备	1. 是否提前准备好拉环、杯子、球等器材？	
	2. 是否提前布置好活动场地？	
教学过程	3. 学生的体验过程是否按计划进行？	
	4. 角色互换后是否有秩序地组织实施？	
	5. 在活动讲解过程中，对自己的表情、肢体动作、语言表达等如何评价？	
	6. 在教学过程中，是否发挥教师作为引导者、观察者、分享者的角色功能？	
	7. 你对活动的组织把控是否满意？	
	8. 你是否能对学生的问题做及时有效的回应？	
	9. 在教学过程中，你在哪些方面给予了学生针对性指导？	
	10. 在教学过程中，是否有安全事故发生？	
教学效果	11. 你能否引导所有学生有效完成学习手册？	
	12. “圈地为营”破冰活动有无实现教学目标？	
	13. 角色互换后学生的表现有什么变化？	
活动小结 优点		
活动小结 不足		
活动小结 改进		

决战到底

适用年级：小学　　　　建议时长：90分钟

教学内容	课程目标	教学重点与难点
1. 组织学生体验破冰活动一传到底。 2. 组织学生体验活动决战到底。 3. 组织学生对活动体验进行分享总结。	1. 通过活动体验，使学生了解世界第一高峰——珠穆朗玛峰。 2. 通过活动体验，锻炼学生的沟通能力、协作能力。 3. 通过活动体验，培养学生目标坚定、永不放弃的品质。	1. 重点：活动线是让学生体验决战到底活动。教育线是培养学生目标坚定、永不放弃的品质。 2. 难点：引导学生减少相互抱怨的行为和负面的情绪。

结构	教学内容	组织与教法
活动准备	**一、前期布置** 1. 场地：平整安全的室外空地。 2. 器材：皮球、跳绳、粉笔。	**一、实景图** 
活动实施（70分钟）	**一、课堂常规（5分钟）** 1. 集合分组 分成4组。 2. 师生认识和问好 老师：同学们好，我是××老师。奋斗的青春？ 学生：最美丽！	**一、组织** 1. 集合时队形 

结构	教学内容	组织与教法
活动实施 （70分钟）	**二、破冰活动——一传到底（10分钟）** 1. 活动导入 同学们，这是什么？（拿皮球给大家看）。接下来我们一起来体验一个活动，名字叫作一传到底。任务是将这个球进行传递，不过我们需要站成一纵路，让球从胯下穿越过你本队的所有成员，传递给最后一位同学，他接到球之后就抱着球跑到第一位，再进行传递，后边依次效仿。我们的任务是所有人都穿越过终点线，用时最短的队伍获胜。 2. 活动规则 （1）每队纵队站一条直线，两腿分开，让球能顺利穿越。 （2）如果球在中间停止或者传出去，必须从第一位重新传递。 （3）队伍中最后一位同学接到球后，抱着球到第一位同学前面，继续进行传递。 3. 注意事项 （1）起点线和终点线距离可以设计20～30米。 （2）场地要开阔、平整、无障碍。 **三、活动讲解（15分钟）** 1. 活动导入 刚才的活动一传到底，只是我们接下来活动的热身环节。 接下来的活动名字叫作决战到底，总共分为三个环节，每个环节都要挑战完成。 2. 活动目标 完成三个环节挑战用时最短的为获胜组。 3. 活动规则 （1）同进同退，本组人员一列横队双臂连接起来，以地上起点线为基准，所有人同时越过起点再退回起点为一	2. 破冰活动时队形 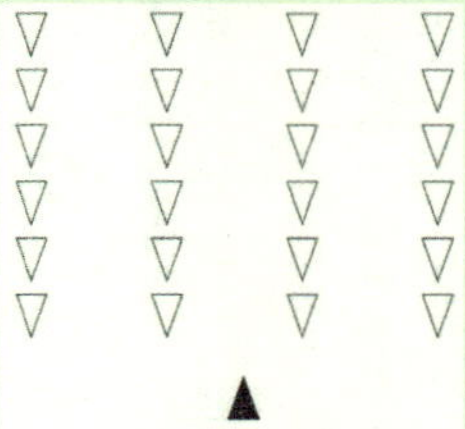 纵路型 3. 活动讲解时队形 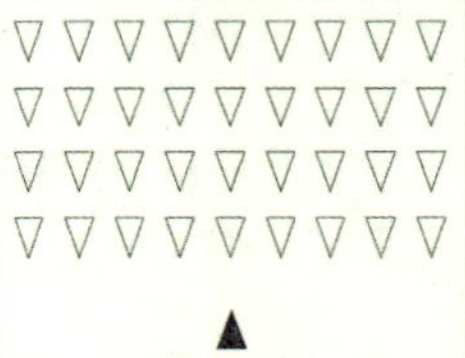 讲授型 **二、教法** 1. 游戏导入法

结构	教学内容	组织与教法
活动实施（70分钟）	次，连续完成20次，动作一致，声音一致，一人做错全员重新开始。 （2）大河之舞，除两个人抡绳子外，剩余人员接力跳，一人做错全员重新开始。 （3）激情节拍，“我们是最棒的团队”，要求整齐响亮无错误，拍手说字，拍肩说数字，每人必须开口，开口必须发声；每人动作必须一致，先左再右后中间拍手，一人做错全员重新开始。 4. 注意事项 （1）做好健康调查，活动开始前一定要做热身，充分活动各个关节。 （2）确保地面平整，周围没有障碍物，以保证学生的安全。 （3）活动开始前，要求学生摘除手表、手镯、手链等硬物，避免活动过程中出现划伤。 （4）提醒学生学会包容，不要抱怨、埋怨、指责他人。 （5）鼓励学生面对失败不要放弃，要越挫越勇，迎难而上。 **四、活动监控（40分钟）** 1. 安全监控 （1）提醒学生不要快速奔跑，如有发现及时提醒或制止。 （2）提醒抡绳子的学生不要用力太猛，如有发现及时提醒或制止。 2. 语言监控 （1）聆听有没有学生因挑战失败而出现埋怨、争吵的现象。 （2）聆听各小组关于角色分配和操作技巧的沟通。 3. 行为监控 （1）观察同学们对其他小组的表现有什么反应。 （2）观察各组的团队士气和角色投入度。	

结构	教学内容	组织与教法
活动总结 （20分钟）	**一、集合整队（1分钟）**	**一、组织** 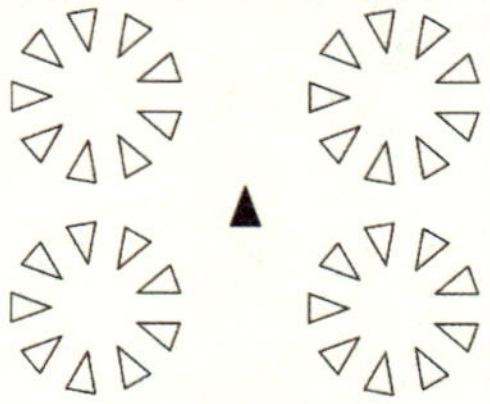 岛屿型
	二、学生分享（14分钟） 1. 回顾反思 （1）开始的时候你认为自己的小组能胜利吗？ （2）在练习的时候我们是什么样的状态？比赛的时候我们是什么样的状态？ （3）当有同伴出错团队重新开始的时候，团队有什么声音出现？这样的声音好吗？ （4）如何才能下定决心让我们小组最终获胜？	**二、教法** 1. 问题引导法
	2. 组织分享	2. 小组内部分享和代表分享法
	三、教师总结（5分钟） 1. 分享整合 有人问建筑工地上的三个瓦匠：“你们在干什么？”第一个说：“我在砌砖块。”第二个说：“我在赚50块钱。”第三个说：“我在为社会建高楼大厦！”心态不同，决心不同，产生的人生体验和结果是截然不一样的。大家猜猜谁最后最有成就？第三位成为工程设计师。我们这个活动的练习环节，如果有一定要赢的决心，那么比赛的时候就可能会有不一样的结果。 2. 价值澄清 希望大家都拥有不服输、不认输、屡败屡战勇往直前的决心，不负青春。 因为：奋斗的青春最美丽！	3. 故事法

评价维度		评价要点	评价结果（描述或判断）
教学准备		1. 是否提前准备好皮球、跳绳、粉笔等器材？	
		2. 是否提前布置好活动场地？	
教学过程		3. 各个环节的时间把控是否按计划进行？	
		4. 教学过程的组织实施是否有秩序？	
		5. 在讲解示范过程中，对自己的表情、肢体动作、语言表达等如何评价？	
		6. 在教学过程中，是否发挥教师作为引导者、观察者、分享者的角色功能？	
		7. 在整个环节中你最满意的把控场景是哪一个？	
		8. 你是否能对学生的问题做及时有效的回应？	
		9. 在教学过程中，你在哪些方面给予了学生针对性指导？	
		10. 在练习和比赛中，是否有安全事故发生？	
教学效果		11. 你能否引导所有学生有效完成学习手册？	
		12. “一传到底”破冰活动有无实现教学目标？	
		13. 学生体验完这个活动后状态发生了什么变化？	
活动小结	优点		
	不足		
	改进		

4

第四单元

恒心

HENGXIN

勇往直前

适用年级：小学　　　　建议时长：90分钟

教学内容	课程目标	教学重点与难点
1. 组织学生了解多米诺骨牌的历史起源及摆放方法。 2. 组织学生挑战任务叠叠高。 3. 组织小组进行创意摆放。 4. 组织学生对活动体验进行分享总结。	1. 通过讲解多米诺骨牌的基本摆放方法及安全距离等规则，加强学生对多米诺骨牌的历史及图案设计方法的了解。 2. 通过三个任务的设置，锻炼学生的动手实践能力、创新能力、合作能力。 3. 通过小组完成任务，培养学生持之以恒、坚持不懈的品质。	1. 重点：活动线是体验多米诺骨牌三个任务的挑战。教育线是培养学生持之以恒、坚持不懈的品质。 2. 难点：掌握心形的摆放方法，安全距离方法的应用。

结构	教学内容	组织与教法
活动准备	**一、活动布置** 1. 场地：多米诺骨牌馆。 2. 器材：多米诺骨牌、码牌器、玻璃桥、视频资料。	**一、实景图** 
活动实施（70分钟）	**一、课堂常规（5分钟）** 1. 集合分组 6～8人一组。 2. 师生认识和问好 老师：同学们好，我是××老师。奋斗的青春？ 学生：最美丽！	**一、组织** 

结构	教学内容	组织与教法
活动实施（70分钟）	**二、活动环节** （一）活动导入（5分钟） 欢迎同学们来到多米诺骨牌馆，同学们对多米诺骨牌都有哪些了解？（学生举手回答）接下来我们来欣赏一段精彩的多米诺骨牌短视频，在看的时候同学们思考以下几个问题：多米诺骨牌的摆放有什么特点？如果让你来摆放应该注意什么？请大家认真观看，看完后以小组为单位分享你们的看法。 （二）讲解多米诺骨牌的基本知识（10分钟） 多米诺骨牌是一种用木制、骨制或塑料制成的长方形骨牌。活动时将骨牌按一定间距排列成行，轻轻碰倒第一枚骨牌，其余的骨牌就会产生连锁反应，依次倒下。 多米诺骨牌起源于古代宋朝，民间称之为“牌九”。1849年8月16日，意大利传教士多米诺把这种骨牌带回了米兰，送给了女儿小多米诺，小多米诺渐渐喜欢上了这种游戏。传教士多米诺为了让更多的人玩上骨牌，制作了大量的木制骨牌，并发明了各种玩法。不久，木制骨牌就迅速地在意大利及整个欧洲传播，骨牌游戏成了欧洲人的一项高雅运动。 后来，人们为了感谢多米诺给他们带来这么好的一项运动，就把这种骨牌游戏命名为“多米诺”。到19世纪，多米诺已经成为世界性的运动。在非奥运项目中，它是知名度最高、参加人数最多、扩展地域最广的体育项目。 因为这个活动的特点是，只要推倒一片骨牌，接下来的骨牌就会依次向前倒下，中间不会停留，也不会断开，直到全部倒下。所以，在这里，我们的挑战活动也叫作勇往直前。	**二、教法** 1. 视频导入法 2. 讲授法

<table>
<tr><th>结构</th><th>教学内容</th><th>组织与教法</th></tr>
<tr><td>活动实施
（70分钟）</td><td>（三）挑战叠叠高（10分钟）
1. 要求：按照横竖交错的摆法将骨牌一层一层向上叠高（每层两块骨牌），以最先叠完30层为获胜。每个人完成30层的叠叠高后举手示意,完成任务后可以向极限进行挑战,看哪个同学最快完成。
2. 叠叠高挑战结束后提醒学生收拾桌面及检查地面上是否有掉落的骨牌。
3. 向学生提问，大家在这个环节中都遇到了什么困难?（学生举手发言）然后由老师解答这些问题，并提醒学生注意事项。
（四）对自由练习图形的摆放（10分钟）
1. 自由练习“山”形和“心”形的摆放，以及字母的摆放，学生自行选择2～3个图案来摆放。告诉学生“山”形不限定三层，可以多摆几层；“心”形注意弯曲的部分，摆得稍微密集一些，更容易形成连锁反应。
2. 结束后提醒学生收拾桌面及检查地面上是否有掉落的骨牌，再把骨牌推到桌子中间。
3. 向学生提问，操作过程中遇到了哪些困难?（学生举手发言）然后由老师解答这些问题，并提醒学生注意事项。
（五）自行设计小组图案（30分钟）
1. 老师讲解安全距离规则，码牌器和玻璃桥的使用方法，帮助摆放骨牌。
2. 要求：运用以上所学内容，自行设计并搭建跟班级文化有关或值得纪念的图案，要突出创新意识和纪念意义。展示整体图案让学生参考，提醒学生注意小组内分工、合作和创新。
3. 任务结束后，互相观看各小组的作品，给学生2分钟时间推倒骨牌，然后把骨牌整理到盒子里，检查地上有没有掉落的骨牌。</td><td>3. 实践法

4. 练习法

5. 探究法</td></tr>
</table>

结构	教学内容	组织与教法
活动实施 （70分钟）	（六）注意事项 1. 先看视频资料再讲解学生会更容易理解。 2. 过程中正确引导学生心形的摆放方法。 3. 关注动手能力差的学生，并且给予赏识性教育。 **三、活动监控** 1. 安全监控 （1） 提醒站到凳子上搭建的同学注意安全。 （2）禁止随意离开座位，追逐打闹。 2. 语言监控 （1）聆听学生讨论合作或者产生分歧的声音。 （2）聆听各组的创意讨论。 3. 行为监控 （1）观察学生在活动中的投入度和参与度。 （2）观察每位学生在活动中是否正确运用摆放方法。	
活动总结 （20分钟）	**一、集合整队（1分钟）** **二、学生分享（14分钟）** 1. 回顾反思 （1）在搭建叠叠高过程中骨牌总是意外倒下，你们是怎么解决这个问题的？ （2）过程中出现多次意外倒下，你是怎么面对的？	**一、组织** 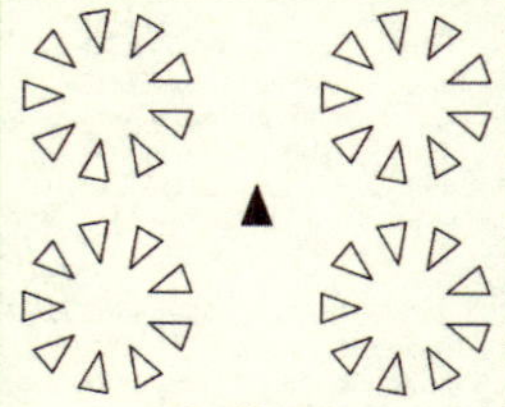 岛屿型 **二、教法** 1. 问题引导法

<table>
<tr><th>结构</th><th>教学内容</th><th>组织与教法</th></tr>
<tr><td>活动总结
（20分钟）</td><td>（3）仔细思考一下，你认为骨牌精神是什么？
（4）在搭建骨牌过程中给你的学习带来最大的启示是什么？
2. 组织分享
三、教师总结（5分钟）
1. 分享整合
我们在这节课了解了多米诺骨牌的历史和摆放方法并挑战完成了叠叠高任务，练习了“山”形和“心”形等一些图形，最后完成了整体作品。然而在骨牌摆放的过程中是非常辛苦的，一张张小小的骨牌要准确无误地摆放，需要极好的耐心和耐力。在摆放过程中间只要有一张牌摆放不到位就可能产生“不倒牌”而影响全局。当图案摆放好以后，经常会因为失误或外来因素的干扰出现大面积“倒牌”现象。这个时候我们是选择放弃？抱怨？还是调整好状态再次重来？这对我们的意志力是一个很好的磨炼。
骨牌是否准确地摆放到位，不只是对自己负责，更是对别人的负责，对全局的负责。最后想要看到精彩的骨牌表演，取决于我们团队中参与的每一个人！多米诺骨牌对训练我们的动手能力和思维能力非常有好处，更重要的是，细节决定成败，放弃很容易，坚持到底一定会很酷！
2. 价值澄清
希望大家都有持之以恒、坚持不懈的意志去奋斗，不负青春。
因为：奋斗的青春最美丽！</td><td>2. 组内分享和代表分享法
3. 归纳法</td></tr>
</table>

评价维度		评价要点	评价结果（描述或判断）
教学准备		1. 是否提前准备和调试好视频资料？	
		2. 是否提前准备好多米诺骨牌、码牌器、玻璃桥等？	
教学过程		3. 各个活动时间节点把控是否按计划进行？	
		4. 是否给予学生足够的时间进行体验和实践？	
		5. 在活动导入和讲解过程中，对自己的表情、肢体动作、语言表达等如何评价？	
		6. 在教学过程中，是否发挥教师作为引导者、观察者、分享者的角色功能？	
		7. 在教学活动中，你对哪个环节的组织最满意？	
		8. 你是否能及时有效地回应学生的问题？	
		9. 在教学过程中，你在哪些方面给予了学生针对性指导？	
		10. 在教学过程中，是否有安全事故发生？	
教学效果		11. 你能否引导所有学生有效完成学习手册？	
		12. 学生是否能完成挑战30层的叠叠高？	
		13. 在自行设计小组图案的环节中，小组是否能成功地完成搭建跟班级文化有关或值得纪念的图案？	
活动小结	优点		
	不足		
	改进		

梵塔传奇

适用年级：小学　　　　建议时长：90分钟

教学内容	课程目标	教学重点与难点
1. 组织学生体验破冰活动手枪手雷。 2. 组织学生体验活动梵塔传奇。 3. 组织学生对活动体验进行分享总结。	1. 通过活动体验，了解梵塔的起源及相关知识。 2. 通过活动体验，培养学生的逻辑推理能力、团队合作能力。 3. 通过活动体验，培养学生持之以恒的毅力。	1. 重点：活动线是按照一定的逻辑顺序体验梵塔传奇活动。教育线是培养学生遇见困难不放弃、不服输的毅力。 2. 难点：引导学生在遇见困难时进行逻辑推理，及时调整移动方法。

结构	教学内容	组织与教法
活动准备	**一、前期布置** 1. 场地：平整安全的室外或者室内。 2. 器材：塔片道具四套。	**一、实景图** 
活动实施 （70分钟）	**一、课堂常规（5分钟）** 1. 集合分组 分成4组。 2. 师生认识和问好 老师：同学们好，我是××老师。奋斗的青春？ 学生：最美丽！	**一、组织** 1. 集合时队形 

结构	教学内容	组织与教法
活动实施 （70分钟）	**二、破冰活动——手枪手雷 （10分钟）** 1. 活动导入 请大家围圆，面向圆心坐下。接下来我们体验一个活动，叫作手枪手雷。伸开拇指和食指，我们把它比作手枪；把手握成拳头，我们把它比作手雷。 怎么做呢？ 按顺时针的方向对左边第一位同学说“我给你一把手枪”（左手比作手枪伸向左边的同学），他问我“什么？”我说“手枪”。然后左边的第一位同学再向他左边的同学说“我给你一把手枪”，然后这位同学问他“什么”，左边第一位同学问我“什么”，我说“手枪”，第一位同学对第二位同学说“手枪”，以这种方式进行重复。（让大家尝试把这把“手枪”传递一圈） 逆时针方向对右边第一位同学说“我给你一颗手雷”（右手比作手雷伸向右边的同学），他问我“什么？”我说“手雷”。然后右边的第一位同学再向他右边的的同学说“我给你一颗手雷”，这位同学问第一位同学“什么”，我右边第一位同学就问我“什么”，我说“手雷”，第一位同学对第二位同学说“手雷”，以这种方式进行重复。（让大家尝试把这颗“手雷”传递一圈） 2. 活动规则 （1）从圆的一个点同时沿着圆周向两边传递信息，顺时针传递手枪信息，逆时针传递手雷信息。 （2）手雷是一颗，手枪是一把，单位不能错。 （3）对话的模式和动作要确保正确，不能自由发挥。 （4）如果有一个人出错全组要重新开始。 3. 注意事项 （1）让每组围成一个圆圈，每组10	2. 破冰活动时队形  并列型 3. 活动讲解时队形 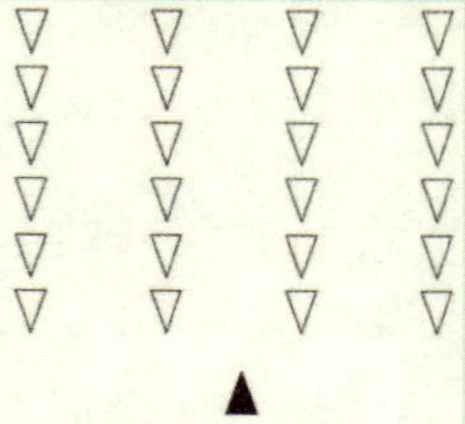 纵路型

结构	教学内容	组织与教法
活动实施（70分钟）	~15人为宜。 （2）老师边讲解边示范，和学生一起互动。 （3）强调要有语言同时也要有动作。 **三、活动讲解（15分钟）** 1. 活动导入 在古印度有这样一个古老的传说：在世界中心贝拿勒斯（在印度北部）的圣庙里，有一块黄铜板上插着三根宝石针。印度教的主神梵天在创造世界的时候，在其中一根针上按照从大到小，由下至上的顺序穿了64片金片，也叫塔片。无论白天黑夜，总有一个僧侣在按照下面的法则移动这些金片：一次只移动一片，不管在哪根针上，小片必须在大片上面。僧侣们预言，当所有的金片都从梵天穿好的那根针上移到另外一根针上时，世界就将在一声霹雳中消灭，而梵塔、庙宇和众生也都将消失殆尽。 而经过科学家计算，假如每秒钟挪动一个塔片，当完成任务的时候，大概需要5845亿年以上，而地球存在至今不过45亿年，太阳系的预期寿命据说也就是数百亿年。当真的过了5845亿年，不说太阳系和银河系，至少地球上的一切生命早已灰飞烟灭了。 我们今天来模拟这个塔片移动的过程，因为这个塔叫梵塔，所以我们这个活动就叫梵塔传奇。今天我们也来创造一个传奇，不过是需要团队精诚合作来完成的。 2. 活动目标 全组人员共同协作，将塔片从原塔区经过中转区移到目标区，用时最短者为胜。 3. 活动规则 （1）每人每次只能移动一步塔片。 （2）以接力形式，和下一位击掌，下一位方能出发，然后回到队尾。 （3）大塔片不能放到小塔片上面，	**二、教法** 故事导入法

结构	教学内容	组织与教法
活动实施（70分钟）	小塔片只能放在大塔片的上面。 4. 注意事项 （1）此活动不是考验学生奔跑的速度，所以，设计的起点和终点需要注意距离。 （2）分组尽量按照男女搭配和人数相当的原则。 （3）给出足够的练习时间，练习的时候给予及时的指导。 **三、活动监控（40分钟）** 1. 安全监控 （1）如果发现有学生奔跑过快，要及时提醒或制止。 （2）保持组与组间的安全距离,如果发现有学生跑偏,要及时提醒或制止。 （3）禁止拿着塔片玩耍，更不能抛扔塔片，如果发现必须及时予以提醒或制止。 2. 语言监控 （1）聆听学生对操作方法的讨论。 （2）聆听学生比赛过程中操作者与等待者之间的沟通内容。 3. 行为监控 （1）关注各组在比赛过程中的团队势气。 （2）关注各组的组织纪律性，以及在操作过程中有没有遵守规则。	
活动总结（20分钟）	**一、集合整队（1分钟）**	**一、组织** 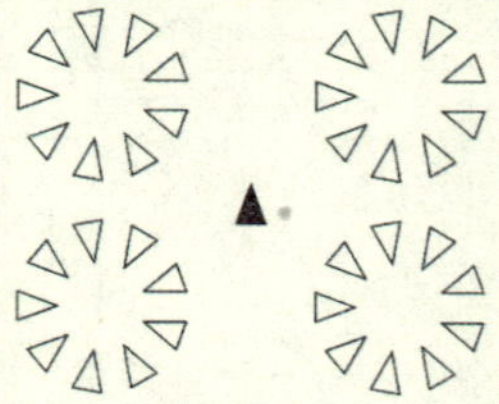 岛屿型

结构	教学内容	组织与教法
活动总结（20分钟）	**二、学生分享（14分钟）** 1. 回顾反思 （1）我们花了多长时间完成了这项任务？ （2）过程中有没有失误？之后又是如何避免的？ （3）当我们其中一位同学出现错误，我们的心情是什么样的？有没有负面情绪？ （4）再给各位一次机会我们会怎样操作？ 2. 组织分享 **三、教师总结（5分钟）** 1. 分享整合 将两个透明的玻璃瓶，各自装进一只蜜蜂和一只苍蝇，用黑纱封住瓶口，然后将瓶子并排平放在朝南的窗口，瓶底向阳，瓶口朝着屋内黑暗的地方，然后将封住瓶口的黑纱取走，随后观察蜜蜂和苍蝇的飞行轨迹，你会发现以下两种情况： 蜜蜂：一开始它会拼命朝着窗外的阳光处飞行，撞了几次瓶壁后它会休息下，然后在瓶壁上爬行两圈后继续朝着阳光飞行。 苍蝇：看似没有规律的飞行轨迹，在瓶子中到处乱撞，撞了几次后它也会趴在瓶壁上休息下，然后会在你意想不到的时候呼啦一下飞出瓶口。 事实说明，只要我们不怕失败，肯多方位地持之以恒地去尝试，突破瓶颈的机会总会出现。 2. 价值澄清 希望大家拥有不怕失败、持之以恒的毅力，不负青春。 因为：奋斗的青春最美丽！	**二、教法** 1. 问题引导法 2. 代表分享法 3. 故事法

评价维度		评价要点	评价结果（描述或判断）
教学准备		1. 是否提前准备好塔片道具四套？	
		2. 是否提前布置好活动的场地？	
教学过程		3. 学生练习和挑战时间把控是否按计划进行？	
		4. 学生练习和挑战是否有秩序地组织实施？	
		5. 在活动导入和规则讲解过程中，对自己的表情、肢体动作、语言表达等如何评价？	
		6. 在教学过程中，是否发挥教师的引导者、观察者、分享者的角色？	
		7. 对教学过程把控是否满意？	
		8. 是否能对学生的问题及时有效地回应？	
		9. 在教学过程中，在哪些方面给予了学生针对性指导？	
		10. 在教学过程中，是否有安全事故发生？	
教学效果		11. 能否引导所有学生有效完成学习手册？	
		12. “手枪手雷”破冰活动有无实现教学目标？	
		13. 有没有完不成任务的小组？如果有，他们最后放弃了吗？	
活动小结	优点		
	不足		
	改进		

月球漫步

适用年级：小学　　　　建议时长：90分钟

教学内容	课程目标	教学重点与难点
1. 组织学生体验破冰活动花开花落。 2. 组织学生体验活动月球漫步。 3. 组织学生对活动体验进行分享总结。	1. 通过活动体验，了解航天和登月的相关知识。 2. 通过活动体验，提高学生的沟通能力和团队协作能力。 3. 通过活动体验，培养学生的团队意识、服务意识和坚持不懈的恒心。	1. 重点：活动线是学生互相合作穿越环形圈。教育线是培养学生坚持不懈的恒心。 2. 难点：正确引导过程中出现的埋怨、争吵等负面行为。

结构	教学内容	组织与教法
活动准备	**一、前期布置** 1. 场地：平整安全的室外或者室内。 2. 器材：环形圈、弹性绑腿带。	**一、实景图** 
活动实施 （70分钟）	**一、课堂常规（5分钟）** 1. 集合分组 分成两组。 2. 师生认识和问好 老师：同学们好，我是××老师。奋斗的青春？ 学生：最美丽！	**一、组织** 1. 集合时队形 ▽▽▽▽▽▽▽▽▽ ▽▽▽▽▽▽▽▽▽ ▽▽▽▽▽▽▽▽▽ ▽▽▽▽▽▽▽▽▽ ▲ 讲授型

结构	教学内容	组织与教法
活动实施 （70分钟）	**二、破冰活动——花开花落（10分钟）** 1. 活动导入 同学们，接下来让我们围成一个圆圈，手放在旁边伙伴的腰后，和相隔一位的学生互抓手腕。 2. 活动规则 （1）当老师说“花开”的时候，大家向后仰，当老师说“花落”的时候，大家向前弯腰。 （2）当老师说“风吹”的时候，大家向右倒，当老师说“草动”的时候，大家向左倒。 3. 注意事项 （1）老师站在圆圈中心，如果人太多则围成2个或2个以上的同心圆。 （2）提前调查学生的身体状况，身体不适的同学可以不参与体验。 （3）提醒大家彼此抓紧手腕。 **三、活动讲解（15分钟）** 1. 活动导入 同学们，你们现在的身份是中国首批登月宇航员，乘坐宇宙飞船来到了月球上考察，现在考察任务已经结束，你们要从考察地点返回宇宙飞船。返回途中要经过一段非常地带，这个地带除了环形山是安全的，其他地方都被放射性物质所覆盖，你们是被一根输氧管道连接在一起的，氧气只够你们使用40分钟，你们现在的任务是在规定时间内返回宇宙飞船。 2. 活动目标 接下来的这个活动是团队PK的活动，我们团队的每一位伙伴都彼此连接在一起，哪个小组用时最短完成挑战为获胜。 3. 活动规则 （1）呼啦圈代表环形山，橡皮圈代表氧气输送管道，氧气输送管道的连接	2. 破冰活动时队形 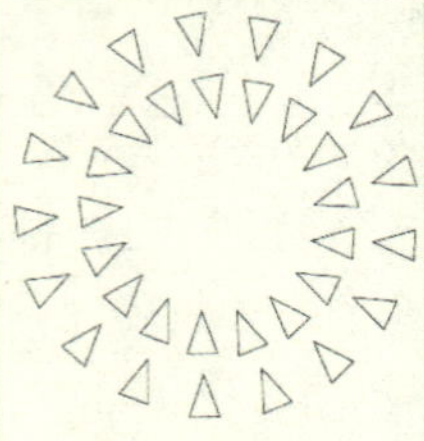 同心圆型 3. 活动讲解时队形 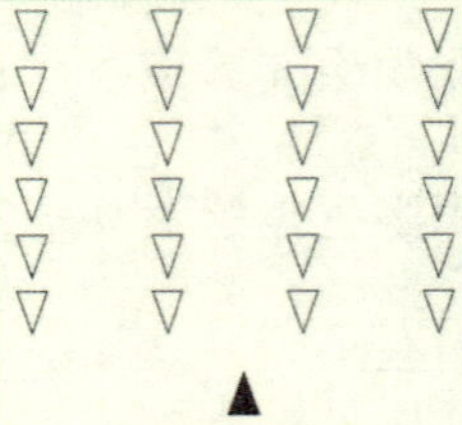 纵路型 **二、教法** 场景导入法

结构	教学内容	组织与教法
活动实施（70分钟）	部位是所有学生的脚踝。 （2）不能借助其他任何外界器械。 （3）在返回宇宙飞船过程中，任何人身体的任何部位不能接触环形山以外的地方（包括触动环形山内侧），如有接触，将被视为被放射性物质辐射，必须返回考察地进行处理，然后重新返回宇宙飞船。 （4）在规定时间内安全返回宇宙飞船，活动挑战成功。 （5）所能使用的时间是40分钟，如果在40分钟内没有安全返回宇宙飞船，活动将终止。 4. 注意事项 （1）开始前，要求取下身上所有尖锐以及容易掉落的物品，并进行身体状况调查。（由于身体不适不能参加剧烈运动或脚踝受伤等不适宜参加本次活动的请举手，你们将会担任安全员。） （2）提前布置好各组的挑战区域。 **四、活动监控（40分钟）** 1. 安全监控 （1）禁止学生身体全部离开地面踩在旁边同学的身体上。 （2）禁止在呼啦圈之间的蹿跳行为。 （3）提醒不要用力拉伸卡扣。 （4）如果发现以上现象要及时提醒或制止。 2. 语言监控 （1）聆听关于行走方法的讨论。 （2）聆听有人违规时小组成员说了什么。 （3）聆听返回时，各小组成员说了什么。 3. 行为监控 （1）观察小组成员的站位分配。 （2）观察小组在落后情况下的团队势气。	

结构	教学内容	组织与教法
活动总结 （20分钟）	**一、集合整队（1分钟）** **二、学生分享（14分钟）** 1. 回顾反思 （1）如何做才能前进得更快呢？ （2）当我们不断被要求返回重新开始的时候，我们的心情是什么样的？ （3）能够挑战成功需要我有什么样的心态？ （4）能够挑战成功的团队具有什么样的特点，请用三个词来描述。 2. 组织分享 **三、教师总结（5分钟）** 1. 分享整合 尼克松是一位伟大的美国总统，但就是这样一个大人物，却因为缺乏自信而毁掉了自己的政治前程。1972年，尼克松竞选连任。由于他在第一任期内政绩斐然，所以大多数政治评论家都预测尼克松将以绝对优势获得胜利。然而，尼克松本人却很不自信，他走不出过去几次失败的心理阴影，极度担心再次出现失败。在这种潜意识的驱使下，他鬼使神差地干出了后悔终生的蠢事。他指派手下的人潜入竞选对手总部的水门饭店，在对手的办公室里安装了窃听器。事发之后，他又连连阻止调查，推卸责任，在选举胜利后不久便被迫辞职。本来稳操胜券的尼克松，因缺乏持之以恒的自信而导致惨败，所以从这件事可以看出自信是多么重要。 2. 价值澄清 希望大家拥有持久不变的意志，不随意放弃，不负青春。 因为：奋斗的青春最美丽！	**一、组织**  并列型 **二、教法** 1. 问题引导法 2. 代表分享法 3. 案例法

<table>
<tr><th colspan="2">评价维度</th><th>评价要点</th><th>评价结果（描述或判断）</th></tr>
<tr><td colspan="2" rowspan="2">教学准备</td><td>1. 是否提前准备好呼啦圈、弹性绑腿带？</td><td></td></tr>
<tr><td>2. 是否提前布置好活动场地？</td><td></td></tr>
<tr><td colspan="2" rowspan="8">教学过程</td><td>3. 挑战过程中，时间把控是否按计划进行？</td><td></td></tr>
<tr><td>4. 活动的组织实施是否有秩序？</td><td></td></tr>
<tr><td>5. 在活动导入和活动规则讲解过程中，对自己的表情、肢体动作、语言表达等如何评价？</td><td></td></tr>
<tr><td>6. 在教学过程中，是否发挥教师作为引导者、观察者、分享者的角色功能？</td><td></td></tr>
<tr><td>7. 你对整个教学过程把控是否满意？</td><td></td></tr>
<tr><td>8. 你是否能对学生的问题做及时有效的回应？</td><td></td></tr>
<tr><td>9. 在教学过程中，你在哪些方面给予了学生针对性指导？</td><td></td></tr>
<tr><td>10. 在月球漫步活动中，是否有安全事故发生？</td><td></td></tr>
<tr><td colspan="2" rowspan="3">教学效果</td><td>11. 你能否引导所有学生有效完成学习手册？</td><td></td></tr>
<tr><td>12. “花开花落”破冰活动有无实现教学目标？</td><td></td></tr>
<tr><td>13. 挑战中有没有放弃的小组？如果有，你是怎么引导的？</td><td></td></tr>
<tr><td rowspan="3">活动小结</td><td>优点</td><td colspan="2"></td></tr>
<tr><td>不足</td><td colspan="2"></td></tr>
<tr><td>改进</td><td colspan="2"></td></tr>
</table>

车轮滚滚永向前

适用年级：小学　　　　建议时长：90分钟

教学内容	课程目标	教学重点与难点
1. 组织学生体验破冰活动大风吹。 2. 组织学生体验活动车轮滚滚永向前。 3. 组织学生对活动体验进行分享总结。	1. 通过活动体验，认识履带车的前进方式。 2. 通过活动体验，提升学生的沟通能力、协作能力。 3. 通过活动体验，提升学生之间配合的默契度，培养学生做事坚持不懈的品质。	1. 重点：活动线是互相协作挑战车轮滚滚永向前活动。教育线是在挑战中培养学生目标坚定、不言放弃、持之以恒的品质。 2. 难点：监控多组同时挑战。

结构	教学内容	组织与教法
活动准备	**一、前期布置** 1. 场地：室外或者室内平整安全的场地。 2. 器材：履带。	**一、实景图** 
活动实施 （70分钟）	**一、课堂常规（5分钟）** 1. 集合分组 分成4组。 2. 师生认识和问好 老师：同学们好，我是××老师。奋斗的青春？ 学生：最美丽！	**一、组织** 1. 集合时队形 ▽ ▲ 讲授型

<table>
<tr><th>结构</th><th>教学内容</th><th>组织与教法</th></tr>
<tr><td>活动实施
（70分钟）</td><td>

二、破冰活动——大风吹（10分钟）

1. 活动导入

同学们，风有大风有小风，如果一会大风一会儿小风会有什么好玩的事情呢？接下来这个活动就叫大风吹。

2. 活动规则

（1）所有学生围成圆圈站立，当老师说“开始”时，大家依照口令行动。

（2）当老师发出“大风吹”的口令时，学生问“吹什么？”老师根据现场情况，随机回答出学生身上的某种物品（或者某种特征），符合条件的学生要迅速蹲下，其他学生站立不动。（如：大风吹，吹什么？吹穿红衣服的。所有穿红衣服的学生迅速蹲下，其他学生站立不动。）

（3）当老师发出“小风吹”的口令时。学生发问“吹什么？”老师随机回答学生身上的某种物品（或者某种特征），符合条件的学生要站立不动，其他学生迅速蹲下。（如：小风吹，吹什么？吹男生！所有男生站立不动，所有女生迅速蹲下。）

3. 注意事项

（1）需要蹲下的学生，如果反应慢或者没有蹲下为出错。

（2）过程中也可以让出错的学生来代替老师的角色来说“吹什么”。

（3）老师也可以在“大风吹”和“小风吹”之间变化几次，再说出答案，以增加挑战难度。

三、活动讲解（15分钟）

1. 活动导入

大家在电视、电影、图片中都见过履带式坦克吧？大家知道坦克的行进，是由车轮驱动履带产生前进的动力，一旦履带发生断裂，或者履带脱离车轮，整个坦克就会停止不前。

</td><td>

2. 破冰活动时队形

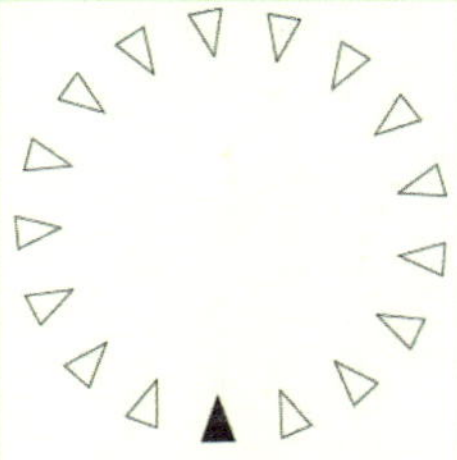

圆桌会议型

3. 活动讲解时队形

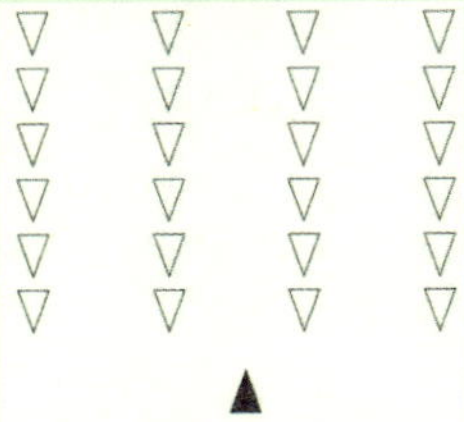

纵路型

</td></tr>
</table>

<table>
<tr><th>结构</th><th>教学内容</th><th>组织与教法</th></tr>
<tr><td>活动实施（70分钟）</td><td>接下来我们模拟坦克的履带，完成一项挑战。这个过程中，不能出现故障，让我们的车轮滚滚永向前。
2. 活动目标
接下来的这个活动是团队PK的活动，小组所有人站在履带上沿着规定路线前进，用时最少的小组为获胜者。
3. 活动规则
（1）每组组长领取一组道具。
（2）组长安排学生将道具展开。
（3）组长将学生合理安排。
（4）所有学生站在履带里，传递履带前进。
（5）前进过程中所有人的脚不允许碰触除履带以外的任何地面，如有违规加时3秒。
4. 注意事项
（1）给学生充足的练习时间。
（2）分组时考虑男女搭配和人数相当。
（3）路线设计可以有难度点，比如曲线、拐弯等。
四、活动监控（40分钟）
1. 安全监控
（1）提醒学生彼此不要靠得太近，防止拥挤摔倒。
（2）提醒排头学生注意把握方向，防止与其他小组碰在一起。
（3）禁止彼此互相推搡大闹。
2. 语言监控
（1）聆听大家在行走时的口号。
（2）聆听违规时大家的语言表达。
3. 行为监控
（1）观察小组成员对于活动的投入度。
（2）观察小组在落后情况下的团队势气。</td><td>二、教法
情景导入法</td></tr>
</table>

结构	教学内容	组织与教法
活动总结 （20分钟）	**一、集合整队（1分钟）** **二、学生分享（14分钟）** 1. 回顾反思 （1）你们在练习和比赛时的状态有什么不同？ （2）在车轮向前滚动的过程中，你的心情是什么样的？ （3）想要获胜，我们应该具备的条件是什么？ （4）如果再给大家一次机会，我们会怎样做？ 2. 组织分享 **三、教师总结（5分钟）** 1. 分享整合 1955年2月17日，莫言出生在山东省高密县大栏乡平安庄。莫言的童年正值中国近代史上的“三年困难时期”。莫言在小学五年级时因“文化大革命”辍学，在农村劳动长达10年。主要从事农业，种高粱、种棉花、放牛、割草。 1976年莫言加入中国人民解放军，历任班长、保密员、图书管理员、教员、干事等职。在部队担任图书管理员的四年时间里，莫言阅读了大量的文学书籍，图书馆里1000多册文学书籍他全部看过。 1985年初，莫言在《中国作家》杂志发表《透明的红萝卜》而一举成名。 2012年10月11日，瑞典文学院宣布中国作家莫言获得2012年诺贝尔文学奖，成为中国首位诺贝尔文学奖获得者。 坚持到底才能胜利。水滴石穿，是谁的力量？不是水的力量，是水坚持的力量，日复一日，年复一年，朝向一个点不断地滴，功夫不负有心人。 2. 价值澄清 希望大家拥有坚持不懈的恒心，不负青春。 因为：奋斗的青春最美丽！	**一、组织** 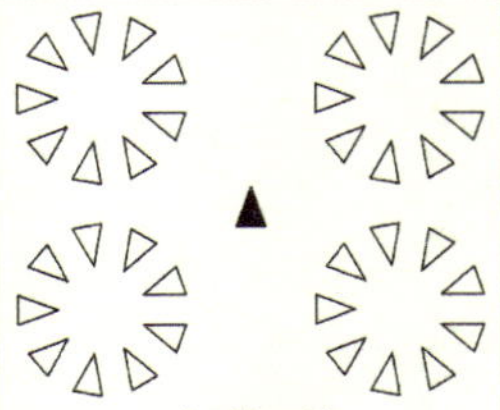 岛屿型 **二、教法** 1. 问题引导法 2. 代表分享法 3. 故事法

<table>
<tr><th colspan="2">评价维度</th><th>评价要点</th><th>评价结果（描述或判断）</th></tr>
<tr><td colspan="2" rowspan="2">教学准备</td><td>1. 是否提前准备好履带道具？</td><td></td></tr>
<tr><td>2. 是否提前布置好活动场地？</td><td></td></tr>
<tr><td colspan="2" rowspan="8">教学过程</td><td>3. 练习和比赛是否按计划进行？</td><td></td></tr>
<tr><td>4. 练习和比赛环节的组织是否有序地实施？</td><td></td></tr>
<tr><td>5. 在活动导入和规则讲解过程中，对自己的表情、肢体动作、语言表达等如何评价？</td><td></td></tr>
<tr><td>6. 在教学过程中，是否发挥教师作为引导者、观察者、分享者的角色功能？</td><td></td></tr>
<tr><td>7. 你对自己的组织把控是否满意？</td><td></td></tr>
<tr><td>8. 你是否能对学生的问题做及时有效的回应？</td><td></td></tr>
<tr><td>9. 在教学过程中，你在哪些方面给予了学生针对性指导？</td><td></td></tr>
<tr><td>10. 在练习和比赛过程中，是否有安全事故发生？</td><td></td></tr>
<tr><td colspan="2" rowspan="3">教学效果</td><td>11. 你能否引导所有学生有效完成学习手册？</td><td></td></tr>
<tr><td>12. “大风吹”破冰活动有无实现教学目标？</td><td></td></tr>
<tr><td>13. 每一组在比赛中都能坚持到终点吗？</td><td></td></tr>
<tr><td rowspan="3">活动小结</td><td>优点</td><td colspan="2"></td></tr>
<tr><td>不足</td><td colspan="2"></td></tr>
<tr><td>改进</td><td colspan="2"></td></tr>
</table>

思维迷宫

适用年级：小学　　　　建议时长：90分钟

教学内容	课程目标	教学重点与难点
1. 组织学生了解中国四大益智游戏。 2. 组织学生体验益智游戏。 3. 组织学生对活动体验进行分享，并进行总结。	1. 通过益智游戏的介绍，了解益智游戏的范畴、来源和中国古代四大益智游戏的历史。 2. 通过活动体验，提高学生的逻辑分析能力、独立思考能力和动手实践能力。 3. 通过小组讨论交流，培养学生的自主探究意识和迎难而上、持之以恒的优秀品质。	1. 重点：活动线是掌握6～10种益智教具解密方法。教育线是培养学生做事要有恒心有毅力，坚持到底的品质。 2. 难点：探究鲁班锁、连环锁的拆分技巧和套锁方法。

结构	教学内容	组织与教法
活动准备	**一、前期布置** 1. 场地：益智游戏场馆。 2. 器材：木质类教具、连环锁、鲁班锁、华容道、数独、汉诺塔、索玛方块、伤脑筋十二块。	**一、实景图** 
活动实施（70分钟）	**一、课堂常规（5分钟）** 1. 集合分组 6～8人一组。 2. 师生认识和问好 老师：同学们好，我是××老师。奋斗的青春？ 学生：最美丽！	**一、组织** 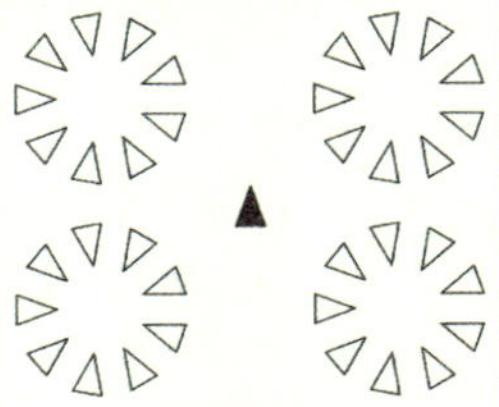 岛屿型

结构	教学内容	组织与教法
活动实施 （70分钟）	**二、活动环节** （一）中国四大益智游戏导入（10分钟） 大家平时玩过哪些动脑游戏？请大家举例说一说。 什么是益智游戏？运用到了哪些感官？锻炼了哪些能力？ 大家玩过迷宫游戏吗？请描述一下。我们的思维就如迷宫一样，通过体验多种益智游戏，可以激发大脑思维，打开迷宫的大门，找到最终的答案。 益智游戏属于创新训练课程，是指通过一定的逻辑或是数学、物理、化学，甚至是自己设定的原理来完成一定任务的动脑游戏，使人在游戏中提高逻辑分析能力和手眼协调能力等。 中国古代有“四大益智玩具”，分别是鲁班锁、九连环、华容道和四巧板。 鲁班锁，也叫孔明锁、八卦锁，是一种立体插接玩具，易拆难装。 九连环，是一种解环玩具，以金属制成9个圆环，用柄环贯穿起来。玩时按程序和步骤操作把九个圆环分别解开，然后再套起来。 华容道，是一种滑块移图玩具。通过移动各个棋子，帮助曹操从初始位置移到棋盘最下方中部，从出口逃走。常见的有三国华容道、数字华容道、彩色华容道等。它与七巧板、九连环号称“中国的难题”。 四巧板，四块不同形状的板子共有16个角，每个角度都是45度的倍数。西方叫它“T字板”，也就是把四巧板拼成大写的T字母形状，据说这种拼法是最难的。 （二）益智游戏活动（30分钟） 介绍八种木制类教具和六种连环锁的名称和特性，然后学生进行体验，寻找其解法。 1. 八种木质教具讲解	**二、教法** 1. 问题导入法、视觉导入法  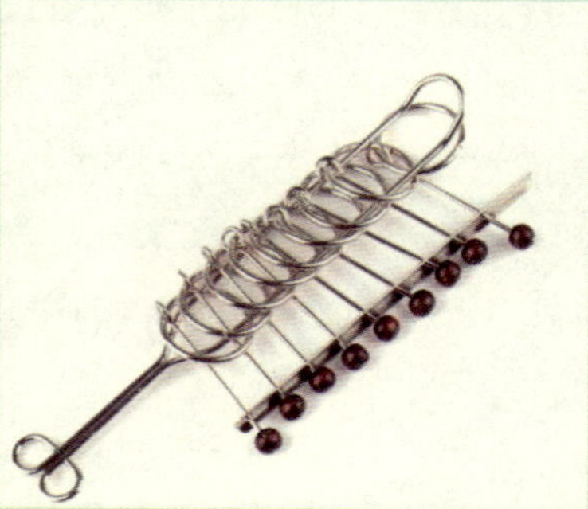

结构	教学内容	组织与教法
活动实施 （70分钟）	七巧谜块，由7个木块组成，试着将它们拼成一个金字塔。 珠子塔，由6串珠子组成的木条和一个底座构成，试着将它们拼成一个金字塔。 索玛方块，是由7个木块组成。最基本的游戏是拼成一个3cm×3cm×3cm的正方体。 双关魔盒，是一个封闭式长方体，要想打开盒子，请找一找其中的“机关”。 地球仪，由上、下两个半圆组成。滑动两个半圆将它们分离。 破碎的心，由一个木框和9块木片组成。它可以拼出49种不同的图案。 星座拼图，将托盘中的所有木片取出，然后用它们组成一个六角的圣诞之星。 拥挤的动物园，由8块形状各异的动物木块拼成。请合理利用托盘的空间，把所有动物放进拼图中。 2. 六种金属教具（连环锁）讲解 连环锁，也叫作解扣。这里有六种连环锁，分别叫作海马扣、蝴蝶结、钉子扣、鸳鸯扣、幸运之门、转弯抹角。它们都是两个金属环相扣而套锁在一起的解环玩具。游戏目的是将两个环拆解分开，再扣锁。我们可以采取轻轻旋转、扭动、环绕等技巧将其分解。 3. 活动要求 （1）每组选出一名组长，负责保管教具并维持本组纪律。 （2）若全部教具体验完毕，各组长负责和其他小组交换教具。每次只需交换一种教具。 （3）金属类教具避免用力拉扯、扭拽；木制类教具避免摔打、磕碰、敲击。 （4）小组成员互相配合、探讨，每人至少掌握6种教具解法。 （三）益智游戏升级活动（25分钟） 介绍5种大型益智游戏和3种鲁班锁的特点和玩法，然后学生进行体验活动。	2. 讲授法   

结构	教学内容	组织与教法
活动实施 （70分钟）	1. 五种大型益智游戏讲解 华容道，移动各个木块但不能将它们脱离木板。最终把最大的木块从出口处移出来。 数独，盘面是九宫格。每一宫格又分为九个小宫格。在9×9宫格中根据已知数字，在其他的宫格上填入1～9的数字，并满足每一行、每一列、每一宫格内均含1～9的数字，不重复。 伤脑筋十二块，包括13块木块，其中12种由5个立方体通过不同组接组成，剩下的1种是一个正方体。可以用它们组成60种不同的图形。 汉诺塔，先在底座放3根木棍，把圆盘从大到小放在中间的木棍上。然后试着将圆盘放在待定的木棍上。有两点规则：第一是一次只能移动一个圆盘；第二是小圆盘只能放在较大的圆盘上面。 索玛方块，同索玛方块小型教具玩法一样。 2. 三种鲁班锁讲解 六通，一副由简单的6根木条组成的孔明锁。请拆开后将其重新组装。 蒺藜，由6块形状相同的木块组成。请拆开后将它们再装回去形成一个3D形状。 摇滚球，由6个木片组成。试着将它们拆开后再装回去，形成一个镂空的球体。 3. 活动要求 （1）各小组每次出来3～4名同学体验活动，其他成员继续第一轮活动。 （2）第一组探索数独游戏；第二组探索伤脑筋十二块；第三组探索色彩华容道；第四组探索汉诺塔；第五组探索索玛方块；第六组探索鲁班锁。 （3）按照教师的分配进行活动，不允许在场馆内随意跑动。 （4）每次体验活动的时间不超过10分钟。	3. 探究法   

结构	教学内容	组织与教法
活动实施 （70分钟）	**三、注意事项** 1. 禁止大声喧哗，有问题请向老师报告。 2. 使用教具时轻拿慢放，避免磕碰损伤。 3. 教具和大型玩具体验完毕后，归位放好。 4. 给学生提供鲁班锁玩法说明书，在讲解连环锁时告知其技巧。 **四、活动监控** 1. 安全监控 （1）提醒大家注意使用金属教具不要划破手指。 （2）大块模型物体轻拿慢放，切勿碰伤自己和他人。 （3）禁止在教室内追逐打闹。 2. 语言监控 （1）聆听大家游戏方法的讨论。 （2）聆听大家关于游戏的新发现。 3. 行为监控 （1）观察各小组成员的分工合作。 （2）观察各小组成员遇到困难时的状态。	
活动总结 （20分钟）	**一、集合整队（1分钟）** **二、学生分享（10分钟）** 1. 回顾反思 （1）第一轮活动，每个人是否都把整套教具全部体验完毕？	**一、组织** 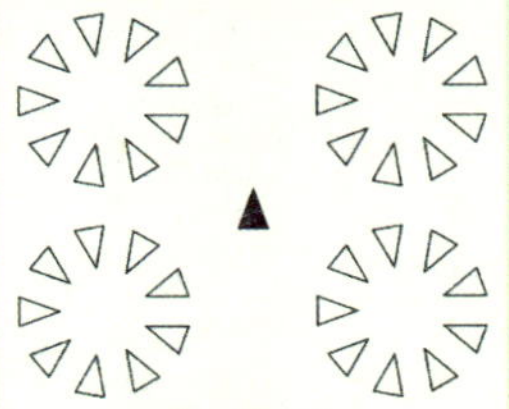 岛屿型 **二、教法** 1. 问题引导法

结构	教学内容	组织与教法
活动总结（20分钟）	（2）每个种类的连环锁你都解开了吗？能总结的规律有哪些？ （3）当你遇到挫折时，是怎样的感受？当你成功解锁一种游戏后，是什么样的心情？ （4）在团队共同探究大型玩具时，你们是如何确立目标的？ 2. 组织分享 **三、教师总结（9分钟）** 1. 分享整合 据英国皇家科学院研究人员发现，经常玩益智游戏的人，比不玩益智游戏的人平均智商高出11分左右。美国医学专家也发现，50岁以前开始玩成人益智游戏的人，老年痴呆的发病率只有普通人的32%，而从小就玩益智游戏的人发病率不到普通人发病率的1%。所以，我们可以将益智游戏分享给爷爷奶奶，帮助他们配合身上各种感官的反应，有效地锻炼大脑思维和灵活度，延缓衰老。 每位同学都喜欢游戏，事实上，益智游戏本身就是一种学习，学习的过程就像是走迷宫一样，会遇见各种障碍，会感到很多困惑，这需要我们一点点去探究，一个个去想方设法解决问题，所以专心和恒心是学习进步的两大基石。比如我们刚刚玩游戏失败了，没关系，找原因、找技巧，多试几次，不在挫折面前退缩放弃。困难就好比纸老虎，不要被它吓倒，只要你不怕困难勇往直前，才能走向成功。更重要的是持之以恒，不半途而废，三天打渔两天晒网是做不成大事的。当然学习之余，同学们应适量玩耍游戏，切不可过度沉迷而荒废学业。 2. 价值澄清 希望大家拥有敢于面对逆境、迎难而上、坚持不懈的品质，不负青春。 因为：奋斗的青春最美丽！	2. 组内分享和代表分享法 3. 归纳法

<table>
<tr><th colspan="2">评价维度</th><th>评价要点</th><th>评价结果（描述或判断）</th></tr>
<tr><td colspan="2" rowspan="2">教学准备</td><td>1. 是否提前准备和检查好视频资料？</td><td></td></tr>
<tr><td>2. 是否提前准备好木质类教具、连环锁、鲁班锁、华容道、数独、汉诺塔、索玛方块、伤脑筋十二块等？</td><td></td></tr>
<tr><td colspan="2" rowspan="8">教学过程</td><td>3. 各个活动时间节点把控是否按计划进行？</td><td></td></tr>
<tr><td>4. 是否给予学生足够的时间进行体验和实践？</td><td></td></tr>
<tr><td>5. 在中国四大益智游戏导入过程中，对自己的表情、肢体动作、语言表达等如何评价？</td><td></td></tr>
<tr><td>6. 在教学过程中，是否发挥教师作为引导者、观察者、分享者的角色功能？</td><td></td></tr>
<tr><td>7. 在教学活动中，你对哪个环节的组织最满意？</td><td></td></tr>
<tr><td>8. 你是否能对学生的问题做及时有效的回应？</td><td></td></tr>
<tr><td>9. 在教学过程中，你在哪些方面给予了学生针对性指导？</td><td></td></tr>
<tr><td>10. 在教学过程中，是否有安全事故发生？</td><td></td></tr>
<tr><td colspan="2" rowspan="3">教学效果</td><td>11. 你能否引导所有学生有效完成学习手册？</td><td></td></tr>
<tr><td>12. 学生最后是否能掌握至少6种教具解法？</td><td></td></tr>
<tr><td>13. 五种大型益智游戏学生能成功完成几个？</td><td></td></tr>
<tr><td rowspan="3">活动小结</td><td>优点</td><td colspan="2"></td></tr>
<tr><td>不足</td><td colspan="2"></td></tr>
<tr><td>改进</td><td colspan="2"></td></tr>
</table>

5

第五单元

奋斗之魂

FENDOUZHIHUN

问道王屋山——奋斗之道

适用年级：小学　　　　建议时长：一天

教学内容	课程目标	教学重点与难点
1. 组织学生熟悉愚公移山的故事，深刻领会愚公移山的精神。 2. 组织学生了解《道德经》的作者老子的生平及《道德经》的名言警句。 3. 组织学生领略阳台宫古建筑之美并进行保护文物的宣誓及签字活动。 4. 组织学生探究愚公移山红色教育基地，感受淳朴民风，深入学习愚公移山精神。 5. 组织学生对活动体验进行分享总结。	1. 通过欣赏王屋美景并集体朗诵《愚公移山》，让学生了解王屋山的历史文化。 2. 让学生学会通过收集、整理、调查取证、参观体验、研讨等方式，全方位了解王屋山，培养学生发现问题，并运用知识分析问题、解决问题的能力；通过深入学习愚公移山精神，培养学生在学习中克服困难的能力。 3. 通过讲述愚公移山的故事和探究愚公移山红色教育基地，让学生学习愚公坚持不懈、坚忍不拔、吃苦耐劳的奋斗精神。通过探究王屋山古建筑，培养学生的工匠精神。	1. 重点：活动线是集体朗诵《愚公移山》原文以及观看皮影戏、体验“行路难”趾压板活动。教育线是学习愚公吃苦耐劳、坚持不懈的奋斗精神。 2. 难点：了解《道德经》和作者老子，以及《道德经》中的名言警句。

结构	教学内容	组织与教法
活动准备	**一、前期布置** 1. 场地：王屋山。 2. 器材：准备好用到的研学手册、旗帜、音响、签字笔。	**一、实景图** 

结构	教学内容	组织与教法
活动实施 （405分钟）	**一、课堂常规（10分钟）** 1. 集合分组 6~8人一组。活动开始之前，我们首先进行分组，按照现在的队列分为四组，每个队列的排头即为小组长，组长负责本组的人数清点。 2. 师生认识和问好 老师：同学们好，我是××老师。奋斗的青春？ 学生：最美丽！ 教师：非常欢迎大家来到王屋山景区进行一天的研学活动。 3. 讲解活动任务及要求 教师：活动中我们会给各小组派发研学手册，请大家严格按照手册上的任务探究和学习，妥善保管研学手册，如有丢失，请及时报告老师。 4. 讲解安全注意事项 教师：王屋山景区比较大，请大家跟好自己的队伍，不要随意离队。景区内台阶比较多，请大家注意安全。如有什么问题，请及时报告老师。 **二、活动环节** 活动（一）——初见道境广场（50分钟） 环节1：教师讲解（10分钟） 女娲补过的天，黄帝祭过的天，愚公移过的山，大禹治过的水，这里就是王屋山。从上古时期的原始崇拜，到黄老道的发展，再到洞天福地学说中的十大洞天之首，王屋山作为“天下第一洞天”，彰显了其作为道教圣地的重要地位。老子、司马承祯的悟道，李白、白居易等文人墨客的游历，药王孙思邈的采药炼丹，都为王屋山增添了神秘的气息。 走进道境广场，犹如走进仙境，请大家带着诚敬的心，跟我一起开启今天的研学实践活动。 环节2：学生探究（10分钟）	**组织** 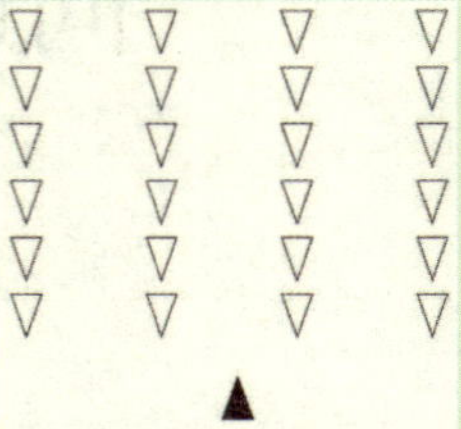 纵路型 **教法** 讲授法 **组织** 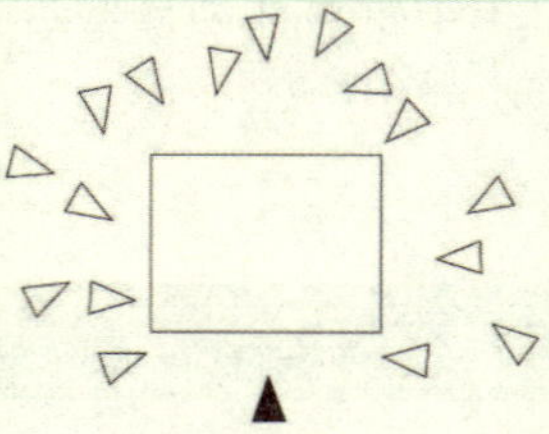 环绕情景型 **教法** 1. 讲授法

结构	教学内容	组织与教法
活动实施 （405分钟）	接下来大家以小组为单位，参观和探究道境广场入口处的朝元仙杖柱、九龙在渊地雕、五门六柱十一楼牌坊，探究过程中完成研学手册中的任务1。 请所有同学文明参观，不要破坏广场上的建筑。 环节3：小组分享（20分钟） 1. 回顾反思 （1）朝元仙杖柱上的男神仙和女神仙都分别在哪根柱子上？ （2）九龙在渊地雕上的九条龙有几种姿势？ （3）为什么称此牌坊为“五门六柱十一楼牌坊”？ （4）牌坊上的六大创世神话故事你都了解吗？给你带来什么样的启示？ 2. 小组分享 环节4：教师总结（10分钟） 1. 分享整合 首先我来给大家讲解一下朝元仙仗柱，这上面有男神仙有女神仙，左边柱子上是男仙，右边是女仙。为什么要在这里设立朝元仙仗柱？朝元仙仗柱是依据《朝元仙仗图》所雕刻的，《朝元仙仗图》是由历史上两位著名画家所画，其中一位武宗元是济源人。另外一点，王屋山是道教圣地，天坛顶上总仙宫更是所有神仙朝会之所、荟萃之地，因此在这里设立朝元仙仗柱就无可厚非。 九龙在渊，是易经的乾卦，龙藏于水中，龙头朝下，即降龙，意味着不得志，处于人生低潮的一个阶段，也象征着轩辕黄帝在统一部落联盟之前，大战蚩尤，久战不胜,中华民族四分五裂的阶段。由左至右,龙头慢慢抬起,也是一个腾飞的过程。九龙在渊的意思也是说人生有高潮也有低谷,在低谷的时候不要迷失,而是要时刻准备着,伺机而动。 接下来我们重点讲解一下王屋山的地标性建筑，宽42米、高16.8米的五门六柱十一楼牌楼。牌坊上雕刻有祥龙、	组织 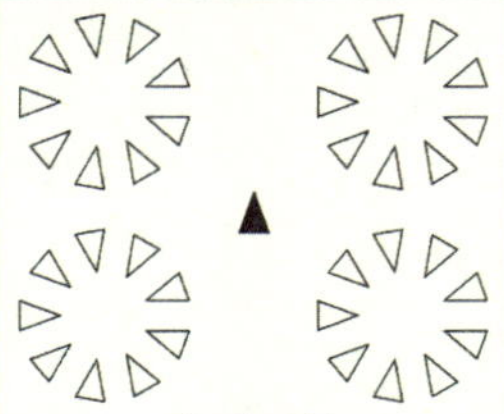 岛屿型 教法 1. 问题引导法 2. 代表分享法 3. 归纳法

结构	教学内容	组织与教法
活动实施（405分钟）	莲花等吉祥的图案。以及许多中华创世神话，如女娲补天、后羿射日、大禹治水、黄帝祭天、伏羲演八卦、神农尝百草、愚公移山等。这些画联，全国独一无二，灵感来源于阳台宫。这些画联和阳台宫的文化一脉相承。这个牌坊也创下了三个全国之最：一是全国道文化内涵最丰富，二是雕刻工艺最精湛，三是建筑规模最宏大。 2. 价值澄清 一座王屋山，半部道教史，这里同时也是中华民族奋斗和腾飞的一个缩影。无论是黄帝祭天，还是大禹治水，还是愚公移山，都在诉说着中华民族奋斗不息的故事。 再联系到我们的学习和生活，也曾失意彷徨，也曾乌云密布，但是请大家不要轻言放弃，迎难而上，坚持不懈，相信风雨过后就会出现彩虹，相信奋斗才能走得更远，相信奋斗的青春最美丽！ 活动(二)——诵读道德经书(60分钟) 环节1：教师讲解（10分钟） 现在位于我们面前的是道境广场非常著名的《道德经》墙。整面《道德经》墙位于道境广场的核心位置，石刻作品全长101米（寓意老子在世101载），高81分米（寓意《道德经》通篇81章），坡度51. 9度（寓意老子五十岁后便知后事，在王屋山悟道19载），整面墙有5210块石头（寓意《道德经》5210个字）。经卷采用原土、原石、原版、原创、原注，体现道法自然。石刻经卷形若苍龙，即指老子龙也；壮似如意，借喻道益人生；更像春蚕，寓意老子悟道王屋山，正如蚕之成长、成熟、吐丝三个阶段，以彰显王屋山对《道德经》成书的作用。 环节2：集体朗诵《道德经》(5分钟) 组织学生按照讲授型的队形站好，选出一名学生代表带领大家集体朗诵《道德经》第一章以及《道德经》中脍炙	**组织**  **教法** 讲授法

结构	教学内容	组织与教法
活动实施 （405分钟）	人口的章节。 环节3：《道德经》金句分享（20分钟） 寻找《道德经》中你熟悉的句子，并将此句记录下来。听到集合口令后，迅速集合并在组内分享你对这句话的理解和对你生活学习的影响。 环节4：小组分享（20分钟） 1. 回顾反思 （1）《道德经》全文多少字？多少个章节？ （2）关于《道德经》的作者老子，大家了解多少？ （3）《道德经》中除了任务2上的内容，还有哪些是我们耳熟能详的？ （4）老子潜心悟道留下的经典著作，对于我们的学习和生活有什么样的指导意义呢？ 2. 组织分享 环节5：教师总结（5分钟） 1. 分享整合 《道德经》的作者是老子。老子，春秋时期著名思想家，出生于鹿邑，工作于洛阳，悟道于王屋山，著书于函谷关。 《道德经》被誉为“万经之王”“百科全书”，它的智慧源于老子对世情的洞察和精微的思索，内容涉及人性修养、处世哲学、治国之道、军事哲学等等，被后人尊奉为修身、齐家、治国、平天下的宝典。无论是高官达吏还是平民百姓，总能从《道德经》中找到自己所需要的智慧。 2. 价值澄清 《道德经》也是老子一生的奋斗史，在悟道的过程中，老子潜心钻研，将自己融于天地之间，终于研究出可供世人沿袭和借鉴的经典之作。无论是在学习、做人、经商、治国等方面都给予了我们无穷的大智慧。衷心希望在以后的学习中，同学们能深入理解《道德经》的精髓，用前人的大智慧指导我们的人生，开启我们奋斗的大门。	**组织**  **教法** 1. 问题引导法 2. 代表分享法 3. 归纳法

结构	教学内容	组织与教法
活动实施 （405分钟）	活动（三）——我和唐诗宋词（55分钟） 环节1：教师讲解（5分钟） 现在我们来到的是道文化长廊，这里也被称为王屋山的“朋友圈”。王屋山的灵气和灿若星河的道文化吸引了无数文人墨客到王屋山游历。著名诗人李白与王屋山还曾结下了不解之缘，除此之外，杜甫、白居易、王维、韩愈、李商隐、卢仝等大家熟知的大诗人也在这里留下过足迹。 这些诗人们早已经离我们而去，但是他们留下的诗词却是挥散不去的，今天让我们在先人们曾经到过的热土上，来一次和唐诗宋词的美丽约会。 环节2：小组故事创编（25分钟） 按照既定的分组，每个小组有五分钟的时间探究道文化长廊历史上到王屋山游历的文人墨客，并用20分钟的时间选出1首诗，根据诗句的内容和意境，小组创编故事。 环节3：成果展示（10分钟） 下面是小组展示时间，四个小组组长通过“石头、剪刀、布”决出胜负后，依次开始创意展示。 要求： 1. 先完整背诵整首诗，再进行故事展示。 2. 根据各小组展示出来的效果决出优胜组。 环节4：学生分享（10分钟） 1. 回顾反思 （1）都有哪些我们熟知的大诗人来过王屋山游历？ （2）“诗仙”“诗圣”“诗魔”“诗骨”“诗狂”分别是谁？ （3）唐诗宋词也是中华传统文化的一部分，对于我们的生活和学习有什么影响？ （4）如何用古人的智慧指导我们的学习？	**组织**  讲授型 **教法** 1. 讲授法 2. 探究法 3. 展示法 **组织** 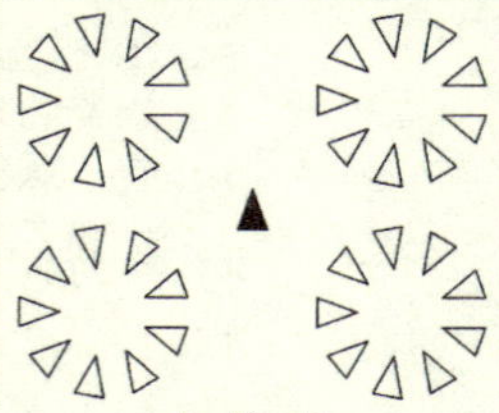 岛屿型 **教法** 1. 问题引导法 2. 代表分享法 3. 归纳法

结构	教学内容	组织与教法
活动实施 （405分钟）	2. 组织分享 环节5：教师总结（5分钟） 1. 分享整合 刚才大家在展示的过程中充分结合自己学过的唐诗宋词，发挥想象力和创造力，将一首首古诗歌改编成一个个鲜活的故事。中华的文化博大精深，即使到今天，依然能够从中感受到它们给我们带来的力量。这也是中国传统文化的魅力体现。希望在接下来的学习过程中，学习更多的诗词，掌握更多的经典诗歌，加深对中华诗词的理解，丰富对中国传统文化的认识。 2. 价值澄清 唐诗宋词是中国文学史上的两颗明珠，也是中华文化的瑰宝，学习唐诗宋词可以掌握语言的韵律，学习历史文化，可以陶冶情操，积累语言，提高文化修养，可以在现实生活中给心灵一些诗意，给记忆一些历史，给思考一些哲理。 随着高考命题的不断改革，语文的地位日益重要，其中关于古诗词和文言文的权重也日益加大，希望大家能从现在起，捡拾起对唐诗宋词的热爱，多学习多涉猎，用古人的视角重新定位自己，沿袭古人的智慧开创新的学习天地。 活动（四）——我在阳台宫观（55分钟） 环节1：课程导入（5分钟） 阳台宫，王屋山著名的三宫之一，全称“大阳台万寿宫”，始建于唐开元十二年，也就是公元724年，是唐玄宗李隆基命高道司马承祯在此创建的。道观落成之后，他又命胞妹玉真公主在此修家学道，因此，这也是一处皇家道观。 环节2：学生观察+教师讲解（25分钟） 进入阳台宫后，我们要按照队列整齐排列，先观察阳台宫整体建筑风格，以及宫观内的娑罗树、龙爪柏、龙柏、凤柏、鸟柏的特征。之后由老师为大家	**组织**  讲授型 **教法** 1. 讲授法

结构	教学内容	组织与教法
活动实施（405分钟）	讲解这些树种的特征及寓意，体味宗教的和平共处以及各种柏树极好的寓意。 同学们先参观三清殿以及观察殿前画联上的内容，分组填写研学手册任务3上的问题。之后由老师为大家讲解三清殿相关知识：三清殿是我国现存规模最大的明代歇山式木结构建筑。整个殿堂是由30根石柱子支撑的，每根石柱子上都雕刻有龙凤呈祥的吉祥图案。尤其是外面这四根柱子雕刻的画联（讲解画联的含义）。整个画联展示的是“风调雨顺，国泰民安”“苦海无边，回头是岸”“八仙过海，各显神通”。体会道家顺其自然，无为而治，与自然和谐相处的思想。 现在我们参观的是第三研学点——玉皇阁,分组填写研学手册任务3上的问题,之后由老师为大家讲解相关知识并讲述石柱上的故事。玉皇阁是河南目前最大的歇山式阁楼建筑,明三暗二建筑,下层供奉神仙,上层用做藏书。感受传统建筑之美。阁外20根石柱雕刻着盘龙彩凤、花草虫鱼和神话世俗故事,雕工精湛,形象逼真,为明代石雕精品。体会古代人民精湛的手工艺术。石柱上的传奇故事都有田真哭树、苏武牧羊、李存孝打虎、桃花源洞、狐狸和乌鸦等,请每组找出一名代表找到对应的故事,并试着讲解故事的内容,由教师补充,并由学生分享小故事蕴藏的大道理。 环节3：保护文物宣誓仪式、拍照留念（10分钟） 1. 情景导入 阳台宫经历了1000多年的风雨，至今屹立不倒，保存完好，已成为中华文化中的一部分，是珍贵的文物之一。文物是中华民族传承的一种象征，他具有很高的艺术、精神、研究、欣赏、历史价值。文物是祖先留给我们的无价之宝，是金钱买不到的。经过多少年的风风雨雨和战乱，流传至今的文物已经不	2. 讲授法、探究法  组织 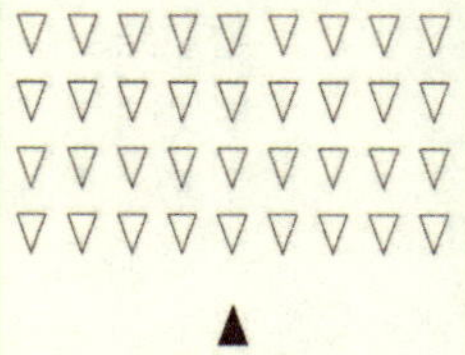 讲授型

结构	教学内容	组织与教法
活动实施 （405分钟）	多了，而且随着时间的推移，能够流传于世的文物越来越少，所以文物十分珍贵。同学们，我们想一下日用品坏了，可以再生产制造，文物却不同，它不能再生产，再生产出的东西也不是文物，是仿制品或者赝品，是没有任何文物价值的。文物一旦损坏，就永远不能复原，没有众多的文物史迹，文明古国也就名存实亡，失去其传统的风采和内涵。 2. 组织 学生在阳台宫外平台处集合列队，之后由教师挑选出领誓人，带领大家进行宣誓仪式。宣誓方式：右手握拳，跟读内容。 3. 宣誓内容 我愿意成为一名文物保护志愿者。我承诺：尽己所能，严谨尽责，团结协作。践行志愿精神，为中国文物保护与传承奉献力量！ 4. 签字仪式 教师组织学生在保护文物的条幅上签字留念。 5. 拍照留念 连队所有成员集合列队，拿起条幅，拍照纪念。 环节4：学生分享（10分钟） 1. 回顾反思 （1）阳台宫是谁建的，这里为什么被称之为“皇家道观”？ （2）你还记得三清殿前的画联和玉皇阁石柱子上的小故事都有哪些吗？ （3）大家在之前的旅游过程中见到过哪些文物？ （4）如何去做一名文物的保护者和中华文化的传承者？ 2. 组织分享 环节5：教师总结（5分钟） 1. 分享整合 我们在阳台宫观看一处皇家道观，看到这里的建筑别具一格，这里的雕刻生动形象，这里的树木生机盎然，这里的文化隽永深刻，这里充分彰显了古代	**教法** 情境导入法   **组织** 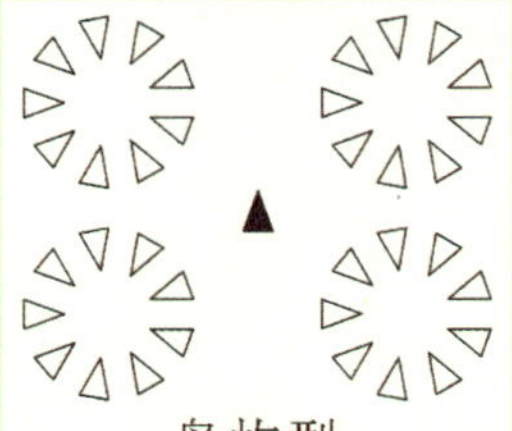 岛屿型 **教法** 1. 问题引导法

结构	教学内容	组织与教法
活动实施（405分钟）	人民的勤劳和智慧。今天，我们又重新认识了这样一处皇家道观，重新感受了中华文化的源远流长。 田真哭树、龙爪王小的故事警示着我们百善孝为先，李存孝打虎的故事警示着我们低调驶得万年船，苏武牧羊的故事告诉我们热爱祖国要像热爱自己的生命一样，桃花源洞的故事提醒着我们机不可失时不再来。小故事，大道理，先人们将做人的道理永远镌刻在这里，希望通过今天的学习，也能镌刻到我们的心里。 提起保护文物，在刚刚结束的中国工匠2018年度人物评选中，有一位老人，李云鹤，作为一名文物修复者，坚守敦煌莫高窟62年，日复一日地重复着壁画修复工作，守护着隐藏在大漠深处的国家宝藏。用心作笔，以血为墨，让莫高窟的壁画暗香浮动，一生守护文化瑰宝，一次一次夯实文化自信，延续着中华传统文化。从这位老人身上，我们清晰地看到了文物保护工作者孜孜不倦的追求和奋斗！ 有着1000多年历史的阳台宫，作为全国重点保护文物，在大家的精心保护下，依然保持着它的原样。我们是祖国的未来，是文物保护的中坚力量，我们要肩负起这个责任，为文物保护贡献自己的力量。 2. 价值澄清 中国的传统文化博大精深，也希望大家在日后能广泛学习，让中华文化在新时代（我们这一代人身上）进一步地发展和传承。 活动(五)——探访愚公故里(175分钟) 环节1：教师讲解（15分钟） 列子是春秋战国时期著名的思想家，当年他来到王屋山云游，修行悟道，在群山环绕之中，看到人工开挖的山路，于是前往北山愚公村一问究竟，心生感	2. 代表分享法 3. 故事法 组织 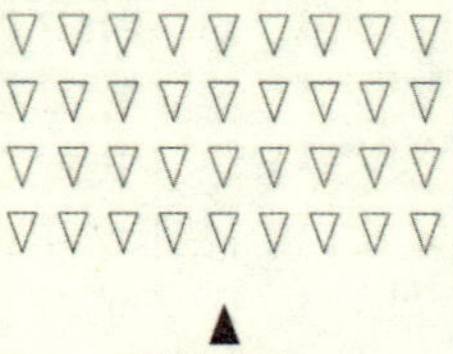 讲授型

结构	教学内容	组织与教法
活动实施 （405分钟）	动，以愚公的原型吕三太率众挖山为场景，根据村民叙述写下流传千古的寓言故事《愚公移山》。 接下来我们就到愚公村去探寻一下愚公的足迹。 环节2：探访北山愚公村（25分钟） 1. 体验“行路难”趾压板活动 将学生按班级排列在基地入口处进行合影；将学生分成两组进行比赛，动手接力铺设趾压板，行进至列子像前，全部学生通过后，分享体验过程，并分享关于列子的寓言故事及成语，老师进行补充，通过这些故事了解列子，了解《愚公移山》这篇千年寓言故事的由来。 2. 聆听基地宣讲员的讲解 唐代诗人邱鸿渐曾这样说“止万物者艮，汇万灵者人，艮为山以设险，人体道以通神，是知山之大，人之心亦大，故可以议其厉害也”。让学生在古文人题词墙处领略《愚公移山》带给后人的思考。 3. 分组有序参观北山愚公村 在愚公村进行场地参观，宣讲员就畜牧、制陶、纺织、冶铁、养殖等当时的社会生活状况进行介绍。 环节3：朗诵愚公移山全文，感受古文魅力（10分钟） 欢迎大家来到“愚公移山志”，现在大家可以看到这里有一面用石头砌成的墙，墙上面就是《愚公移山》完整的文章。下面大家一起读一遍，大家对愚公移山这个故事应该是不陌生的，大部分同学都会背诵这篇文章。 接下来给大家五分钟时间自行参观学习，请大家在参观的过程中不要在石头墙壁上乱写乱画，文明参观。 环节4：参观觉悟院展厅，学习愚公移山在红色革命道路上的作用和意义（20分钟） 到达觉悟院展厅之前，先分好小组，一纵队一组，到达展厅以后，按照顺序进入展厅，认真观看学习展厅里的内容，	**教法** 讲授法 **组织** 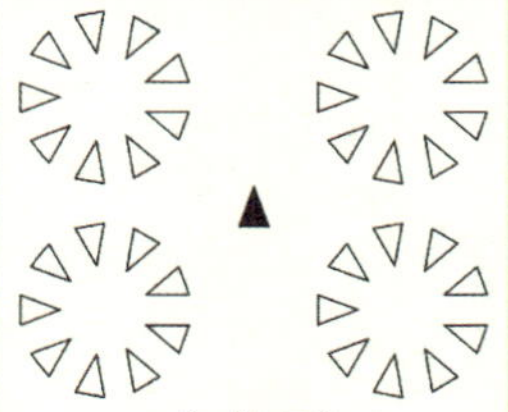 岛屿型 **教法** 体验法 **组织**  **教法** 1. 探究法 2. 探究法 

结构	教学内容	组织与教法
活动实施 （405分钟）	观看学习结束后，以小组为单位分享自己的所获所得。 进入展厅不得随意触碰展厅里的陈列摆设，不得在展厅里随意图画，不得乱扔垃圾随地吐痰。 环节5：感悟愚公移山志（30分钟） 1. 参观壁画窑洞 2. 观看皮影戏 参观声光电窑洞、壁画窑洞和《愚公移山》皮影戏。 环节6：少先队员宣誓，合唱《我们是共产主义接班人》（20分钟） 1. 宣誓 挑选一名学生代表，带领大家进行少先队员宣誓活动。 2. 合唱《我们是共产主义接班人》 在音乐委员的领唱下，合唱《我们是共产主义接班人》。 环节7：愚公移山实景课（40分钟） 实景体验课程是为了让学生真切地体验愚公移山中“叩石垦壤，箕畚运于渤海之尾”的场景。讲述完课程规则及注意事项后，给各组配发相应的工具，同时让学生进行分组讨论，根据各组的人员情况进行合理的分工，从而达到对学生领导力、团队协作能力、身体协调能力和语言组织能力的培养。 环节8：学生分享（10分钟） 1. 回顾反思 （1）在今天探访愚公村的过程中，你印象最深刻的环节是哪一个？为什么？ （2）愚公真的“愚”吗？ （3）愚公精神是什么样的精神？我们为什么要学习它？ （4）愚公移山的故事呈现给大家的是老愚公移山不止的场景，联系现实生活，分享我们为什么要奋斗？ 2. 组织分享 环节9：教师总结（5分钟） 1. 分享整合 走进愚公村，探寻愚公移山的故事，	3. 体验法 4. 体验法   组织 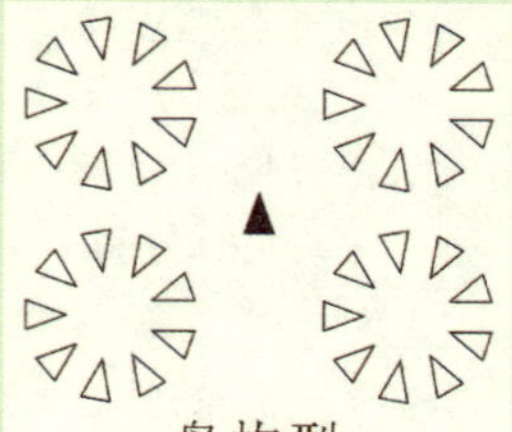 岛屿型

结构	教学内容	组织与教法
活动实施 （405分钟）	感受老愚公移山不止的场景，今天我们用多种形式对愚公移山的故事和精神有了更加深入的了解，相信每位同学都有了更为全面的认识。这是河南三大时代精神之一，更是济源市最为重要的城市精神，希望每个人都能时刻铭记自己是“愚公家乡好少年”。 2. 价值澄清 迎难而上、坚持不懈、敢为人先等都是对愚公移山精神的诠释。在今天，时代赋予了它更深层次的意义，咬定青山不放松、攻坚克难、久久为功、水滴石穿等等。无论是什么时期的解释，都是在号召我们要奋斗向前，永不停歇。置身这里，望着老愚公久经风霜的样子，内心升腾的不仅仅是赞叹，更是一种策马奔腾的召唤！时代赋予我们新的使命，我们也应该在继往开来的道路上迈出更坚定的步伐！ **三、注意事项** 1. 活动时间的把控。 2. 探究活动和讲授有效结合与运用。 3. 关注语言能力表达欠佳的学生，并且给与赏识性教育。 **四、活动监控** 1. 安全监控 （1）学生不得进入景区未开放区域。 （2）台阶较多，为防止摔倒禁止学生快速跑动。 （3）注意队伍纪律，教师讲解时同学应保持安静。 （4）各个同学是否积极参与完成小组任务。 2. 语言监控 聆听学生过程中的交流和对话。 3. 行为监控 观察学生过程中的动作是否文明。	**教法** 1. 问题引导法 2. 代表分享法 3. 归纳法

结构	教学内容	组织与教法
活动总结 （20分钟）	**一、集合整队（1分钟）** 各连队到达愚公群雕处后迅速集合整队，在行动中做到快静齐。 **二、学生分享（14分钟）** 1. 回顾反思 （1）我们今天去到了几个研学的地点？分别是哪里？你印象最深刻的是哪里？ （2）从六大创世神话，到阳台宫的小故事，你认为哪个故事在今天的研学中给你留下了深刻的印象？为什么？ （3）你理解的愚公移山精神究竟是什么？ （4）奋斗的人生是什么样子的？ 2. 组织分享 **三、教师总结（5分钟）** 1. 分享整合 今天的研学路线比较长，研学地点比较多，但是大家在整个研学过程中的表现是非常值得认可的。踏寻先人的足迹，这里的一切似乎都变得鲜活起来，踏访愚公故里，故事的情节向我们扑面而来，我相信此刻每个人的心里都种下了一颗种子，正在伺机发芽。 2. 价值澄清 六年的时间里，习总书记用了一连串的金句来勉励全中国人民，“只要坚持，梦想总是可以实现的”“撸起袖子加油干”“幸福是奋斗出来的”“我们都是追梦人”等等，无一不在鼓励大家去奋斗。 希望新时代的我们也能在愚公移山精神的感召下，重拾勇气，迈开步子，咬紧牙关，加油奋进！ 因为：奋斗的青春最美丽！	**组织**  **教法** 1. 问题引导法 2. 代表分享法 3. 归纳法

评价维度		评价要点	评价结果（描述或判断）
教学准备		1. 是否和景区提前做好对接（时间、人数、讲解安排等）？	
		2. 是否准备好用到的研学手册、旗帜、音响、签字笔等？	
教学过程		3. 每个活动时间节点把控是否按计划进行？	
		4. 开展研学的五个活动时，是否给与学生们足够的时间进行探究？	
		5. 在讲解带领过程中，对自己的表情、肢体动作、语言表达等如何评价？	
		6. 在研学过程中，是否发挥教师作为引导者、观察者、分享者的角色功能？	
		7. 在研学活动中，你对哪个活动的组织最满意？	
		8. 你是否能对学生的问题做及时有效的回应？	
		9. 在研学过程中，你在哪些方面给予了学生针对性指导？	
		10. 在研学过程中，是否有安全事故发生？	
教学效果		11. 你能否引导所有学生有效完成研学手册？	
		12. 你能否引导学生有秩序地完成五个活动？	
		13. 学生是否能够认识到《愚公移山》故事中所蕴含的奋斗精神？	
活动小结	优点		
	不足		
	改进		

追梦小浪底——锲而不舍

适用年级：小学　　　　建议时长：一天

教学内容	课程目标	教学重点与难点
1. 组织学生参观爱国主义教育展厅。 2. 组织学生追梦黄河画为诗。 3. 组织学生参观工程文化广场。 4. 组织学生参观雕塑广场。 5. 组织学生参观黄河微缩景观。 6. 组织学生对活动体验进行分享总结。	1. 通过探究活动，让学生了解黄河流域的自然地理环境和小浪底水利枢纽工程的功能及建设过程。 2. 通过参与保卫母亲河的系列活动锻炼学生的创新能力和实践能力。 3. 通过深入了解小浪底的建设过程，让学生体会到小浪底工程建设的艰辛，从而培养学生敢下决心、不畏困难、相信自己、勇于挑战的奋斗精神。	1. 重点：活动线是学生对小浪底工程的参观与探究活动。教育线是培养学生的奋斗精神。 2. 难点：黄河小浪底工程作用的理解。

结构	教学内容	组织与教法
活动准备	**一、前期布置** 1. 场地：小浪底、坝后公园。 2. 器材：研学手册、旗帜、音响、签字笔、0号纸、双面胶、食材。	**一、实景图** 
活动实施（290分钟）	**一、课堂常规（10分钟）** 1. 集合分组 分成4组。活动开始之前，我们首先进行分组，按照现在的队列分为4组，每个队列的排头即为小组长，组长负责本组的清点人数。	**组织**  纵路型

结构	教学内容	组织与教法
活动实施 （290分钟）	2. 师生认识和问好 老师：同学们好，我是××老师。奋斗的青春？ 学生：最美丽！ 教师：非常欢迎大家来到小浪底景区进行一天的研学活动。 3. 讲解活动任务及要求 教师：活动中我们会给各小组派发研学手册，请大家严格按照手册上的任务探究和学习，妥善保管研学手册，如有丢失，请及时报告老师。 4. 讲解安全注意事项 教师：小浪底景区比较大，请大家跟好自己的队伍，不要私自行动。景区内水域比较多，请大家不要靠近水源，注意安全。 **二、活动环节** 活动（一）——展厅探究竟（50分钟） 环节1：课程导入及爱国主义教育展厅简介（5分钟） 各位同学你们曾经来过这里吗？你们听说过小浪底吗？你们知道为什么要建设小浪底吗？你们知道小浪底和我们的生活有什么关系吗？今天让我们一起走进小浪底，拥抱母亲河。 首先映入我们眼帘的是一望无际、波澜壮阔的母亲河——黄河库区。下面我们即将到达研学的第一站——爱国主义教育展厅。 1996年6月3日，时任党的总书记的江泽民同志在视察小浪底工程时指出：小浪底工程规模宏大，技术很复杂，一定要确保安全，把工作做好。小浪底工程很壮观，体现出一种宏伟的气势，是进行爱国主义教育的好场所。根据江泽民同志的指示精神，水利部党组决定把爱国主义教育基地设在小浪底。展厅里的沙盘模型可以让大家直观地了解这项世纪工程，展厅内图片、文字、模型、	**教法** 讲授法 **组织** 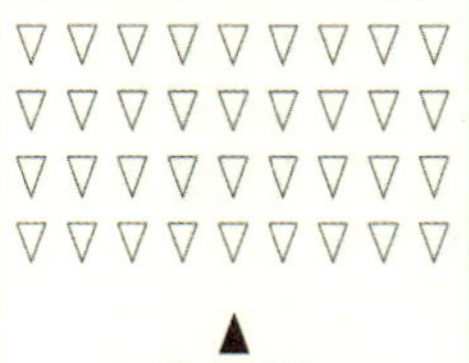 讲授型  **教法** 1. 讲授法

结构	教学内容	组织与教法
活动实施 （290分钟）	工具等资料和实物的陈列展览，呈现了小浪底宏伟工程的重要性、艰巨性、挑战性、建设者的风采和业绩以及和爱国主义精神。 进入展厅请勿喧哗，请勿破坏展厅内物品，不要拥挤，文明参观。 环节2：分组探究（20分钟） 按照列队的形式分成四组，每列队伍的排头是组长，带领组员依次进入展厅进行探究式学习，找到任务1的问题并填写。20分钟后展厅外集合。 环节3：小组分享（20分钟） 1. 回顾反思 （1）我们在爱国主义教育展厅都看到了哪些内容？ （2）你印象最深刻的内容是什么？ （3）你印象中的黄河和小浪底是什么样子的？ （4）拦河大坝为什么被称为“当代的愚公移山”，小浪底与愚公移山有哪些相似之处？ 2. 组织分享 环节4：教师总结（5分钟） 1. 分享整合 黄河，中国第二大长河，全长5464公里，是中华民族的母亲河。4000年前大禹治水的故事，至今家喻户晓，然而大禹之后的数千年中，黄河下游仍然不断泛滥。黄河宁，天下平，九曲长河，世代流淌着中华民族深沉的梦想。 小浪底，一个寄托着民族千年愿景的宏伟目标豁然呈现。1991年到2001年的10年时间中，一个受全世界瞩目、凝聚了全世界心血的工程，一个迸发黄河生命力的心脏工程，呈现在世人的面前。 2. 价值澄清 探究和回答问题的过程，本身就是一个完整的学习的过程，希望同学们在接下来的学习中要养成去发现问题、解决问题的习惯。发言的过程也是一个展现自我的过程，希望大家要树立信心。	2. 探究法 **组织**  讲授型 **教法** 1. 问题引导法 2. 代表分享法 3. 归纳法

结构	教学内容	组织与教法
活动实施 （290分钟）	整个展厅清晰地再现了小浪底那些年奋斗的历程，这个历程也再现了毛泽东“愚公移山，改造中国”的决心，希望大家在日后的学习中能迎难而上，奋斗不止，因为奋斗的青春最美丽！ 活动（二）——我为母亲河代言（30分钟） 环节1：教师讲解（5分钟） 黄河，是一条维系着中华儿女灵魂家园的河流，是一条承载了中华民族五千年生生不息的河流，是一条跨越时空流进每一个人血液与生命里的河流。她见证着一个伟大民族的蓬勃张力，虽历尽沧桑，阅尽人间变幻，却始终没有改变她那与儿女们共同的肤色，没有改变她那桀骜不驯、勇往直前的性格。也正如同中华民族坚持奋斗、勇攀高峰一样，黄河与中华民族共同走过了不平凡的五千年。 大河奔涌，逝者如斯，今天让我们怀着无比敬仰的心情，走进尘封的历史，重新梳理这条厚重的的河流脉络，追寻那条流淌在无数志士心灵里的黄河。 环节2：设计保卫黄河宣传语（5分钟） 1. 分组制作标语 按照既定的分组，小组长带领组员按照任务2的要求设计出一则保卫黄河的宣传语，并派出一名代表写到本班的旗帜上。（备注：用签字笔） 2. 活动开展 每小组派出代表，分小组进行宣传语展示并分享。分享需说出以下三点内容：标语的内容是什么；为何要设置此标语；今后如何行动践行。 环节3：签字及宣誓仪式（5分钟） 1. 签字仪式	**组织** 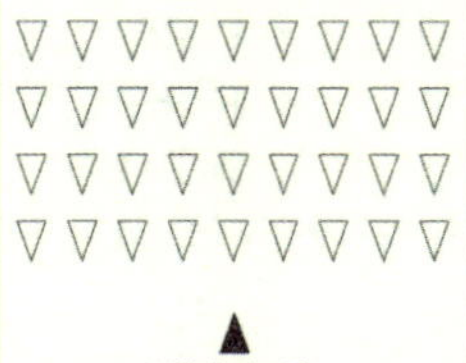 讲授型 **教法** 讲授法 **组织** 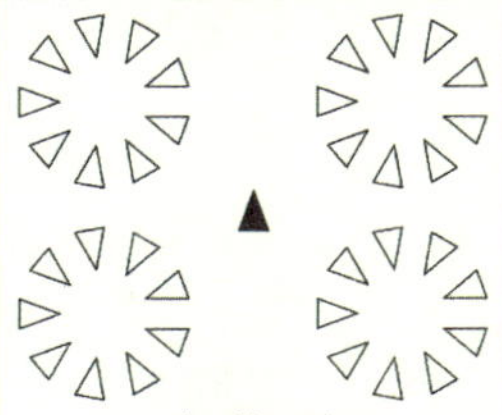 岛屿型

结构	教学内容	组织与教法
活动实施 （290分钟）	学生在自己小组设计的旗帜上签字。（备注：用自己笔） 2. 宣誓仪式 连队所有成员集合列队，之后由连长挑选出领誓人，带领大家进行宣誓仪式。宣誓方式：右手握拳，拳心对着太阳穴，跟读内容。 宣誓内容：从我做起，积极践行，植绿护绿，珍爱生灵；治理水土，优化环境；抵制污染，倡树文明；奉献青春，不辱使命！ 3. 绿丝带 两人一组，请你告诉你的搭档，你怎样为母亲河代言。并为你的搭档手腕上系上绿丝带。 环节4：拍照纪念（5分钟） 连队所有成员集合列队，拿起旗帜，拍照纪念。 照相三个动作： 为母亲河点赞； 为母亲河加油； 我爱母亲河。 环节5：学生分享（5分钟） 1. 回顾反思 （1）刚才的保卫母亲河系列活动中哪个环节使你印象最为深刻？ （2）今天面对母亲河，你有什么样的感慨？ （3）保卫母亲河，在未来的日子里，你将如何去践行？ 2. 组织分享 环节6：教师总结（5分钟） 1. 分享整合 黄河是我们的母亲河，它从远古流淌到今，孕育了伟大的中华文明；它从高山流向大海，滋润着万顷良田；它从每个中华儿女心上流过，有笑有泪，有灾难也有丰收；它就像我们的母亲，无私奉献，给我们提供资源，但是随岁月流逝而愈见沧桑。现在，泥沙大量增加，污染越来越严重；黄河频繁断流，昔日	**教法** 1. 探究法    **组织** 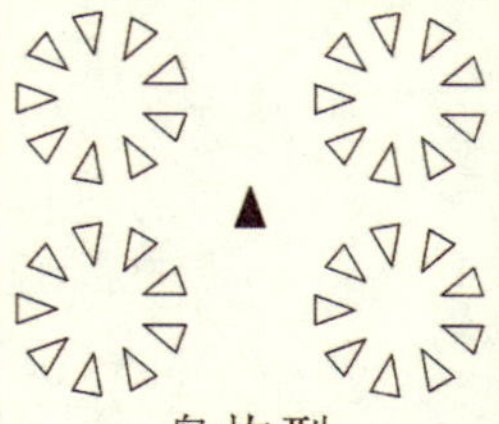 岛屿型 **教法** 1. 问题引导法

结构	教学内容	组织与教法
活动实施 （290分钟）	的天际之水变成了苍白的裸石和干涸的黄沙土，听不见那震天的涛声，看不见那一泻千里的浩瀚。作为中华儿女，我们应该从自己做起，树立保卫母亲河的意识，小手拉大手，和我们的家人共同保卫母亲河。因为保护母亲河就是保护我们自己，也只有这样黄河才能一直哺育我们的中华儿女。 2. 价值澄清 希望在接下来的生活中大家可以约束自己的行为，树立良好的环保意识，从我做起，从小事做起，践行今天宣誓的内容。我们是青春的使者，让奋斗的青春最美丽！ 活动（三）——追梦黄河画为诗（50分钟） 环节1：活动导入（5分钟） 同学们，黄河是中华民族的摇篮，这条奔腾不息的河流，用它甘甜的乳汁哺育了一代又一代中华儿女，孕育出灿烂的中华文明。从古至今，歌颂黄河的壮美诗篇数不胜数，赞美黄河伟岸的金句连绵不绝。此时萦绕在你脑海中的金句美篇都有哪些呢？ 相信我们脑海中可能会浮现出黄河九曲蜿蜒的身姿，波澜壮阔的场面，以及沿岸美丽的风景。接下来让我们穿越时空，以古人智慧的诗篇为蓝图，以大自然的植被为色彩，以我们的聪明才智为灵魂，一起来描绘伟大的“母亲河”的亮丽身影！ 环节2：活动实施（30分钟） 1. 活动任务 以小组为单位，自选一篇有关黄河的古诗，用绘画的方式表达我们对诗意的理解，以及我们对黄河的感情。 2. 活动规则 （1）在组长带领下，小组选择一首有关黄河的诗篇。	2. 组内分享法 3. 归纳法 **组织**  讲授型 **教法** 1. 讲授法 2. 体验法

结构	教学内容	组织与教法
活动实施 （290分钟）	（2）在周围寻找掉落在地面上的树叶、树枝、小草等自然物，并保护生态不被破坏。 （3）小组成员分工合作，利用找到的自然物在纸上作画，将诗中描绘的场景呈现到纸上。 （4）各个小组展示作品，并请其他小组猜猜作品所表达的诗句。 （5）小组成员与作品合影留念。 3. 注意事项 （1）每组半张或一张0号纸和一卷双面胶。 （2）活动结束后请务必保持现场环境卫生。 （3）合理划分活动场地，减少各组之间的干扰。 环节3：小组分享（5分钟） 1. 回顾反思 （1）你们选择的是什么诗？谁写的？ （2）你们选择这样一首诗作画想表达什么的情感？ （3）你们最喜欢哪个小组的作品？为什么？ （4）这个活动对你的启发是什么？ 2. 组织分享 环节4：教师总结（10分钟） 1. 分享整合 各位同学，古代先贤以黄河为题材，创作出了非常多朗朗上口的佳句。今天我们以诗词为题材，创作出这么多优秀的画作，我看到了我们集体的智慧和丰富的想象力。 关于黄河，有无数的美篇佳句，从黄河的血液里，流淌出无数的诗人，更流淌出千古不息的民族精神。我们把黄河称作“母亲”，她不仅孕育了一个伟大的民族，而且书写了一部悠久的文明史。 所以，我们要热爱黄河，歌颂黄河，保护黄河。中华民族离不开黄河！ 黄河是一条维系着中华儿女灵魂家园的河流，是一条承载了中华民族五千年生	**组织** 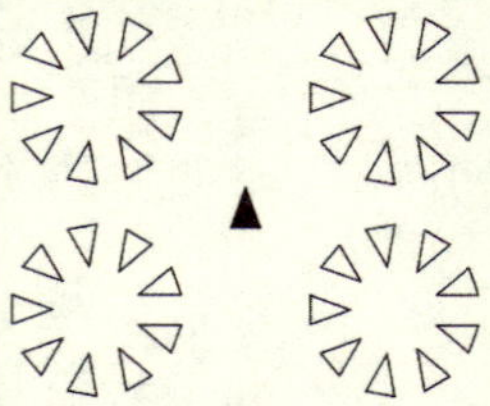 岛屿型 **教法** 1. 问题引导法 2. 代表分享法 3. 归纳总结法

结构	教学内容	组织与教法
活动实施 （290分钟）	生不息的河流，是一条跨越时空流进每一个中国人血液与生命力的河流。黄河，几经岁月的洗涤，几经泥土的铺陈，塑造了泱泱大国，孕育了古国华夏。黄河，作为中华民族的母亲河，千百年来泛滥成灾，是国之忧患。黄河宁，天下平，已成为时代的呼声。 2. 价值澄清 白日依山尽，黄河入海流。欲穷千里目，更上一层楼。 各位同学，我们都是追梦的人，要想看得更远你就要站得更高。 活动（四）——我是文明小“食”客（30分钟） 环节1：餐饮礼仪（5分钟） 先请同学们背诵有关节约粮食的诗词佳句，比如“锄禾日当午，汗滴禾下土。谁知盘中餐，粒粒皆辛苦”。 再请同学讲一讲自己所知道的餐桌礼仪，之后补充说明： 入座的礼仪，请客人先入座，再请长者入座，入座时要从凳子的左边进入，入座时不要发出声响，不要动筷子。进餐时，先请客人中的长者动筷子，夹菜时每次少夹一点，吃饭时不要发出声音，喝汤用汤匙喝，凉了再喝，不要把碗放到嘴边喝。进餐时不要打嗝，也不要发出其他声音，如果有意外情况要说一声“真不好意思”“对不起”之类的话。吃到鱼刺、骨头之类的食物时，不要往外吐，也不要往地上扔，要慢慢拿到自己的碟子里（南方小碟子是用来放食物的残渣）。 环节2：集体就餐（15分钟） 1. 分组 纵队是一组，每一队排头是组长（根据实际人数决定每组人数）。 2. 就餐 按组领取食物，由小组长领取分发给组员。	**组织** 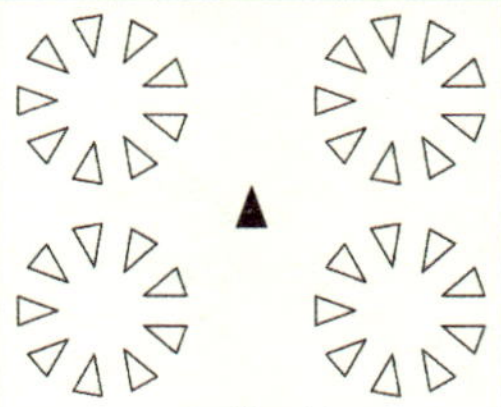 岛屿型 **教法** 1. 问题引导法

结构	教学内容	组织与教法
活动实施（290分钟）	3. 垃圾分类 就餐结束以后，把就餐垃圾分类整理，投放到相应垃圾桶内。 给“小浪底洗洗澡”，每位同学在小浪底捡一片垃圾投放到相应的垃圾桶内。 4. 完成任务4 环节3：学生分享（5分钟） 1. 回顾反思 （1）吃饭之前大家交流的餐桌礼仪还记得多少？ （2）在这次就餐活动中，你有哪些新的体验和感受？ （3）就餐过程中大家有没有互相分享？结合早上的净水实验，大家觉得环保在现在的社会中重要吗？今后你会怎么做？ 2. 组织分享 环节4：教师总结（5分钟） 1. 分享整合 看似一件小事，其实蕴含着大道理，处处留心皆学问。吃饭是我们每天都要做的事，甚至一天要吃三顿饭，但是在平常吃饭的时候，不会有人去注意那么多的餐桌礼仪，通过本次集体就餐活动，希望每个同学都可以牢记餐桌礼仪，养成良好的就餐习惯。 新的世纪，我们渴望干净的地球，渴望健康的地球，渴望环保的家园，渴望绿色、健康、卫生的生活环境。相信大家都想在良好的生活环境里生活，要想给自己和他人营造一个良好的生活环境，就要注意周边的生活。俗话说环保要从小事做起，从身边事做起，就像我们刚才给“小浪底洗洗澡”一样，随手捡拾垃圾，而且懂得垃圾分类相关知识。 什么是垃圾分类？垃圾分类就是将垃圾分门别类地投放，并通过分类地清运和回收使之重新变成资源。 我国常见的垃圾分类有哪几种？如今我国的生活垃圾一般可分为四大类：可回收垃圾、厨余垃圾、有害垃圾和其	2. 代表分享法 3. 归纳法

结构	教学内容	组织与教法
活动实施（290分钟）	他垃圾。目前常用的垃圾处理方法主要有：综合利用、卫生填埋、焚烧发电、堆肥、资源返还。 垃圾分类顺口溜： 干湿要分开，能卖拿去卖，有害单独放。绿厨厨，黄其其，红危危，蓝宝宝。可回收，丢蓝色，有害垃圾丢红色。厨余垃圾是绿色，其他垃圾用灰色。垃圾多，危害大，分类摆放人人夸。餐厨垃圾单独放，有害垃圾，别乱抛。乱丢垃圾危害大，干干净净利大家。 2. 价值澄清 “给小浪底洗洗澡”的活动旨在提倡大家有环保意识。那么试问大家，在现实生活中，看到垃圾你会捡拾吗？也许在公共场合，有的同学可能会觉得不好意思。但是请大家记住，只要是正确的事情，就要相信自己，勇敢去完成。保护环境，人人有责！ 活动（五）——看图识机械（30分钟） 环节1：分组探究（10分钟） 学生探究工程文化广场：第一小组在组长的带领下探究佩尔蒂尼自卸车；第二小组在组长的带领下探究壤土斜心坝剖面图；第三小组在组长的带领下探究钢模台车，然后依次交换位置，有序组织探究。了解它们在小浪底建设中的作用。同时完成任务5的内容。 环节2：教师讲解（10分钟） 佩尔蒂尼车是由意大利进口的，当时我国的汽车制造行业尚不发达，制造不出来这种先进的载重车，所以只能引进，引进后拦河大坝的建造进度大大提升。 壤土斜心坝景观主要是展示了黄河小浪底拦河大坝的铺面结构，展示了大坝基本形状、土石方填筑量、防渗墙建造等一些环节，同学们可以参照着图片和文字理解一下。 钢模台车则主要是用来建造导流洞的，它的工作原理是先用炸药炸开山洞，	组织 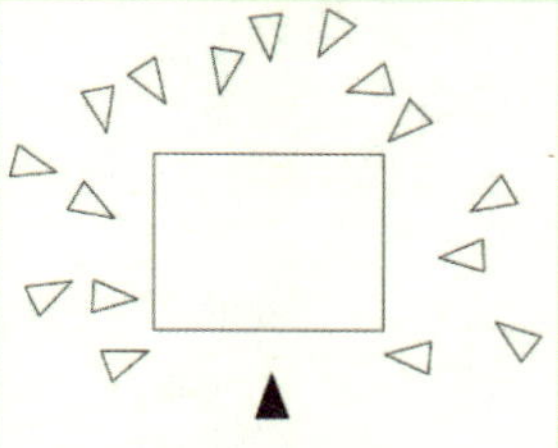 环绕情景型 教法 1. 探究法 2. 讲解法

结构	教学内容	组织与教法
活动实施（290分钟）	然后将钢模台车开进去，起到支撑的作用，同时往钢模台车外部和山洞的缝隙之间填筑混凝土，起到定型的作用，不仅可以防止塌方事故，也大大提高了工作效率。当时在修建导流洞时条件比较艰苦，而且危险程度比较高，也出过一些塌方事故，造成了不同程度的人员伤亡，但是我们国家的建设者依旧不折不挠，最终如期建好了导流洞，为小浪底工程的顺利开展提供了条件。 环节3：学生分享（5分钟） 1. 回顾反思 （1）刚才我们参观的佩尔蒂尼自卸车是哪个国家的？ （2）我们国家为什么不用自己生产的汽车？ （3）钢模台车的工作原理是什么？ （4）小浪底的建设过程和愚公移山有哪些相似之处？ 2. 组织分享 环节4：教师总结（5分钟） 1. 分享整合 拦河大坝1991年开工建设，1997年成功截流，大坝所用到的土石方据说是削平了两座山，而愚公也是挖了太行王屋两座山，因此小浪底被称为“当代的愚公移山”。大坝用到的土石方如果垒成一米见方的墙，可以绕地球2. 5圈。在建设导流洞之际，山体的多次塌方也严重影响了工程的进展速度，但是小浪底人依然迎难而上，坚持不懈，如期完工。 2. 价值澄清 今天当我们走进小浪底时，仿佛看到了当年老愚公率众挖山不止的场景。当年愚公移山处，大坝巍巍挽狂澜。希望大家在今天的研学结束后，能够充分领会愚公移山精神的精髓，面对困难不妥协，咬定青山不放松，生命不息，奋斗不止，因为奋斗的青春最美丽！	组织 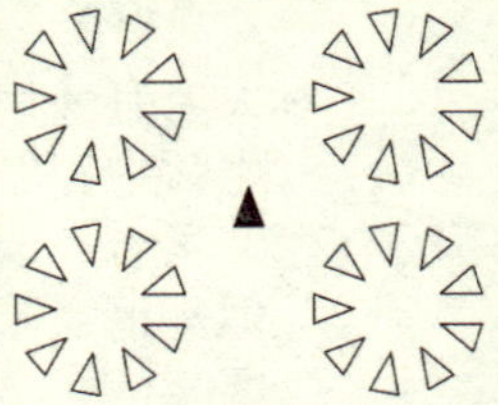 岛屿型 教法 1. 问题引导法 2. 代表分享法 3. 归纳法

结构	教学内容	组织与教法
活动实施 （290分钟）	活动（六）——广场雕塑连连看（40分钟） 环节1：雕塑广场导入（5分钟） 雕塑广场是以《建设者之歌》为主题的大型雕塑文化广场。广场呈椭圆形，长约73米，宽约57米，雕塑群由位居广场中央的1座高约21米的主题雕塑和周围7座高约6米的小雕塑组成，分别把工程的管理、设计、施工、移民等方面的丰功伟绩，以超凡脱俗、粗狂奔放的艺术永远留在人们的记忆中。 探究过程中请注意不要随便在雕塑上乱写乱画，不要拥挤，文明参观。 环节2：分小组组员进行探究活动（15分钟） 按照列队的形式分成4组，每列队伍的排头是组长，组长带领组员进行探究式学习，完成任务7。时间是15分钟。 环节3：学生分享（10分钟） 1. 回顾反思 （1）雕塑广场一共有几座雕塑？ （2）哪座雕塑代表了小浪底的设计方，单位的名称是？ （3）小浪底工程建设始末，一共有多少人先后离开了自己的家园？ （4）小浪底的建设历史是一部怎样的历史？彰显了建设者怎样的情怀？ 2. 代表发言 环节4：教师总结（10分钟） 1. 分享整合 小浪底的战略地位十分重要，在奔腾的母亲河上建设这样一座大型水利枢纽工程，是非常不容易的，工程的困难和艰辛是可想而知的。全世界人民共同参与修建小浪底，这里也书写了一部全世界人民的奋斗史。 2. 价值澄清 雕塑广场还原了小浪底的建设历史，在这里我们仿佛看见了那个年代，建设者们冒着生命危险，克服重重困难，坚定“人定胜天”的信念，用汗水和热血	**组织** 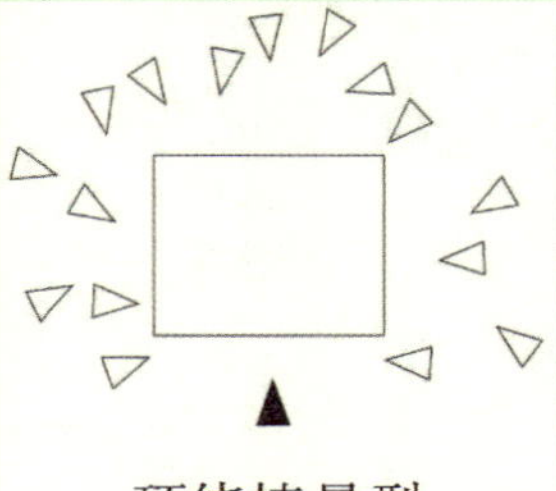 环绕情景型 **教法** 讲授法 **组织** 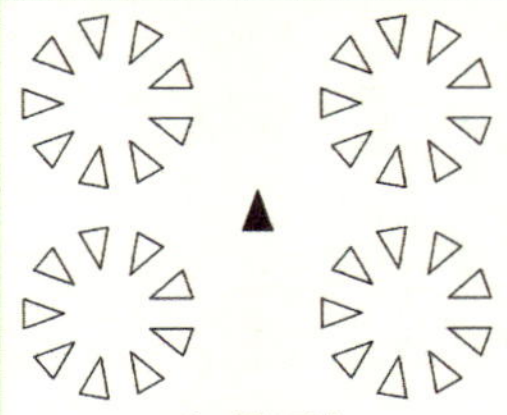 岛屿型 **教法** 1. 问题引导法 2. 代表分享法 3. 归纳法 

结构	教学内容	组织与教法
活动实施 （290分钟）	铸就了黄河上的心脏工程小浪底。 回望今天的研学，我们一路上见证了小浪底人那些年的奋斗过程，这是当代中国人对愚公移山精神最好的诠释，也希望大家在生活和学习中，不断攻坚克难，谱写新时期的愚公移山精神。让“奋斗的青春最美丽”一直指引着我们！ 活动（七）——神奇小飞侠（50分钟） 环节1：分组探究（25分钟） 学生分组参观黄河微缩景观，两人一组，进行探究式学习，分工完成任务8，其中一位完成任务8中第一项任务，另一位完成任务8中第三项任务。结束后，两人互相分享给对方。 道路较狭窄，请大家不要拥挤，不要追逐打闹。 环节2：学生分享（15分钟） 1. 回顾反思 （1）刚才我们在黄河微缩景观上经过几座大型的水电站？ （2）黄河流经哪几个省份？ （3）黄河发源于哪里，最后汇入到哪里？ （4）治理黄河的历史是一部永不停歇的奋斗史，这对我们的生活和学习有什么启发？ 2. 组织分享 环节3：教师总结（10分钟） 1. 分享整合 黄河，一条5464千米长的世界第五大长河，在中国的北方蜿蜒流动。从高空俯瞰，它恰似一个巨大的“几”字，又隐隐是我们民族那独一无二的图腾。她不仅仅是一条大河，黄河、黄土地、黄帝、黄皮肤，这一切黄色表征，把这条流经中华心脏地区的浊流升华为圣河。 2. 价值澄清 黄河是世界上泥沙含量最大的河流，有自然原因，也有人为原因，在积极倡导“绿水青山就是金山银山”的今天，	组织 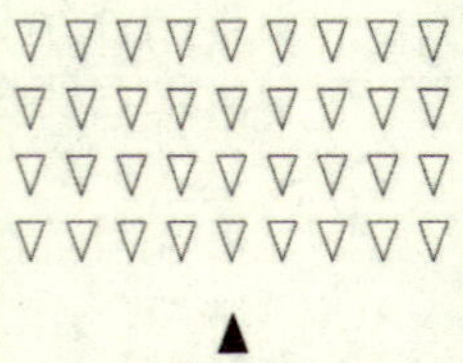 讲授型 教法 1. 讲授法 2. 探究法 组织 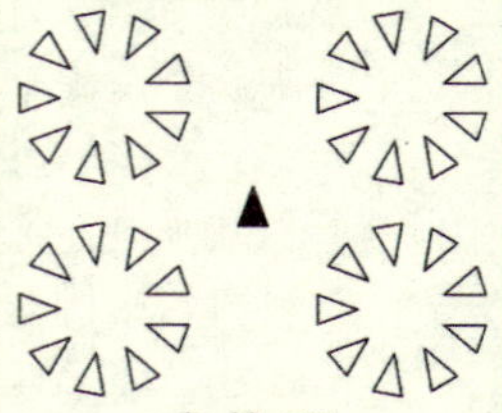 岛屿型 教法 1. 问题引导法 2. 代表分享法

结构	教学内容	组织与教法
活动实施 （290分钟）	我们需要从小树立环保意识，共同保卫母亲河，保护水资源，保护我们的绿水青山。 纵观整个治理黄河的历史，也是人们与大自然斗争的历史，是一部不停歇的奋斗史，正因为人类有改造自然的决心，才有今天的大河安澜。正因为黄河水的奔腾不息，才有了我们今天将黄河的美景尽收眼底。同样人生要想精彩，也需要不断的奋斗，因为奋斗的青春最美丽！ **三、注意事项** 1. 活动时间的把控。 2. 探究活动和讲授有效结合与运用。 3. 关注语言能力表达欠佳的学生，并且给与赏识性教育。 **四、活动监控** 1. 安全监控 （1）学生不得靠近水域。 （2）走下大坝的过程中避免拥挤和跑跳。 （3）道路狭窄地带不得拥挤。 2. 语言监控 聆听学生过程中的交流和对话。 3. 行为监控 观察学生过程中的动作是否文明。	3. 归纳法  

结构	教学内容	组织与教法
活动总结 （20分钟）	**一、集合整队（1分钟）** 各连队迅速整队集合，按照岛屿型位置坐下，在行动中做到快静齐。 **二、学生分享（14分钟）** 1. 回顾反思 （1）我们今天去到了哪几个研学的地点？分别是哪里？你印象最深刻的是哪里？ （2）今天你学习到最重要的两个内容是什么？ （3）你最大的收获是什么？ （4）拥抱母亲河，徜徉小浪底，今天的研学对你今后的学习和生活有什么样的启示？ （5）小浪底人身上的精神和愚公移山精神有何相似之处？ 2. 组织分享 **三、教师总结（5分钟）** 1. 分享整合 黄河是我们的母亲河，孕育了中华文明，今天我们带着无比敬仰的心情拥抱母亲河，同时也重新了解了举世瞩目的小浪底水利枢纽工程，见证了人们改造自然的奇迹。在今天的活动中，同学们的热情和行动都是可圈可点的，我也相信，在今天的活动中大家都是收获满满的。 2. 价值澄清 小浪底水利枢纽工程被称为当代的愚公移山，在愚公移山精神的感召下，人们开山挖石、艰苦奋斗、锲而不舍，彰显了征服自然、改造自然的决心。 希望同学们在今后的学习和生活中，也能发扬愚公移山精神，遇到困难不怕苦不怕累，坚定信念，奋斗不止，勇攀高峰，因为：奋斗的青春最美丽！	**组织** 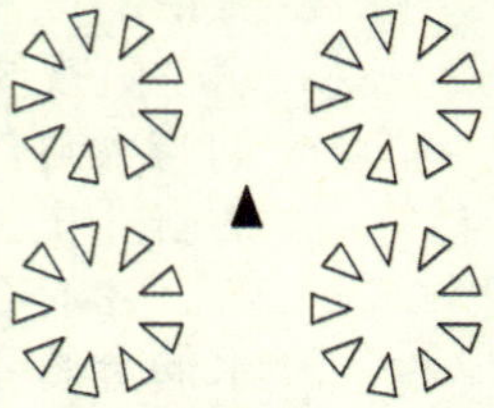 岛屿型 **教学** 1. 问题引导法 2. 组内分享和代表分享法 3. 归纳法

评价维度	评价要点	评价结果（描述或判断）
教学准备	1. 是否和景区提前做好对接（时间、人数、讲解安排等）?	
	2. 是否准备好用到的研学手册、旗帜、音响、签字笔、0号纸、双面胶所需的器材?	
教学过程	3. 每个活动时间节点把控是否按计划进行?	
	4. 在开展研学的八个活动时，是否给与学生足够的时间进行探究?	
	5. 在讲解带领过程中，对自己的表情、肢体动作、语言表达等如何评价?	
	6. 在研学过程中，是否发挥教师作为引导者、观察者、分享者的角色功能?	
	7. 在研学活动中，你对哪个活动地组织最满意?	
	8. 你是否能对学生的问题能及时有效地回应?	
	9. 在研学过程中，你在哪些方面给予了学生针对性指导?	
	10. 在研学过程中，是否有安全事故发生?	
教学效果	11. 你能否引导所有学生有效完成研学手册?	
	12. 你是否能通过本课程，让学生在整个研学过程中保持环境卫生?	
	13. 你能否引导学生有序地完成8个活动?	
	14. 学生是否能认识到小浪底工程中所蕴含的奋斗精神?	
活动小结 优点		
活动小结 不足		
活动小结 改进		

中小学实践教育教学研究

初中教师◎指导用书

刘国战 著

中国美术学院出版社

责任编辑：史梦龙
版式设计：李世静
责任校对：杨轩飞
责任出版：张荣胜

图书在版编目(CIP)数据

中小学实践教育教学研究 /刘国战著．--杭州：中国美术学院出版社，2020.1
（济源市示范性综合实践基地课程与线路系列丛书）
ISBN 978-7-5503-2079-6

Ⅰ.①中… Ⅱ.①刘… Ⅲ.①中小学教育—教学研究 Ⅳ.①G63

中国版本图书馆CIP数据核字（2019）第236135号

中小学实践教育教学研究
刘国战 著

出 品 人：祝平凡
出版发行：中国美术学院出版社
社　　址：中国·杭州市南山路218号
网　　址：http://caapress.com
邮　　编：310002
印　　刷：济源佳彩印务传媒设计有限公司
版　　次：2020年1月第1版
印　　次：2020年1月第1次印刷
印　　张：59.75
开　　本：787mm×1092mm　1/16
字　　数：870千
图　　数：300幅
印　　数：0001-1000
书　　号：ISBN 978-7-5503-2079-6
定　　价：260.00元（全六册）

序 言

济源，是全国具有重要影响力的中小学研学旅行实验区。

济源市示范性综合实践基地（营地），是全国首批河南省首家“全国中小学生研学实践教育营地”。

“十二五”以来，济源市示范性综合实践基地（营地）在国家教育部、财政部等部委，河南省委省政府和济源市委市政府的大力支持和帮助下，立足中国特色社会主义新时代，把握教育事业发展新要求，依托中原区位资源优势，紧紧抓住各种有利时机，积极探索中小学研学实践教育科学发展的新路子，以发展中小学生研学实践教育为重要内容，加快推进研学实践教育发展，取得了初步成效，先后获得“全国课程建设示范性基地联盟常务理事单位”“全国中小学生研学实践教育营地”“全国中小学生研学实践教育示范营地”“河南省首批省级青少年户外体育活动营地”“河南省中小学综合性社会实践教育基地”“河南省中小学社会实践教育基地（综合性基地）”和“河南省研学旅游示范基地”等荣誉称号。

着眼长远、不断发展是济源市示范性综合实践基地（营地）矢志不渝的战略目标。自投入使用以来，实践基地始终本着“实践出真知”的教育理念，全面贯彻落实“立德树人”根本任务，持续开展研学实践教育活动，接待青少年学生达10万余人次，开发线路24条，研发综合实践课程86门，为青少年学生提供了广阔的研学实践教育平台。

优势独特、资源丰富是济源市示范性综合实践基地（营地）快速发展的坚

实基础。河南是中华文明和中华民族最重要的发源地，中国八大古都河南占有其四，文物古迹众多，地下文物和馆藏均居全国首位；是中国姓氏的重要发源地，孕育的风流人物灿若群星；也是自然景观荟萃之地，山川壮美，风光秀丽，融南秀北雄于一体。济源作为华夏文明和中原文化的重要传承区，具备得天独厚的文化资源、自然资源、生态资源和交通区位优势。中华“四渎”，济源独占其二，济水、黄河文化源远流长；愚公移山，发祥于济源，是中华民族宝贵的精神财富和动力源泉；王屋山，世界地质公园，号称“天下第一洞天”；小浪底工程举世闻名，一座水利大坝，千年治黄历史；留庄民兵营、杜八联、晋豫革命边区、朱德出太行旧线，红色基因在济源代代相传；济源地处豫西北，毗连晋东南，区位独特，能够立足河南、辐射中部，实现全国营地优质教育资源的交流和共享。

前景广阔、佳境可期是济源市示范性综合实践基地（营地）持续发展的不竭动力。济源市委市政府高度重视研学实践教育营地建设，市委、市政府主要领导多次到实践基地现场调研、听取专题汇报，先后做出“全力争取国家级重点示范性营地项目、建设全国一流的研学实践教育营地、打造国内独一无二的研学小镇”的重要批示；利用省教育厅爱国主义教育基地周边资源，进一步开拓营地格局、打开发展空间。济源市示范性综合实践基地将借助上级领导的重视和支持，全面整合周边的土地、自然、人文、旅游资源，广泛与林业、交通、农业、体育、规划等部门开展共建共创，凝聚发展合力，将实践基地打造成国内规模一流、设施一流、师资一流、课程一流的研学实践教育营地。

“雄关漫道真如铁，而今迈步从头越。”济源市示范性综合实践基地（营地）将乘着国家大力发展校外教育事业的东风，发扬“愚公移山，敢为人先”的精神，更新观念，顺时应势，在加强研学实践教育效果的前提下，立足“奋斗青春美丽”的基本教育思想，围绕不同学段和主题，科学开发并利用好宝贵而独特的华夏文明研学实践教育资源，设计基地（营地）特色课程体系，使其成为推进河南乃至全国校外实践教育的新动力，谱写新时代研学实践教育发展的崭新篇章。

济源市示范性综合实践基地简介

济源市示范性综合实践基地是“十二五”期间，由教育部、财政部利用中央专项彩票公益金支持建设的全国首批、河南省首家公益性校外教育场所项目，同时也是“十三五”期间全国首批、河南省首家国家级“全国中小学生研学实践教育营地”项目，2018年又被教育部评为“全国中小学生研学实践教育示范营地”。实践基地位于黄河小浪底库区的大峪镇涅泉，占地面积约2.1万余平方米（310亩），建筑面积4.5万余平方米，总投资1.54亿元，可同时接待1000余名中小学生开展活动并保障食宿。

实践基地建设了室内综合实践区、室外劳动实践区、综合训练区和生活区四大功能分区，设施先进，设备齐全。在室内综合实践区建设有防震减灾体验馆、公共安全体验馆、科技体验馆、金工木工实践馆、机器人竞技体验馆、模拟金融体验馆、模拟法庭体验馆等19个专题实践场馆；在室外劳动实践区建设有农业示范区、自主厨艺加工区等活动场所；在综合训练区建设有拓展训练区、交通园区、学军活动区、攀岩区、户外体育活动营地这5个室外活动区，为广大青少年搭建了广阔的研学实践教育平台。

实践基地拥有一支思想素质好、业务水平高的师资队伍。实践老师队伍力量雄厚，拥有（专职、兼职、全职）研学实践教育老师104名，完全能够满足1000余名青少年学生开展各类研学实践教育活动的需求；师资队伍年龄结构合理，中青年老师102人，占比98%；实践老师全部具备与岗位相适应的学历水平和岗位技能，其中专科以上学历老师96人，占比92%，大学本科以上学历老

师55人，占比52%；专职实践老师持证上岗率为100%。

济源市示范性综合实践基地初步建立了符合研学实践教育要求和青少年成长需求的实践课程体系，全面落实《示范性综合实践基地实践活动指南(试行)》《济源市中小学研学旅行课程方案》的相关要求，制订了《研学线路及课程建设规划（2017—2020）》。充分利用河南省社会教育资源，开展各种基于济源地域特点的整合性校外教育活动课程体系。从国家战略高度落实有关研学实践、综合实践等政策，结合河南省的“愚公移山精神”“红旗渠精神”“焦裕禄精神”这三大“时代精神”，立足现有课程体系和运营模式，围绕和利用基地现有设施条件、自然环境，整合周边社会教育资源，定位开展以“奋斗青春美丽”为教育主题思想的济源基地综合实践活动课程，把教育目标确定为“奋斗的人格”教育，即：培养锲而不舍、坚忍不拔的愚公移山精神；鼓励攻坚克难、协作制胜的红旗渠精神；倡导艰苦奋斗、迎难而上的焦裕禄精神。小学以“愚公移山精神”为单元主题、中学以“红旗渠精神”为单元主题、高中以“焦裕禄精神”为单元主题的营地实践教育活动，目前已经完成小学28门、初中32门、高中26门，共计86门活动课程。研发研学线路26条，其中市内线路6条、省内线路17条、省外线路3条，囊括了优秀传统文化、革命传统教育、国防科工、自然生态、国情教育等研学实践教育的各个版块，研发面向小学、初中、高中三个阶段的线路课程五大版块共78门，完全能够满足当前营地研学实践教育活动开展需求。

多年来，济源市示范性综合实践基地坚持大力开展面向广大青少年学生的研学实践教育活动，基地总接待数量达10万余人次，在研学实践教育领域形成了一定的影响力，先后被评为“全国示范性综合实践基地课程联盟常务理事单位”“全国中小学生研学实践教育营地”“全国中小学生研学实践教育示范营地”“全国青少年农业科普示范基地”“河南省中小学社会实践教育基地（综合性基地）”“河南省省级青少年户外体育活动营地”“河南研学旅游示范基地”“河南省科普教育基地”“河南省防震减灾科普教育基地”“济源市青少年法治教育实践基地”“济源市科普教育基地”“济源市妇女儿童教育实践基地”“济

源市关心下一代教育基地”“智慧营地研究中心”“安徽工程大学体育学院、安徽工程大学体验产业学院硕士研究生实践教学和研究基地”。今后，济源市示范性综合实践基地将继续坚持上级部门的正确领导，紧紧依托黄河以北这片教育热土，紧密联合周边众多研学基地，发挥丰厚教育资源的集中优势，持之以恒推进研学实践教育发展，全面贯彻落实“立德树人”根本任务，为社会主义现代化建设培养更多又红又专、德才兼备、全面发展的合格建设者和可靠接班人。

目录
CONTENS

初中阶段“红旗渠精神”系列课程教学大纲 ……001

第一单元　责任

奋斗之源 ……013
模拟法庭 ……021
黄金四分钟 ……027
公共安全 ……034
责无旁贷 ……040
天使之路 ……048
责任电网 ……056
责任墙 ……062
最佳拍档 ……071
团队竞速 ……076

第二单元　创新

妙手沙画 ……083
创意相框 ……088
指尖艺术 ……094
百变绳结 ……099
巧取生命水 ……105

智闯雷阵 ······110
数字对对碰 ······117

第三单元 合作

魅力孔雀 ······125
奇妙世界 ······130
巨人脚步 ······135
团队节拍 ······140
争分夺秒 ······145
协作闯关 ······150
携手共进 ······155
盲兵布阵 ······160
逻辑碎片 ······166

第四单元 勇毅

勇毅之塔 ······175
长征之路 ······180
中空漫步 ······186
勇攀高峰 ······192

第五单元 奋斗之魂

追梦小浪底——协作制胜 ······201
问道王屋山——学习之道 ······219

初中阶段“红旗渠精神”系列课程
教学大纲

课程性质	综合实践课程	先修课程	初中学科课程
开课单位	济源市示范性综合实践基地	适用对象	初中阶段
综合实践学时	60	研学实践学时	两天

一、课程背景说明

（一）国家政策背景

1. 2014年教育部研制印发《关于全面深化课程改革落实立德树人根本任务的意见》提出：“教育部将组织研究提出各学段学生发展核心素养体系，明确学生应具备的适应终身发展和社会发展需要的必备品格和关键能力。”从中观层面深入回答“立什么德、树什么人”的根本问题。以培养“全面发展的人”为核心，分为文化基础、自主发展、社会参与三个方面，综合表现为人文底蕴、科学精神、学会学习、健康生活、责任担当、实践创新六大素养。各素养之间相互联系、互相补充、相互促进，在不同情境中整体发挥作用。为方便实践应用，将六大素养进一步细化为18个基本要点，并对其主要表现进行了描述。根据这一总体框架，可针对学生年龄特点进一步提出各学段学生的具体表现要求。

2. 2017年4月份，教育部印发关于《中小学综合实践活动课程指导纲要》中对我国开展中小学生综合实践活动的总目标进行明确规定：要提高中小学生价值体认、责任担当、问题解决、创意物化等方面的意识和能力。其中初中阶段具体目标是：

（1）价值体认：积极参加班团队活动、场馆体验、红色之旅等，亲历社会实践，加深有积极意义的价值体验。能主动分享体验和感受，与老师、同伴交流思想认识，形成国家认同，热爱中国共产党。通过职业体验活动，发展兴趣专长，形成积极的劳动观念和态度，具有初步的生涯规划意识和能力。

（2）责任担当：观察周围的生活环境，围绕家庭、学校、社区的需要开展服务活动，增强服务意识，养成独立的生活习惯；愿意参与学校服务活动，增强服务学校的行动能力；初步形成探究社区问题的意识，愿意参与社区服务，初步形成对自我、对学校、对社区负责任的态度和社会公德意识，初步具备法治观念。

（3）问题解决：能关注自然、社会、生活中的现象，深入思考并提出有价值的问题，将问题转化为有价值的研究课题，学会运用科学方法开展研究。能主动运用所学知识理解与解决问题，并做出基于证据的解释，形成基本符合规范的研究报告或其他形式的研究成果。

（4）创意物化：运用一定的操作技能解决生活中的问题，将一定的想法或创意付诸实践，通过设计、制作或装配等，制作和不断改进较为复杂的制品或用品，发展实践创新意识和审美意识，提高创意实现能力。通过信息技术的学习实践，提高利用信息技术进行分析和解决问题的能力以及数字化产品的设计与制作能力。

3. 2016年11月30日，教育部、国家发展改革委等11部门以教基一〔2016〕8号印发《关于推进中小学生研学旅行的意见》中对各年级学段开展研学旅行的主要任务做了明确要求：

在纳入中小学教育教学计划的同时在初中阶段开展以县情市情为主的研学旅行活动课程体系。即：初中年级参与研学旅行时，宜设计以知识科普型、体验考察型和励志拓展型资源为主的产品，并以县情市情省情研学为主。

（二）基地资源分析

红旗渠精神形成于20世纪60年代。是安阳林县人民怀揣着“誓把山河重安排”的雄心和“引漳入林”的梦想，在太行山上凿崖填谷、削平山头、架设渡槽、凿通隧洞，终于成渠，全长一千五百公里。红旗渠蜿蜒盘旋，漳河水越岭翻山，润泽山林。

红旗渠的成功不仅解决了千百年来林县人民渴盼的吃水灌溉问题，而且也孕育形成了自力更生、艰苦创业、团结协作、无私奉献的红旗渠精神。红旗渠精神是一面永不褪色的旗帜，是安阳、河南乃至全国人民的宝贵精神财富。

1. 林县人民的红旗渠修建历程

20世纪60年代，在党的领导下，安阳林县（今林州市）人民大干10年，仅靠人力、炸药和简陋的工具，在绝壁悬崖下一锤一钎劈山修渠，战胜各种艰难险阻，在太行山上开凿出蜿蜒曲折的希望之渠。红旗渠动工时正值三年困难时期，上级无力支持该地方建设，林县党委政府不等不靠、迎难而上、自力更生。全县五十万人口，先后有三十多万人上山参加过修渠。人民住石崖、宿山洞、吃粗粮、劈山造渠不休不止，其斗志之昂扬、决心之顽强，令人肃然起敬。在物质匮乏、技术落后、人们吃饭都是问题的年代，能够建成红旗渠这个世界奇迹，是林县人民集体奋斗的结晶，体现广大林县人民在共产党人的带领下攻坚克难、协作制胜的艰苦创业精神。

2. 红旗渠精神内涵的四次注解

1990年3月中共林县县委、林县人民政府在《关于宣传和发扬红旗渠精神的决定》中表述“自力更生、艰苦创业、团结协作、无私奉献”；1993年8月河南省委在《关于学习林县人民创业精神的决定》中表述“解放思想、实事求是、自力更生、艰苦创业、自强不息、开拓创新、团结实干、无私奉献”；1998年10月，杨贵在《红旗渠精神的思考》一文中表述“为了人民，依靠人民，敢想敢干，实事求是，自力更生，艰苦奋斗，团结协作，无私奉献”；2011年10月，新华社长篇通讯《守望精神家园的太行人——红旗渠精神当代传奇》中表述“难而不惧，富而不惑，自强不已，奋斗不息”。虽然时间、方式和站位不同，对红旗渠精神概括的重点不同，但是总体概括下来红旗渠精神的内涵就是中国共产党革命精神的一部分；是超出时代条件的存在状态和精神体现；是“自力更生、艰苦创业、团结协作、奋斗不息”的革命精神。

3. 新时代对红旗渠精神的新传承

2011年3月，习近平在参加十一届全国人大四次会议河南代表团审议时指出：“红旗渠精神是我们党的性质和宗旨的集中体现，历久弥新，永远不会过时。”当前中国特色社会主义进入新时代，我国正处于实现中华民族伟大复兴中国梦的关键时期，继承和弘扬红旗渠精神，可以进一步激发和解放全社会的精神生产力，“更好构筑中国精神、中国价值、中国力量，为人民提供精神指引”，为新时代中国特色社会主义建设事业凝聚强大精神力量。

红旗渠的修建是人民在面对艰难困苦时通过大家的团结协作，克服困难，改变命运的精神体现。红旗渠因为“精神”而存在，也将因为“精神”而永恒，不断激发人们不忘初心、牢记使命、开拓创新、砥砺前行。红旗渠精神是中国共产党革命精神在社会主义建设时期的延续和实践，是滋养、激励和成就青少年的精神指引，是值得传承和发展的时代精神。

（三）资源关联分析

1. 新时代教育的需求

红旗渠精神体现的是齐心协力、无惧无畏、坚持不懈、开拓创新的精神境界，自强不息、艰苦奋斗、团结协作是中华民族的优秀传统。红旗渠精神直至今日仍具有发人深省、使人奋进的积极力量。习近平总书记强调“社会主义是干出来的，幸福是靠奋斗才能得到的”“红旗渠精神是我们党的性质和宗旨的集中体现，历久弥新，永远不会过时”。在中华民族复兴的道路上，需要华夏儿女的共同努力，攻克难关，共同实现中华民族的伟大复兴。

2. 济源基地的区位优势

红旗渠精神经历了半个世纪的沉淀与传承，已成为河南三大时代精神的代表，成为新时代河南省人民的精神目标，成为新时代教育育人的思想指导。济源市示范性综合实践基地作为实践育人的基地，肩负着为济源市、河南省、全中国培养具有中国精神、具有华夏精神的社会主义建设者和接班人的任务。

3. 初中阶段匹配

初中七、八年级的学生处于思维发展和自我意识的觉醒和爆发期，生理和心理变化明显，已开始占主导地位的抽象逻辑思维逐步由经验型向理论型转化，观察、记忆、想象诸种能力迅速发展，能超出直接感知的事物提出假设和进行推理论证，是培养学生自我管理、自我认识、自制能力的最佳时机。此时思维的独立性和批判性显著发展，容易固执和偏激，却最易激发动力与斗志，因此在教学过程中结合“红旗渠精神”的核心品质激发青少年新时代的奋斗力量，开始较多地体现出主观能动作用。随着实践的增加和思维的发展，对探求事物的认识倾向表现出更大的坚持力，培养学生不畏困难、善于观察、善于质疑、团结合作的能力，进而促进“奋斗的人格”的形成。

（四）课程的性质、地位和任务

济源市示范性综合实践基地课程体系包括三个部分：以“愚公移山精神”为主题的课程系列、以“红旗渠精神”为主题的课程系列、以“焦裕禄精神”为主题的课程系列。其中以“红旗渠精神”为主题的课程系列是济源市示范性基地课程体系中适用于初中阶段的综合实践课程。课程以河南省时代精神为主线与背景，在主题思想的指导下，依托课程活动，实现“奋斗的人格”的育人目标。

本课程是教育部基础教育指导纲要规定的课程，结合教育部等11部委联合下发的全面推进有关中小学生营地学习指导文件规定，开设的满足学生“读万卷书，行万里路”的教育形式，通过对各种项目活动的体验、分享、反思、总结，完成对学生“奋斗的人格”的教育与培育目标。

课程的主要任务是通过三天的体验教学，让学生们在体验中认知、在体验中反思、在体验中领悟，作为祖国的未来，应学习中华民族精神中最优秀的人物与事迹，牢记中华民族优秀的民族精神，并能将之体悟，进而树立远大理想和奋斗目标，明确责任始于足下，感悟幸福都是奋斗出来的，以济源特有地域文化精神熏陶其浓厚的自豪感和社会责任感。

（五）课程教学的基本要求

本课程是基于学校学科教学和生活教育为本的整合性综合实践课程。在《济源市示范性综合实践基地教育总纲》的指导下，以“红旗渠精神”为学段主题精神，培养青少年“攻坚克难，协作制胜”的精神品质，实现“奋斗 青春 美丽”的教育思想。

教学中立足理论与实践结合、体验与探究结合、营地内与营地外结合、训练与教练结合、学习与带领结合等方面的结合。以学生为中心，以互动为中心，以价值引导为中心，构建师生互动平等的“教学做”关系，让学生在课堂中主动学习，以实践为导向，坚持理论来源于实践、理论服务于实践、实践检验理论、实践创造理论的教育方针，侧重引导和关注学生的实践理论、实践技能、实践成效，注重培养学生的社会责任感。在教学中运用讲授式、体验式、探究式、团队式、问题式、分享式等多元化教学方法和手段，充分发挥基地及周边环境等教学资源的作用，调动学生积极、主动、快乐的学习情绪和渴望成长发展的内在动力需求，高效率地实现课堂教学目的。

（六）本课程的重点与难点

重点：每个活动课堂中潜移默化地引导“攻坚克难，协作制胜”教育目标实现；课程结束前的引导分享和价值澄清时针对教学目标的有效组织。

难点：引导技术的合理使用、课程安全的把控与监管、课程实施中教学目标的凸显与课堂元素的整合统一、课堂的总结性评价。

二、课堂教学时数及课后任务分配

"红旗渠精神"——攻坚克难，协作制胜的单元结构								
单元名称		诠释	体验活动	环境	核心素养	时长	课后任务	
							反思	计划
第一单元	责任	是应尽的义务，是分内应该做好的事，并能对结果勇于承担。是一个人心智、胸怀、格局的体现，是一个人人生观、价值观和世界观的体现，是生活的态度、精神素质的一部分。红旗渠的修建就是要解决子子孙孙的吃水问题，这是对生命高度负责任的体现。通过团队活动，增强学生认知责任意识、自我责任意识、生活责任意识、学习责任意识和社会责任意识。	奋斗之源	室内	人文底蕴	90分钟		
			模拟法庭	室内	责任担当	90分钟		
			黄金四分钟	室内	健康生活	90分钟		
			公共安全	室内	健康生活	90分钟		
			责无旁贷	室内	健康生活	90分钟		
			天使之路	室外	学会学习	90分钟		
			责任电网	室外	责任担当	90分钟		
			责任墙	室外	责任担当	90分钟		
			最佳拍档	室外	实践创新	90分钟		
			团队竞速	室外	学会学习	90分钟		
第二单元	创新	是更新，是改变，是创造新的东西。就如林县人民勇于打破常规，用区别于常规的想法在悬崖峭壁上凿出人间奇迹红旗渠一样。对学生而言，创新就是要培养并保持学生的好奇心，让学生愿意不断地发现和提出问题。能学会思考、独立思考、大胆猜想、小心求证、归纳概括出猜想和规律。培养学生的探索意识、创新意识。	妙手沙画	室内	实践创新	90分钟		
			创意相框	室内	实践创新	90分钟		
			指尖艺术	室内	实践创新	90分钟		
			百变绳结	室内	健康生活	90分钟		
			巧取生命水	室外	实践创新	90分钟		
			智闯雷阵	室外	科学精神	90分钟		
			数字对对碰	室外	实践创新	90分钟		

<table>
<tr><th colspan="9">“红旗渠精神”——攻坚克难，协作制胜的单元结构</th></tr>
<tr><th colspan="2" rowspan="2">单元名称</th><th rowspan="2">诠释</th><th rowspan="2">体验活动</th><th rowspan="2">环境</th><th rowspan="2">核心素养</th><th rowspan="2">时长</th><th colspan="2">课后任务</th></tr>
<tr><th>反思</th><th>计划</th></tr>
<tr><td rowspan="9">第三单元</td><td rowspan="9">合作</td><td rowspan="9">是两个或两个以上的个体在相互帮助和配合下，一起活动来实现目标的行为，彼此之间共同创作、互相依赖、互相支持、互相融合，是一种联合行为。红旗渠就是十万林县人民彼此之间共同合作的壮举。对学生而言，通过不同的活动让学生互相合作完成目标，培养学生互帮互助的团队意识、服务意识、问题意识。</td><td>魅力孔雀</td><td>室内</td><td>实践创新</td><td>90分钟</td><td></td><td></td></tr>
<tr><td>奇妙世界</td><td>室内</td><td>科学精神</td><td>90分钟</td><td></td><td></td></tr>
<tr><td>巨人脚步</td><td>室外</td><td>责任担当</td><td>90分钟</td><td></td><td></td></tr>
<tr><td>团队节拍</td><td>室外</td><td>健康生活</td><td>90分钟</td><td></td><td></td></tr>
<tr><td>争分夺秒</td><td>室外</td><td>学会学习</td><td>90分钟</td><td></td><td></td></tr>
<tr><td>协作闯关</td><td>室外</td><td>责任担当</td><td>90分钟</td><td></td><td></td></tr>
<tr><td>携手共进</td><td>室外</td><td>学会学习</td><td>90分钟</td><td></td><td></td></tr>
<tr><td>盲兵布阵</td><td>室外</td><td>实践创新</td><td>90分钟</td><td></td><td></td></tr>
<tr><td>逻辑碎片</td><td>室外</td><td>学会学习</td><td>90分钟</td><td></td><td></td></tr>
<tr><td rowspan="4">第四单元</td><td rowspan="4">勇毅</td><td rowspan="4">勇敢而坚毅，不畏艰难，坚持不懈，勇往直前。红旗渠修筑过程历经千难万险，而林县人民通过自己的坚持与协作，不断攻克难关，成功凿渠。培养青少年在学习和生活中，遇到困难的阻碍时，能够迎难而上，无所畏惧，发挥敢打敢拼、百折不挠的精神，从而具备勇敢而坚毅的意志、品质。</td><td>勇毅之塔</td><td>室内</td><td>学会学习</td><td>90分钟</td><td></td><td></td></tr>
<tr><td>长征之路</td><td>室内</td><td>人文底蕴</td><td>90分钟</td><td></td><td></td></tr>
<tr><td>中空漫步</td><td>室外</td><td>健康生活</td><td>90分钟</td><td></td><td></td></tr>
<tr><td>勇攀高峰</td><td>室外</td><td>健康生活</td><td>90分钟</td><td></td><td></td></tr>
<tr><td>第五单元</td><td>奋斗之魂</td><td>奋斗是指为达到一定目的而努力干，是为了实现目标不断克服困难的过程。美好的生活要靠劳动创造，幸福需要奋斗。小浪底修建经历十年，全世界51个国家和地区参与，土石方挖填1亿立方米，实现了黄河60年一泛滥到千年不泛滥的跨越。在面</td><td>追梦小浪底：协作制胜</td><td>研学</td><td>人文底蕴</td><td>360分钟</td><td></td><td></td></tr>
</table>

“红旗渠精神”——攻坚克难，协作制胜的单元结构								
单元名称		诠释	体验活动	环境	核心素养	时长	课后任务	
							反思	计划
第五单元	奋斗之魂	对看似不可能的工程时，寻求多方力量协作完成这项世界水利工程史上最具有挑战性的工程。小浪底的修建是人与自然奋斗的杰作，与红旗渠精神有殊途同归之处。在研学过程中，通过一系列活动培养学生在面对困难时，团结协作、勇于创新、攻坚克难的精神品质。						
		道即规律、即自然，是万事万物运行的轨道，是事物变化运动的场所。奋斗是逢山开路、遇水搭桥的开拓精神。世间万物的进化，恰合愚公之说法；人类文明的发展，亦皆因为从古以来的人类，不知不觉地慢慢移山上的石头土块。进取奋斗就是要实现与自然的和谐相处。在研学过程，通过一系列活动探索生命的意义，培养学生珍爱生命、热爱学习、勇于探索、不断攀登人生高峰的价值理念。	问道王屋山：学习之道	研学	人文底蕴	190分钟		

三、教学参考书目

[1]薛保红. 活动策划[M]. 北京：中国标准出版社，2014.

[2]薛保红，盛建华，肖沛宇. 体验培训——创造优秀的培训师[M]，北京：中国标准出版社，2016.

[3]薛保红. 营地教育[M]. 北京：中国标准出版社，2016.

[4]李一新. 最新野外生存手册[M]. 北京：石油工业出版社，2007.

[5]戴育红. 营地心理辅导手册[M]. 广州：广东教育出版社，2003.

[6]薛保红. 体验教育创新——原理与方法[M]. 北京：中国标准出版社. 2013.

[7]李公乐. 红旗渠精神：一面永不褪色的旗帜[N]. 光明日报，2019-01-14（5）.

[8]马福运. 红旗渠精神的再认识[J]. 中国高校社会科学，2018（04）：111-118+160.

[9]王春丽. 红旗渠精神与中国共产党人的人格塑造[J]. 陕西社会主义学院学报，2018（03）：53—55.

[10]杨震林. 十万奋斗者 壮哉红旗渠[J]. 新湘评论，2018（22）：56—57.

[11]高泽敏. 新时代更需要弘扬红旗渠精神[N]. 河南日报，2018-06-17（8）.

1

第一单元

责任

ZEREN

奋斗之源

适用年级：初中　　　　建议时长：90分钟

教学内容	课程目标	教学重点与难点
1. 组织学生了解愚公移山精神、焦裕禄精神、红旗渠精神的由来与发展。 2. 组织学生完成朗诵、情境演绎、凌空除险等活动。 3. 组织学生对活动体验进行分享总结。	1. 通过老师讲解和学生自主参观，了解愚公移山故事、红旗渠修建背景和水渠的构成以及焦裕禄事迹。 2. 通过体验一系列活动，锻炼学生的表达能力和创新能力。 3. 通过活动体验，培养学生的生活责任意识和社会责任意识，使其成为敢于担当的时代接班人与传承者。	1. 重点：活动线是让学生体验与《愚公移山》有关的朗诵、情境演绎等活动。教育线是激发学生敢于担当的责任意识。 2. 难点：引导学生感受“三大精神”的内涵和意义。

结构	教学内容	组织与教法
活动准备	**一、前期布置** 1. 场地：时代精神馆。 2. 器材：图片、视频、展品、道具。	**一、实景图** 
活动实施（70分钟）	**一、课堂常规（5分钟）** 1. 集合分组 6～8人一组。 2. 师生认识和问好 老师：同学们好，我是××老师。奋斗的青春？ 学生：最美丽！	**一、组织** 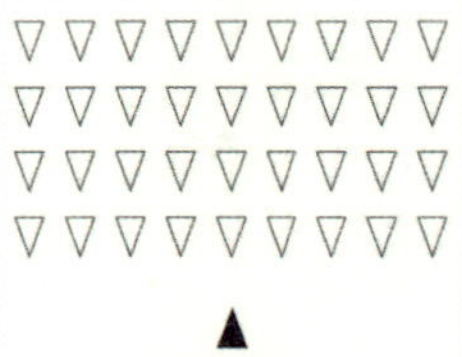 讲授型

结构	教学内容	组织与教法
活动实施 （70分钟）	**二、活动环节** （一）形象墙导入（5分钟） 各位同学，我们现在所在的位置，就是时代精神馆的序厅。大家仔细观察一下，形象墙上以浮雕形式描绘的这三个画面呈现的都是什么？ 在浮雕中展现的三个画面，从上到下分别是愚公移山、焦裕禄和红旗渠的故事。我们时代精神主要展示的就是这三部分的内容。 各位同学，在这里我要先给大家留一个问题，为什么把这“三大精神”称为“时代精神”呢？ 让我们带着这个问题，开始今天的学习，找寻其中的答案。等我们参观结束，再次回到这个位置的时候，请告诉我你的答案。 （二）愚公移山精神（40分钟） 《愚公移山》是中国古代的寓言故事，选自《列子·汤问》，作者是春秋战国的列御寇。 有一首歌也叫《愚公移山》，同学们现在听到的就是这首歌。 众所周知，抗日战争从1931年爆发，中华民族经历了持续14年的艰苦卓绝的抗战，直到1945年8月15日，日本宣布无条件投降，才宣告了伟大抗战取得胜利。 而就在抗战胜利的前夕，在革命圣地延安，700多位代表共聚一堂，共同召开中国共产党第七次全国代表大会。在大会闭幕式上，毛泽东以《愚公移山》为题致闭幕词。 1940年，南京、武汉、广州相继沦陷，正是中国人民抗日的危急时刻，画家徐悲鸿就以“愚公移山”为主题创作出了《愚公移山图》。	**二、教法** 1. 问题法 2. 视频法 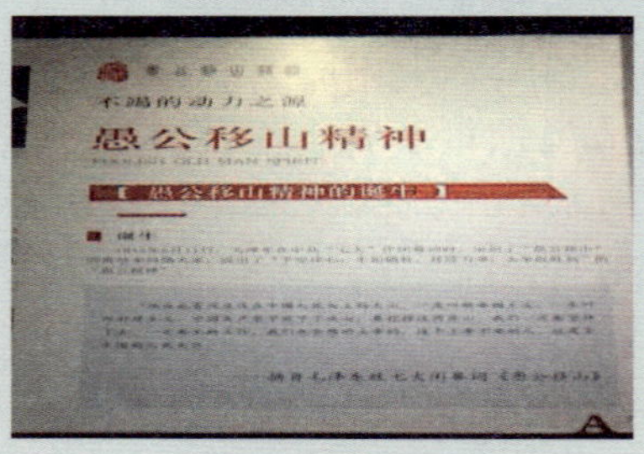 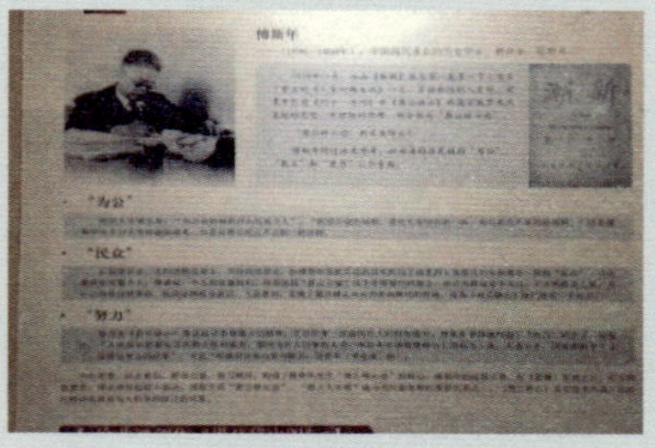

结构	教学内容	组织与教法
活动实施 （70分钟）	《愚公移山》在近代第一次被人提及是在1919年，著名的历史学家、教育家、思想家傅斯年在《新潮》杂志上发表了《人生问题发端》的文章。 在抗日战争时期，愚公移山精神就已经成为中华民族精神的重要组成部分。历经70多年的风雨洗礼，愚公移山精神历久弥新，不断被赋予新的时代内涵和精神价值，愚公移山精神已成为中华民族薪火相传的宝贵精神财富。 1. 观看《愚公移山》视频 2. 集体朗诵《愚公移山》 在小学的时候我们都学过《愚公移山》的寓言故事，今天我们在现场看到的是《愚公移山》的原文。接下来，让我们集体朗诵这篇文章，感受愚公移山的精神力量。 太行、王屋二山，方七百里，高万仞，本在冀州之南，河阳之北。 北山愚公者，年且九十，面山而居。惩山北之塞，出入之迂也，聚室而谋曰："吾与汝毕力平险，指通豫南，达于汉阴，可乎？"杂然相许。其妻献疑曰："以君之力，曾不能损魁父之丘，如太行、王屋何？且焉置土石？"杂曰："投诸渤海之尾，隐土之北。"遂率子孙荷担者三夫，叩石垦壤，箕畚运于渤海之尾。邻人京城氏之孀妻有遗男，始龀，跳往助之。寒暑易节，始一返焉。 河曲智叟笑而止之曰："甚矣，汝之不惠！以残年余力，曾不能毁山之一毛，其如土石何？"北山愚公长息曰："汝心之固，固不可彻，曾不若孀妻弱子。虽我之死，有子存焉；子又生孙，孙又生子；子又有子，子又有孙；子子孙孙无穷匮也，而山不加增，何苦而不平？"河曲智叟亡以应。 操蛇之神闻之，惧其不已也，告之于帝。帝感其诚，命夸娥氏二子负二山，一厝朔东，一厝雍南。自此，冀之南，汉之阴，无陇断焉。	

结构	教学内容	组织与教法
活动实施 （70分钟）	3. 重现《愚公移山》 依据《愚公移山》的原文，每组创编你心中的《愚公故事》，准备时间10分钟，情境演绎3分钟。 要求：演绎内容要有正能量，能体现愚公精神，每小组每人都要参与。 希望同学们传承和发扬愚公移山精神，让其在新时代焕发出更加璀璨的光芒！ （三）焦裕禄精神（10分钟） 同学们，现在展现在我们面前的是一个模型展板，请大家猜猜看，这是什么造型？——对，是一棵树干，这是一颗泡桐树。 为什么这里要展示泡桐树呢？接下来我们就来介绍一位“党的好干部”“人民的好公仆”“共和国的脊梁”——焦裕禄同志。 焦裕禄（1922年8月16日—1964年5月14日），山东省淄博市博山县北崮山村人，兰考原县委书记，干部楷模，中国共产党革命烈士。在兰考担任县委书记时所表现出来的“亲民爱民、艰苦奋斗、科学求实、迎难而上、无私奉献”的精神，被后人称之为“焦裕禄精神”。 1962年冬，焦裕禄来到兰考，兰考遭遇严重的灾荒，全县的粮食产量下降到历史的最低水平。在除“三害”的斗争中，为了取得经验，焦裕禄同志亲自率领干部、群众进行了小面积翻淤压沙、翻淤压碱、封闭沙丘试验。然后以点带面，全面铺开，总结出了整治三害的具体策略，探索出了大规模栽种泡桐的办法。 （四）红旗渠精神（10分钟） 接下来，请大家跟随我，跨越时空，来到一个特殊的年代。我们河南有一个非常特殊而有名的地方，在县	3. 讲授法    4. 讲授法、体验法 

<table>
<tr><th>结构</th><th>教学内容</th><th>组织与教法</th></tr>
<tr><td>活动实施
（70分钟）</td><td>志记载的500年历史中，大旱100多次，绝收30次，最恐怖的“人相食”的记录也达到了5次。这样骇人听闻的事件就发生在安阳的林县，而这一切的根源，就在于旷日持久的干旱。
同学们，这是红旗渠的咽喉工程——青年洞的场景。这样的悬崖峭壁在太行山上处处可见，而林县人民在没有现代机械的情况下，仅用这些绳子拴在腰上，凌空排除险情。
在这里我们也设置了这样一个绳索，我现在邀请一位同学在老师的保护下，坐在这绳索之间完成一些动作，体验一下当时红旗渠的修建工作。哪位同学愿意来体验一下？（安排学生在绳索中完成凌空除险等一系列工作）
在体验之后，请这位同学说一下他的感受。（同学分享）
在绳索上面做动作特别别扭，而且很难掌握平衡。那么如果说这绳子是吊在悬崖峭壁上呢？如果这绳索的下面就是万丈深渊呢？这就是红旗渠修建过程中的难题之一，下面让我们一起来深入了解一下。
三、注意事项
1. 先用视频资料，后讲解会更容易接受。
2. 体验过程中正确引导学生的情感态度。
3. 情景演绎过程中根据小组的能力差异性进行及时指导。
4. 关注兴趣差的学生，并且给予赏识性教育。
四、活动监控
1. 安全监控
（1）关注学生体验凌空除险的活动状态，防止擅自操作。
（2）关注学生在场馆内的活动状态，禁止来回跑动，追逐打闹。</td><td></td></tr>
</table>

结构	教学内容	组织与教法
活动实施（70分钟）	2. 语言监控 （1）关注学生在参与活动中的疑问点和见解。 （2）关注学生对于三大精神的个人理解。 3. 行为监控 （1）关注学生之间有没有互相帮助的行为。 （2）关注学生在活动结束后有没有自觉整理物品的行为。	
活动总结（20分钟）	**一、集合整队（1分钟）** **二、学生分享（14分钟）** 1. 回顾反思 （1）我们经历了几个活动？分别是什么？ （2）你所理解的三大精神，分别是什么？ （3）听完这三种精神，你作为一个河南人会有什么样的感受？ （4）这三种时代精神共同的精神品质是什么？ （5）如何在以后的生活中发扬三大精神？ 2. 组织分享	**一、组织形式** 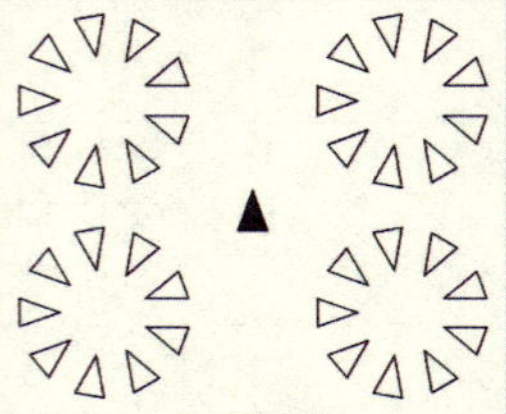 岛屿型 **二、教法** 1. 问题引导法 2. 组内分享和代表分享法 3. 归纳法

结构	教学内容	组织与教法
活动总结（20分钟）	**三、教师总结（5分钟）** 1. 分享整合 济源是愚公移山精神的原发地，愚公移山精神是济源城市之魂。经过千百年的薪火相传、几十年的风雨考验，愚公移山精神已深深地融入中华儿女的灵魂深处和血脉之中，鼓舞和激励着一代又一代济源人奋发图强、砥砺前行，创造了一个又一个令人瞩目的发展奇迹。愚公移山精神注定是照耀济源未来的精神之光。我们身为济源人，应该感到骄傲和自豪。 同时，还有两个时代精神，它们是攻坚克难、协作制胜的红旗渠精神，艰苦奋斗、迎难而上的焦裕禄精神，都是这个新时代我们要传承与发扬的伟大精神。在河南好少年的身上，我们也看到了这些精神。在生活与学习中，我们要向优秀的同学看齐，遇到困难，不要畏惧，要敢于担当，勇于承担，做有社会责任感的好少年。 愚公精神、焦裕禄精神、红旗渠精神是新时代中原人民的三大精神支柱，在实现中华民族伟大复兴的进程中，让我们继续传承三大精神，为祖国的发展添砖加瓦。 2. 价值澄清 希望我们能向先辈学习，自强不息、艰苦奋斗、攻坚克难、敢于担当、勇于承担，做有社会责任感的新时代接班人，不负青春。 因为：奋斗的青春最美丽！	

<table>
<tr><th colspan="2">评价维度</th><th>评价要点</th><th>评价结果（描述或判断）</th></tr>
<tr><td colspan="2" rowspan="2">教学准备</td><td>1. 是否提前准备好视频播放设施？</td><td></td></tr>
<tr><td>2. 是否提前准备好活动体验所用到的展品、道具等？</td><td></td></tr>
<tr><td colspan="2" rowspan="8">教学过程</td><td>3. 每个活动时间节点把控是否按计划进行？</td><td></td></tr>
<tr><td>4. 在三大时代精神场馆，是否给予学生足够的时间进行探究？</td><td></td></tr>
<tr><td>5. 在讲解带领过程中，对自己的表情、肢体动作、语言表达等如何评价？</td><td></td></tr>
<tr><td>6. 在活动过程中，是否发挥教师作为引导者、观察者、分享者的角色功能？</td><td></td></tr>
<tr><td>7. 你是否能对学生的问题做及时有效的回应？</td><td></td></tr>
<tr><td>8. 在活动过程中，你在哪些方面给予了学生针对性指导？</td><td></td></tr>
<tr><td>9. 在活动过程中，是否有安全事故发生？</td><td></td></tr>
<tr><td>10. 你能否引导所有学生有效完成学习手册？</td><td></td></tr>
<tr><td colspan="2" rowspan="3">教学效果</td><td>11. 你是否能通过课程让学生理解了三大时代精神的意义？</td><td></td></tr>
<tr><td>12. 你能否引导学生有秩序地完成对场馆的探究和体验？</td><td></td></tr>
<tr><td>13. 学生是否能认识到三大时代精神中所蕴含的奋斗精神？</td><td></td></tr>
<tr><td rowspan="3">活动小结</td><td>优点</td><td colspan="2"></td></tr>
<tr><td>不足</td><td colspan="2"></td></tr>
<tr><td>改进</td><td colspan="2"></td></tr>
</table>

模拟法庭

适用年级：初中　　　　建议时长：90分钟

教学内容	课程目标	教学重点与难点
1. 组织学生认识法庭基本设施。 2. 组织学生了解我国基本的审判制度。 3. 组织学生体验模拟法庭。 4. 组织学生对模拟法庭的活动体验进行分享总结。	1. 通过实物展示与讲解，了解法庭基本物品的名称含义以及基本法律常识。 2. 通过学生实际模拟庭审过程，锻炼学生语言表达能力，提高学生团队协作能力。 3. 通过活动的体验，提高学生的法律认知意识，培养学生对自我负责、对社会负责的意识，做遵纪守法的好少年。	1. 重点：活动线是认识法庭基本设施，学习我国基本审判制度，模拟法庭进行审判。教育线是通过学生实际模拟庭审过程，感受法律的威严，做祖国遵纪守法的接班人。 2. 难点：了解基本的刑事诉讼法原则和程序，提高学生法律认知意识。

结构	教学内容	组织与教法
活动准备	**一、前期布置** 1. 场地：综合实践楼二楼模拟法庭馆。 2. 器材：提前准备视频资料、PPT、剧本。	**一、实景图** 
活动实施 （70分钟）	**一、课堂常规（5分钟）** 1. 集合分组 6～8人一组。 2. 师生认识和问好 老师：同学们好，我是××老师。奋斗的青春？	**一、组织** 

结构	教学内容	组织与教法
活动实施（70分钟）	学生：最美丽！ **二、活动环节** （一）走进法庭初体验（15分钟） 1. 课前小调查 你们当地有几个法院？位置在哪？你有没有去过当地法院？ 2. 介绍法庭基本设施 （1）法徽：法徽和国徽一样，麦穗和齿轮分别代表广大的农民朋友和工人朋友，华表代表中华民族，天平代表公平公正。整个法徽的设计有两点含义：一是提醒法官要为人民服务；二是彰显司法的公平公正。 （2）法凳：凳面和靠背的角度是标准的90°，不多不少，要求法官坐端正，认真倾听原被告双方的诉求。 （3）法袍：黑色的法袍将法官包裹起来，是为了提醒法官其所处的环境应该相对封闭，在庭外不要与当事人有任何接触，保持公平公正中立的态度。 （4）法庭现场的活动区域构成：审判区和旁听区。 （5）法槌：起源于中国古代，其前身是古代县衙中的“惊堂木”，使用法槌是为了维持法庭秩序、控制庭审节奏、树立司法权威。 （二）讲解我国基本的审判制度（10分钟） 1. 公开审判制度 法律规定涉及国家机密、个人隐私、未成年人犯罪的一律不公开，离婚案件和商业秘密案件根据当事人申请依法酌情不公开。 2. 辩护制度 任何刑事案件的被告人都享有辩护权。 3. 回避制度	**二、教法** 1. 问题法、讲授法   

结构	教学内容	组织与教法
活动实施（70分钟）	亲属、利害关系。 4. 合议制度 民主集中制原则在审判工作中的具体运用。 5. 两审终审制 一审、二审、执行。 （三）模拟法庭真感受（10分钟） 1. 刑事案件第一审普通程序 （1）观看关于未成年人贩毒案件视频，介绍庭审程序：开庭准备、法庭调查、法庭辩论、最后陈述、法庭宣判。 （2）解释细节，如公开审理的原因；法定代理人和监护人的区别；刑事案件被告人辩护权的行使。 2. 结合视频分析审判区域位置划分 （1）法官：中间一位审判长，左右两边各一位审判员。 （2）书记员：宣读法庭规则，记录庭审内容。 （3）公诉人：受检察长指派，以国家公诉人的身份出席法庭支持公诉，进一步阐述公诉机关的指控意见，并通过举证、质证和辩论，使合议庭确认公诉机关对被告人的指控，依法宣判被告人有罪，并处以相应的刑罚。 （4）辩护人：指接受被追诉一方委托或者受人民法院指定，帮助犯罪嫌疑人、被告人行使辩护权以维护其合法权益的人。 （5）法定代理人：指被代理人的父母、养父母、监护人和负有保护责任的机关团体的代表。 （四）模拟法庭出真知（小剧场）（30分钟） 1. 案情简介 根据老师提供的资料，熟悉案件的情况。 2. 角色分配 需要哪些演员，学生自由讨论，抽	2. 讲授法、案例法 3. 视频法、讲授法  4. 演绎法

结构	教学内容	组织与教法
活动实施（70分钟）	取学生回答，教师解释，尤其提醒学生法定代理人。 学生自由表达自己的参演角色以及理由，由其他同学推荐选出。 3. 角色扮演 学生根据自己所分配的角色以及案情简介中的情景模拟庭审。 **三、注意事项** 1. 老师要通过自己的状态和语言给学生营造一个严肃的法庭现场氛围。 2. 老师要提醒学生完成自己的角色任务。 3. 刑事第一审程序进行时要关注学生的细节表现，及时更正。 **四、活动监控** 1. 安全监控 （1）发现学生追逐打闹的情况要及时制止，避免破坏场馆器材。 2. 语言监控 （1）聆听学生模拟过程中的交流和对话。 （2）聆听学生模拟过程中各个角色的语气语调是否符合角色的身份。 3. 行为监控 （1）观察学生模拟过程中互帮互助的情况。 （2）观察学生在模拟过程中有没有投入到角色当中。	
活动总结（20分钟）	**一、集合整队（1分钟）**	**一、组织** 

<table>
<tr><th>结构</th><th>教学内容</th><th>组织与教法</th></tr>
<tr><td>活动总结
（20分钟）</td><td>二、学生分享（14分钟）
1. 回顾反思
（1）你刚刚扮演的是哪个角色？扮演这个角色你心情如何？为何有这样的心情？
（2）你对哪个角色记忆最深刻？为什么？
（3）如果下次再接触模拟法庭的话，你会参与哪个角色？
（4）在今后的生活学习中，如果你和同学、朋友发生矛盾冲突，你会寻找哪些方式解决？
2. 组织分享
三、教师总结（5分钟）
1. 分享整合
模拟法庭是我们了解法律、认识法律、体会法律威严、感受法律魅力的一个途径。我们生活中到处都有法律的身影，比如：购物会有《消费者权益保护法》，出行有《道路交通安全法》，上学有《教育法》《未成年人保护法》，等等。我们正处在身心发展的关键期，要学会控制自己的情绪，避免因为一时冲动、情绪失控而对他人和自己造成伤害，通过模拟法庭让我们切身感受法律的庄重威严、公平公正，培养大家的法律认知，以及对自己和别人负责的社会责任感。
2. 价值澄清
希望大家拥有更多的法律意识，能用法律维护自己的合法权益，同时要敬畏法律，自我要求，自我负责，做一个遵纪守法的好少年，不负青春。
因为：奋斗的青春最美丽！</td><td>二、教法
1. 问题引导法

2. 组内分享和代表分享法

3. 归纳法</td></tr>
</table>

<table>
<tr><th>评价维度</th><th colspan="2">评价要点</th><th>评价结果（描述或判断）</th></tr>
<tr><td rowspan="2">教学准备</td><td colspan="2">1. 是否提前检查好视频播放设施？</td><td></td></tr>
<tr><td colspan="2">2. 是否提前准备好活动体验所用到的法槌、法袍等？</td><td></td></tr>
<tr><td rowspan="8">教学过程</td><td colspan="2">3. 每个活动时间节点把控是否按计划进行？</td><td></td></tr>
<tr><td colspan="2">4. 在“模拟法庭出真知”环节，组织是否有序？</td><td></td></tr>
<tr><td colspan="2">5. 在讲解带领过程中，对自己的表情、肢体动作、语言表达等如何评价？</td><td></td></tr>
<tr><td colspan="2">6. 在活动过程中，是否发挥教师作为引导者、观察者、分享者的角色功能？</td><td></td></tr>
<tr><td colspan="2">7. 你是否能对学生的问题做及时有效的回应？</td><td></td></tr>
<tr><td colspan="2">8. 在活动过程中，你在哪些方面给予了学生针对性指导？</td><td></td></tr>
<tr><td colspan="2">9. 在活动过程中，是否有安全事故发生？</td><td></td></tr>
<tr><td colspan="2">10. 你能否引导所有学生有效完成学习手册？</td><td></td></tr>
<tr><td rowspan="3">教学效果</td><td colspan="2">11. 你是否能通过课程让学生掌握相关的法律知识？</td><td></td></tr>
<tr><td colspan="2">12. 你是否能通过课程让学生了解了法庭上的不同角色？</td><td></td></tr>
<tr><td colspan="2">13. 你是否能通过课程让学生树立起了遵纪守法的意识？</td><td></td></tr>
<tr><td rowspan="3">活动小结</td><td>优点</td><td colspan="2"></td></tr>
<tr><td>不足</td><td colspan="2"></td></tr>
<tr><td>改进</td><td colspan="2"></td></tr>
</table>

黄金四分钟

适用年级：初中　　　　建议时长：90分钟

教学内容	课程目标	教学重点与难点
1. 组织学生了解心跳呼吸骤停的危害和心肺复苏的基本知识。 2. 组织学生演练心肺复苏活动。 3. 组织学生对心肺复苏的活动体验进行分享总结。	1. 通过学生动手操作，掌握心肺复苏的操作方法。 2. 通过对心肺复苏知识的学习，提升学生自救及他救的能力以及应对突发状况的能力。 3. 学生通过心肺复苏的学习和亲自体验，培养学生珍爱生命以及对自己对他人生命负责的态度。	1. 重点：活动线是了解心肺复苏知识和分组体验心肺复苏。教育线是使学生认知生命的宝贵，进而珍惜生命，关爱他人。 2. 难点：练习过程中按压频率与力度的准确掌握。

结构	教学内容	组织与教法
活动准备	**一、前期布置** 1. 场地：防震减灾体验馆。 2. 器材：模拟假人、一次性呼吸面膜、视频资料。	**一、实景图** 
活动实施（70分钟）	**一、课堂常规（5分钟）** 1. 集合分组 6～8人一组。 2. 师生认识和问好 老师：同学们好，我是××老师。奋斗的青春？ 学生：最美丽！	**一、组织** 

<table>
<tr><th>结构</th><th>教学内容</th><th>组织与教法</th></tr>
<tr><td>活动实施（70分钟）</td><td>二、活动环节
（一）视频导入（5分钟）
中国每年有300万人意外死亡，其中最危险的叫心脏骤停。在美国全国平均40%能救过来，而在我国上海、北京这些较发达的地区，救活率却还不到1%。
如果真的发生了心脏病、脑溢血、呼吸骤停，我们的生命窗口只有黄金4分钟，所以掌握必备的急救知识是非常必要的。
下面我们看一段视频了解一下什么是心肺复苏。
（二）心肺复苏简介（10分钟）
1. 定义
心肺复苏是针对心跳和呼吸骤停的病人所采取的救命技术，在所有急症里面，没有比心跳呼吸骤停更急迫的了。
2. 危害
身体缺血缺氧4分钟后，全身组织细胞开始受到损害，其中受损最严重的是大脑细胞，脑细胞缺血缺氧会导致不可逆的死亡。
心跳呼吸骤停之后：
1分钟内进行CPR复苏成功几率>80%；
4分钟内进行CPR复苏成功几率>46%；
6分钟内进行CPR复苏成功几率>4%；
10分钟后进行CPR几乎无存活的可能。
心跳呼吸停止之后1分钟被称为救命的白金时间，4~6分钟称为救命的黄金时间。
3. 适应证
（1）成人常见原因。
心脏疾病（冠心病最多见）、创伤、淹溺、药物过量、窒息、出血等。
（2）小儿常见原因。
非心脏性疾病，如气道梗阻、烟雾</td><td>二、教法
1. 视频导入法

2. 讲授法</td></tr>
</table>

结构	教学内容	组织与教法
活动实施（70分钟）	吸入、溺水、感染、中毒等。 4. 禁忌证 （1）胸壁开放性损伤。 （2）肋骨骨折。 （3）胸廓畸形或心包填塞。 （4）凡已明确心、肺、脑等重要器官功能衰竭无法逆转者，可不必进行复苏术，如晚期癌症等。 5. 识别心跳呼吸骤停 （1）意识突然丧失，昏倒于各种场合。 （2）面色苍白或转为紫绀。 （3）瞳孔散大。 （4）颈动脉搏消失，心音消失。 （5）部分患者有短暂而缓慢叹息样或抽气样呼吸。 （三）操作程序（25分钟） 1. 观看心肺复苏动画视频 观看视频初步了解心肺复苏的步骤和操作方法。 2. 讲解专业医护人员心肺复苏的操作步骤 （1）评估现场环境是否安全。 （2）判断患者反应。 轻拍重喊，判断病人有无反应；用食指和中指探测颈动脉有无搏动。 （3）呼救/报警。 若病人无反应，且颈动脉无搏动，则立刻向四周人员表明情况，并表明自己救护员身份，并请学过心肺复苏的人一起抢救，同时让人拨打120求救、寻找AED、录视频。 （4）胸外按压。 将病人仰卧于坚硬的平面上，解开上衣、领带等保证气道通畅。施救人员立于病人一侧肩胸部。 部位：胸骨下1/3交界处或双乳头与前正中线交界处。 定位：用一手食指和中指从一侧乳头开始垂直于前正中线向中间滑动至与中线相交，另一只手掌根置于交	3. 视频法

结构	教学内容	组织与教法
活动实施（70分钟）	点并手指全部翘起，抽出定位手叠加之上，手指锁住，交叉抬起。 按压方法：按压时上半身前倾，腕、肘、肩关节伸直，以髋关节为支点，垂直向下用力进行按压。 频率：不少于100次/分且不多于120次/分。 按压幅度：成人胸骨下陷5至6厘米，压下后应让胸廓完全回弹，但是掌根不能离开胸壁，保持双手位置固定，婴幼儿胸骨下陷3至4厘米，按压与通气比值为30：2。 （5）开放气道。 头偏向一侧，用手指清除出口腔的异物。 抬颏法：将一手手掌侧面置于患者前额部，用力使头部后仰，另一手置于下颏骨骨性部分向上抬颏，使下颌尖、耳垂连线与地面垂直。 （6）人工呼吸。 一手捏住鼻子，另一只手抬起下颌，用嘴包住病人嘴，匀速向病人口中吹气。吹完之后抬起头松开捏鼻子的手，间隔5秒再次人工呼吸。 吹气量：病人胸廓隆起即可，不能过度通气。 胸外按压与人工呼吸以30：2的比例进行操作，做完30次胸外按压和2次人工呼吸为一个循环，每5个循环判断一次病人脉搏是否恢复。 3. 心肺复苏有效的体征和终止抢救的指征 （1）CPR有效指征。 ①触到脉搏。②瞳孔逐渐缩小。③口唇转红。④开始有自主呼吸等。 （2）终止CPR的指标。 ①深度昏迷，对任何刺激无反应。②脑干反射全部消失（瞳孔对光反射、角膜反射、吞咽反射、睫毛反射）。③自主呼吸心跳停止，无心跳和脉搏。④CPR30分钟以上。⑤医务人员到达现场。	

结构	教学内容	组织与教法
活动实施 （70分钟）	（四）分组练习（30分钟） 1. 按照分配好的小组进行练习。 2. 要求每人练习至少3个循环以上，然后派出代表到老师处进行检测。 **三、注意事项** 1. 老师须亲自示范心肺复苏的操作步骤。 2. 挑选学生提问并上台体验。 3. 组织学生讨论怎样更好地把握按压频率与力度。 4. 教师进行现场指导。 5. 禁止把盛放假人的箱子打开置于一旁。 **四、活动监控** 1. 安全监控 （1）发现有学生在现场乱跑要及时制止。 (2)发现有学生在体验时用力过猛要及时提醒和制止，避免出现扭伤等现象。 2. 语言监控 （1）注意判断意识环节怎样进行呼叫的。 （2）聆听学生呼救环节的内容。 3. 行为监控 （1）观察小组成员的操作顺序、人员分配。 （2）观察小组互帮互助的行为。	4. 分组体验法
活动总结 （20分钟）	**一、集合整队（1分钟）** **二、学生分享（14分钟）** 1. 回顾反思 （1）刚才练习的过程中出现了什么问题？ （2）在操作过程中哪些步骤比较困难？难在哪里？ （3）你在模拟救人过程中有什么样的心情？	**一、组织形式** 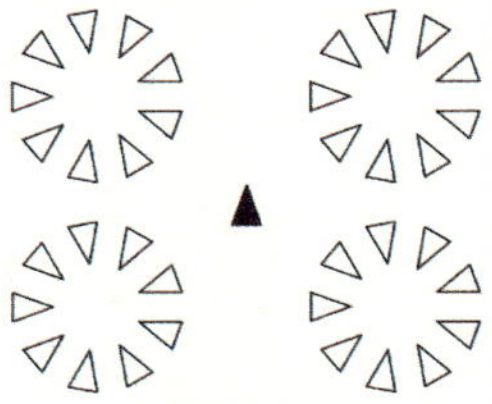 岛屿型

<table>
<tr><th>结构</th><th>教学内容</th><th>组织与教法</th></tr>
<tr><td>活动总结（20分钟）</td><td>（4）什么情况下才能使用心肺复苏术？
（5）如果在生活中碰到需要救助的情况，你会怎么做？
2. 组织分享
三、教师总结（5分钟）
1. 分享整合
我国每年有50万人发生心脏猝死，但医院外心脏性猝死患者的生存几率不到1%，这和西方40%的抢救成功率形成鲜明的对比。在美国，基本上全民普及心肺复苏术，但在我国只有少部分人群如警察、消防人员、医务人员曾经接受过专业的心肺复苏训练。我们在这里进行学习就是从根本上改变这一现状的开始。
心跳呼吸骤停的发病征兆大多数情况下都不是非常明显，发病年龄有逐渐年轻化的趋势，而且抢救时间只有10分钟，最佳抢救时间只有4~6分钟，在极其有限的时间里如果能够对病人进行正确及时的救治，往往有很大希望把病人从死亡线上拉回来。提高这类病人的生存几率不但预示着一个国家、一个社会的文明程度，更深深地关乎着每一个人的切身利益。普及心肺复苏知识不单单是国家的责任，更是每一个公民的责任。我们青少年身为国家的未来，民族的希望，更应该担负起这一重任，才能在危机时刻抓住“黄金四分钟”。这不但是对整个社会负责，更是对自己甚至是对每个人的生命负责。
希望大家在学习了心肺复苏知识后，向身边的人教授心肺复苏知识。
2. 价值澄清
希望大家都能对自己负责、对社会负责，珍惜生命、珍惜每一天，不负青春。
因为：奋斗的青春最美丽！</td><td>二、教法
1. 问题引导法
2. 组内分享和代表分享法
3. 归纳法</td></tr>
</table>

评价维度	评价要点	评价结果（描述或判断）
教学准备	1. 是否提前检查好视频播放设施？	
	2. 是否提前准备好活动体验所用到的假人、一次性呼吸面膜？	
教学过程	3. 每个活动时间节点把控是否按计划进行？	
	4. 在心肺复苏练习，是否给予学生足够的时间进行练习？	
	5. 在讲解带领过程中，对自己的表情、肢体动作、语言表达等如何评价？	
	6. 在活动过程中，是否发挥教师作为引导者、观察者、分享者的角色功能？	
	7. 你是否能对学生的问题做及时有效的回应？	
	8. 在活动过程中，你在哪些方面给予了学生针对性指导？	
	9. 在活动过程中，是否有安全事故发生？	
教学效果	10. 你能否引导所有学生有效完成学习手册？	
	11. 你是否能通过课程让学生掌握心肺复苏的操作步骤？	
	12. 学生是否能认识“黄金四分钟”的重要性？	
活动小结	优点	
	不足	
	改进	

公共安全

适用年级：初中　　　　建议时长：90分钟

教学内容	课程目标	教学重点与难点
1. 组织学生了解公共安全常识和疾病防控知识。 2. 组织学生了解网络信息安全知识。 3. 组织学生体验应急救护活动。 4. 组织学生对活动体验进行分享总结。	1. 通过学习公共安全常识，增加学生对公共安全的认知。 2. 通过体验公共安全活动，提高学生自我保护、救助、逃生的基本技能以及自我防范和辨别是非的能力。 3. 通过体验公共安全活动，增强学生关注自身健康的责任意识。	1. 重点：活动线是体验应急救护活动。教育线是让学生增强自我保护的责任感。 2. 难点：通过活动提升自我安全防范的意识。

结构	教学内容	组织与教法
活动准备	**一、前期布置** 1. 场地：公共安全体验馆。 2. 器材：器官模型、应急包、视频资料、道具。	**一、实景图** 
活动实施（70分钟）	**一、课堂常规（5分钟）** 1. 集合分组 6~8人一组。 2. 师生认识和问好 老师：同学们好，我是××老师。奋斗的青春？ 学生：最美丽！	**一、组织** 

结构	教学内容	组织与教法
活动实施 （70分钟）	二、活动环节 （一）公共安全活动（5分钟） 1. 导入 曾经看过一则报道："全国每6分钟就有一人死于公共场所。"这绝对不是危言耸听，惨痛的事实一次又一次给我们敲响警钟："珍爱生命，文明出行。"我们并不强大，也没有神奇的力量，危险时时刻刻都存在于我们身边，如果不提高警惕，一些违法犯罪活动就有可能危害到我们的生命、健康和利益，那我们要注意哪些安全呢？今天这节课我们一起来学习公共安全知识。 2. 公共安全活动介绍 介绍该馆内所有区域及主要内容，结合墙面展示板和多媒体触摸屏，学习公共安全基本范畴、公共安全事故及预防等知识。 （二）疾病防控体验活动（15分钟） 1. 讲解中医穴位治疗 通过讲解使学生初步了解穴位以及穴位的作用和功效，使其增加对中医的认识并提高其兴趣。 2. 讲解疾病类型 通过器官模型使学生认识、区分、预防我们生活中常见的疾病，如：心脏病变、肺病变、胆胰十二指肠病变、胃病变、大肠病变、甲状腺病变等，使学生建立起关注自身健康的意识。 3. 组装疾病器官模型 通过组装疾病器官模型对人体器官的具体位置有深一步的了解，为预防各类疾病奠定基础。	二、教法 1. 讲授法

<table>
<tr><th>结构</th><th>教学内容</th><th>组织与教法</th></tr>
<tr>
<td>活动实施
（70分钟）</td>
<td>（三）网络信息安全活动（10分钟）

学生通过网络信息安全教学视频与图文结合的方式，学习计算机基本安全、网上娱乐安全、网络购物安全、网络社交安全、网络搜索安全、智能手机安全等知识。

（四）应急救护体验活动（28分钟）

1. 体验
通过图文、多媒体触控系统以及急救包等设备的体验，了解溺水、触电、中毒、踩踏、烧伤、烫伤、咬伤等意外伤害的紧急处理、自我防护方法。
2. 演绎
每组学生围成一个圆，各组选出一名组长，组长从老师手中抽出一张卡片，学生按照卡片上规定的情景演绎出来。
3. 注意事项
应急包中有许多应急救护的设备，在体验时要先看包装上的物品名称，仔细阅读使用须知，再慢慢打开包装进行体验，争取每人都体验一次。
4. 应用
了解济源市应急避难场所功能区域分布，根据家庭、学校或经常去的公共场所等不同地点，自主设计到达应急避难场所的合理路线。

（五）自由活动（5分钟）

让学生自由参观和学习公共安全体验馆内的内容，有问题向老师咨询，并解决。

（六）宣读“珍爱生命，安全同行”寄语（2分钟）

生命只有一次，可贵却脆弱。珍爱生命，从自我保护做起，提高安全警觉意识，养成良好行为习惯，平安、健康、快乐成长。注意安全，寄语未来，做有原则、有责任、有担当的好少年。</td>
<td>
2. 体验法

3. 探究法

</td>
</tr>
</table>

结构	教学内容	组织与教法
活动实施 （70分钟）	**三、注意事项** 1. 先使用视频资料后讲解会更好。 2. 利用情景演绎活动使学生能够轻松记忆知识点。 3. 关注学习能力差的学生，并且给予赏识性教育。 **四、活动监控** 1. 安全监控 （1）禁止触碰未经老师允许的教学设备。 （2）禁止触碰馆内电源插头、消防设施等基础设施。 （3）禁止在活动场地追逐打闹。 2. 语言监控 （1）聆听学生在学习中的疑问。 （2）聆听学生讨论的内容。 3. 行为监控 （1）观察在互动体验时学生的操作是否规范。 （2）观察在情景演绎时学生之间的配合行为。	
活动总结 （20分钟）	**一、集合整队（1分钟）** **二、学生分享（14分钟）** 1. 回顾反思 （1）这节课我们学习了哪些安全知识？ （2）学习完这些安全知识，你有怎样的感受？	**一、组织形式** 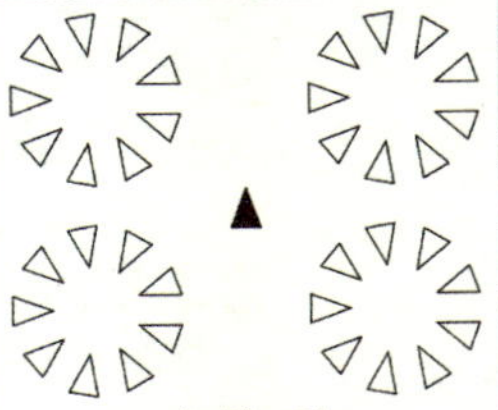 岛屿型 **二、教法** 1. 问题引导法

结构	教学内容	组织与教法
活动总结（20分钟）	（3）如果回到家你最想和父母分享公共安全的什么内容？ （4）最后的寄语中你印象最深的是哪一句话？ （5）今天你对生命有什么新的认识？ 2. 组织分享 **三、教师总结（5分钟）** 1. 分享整合 “安全”是个很通俗的词，从词典里查不出什么深刻的含义，只解释为“不受威胁，没有危险”。然而，它却直接关系着我们每个人的生命与健康，牵系着每个家庭的幸福与温暖，与我们的生活紧密相连，息息相关。如外出时要注意交通安全，生活中要注意卫生防病安全，上网时要注意个人信息和财产安全，遇到意外伤害要懂得科学救护，等等。所以，“安全”是一个永不过时的话题。 生命只有一次，也是唯一的一次。在我们的现实生活中，无数的事实告诉我们，凡是无视安全的行为必将付出惨痛的代价。世上没有做错了事就吃的后悔药，也没有让时间倒回去的时空穿梭机，这都是人们的幻想。只有注意安全，关爱生命，对自己的生命负责，才能让我们有更多的机会和时间去做喜欢的事情。重视公共安全是我们每个人的义务，更是我们每个人的责任。 2. 价值澄清 希望大家能多关注自己的健康，无论是身体的还是心理的，只有有了健康的体魄和良好的性格，未来才有更多的可能性和美好发生。让我们从现在起，做好自己，努力学习，不负青春。 因为：奋斗的青春最美丽！	2. 代表分享法 3. 归纳法

评价维度		评价要点	评价结果（描述或判断）
教学准备		1. 是否提前检查好视频播放设施？	
		2. 是否提前准备好活动体验所用到的器官模型、应急包等？	
教学过程		3. 每个活动时间节点把控是否按计划进行？	
		4. 在“应急救护体验活动”环节，组织是否有序？	
		5. 在讲解带领过程中，对自己的表情、肢体动作、语言表达等如何评价？	
		6. 在活动过程中，是否发挥教师作为引导者、观察者、分享者的角色功能？	
		7. 你是否能对学生的问题做及时有效的回应？	
		8. 在活动过程中，你在哪些方面给予了学生针对性指导？	
		9. 在活动过程中，是否有安全事故发生？	
教学效果		10. 你是否能通过课程让学生掌握疾病防控的基本知识？	
		11. 你是否能通过课程让学生掌握意外伤害的紧急处理方法？	
		12. 你是否能通过本课程让学生树立自己在公共安全中的责任意识？	
活动小结	优点		
	不足		
	改进		

责无旁贷

适用年级：初中　　　　建议时长：90分钟

教学内容	课程目标	教学重点与难点
1. 组织学生练习止血的方法。 2. 组织学生练习绷带包扎的方法。 3. 组织学生练习体验模拟救护。 4. 组织学生对活动体验进行分享总结。	1. 通过学习现场急救知识，掌握止血方法、包扎方法和认识人体生理构造。 2. 通过模拟练习体验，提升现场急救技能以及应对突发状况的处理能力。 3. 通过现场救护知识的学习和亲自体验，使学生建立珍爱生命的情感以及人道、博爱、奉献的红十字精神，培养学生对生命负责的态度。	1. 重点：活动线是模拟现场救护的止血、绷带包扎。教育线是使学生关爱生命，弘扬平等、博爱、奉献的红十字精神。 2. 难点：在抢救的不同阶段对人员进行合理分配，并在救援中选择正确、合理的救援方法。

结构	教学内容	组织与教法
活动准备	**一、前期布置** 1. 场地：防震减灾体验馆。 2. 器材：绷带、纱布、止血带。	**一、实景图** 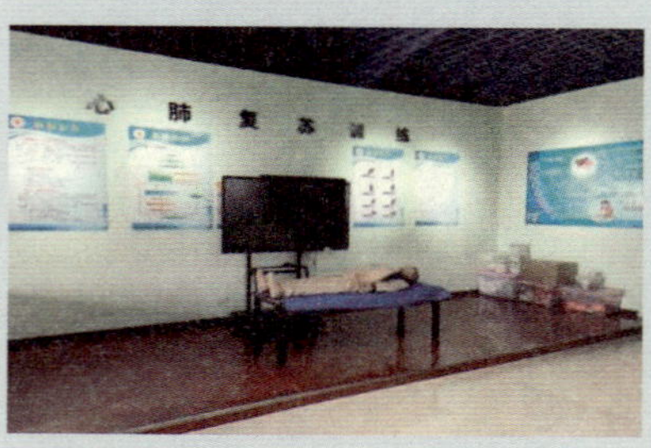
活动实施（70分钟）	**一、课堂常规（5分钟）** 1. 集合分组 6～8人一组。 2. 师生认识和问好 老师：同学们好，我是××老师。奋斗的青春？	**一、组织** 

结构	教学内容	组织与教法
活动实施（70分钟）	学生：最美丽！ **二、活动环节** （一）急救知识导入（5分钟） 应急救护工作是对发生事故的处理和人员的及时救护。在现场救护中，人们常常将抢救危重急症、意外伤害伤员寄托于医院和专业的医护人员，缺乏对在现场救护伤员的重要性和可实施性的认识。这种传统观念，往往使处在生死之际的伤员丧失几分钟、十几分钟最宝贵的“救命的黄金时刻”。而实际在救援中最有效的救援人员往往是第一目击者。 现场救护是在事发地的第一现场，对伤员实施及时、有效的初步救护；是立足于现场的抢救。在“救命的黄金时刻”内，抢救及时、正确，生命才有可能被挽救；反之，伤情就会加重，甚至失去生命。 现场及时、正确地救护，为医生的后续救治创造条件，能最大限度地挽救伤员的生命和减轻伤残。在事故现场，“第一目击者”对伤员实施有效的初步紧急救护措施，以挽救生命，减轻伤残和痛苦。然后，在医疗救护或运用现代救援服务系统，将伤员迅速送到就近的医疗机构，继续进行救治。 所以，对伤员实施初步紧急救护措施，是每一位在场的人责无旁贷的事情。 （二）止血的方法（20分钟） 1. 指压止血法 止血原理——利用大拇指的压力将出血伤口的供血动脉（近心端）压向骨骼。 适用范围——头部、四肢较大动脉的出血。 止血特点——止血快速、效果好，	**二、教法** 1. 讲授法

结构	教学内容	组织与教法
活动实施 （70分钟）	但不能长久。 （1）头顶、额部和颞部出血：用拇指或食指在伤侧耳屏上前方1.5厘米处，用力压迫颞浅动脉。 （2）面部止血：用拇指按压下颌骨下缘与咬肌前缘交汇处的面动脉，压向下颌方向。 （3）颈部、面深部、头部：大拇指在气管外侧压迫颈总动脉。 （4）头后部：压迫耳后乳突下稍往后的枕动脉，将动脉压向乳突。 （5）上肢出血：四指压迫腋窝搏动强烈的腋动脉，压向肱骨止血。 （6）前臂出血：出血一侧上臂中段肱动脉搏动点，要将前臂抬高。 （7）手掌和手背：双手拇指分别压迫手腕部桡动脉、尺动脉。 （8）手指和脚趾：拇指与食指同时压迫出血手指两侧指动脉。 （9）大腿：压迫腹股沟中点稍下部股动脉，将动脉压向股骨。 （10）小腿出血：在腘窝中部摸到腘动脉搏动后用拇指向腘窝深部压迫。 根据刚才所学进行分组练习，然后进行抽查。 2. 填塞止血 伤口较大，出血多，组织损伤严重的应急现场救治。 用消毒纱布或敷料等填塞伤口后，再用加压包扎法包扎。 注意：一般只填塞四肢伤，不填塞胸腔、腹腔、盆腔伤。 对于深部伤口出血，如肌肉、骨端等，一定要用大块纱布条、绷带等敷料填充其中，外面再加压包扎，以防止血液沿组织间隙渗漏。 注意不要将伤裂的皮肤组织、脏物一起塞进去，所用的填塞物一定要尽量无菌或干净，并且应使用大块的敷料，以便既能保障止血效果，又能尽可能避免在随后的进一步处理时遗漏填塞物在	2. 演示法 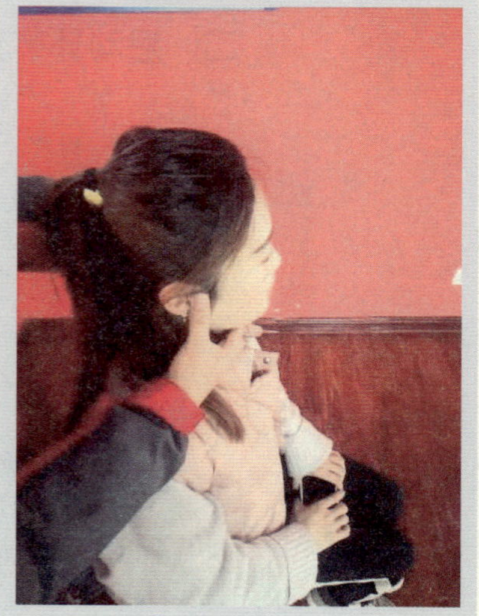 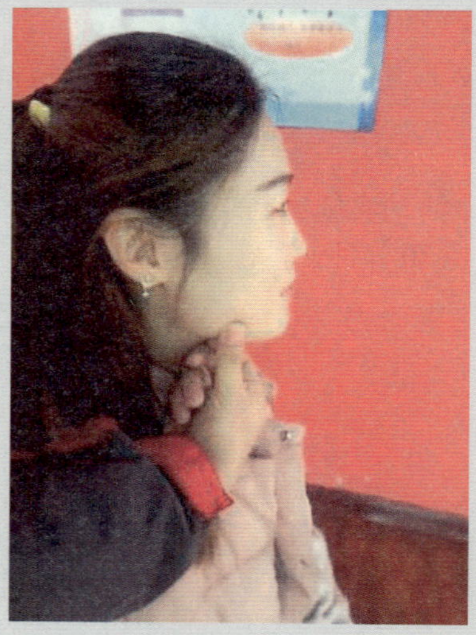 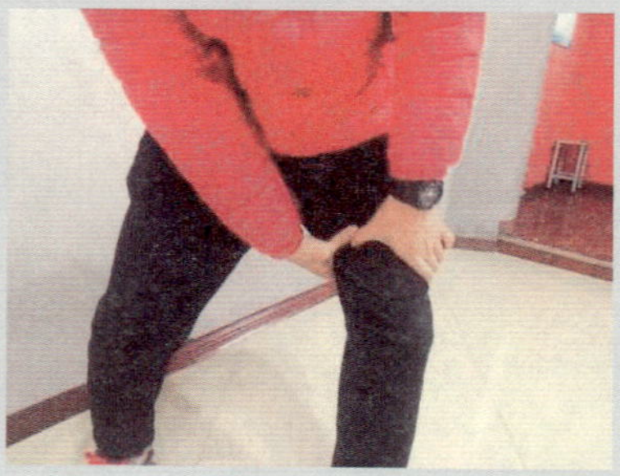

结构	教学内容	组织与教法
活动实施（70分钟）	伤口内。 此法的缺点是止血不彻底且增加感染机会。 3. 压迫包扎止血法 头部、四肢小动脉、小静脉的出血，大面积毛细血管渗血。 4. 加压屈肢止血法 前臂出血时，在肘窝部加垫、并且屈肘。 上臂出血时，在腋窝内加垫，上臂紧靠胸壁。 小腿出血时，在腘窝加垫，屈膝。 膝或大腿出血时，在大腿根部加垫，屈髋，然后用三角巾或绷带将位置固定。 5. 止血带止血法 适用于上、下肢大出血，指压止血法或加压包扎止血法无效时。 止血动脉： 上肢肱动脉——上臂上1/3处。 下肢股动脉——大腿上1/3处。 （1）使用止血带的注意事项。 加垫：使用止血带的部位要加垫环形衬垫。 （2）部位。 上肢在上臂上1/3处，下肢在大腿中、上1/3处。 （3）松紧程度。 摸不到远端动脉跳动或伤口停止出血；禁用钢丝、绳索、电线等代替止血带使用。 （4）使用时间。 每隔45~60分钟松开止血带3分钟。松开时要在血管上方用指压法止血，以防止大出血。 （5）标示。 使用止血带处应有明显的标记，并标示出使用止血带的日期和时间。 （6）布带绞紧止血法操作方法。 ①将布料折成带状。 ②抬高上肢，选择止血带的位置并	

结构	教学内容	组织与教法
活动实施（70分钟）	垫好衬垫。 ③放布带于衬垫上加压绕肢体一周，前端拉紧后打一个活结。 ④放绞棒于布带外圈内，提起后绞紧至伤口不出血或出血明显减少。 ⑤将绞棒的一端插入活结的小圈内，拉紧固定于肢体上。 ⑥在明显部位记录时间，每隔50分钟放松3～5分钟。 （三）绷带包扎的方法（20分钟） 1. 环形包扎法 最基本最常用的方法，适用于各种包扎的起始和结束以及粗细相等部位的小伤口，将绷带做环形缠绕。 2. 螺旋形包扎法 适用于直径大小基本相同部位。 螺旋向上缠绕，每周遮盖上一周的1/3到1/2。 3. 螺旋反折包扎法 适用于直径大小不等部位，如前臂、小腿等。 先环形包扎两周，再做螺旋包扎，然后一手拇指按住上面绷带正中处，另一手将绷带自该点反折向下盖过上一周的1/3到1/2，反折部位应排列在一条直线上，但是反折部位不应在伤口或隆出处。 4. 回返式包扎法 适用于没有顶端的部位，如指端、头部或截肢残端。 先将绷带以环形法缠绕数圈，由助手在后部将绷带固定，反折后绷带由后部经肢体顶端或截肢残端向前，也可由助手在前部将绷带固定，再反折向后，如此反复包扎，每一来回均覆盖前一次的1/3到1/2，直到包住整个伤处顶端，最后将绷带再环绕数圈把反折处压住固定。 5. “8”字形包扎法 适用于关节处的包扎。 在伤处上下，将绷带自下而上，自上而下，做“8”字形缠绕，每周遮盖上	3. 演示法

结构	教学内容	组织与教法
活动实施（70分钟）	一周的1/3到1/2，适用于关节部位。 6. 蛇形包扎法 蛇形包扎，是以绷带宽度为间隔，斜行上缠。 总原则：先简单清创，包扎伤口前，先简单清创并盖上消毒纱布，然后再进行包扎，不能用手和脏物触摸伤口，不能用水冲洗伤口。操作时小心谨慎，以免加重疼痛或导致伤口出血或污染。除此以外还应该注意，应充分暴露伤口充分评估伤情。 （四）模拟救护（20分钟） 学生通过扮演伤员和救护员这两个角色，自己动手练习止血、包扎等方法，相互配合、指导。教师对各小组进行专门指导，纠正动作。 **三、注意事项** 1. 逐一讲解不同伤情对身体的危害程度。 2. 列举一些真实案例中医生的操作方法。 3. 练习过程中给予现场指导。 **四、活动监控** 1. 安全监控 （1）发现学生使用道具进行危险操作要及时制止。 （2）发现没有按照要求进行操作的情况，要及时提醒和制止，避免出现扭伤、拉伤等现象。 2. 语言监控 （1）聆听学生在发现病患后是怎么和患者沟通的。 （2）聆听学生拨打急救电话的沟通内容。 3. 行为监控 （1）观察小组成员的操作顺序。 （2）观察小组互帮互助的行为。	4. 情景模拟法

结构	教学内容	组织与教法
活动总结 （20分钟）	**一、集合整队（1分钟）** **二、学生分享（19分钟）** 1. 回顾反思 （1）练习过程中谁参与了救人，谁是被救的人？ （2）在操作过程中哪些步骤比较困难？难在哪里？ （3）抢救病患过程中你是什么样的心情？ （4）哪些伤害需要进行优先处理？ （5）如果你给家人普及现场急救知识，你会分享什么？ 2. 组织分享 **三、教师总结（5分钟）** 1. 分享整合 2005年11月6日上午8：20，文昌罗豆派出所所长史振勇与民警吴坤腾在锦山镇路口处抓擒犯罪嫌疑人时，被歹徒拿刀刺伤腹股沟大动脉，当场血流如注，伤势非常严重，在送往一公里以外的卫生院过程中由于失血过多，抢救无效壮烈牺牲。为什么会出现这种状况呢？如果有人能够给吴警官及时止血结果又会是什么呢？我们如果当时在场又能做一些什么呢？ 危重急症或意外伤害一旦发生，人们想到的是呼叫120救护车，然后只做些简单的护理工作，面对严重创伤的病人，不懂得抓住“救命黄金时刻”进行自救、互救，导致不该出现的死亡与伤残等悲剧发生。 救护——应从医生的手中“解放”出来，它不是医生的“专利”，要把技能教给人们。救护——要冲破医院，走向社会，走到社区，走到每个人的身边，这不是依靠一两个人就能实现的，这需要我们每一个人都负起责任，只有这样，才能把这件事情做好。 2. 价值澄清 希望大家能拥有更博爱的胸怀，更雄远的气度，能对得起自己，也不辜负家人，更不负青春。 因为：奋斗的青春最美丽！	**一、组织形式** 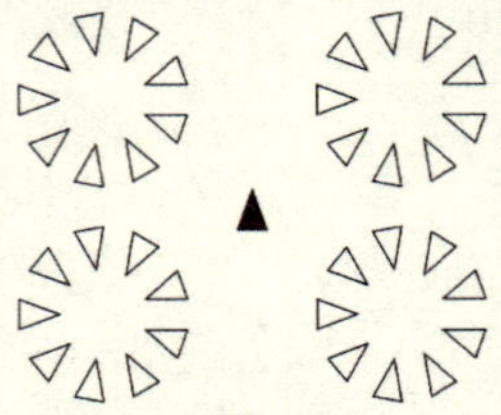 岛屿型 **二、教法** 1. 问题引导法 2. 组内分享和代表分享法 3. 案例法

评价维度		评价要点	评价结果（描述或判断）
教学准备		1. 是否提前检查好视频播放设施？	
		2. 是否提前准备好活动体验所用到的绷带、纱布、止血带？	
教学过程		3. 每个活动时间节点把控是否按计划进行？	
		4. 在“模拟救护”环节组织是否有序？	
		5. 在讲解带领过程中对自己的表情、肢体动作、语言表达等如何评价？	
		6. 在活动过程中是否发挥教师作为引导者、观察者、分享者的角色功能？	
		7. 是否能对学生的问题做及时有效的回应？	
		8. 在活动过程中，在哪些方面给予了学生针对性指导？	
		9. 在活动过程中，是否有安全事故发生？	
教学效果		10. 能否引导所有学生有效完成学习手册？	
		11. 是否能通过课程让学生掌握绷带包扎的方法？	
		12. 是否能通过课程让学生掌握常用的止血方法？	
		13. 是否能通过本课程，让学生树立自己在现场急救中的责任意识？	
活动小结	优点		
	不足		
	改进		

天使之路

适用年级：初中　　　　建议时长：90分钟

教学内容	课程目标	教学重点与难点
1. 组织学生体验破冰活动海水分开。 2. 组织学生体验互动天使之路。 3. 组织和引导学生对活动体验进行回顾、分享和总结。	1. 通过老师讲解，了解相关道具的使用操作方法，并了解身体受力状态下的相关保护常识。 2. 通过体验活动，锻炼学生学会换位思考能力、抗压能力，提升班级的凝聚力。 3. 通过活动挑战，使学生懂得感恩与奉献，培养学生勇于承担责任和决不轻言放弃的拼搏精神。	1. 重点：活动线是让学生各司其职，完成挑战。教育线是培养学生懂得感恩与责任担当的品质。 2. 难点：在挑战中，不断激励学生承担职责，全身心投入活动。

结构	教学内容	组织与教法
活动准备	**一、前期布置** 1. 场地：室外或者室内场地平整安全的场地。 2. 器材：音响、话筒、浮桥、浮台。	**一、实景图** 
活动实施（70分钟）	**一、课堂常规（5分钟）** 1. 集合分组 6～8人一组。	

结构	教学内容	组织与教法
活动实施 （70分钟）	2. 师生认识和问好 老师：同学们好，我是××老师。奋斗的青春？ 学生：最美丽！ **二、破冰活动——海水分离（10分钟）** 1. 活动导入 同学们，你信任你的同学吗？你敢于挑战同学们给你设置的障碍吗？这是个看似简单但是很有挑战的一个活动。活动的名称叫海水分开。 2. 活动规则 （1）所有人分成两组队伍面对面站好，队伍之间间隔1米，形成一个长长的通道。 （2）参加者向前平身手臂，形成“海水”横挡在通道中。 （3）每次出来一位挑战者，先退离“海水”3米之外，大喊一声“海水分开”，然后往“海水”通道跑过去。 （4）扮演“海水”的手臂在这位挑战者即将冲到面前时要迅速上下分开，让挑战者通过。 （5）挑战者冲过这条“海水”的通道后，站到队伍最后面继续扮演“海水”，直至所有人依次通过“海水”通道，结束。 3. 注意事项 （1）让大家提前把身上容易掉落的或者尖锐的物品取下。 （2）让挑战者把两只手臂放在面前，做一个防护动作。 （3）禁止在活动中嬉戏打闹。 **三、活动讲解（15分钟）** 1. 活动目标 所有人员从浮台A前进到浮台B，即为挑战成功。 2. 活动规则 （1）摘去身上的一切硬质物品，	**一、组织** 1. 集合时队形  2. 破冰活动时队形 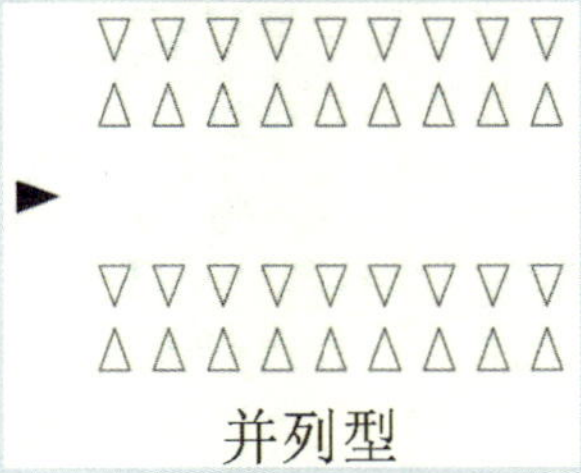 3. 活动讲解时队形 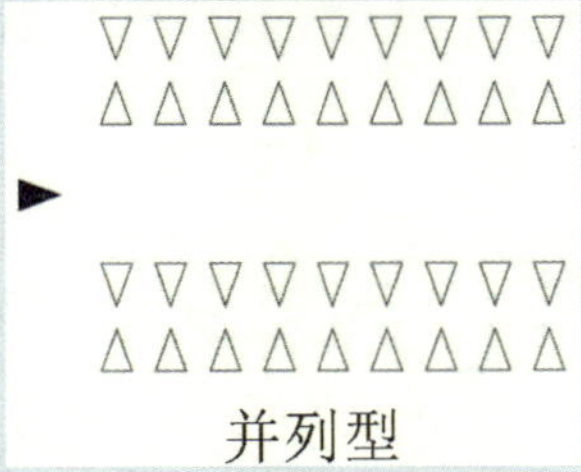 **二、教法** 1. 直接导入法 

结构	教学内容	组织与教法
活动实施（70分钟）	如手表、眼镜、钥匙、发卡等。 （2）只能使用膝盖在浮桥上面慢慢前进，不允许直接使用双脚。 （3）两名身高、体态相仿的同学面对面站着，浮桥木板放在同一侧（相对的肩膀）。 （4）上浮桥时，应动作缓慢，不允许在浮桥上跑跳。 （5）浮桥超过肩膀一拳，四指弯曲，双手交叉叠放，把浮桥固定。 （6）肩扛浮桥的同学换肩时，必须是挑战者从浮台A前进到浮台B后方可换肩。换肩时，两人同时从左至右（从右至左）在头顶上以画圆弧形式换到另一侧。 （7）选出一名有责任心的队长。 （8）队长站在浮台B，给挑战者加油，大声喊出挑战者名字，其余同学一起合作喊加油。 （9）当挑战者前进到倒数第二块浮桥时，队长要帮助搀扶挑战者安全到达浮桥B。 （10）挑战者到达浮台B后，回头看一下帮助自己的同学，鞠躬感谢。 （11）挑战过程中，只能有两种声音，加油与挑战者的姓名。 3. 注意事项 （1）团队之中三个月内做过大型手术的，或者手腕、脚腕、肩膀习惯性脱臼的同学，担任团队观察员和监护员。 （2）检查浮桥是否断裂或者存在倒刺等安全隐患。 （3）对爬行者、搭桥者、安全员的安全要求不断强调，做到防患于未然。 **四、活动监控（40分钟）** 1. 安全监控 （1）监督桥上同学的安全，不准站立在浮桥上，有安全隐患时应果断鸣哨或者叫停。 （2）监督搭桥同学的身体状况，发	

结构	教学内容	组织与教法
活动实施 （70分钟）	现不适及时叫停。 2. 语言监控 （1）聆听学生之间的鼓励加油。 （2）聆听学生之间对于分工协作的沟通。 3. 行为监控 （1）观察学生坚持承担的动作。 （2）观察学生攀爬的动作。	
活动总结 （20分钟）	**一、集合整队（1分钟）** **二、学生分享（14分钟）** 1. 回顾反思 （1）当我们肩扛浮桥木板的时候，你是什么感受？是什么力量让你坚持下来的？ （2）当队友的呐喊声在我们耳边响起来的时候，我们是什么感受？我们的行动发生了哪些变化？ （3）你认为完成这个挑战，我们的团队中哪些人付出的更多？为什么？ （4）生活中还有哪些人在默默地用肩膀扛起我们前进的道路？我们以后应该为他们做些什么？ 2. 组织分享 **三、教师总结（5分钟）** 1. 分享整合 我想请问，所有的同学们，刚才走过的路，你还记得吗？当你来到起点，攀爬上第一块木板的时候，一路前进的时候，你还记得有多少人贡献了自己的身躯和肩膀来为你保驾护航吗？你还记得这一路走来，有多少人为你付出，为你承担的责任吗？这些人，只为了让我们能够飞得更高，走得更远，到达成功	**一、组织** 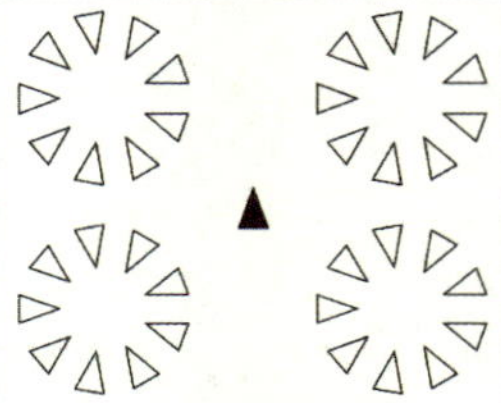 岛屿型 **二、教法** 1. 问题引导法 2. 教师分享和代表分享法 3. 归纳法

结构	教学内容	组织与教法
活动总结（20分钟）	的地方。可是，当我们一步一步往前走的时候，你们有听到吗？特别是我们“桥墩”发出的那一声声的惨叫声。无论你有多大的重量，无论他的肩膀有多么的疼痛，当他们扛起这一份责任的时候，他们哪怕是紧咬着自己的牙齿，为你的成长，扛起这座桥梁。 我不知道在你的行进过程中，是否有发现，在我们的脚底下，总有那么几个人，弯着腰、俯着身、抬着头、举着双手。当我们走到哪里，他们就陪伴到哪里。我不知道你们到达终点的时候，你内心是否有一丝丝感动？我们所有的同学，肩膀明明就很疼痛了，还要忍着疼痛承受着你的重量，你的心有为此而感动过吗？当你来到终点，我们的队长伸出温暖的双手，保护我们，一个楼梯一个楼梯往下走的那一瞬间，你回头去看一看，这一路以来保护你的人，是谁呢？你有跟他们说一声谢谢，并给过他们一声感动的话语吗？哪怕只是一个眼神？ 然而你并没有这么做。你下桥的时候，你抛开队长的手，从上面跳下来的那一瞬间，你是否有发现，有很多人都在看着你。你又是否知道，有多少人在为了你的成长而担惊受怕，有多少人在为了你的长大而提心吊胆。 当你下来的时候，你拍着自己的胸膛跟自己说，我成功了，我挑战成功了。然而你是否记得，你的挑战成功，是有多少人牺牲了自己的身躯和肩膀？有多少人用疼痛为你换来的？ 同学们，在我们的生活和学习中，你是否记得，有多少人像今天的队长、安全员和“桥墩”一样，用他们的身躯、肩膀为我们扛起了未来？在我们的生活中，有很多人为了我们的成长不得不去承担责任，不得不为了我们的任性和无知付出代价，不得不为我们的不懂事、还小，付出惨重的代价。 也许你会问我，老师，我们今天不	

结构	教学内容	组织与教法
活动总结（20分钟）	是做天使浮桥吗？为什么要讲我们的生活呢？同学们，我想问你，从我们呱呱着地的那一刻起，我们就选择了一个团队，这个团队的名字叫作家。这个团队有我们的家人，有我们的父母，有我们那年迈的爷爷奶奶、外公外婆，有我们的兄弟姐妹和你。 在这个家里，你是支撑者还是依赖者呢？这个家、这个团队是因为你的存在而充满了笑容，还是因为你的慢慢长大给他们施加了更大的压力呢？你还记得吗？在我们很小很小的时候，我们并不会站立，更不会行走，我们只会像刚才那样一步一步地往前爬，然而，当你一步一步地往前爬的那一瞬间，你是否又记得有多少人像今天的队长一样向我们挥手、为我们喊：加油！有一天你一定会站起来的。 是的，他们没有骗我们，随着时间的推移，我们学会了站立，学会了行走，甚至我们还学会了奔跑。然而，在你长大的一瞬间，他们却慢慢地老了。他们的腰杆不能像今天的“桥墩”一样为你们撑起一片天空了，他们肩膀没有以前那么结实了，他们的头发可能一天天变白，他们的额头也比以前多了些皱纹。 你是长大了，然而，他们并没有因为你们的长大，而减轻生活的压力，反而像今天的队长一样，随着你的长大，他们的压力、他们的责任更加沉重了。因为你需要的越来越多了，你索取的越来越多了，因为你攀比的越来越多了，因为你已经长大了。 他们，这些保护我们前进的人，可能并没有因为我们的长大而充满幸福和笑容。同学们，你去想一想，这个家，这个团队，是否曾因为你的存在，而多了一些欢声笑语呢？ 随着我们的成长，我们加入了一个学校，我们来到了一个班级，我们融入了现在的这个团队，这个团队有你，有	

结构	教学内容	组织与教法
活动总结（20分钟）	同学，有班干部，有我们的老师和班主任、校领导组建而成。在这个团队里，你是支撑者还是依赖者呢？ 你为此而做过贡献吗？这个团队、这个班级，是因为你的存在充满了战斗力？还是因为你的存在拖了后腿呢？是因为你的存在，充满了骄傲？还是因为你的存在变得脆弱呢？ 时间一直在流逝，从未停止。时间它不会因为我们的脆弱、因为我们的不懂事、因为我们的任性而停下来，岁月它不会因为我们的任性、不懂事，不会因为我们还小而原谅我们。 同学们，随着时间推移，活动就要结束了。在结束之前，我很想告诉你，你无时无刻不在一个团队里生活、学习和成长。我希望今天的课程对你有所帮助，今天的活动能增加你的集体意识，提高你的集体荣誉感。 同时，我也想提醒你，你还记得刚才那咬着牙齿、为同学喊加油的你吗？那流着眼泪、扛着木板、拼命地喊加油的你吗？那个时候的你，是最棒的你！那个时候的团队，是最强大的团队！ 所以我想告诉你，同学们，路在脚下、梦在前方，只要你不断地追逐，就会有很多人陪伴着你。只要你不放弃，只要努力，就会有更加强大的力量。 同时，希望同学们能够把你今天的感受、今天的收获，用到你的学习和生活中去。再次希望，这样的体验不是让人感动而已，要能够让我们的大脑深处、内心深处得到一次洗礼和升华，能够增加我们的集体荣誉感，能提高我们的团队意识，能让我们有更强大的力量来保护这个团队，来爱护这个班级，让这个班级因为你的存在变得越来越好！ 2. 价值澄清 希望大家都能懂得感恩、善于感恩、敢于承担责任，不负青春。 因为：奋斗的青春最美丽！	

评价维度	评价要点	评价结果（描述或判断）
教学准备	1. 是否提前准备好活动体验中所用到的音响、话筒、浮桥、浮台？	
	2. 是否在活动前做身体状况调查？	
教学过程	3. 是否在活动前带领学生进行热身运动？	
	4. 每个活动时间节点把控是否按计划进行？	
	5. 在挑战浮桥的过程中组织是否有序？	
	6. 在讲解带领过程中对自己的表情、肢体动作、语言表达等如何评价？	
	7. 在活动过程中是否发挥教师作为引导者、观察者、分享者的角色功能？	
	8. 是否能对学生的问题做及时有效的回应？	
	9. 在活动过程中在哪些方面给予了学生针对性指导？	
	10. 在活动过程中是否有安全事故发生？	
教学效果	11. 能否引导所有学生有效完成学习手册？	
	12. 是否能通过课程让学生加深对个人与团队关系的理解？	
	13. 是否能通过课程让学生树立起了勇于承担责任的意识？	
活动小结	优点	
	不足	
	改进	

责任电网

适用年级：初中　　　　建议时长：90分钟

教学内容	课程目标	教学重点与难点
1. 组织学生体验破冰活动超级进化论。 2. 组织学生体验活动责任电网。 3. 组织学生对活动体验进行分享总结。	1. 通过破冰活动和电网挑战，增进学生对团队和责任的理解。 2. 通过多次挑战不断进步，锻炼学生的计划能力、抗挫能力、沟通能力、协作能力。 3. 通过体验不断返回重新开始，培养学生不服输的心态和敢于担当责任的品质。	1. 重点：活动线是让学生相互配合共同穿越网洞。教育线是培养学生敢于担当的责任意识和不服输的精神。 2. 难点：如何引导学生科学合理地穿越电网。

结构	教学内容	组织与教法
活动准备	一、前期布置 1. 场地：室外训练场。 2. 器材：电网器材。	一、实景图 
活动实施 （70分钟）	一、课堂常规（5分钟） 1. 集合分组 分成2~4组。 2. 师生认识和问好 老师：同学们好，我是××老师。奋斗的青春？ 学生：最美丽！	一、组织 1. 集合时队形 

结构	教学内容	组织与教法
活动实施（70分钟）	**二、破冰活动——超级进化论（10分钟）** 1. 活动导入 同学们，达尔文的进化论告诉我们，人是从什么动物进化而来的？今天我们来一起体验一个活动，叫“超级进化论”。活动里面有鸡蛋、小鸡、凤凰、猿猴和人这五个角色，我们要从鸡蛋进化成小鸡，然后进化成凤凰、猿猴，最后进化成人。 2. 活动规则 （1）我们先学习一下每个角色的动作：鸡蛋是蹲下来，双手抱头；小鸡的动作是半蹲，双手打开好比是翅膀；凤凰的动作起立，左手做成凤凰头；猿猴动作是直立行走，双手放在胸前；人的动作就是我们正常行走的样子。 （2）怎么进化呢？一开始所有人都是鸡蛋，通过石头剪刀布和其他同一级别的比赛，赢了向上进化一级，进化的顺序是从鸡蛋到小鸡，从小鸡到凤凰，从凤凰到猿猴，从猿猴到人。任何时候只要输了就直接回到鸡蛋。 （3）只能和自己同一级别的进行石头剪刀布比赛。 3. 注意事项 （1）提醒大家自觉遵守进化规则。 （2）指定最后进化成人后的区域。 （3）让大家熟悉各个角色的动作。 **三、活动讲解（15分钟）** 1. 活动导入 二战时期，在德国西南部有一个纳粹集中营，里面关押了很多的盟军战士。这些盟军战士关押在这里，被当作俘虏来对待，过着生不如死的生活。他们每个人都觉得不能安于现状，任人宰割，于是他们决定逃跑。在其中一个牢房里，关押了十几名盟军战士，他们决定率先逃跑。于是，在一个晚上，他们	2. 破冰活动时队形  3. 活动讲解时队形  **二、教法** 1. 故事导入法

结构	教学内容	组织与教法
活动实施（70分钟）	决定利用夜色作掩护，开始了逃跑计划。由于他们之前做了周密的计划，所以他们非常顺利地通过了第一道封锁线和第二道封锁线。但他们到达最后一道封锁线的时候，所有人瞬间崩溃了，因为横在他们眼前的是一张弥天大网——整张电网上下左右无限延伸，并伴随着哧哧的火花声。正当他们迷茫的时候，身后响起了枪声——追兵马上就要到了。在这十几名战士中，有一个是战斗经验非常丰富的队长。队长结合夜色和枪声做出了预判：如果他们不能在40分钟之内通过这个电网，追兵必然会赶到，到时他们将会被追兵就地枪决。时间紧迫，队长迅速组织大家研讨起方案来。五分钟后，一份周密的计划出炉了！ 同学们，你们想知道最后的结果吗？那么我来告诉大家，最终这些盟军战士花了不到半个小时的时间，全部顺利地通过了电网。当追兵赶到的时候，发现电网前面空空如也，没留下任何蛛丝马迹，于是全部灰头土脸地回去了。我们今天，就模拟一下那天晚上的场景，看一看我们这个团队和盟军战士有没有差距，差距在哪里，好不好？ 2. 活动目标 40分钟之内，所有同学从电网一端全部安全地到达另一端。 3. 活动规则 （1）整张电网是一张具有上万伏高压的电网，身体的任何部位（包括头发，衣服等）触碰到它，都只会出现一种结果——立即牺牲。 （2）电网上下左右无限延伸，通过时只能利用电网上面大小不一的网洞。 （3）每个网洞只能使用一次，无论成功与否，都将立刻封闭。全	

结构	教学内容	组织与教法
活动实施（70分钟）	部用过一次才能重新开启。 （4）挑战过程中，如果需要把挑战者抬起来，则必须保证挑战者头部先通过，脚部后通过。放下时需要保证挑战者脚部站稳之后，再松开上半身的力量。 （5）如果有女同学被抬过，尽量面部朝上。 （6）挑战过程中，如果有安全隐患，老师会吹哨叫停，听到哨音后，需要听从老师指挥进行调整。 4. 注意事项 （1）做好身体健康调查。 （2）带领学生做好热身活动。 （3）如果学生身上携带有尖锐物品或易脱落的物品，须统一摆放在指定位置。 （4）引导学生选出队长并留足讨论时间。 （5）监控学生细节问题，引导学生全身心投入到活动中来。 （6）每一层可以制定不同的规则——临时封闭或者永久封闭 **四、活动监控（40分钟）** 1. 安全监控 （1）禁止学生私自蹿跳，如有发现，及时制止。 （2）当学生被抬起通过时，监控保护是否到位。 2. 语言监控 （1）聆听学生们的计划讨论。 （2）聆听通过电网时保护者与通过者的对话。 3. 行为监控 （1）观察学生在挑战中是否注意把握细节。 （2）观察牺牲者的行为表现。	

结构	教学内容	组织与教法
活动总结 （20分钟）	**一、集合整队（1分钟）** **二、学生分享（14分钟）** 1. 回顾反思 （1）如果靠你一个人来过电网，请问你能顺利穿越吗？那么我们是靠什么成功穿越的？ （2）请问自己在穿越的过程中，你怎样做才是对团队最好的配合？ （3）在抬送同伴过电网的时候，你的责任是什么？ （4）在这个活动中你最想感谢的一位同学是谁？你想对他说什么？ （5）团队要想取得成功，我们每个人应该怎么做？ 2. 组织分享 **三、教师总结（5分钟）** 1. 分享整合 这个活动中，每一名同学各司其职、各尽其责、彼此默契配合才有可能挑战成功。要想挑战成功，我们不仅需要做好自己，还要有责任意识、大局意识，同时每个人都团队合作、抓好细节，尽心尽责。 故事分享：什么是责任？ 大连市一名公交车司机在行车途中突发心脏病，他在生命的最后一刻，做了三件事： 把车缓缓地停在马路边，并用生命的最后力气拉下了手动刹车闸。把车门打开，让乘客安全地下了车。将发动机熄火，确保了车、乘客和路上行人的安全。他做完了这三件事，安详地趴在方向盘上停止了呼吸。这名司机叫黄志全，所有的大连人都记住了他的名字。 2. 价值澄清 希望大家能做一个乐于为集体付出的青少年，不负青春。 因为：奋斗的青春最美丽！	**一、组织** 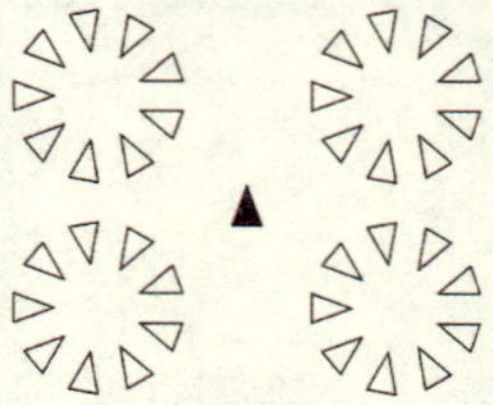 岛屿型 **二、教法** 1. 问题引导法 2. 小组内部分享和代表分享法 3. 故事法

评价维度	评价要点	评价结果（描述或判断）
教学准备	1. 是否提前布置好活动场地?	
	2. 是否在活动前做身体状况调查?	
教学过程	3. 是否在活动前带领学生进行热身运动?	
	4. 在穿越电网的过程中组织是否有序?	
	5. 在讲解带领过程中对自己的表情、肢体动作、语言表达等如何评价?	
	6. 在活动过程中是否发挥教师作为引导者、观察者、分享者的角色功能?	
	7. 是否能对学生的问题做及时有效的回应?	
	8. 在活动过程中你在哪些方面给予了学生针对性指导?	
	9. 在活动过程中是否有安全事故发生?	
教学效果	10. 能否引导所有学生有效完成学习手册?	
	11. 你是否通过课程提升了学生的合作能力?	
	12. 你是否通过课程强化了学生的责任意识?	
活动小结	优点	
	不足	
	改进	

责任墙

适用年级：初中　　　　建议时长：90分钟

教学内容	课程目标	教学重点与难点
1. 组织和引导学生在规定时间内全员安全翻越4.2米高墙。 2. 组织和引导学生回顾翻越过程，分享感受和感悟，并引申到生活和学习中。	1. 通过老师讲解，了解责任墙相关背景和安全保护常识。 2. 通过攀爬责任墙，锻炼学生的分析能力、领导能力和团队合作能力。 3. 通过体验责任墙，培养学生的团队意识、感恩意识和责任意识。	1. 重点：活动线是全体学生成功翻越责任墙。教育线是培养学生的感恩意识和责任意识。 2. 难点：把控挑战过程中的安全。

结构	教学内容	组织与教法
活动准备	**一、前期布置** 1. 场地：拓展训练区。 2. 器材：音响、话筒、责任墙。	**一、实景图** 
活动实施（70分钟）	**一、课堂常规（5分钟）** 1. 集合 2. 师生认识和问好。 老师：同学们好，我是××老师。奋斗的青春？ 学生：最美丽！	**一、组织** 活动讲解时队形 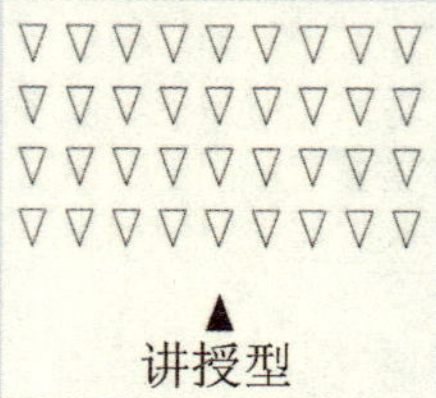

结构	教学内容	组织与教法
活动实施 （70分钟）	**二、活动讲解（15分钟）** 1. 活动导入 同学们，现在我们进行一个场景的模拟，角色的转换。大家现在所处的位置不再是陆地，而是在茫茫的大海上。我们全班同学乘坐一艘轮船在海上航行，很不幸的是，轮船触到了礁石，船体遭到了严重的破坏，船舱开始大量进水，轮船开始下沉，40分钟之后轮船将消失在茫茫的大海之上，所有没有成功逃生的人将葬身大海。所幸的是在灾难发生的那一刻我们发出的求救信号被救援人员所确认，他们派来了直升飞机进行援救。但是从船舱到甲板的所有通道全都遭到了破坏，现在唯一可以解救大家的是各位面前的这面4.2米的高墙，所有人必须从这面墙上翻过去，到达轮船的甲板上，才能够得以逃生。 2. 活动目标 所有学生必须在40分钟内征服高墙，不能借助任何外力和工具，包括衣服、皮带等。 3. 活动规则 （1）摘去身上的一切尖锐和易脱落的物品，如手表、眼镜、钥匙、发卡等。 （2）采用搭人梯的方法，必须采用主梯和副梯。主梯双手叠加贴于墙面，额头贴于手背，注意腰部用力挺直。副梯单腿跪地的姿势，双手环抱主梯学生的腰部，头部埋在主梯的胸前，露出自己外侧的大腿。学生攀爬时不可踩人梯学生的头、颈椎、脊椎以及反关节，只可以踩肩和大腿。 （3）让学生将衣服扎进腰带，拉人时不可以拉衣服，拉手时要手腕相扣互抓生死结，不可直接拉手或者手指，不可将被拉学生的胳膊搭在墙沿上，只能垂直上提，当肩部以上超过墙沿时可以	**二、教法** 1. 故事导入法 

结构	教学内容	组织与教法
活动实施（70分钟）	靠在墙沿上，从侧面将腿上提。 （4）不得助跑起跳，上墙时不可采用蹬走上墙的动作。 （5）所有学生必须参与保护，双手举过头，肘略曲，掌心对着攀爬者，抬头密切关注攀爬者，随时准备接应和保护。 （6）当攀爬者或者人梯跌落，保护人员保护自己的同时，掌心对着攀爬者或者人梯将其按在墙上，切忌按头。当攀爬者在较高的地方倒落或者滑落的时候，保护人员应上前托住。当攀爬者向外摔出，保护人员应迅速顺势接住，轻放在地面上。 （7）三个月内做过大型手术的，或者有先天性疾病的，或者手腕、脚腕、肩膀习惯性脱臼的，可以不参与今天的活动，如果现在感到身体特别不舒服的，可以到旁边休息。 4. 注意事项 （1）活动过程中时刻把握学生动作变化，出现危险动作及时制止。 （2）通过语言、动作、声音等方法激励学生，调动课堂气氛。 （3）大声讲解，细致强调，鼓励学生参加。解决问题的办法由学生自己想，不用给安全操作规则外的任何建议。学生讨论时间过长没有决策和执行的时候可以提醒时间，一般要留2/3的时间用于执行。 （4）在搭救最后一名学生时，对下挂学生的安全要不断强调、监控，并要求学生讲出他们的安全措施，老师对此进行判断，可以否决或者补充要求。 （5）最后一名学生离地，脚上举或者做其他动作，老师应站在学生侧后方，一方面避免头朝下坠落，另一方面避免脸或者头磕在墙上，如坠落顺势帮助调整姿势接住或者揽到垫子中间，必须休息一会儿再尝试。 （6）有安全隐患时应果断鸣哨或者叫停。女学生未经特殊训练一般不做中	

结构	教学内容	组织与教法
活动实施 （70分钟）	间连接。提醒学生在被队友往上提拉时不要用脚蹬墙，以免磕伤腿及面部。 **三、活动监控（40分钟）** 1. 安全监控 （1）监督墙上学生的安全，不准骑跨或者站立在墙头，注意墙后平台的范围，平台上不得超过10人。 （2）最后一人的时候无论采用什么方法都要听中间学生的感受，中间学生认为不行应立即停止，不可长时间尝试。 2. 语言监控 （1）聆听学生之间互相的鼓励以及对挑战者的加油声。 （2）聆听攀爬时上下保护者的互相沟通和对攀爬者的提醒。 3. 行为监控 （1）观察学生间替换人梯的行为。 （2）观察攀爬学生的感动和危险的行为。	
活动总结 （20分钟）	**一、集合整队** **二、学生分享** 1. 回顾反思 （1）执行之前团队是否充分沟通？ （2）你在刚才的活动中担当了哪个角色？你觉得自己为团队做了些什么？ （3）如果你是一个人可以翻越责任墙吗？ （4）我们翻越这面墙，靠的是什么？ （5）如果以后同学需要你伸出援助之手的时候，你愿意吗？	**一、组织** 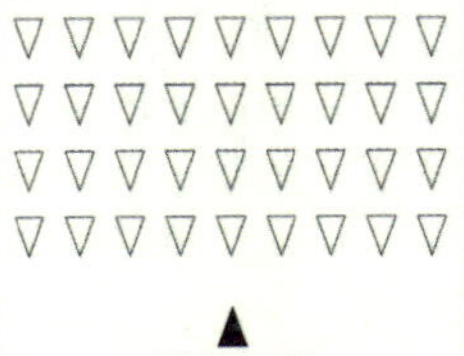 讲授型 **二、教法** 1. 问题导入法

结构	教学内容	组织与教法
	（6）这是一面有形的墙，在现实生活和学习中依然会有一面墙，然而可能是一面无形的墙，那么这面墙是什么？以后遇到我们会怎样面对？ 2. 组织分享	
活动总结（20分钟）	**三、教师总结** 1. 分享整合 接下来让我们慢慢地坐下，请所有同学慢慢地闭上眼睛，深深地吸一口气，慢慢地呼出来，然后轻轻地低下头，在接下来的过程中，不需要任何人回答问题，让我们保持绝对的安静，让我们用真心去聆听，用真情去感受刚才的体验所给我们带来的幸福与感动。 人生的道路曲折而漫长，在我们每个人的一生中，总有许多的经历让我们感动，总有一段路让我们难忘，就在刚才，过去的（具体用时），我们在4.2米的旅途中艰难地跋涉，我想，也许这段生命经历中最短的旅程会让我们永远铭记在心，在刚才那激动人心的过程中，让我们静静地想一想，是谁第一个艰难地爬了上去？又是谁第二个爬上那面高墙，第三个，第四个……我们的同学都在努力地向前冲。因为只有爬上去我们整个团队才有生的希望！再让我们回头看一看，又是谁留在了最后？将生的希望留给了我们的同学，那最后的几位同学又是谁呢？又是谁最后一个挣扎着爬了上去，他又是如何用尽所有的力气被同学们拉上高墙了呢？在整个过程中，我们是否还记得你都是踩着谁的肩膀翻上这堵墙，当你在空中站立不稳，摇晃不定时，又是谁伸出了他那不算宽大但却有力的大手，紧紧地拉住了你呢？此时此刻，我们可能都记不清楚了。亲爱的同学们，我们可曾看到那些在底层甘为人梯的人，当一个又一个人踩在他们的肩上，他们表情痛苦，却依然苦苦支撑着，那些在上面伸着双手，把一个个	2. 代表分享法 3. 归纳法

结构	教学内容	组织与教法
活动总结（20分钟）	同学拉上去的人，他们的脸庞好像都已经拉得变形了，却依然咬紧牙关在坚持着，（看着那些痛苦的表情，变形的脸庞，你还笑得出来吗？你知道他们的肩在流血吗？）看着那些苦苦支撑的背影，你想到了谁呢？像不像那个一直以来，为了生你、养你而操碎了心的妈妈，妈妈永远是那个最疼爱你的人，在你小的时候，有一点的不舒服，妈妈都会吃不下饭，睡不着觉，她恨不能用自己的身体替代你的痛；当你在外面淘气惹了祸，还是妈妈要替你去承担一切！可是，我们想过没有？妈妈也有承担不起的时候！而我们的妈妈那一刻只能一个人偷偷地落泪，岁月染白了妈妈的头发，妈妈会逐渐衰老，可她还是时刻都要承担一切，而我们又为妈妈承担了多少呢？ 看看我们脚下那宽宽的肩膀，再看看那些苦苦支撑的背影，像不像一直在呵护我们成长，盼望我们成龙成凤的爸爸呀？爸爸可能平时对我们很严厉，但多少次在你熟睡时，爸爸都会慈爱地看着睡梦中的你啊，爸爸是家中最坚强的人，爸爸是家中的支柱，爸爸要承担家里的一切，我们一天天地长大了，可爸爸的背却一天天弯曲了！当爸爸不能再承受我们生命之重时，他只能一个人找到没人的地方，偷偷地抹去眼角的泪水，点上一根闷烟。一直以来，爸爸留给我们的都是那宽宽的脊梁、坚强的背影，亲爱的同学们，你可曾发现我们的父亲越来越憔悴的面容、凌乱的头发、消瘦的身体！原来，一直帮我们扛着头上那片天的巨人，也会变老。树欲静而风不止，子欲养而亲不在，	

结构	教学内容	组织与教法
活动总结（20分钟）	其实父母需要的真的不多，也许就是简单的一句问候，亲爱的同学们，莫等失去空遗恨呐！ 让我们再好好看看那些背影，像不像你的老师？他们就像一直以来呵护我们成长起来的父母一样来呵护着班级的发展。在这个过程中，你真的能理解他们所承受着这么多的无奈、委屈和心酸吗？为了班级，可能他们的孩子经常只能在睡梦中见到自己的爸爸、妈妈；为了班级，可能他们的妻子、她们的丈夫只能用亮着的灯来等他们回家；为了班级，可能他们甚至付了只有他们才知道的沉重代价。可是，他们面对班级的今天，与自己已经逝去的年华，他们认为是值得的，只是在他们心里把对自己的亲人、爱人、儿女那深深的歉意藏到了心底。 再看看那些背影，你又想到了谁呢？你的亲人、你的同学、你的朋友、还是你自己呢？或是那些曾经在你的生命中帮助过你、拉过你一把的人呢？其实，在我们每个人的一生中，总有许多值得我们感谢的人，只是在过去的一段岁月中我们没有好好地珍惜，也错过了许多值得我们去感谢的人，那么就让我们用最真的心，献给所有值得我们去感谢的人，让我们多一些感恩，多一些善意，从今天从现在开始！ 好，现在请所有同学慢慢地睁开眼睛，轻轻地抬起头来，我们感谢那些甘为人梯的同学为我们带来了人生的感悟，让我们再一次领悟到人生的真谛，我们感谢上苍给了我们一双慧眼，让我们在这里借助他们为我们揭开那层蒙在我们心灵已久的面纱，让我们找回我们自己。现在，让我们用热烈的掌声请那些在最下层为我们做过奠基的人走到前面来，（人梯上台）看看这流着血的肩膀，一个团队中，正是因为有了这样的一些人，心甘情愿地做人梯，默默地奉	

结构	教学内容	组织与教法
活动总结（20分钟）	献着，团队才有可能走向成功，走向辉煌！掌声送给他们！好，请全部转过身来。请两位代表讲话，（你当时都在想些什么？是一种什么样的力量，支撑着你一直坚持到底?）什么都没有想，只想着让团队中的每个人都尽快上去，多么朴实的话语，多么感人的行动，掌声送给他们！好，让我们用掌声送他们回去。（请被感动同学分享） 谁能不说这是一个优秀的团队！谁能不说这是一个团结协作的团队！谁能不说这是一个智慧的团队！你们战胜着自己，挑战着自己！你们想着别人，想着身边的第一个人，想着整个团队！你们为自己，为自己的团队而感动！为自己的优秀，为团队的卓越而感动！为自己身边的每一个队友，为身在这样一个团队而感动！ 岁月本长，天地本宽，生命的力量在心中涌动，从此，我们可以满怀激情地去拥抱每一天！好，亲爱的同学们，现在再多的语言都显得那样的无力，无法代表我们此时此刻的心情，现在，请大家全体起立，如果，你还记得你是踩着谁的肩膀，谁的背，是谁拉你了你一把，到他面前去给他一个握手或拥抱，告诉他，遇见你真好！谢谢你！ 2. 价值澄清 希望大家都能做一个有担当懂付出的时代少年，用激情拥抱每一天，不负青春。 因为：奋斗的青春最美丽！	

<table>
<tr><th colspan="2">评价维度</th><th>评价要点</th><th>评价结果（描述或判断）</th></tr>
<tr><td colspan="2" rowspan="2">教学准备</td><td>1. 是否提前检查好活动场地周围有无杂物？</td><td></td></tr>
<tr><td>2. 是否在活动前做身体状况调查？</td><td></td></tr>
<tr><td colspan="2" rowspan="7">教学过程</td><td>3. 是否在活动前带领学生进行热身运动？</td><td></td></tr>
<tr><td>4. 在翻越墙壁的过程中组织是否有序？</td><td></td></tr>
<tr><td>5. 在讲解带领过程中对自己的表情、肢体动作、语言表达等如何评价？</td><td></td></tr>
<tr><td>6. 在活动过程中是否发挥教师作为引导者、观察者、分享者的角色功能？</td><td></td></tr>
<tr><td>7. 是否能对学生的问题做及时有效的回应？</td><td></td></tr>
<tr><td>8. 在活动过程中你在哪些方面给予了学生针对性指导？</td><td></td></tr>
<tr><td>9. 在活动过程中是否有安全事故发生？</td><td></td></tr>
<tr><td colspan="2" rowspan="3">教学效果</td><td>10. 能否引导所有学生有效完成学习手册？</td><td></td></tr>
<tr><td>11. 是否能通过课程提升了学生的团队合作能力？</td><td></td></tr>
<tr><td>12. 是否能通过课程强化了学生的责任意识？</td><td></td></tr>
<tr><td rowspan="3">活动小结</td><td>优点</td><td colspan="2"></td></tr>
<tr><td>不足</td><td colspan="2"></td></tr>
<tr><td>改进</td><td colspan="2"></td></tr>
</table>

最佳拍档

适用年级：初中　　　　建议时长：90分钟

教学内容	课程目标	教学重点与难点
1. 组织学生体验破冰活动凑数字。 2. 组织学生体验最佳拍档活动。 3. 组织学生对活动体验进行分享总结。	1. 通过团队成员共同完成任务，体会团队合作和关注细节对成功的重要性。 2. 通过挑战过程，锻炼学生的表达能力、协作能力、指挥能力。 3. 通过体验彼此合作挑战，培养学生的服务意识、责任意识、团队意识。	1. 重点：活动线让学生参与角色扮演来完成挑战。教育线使学生懂得要有责任担当意识。 2. 难点：指挥者和操作者如何默契合作。

结构	教学内容	组织与教法
活动准备	**一、前期布置** 1. 场地：室外平整开阔空场地。 2. 器材：橡胶圈、塑料杯、细绳、眼罩、餐巾纸。	**一、实景图** 
活动实施 （70分钟）	**一、课堂常规（5分钟）** 1. 集合分组 两人一组。 2. 师生认识和问好 老师：同学们好，我是××老师。奋斗的青春？ 学生：最美丽！	**一、组织** 1. 集合时队形 ▽▽▽▽▽▽▽▽▽ ▽▽▽▽▽▽▽▽▽ ▽▽▽▽▽▽▽▽▽ ▽▽▽▽▽▽▽▽▽ ▲ 讲授型

结构	教学内容	组织与教法
活动实施 （70分钟）	**二、破冰活动——凑数字（10分钟）** 1. 活动导入 同学们，你和其他同学之间的默契度怎么样？想知道吗？下面老师带大家一起来测试一下，看看我们的配合默契度好不好？ 2. 活动规则 （1）两人一组，面对面站好，然后闭上眼睛，不允许讲话。 （2）老师先说一个1到10之间的数字，三秒钟之内每人伸出一只手的若干个手指，然后老师让睁眼时再睁眼。 （3）如果两人的手指数量加起来等于老师说的数字，表示挑战成功，否则，表示挑战失败。 3. 注意事项 （1）分组以后就跟大家约定在活动过程中不能讲话。 （2）除了“加法”之外，还可以尝试用“减法”或“乘法”。 （3）在两人一组体验几轮之后，还可以给大家几分钟的沟通时间，然后各组之间交换搭档，或者换成四人一组进行体验（两组合并成一组）。 **三、活动讲解（15分钟）** 1. 活动导入 中东战争结束以后，在伊拉克境内留下了为数不少且未爆炸的核弹。联合国派驻了一批导弹专家到伊拉克进行核弹清除工作，作为导弹专家，首要任务是利用特殊的工具在不进入核弹辐射区的情况下，安全取出核弹并转移到指定的安全区域，完成保护国家安全的职责。接下来我们挑战的活动是最佳拍档，用水杯模拟核弹。	2. 破冰活动时队形 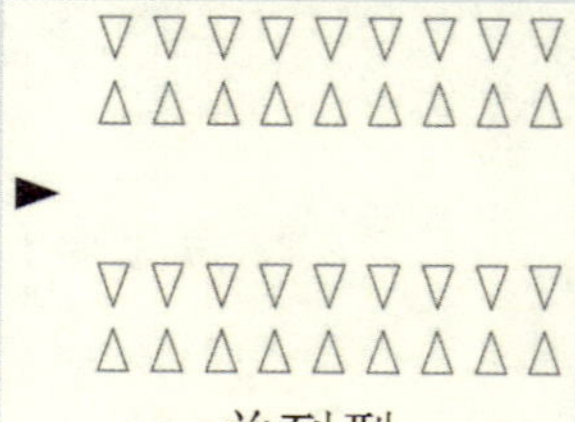 并列型 3. 活动操作时队形 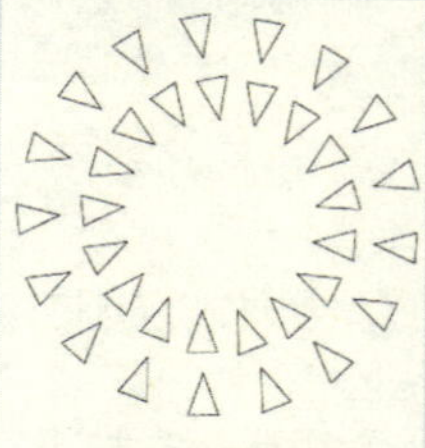 同心圆型 备注：外圈为执行区，内圈为危险区，圈外为指挥区 **二、教法** 情景导入法

结构	教学内容	组织与教法
活动实施（70分钟）	2. 活动目标 在40分钟内，团队利用所提供的资源，把核弹移到安全区域。 3. 活动规则 （1）每一小组两个人，其中一人带上眼罩，为操作者，操作者不允许偷看；另一个为指挥者，要求指挥者只能通过语言指挥自己的操作者，不得指挥别的操作者，不能接触操作者的身体；再选择一名总指挥，总指挥同样只能通过语言指挥，总指挥只能指挥指挥者。 （2）所有人员不得进入危险区，取核弹过程中若水洒掉或者杯子直接倒掉，均视为失败。 （3）不得合并操作者手中的绳子，须凌空取出，高度不限，出危险区的垂直边界线即可。 （4）挑战完成后指挥者和操作者换一下角色再体验一次。 4. 注意事项 （1）注意提醒和保护水杯的安全。 （2）注意提醒不要用力过猛，以免将皮圈拉断。 **三、活动监控（40分钟）** 1. 安全监控 （1）提醒操作者移动动作要缓慢以免发生碰撞。 （2）关注水杯情况，如果有危险要及时补救。 2. 语言监控 （1）聆听总指挥下达的指令。 （2）聆听指挥者和操作者之间的沟通。 3. 行为监控 （1）观察操作者的操作行为。 （2）观察总指挥的指挥方式。	

结构	教学内容	组织与教法
活动总结（20分钟）	**一、集合整队（1分钟）** **二、学生分享（14分钟）** 1. 回顾反思 （1）当你分别扮演指挥者和操作者时，有什么不一样的感觉？ （2）你认为操作者和指挥者如何配合，才算是最佳拍档？ （3）指挥者希望总指挥怎样指挥？ （4）这个活动给你带来最大的启发是什么？ 2. 组织分享 **三、教师总结（5分钟）** 1. 分享整合 请选出本组中的最佳拍档？我们应该向他们学习什么？ 所有的操作者，在操作的时候，你遇到了什么障碍？你希望指挥者如何指挥？ 所有的指挥者，在指挥的时候，你也遇到了什么障碍？你希望操作者如何配合你？ 总指挥，在整个过程中，你看到了什么现象？你听到了什么？你做了什么？你希望团队有一个什么样的状态？ 操作者、指挥者和总指挥在整个活动过程中的角色是不同的，所肩负的责任也是不同的。如果大家没有做好自己应该做的事情，我们的分工就没有了意义，团队合作就无从谈起，最佳拍档就没法产生。 2. 价值澄清 希望大家在学习生活中，都能做好自己，做好自己就是对自己最大的负责，希望大家都能不负自己，不负青春。 因为：奋斗的青春最美丽！	**一、组织** 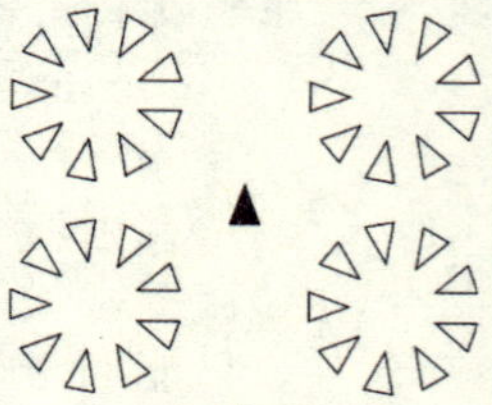 岛屿型 **二、教法** 1. 问题引导法 2. 代表分享法 3. 问题法

评价维度		评价要点	评价结果（描述或判断）
教学准备		1. 是否提前检查好活动场地周围有无杂物？	
		2. 是否提前准备好活动体验所用到的橡胶圈、塑料杯、细绳、眼罩等？	
教学过程		3. 在活动的过程中组织是否有序？	
		4. 在讲解带领过程中对自己的表情、肢体动作、语言表达等如何评价？	
		5. 在活动过程中是否发挥教师作为引导者、观察者、分享者的角色功能？	
		6. 你是否能对学生的问题做及时有效的回应？	
		7. 在活动过程中你在哪些方面给予了学生针对性指导？	
		8. 在活动过程中是否有安全事故发生？	
教学效果		9. 能否引导所有学生有效完成学习手册？	
		10. 是否能通过课程提升了学生的团队协作能力？	
		11. 是否能通过课程强化了学生的责任意识？	
活动小结	优点		
	不足		
	改进		

团队竞速

适用年级：初中　　　　建议时长：90分钟

教学内容	课程目标	教学重点与难点
1. 组织学生体验破冰活动抢占阵地。 2. 组织学生体验团队活动团队竞速。 3. 组织学生对课程进行分享总结。	1. 通过反馈探讨，提升学生对责任的认知。 2. 通过活动挑战，锻炼学生观察能力、执行能力、分享能力。 3. 通过学生体验竞争，培养学生的反馈意识、责任意识。	1. 重点：活动线是体验快速按照逻辑顺序指出数字。教育线是培养学生的反馈和责任意识。 2. 难点：学生能否主动发现数字布局中的规律。

结构	教学内容	组织与教法
活动准备	**一、前期布置** 1. 场地：室外或者室内平整安全的场地。 2. 器材：团队竞技道具、白板、记号笔。	**一、实景图** 
活动实施 （70分钟）	**一、课堂常规（5分钟）** 1. 集合分组 分成4组。 2. 师生认识和问好 老师：同学们好，我是××老师。奋斗的青春？ 学生：最美丽！	**一、组织** 1. 集合时队形 

结构	教学内容	组织与教法
活动实施 （70分钟）	**二、破冰活动——抢占阵地（10分钟）** 1. 活动导入 同学们，你会玩石头剪刀布吗？如果团队PK玩石头剪刀布，你觉得你连续获胜的概率有多大呢？接下来这个活动我们要通过石头剪刀布的形式进行团队PK，叫作抢占阵地，看看哪队能够最先胜出。 2. 活动规则 （1）将同学们分为四队，每10人一队，两队之间进行PK，四个队同时进行。 （2）地面上画上两组并排21个方格，把小旗插在最中间的方格里。 （3）两小队进行对抗赛，每次派出一位队员参加比赛。 （4）活动开始以后双方队伍的第一位队员进行“石头剪刀布”比赛，赢者进入距离自己最近的第一个方格，输的人退到自己队伍的最后面，让下一个队员跟赢者比赛。 （5）若方格里的队员又赢了，则向前移动一个位置，他身后空出的位子由本队的下一位队员补上。 （6）如果已经抢占到方格的队员输了，他得离开方格，退到自己队伍的最后面。 （7）最早抵达小旗子位置的小组获胜，两小队中获胜的小组进行最后的PK。 3. 注意事项 （1）把控好方格之间的距离，确保双方都能看得到。 （2）明确石头剪刀布的手形和输赢规则，避免争议。 **三、活动讲解（10分钟）** 1. 活动导入 今天我们来完成一项挑战，这个挑战跟数字有关系，这个活动不是个人挑战，而是团队挑战，是团队与团队之间的较量，需要大家团结一致用智慧来证明我们的实力，这个活动的名称叫作团队竞速。 2. 活动目标	2. 破冰活动时队形 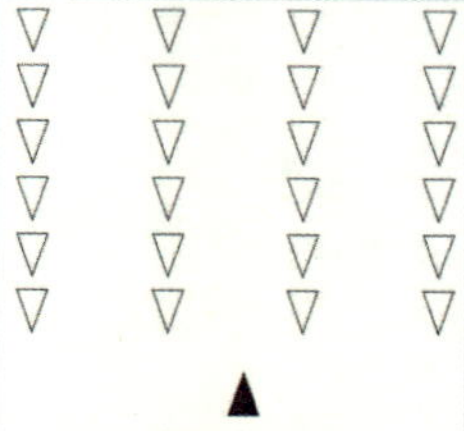 纵路型 3. 活动讲解时队形 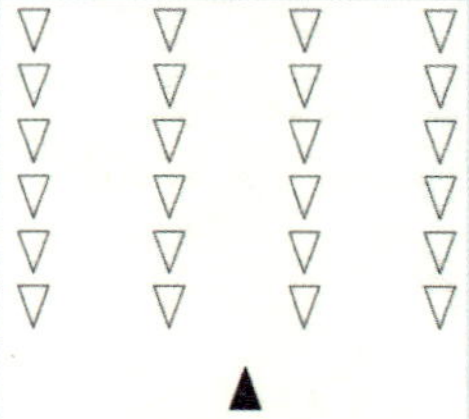 纵路型

<table>
<tr><th>结构</th><th>教学内容</th><th>组织与教法</th></tr>
<tr><td>活动实施
（70分钟）</td><td>
每个团队派出挑战者和观察者，在60秒的时间里，把1~50的数字依次指出，团队循环参赛。
3. 活动规则
（1）每队每次三位参加，其中两位是观察员只能观察不能有帮助行为。
（2）挑战共分6轮，前三轮人员不能重复出现。
（3）前三轮观察员不能说话，后三轮观察员可以说话。
（4）第六轮观察员可以说话也可以帮助指出数字，但是图上不能同时出现两个人的手。
（5）每轮按顺序找到的最后数字记为得分，如第一轮找到20就得20分。
<table>
<tr><th>轮次
组别</th><th>第一轮</th><th>第二轮</th><th>第三轮</th><th>第四轮</th><th>第五轮</th><th>第六轮</th><th>总分</th></tr>
<tr><td>1组</td><td></td><td></td><td></td><td></td><td></td><td></td><td></td></tr>
<tr><td>2组</td><td></td><td></td><td></td><td></td><td></td><td></td><td></td></tr>
<tr><td>3组</td><td></td><td></td><td></td><td></td><td></td><td></td><td></td></tr>
<tr><td>4组</td><td></td><td></td><td></td><td></td><td></td><td></td><td></td></tr>
</table>
4. 注意事项
（1）要求学生取下身上尖锐物品和易掉落物品。
（2）划清边界线，明确挑战区域。
（3）提醒跑动时注意自身安全。
（4）每轮挑战之后给3分钟讨论时间。备好白板，每轮成绩做好记录，六轮结束后算总分数。
（5）组与组之间距离三米。
四、活动监控（45分钟）
1. 安全监控
严禁快速奔跑，如有发现及时制止。
2. 语言监控
（1）聆听学生在小组内对于信息的反馈。
（2）聆听学生对看到本组成绩后的反应。
3. 行为监控
（1）观察各个小组对于角色的分配行为。
（2）观察各个小组对于信息归类的探寻行为。
</td><td>二、教法
直接导入法</td></tr>
</table>

结构	教学内容	组织与教法
活动总结 （20分钟）	**一、集合整队（1分钟）** **二、学生分享（14分钟）** 1. 回顾反思 （1）过程中有没有发现数字排布的规律？ （2）挑战过程中有没有遇到困难？又是怎么解决的？ （3）两名观察员重不重要？两名观察员作用是什么？ （4）如果再给你一次机会，你会做出什么样的改变？ 2. 组织分享 **三、教师总结（5分钟）** 1. 分享整合 一个和尚挑水喝， 二个和尚抬水喝， 三个和尚没水喝。 一只蚂蚁来搬米，搬来搬去搬不起，两只蚂蚁来搬米，身体晃来又晃去，三只蚂蚁来搬米，轻轻抬着进洞里。 两首童谣，叙述了两种截然不同的结果。“三个和尚”之所以“没水喝”，是因为没有团队意识，互相推诿；“三只蚂蚁来搬米”之所以能“轻轻抬着进洞里”，则是团队合作、共同担当的表现。 然而，这个活动中的合作更多的是三人返回后，做了些什么？两位观察员能把相关信息和其他同学分享，并且一起研讨数字的规律和下一步的方法。操作者要在规定的时间内指出更多数字，要具备什么样的品质呢？专注、敏锐、行动快等。在活动中，唯有专注，做好自己，团队才有可能取得好的结果。 2. 价值澄清 希望大家树立责任意识，做敢于担当的少年，不负青春。 因为：奋斗的青春最美丽！	**一、组织方式** 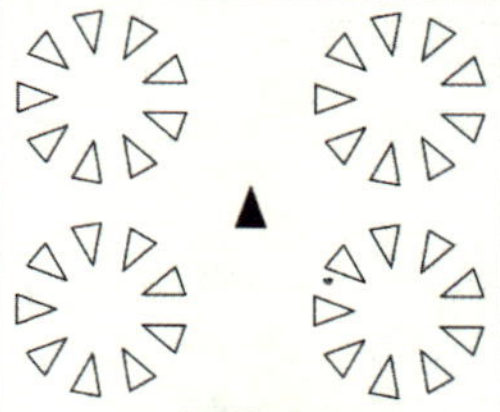 岛屿型 **二、教法** 1. 问题引导法 2. 小组内部分享和代表分享法 3. 归纳法

<table>
<tr><th colspan="2">评价维度</th><th>评价要点</th><th>评价结果（描述或判断）</th></tr>
<tr><td colspan="2" rowspan="2">教学准备</td><td>1. 是否提前布置好场地？</td><td></td></tr>
<tr><td>2. 是否提前准备好团队竞技道具、白板、记号笔等？</td><td></td></tr>
<tr><td colspan="2" rowspan="7">教学过程</td><td>3. 是否在活动前做身体状况调查？</td><td></td></tr>
<tr><td>4. 在活动的过程中组织是否有序？</td><td></td></tr>
<tr><td>5. 在讲解带领过程中对自己的表情、肢体动作、语言表达等如何评价？</td><td></td></tr>
<tr><td>6. 在活动过程中是否发挥教师作为引导者、观察者、分享者的角色功能？</td><td></td></tr>
<tr><td>7. 是否能对学生的问题做及时有效的回应？</td><td></td></tr>
<tr><td>8. 在活动过程中你在哪些方面给予了学生针对性指导？</td><td></td></tr>
<tr><td>9. 在活动过程中是否有安全事故发生？</td><td></td></tr>
<tr><td colspan="2" rowspan="3">教学效果</td><td>10. 能否引导所有学生有效完成学习手册？</td><td></td></tr>
<tr><td>11. 是否通过课程提升学生的反馈能力？</td><td></td></tr>
<tr><td>12. 是否通过课程提升学生的责任感？</td><td></td></tr>
<tr><td rowspan="3">活动小结</td><td>优点</td><td colspan="2"></td></tr>
<tr><td>不足</td><td colspan="2"></td></tr>
<tr><td>改进</td><td colspan="2"></td></tr>
</table>

2

第二单元

CANGXIN

创新

妙手沙画

适用年级：初中　　　　建议时长：90分钟

教学内容	课程目标	教学重点与难点
1. 组织学生了解沙画的由来和沙画基本手法。 2. 组织学生创造沙画作品。 3. 组织学生对沙画的活动体验进行分享总结。	1. 通过学习沙画的由来和工具的使用，了解沙画的历史意义。 2. 通过体验沙画六种基础手法，锻炼学生的动手实践能力、创新创造能力。 3. 通过体验活动，培养学生的探索意识、创新意识、审美意识。	1. 重点：活动线是了解沙画历史和创作沙画作品。教育线是培养学生不断超越的创新意识。 2. 难点：在创作沙画作品中如何激发学生的创新创造意识和兴趣。

结构	教学内容	组织与教法
活动准备	**一、前期布置** 1. 场地：雏鹰成长馆。 2. 器材：视频、沙画台、细沙、刷子。	**一、实景图** 
活动实施（70分钟）	**一、课堂常规（5分钟）** 1. 集合分组 6～8人一组。 2. 师生认识和问好 老师：同学们好，我是××老师。奋斗的青春？ 学生：最美丽！	**一、组织** 

<table>
<tr><th>结构</th><th>教学内容</th><th>组织与教法</th></tr>
<tr><td>活动实施
（70分钟）</td><td>二、活动环节
（一）课程导入（15分钟）
1. 视频
观看《丝路》沙画视频，了解沙画的由来。学生观察，看看视频里表演的是什么？说一说它和平时我们学习的绘画有什么区别？
2. 由来
沙画表演是一门神奇的艺术，一种前卫高雅的艺术表现形式，最早由来自匈牙利的世界著名沙画大师弗兰克·库科（Ferenc Cako）所创造。它是指在白色背景板上现场用沙子作画，并结合音乐通过投影展现在屏幕上。沙画具有的独特表演魅力，能使现场观众进入梦幻般的感觉和前所未有的视觉享受。
3. 思考
这个视频给你什么样的感受？低头看看沙画台上的沙子和平时的沙子有什么区别？回忆沙画视频中有哪些沙画的画法？学生讨论回答。
（二）讲解沙画基本手法（20分钟）
沙画的手法很重要，今天我们来学习常用的12中画法中的铺沙、抹沙、洒沙、漏沙、勾沙、点沙等6种沙画手法。
要求：要充分调动手的各部位才能实现，包括手指指尖、指甲、指腹、手掌、掌根、手背等不同部位有不同效果。
（三）练习6种技法，并创作一幅“梅兰竹菊”百花组合图（30分钟）
1. 任务
（1）结合6种手法，练习梅花、兰花、竹子、菊花的画法。
（2）结合所学的“梅兰竹菊”挑选自己喜爱的2~3种植物，创作一幅组合图。
2. 要求
（1）线条流畅一次成形，不做修改。</td><td>二、教法
1. 视频导入法

2. 情景导入法

3. 讲授法、体验法

4. 练习法</td></tr>
</table>

<table>
<tr><th>结构</th><th>教学内容</th><th>组织与教法</th></tr>
<tr><td>活动实施
（70分钟）</td><td>（2）控沙的厚薄，能控制越薄的沙，你所呈现的层次就更多，画面的立体感就更强。

三、注意事项

1. 防止沙子随意散落，确保地面整洁。
2. 提醒学生严格遵守规则，确保学生自身安全。
3. 及时观察学生的绘画过程，纠正错误手法。
4. 不允许大声喧哗，有问题请举手示意。
5. 上课前将手洗干净，晾干。
6. 及时解答学生提出的疑问。

四、活动监控

1. 安全监控
（1）发现有拿起沙子互相抛撒的行为及时制止。
（2）不允许学生随意触碰电源和线路，发现有这类行为要及时制止。
2. 语言监控
（1）聆听学生对作品创意的表达。
（2）聆听小组长如何组织秩序。
3. 行为监控
（1）观察小组成员如何互帮互助。
（2）观察小组沙画操作的手法。</td><td></td></tr>
<tr><td>活动总结
（20分钟）</td><td>一、集合整队（1分钟）</td><td>一、组织

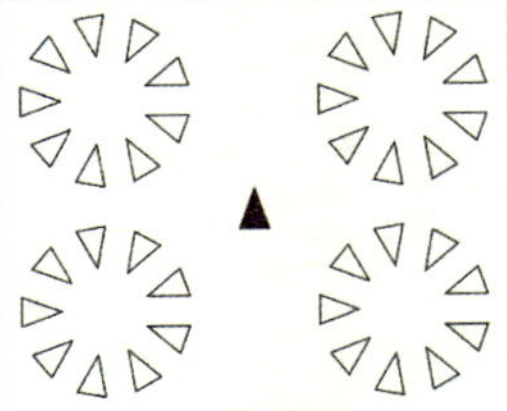
岛屿型</td></tr>
</table>

结构	教学内容	组织与教法
活动总结（20分钟）	**二、学生分享（14分钟）** 1. 回顾反思 （1）我们制作沙画时，各种手法的使用特点是什么？ （2）当你看到自己的沙画作品时，是什么样的心情？ （3）哪个活动环节让你记忆犹新？为什么？ （4）如果再给大家一次机会，你会对自己的作品做哪些方面的创新？ 2. 组织分享 **三、教师总结（10分钟）** 1. 分享整合 沙画是采用天然的彩色沙石和树皮以及各种材料镶嵌而成，纯手工制作与现代工艺技术相结合的一种新型的绘画艺术。沙画产品融合了国画的渲染、油画的厚重等精髓于一体。 沙画符合现代化城市人们对艺术欣赏的要求，沙画是转瞬即逝的一种艺术，但其表演形式变化万千，具有极高的观赏价值。 沙画作品新颖独特、色彩绚丽、栩栩如生、高雅华贵，具有东方的神韵，又呈现现代风采，在传统中兼具现代感，富有别具一格的神韵之美。 看似平凡无奇、却能通过不拘一格的创作与努力，变幻成一幅幅奇妙的画面。 2. 价值澄清 希望大家都犹如这流动的沙一样，虽平淡却蕴含无限的可能与潜力，让我们不负现在，不负青春。 因为：奋斗的青春最美丽！	**二、教法** 1. 问题引导法 2. 组内分享和代表分享法 3. 归纳法

评价维度	评价要点	评价结果（描述或判断）
教学准备	1. 是否提前检查好视频播放设施？	
	2. 是否提前准备好活动体验所用到的沙画台、细沙、刷子？	
教学过程	3. 在沙画活动体验的过程中，组织是否有序？	
	4. 在讲解带领过程中，对自己的表情、肢体动作、语言表达等如何评价？	
	5. 在活动过程中，是否发挥教师作为引导者、观察者、分享者的角色功能？	
	6. 你是否能对学生的问题做及时有效的回应？	
	7. 在活动过程中，你在哪些方面给予了学生针对性指导？	
	8. 在活动过程中，是否有安全事故发生？	
教学效果	9. 你能否引导所有学生有效完成学习手册？	
	10. 你是否能通过课程让学生掌握沙画中6种基础手法？	
	11. 学生是否能创作出具有一定涵义的完整沙画作品？	
活动小结	优点	
	不足	
	改进	

创意相框

适用年级：初中　　　　建议时长：90分钟

教学内容	课程目标	教学重点与难点
1. 组织学生学会使用锯床。 2. 组织学生体验创意相框活动。 3. 组织学生进行分享总结。	1. 通过观看成品，了解相框的构造和作用。 2. 通过制作加工相框，锻炼学生的动手实践能力、创新创造能力。 3. 通过制作相框，培养学生的探索意识、创新意识。	1. 重点：活动线是学习相框制作。教育线是提升学生的发现问题、分析问题、解决问题的能力和创新能力。 2. 难点：活动实施中设计图的绘制，尺寸的拿捏。

结构	教学内容	组织与教法
活动准备	**一、前期布置** 1. 场地：金工木工场馆。 2. 器材：视频资料、锯床、木板、护目镜、刷子、砂纸、铅笔、尺子、纸等。	**一、实景图** 

结构	教学内容	组织与教法
活动实施 （70分钟）	**一、课堂常规（5分钟）** 1. 集合分组 6～8人一组。 2. 师生认识和问好 老师：同学们好，我是××老师。奋斗的青春？ 学生：最美丽！ **二、活动环节** （一）相框导入（5分钟） 相框属于木工系列，那么谈到木工我们就不得不说“鲁班”，谁知道有关鲁班的故事，给大家讲一讲？ 鲁班是春秋时期鲁国人，他出生于木工世家，是我国古代的一位出色的发明家。他发明了锯子、曲尺、墨斗等多种木工工具，建造了很多攻城、作战的器械，被称为“机械之圣”。中国建筑工程质量最高荣誉奖“鲁班奖”就是以他的名字命名的。 （二）学会使用锯床（15分钟） 1. 小组提出问题 （1）工作台上材料的放置位置在哪里？ 答：材料或者木板应该贴于工作台上。 （2）扶持材料时手的位置应该怎么放？ 答：手应该在以锯条为中心，左右两侧大约1~2厘米处按压在木板上。 （3）切割的先后有没有顺序？ 答：先切割木板周围的，再切割小的，小的零件需要一次成型的切割。 2. 看视频，学操作 观看锯床的操作视频，学习锯的使用，锯床操作步骤如下： （1）锯床的锯条正对自己，锯齿向下。	**一、组织** 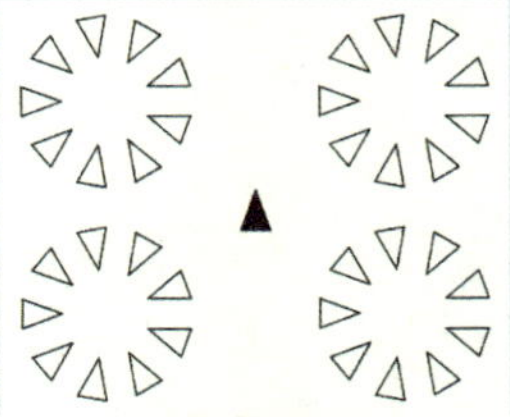 岛屿型 **二、教法** 1. 故事导入法 2. 问题法 3. 视频法

结构	教学内容	组织与教法
活动实施（70分钟）	（2）戴上护目镜，将工件平放在锯台上。 （3）接上电源，双手压紧工件，慢慢向前推动工件，注意：双手必须始终保持在锯条的两侧，一般以1~2厘米为宜。在进给时一定要控制好进给量，否则会出现“咬死”现象。一旦工件停止旋转，应在5秒内立即关掉电源，切勿拖延关机时间，否则会烧坏马达。停止工作时，一定要关闭电源开关。 （4）切割曲线时，应用左手压紧工件，右手慢慢地转动工件。旋转角度不宜过大，否则会把锯条折断。 （5）如果要锯割工件中间部位，先用钻床在中间部分钻一个孔，然后将锯条穿过小孔锯割。 （三）相框加工活动（30分钟） 1. 讨论 小组合作创意，画出示意图，标注好尺寸。 2. 选材 挑选本小组的材料，工具。 3. 分工 采取抽签方式进行分工，数字1~4，分别代表（1）设计者（2）画图者（3）工匠（4）质检员，小组成员确认自己的角色。 4. 制作 小组根据自己的角色定位，各司其职，合力完成作品。 5. 卫生 完成后清扫桌面卫生。 （四）展示成果（15分钟） 每组派出本小组的设计者和制作者进行解说。 要求：设计者说出相框的名字以及构图思想和设计理念。制作者说说是如何把设计理念落到实地的。	4. 探究法、实践法 5. 教授法

<table>
<tr><th>结构</th><th>教学内容</th><th>组织与教法</th></tr>
<tr><td>活动实施
（70分钟）</td><td>三、注意事项
1. 操作必须戴上护目镜。
2. 在使用锯床时，要仔细认真，静下心来。
3. 如有不明白操作划线或者切割部分，老师及时给予指导。
四、活动监控
1. 安全监控
（1）发现有学生没有带护目镜或者护目镜佩戴不符合要求要及时提醒。
（2）重点关注在加工工件时学生的操作行为，发现学生的双手离锯条太近及时提醒。
2. 语言监控
（1）聆听小组里提出的问题，遇到的困难。
（2）聆听学生分享相框设计理念。
3. 行为监控
（1）观察小组成员互相合作的行为。
（2）观察小组成员的角色意识，执行计划的进度和效率。</td><td></td></tr>
<tr><td>活动总结
（20分钟）</td><td>一、集合整队（1分钟）
二、学生分享（14分钟）
1. 回顾反思
（1）在学习过程中经历了几个活动</td><td>一、组织
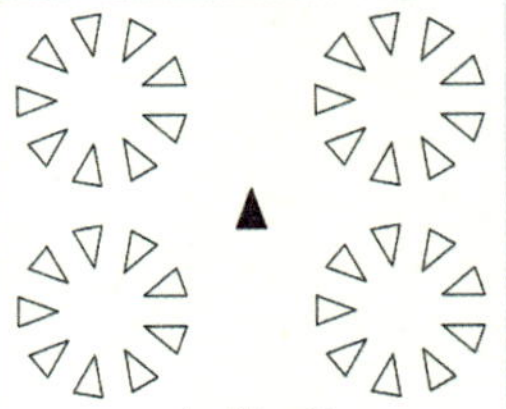
岛屿型
二、教法
1. 问题引导法</td></tr>
</table>

结构	教学内容	组织与教法
活动总结（20分钟）	环节，分别是什么？ （2）你最感兴趣的环节是哪个环节？为什么？ （3）对自己的作品满意吗？最有创意的点是哪一点？ （4）你最欣赏哪位同学的作品？他的作品哪一点值得你学习？ 2. 组织分享 **三、教师总结（5分钟）** 1. 分享整合 传统意识中相框就是四四方方，比较规整，那么我们自己做的相框有没有打破这个思维定式？在加工时，通过设计、绘制、切割等一系列步骤，你在每个环节中是不是都有不一样的收获？今天的活动提醒我们在以后做事情时，要注意什么？ 照片是回忆的记载，我们回去以后找到最有意义的那张照片，放在自己所做的相框中。 金工木工课程的意义不是在于教会我们学习多么精湛的木工技艺，而是要从制作的过程中真正吸取其中的能力和精神。 2. 价值澄清 希望大家都能拥有敢于打破常规、探索更多的可能性，成为一个善于探索、善于创新的少年，不负青春。 因为：奋斗的青春最美丽！	2. 组内分享和代表分享法 3. 归纳法

评价维度	评价要点	评价结果（描述或判断）
教学准备	1. 是否提前检查好视频播放设施？	
	2. 是否提前准备好活动体验所用到的锯床、木板、护目镜、刷子、砂纸、铅笔、尺子、纸等？	
教学过程	3. 在相框制作过程中，组织是否有序？	
	4. 在讲解带领过程中，对自己的表情、肢体动作、语言表达等如何评价？	
	5. 在活动过程中，是否发挥教师作为引导者、观察者、分享者的角色功能？	
	6. 你是否能对学生的问题做及时有效的回应？	
	7. 在活动过程中，你在哪些方面给予了学生针对性指导？	
	8. 在活动过程中，是否有安全事故发生？	
教学效果	9. 你能否引导所有学生有效完成学习手册？	
	10. 是否所有小组都完成了相框制作？	
	11. 你是否能创设出个性化的相框？	
活动小结	优点	
	不足	
	改进	

指尖艺术

适用年级：初中　　　　建议时长：90分钟

教学内容	课程目标	教学重点与难点
1. 组织学生了解刻纸传统文化。 2. 组织学生体验刻纸的雕刻。 3. 组织学生分享总结。	1. 通过老师讲解，了解阴刻和阳刻的特点。 2. 通过刻纸练习，掌握刻纸的简单技法和创作方法，提升学生的动手实践能力和审美能力。 3. 通过体验刻纸活动，激发学生热爱民间艺术的情感，培养学生敢于打破常规，推陈出新的意识。	1. 重点：活动线是学习刻纸制作。教育线是培养学生的探索创新意识。 2. 难点：正确把握纹样连接与画面的完整性，做到线线相连、面面相接。

结构	教学内容	组织与教法
活动准备	**一、前期布置** 1. 场地：多米诺场馆。 2. 器材：PPT课件、刻刀、刻板、棉签、胶水、黑色卡纸。	**一、实景图** 
活动实施（70分钟）	**一、课堂常规（5分钟）** 1. 集合分组 6～8人一组。 2. 师生认识和问好 老师：同学们好，我是××老师。奋斗的青春？ 学生：最美丽！	**一、组织** 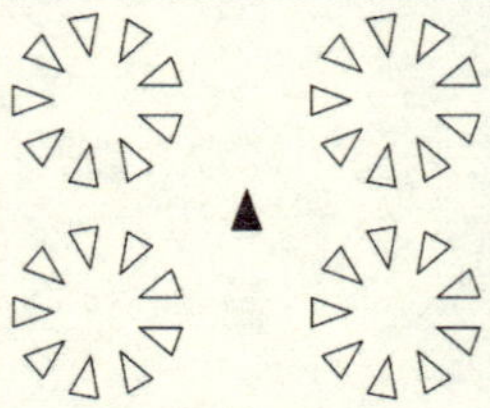 岛屿型

结构	教学内容	组织与教法
活动实施（70分钟）	**二、活动环节** （一）刻纸文化活动导入（10分钟） 提问学生过年家里有没有贴窗花，举手回答，并出示一幅作品，提问学生是一幅什么样的作品，根据学生的回答，讲述刻纸是剪纸的一种表现形式，是我国人民通过劳动和生活实践创造出来的一种民间艺术，是中华民族最珍贵的文化遗产。 （二）刻纸题材识别（5分钟） 接下来的刻纸识别活动中，我们要观察几幅图片，然后进行讲解并介绍刻纸的题材。 刻纸识别的规则讲解：5人一组进行识别刻纸作品，并进行刻纸题材的总结。在这个过程中要尽量详细描述刻纸的内容题材。 （三）刻纸的雕刻（30分钟） 1. 要求 每人刻一幅作品。 2. 刻刀的正确使用方法和刻纸雕刻的操作步骤 （1）介绍刻刀的正确使用方法 雕刻的时候，刻刀要持正，刻直线时从上到下，刻横线时从左到右，刻弧线或圆形时，不可一刀刻成，而是从左至右，连续不断沿弧线一刀接一刀移动雕刻而成。雕刻的时候，用力要适当，特别是落刀和起刀的两端，刀尖要刻穿纸张，如若发现刻掉的部分还未雕刻下来的时候，不能硬拉，需要再补刻一刀，使其自然脱落，以免扯坏刻纸作品。 （2）刻纸雕刻的操作步骤 第一步，挑选样稿。 第二步，用胶水将样稿粘贴到红纸上，样稿在上，红纸在下。	**二、教法** 1. 视觉导入法、讲授法  2. 实践法 

<table>
<tr><th>结构</th><th>教学内容</th><th>组织与教法</th></tr>
<tr><td>活动实施
（70分钟）</td><td>第三步，刻刀离纸面呈15～30度的斜角进行雕刻，雕刻的时候由内到外，先局部后整体的方法进行雕刻，雕刻完成之后将两张纸分离即可。
第四步，棉签蘸胶水，从中间向四周粘，将其固定到黑卡或白卡上。
（四）刻纸的创新完善（10分钟）
主体物雕刻并完善好细节后，在剩余的画纸上绘画自己喜欢的或者创意的简单图形，并雕刻下来，最后粘贴到作品的四周进行装饰，使作品展现出自己的风采。
（五）成果分享（10分钟）
每组推荐一位同学分享自己的作品。
三、注意事项
1. 握刀要正确，让手用在刀上的力，与刀杆成一条直线。
2. 雕刻圆形或者弧形时，不可用力扭动刻刀，而是每刻一刀，用手捻动刀杆，调整角度，再次进行雕刻。
3. 不用刻刀的时候及时合上盖子。
四、活动监控
1. 安全监控
（1）是否正确使用刻刀，是否有安全隐患。
（2）插座周围不允许有学生。
2. 语言监控
（1）聆听学生对于刻纸作品的欣赏和评价。
（2）聆听学生对于装饰创造的构思表达。
3. 行为监控
（1）观察学生雕刻过程中的动作。
（2）观察学生雕刻的步骤是否正确，刻错的步骤立马提醒指出并改正。</td><td></td></tr>
</table>

结构	教学内容	组织与教法
活动总结 （20分钟）	**一、集合整队（1分钟）** **二、学生分享（14分钟）** 1. 回顾反思 （1）什么是阴刻，什么是阳刻，有什么不同？你的作品是阳刻还是阴刻？ （2）你在雕刻中遇到的困难是什么？怎么克服的？ （3）你的作品你认为最大的亮点在哪里？ （4）同学们在分享的过程中，最吸引你的作品是谁的作品？哪一点最有吸引力？ 2. 组织分享 **三、教师总结（5分钟）** 1. 分享整合 刻纸作为我国非物质文化遗产的重要组成部分，也是我国最具特色、最普及的民间传统艺术形式之一。如今，刻纸的天地更为广阔，它早已走出庄户人的小院，走入了现代设计的广阔天地，在室内装潢、服装设计、邮票设计、舞台美术、动画、影视等各方面都有它的身影。它也走向世界，名扬四海，成为全人类的文化财富与艺术瑰宝。 作为传统文化，刻纸工艺既需要继承传统，又需要同学们进行创新，与时俱进，注入新血液，推陈出新，创造出新的思路和方法。 2. 价值澄清 希望大家拥有这种意识，让我们在传承的同时也能进一步将我国的传统刻纸技术发扬并创新，做一个与时俱进的少年，不负青春。 因为：奋斗的青春最美丽！	**一、组织形式** 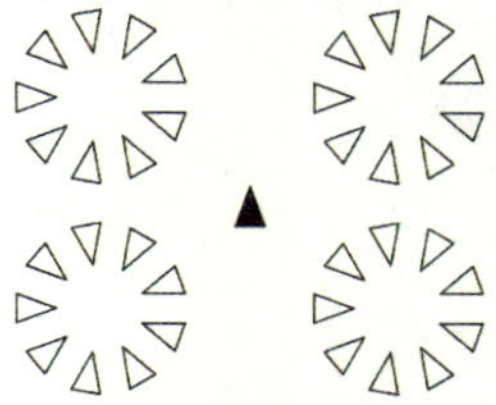 岛屿型 **二、教法** 1. 问题引导法 2. 组内分享和代表分享法 3. 归纳法

<table>
<tr><th colspan="2">评价维度</th><th>评价要点</th><th>评价结果（描述或判断）</th></tr>
<tr><td colspan="2" rowspan="2">教学准备</td><td>1. 是否提前检查好视频播放设施？</td><td></td></tr>
<tr><td>2. 是否提前准备好活动体验所用到的刻刀、刻板、棉签、胶水、黑色卡纸等？</td><td></td></tr>
<tr><td colspan="2" rowspan="6">教学过程</td><td>3. 在刻纸过程中，组织是否有序？</td><td></td></tr>
<tr><td>4. 在讲解带领过程中，对自己的表情、肢体动作、语言表达等如何评价？</td><td></td></tr>
<tr><td>5. 在活动过程中，是否发挥教师作为引导者、观察者、分享者的角色功能？</td><td></td></tr>
<tr><td>6. 你是否能对学生的问题做及时有效的回应？</td><td></td></tr>
<tr><td>7. 在活动过程中，你在哪些方面给予了学生针对性指导？</td><td></td></tr>
<tr><td>8. 在活动过程中，是否有安全事故发生？</td><td></td></tr>
<tr><td colspan="2" rowspan="3">教学效果</td><td>9. 能否引导所有学生有效完成学习手册？</td><td></td></tr>
<tr><td>10. 是否能通过课程让学生完成刻纸雕刻？</td><td></td></tr>
<tr><td>11. 是否能在作品展示时准确表达自己作品的创意？</td><td></td></tr>
<tr><td rowspan="3">活动小结</td><td>优点</td><td colspan="2"></td></tr>
<tr><td>不足</td><td colspan="2"></td></tr>
<tr><td>改进</td><td colspan="2"></td></tr>
</table>

百变绳结

适用年级：初中　　　　建议时长：90分钟

教学内容	课程目标	教学重点与难点
1. 组织学生练习6种绳结的打法和运用。 2. 组织学生体验手链和祝福信的制作活动。 3. 组织学生对活动体验进行分享总结。	1. 通过演示和练习，让学生学会单结、平结、单八结、称人结、蝴蝶结、渔人结的打法。 2. 通过手链的制作，锻炼学生的动手能力和创新能力。 3. 通过手链的制作和祝福信的编写，培养学生积极探索、努力创新的意识。	1. 重点：活动线是学习各种绳结的打法并制作手链。教育线是培养学生的创新能力和动手实践能力。 2. 难点：如何使学生掌握复制绳结的打法。

结构	教学内容	组织与教法
活动准备	**一、前期布置** 1. 场地：多米诺场馆。 2. 器材：绳子、A4纸、画笔、剪刀。	**一、实景图** 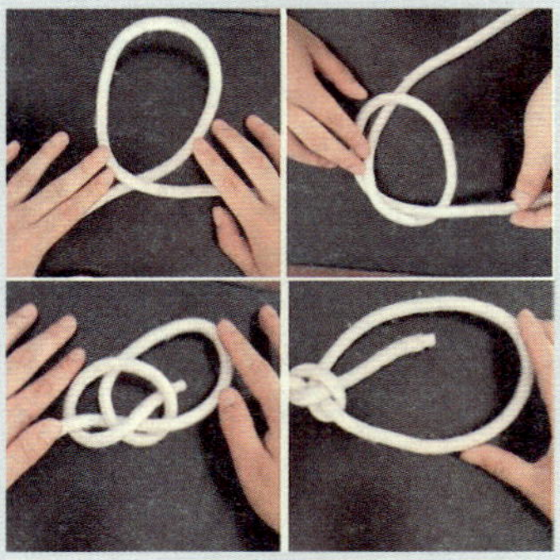
活动实施 （70分钟）	**一、课堂常规（5分钟）** 1. 集合分组 6～8人一组。 2. 师生认识和问好 老师：同学们好，我是××老师。奋斗的青春？ 学生：最美丽！	**一、组织** 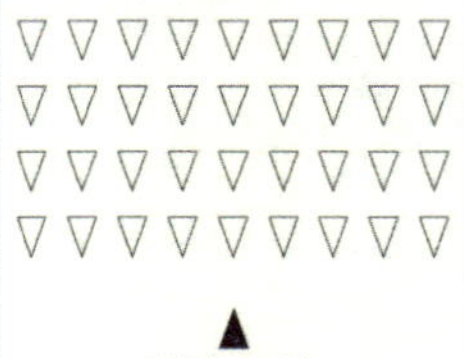 讲授型

结构	教学内容	组织与教法
活动实施（70分钟）	**二、活动环节** （一）课程导入（10分钟） 大家看我手中拿的是什么？绳子。 上古时期就有绳子了。 在中美洲的文明史中，绳子是神的象征。在玛雅人和墨西哥人的艺术作品里，悬垂在天空的绳子，象征神的种子从天上掉下来，使大地受孕生产。上述象征意义在墨西哥的旧历中也有所见，雨季开始的月份叫托斯卡特勒，它的意思就是绳子。 绳子的出现最早可以上溯到数万年前。在人类开始有最简单工具的时候，他们便会用草或细小的树枝绞合搓捻成绳子了。人们用它捆野兽、缚牢茅草屋、做腰带系住草裙……再后，出现了“结绳记事”,用绳子结出大小的疙瘩记录事件。结绳记事是文字发明前,人们所使用的一种记事方法。即在一条绳子上打结,用以记事。上古时期的中国及秘鲁印第安人皆有此习惯,即使到近代,一些没有文字的民族,仍然采用“结绳记事”来记载信息。 随着人们对生活的完美追求和工业的快速发展，绳子由之前的几股扭织变成2股、3股、8股、16股、24股、32股、48股编织而成，使得绳子表面纹路越来越细致美观，可由一色或多色有规律地编织在一起，颜色更可观。可用麻、棕、丙纶丝、涤纶丝、棉纱、尼龙丝等纤维或金属编织，生活中到处可见。 绳子现在很普遍，它的作用也不再是“结绳记事”。那大家来说一下现在绳子有什么用处？ 在生活中哪里可以用到绳子？ 绳子用途很广，看来会打绳结很重要。那么今天我们在这里一起学习在生活中经常用的六种绳结。	**二、教法** 1. 问题导入法

结构	教学内容	组织与教法
活动实施 （70分钟）	（二）教授绳结（20分钟） 1. 单结 将绳端与绳子相交，穿过绳环，打成一个结，拉紧，完成。 2. 平结 （1）准备两根绳子。 （2）将绳索两端缠绕后拉拢。 （3）绳索交叉。 （4）在交叉的上方再缠绕一次，此时如果缠绕方向错误，结果会变成外行平结，请特别小心。 （5）握住两端绳头用力拉紧。 3. 单八结 （1）将绳子的末端折向主绳的方向。 （2）将绳子的末端从主绳后面绕过。 （3）将这一段从右边的绳圈穿出。 （4）将结收紧。 4. 称人结 （1）在绳索的中间打一个绳环。 （2）将绳头穿过绳环的中间。 （3）绕过主绳。 （4）再次穿过绳环。 （5）将打结处拉紧完成。 5. 蝴蝶结 （1）将绳子一正一反绕过食指和拇指。 （2）左手拉右手拇指的两根绳。 （3）右手拉左手食指的两根绳。 （4）左右交叉拉出。 6. 渔人结 （1）将两根绳子的前段交互并列，其中一条绳子卷住另一条绳子打一个单结。 （2）另一边也同样打上一个结。 （3）将两条绳端用力拉紧。 （三）制作手链（20分钟） 每一位同学领取绳子若干，利用课堂上学习的绳结打法和自己在生活中接触到的绳子编织方法，自由创作编织出一条手链。	2. 演示法  单结  平结 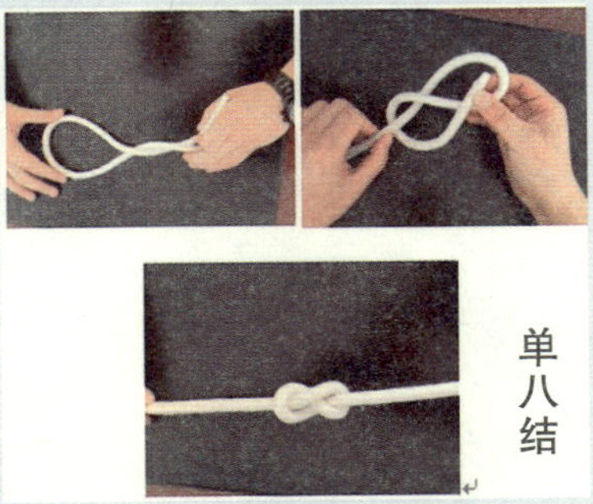 单八结

结构	教学内容	组织与教法
活动实施 （70分钟）	（四）制作祝福信（15分钟） 运用准备好的纸和笔写上一段自己对父母的祝福，然后和刚才制作的手链放在一起制作成一份礼物。在回到家之后把祝福信送给自己的父母并且亲自为他们戴上自己的作品。 **三、注意事项** 1. 教师示范绳结的打法。 2. 教授完成之后，让学生练习并请学生上台进行展示。 3. 教师进入练习场地指导。 **四、活动监控** 1. 安全监控 （1）关注学生在体验过程中有没有跑动、推、挤等行为。 （2）有同学出现意外时立刻停止。 （3）制作信封的时候，关注学生在用剪刀时是否有安全隐患。 2. 语言监控 （1）注意各小组人员怎么讨论选择物品的。 （2）聆听学生对违反规则同学的评价。 3. 行为监控 （1）注意各小组人员在制作过程中是否有错误使用器具的情况。 （2）发现操作有误的同学立即指正。	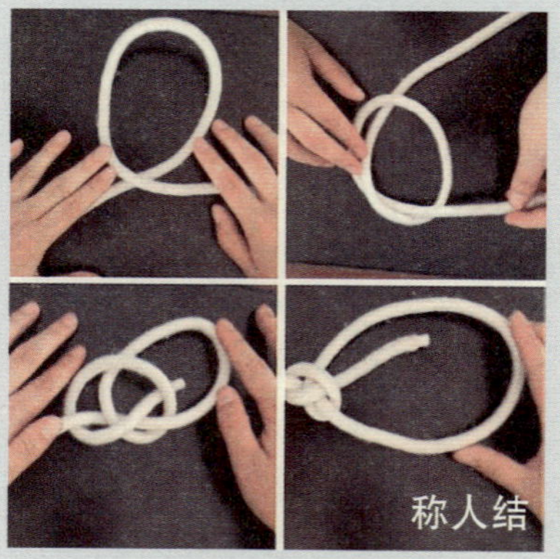 称人结 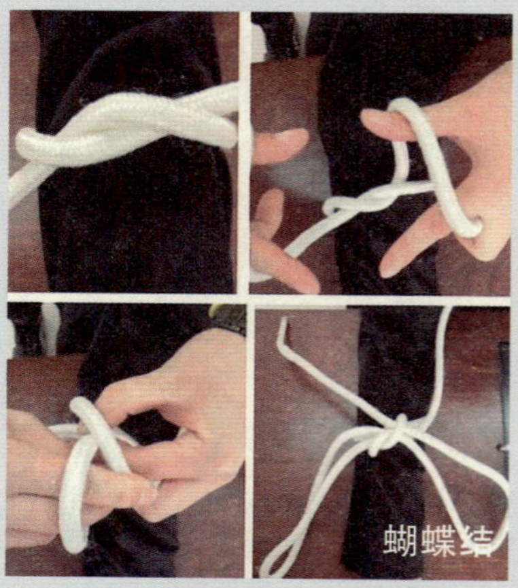 蝴蝶结 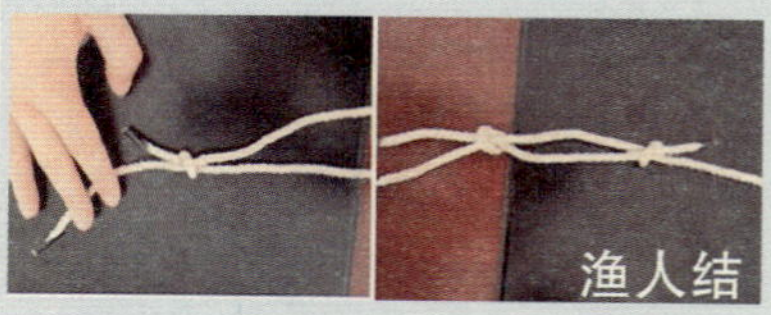 渔人结 3. 探究法
活动总结 （20分钟）	**一、集合整队（1分钟）**	**一、组织** 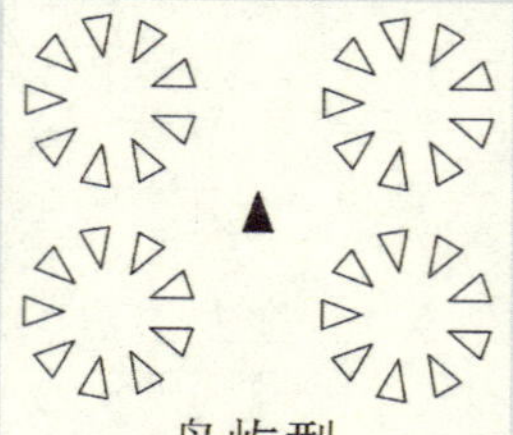 岛屿型

<table>
<tr><th>结构</th><th>教学内容</th><th>组织与教法</th></tr>
<tr><td>活动总结
（20分钟）</td><td>

二、学生分享（14分钟）
1. 回顾反思
（1）今天我们学习了哪几种绳结？
（2）哪个绳结你认为最难掌握？
（3）这些绳结分别在什么情况下使用？
（4）今天的学习对我们的生活有什么帮助和影响？
2. 组织分享
三、教师总结（5分钟）
1. 分享整合
除了课堂中所学习的绳结之外还有许多绳结，例如：（1）双套结，通常应用在两端施力均等的物品上，适用于水平拉力之下。它的特征是具备极高的安全性，不过，如果只在绳索的一端使力的话，双套结的结点可能会乱掉或松开。（2）抓结，简称普鲁士结、移动结。用于行进、上升中的自我保护。它的特征是不受力时可沿主绳滑动，受力时在主绳上卡住不动。
近年来绳结越来越受到青睐，在各国各地盛行开来，它的实用性和艺术性也在不断增强，如今绳结的款式更加丰富多样，无论是颜色上还是设计上都增添了很多选择。
而绳结作为一种传统文化，不仅需要我们去学习，还需要同学们进行创新。不管是传统的中国结、金刚结，还是各种新型的绳结编织手法，不单单是把这个绳子打成结，在编织的过程中都倾注了编织者的一片真情，寄托了自己的一片真心，希望可以通过绳结这一载体传递出去，这才使得我们的绳结能流传至今。
2. 价值澄清
希望大家也能如绳结般不断突破旧有的习惯，让自己成为更优秀的少年，不负青春。
因为：奋斗的青春最美丽！</td><td>

二、教法
1. 问题引导法
2. 代表分享法
3. 归纳法</td></tr>
</table>

<table>
<tr><th colspan="2">评价维度</th><th>评价要点</th><th>评价结果（描述或判断）</th></tr>
<tr><td colspan="2" rowspan="2">教学准备</td><td>1. 是否提前检查好视频播放设施？</td><td></td></tr>
<tr><td>2. 是否提前准备好活动体验所用到的绳子、A4纸、画笔、剪刀等？</td><td></td></tr>
<tr><td colspan="2" rowspan="6">教学过程</td><td>3. 在绳结编织的过程中，组织是否有序？</td><td></td></tr>
<tr><td>4. 在讲解带领过程中，对自己的表情、肢体动作、语言表达等如何评价？</td><td></td></tr>
<tr><td>5. 在活动过程中，是否发挥教师作为引导者、观察者、分享者的角色功能？</td><td></td></tr>
<tr><td>6. 你是否能对学生的问题做及时有效的回应？</td><td></td></tr>
<tr><td>7. 在活动过程中，你在哪些方面给予了学生针对性指导？</td><td></td></tr>
<tr><td>8. 在活动过程中，是否有安全事故发生？</td><td></td></tr>
<tr><td colspan="2" rowspan="3">教学效果</td><td>9. 你能否引导所有学生有效完成学习手册？</td><td></td></tr>
<tr><td>10. 你是否能通过课程让学生学会单结、平结、单八结、称人结、蝴蝶结、渔人结的打法？</td><td></td></tr>
<tr><td>11. 你是否能通课程让学生顺利完成手链制作？</td><td></td></tr>
<tr><td rowspan="3">活动小结</td><td>优点</td><td colspan="2"></td></tr>
<tr><td>不足</td><td colspan="2"></td></tr>
<tr><td>改进</td><td colspan="2"></td></tr>
</table>

巧取生命水

适用年级：初中　　　　建议时长：90分钟

教学内容	课程目标	教学重点与难点
1. 组织学生体验破冰活动八仙过海。 2. 组织学生体验巧取生命水活动。 3. 组织学生对巧取生命水的活动体验进行分享总结。	1. 通过体验活动，了解创新的概念和方法。 2. 通过体验巧取生命水，锻炼学生的团队合作的能力、解决问题的能力。 3. 通过不断增加活动难度，培养学生的探索意识、创新意识。	1. 重点：活动线是按照要求完成取水任务。教育线是引导学生要敢于打破常规，学会创新。 2. 难点：如何引导学生在讨论时大胆猜想，敢于创新。

结构	教学内容	组织与教法
活动准备	**一、前期布置** 1. 场地：室内或室外，平整开阔场地。 2. 器材：雷区图、15米粗绳子、8米细绳子、矿泉水1瓶。	**一、实景图** 
活动实施 （70分钟）	**一、课堂常规（5分钟）** 1. 集合分组 分成4组。 2. 师生认识和问好 老师：同学们好，我是××老师。奋斗的青春？ 学生：最美丽！	**一、组织** 1. 集合时队形 ▽▽▽▽▽▽▽▽▽ ▽▽▽▽▽▽▽▽▽ ▽▽▽▽▽▽▽▽▽ ▽▽▽▽▽▽▽▽▽ ▲ 讲授型

结构	教学内容	组织与教法
活动实施（70分钟）	**二、破冰活动——八仙过海（10分钟）** 1. 活动导入 同学们，大家都听过“八仙过海”的故事吧？今天我们用一个活动来体验一下，其实每一位同学都很厉害。这个活动的名称是八仙过海。每一位同学现在模拟成神仙，我们眼前是茫茫一片大海，前面终点是海边，每一位同学都需要渡过大海到达终点再返回来，但是过去和回来需要用不同的方式，比如走过去、跑回来、跳过去、蹦回来等。 2. 活动规则 （1）每位同学用两种不同的方式进行过海。 （2）每位同学的方法都是独一无二的不能重复。 （3）每位同学请你记住用过的方法，做好过程监督。 3. 注意事项 （1）海的距离把控5～8米即可，不是考验走多远而是考验用不同的方法。 （2）老师每次尽量给完成任务的同学给予肯定，并请学生给予掌声鼓励。 **三、活动讲解（15分钟）** 1. 活动导入 巧取生命水是一个非常经典的活动，它会考验到同学们多方面的能力。今天我们就来挑战一下这个活动。 首先，让我们来模拟一个场景：同学们现在的身份是上甘岭战役中的一支作战小分队，因战场上严重缺水，大家被派往敌后去取水，但是狡猾的敌人在水源周围布满了地雷，而且敌方的侦察机每二十分钟就会对水源地带进行一次巡逻。大家必须在最短的时间内取到饮用水，以保证我们饮水的需求。 2. 活动目标 巧取生命水是一项团队PK类的活	2. 破冰活动时队形 3. 活动讲解时队形 **二、教法** 情景导入法

结构	教学内容	组织与教法
活动实施（70分钟）	动，我们的任务是在20分钟之内，连续采用至少6种不同的方法安全地取水。 3. 活动规则 （1）同学们可以利用的资源只有我们的身体和两根绳子。 （2）所有挑战人员，包括我们的衣服、头发以及取水的工具都不允许接触雷区。一旦有人员触及雷区，将被视为牺牲。工具触及雷区，将会被没收，不再允许使用。 （3）不允许出现滚雷、主动献身等行为，雷是固定的，不会消失。 （4）挑战过程中，如果有安全隐患，老师会吹哨叫停，听到哨音后，需要听从老师指挥进行调整。 4. 注意事项 （1）对保护绳要提前做好检查。 （2）确保活动场地内无尖锐或容易掉落的物品，提前让学生把身体上的物品取下来。 （3）时刻观察取水的方法，做好记录，对雷同的方法做出判断，并在雷区内做好保护。 （4）如发现有危险方法或动作应立即制止。 （5）针对表现好的团队，可以适当增加难度。比如，全程无声操作。 **四、活动监控（40分钟）** 1. 安全监控 （1）若学生在体验过程中使用特别危险的方法及时制止。 （2）多关注取水者的安全，并做合理的保护。 2. 语言监控 （1）聆听学生各种各样的建议。 （2）聆听学生对新方法的讨论。 3. 行为监控 （1）观察不同组取水的不同方法。 （2）观察队长对本组人员的分工。	

结构	教学内容	组织与教法
活动总结（20分钟）	**一、集合整队（1分钟）** **二、学生分享（14分钟）** 1. 回顾反思 （1）我们组总共想出了几种方法？我们班总共想出多少种方法？ （2）这么多取水的方法，是怎么产生的？ （3）其中哪些方法让你感觉很特别？ （4）挑战过程中你们是如何分工的？又是如何执行的？ 2. 组织分享 **三、教师总结（5分钟）** 1. 分享整合 哥伦布发现了新大陆，但很多贵族并不服气，认为他只是运气好，并对他出言不逊。哥伦布没说什么，拿个鸡蛋走到那个贵族面前说：“您要是能让这个鸡蛋站起来，我就佩服你！并把我的荣誉让给你。”那个贵族试了半天也没办法，哥伦布拿着鸡蛋在桌子上轻轻一敲，鸡蛋就站起来了。那个贵族还不服气：“这谁都会。”哥伦布说：“同样道理，谁都有可能发现新大陆，但你不会创新，所以你做不到……” 创新从本质上是一种对新思想、新角度、新变化采取的欢迎态度，它也表现为看问题的新角度。很多时候，人们会说“这也算是创新吗？这个我也知道啊！”创新就是这么简单，关键在于你敢不敢想，肯不肯做。 面对挑战时人很容易陷入思维定式，这个活动会引导我们运用已知信息，不断突破，打破常规。 2. 价值澄清 希望大家做一个勇于挑战、敢于尝试、敢于担当的青少年，大胆创新，才能更接近成功，才能不负青春。 因为：奋斗的青春最美丽！	**一、组织** 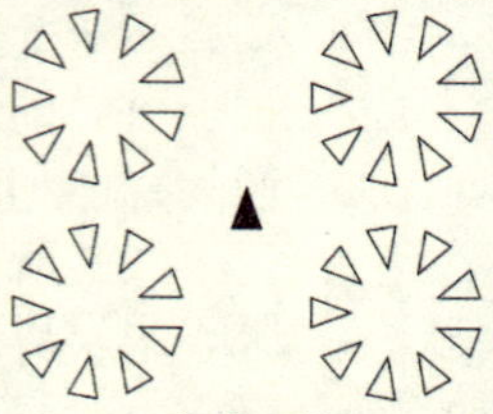 岛屿型 **二、教法** 1. 问题引导法 2. 代表分享法 3. 故事法

评价维度		评价要点	评价结果（描述或判断）
教学准备		1. 是否提前准备好雷区图、15米粗绳子、8米细绳子、矿泉水？	
		2. 是否提前布置好场地？	
教学过程		3. 是否在活动前做身体状况调查？	
		4. 在取水的过程中，组织是否有序？	
		5. 在讲解带领过程中，对自己的表情、肢体动作、语言表达等如何评价？	
		6. 在活动过程中，是否发挥教师作为引导者、观察者、分享者的角色功能？	
		7. 你是否能对学生的问题做及时有效的回应？	
		8. 在活动过程中，你在哪些方面给予了学生针对性指导？	
		9. 在活动过程中，是否有安全事故发生？	
教学效果		10. 你能否引导所有学生有效完成学习手册？	
		11. 学生是否能用超过六种以上的方法完成取水任务？	
		12. 学生的取水方法有没有超过你的想象？	
活动小结	优点		
	不足		
	改进		

智闯雷阵

适用年级：初中　　　　建议时长：90分钟

教学内容	课程目标	教学重点与难点
1. 组织学生体验破冰活动四个一行。 2. 组织学生体验活动智闯雷阵。 3. 组织学生对活动体验进行分享总结。	1. 通过体验穿越雷阵，进一步了解创新的定义和创新的方法。 2. 通过活动中学生的探讨，锻炼学生沟通和表达能力。 3. 通过活动体验，培养学生不服输的心态和勇于打破常规的素养。	1. 重点：活动线是体验安全穿越雷阵。教育线是培养学生遇到困难后大胆创新、敢于尝试、勇于突破、永不服输的精神。 2. 难点：如何引导学生大胆突破、敢于创新。

结构	教学内容	组织与教法
活动准备	**一、前期布置** 1. 场地：室内或室外平整开阔场地。 2. 器材：雷阵图、雷阵示意图。	**一、实景图** 
活动实施（70分钟）	一、课堂常规（5分钟） 1. 集合 2. 师生认识和问好。 老师：同学们好，我是××老师。奋斗的青春？ 学生：最美丽！	**一、组织** 1. 集合时队形 ▽▽▽▽▽▽▽▽▽ ▽▽▽▽▽▽▽▽▽ ▽▽▽▽▽▽▽▽▽ ▽▽▽▽▽▽▽▽▽ ▲ 讲授型

结构	教学内容	组织与教法
活动实施（70分钟）	**二、破冰活动——四个一行（10分钟）** 1. 活动导入 各位同学，我们做一个突破思维的小活动，三人一组，每组派一位代表来老师这里领取图片，并接受老师布置的任务，将任务带回到本组和同学一起完成挑战。 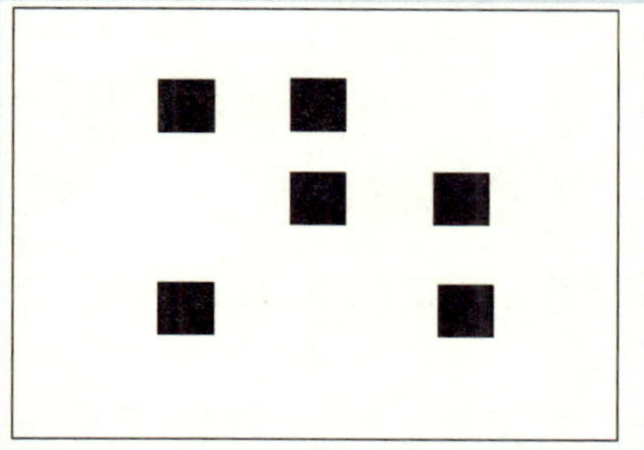 2. 活动规则 （1）每组代表来老师这里领取卡片，并记忆卡片摆放位置。 （2）代表回到本组，按照上图样式摆放出图形。 （3）各组摆放完毕之后，老师给出以下指令：移动两张纸片形成两行，使得每行有四张纸片。 （4）各小组之间禁止交流，并且注意保密本组的移动成果，成员只能在本组内讨论制作，不可以模仿其他小组的答案。 （5）5分钟制作时间。 （6）答案。 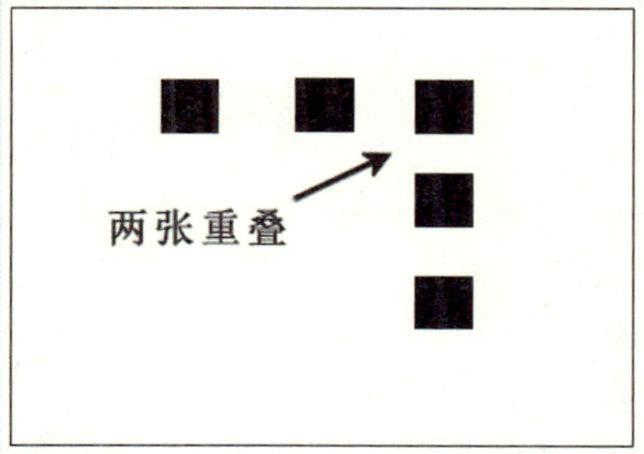 	2. 破冰活动时队形 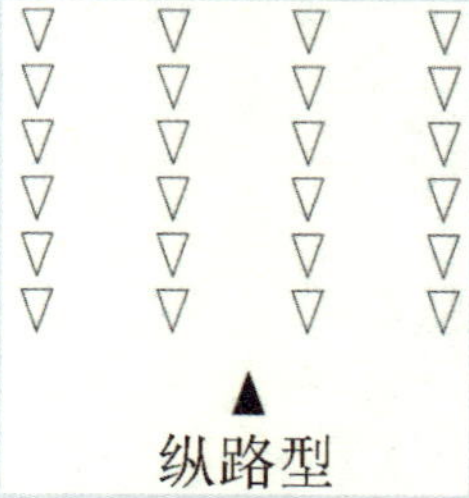

结构	教学内容	组织与教法
活动实施 （70分钟）	**三、活动讲解（15分钟）** 1. 活动导入 这个项目的名字叫作《智闯雷区》。提到“雷”，同学们首先想到的是什么呢？对，地雷。 地雷有一个非常显著的特点，如果不小心踩到，会发生一种现象——爆炸。如果我们运气好一点的话，可能会缺只胳膊少条腿，如果运气差一点的话，就会灰飞烟灭，一命呜呼了。 那么既然称之为“阵”，说明地雷多不多？对，明确告诉大家，整个雷阵图上面，有百分之五十以上的格子都有雷。 为了方便同学们更好地完成今天的挑战，我们进行一下角色转换：现在我们不再是一名学生了，而是一名优秀的特种兵，整支队伍就是一支优秀的作战小分队。我们刚刚在敌后打了一场大胜仗，准备返回大本营庆功。就在我们回去的途中，发现狡猾的敌人在我们回去的必经之路上，设置了这样一道障碍——雷阵。 我们必须在40分钟之内，在雷阵图上找出一条安全通道，才能顺利通过雷区。如果完不成，我们将会被敌人的追兵全部歼灭。 2. 活动目标 40分钟之内，全员在这个雷阵图上找出一条安全通道并能顺利通过。 3. 活动规则 （1）每次只能有一名同学进入雷区，进行安全路线的排查。 （2）每次只能由入口开始。 （3）每次只能踏入与其相邻的格子。 （4）每移动一步，若老师宣布	3. 活动讲解时队形 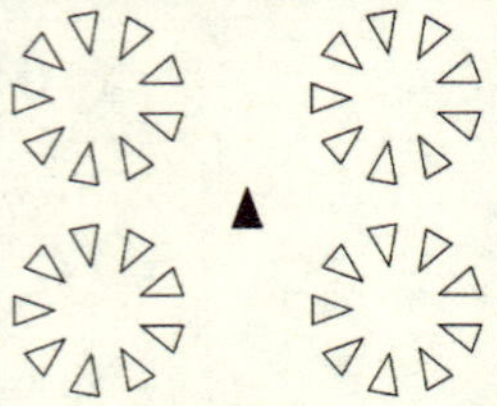 岛屿型 **二、教法** 情景导入法

结构	教学内容	组织与教法
活动实施（70分钟）	继续，则继续前进；若老师宣布有雷，则必须按原路返回。 （5）在同一个格子里的最长停留时间不能超过5秒钟。 （6）不允许出现“探雷”“骑雷”“跨雷”三种现象。 （7）任何同学不得在雷阵图上面做永久性的标记。 4. 注意事项 （1）确保地面平整，周围没有障碍物，以保证学生的安全。 （2）引导学生选出队长并留足讨论时间。 （3）鼓励学生大胆尝试，另辟新径，敢于创新。 **四、活动监控（40分钟）** 1. 安全监控 （1）时刻关注学生，如有奔跑行为要及时制止。 （2）时刻关注学生之间的冲突，如有过激情绪反应要及时引导化解。 2. 语言监控 （1）聆听大家讨论通过雷阵图方法的声音。 （2）聆听有没有同学提到尝试走红区，当有人提出时其他人的回应是什么。 （3）聆听行进遇到困境时大家对于活动的看法和感受。 3. 行为监控 （1）观察学生在挑战中是否善于利用资源。 （2）禁止学生互相争抢踏上雷阵图。 （3）观察小组成员的每一次违规行为并进行记录。	

结构	教学内容	组织与教法
活动总结 （20分钟）	**一、集合整队（1分钟）** **二、学生分享（14分钟）** 1. 回顾反思 （1）见到红区你会想到什么？在进入红区之前，我们停滞了多长时间？ （2）在什么情况下，我们开始尝试去走红区？为什么？红区对我们来说意味着什么？ （3）在挑战过程中，我们都遇到了哪些困难？都是如何解决的？ （4）如果在以后的生活和学习中，我们也遇到了类似的困境，这个活动会对我们有什么启发？ 2. 组织分享 **三、教师总结（5分钟）** 1. 分享整合 创新，是学习的生命力，它就像一盏明灯，在黑暗中放射万丈光芒，引导人们不断前进，走向成功之路。 看到红色我们会想到什么？更多的是禁止、不能触碰，生活里有很多这样的场景，比如红灯停、法律的红线等等。然而，今天如果我们不进入红区，我们的任务能完成吗？这说明了什么？当我们走不通的时候，要停下来改变线路、改变做法、敢于挑战。学习生活中是不是也是一样的？	**一、组织**  讲授型 **二、教法** 1. 问题引导法 2. 代表分享法 3. 归纳法、故事法

结构	教学内容	组织与教法
活动总结（20分钟）	在穿越的过程中有没有发现反复触雷的现象，怎么办呢？规则中有一条规则还记得吗，不得在雷阵图上面做永久性的标记，但是我们可以做什么样的记号？ 这是什么力量在阻止我们去创新和突破呢？ 给大家分享一个故事： 父子两住在山上，每天都要赶牛车下山卖柴。老父较有经验，坐镇驾车，山路崎岖，弯道特多，儿子眼神好，总是在要转弯时提醒道："爹，转弯啦！" 有一次父亲因病没有下山，儿子一人驾车。到了弯道，牛怎么也不肯转弯，儿子用尽各种方法，下车又推又拉，用青草诱之，牛一动不动。到底是怎么回事？儿子百思不得其解。 最后只有一个办法了，他左右看看无人，贴近牛的耳朵大声叫道："爹，转弯啦！"牛终于听话地转弯了。 动物还如此，何况人能，所以突破思维定式是多么的难，但是一旦突破就会有新的发现。 2. 价值澄清 希望大家拥有不服输的心态和勇于打破常规的创新意识，不负青春。 因为：奋斗的青春最美丽！	

评价维度		评价要点	评价结果（描述或判断）
教学准备		1. 是否提前准备好雷阵图、雷阵示意图？	
		2. 是否提前布置好场地？	
教学过程		3. 在雷阵活动的过程中，组织是否有序？	
		4. 在讲解带领过程中，对自己的表情、肢体动作、语言表达等如何评价？	
		5. 在活动过程中，是否发挥教师作为引导者、观察者、分享者的角色功能？	
		6. 你是否能对学生的问题做及时有效的回应？	
		7. 在活动过程中，你在哪些方面给予了学生针对性指导？	
		8. 在活动过程中，是否有安全事故发生？	
教学效果		9. 你能否引导所有学生有效完成学习手册？	
		10. 学生是否突破了红区？	
		11. 学生是否突破规则中“不做永久性记号”？	
活动小结	优点		
	不足		
	改进		

数字对对碰

适用年级：初中　　　　建议时长：90分钟

教学内容	课程目标	教学重点与难点
1. 组织学生体验破冰活动火眼金睛。 2. 组织学生体验活动数字对对碰。 3. 组织学生对活动体验进行分享总结。	1. 通过活动体验，增强学生对创新的理解和认知。 2. 通过学生在体验过程中不断反馈信息，锻炼学生的沟通能力和表达能力。 3. 通过学生体验活动，培养学生应变意识和创新意识。	1. 重点：活动线是分组体验翻牌竞赛。教育线是培养学生应变意识和创新意识。 2. 难点：如何让学生灵活运用不同的方法，解决不同的问题。

结构	教学内容	组织与教法
活动准备	**一、前期布置** 1. 场地：室内或室外的平整开阔场地。 2. 器材：大型扑克牌。	**一、实景图** 
活动实施（70分钟）	**一、课堂常规（5分钟）** 1. 集合分组 分成两组。 2. 师生认识和问好 老师：同学们好，我是××老师。奋斗的青春？ 学生：最美丽！	**一、组织** 1. 集合时队形 ▽▽▽▽▽▽▽▽▽ ▽▽▽▽▽▽▽▽▽ ▽▽▽▽▽▽▽▽▽ ▽▽▽▽▽▽▽▽▽ ▲ 讲授型

结构	教学内容	组织与教法
活动实施 （70分钟）	**二、破冰活动——火眼金睛（10分钟）** 1. 活动导入 大家看看你身边的同学，他今天跟昨天有什么变化？他的穿着打扮有什么不同？他的精神状态有什么不一样呢？我们每个人每天都会有所改变，你能否发现这些变化呢？接下来我们通过一个活动来考验一下你能否发现身边同学的种种变化。 这个过程中会有很多的障碍影响到我们的判断，这需要我们练就一双火眼金睛，去发现真相，看到变化。 2. 活动规则 （1）两人一组，面对面站立，相隔1米。一位是A，一位是B，请两个人分配角色。 （2）请A好好地观察一下B，时间一分钟，因为接下来B会做出一些改变，A要去发现这些变化。 （3）请A向后转，同时闭上眼睛，给B一分钟做出改变，比如解开一粒扣子，拉开一点拉链，松开一根鞋带等。 （4）请A转身，给A一分钟的时间，告诉B他发现了哪些改变。(最后集中采访各组:有哪些变化没有被发现?) （5）AB互换角色再来一轮。 3. 注意事项 （1）提醒学生可以多做细小的变化。 （2）提醒被观察者,准备好后就不要再动了,因为肢体、表情也是一种改变。 **三、活动讲解（15分钟）** 1. 活动导入 你见过扑克牌吗？见过这么大的扑克牌吗？一副扑克牌有几种花色？总共有几张？两幅扑克牌混在一起，就会有相同的扑克，这次我们找到相同的扑克作为一对，所以我们活动名称叫作“数字对对碰”。	2. 破冰活组织形式  并列型 3. 活动讲解时队形 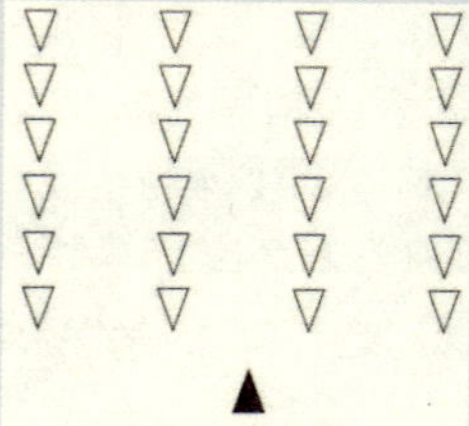 纵路型 **二、教法** 直接导入法

结构	教学内容	组织与教法
活动实施（70分钟）	2. 活动目标 经过三轮比赛，在规定时间内，按照要求拿走扑克数量最多的小组为获胜组。 3. 活动规则 （1）两个小组同时进入场地进行挑战。 （2）每个小组每次只能派一名同学进入场地。 （3）每名同学最多可以翻开两张扑克牌。 （4）如果两张扑克牌的牌面和花色完全一样，就可以将牌拿走；如果牌面和花色不一样，则需将牌重新扣在原位。 （5）挑战者返回到起点线时，需和队友进行击掌接力，下一名同学才可以出发。 （6）第一、二轮，规则一样，只是牌型摆放不同。第三轮，一旦一人拿错，本小组重新开始。 4. 注意事项 （1）做好学生健康调查。 （2）起点线和终点距离5~10米。 （3）分组时应注意男女搭配，人数应相当。 （4）确保地面平整，周围没有障碍物，以保证学生的安全。 （5）每一轮每张牌的摆放位置及整体形状要发生变化。建议从易到难。 **四、活动监控（40分钟）** 1. 安全监控 （1）禁止学生奔跑过快。 （2）击掌时控制速度防止撞到一起。 2. 语言监控 （1）聆听各组过程中的讨论。 （2）聆听组长和操作者的沟通。 3. 行为监控 （1）观察组长如何组织队员。 （2）观察各组的操作方法有什么不同。	

结构	教学内容	组织与教法
活动总结 （20分钟）	**一、集合整队（1分钟）**	**一、组织** 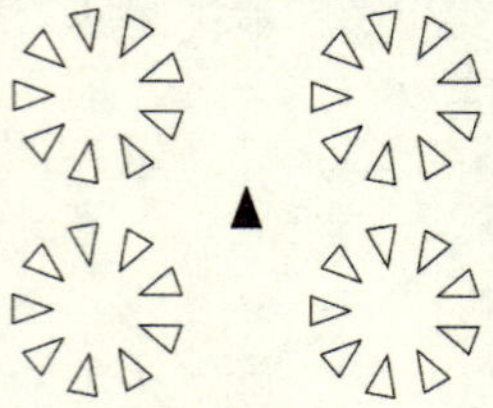 岛屿型
	二、学生分享（14分钟） 1. 回顾反思 （1）哪一个小组取得了最终的胜利？ （2）你们小组用了什么方法？它的好处是什么？ （3）其他组的方法有什么不同？有什么值得我们借鉴的地方？ （4）你们还有更好的做法吗？ （5）三轮挑战什么发生了改变？我们有什么新的改变？ 2. 组织分享	**二、教法** 1. 问题引导法 2. 代表分享法
	三、教师总结（5分钟） 1. 分享整合 各位同学我们发现每一轮都会有变化发生，牌型会发生变化，规则会发生变化，队员会发生变化，那么我们又改变了什么？用旧的方法只会得到旧的结果，要想有新的结果就需要有新的方法。最后一轮，一人出错本组要重新开始，发现本轮最难得分，如果要想得分怎么办？重新开始摆牌怎么摆比较好呢？敢于去改变，从突破定势思维开始。 2. 价值澄清 希望大家都能成为突破思维定势，大胆尝试的少年，不负青春。 因为：奋斗的青春最美丽！	3. 归纳法

评价维度		评价要点	评价结果（描述或判断）
教学准备		1. 是否提前准备好大型扑克牌？	
		2. 是否提前布置好场地？	
教学过程		3. 在数字对对碰活动中，组织是否有序？	
		4. 在讲解带领过程中，对自己的表情、肢体动作、语言表达等如何评价？	
		5. 在活动过程中，是否发挥教师作为引导者、观察者、分享者的角色功能？	
		6. 你是否能对学生的问题做及时有效的回应？	
		7. 在活动过程中，你在哪些方面给予了学生针对性指导？	
		8. 在活动过程中，是否有安全事故发生？	
教学效果		9. 你能否引导所有学生有效完成学习手册？	
		10. 在三轮比赛中，学生是否能使用不同的方法顺利完成挑战？	
		11. 规则发生变化了，学生的方法是否改变？	
活动小结	优点		
	不足		
	改进		

3

第三单元

合作

HEZUO

中小学实践教育
教学研究

ZHONGXIAOXUE
SHIJIANJIAOYU JIAOXUEYANJIU

魅力孔雀

适用年级：初中　　　　建议时长：90分钟

教学内容	课程目标	教学重点与难点
1. 组织学生了解毛条的特性，学习固定毛条的方法。 2. 组织学生体验毛条孔雀的制作活动。 3. 组织学生对活动体验进行分享总结。	1. 通过老师讲解、示范，学生练习，掌握捏、折、卷、缠等多种手工制作基本表现方法和技巧。 2. 通过亲手制作孔雀，锻炼学生动手实践能力、创新创造能力与逻辑思维能力。 3. 通过小组完成任务，培养学生的团队合作意识。	1. 重点：活动线是学习毛条特性和固定方法，制作毛条孔雀。教育线是让学生在活动中体会到团结合作的重要性。 2. 难点：让学生掌握多种手工制作基本表现方法和小组成员之间的互相配合。

结构	教学内容	组织与教法
活动准备	**一、前期布置** 1. 场地：毛条手工馆。 2. 器材：剪刀、彩色毛条、课件、观摩作品。	**一、实景图** 
活动实施（70分钟）	**一、课堂常规（5分钟）** 1. 集合分组 6～8人一组。 2. 师生认识和问好 老师：同学们好，我是××老师。奋斗的青春？ 学生：最美丽！	**一、组织** 

结构	教学内容	组织与教法
活动实施（70分钟）	**二、活动环节** （一）制作毛条孔雀活动导入（5分钟） 同学们，我们从小到大都有自己心爱的枕边小玩偶吧？那接下来我们就讨论讨论自己喜欢的玩偶是什么？都是用什么材质做的？为什么深得我们喜爱？ 有没有哪位同学给大家分享一下自己的玩偶呢？ 今天我们一起用毛条来制作一只魅力孔雀。 （二）认识毛条（5分钟） 接下来我们首先要认识毛条。“毛条”又称扭扭棒，是由两个铁丝和绒毛组成的。外形看起来非常的柔软，当你随意扭曲它时，它能够保持扭动后的样子而且不会轻易还原，是非常好的手工制作材料。 （三）毛条的固定（10分钟） 由老师展示一根毛条的固定方法和两根毛条的固定方法，并且让学生动手练习，由小组长检查。 （四）了解孔雀（10分钟） 观看孔雀相关的图片： 1. 了解孔雀的身体构造（头、脖子、身体、羽毛、尾巴）。 2. 了解孔雀的身体及羽毛的颜色构成。 （五）合作完成孔雀（35分钟） 1. 讲解羽毛的制作方法，学生制作第一根羽毛，不会的同学互相帮忙。 2. 给同学们5分钟时间完成第二根羽毛，提醒过程中要注意互相配合。 3. 做得快的同学继续制作羽毛，	**二、教法** 1. 问题导入法 2. 讲授法 3. 讲授法 4. 图片法 5. 讲授法 

结构	教学内容	组织与教法
活动实施 （70分钟）	小组总共完成20根羽毛。 4. 把所有的羽毛收集起来，带领大家做出孔雀的身体和尾巴。 5. 讲解孔雀头部的制作方法。 6. 最后做简要调整，展示作品。 **三、注意事项** 1. 先展示实物更便于学生观察、学习。 2. 过程中通过讲解，教给学生多种制作方法。 3. 关注学生在活动时，不能随意的跑动。 **四、活动监控** 1. 安全监控 （1）关注学生在使用剪刀时的方法，避免伤到自己或者伤到其他学生。 （2）关注学生在使用“毛条”时有没有玩耍的情况，避免伤到学生。 2. 语言监控 （1）聆听小组互相讨论的声音。 （2）聆听小组成员如何相互分工。 3. 行为监控 （1）观察小组成员通过什么方法解决问题。 （2）观察学生的相互配合情况。	
活动总结 （20分钟）	**一、集合整队（1分钟）** **二、学生分享（14分钟）** 1. 回顾反思 （1）本节课同学们一起完成了什么样的任务？	**一、组织形式** 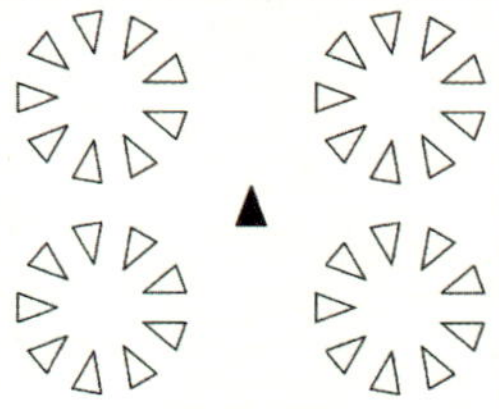 岛屿型 **二、教法** 1. 问题引导法

结构	教学内容	组织与教法
活动总结（20分钟）	（2）在活动过程中哪个制作环节让你记忆犹新？并说说为什么？ （3）制作孔雀的活动中，你最大的收获是什么？ （4）你们小组是怎么分工合作的？ 2. 组织分享 **三、教师总结（5分钟）** 1. 分享整合 毛条在我们生活中很常见到，它颜色多样，可以随意弯折成不同的形状并且不会轻易恢复成原来的样子，根据毛条的这一特性，我们可以用它来做一些工艺品和装饰品，比如动物、植物或者一些首饰，这些作品可以用来装点我们的教室和家。此外，我们平常多做一些手工制作不仅能够提升自身的动手能力和创新能力，还会在制作的过程中收获很多快乐。 这节课我们完成了魅力孔雀，那么在这节课中我看到每位同学都在很用心地完成任务，但是在这么短的时间内，仅仅靠自己的力量就能完成一个孔雀吗？显然是不能的。这个任务需要小组成员之间相互配合、相互合作才能够完成。如果在过程中小组成员之间产生了分歧，那么我们就要停下来用心沟通，统一整合大家的意见，才能继续做任务。当然在过程中也会有一些同学在制作方面有不完善的地方，这也需要同学们互相帮助、团结一致，才能更好地完成任务。 2. 价值澄清 希望大家能做优秀的自己，同时能懂得与团队精诚合作。不负自己，不负青春。 因为：奋斗的青春最美丽！	2. 组内分享和代表分享法 3. 讲授法

评价维度	评价要点	评价结果（描述或判断）
教学准备	1. 是否提前准备好视频播放设施？	
	2. 是否提前准备好剪刀、彩色毛条、观摩作品？	
教学过程	3. 在魅力孔雀活动的过程中，组织是否有序？	
	4. 在讲解带领过程中，对自己的表情、肢体动作、语言表达等如何评价？	
	5. 在活动过程中，是否发挥教师作为引导者、观察者、分享者的角色功能？	
	6. 你是否能对学生的问题做及时有效的回应？	
	7. 在活动过程中，你在哪些方面给予了学生针对性指导？	
	8. 在活动过程中，是否有安全事故发生？	
教学效果	9. 你能否引导所有学生有效完成学习手册？	
	10. 是否所有小组都能通过分工合作完成孔雀的制作？	
	11. 在分享时，是否能针对团队合作发表自己的看法？	
活动小结	优点	
	不足	
	改进	

奇妙世界

适用年级：初中　　　　建议时长：90分钟

教学内容	课程目标	教学重点与难点
1. 组织学生对场馆整体进行了解。 2. 组织学生了解“天籁之声”的原理。 3. 组织学生体验“神奇的力”。 4. 组织学生对活动体验进行分享总结。	1. 通过声学、力学、生物学知识的学习，巩固学科知识。 2. 通过科技馆的体验，培养学生自主探究和团队协作的能力。 3. 通过对光电的互动学习，在实践中感受成功的喜悦，培养学生之间的团队合作意识。	1. 重点：活动线是体验和探索声、生物、力的相关活动。教育线是通过在课堂中的探索学习，培养学生之间合作解决问题的能力。 2. 难点：通过体验声学、力学、生物学的知识展品，让学生合作完成课堂任务，感悟生活中科学的力量。

结构	教学内容	组织与教法
活动准备	**一、前期布置** 1. 场地：科技体验场馆。 2. 器材：图片、展品、道具。	**一、实景图** 
活动实施（70分钟）	**一、课堂常规（5分钟）** 1. 集合分组 6～8人一组。 2. 师生认识和问好 老师：同学们好，我是××老师。奋斗的青春？ 学生：最美丽！	

结构	教学内容	组织与教法
活动实施（70分钟）	**二、活动环节** （一）课程导入（5分钟） 科学体验馆结合我们的数学、物理、化学、生物及电脑三维制作5大主题，共分为8个展区。今天老师将带领大家着重学习“天籁之声”“神奇的力”“生命与科学”三个展区。希望通过今天的学习和体验能够激发同学们以后学习科学知识的兴趣，大家对自己有没有信心？ （二）天籁之声——无弦竖琴（20分钟） 1. 设疑 大家都喜欢听音乐吗？那我来考考大家，有没有同学认识这个乐器？此展品与印象中的乐器有什么区别？ 2. 体验 请两位同学来演奏一下，共同谱写一曲美妙的乐章。结合自身体验，思考为什么会出现此现象？ 3. 剖析 红外线是太阳光线众多不可见光线中的一种，由德国科学家霍胥尔于1800年发现，又称为红外热辐射。太阳光谱中，红光的外侧必定存在看不见的光线，这就是红外线。 问题：小组讨论，生活中还有哪些物品运用到这种原理？ （防盗报警，商场进口感应门等） （三）神奇的力——螺旋飞车（20分钟） 1. 体验 请两位同学来体验螺旋飞车，一位同学扮演安全员，负责安全事项的讲解以及行为监督。另一位同学完成体验环节，其他学生观看。体验者谈谈感受或观看者谈谈自己的想法。 2. 分享 通过游戏的方式，让学生亲身感受反作用力，思考反作用力的原理。	

<table>
<tr><th>结构</th><th>教学内容</th><th>组织与教法</th></tr>
<tr><td>活动实施
（70分钟）</td><td>3. 教师讲解反作用力的原理
问题：生活中有哪些属于反作用力的例子？
那我们来练习一下，在拉弓射箭时，手的拉力是作用力，弓的弹力是反作用力。把手松开后，弓的弹力就变成了作用力，而箭的惯性阻力又成了反作用力。
（四）生命与科学——保持平衡（20分钟）
1. 体验
请两位同学来参与活动，配合者缓慢推动条形木板，体验者保持单脚站立，双臂展开，从黑白条纹中选择一个条纹（黑色或白色），条纹移动，眼睛盯着选中的条纹移动。
2. 仔细观察
体验者结合自身体验，出现了什么现象？配合者在推动木板的过程中需要注意什么？
3. 谈感受
观察者观察后，说说自己的感受？
问题：学生们在体验过程中思考保持人体平衡的因素有哪些？
三、注意事项
1. 通过直观性感知，使学生更容易接受。
2. 体验过程中关注学生小组合作的行为方式。
3. 关注兴趣差的学生，并且给予赏识性教育。
四、活动监控
1. 安全监控
（1）在课程讲解中，不得大声喧哗，不准触碰任何展品的电源插座。
（2）在场馆活动中，要以小组为单位，小组长起带头作用，组员不得随意窜组，发现问题及时报告。
2. 语言监控
（1）聆听小组在体验过程中互相讨论的语言。</td><td></td></tr>
</table>

结构	教学内容	组织与教法
活动实施 （70分钟）	（2）聆听小组成员讨论过程中的疑惑。 3. 行为监控 （1）观察小组长如何组织秩序。 （2）观察学生通过什么方法解决问题。	
活动总结 （20分钟）	**一、集合整队（1分钟）** **二、学生分享（14分钟）** 1. 回顾反思 （1）你最感兴趣的是哪个环节？ （2）在任务完成的过程中哪个环节出现了困惑？ （3）在活动体验中你认为谁配合得比较好？ （4）我们今天学习并巩固了哪方面的知识？ （5）科技给我们生活带来了哪些便捷？请举例说明。 2. 组织分享 **三、教师总结（5分钟）** 1. 分享整合 在日新月异的时代变革中，科学技术始终占有一席之地，学习这些日常生活中的科技应用，明白这些物品的原理之后，能让同学们走进科学的世界，感受科学的魅力，同时体验到科技的进步离不开许多人的共同努力，合作奋进也是一项重要的品质。 而大千世界的科学发展更是离不开全人类的合作创新，我们要在新时代的进程中，具备团队意识、服务意识，与人合作，共同进步。 2. 价值澄清 希望大家都能让自己成为更优秀的时代少年，不负青春。 因为：奋斗的青春最美丽！	**一、组织形式** 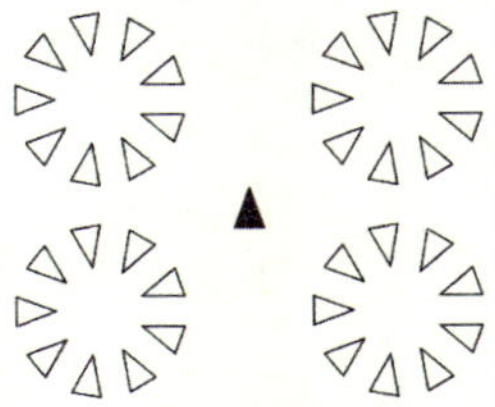 岛屿型 **二、教法** 1. 问题引导法 2. 组内分享和代表分享法 3. 归纳法

<table>
<tr><th colspan="2">评价维度</th><th>评价要点</th><th>评价结果（描述或判断）</th></tr>
<tr><td colspan="2" rowspan="2">教学准备</td><td>1. 是否提前检查好场馆的设备设施？</td><td></td></tr>
<tr><td>2. 是否提前准备好活动体验所用到的图片、展品、道具？</td><td></td></tr>
<tr><td colspan="2" rowspan="6">教学过程</td><td>3. 在活动体验的过程中，组织是否有序？</td><td></td></tr>
<tr><td>4. 在讲解带领过程中，对自己的表情、肢体动作、语言表达等如何评价？</td><td></td></tr>
<tr><td>5. 在活动过程中，是否发挥教师作为引导者、观察者、分享者的角色功能？</td><td></td></tr>
<tr><td>6. 你是否能对学生的问题做及时有效的回应？</td><td></td></tr>
<tr><td>7. 在活动过程中，你在哪些方面给予了学生针对性指导？</td><td></td></tr>
<tr><td>8. 在活动过程中，是否有安全事故发生？</td><td></td></tr>
<tr><td colspan="2" rowspan="3">教学效果</td><td>9. 你能否引导所有学生有效完成学习手册？</td><td></td></tr>
<tr><td>10. 你是否通过课程锻炼了学生的自主探究能力？</td><td></td></tr>
<tr><td>11. 你是否通过课程增强了学生的团队合作意识？</td><td></td></tr>
<tr><td rowspan="3">活动小结</td><td>优点</td><td colspan="2"></td></tr>
<tr><td>不足</td><td colspan="2"></td></tr>
<tr><td>改进</td><td colspan="2"></td></tr>
</table>

巨人脚步

适用年级：初中　　　　建议时长：90分钟

教学内容	课程目标	教学重点与难点
1. 组织学生体验破冰活动集体猜拳。 2. 组织学生体验巨人脚步活动。 3. 组织学生对巨人脚步的活动体验进行分享总结。	1. 通过体验活动，了解绑腿带的正确使用方法和安全前进的方法。 2. 通过体验活动，锻炼学生团队合作能力和肢体协调能力。 3. 通过体验活动，培养学生敢于面对、勇于挑战的心态和互帮互助的团队意识。	1. 重点：活动线是让学生体验如何整齐一致地前进。教育线是培养学生互相协作、克服困难、不服输的精神。 2. 难点：学生步调一致的协调能力。

结构	教学内容	组织与教法
活动准备	**一、前期布置** 1. 场地：户外训练场地。 2. 器材：绑腿带。	**一、实景图** 
活动实施（70分钟）	**一、课堂常规（5分钟）** 1. 集合分组 分成4组。 2. 师生认识和问好 老师：同学们好，我是××老师。奋斗的青春？ 学生：最美丽！	**一、组织** 1. 集合时队形 

结构	教学内容	组织与教法
活动实施 （70分钟）	**二、破冰活动——集体猜拳（10分钟）** 1. 活动导入 同学们，大家会玩石头剪刀布吗？玩过集体石头剪刀布吗？这个活动挑战是，我们如何通过肢体语言的沟通达成团队的默契，并赢得比赛的胜利。我们活动的叫作默契猜拳。 2. 活动规则 （1）两队站成面对面的两排进行比赛，相距两米左右。 （2）队长站在第一位，所有人把左手放在左边同学的背后，右手放在前面，大家并肩靠拢站成一排。 （3）活动开始以后，队长想好要出的拳，并通过放在背后的手依次传递信息，让所有队员都知道自己要出的拳，不允许有任何的语言交流。 （4）当老师喊“石头剪刀布”的口令时，大家一起用右手出拳。 （5）要求全队人员所出要完全一样，如有不同，本队为输；如果相同，则根据猜拳规则决定胜负。 3. 注意事项 （1）强调不能说话，只能通过肢体进行交流。 （2）给大家一次尝试的机会，然后进行多轮的PK。 （3）可以不设定队长角色，让大家体验领导者是如何产生的。 **三、活动讲解（15分钟）** 1. 活动导入 同学们，从现在开始，你们将摇身一变，变成一名英勇的解放军战士，你们刚刚阻击了敌人进攻，为后续部队转移争取了时间，现在你们需要立刻撤退，但是你和同伴在战斗中都有不同程度的伤，每个人都不能独立地行动，必须排成一排将你们相邻的双脚绑在一	2. 破冰活动时队形  并列型 3. 活动讲解时队形 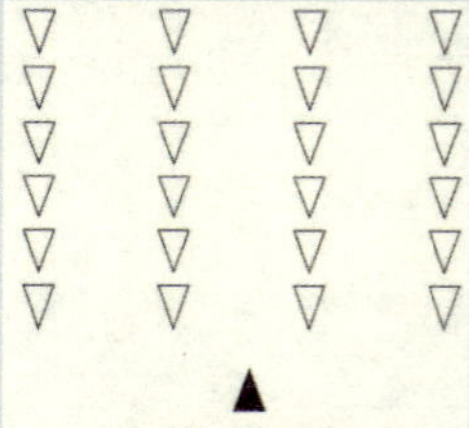 纵路型 **二、教法** 情景导入法

结构	教学内容	组织与教法
活动实施（70分钟）	起，这样才能保证全班人员没有一人掉队，你们的行动速度必须要快，否则有全体阵亡的危险，30分钟后，敌人将会赶到此处。现在准备行动吧！ 2. 活动目标 接下来在挑战时，以组为单位，横排向前前进，在绑腿带不断开的情况下，从起点到终点，再从终点返回起点，用时最少的队伍获胜。 3. 活动规则 （1）从起点到终点，等本组所有的成员过了终点才允许转弯。 （2）绑腿带绑到脚踝处，不允许断开和脱落，断开或脱落后在原地绑好后再走。 （3）活动过程中只可以走不可以跑。 （4）所有同学的脚必须与地面接触，不允许将同学凌空提起。 4. 注意事项 （1）提前做身体调查，近期手术、身体不适或有隐性疾病的学生不能参加。 （2）需要提前取下身体上尖锐和容易掉落的物品，并统一摆放。 （3）此活动考验学生的默契程度，设计起点和终点需要注意距离。起点线与终点线距离不少于25米。 （4）如果学生在行进过程中感觉要摔倒，让他们迅速蹲下，确保人员安全。 **四、活动监控（40分钟）** 1. 安全监控 （1）禁止学生手臂搭在旁边同学的肩膀上，如果发现及时提醒和制止。 （2）禁止步调不一致时的拖拉行为，如果发现及时提醒和制止。 2. 语言监控 （1）聆听大家讨论如何进行分工。 （2）聆听大家前进时的口号约定。 3. 行为监控 （1）观察小组成员如何安排站位。 （2）观察小组成员如何进行转弯，	

结构	教学内容	组织与教法
活动实施 （70分钟）	以及发现有同学步调不一致时如何处理。	
活动总结 （20分钟）	**一、集合整队（1分钟）** **二、学生分享（14分钟）** 1. 回顾反思 （1）你们小组在行走时有没有口号，是什么口号，是一个人喊还是大家一起喊，效果如何？ （2）小组在练习时有没有练习转弯的动作，转弯时遇到什么障碍？如何解决的？ （3）刚开始时你们的队伍不整齐，后面怎么调整得整齐了？ （4）大家在比赛时和练习时的状态有什么不同？ （5）在团队中我们如何和身边的同学合作才能使我们团队更优秀？ 2. 组织分享 **三、教师总结（5分钟）** 1. 分享整合 一个人可以走得很快，一个团队可以走得很远。当一个人融入一个团队的时候，决定这个团队前进速度的关键是什么？大家经过体验可能已经得出了答案。一个团队能否走得更快，取决于这个团队成员配合的默契程度，如果每一个人都能做到高度的配合，那么这个团队就能前进得很快。相反，只要有一名或者几名成员不配合，那么整个团队就会被拖着走不动，无法顺利前行。 2. 价值澄清 希望大家拥有团结协作、克服困难、不服输的品质，我们要做一个懂得配合、善于合作的少年，不负青春。 因为：奋斗的青春最美丽！	**一、组织形式** 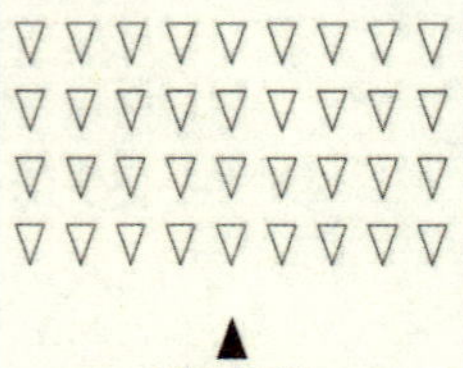 讲授型 **二、教法** 1. 问题引导法 2. 小组内部分享和代表分享法 3. 归纳法

评价维度	评价要点	评价结果（描述或判断）
教学准备	1. 是否提前准备好绑腿带？	
	2. 是否提前布置好场地？	
教学过程	3. 是否在活动前做身体状况调查？	
	4. 在活动体验的过程中，组织是否有序？	
	5. 在讲解带领过程中，对自己的表情、肢体动作、语言表达等如何评价？	
	6. 在活动过程中，是否发挥教师作为引导者、观察者、分享者的角色功能？	
	7. 你是否能对学生的问题做及时有效的回应？	
	8. 在活动过程中，你在哪些方面给予了学生针对性指导？	
	9. 在活动过程中，是否有安全事故发生？	
教学效果	10. 你能否引导所有学生有效完成学习手册？	
	11. 每个学生是否主动配合本组进行挑战？	
	12. 每组是否能顺利完成挑战？	
活动小结	优点	
	不足	
	改进	

团队节拍

适用年级：初中　　　　建议时长：90分钟

教学内容	课程目标	教学重点与难点
1. 介绍华彩乐章与行列式活动。 2. 组织学生体验行列式与华彩乐章活动。 3. 组织学生对活动体验进行分享总结。	1. 通过挑战华彩乐章和行列式活动，掌握活动规则和要求，学习基本的节奏节拍。 2. 通过挑战活动，锻炼学生的手脑协调能力和创新能力。 3. 通过体验活动，培养学生解决问题的意识、团队合作的意识。	1. 重点：活动线是依据活动规则完成华彩乐章和行列式活动。教育线是培养学生的团队合作意识。 2. 难点：引导学生能统一协调动作完成挑战。

结构	教学内容	组织与教法
活动准备	**一、前期布置** 1. 场地：空旷的场地。 2. 器材：视频、音乐资料。	**一、实景图** 
活动实施 （70分钟）	**一、课堂常规（5分钟）** 1. 集合分组 分成4组。 2. 师生认识和问好 老师：同学们好，我是××老师。奋斗的青春？ 学生：最美丽！	**一、组织** 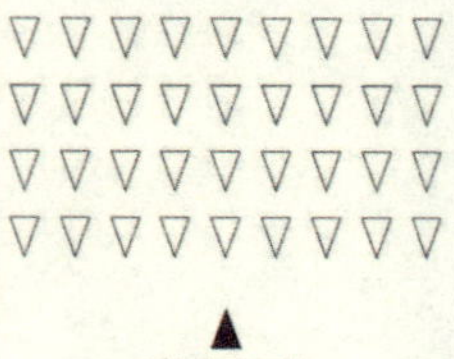 讲授型

<table>
<tr><th>结构</th><th>教学内容</th><th>组织与教法</th></tr>
<tr>
<td>活动实施
（70分钟）</td>
<td>
二、活动环节

（一）活动导入（5分钟）

同学们，相信大家在平时都听过很多美妙的音乐，欣赏过优美的舞蹈。接触过乐器的同学们还可以用乐器演奏出动听的旋律，学过舞蹈的同学可以跳出优美的舞姿。如果在没有乐器的情况下，同学们还能不能演奏出美妙的音乐，跳出优美的舞蹈呢？现在我们来欣赏一段视频。

（二）热身开场活动行列式（30分钟）

1. 通过变换队形和舞蹈动作进行热身破冰。
2. 将学生平均分为四组，老师带领学生根据音乐不断变换队形，做出拍手、拉手、踢腿等动作。队形由1变2，2变4，4变8，所有人围成圆圈开始变换队形，如实心圆、过桥、棒棒糖、DNA（队形变换中做出拍手或振臂等动作）等。
3. 学生们推选出一名同学来带领同学们再次挑战行列式任务。

（三）挑战华彩乐章（30分钟）

1. 分组练习
把整个团队按人数平均分成4个方阵，每个方阵代表一个声部，老师带领学生通过拍手练习“魅力音符、动感音符、动感节拍、经典合奏”四个环节的节拍。接下来学生自由练习节拍，把不同的声部演绎成一篇完美的华彩乐章。
2. 再次挑战
老师带领同学们再次挑战华彩乐章。在活动过程中，整个现场将由嘈杂、不协调开始，通过同学之间组与组之间的反复磨合，直到响起声势磅
</td>
<td>
二、教法

1. 视频导入法

2. 讲授法
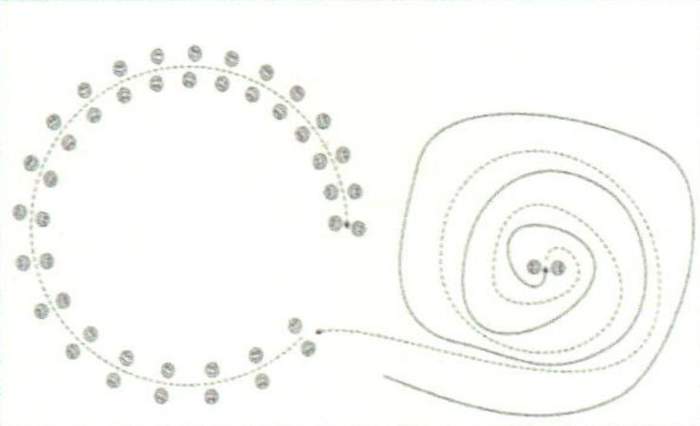
3. 体验法
<table>
<tr><th></th><th>1</th><th>2</th><th>3</th><th>4</th><th>|</th><th>5</th><th>6</th><th>7</th><th>8</th></tr>
<tr><td>一、</td><td>X</td><td>X</td><td>X</td><td>X</td><td>|</td><td>X</td><td>X</td><td>X</td><td>X</td></tr>
<tr><td>二、</td><td>XX</td><td>X</td><td>XX</td><td>X</td><td>|</td><td>XX</td><td>XX</td><td>XX</td><td>X</td></tr>
<tr><td>三、</td><td>X</td><td>XX</td><td>X</td><td>XX</td><td>|</td><td>X</td><td>XX</td><td>X</td><td>XX</td></tr>
<tr><td>四、</td><td>X</td><td>XX</td><td>X</td><td>XX</td><td>|</td><td>X</td><td>XX</td><td>XX</td><td>X</td></tr>
</table>
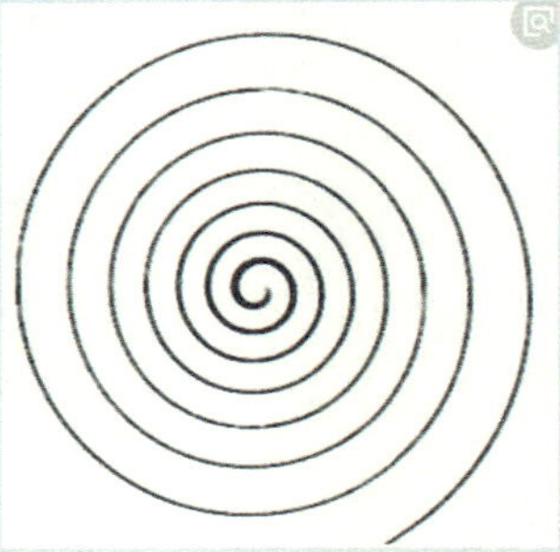
</td>
</tr>
</table>

结构	教学内容	组织与教法
活动实施 （70分钟）	礴、整齐划一的乐章，使同学们惊讶于团队的潜力，感受回味无穷。 **三、注意事项** 1. 讲清楚活动规则，多鼓励、多练习。 2. 活动过程中引导学生注重团队合作。 3. 禁止随意离开活动场地。活动过程中禁止追逐打闹，大声喧哗。 **四、活动监控** 1. 安全监控 （1）在行列式活动中发现有学生拥挤要及时把队伍带开。 （2）在行列式活动中如果发现有学生奔跑，马上引导前面的学生停下来或者减缓行进速度。 2. 语言监控 （1）聆听华彩乐章活动中学生对于节奏的讨论以及有分歧时是如何沟通的。 （2）聆听行列式活动中大家彼此互动的语言。 3. 行为监控 （1）观察学生在行列式中的动作。 （2）观察学生华彩乐章中的动作。	
活动总结 （20分钟）	**一、集合整队（1分钟）** **二、学生分享（10分钟）** 1. 回顾反思 （1）体验行列式的时候你的身心发生了什么变化？	**一、组织形式** 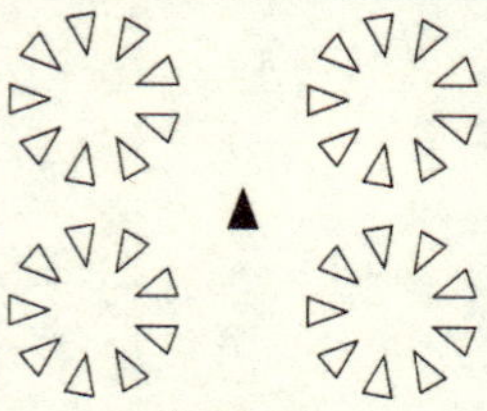 岛屿型 **二、教法** 1. 问题引导法

结构	教学内容	组织与教法
活动总结（20分钟）	（2）华彩乐章开始和最后的节奏一样吗？为何越配合越和谐？我们是如何做到的？ （3）你认为一个和谐优秀的团队应该具备哪些特点？ （4）大家从这个活动中有什么启发？与自己的学习和生活有哪些结合？ 2. 组织分享 **三、教师总结（9分钟）** 1. 分享整合 这节课我们挑战了行列式与华彩乐章的活动，掌握了活动的基本规则和要求，这两项活动都需要我们相互配合、相互合作才能挑战成功。在挑战过程中我们会遇到各种各样的问题，比如在演奏华彩乐章的过程中由于小组内成员不够默契，可能会导致演奏出的节拍不和谐，但是经过大家的反复练习，慢慢的有一定默契后就可以演奏出节奏起伏有序、声音高低和谐的乐章。在行列式活动中出现队形散乱的情况，也需要我们互相配合才能很流畅地完成挑战。在这项活动中我们不仅要做好自己的工作，更要相互配合、互相合作才能完成挑战。 2. 价值澄清 希望大家能记住这一刻，让梦想不再是梦想，让青春不再平淡，不负自己，不负青春。 因为：奋斗的青春最美丽！	2. 组内分享和代表分享法 3. 归纳法

评价维度		评价要点	评价结果（描述或判断）
教学准备		1. 是否提前检查好活动场地周围有无杂物？	
		2. 是否提前准备好活动体验所用到的音响和音乐？	
教学过程		3. 是否在活动前做身体状况调查？	
		4. 在活动体验的过程中，组织是否有序？	
		5. 在讲解带领过程中，对自己的表情、肢体动作、语言表达等如何评价？	
		6. 在活动过程中，是否发挥教师作为引导者、观察者、分享者的角色功能？	
		7. 你能否对学生的问题做及时有效的回应？	
		8. 在活动过程中，你在哪些方面给予了学生针对性指导？	
		9. 在活动过程中，是否有安全事故发生？	
教学效果		10. 你能否引导所有学生有效完成学习手册？	
		11. 你是否通过课程锻炼了学生的手脑协调能力？	
		12. 你是否通过课程锻炼了学生的团队合作意识？	
活动小结	优点		
	不足		
	改进		

争分夺秒

适用年级：初中　　建议时长：90分钟

教学内容	课程目标	教学重点与难点
1. 组织学生体验破冰活动生日线。 2. 组织学生体验活动争分夺秒。 3. 组织学生对活动体验进行分享总结。	1. 通过体验逻辑拿牌，增进学生对数字的综合知识的学习。 2. 通过体验中不断反馈信息，锻炼学生的沟通能力、合作能力。 3. 通过体验中不断重复挑战，培养学生不服输的心态和团队合作品质。	1. 重点：活动线是分小组进行翻牌竞赛。教育线是培养学生不断挑战、相互合作的意识。 2. 难点：如何引导学生自己进行合理分工。

结构	教学内容	组织与教法
活动准备	**一、前期布置** 1. 场地：室内或室外平整开阔场地。 2. 器材：卡片。	**一、实景图** 
活动实施 （70分钟）	**一、课堂常规（5分钟）** 1. 集合分组 分成4组。 2. 师生认识和问好 老师：同学们好，我是××老师。奋斗的青春？ 学生：最美丽！	**一、组织** 1. 集合时队形 

结构	教学内容	组织与教法
活动实施 （70分钟）	**二、破冰活动——生日线（10分钟）** 1. 活动导入 同学们，你知道自己的生日吗？你了解其他同学的生日吗？今天我们要通过活动来排一个生日线。这是需要我们高度配合达成默契的活动，同时还需要发挥自主创造性思维能力。从现在开始，我们共同约定，大家都不能说话，不能通过语言来交流。 2. 活动规则 （1）每组同学要按照自己出生的真实月份和日期从前到后按顺序排列（按阳历）。一月一日出生的同学在最前面，十二月三十一日出生的同学在最后面。 （2）全程所有同学不能说话。 （3）任务完成后老师会从前到后进行检查。 3. 注意事项 （1）提前分组，10人左右一组。 （2）规定好每组的站位。 （3）提前约定好活动纪律。 **三、活动讲解（15分钟）** 1. 活动导入 今天我们体验的活动名称叫争分夺秒，什么是争分夺秒呢？就是要快，什么快呢？就是反应速度快、奔跑速度快、交流速度快，还有什么呢？通过体验大家一起来寻找答案。 2. 活动目标 有30张不同图案的卡片，每个图案都代表从1到30的不同数字。 每队选出一名队员，站到挑战区域，在60秒之内，把30张卡片按照从1~30的顺序依次找出来。 3. 活动规则 （1）在30分钟之内，每队有3次挑战机会。 （2）每次挑战时间为1分钟。 （3）每队只有5秒钟的上场和退场	2. 破冰活动时队形 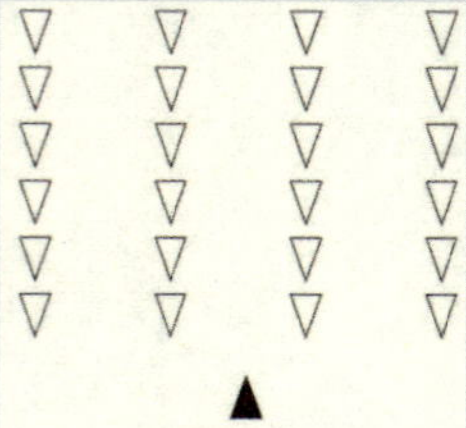 纵路型 3. 活动讲解时队形 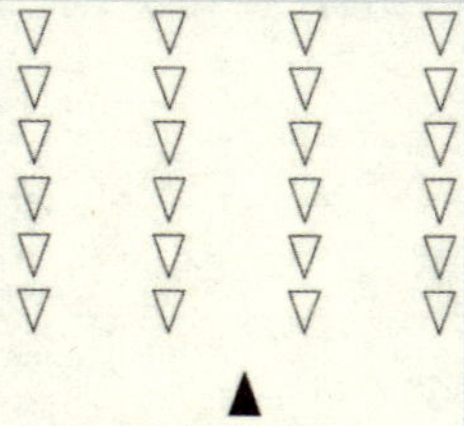 纵路型 **二、教法** 直接导入法

结构	教学内容	组织与教法
活动实施 （70分钟）	时间，一旦超时，下一轮挑战时间将会被扣除10秒钟。 （4）挑战一旦开始，只允许有一名队员进入挑战区域拿取卡片，且每次只能拿取一张牌。必须按照从1~30的顺序拿取卡片，否则视为挑战失败。 （5）剩余人员不得进入挑战区域，只能讲话，不得接触卡片，如若犯规下一轮挑战时间将扣除10秒钟。 （6）30分钟之内，无论哪一队只要准备好，就可以示意参加挑战。 4. 注意事项 （1）将学生分成4路纵队，分组时应注意男女搭配，人数应相当，并做好健康调查。 （2）起点线和终点距离5 ~ 10米，卡片正面朝上放于终点。 （3）卡片的摆放形状可以变化。 （4）给学生留足上下场时间，防止学生跑动过快摔倒。 （5）确保地面平整，周围没有障碍物，以保证学生的安全。 **四、活动监控（40分钟）** 1. 安全监控 留意学生在挑战过程中是否存在危险行为，比如奔跑过快，如果发现要及时提醒或制止。 2. 语言监控 聆听学生之间是否存在主动沟通并留意具体沟通内容。 3. 行为监控 观察学生是否存在违规操作现象。	
活动总结 （20分钟）	**一、集合整队（1分钟）** **二、学生分享（14分钟）** 1. 回顾反思 （1）有没有制定计划？有没有合理的分工？	**一、组织** 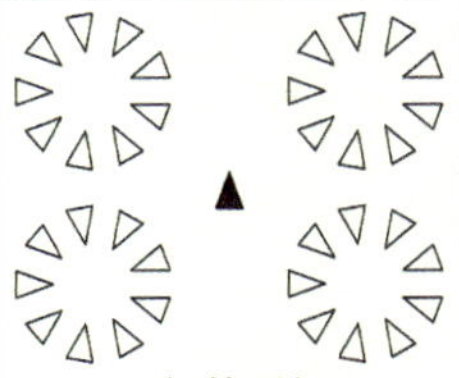 岛屿型

<table>
<tr><th>结构</th><th>教学内容</th><th>组织与教法</th></tr>
<tr><td>活动总结
（20分钟）</td><td>（2）我们最开心的那一刻是什么时候呢？
（3）我们是如何利用这3次机会的？每次体验后都做了些什么改进？
（4）我们合作得还顺利吗？如果再给我们一次机会如何合作？
2. 组织分享
三、教师总结（5分钟）
1. 分享整合
用什么样的心态去合作呢？给大家分享一个故事。从前，有两个饥饿的人得到了一位长者的恩赐：一根鱼竿和一篓鲜活硕大的鱼。其中，一个人要了一篓鱼，另一个人要了一根鱼竿，于是他们分道扬镳了。得到鱼的人原地就用干柴搭起篝火煮起了鱼，他狼吞虎咽，还没有品出鲜鱼的肉香，转瞬间，连鱼带汤就被他吃了个精光，不久，他便饿死在空空的鱼篓旁。另一个人则提着鱼竿继续忍饥挨饿，一步步艰难地向海边走去，可当他看到不远处那片蔚蓝色的海洋时，他浑身的最后一点力气也使完了，他也只能眼巴巴地带着无尽的遗憾撒手人间。
又有两个饥饿的人，他们同样得到了长者恩赐的一根鱼竿和一篓鱼。只是他们并没有各奔东西，而是商定共同去找寻大海，他俩每次只煮一条鱼，他们经过跋涉，来到了海边，从此，两人开始了捕鱼为生的日子，几年后，他们盖起了房子，有了各自的家庭、子女，有了自己建造的渔船，过上了幸福安康的生活。
可见合作可以赢得幸福，在我们学习生活中离不开互相帮助，互相关心。
通过这个活动的体验，我们应该认识到合作不仅仅是一种积极向上的心态，更是一种智慧。我们要懂得在竞争中学会合作，这样才能在社会中立于不败之地。
2. 价值澄清
希望大家都能拥有团队协作的意识、努力发挥自己的潜能，能在集体生活中健康快乐成长，不负青春。
因为：奋斗的青春最美丽！</td><td>二、教法
1. 问题引导法
2. 代表分享法
3. 故事法</td></tr>
</table>

评价维度		评价要点	评价结果（描述或判断）
教学准备		1. 是否提前布置好活动场地？	
		2. 是否提前准备好专用卡片？	
教学过程		3. 是否在活动前做身体状况调查？	
		4. 在活动体验的过程中，组织是否有序？	
		5. 在讲解带领过程中，对自己的表情、肢体动作、语言表达等如何评价？	
		6. 在活动过程中，是否发挥教师作为引导者、观察者、分享者的角色功能？	
		7. 你是否能对学生的问题做及时有效的回应？	
		8. 在活动过程中，你在哪些方面给予了学生针对性指导？	
		9. 在活动过程中，是否有安全事故发生？	
教学效果		10. 你能否引导所有学生有效完成学习手册？	
		11. 学生是否能通过有效沟通完成挑战？	
		12. 学生是否通过合理分工进行挑战？	
活动小结	优点		
	不足		
	改进		

协作闯关

适用年级：初中　　　　建议时长：90分钟

教学内容	课程目标	教学重点与难点
1. 组织学生进行热身活动。 2. 组织学生体验协作闯关活动。 3. 组织学生对活动体验进行分享总结。	1. 通过体验活动，认识团队的重要性。 2. 通过体验活动，锻炼学生协作能力、反应能力。 3. 通过体验活动，培养学生团队意识、服务意识。	1. 重点：活动线是体验协作闯关的活动。教育线是培养学生合作和配合的能力。 2. 难点：引导学生如何快速面对和解决问题。

结构	教学内容	组织与教法
活动准备	**一、前期布置** 1. 场地：室外平整开阔场地。 2. 器材：不倒森林、珠行万里、绑腿带。	**一、实景图** 
活动实施（70分钟）	**一、课堂常规（5分钟）** 1. 集合分组 分成4组。 2. 师生认识和问好 老师：同学们好，我是××老师。奋斗的青春？ 学生：最美丽！	**一、组织** 1. 活动讲解时队形 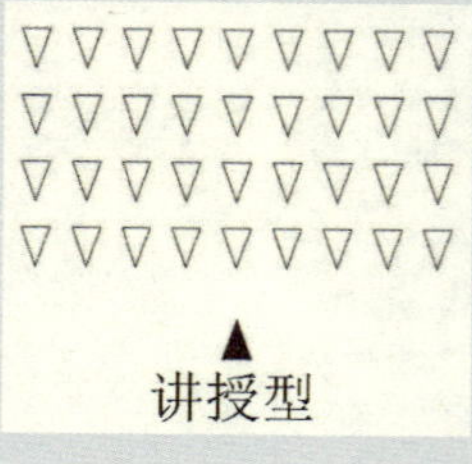

结构	教学内容	组织与教法
活动实施 （70分钟）	**二、热身破冰（5分钟）** 1. 热身运动 扩胸运动、伸展运动、腰部运动、全身运动、跳跃运动；前压腿、左压腿、右压腿 2. 口号 师：1—2—3—4 生：5—6—7—8 **三、活动讲解（10分钟）** 1. 活动导入 同学们有没有看过综艺节目《挑战不可能》和《奔跑吧！兄弟》？节目中很多看似不可能完成的任务，需要他们依靠团队的力量，协作完成。今天我们也来做个团队的挑战——协作闯关。 2. 活动目标 用最短时间挑战四个环节。 3. 活动规则 （1）不倒森林：小组人员围圆，用右手掌心把不倒森林平衡杆立在自己面前，按顺时针方向进行人移杆不移的交换移动，移动过程中不能出现倒杆、抓杆和身体触碰杆的现象，连续顺时针方向旋转交换移动6次。 （2）珠行万里：小球必须通过能量槽连接起来的管道，由起点到达终点能量杯中。挑战过程中，小球不得出现停留、倒流或者掉地现象，也不允许触碰到手指。此外，不能端着能量槽带球移动，能量杯也不得移动，不得倒下。 （3）报数过7：小组人员依次报数，从1报到50，期间报到含7或7的倍数的数字都喊“过”，报数过程中不能错报、漏报、重复报。 （4）蛟龙出海：全队人员按照一列横队站好，左右相邻队员的两脚踝关节用绳子捆扎住，利用螃蟹行进的	2. 活动操作时队形 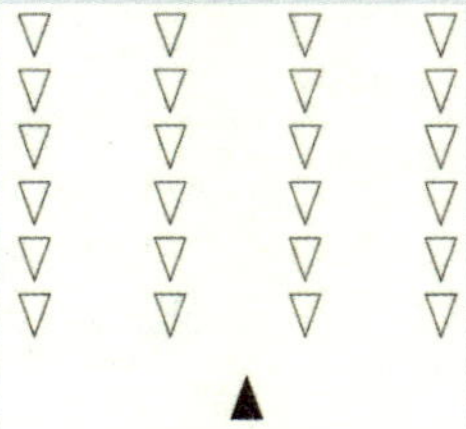 纵路型 **二、教法** 问题导入法

结构	教学内容	组织与教法
活动实施（70分钟）	方式侧行通过终点。 （5）一旦有人出错，全队本环节需要重新开始。 4. 注意事项 （1）做好健康调查，活动开始前一定要做热身活动，要充分活动各个关节。 （2）确保地面平整，周围没有障碍物，以保证学生的安全。 （3）活动开始前要求学生摘除手表、手链等硬物，避免出现划伤。 （4）鼓励学生面对失败，不要放弃，要越挫越勇，迎难而上。 **四、活动监控（50分钟）** 1. 安全监控 （1）活动过程中如果出现奔跑速度快、摔倒等情况，必须及时提醒并制止。 （2）重点监控在“珠行万里”环节学生的移动，有没有可能发生冲撞。 2. 语言监控 （1）聆听有人出现失误时其他人的语言。 （2）聆听比赛时观看者对比赛者的评价。 3. 行为监控 （1）记录比赛时各组重新开始的次数。 （2）观察学生在屡屡受挫时的行为表现。	
活动总结（20分钟）	**一、集合整队（1分钟）**	**一、组织方式** 

结构	教学内容	组织与教法
活动总结（20分钟）	**二、学生分享（14分钟）** 1. 回顾反思 （1）四个环节中哪个环节最难？难在哪里？ （2）一人出错全队重来这说明了什么？ （3）当因为出错而重新开始时，你会如何来要求自己去配合团队？ （4）这个活动给你带来最大的收获是什么？ 2. 组织分享 **三、教师总结（5分钟）** 1. 分享整合 合作可以产生一加一大于二的倍增效果。据统计，诺贝尔获奖活动中，因协作获奖的占三分之一以上。在诺贝尔奖设立的前25年，合作奖占41%，而现在则跃居80%。 大雁有一种合作的本能，它们飞行时都呈v型。因为当大雁采用人字形或一字形的阵式飞行时，它们最省力。这是在长期的飞行中得出的结论。当雁群以上述形式飞行时，后一只大雁的一翼，能够借助前一只大雁振翅时所产生的空气动力，使自己的飞行省力。当飞行一段时间、一段距离后，大雁们左右交换位置，是为了使另一侧羽翼也能借助空气动力以减轻疲劳。大雁依靠合作，可以让自己节省体力，从而飞得更远。我们人类也要学会与人合作。 “人心齐，泰山移”每个人都是团队中不可或缺的一份子，每个人都应该在团队中发挥自己应有的能量。 2. 价值澄清 希望大家在集体生活中，能齐心协力、彼此合作，不负青春。 因为：奋斗的青春最美丽！	**二、教法** 1. 问题引导法 2. 小组内部分享和代表分享法 3. 归纳法

评价维度	评价要点	评价结果（描述或判断）
教学准备	1. 是否提前布置好活动场地？	
	2. 是否提前准备好不倒森林、珠行万里、绑腿带的道具？	
教学过程	3. 是否在活动前做身体状况调查？	
	4. 在活动体验的过程中，组织是否有序？	
	5. 在讲解带领过程中，对自己的表情、肢体动作、语言表达等如何评价？	
	6. 在活动过程中，是否发挥了教师作为引导者、观察者、分享者的角色功能？	
	7. 你是否能对学生提出的问题做及时有效的回应？	
	8. 在活动过程中，你在哪些方面给予了学生针对性指导？	
	9. 在活动过程中，是否有安全事故发生？	
教学效果	10. 你能否引导所有学生有效完成学习手册？	
	11. 是否每一队都通过配合完成四个环节的挑战？	
	12. 学生分享环节能否针对合作发表自己的看法？	
活动小结 优点		
活动小结 不足		
活动小结 改进		

携手共进

适用年级：初中　　　　建议时长：90分钟

教学内容	课程目标	教学重点与难点
1. 组织学生体验破冰活动华山论剑。 2. 组织学生体验活动携手共进。 3. 组织学生对体验活动进行分享总结。	1. 通过体验活动，认知团队合作、合理分工的重要性。 2. 通过体验活动，锻炼学生的动手实践能力、沟通能力。 3. 通过体验活动，培养学生之间的团结合作意识。	1. 重点：活动线是体验互相协作过河活动。教育线是培养学生之间的合作意识。 2. 难点：老师在活动中对安全的把控。

结构	教学内容	组织与教法
活动准备	**一、前期布置** 1. 场地：室外或者室内，平整开阔场地。 2. 器材：木砖。	**一、实景图** 
活动实施（70分钟）	**一、课堂常规（5分钟）** 1. 集合分组 分成4组。 2. 师生认识和问好 老师：同学们好，我是××老师。奋斗的青春？ 学生：最美丽！	**一、组织** 1. 集合时队形  并列型

结构	教学内容	组织与教法
活动实施（70分钟）	**二、破冰活动——华山论剑（10分钟）** 1. 活动导入 同学们，今天我们一起穿越到古代，去体验一个武林豪杰比武论英雄的活动，华山论剑。 古代两位英雄豪杰见面（和一位同学进行演示）： 首先是抱拳，说："幸会、幸会。" 开始亮招（把双手打开），说："嗨！" 接着运气（双手运气状态），说："嘿！嘿！" 接着出招（石头、剪刀、布），说："哈！" 如果出的一样，继续运气，说："嘿！嘿，哈！" 2. 活动规则 （1）两个人进行PK，输的同学站到赢的同学后面，把双手搭在他的肩上，就成为对方的徒弟。赢的同学继续再找下一位进行PK。 （2）尽量找和自己徒弟人数相当的同学进行PK。 （3）不允许出现一个人对很多人的现象。 3. 注意事项 （1）最后两个组可以进行三轮两胜制，营造团队氛围。 （2）过程中老师要多引导和鼓励不主动的同学参与体验。 （3）比赛前，老师可以带领大家多练习几遍，确保学生都会做。 （4）可以给大家3分钟的个人自由比赛时间。	2. 破冰活动时队形 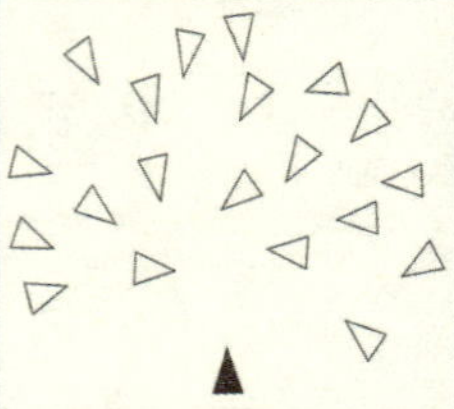 松散落座型 3. 活动讲解时队形 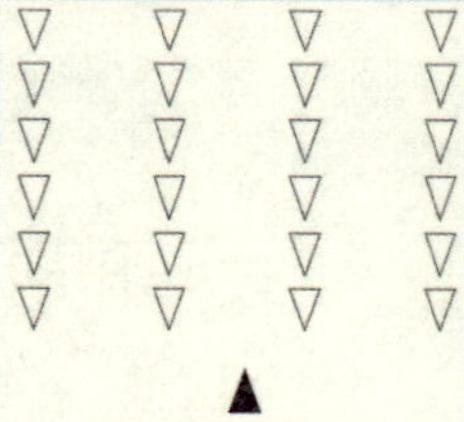 纵路型
	三、活动讲解（15分钟） 1. 活动导入 今天这个活动的名称叫作携手共进，是一个需要我们手挽手互相搀扶、互相	**二、教法** 1. 情景导入法

结构	教学内容	组织与教法
活动实施（70分钟）	携手进行挑战。场景是在亚马逊河，亚马逊河是世界第二长河，世界流量第一的河流，它的河流量达每秒21.9万立方米，比其他3条大河尼罗河（非洲）、长江（中国）、密西西比河（美国）的总和还要大几倍，大约相当于7条长江的流量，占世界河流流量的20%；流域面积达691.5万平方千米，占南美洲总面积的40%；支流的数量超过1.5万条。此时此刻我们假若置身在亚马逊河边，需要我们过河完成任务，你们会怎么做？ 在开始之前，我们来思考一个问题：亚马逊河中有什么呢？我们在不会游泳的前提下该怎样过河？ 2. 活动目标 接下来的这个活动是团队合作的活动，需要你们队员之间利用我们的道具，从起点到达终点，完成挑战。 3. 活动规则 （1）每条船上人数不限。 （2）在使用小船的过程中不得扔、抛小船。 （3）在过河的过程中身体任何部位不能触碰地面。 4. 注意事项 （1）人员站立成四纵队。 （2）起点线和终点距离10～15米。此活动不是考验学生过河的速度，所以设计起点和终点需要注意距离。 （3）分组尽量人数均等。 **四、活动监控（40分钟）** 1. 安全监控 禁止使用人背人此类的危险动作，不能跑、迈大步，如果发现以上情况要及时提醒和制止。 2. 语言监控 聆听本组学生对活动实施方案的沟通内容，以及在遇到挫折时学生表达的语言内容。 3. 行为监控 观察学生之间的互帮互助行为。	

结构	教学内容	组织与教法
活动总结（20分钟）	**一、集合整队（1分钟）** **二、学生分享（14分钟）** 1. 回顾反思 （1）你认为一条船上最多能站几个人？ （2）如何做才能前进得更快呢？ （3）当你们的队友在小船上摇摇欲坠的时候，你的心情如何？ （4）在过程中最让你感动的事情是什么？ （5）如果再给大家一次机会我们该如何配合呢？ 2. 组织分享 **三、教师总结（5分钟）** 1. 分享整合 我们可以在整个活动过程中感觉到，时间对于任务的重要性。在抗战时期，我军有一个团的战士在执行作战任务的时候，遇见了一条河，而这个团的战士基本上都不会游泳，临时改变路线会延误很多时间，完不成作战任务，他们在整个河边只找到了十艘小船，最终整个团的战士完全靠十艘小船成功地渡到了河对面，顺利地完成了任务。而他们采用的方法就跟我们的方法基本相同，唯一不同的就是他们的任务更重，时间更紧。 在整个活动中我们需要很好地配合，一旦出错就会浪费我们的时间，经过几轮的比赛，我发现同学们配合得越来越默契，比拼意识很足，大家都不服输，这种劲头希望同学们在学习生活中也要保持，做到不服输，有恒心，更好地成长！ 2. 价值澄清 希望大家拥有良好的合作意识，善于合作的人会更自信、更阳光，善于合作的团队会更智慧、更有力量，不负青春。 因为：奋斗的青春最美丽！	**一、组织** 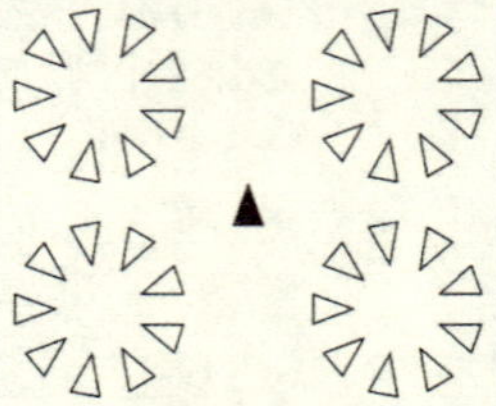 岛屿型 **二、教法** 1. 问题引导法 2. 小组内部分享和代表分享法 3. 故事法

评价维度	评价要点	评价结果（描述或判断）
教学准备	1. 是否提前布置好活动场地？	
	2. 是否提前准备好相应的木砖？	
教学过程	3. 是否在活动前做身体状况调查？	
	4. 在活动体验的过程中，组织是否有序？	
	5. 在讲解带领过程中，对自己的表情、肢体动作、语言表达等如何评价？	
	6. 在活动过程中，是否发挥了教师作为引导者、观察者、分享者的角色功能？	
	7. 你是否能对学生的问题做及时有效的回应？	
	8. 在活动过程中，你在哪些方面给予了学生针对性指导？	
	9. 在活动过程中，是否有安全事故发生？	
教学效果	10. 你能否引导所有学生有效完成学习手册？	
	11. 破冰活动是否起到了预期的教学效果？	
	12. 所有学生是否通过合作顺利完成渡河挑战？	
活动小结	优点	
	不足	
	改进	

盲兵布阵

适用年级：初中　　　　建议时长：90分钟

教学内容	课程目标	教学重点与难点
1. 组织学生体验破冰活动默契报数。 2. 组织学生体验活动盲兵布阵。 3. 组织学生对体验的活动进行分享总结。	1. 通过体验活动，增加学生对正方形的认知和对团队沟通的认知。 2. 通过体验活动，锻炼学生的领导能力、沟通能力、执行能力。 3. 通过挑战活动，提升学生的团队意识。培养学生做事情要有计划、懂合作、重细节的优秀品质。	1. 重点：活动线是体验在在盲人状态下完成任务。教育线是培养学生团队协作的意识。 2. 难点：引导学生如何快速确定一个思路执行到底。

结构	教学内容	组织与教法
活动准备	**一、前期布置** 1. 场地：室外或室内平整开阔场地。 2. 器材：绳子、眼罩。	**一、实景图** 
活动实施（70分钟）	**一、课堂常规（5分钟）** 1. 集合分组 分成2组。 2. 师生认识和问好 老师：同学们好，我是××老师。奋斗的青春？ 学生：最美丽！	**一、组织** 1. 活动讲解时队形 

结构	教学内容	组织与教法
活动实施 （70分钟）	**二、破冰活动——默契报数（10分钟）** 1. 活动导入 各位同学报数都会吧？接下来我们全队体验一下，按照顺序依次报数，很不错！掌声鼓励一下自己，掌声也送给我们优秀的班级。今天我们来体验一个互动游戏叫作默契报数。刚才大家都是睁着眼睛，按照顺序报数，接下来我们都闭上眼睛，能不能按照顺序进行报数呢？来挑战一下，各位同学你们有信心吗？ 2. 活动规则 （1）活动中所有成员不能做任何的沟通。 （2）当老师说开始以后，所有成员必须大声地报数，不限定谁报几，但报出的数字必须是按顺序从“1”开始的，每个成员都要报一次。 （3）如果出现同时报、同一人多次报、漏报、顺序报错等情况，所有人都必须重新报数，而计时不停。 （4）直到全体同学按要求报完，记录所用时间。 3. 注意事项 （1）报数起点，老师可以随机选择。 （2）为增加难度，可以让学生们带上眼罩后按照要求移动位置，比如男生向前走一步，生日3月份的左跨一步等。 （3）根据情况引导学生设定目标，重新报数，最后达到团队最好的成绩。 **三、活动讲解（15分钟）** 1. 活动导入 接下来挑战的这个活动叫作盲兵布阵。什么是盲兵布阵呢？大家都需要像刚才那样带上眼罩，去完成挑战。活动开始后，我们将会以盲人的角色参与其中，一起来挑战一个艰巨的任务。它会考验到我们团队多方面的能力，我们有没有信心完成？很好，那就让我们一起	2. 破冰活动时队形  并列型 3. 活动讲解时队形 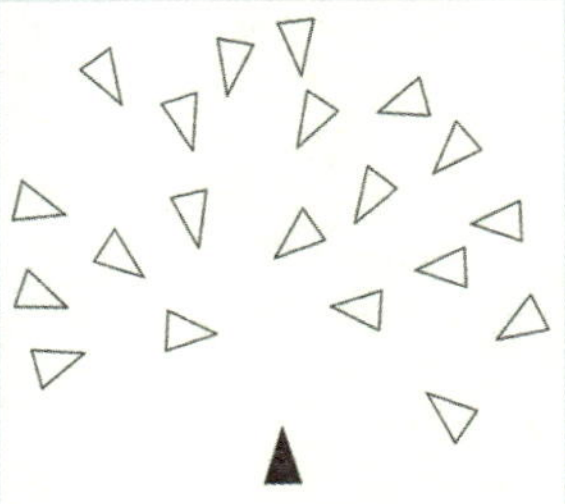 松散落座型

结构	教学内容	组织与教法
活动实施（70分钟）	来开启这场探索之旅吧！ 2. 活动目标 所有人扮演盲人，在眼睛看不到的情况下，40分钟之内，完成以下任务： （1）在团队正前方三米处有一团绳子，找到它并解开绳子上的所有的绳结。 （2）用绳子围成一个面积最大的四边形。 （3）所有人平均分配在四边形的每条边上，不能平均分配的请站到四边形的正中间位置。 （4）当所有任务完成后，把绳子放在脚下，向老师打报告。 3. 活动规则 （1）活动一旦开始，任何人不得私自摘下眼罩。 （2）挑战过程中，如果有安全隐患，老师会吹哨叫停。听到哨音后，所有人立刻停下，保持安静，听从老师的指挥进行调整。 （3）所有人员摸索前行时，必须把双手放在身体前方，防止撞到障碍物。 （4）挑战过程中不允许大踏步前进，也不允许蹲下前行。 4. 注意事项 （1）场地要足够大，且周围环境安全。远离道路、台阶等容易发生意外的地方。 （2）有不适合参加活动的学生，可以到旁边做观察记录员和安全监督员。 （3）教师要时刻在场，保护学生的安全。 **四、活动监控（40分钟）** 1. 安全监控 （1）禁止在活动场地乱跑，如果发现要及时提醒或制止。	**二、教法** 直接导入法

结构	教学内容	组织与教法
活动实施 （70分钟）	（2）如果发现有学生离场地边缘较近，要过去提醒，并加以保护。 2. 语言监控 （1）聆听学生对于行动方案的沟通。 （2）聆听有没有两位及以上同学同时进行指挥的声音。 （3）聆听指挥者是如何指挥大家配合行动的。 3. 行为监控 （1）观察大家整个过程中的表现。 （2）观察指挥者整个过程中的表现。	
活动总结 （20分钟）	**一、集合整队（1分钟）** **二、学生分享（14分钟）** 1. 回顾反思 （1）你们认为这个活动中最困难的环节是什么？ （2）开始的时候我们有思路吗？思路多吗？最后是如何统一的？ （3）当戴上眼罩后你有什么样的感觉？现场乱吗？当时你想为团队做点什么？ （4）如果再来一次，我们该如何配合？ 2. 组织分享 **三、教师总结（5分钟）** 1. 分享整合 我们在看不见的情况下如何去更好地合作呢？虽然看不到，但是我们可以听到，良好的合作，要从学会倾听开始。	**一、组织** 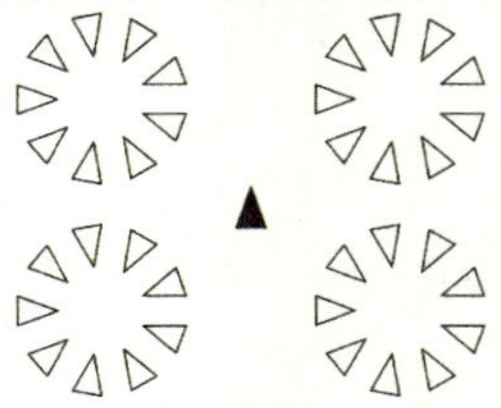 岛屿型 **二、教法** 1. 问题引导法 2. 代表分享法 3. 归纳法

结构	教学内容	组织与教法
活动总结（20分钟）	那么我们应该如何倾听？ 古代的听："聽""十目一心，听者为王"用心听。 现在的听："听"用嘴去听，还不断地斤斤计较。 （1）如何进行有效的倾听。 许多人不愿倾听，特别是不愿倾听别人的意见。倾听，并不一定代表你对对方讲话内容的认同，它仅表示对对方的尊重。每个人都有表达自己想法的权利。每个人都希望自己的讲话能够被别人认真地倾听，同样，别人也希望自己的声音能够被你倾听。倾听不仅仅用的是耳朵，更要用心。 （2）要理解别人想说什么。 你在倾听时首先要弄明白的是别人到底想说些什么，是对团队的建议，对某人的意见，还是对计划的不满？由于每个人的性格不同，不同的人在表达自己的观点时采取的方式也不尽相同。 （3）要站在对方的立场去倾听 别人在讲述自己的想法时，可能会有一些看法与团队的利益或你的观点相违背。这时不要急于与他争论，而应该认真地分析他的这些看法是如何得来的，是不是其他人也有类似的看法。为了更好地了解这些情况，你不妨站在他的角度，这样做可能会发现一些自己以前没有注意到的问题。 （4）要听完后再发表意见。 在倾听结束之前，不要轻易发表自己的意见。因为你可能还没有完全理解别人的话，这种情况下妄下结论势必会影响他的情绪，甚至使别人对你产生抱怨。 2. 价值澄清 希望大家都能学会倾听，善于合作，不负青春。 因为：奋斗的青春最美丽！	

评价维度	评价要点	评价结果（描述或判断）
教学准备	1. 是否提前布置好场地？	
	2. 是否提前准备好绳子、眼罩道具？	
教学过程	3. 在活动体验的过程中，组织是否有序？	
	4. 在讲解带领过程中，对自己的表情、肢体动作、语言表达等如何评价？	
	5. 在活动过程中，是否发挥了教师作为引导者、观察者、分享者的角色功能？	
	6. 你是否能对学生的问题做及时有效的回应？	
	7. 在活动过程中，你在哪些方面给予了学生针对性指导？	
	8. 在活动过程中，是否有安全事故发生？	
教学效果	9. 你能否引导所有学生有效完成学习手册？	
	10. 学生是否在规定时间内完成盲兵布阵任务？	
	11. 学生是否能认识到倾听、合作的重要性？	
活动小结 优点		
活动小结 不足		
活动小结 改进		

逻辑碎片

适用年级：初中　　　　建议时长：90分钟

教学内容	课程目标	教学重点与难点
1. 组织学生体验破冰活动斯芬克斯之谜。 2. 组织学生体验逻辑碎片活动。 3. 组织学生对活动体验进行分享总结。	1. 通过体验逻辑排序，增加逻辑感的认知。 2. 通过体验活动，锻炼学生沟通能力和协作能力。 3. 通过体验活动，培养学生的集体意识和团队合作意识。	1. 重点：活动线是让学生沟通交流卡片信息排序。教育线是培养学生善于沟通、乐于合作的意识。 2. 难点：引导学生发现逻辑规律。

结构	教学内容	组织与教法
活动准备	**一、前期布置** 1. 场地：室外或室内，平整开阔场地。 2. 器材：卡片、坐垫。	**一、实景图** 
活动实施（70分钟）	**一、课堂常规（5分钟）** 1. 集合分组 分成2组。 2. 师生认识和问好 老师：同学们好，我是××老师。奋斗的青春？ 学生：最美丽！	**一、组织** 1. 集合时队形 ▽▽▽▽▽▽▽▽▽ ▽▽▽▽▽▽▽▽▽ ▽▽▽▽▽▽▽▽▽ ▽▽▽▽▽▽▽▽▽ ▲ 讲授型

结构	教学内容	组织与教法
活动实施（70分钟）	**二、破冰活动——斯芬克斯之谜（10分钟）** 1. 导入 同学们，斯芬克斯是希腊神话中一个长着狮子躯干、女人头面的怪兽。它坐在悬崖上，给过路人出一个谜语：“什么东西早晨用四条腿走路，中午用两条腿走路，晚上用三条腿走路？”如果路人猜错，就被害死。大家猜一猜，谜底是什么？ “斯芬克斯之谜”常被用来比喻复杂、神秘、难以理解的问题。 今天我们体验的这个活动也有一个神秘的问题，所以我们这个活动也称为“斯芬克斯之谜”。 2. 活动规则 （1）老师手里有一张纸，上面写着一个人的名字，请大家通过问我问题的方式，来推测纸上的名字是什么。 （2）每次每人问一个问题，按照顺时针的顺序循环提问。 （3）老师只回答封闭性的问题，封闭性的问题也就是只能用“是”或者“不是”来回答。 （4）我们看看最少问几次就可以问出答案来。 3. 注意事项 （1）谜底是大家以前就知道的信息，可以是人名、地名、动物或者植物等。 （2）可以提供一个提问棒（比如笔），拿到提问棒的同学才可以提问。 （3）可以进行多轮，让大家设定一个目标，用多个问题问出答案。 **三、活动讲解（15分钟）** 1. 活动导入 各位有没有拍照时站同一地方拍远景和近景？它们之间有没有关系？今天我们要做的活动就叫逻辑碎片，活动要用到的教具是专业设置的任务卡，每张	2. 破冰活动时队形 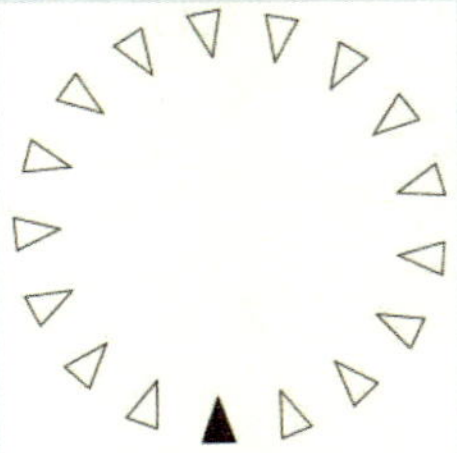 圆桌会议型 3. 活动讲解时队形 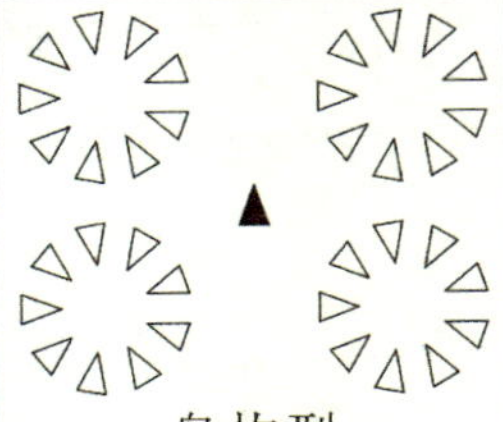 岛屿型 **二、教法** 问题导入法

结构	教学内容	组织与教法
活动实施（70分钟）	卡片上有一些照片式信息内容，这些信息内容有一定的逻辑关系，老师会随机给每位学生发1到3张任务卡片。 2. 活动目标 将老师发给各位学生的任务卡片，按照正确的逻辑顺序排列好，并依次上交到老师处，老师检查任务卡牌顺序正确则任务完成。 3. 活动规则 （1）自己的任务卡片只能自己看，不允许相互交换。 （2）禁止使用除语言之外的所有描述任务卡片内容的方式。 （3）除了上交任务卡片的时候，任何人任何时间都不可以离开自己的位置。 （4）上交任务卡片过程中，同一时间每组只允许一个人移动。 4. 注意事项 （1）活动操作开始时每组围圆坐下。 （2）严格按照规则要求进行活动，关注学生活动过程中的情绪。 （3）保持学生之间的距离，彼此都能听到为标准。 （4）过程中如果学生遇到困难可以给予一定的引导。 **四、活动监控（40分钟）** 1. 安全监控 如果学生之间发生激烈分歧，注意引导，避免引发冲突。 2. 语言监控 （1）聆听学生对于自己卡片内容的表达方式。 （2）聆听学生在表达自己卡片内容时有没有和其他同学的信息进行关联。 3. 行为监控 （1）观察学生直接的肢体语言互动。 （2）观察学生是否有抛扔道具行为。	

结构	教学内容	组织与教法
活动总结（20分钟）	**一、集合整队（1分钟）** **二、学生分享（14分钟）** 1. 回顾反思 （1）当你放卡片的时候是什么样的心情？ （2）你发现这套卡片的逻辑了吗？ （3）你希望别人如何描述卡片？你是如何描述自己卡片的？ （4）这个活动为你的学习生活带来什么样的启发？ 2. 组织分享 **三、教师总结（5分钟）** 1. 分享整合 （1）狮子和老虎之间爆发了一场激烈的冲突，到最后，两败俱伤。狮子快要断气时，对老虎说：“如果不是你非要抢我的地盘，我们也不会弄成现在这样。”老虎吃惊地说：“我从未想过要抢你的地盘，我一直以为是你要侵略我。” 不沟通多可怕，可见沟通的重要性。 （2）《吕氏春秋》里有一段，讲孔子周游列国，曾因兵荒马乱，旅途困顿，三餐以野菜果腹，大家已七日没吃下一粒米饭。一天，颜回好不容易要到了一些白米煮饭，饭快煮熟时，孔子看到颜回	**一、组织** 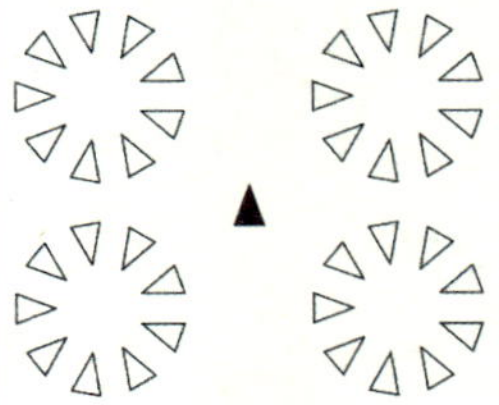 岛屿型 **二、教法** 1. 问题引导法 2. 代表分享法 3. 故事法

结构	教学内容	组织与教法
活动总结（20分钟）	掀起锅盖，抓些白饭往嘴里塞，孔子当时装作没看见，也不去责问。饭煮好后，颜回请孔子进食，孔子假装若有所思地说：“我刚才梦到祖先来找我，我想把干净还没人吃过的米饭，先拿来祭祖先吧！”颜回顿时慌张起来说：“不可以的，这锅饭我已先吃一口了，不可以祭祖先了。”孔子问：为什么？颜回涨红脸，嗫嗫地说：“刚才在煮饭时，不小心掉了些染灰在锅里，染灰的白饭丢了太可惜，只好抓起来先吃了，我不是故意把饭吃了。”孔子听了，恍然大悟，对自己的观察错误，反而愧疚，抱歉地说：“我平常对颜回已最信任，但仍然还会怀疑他，可见我们内心是最难确定稳定的。弟子们大家记下这件事，要了解一个人，还真是不容易啊！” 可见沟通不畅的严重后果。合作中最大的障碍是自以为是，也是沟通中最大的障碍。 2. 价值澄清 希望大家做一个会沟通、善合作的时代少年，不负自己，不负青春。 因为：奋斗的青春最美丽！	

评价维度	评价要点	评价结果（描述或判断）
教学准备	1. 是否提前布置好活动场地？	
	2. 是否提前准备好活动卡片、坐垫？	
教学过程	3. 在活动体验的过程中，组织是否有序？	
	4. 在讲解带领过程中，对自己的表情、肢体动作、语言表达等如何评价？	
	5. 在活动过程中，是否发挥教师作为引导者、观察者、分享者的角色功能？	
	6. 你是否能对学生的问题做及时有效的回应？	
	7. 在活动过程中，你在哪些方面给予了学生针对性指导？	
	8. 在活动过程中，是否有安全事故发生？	
教学效果	9. 你能否引导所有学生有效完成学习手册？	
	10. 学生是否顺利合作完成挑战目标？	
	11. 学生在分享时是否逻辑清晰地表达？	
活动小结	优点	
	不足	
	改进	

4

第四单元

勇毅

YONGYI

勇毅之塔

适用年级：初中　　　　建议时长：90分钟

教学内容	课程目标	教学重点与难点
1. 组织学生观察信号塔模型结构特点。 2. 组织学生体验信号塔的制作活动。 3. 组织学生对信号塔制作体验进行分享总结。	1. 通过图片认知和动手实践，认识信号塔和它的用途。 2. 通过小组合作组装模型，提升学生的合作能力、动手能力。 3. 通过组装信号塔，培养学生遇到难题要迎难而上、不轻言放弃、努力克服困难、坚持不懈的品质。	1. 重点：活动线是观察信号塔模型结构，动手制作信号塔。教育线是培养学生迎难而上，攻坚克难，积极迎接挑战的品质。 2. 难点：在组装过程中，学生看不懂图纸或找不到零件时，及时给予帮助。

结构	教学内容	组织与教法
活动准备	**一、前期布置** 1. 场地：机器人竞技场馆。 2. 器材：组装信号塔的相关零件、图文说明手册。	**一、实景图** 
活动实施（70分钟）	**一、课堂常规（5分钟）** 1. 集合分组 6~8人一组。 2. 师生认识和问好 老师：同学们好，我是××老师。奋斗的青春？ 学生：最美丽！	**一、组织** 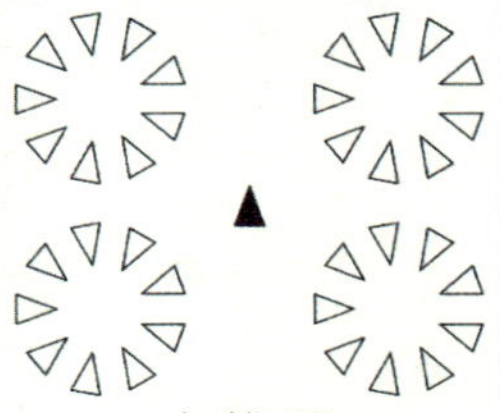 岛屿型

结构	教学内容	组织与教法
活动实施 （70分钟）	**二、活动环节** （一）课前导入（10分钟） 今天的活动叫作勇毅之塔，什么是勇毅？勇敢和坚毅。我们将用这些道具来搭建信号塔。什么是信号塔？信号塔是中国移动、中国联通、中国电信等网络运营商所建立的一种无线信号发射装置，外形像塔。也是一种公用的无线电台站的一种形式，是指在一定的无线电覆盖区域中，通过通信交换中心，与移动电话终端之间进行信息传递的无线电收发信电台。无线城市普及以来，信号塔又作为城市WIFI的信号发射基点。 （二）观察模型（10分钟） 观察已经组装好的信号塔模型，模型由160多个零件组合而成，在整个模型中使用到的零件颜色有黄色、红色、黑色三种颜色，整体模型外形美观，结构稳固。 零件材料采用独特的工业燕尾槽设计，高品质尼龙制造，尺寸精确、耐磨损、耐高温、耐高寒，可保证反复使用而不影响零件的精确度。独特的设计可以实现随心所欲的组合和扩充，使我们的任何创意都能实现。想象无限！创意无限！ （三）小组分工（5分钟） 小组成员在组长的带领下，讨论并进行有效分工，其中包括：寻找零件人员、作品组装人员、作品监督人员。 （四）活动制作（40分钟） 1. 观察 信号塔的图片手册中零件的特点与种类以及模型制作步骤。 2. 组装 （1）寻找零件人员，先按照步骤找	**二、教法** 1. 直接导入法   

结构	教学内容	组织与教法
活动实施（70分钟）	零件，不允许提前找零件。 （2）组装人员按照图片组装，找一步做一步，不允许跨步操作。 （3）待安装结束后，将桌面多余的配件整理到盒子里面，将图片手册放回原位。 （五）任务要求 1. 小组合作快速完成模型搭建。 2. 组装好的模型必须外形美观、结构稳固。 3. 监督人员时刻观察本小组寻找零件与安装步骤是否正确。 **三、注意事项** 1. 提前布置好操作台上的模型零件，并准备相关模型的资料。先带领学生欣赏一些已经组装好的模型后讲解，会提升学生的参与兴趣。 2. 过程中正确引导学生零件组装的技巧。 3. 关注动手能力差的学生，并且给予赏识性教育。 **四、活动监控** 1. 安全监控 （1）禁止学生抛扔零件，如果发现及时制止。 （2）发现学生离场馆内带电设备太近，要及时提醒远离。 2. 语言监控 （1）聆听学生在观察信号塔过程中的交流和对话。 （2）聆听学生在制作信号塔过程中的交流和对话。 3. 行为监控 （1）观察学生制作信号塔过程中的操作是否标准。 （2）观察学生在制作过程中遇到困难时是如何应对的。	

结构	教学内容	组织与教法
活动总结 （20分钟）	**一、集合整理（5分钟）** **二、学生分享（15分钟）** 1. 回顾反思 （1）在整个过程中是否进行了讨论交流，怎么进行有效分工？ （2）哪一个环节让你感觉很兴奋？ （3）过程中遇到了什么困难？是如何解决的？ （4）解决难题的过程，你最大的收获是什么？ 2. 组织分享 **三、教师总结（5分钟）** 1. 分享整合 在搭建的过程中，我们一定会碰到这样那样的问题和困难，甚至会重新搭建的现象，其实这不是坏事，正是这样的重新开始，才给我们很多试错的机会，才能让我们知道正确的方式和方法。然而，在搭建的过程中，我们的情绪和心情可能会受到影响，那么我们需要以什么样的心态面对？以什么样的品质对待？勇敢乐观的心态面对，相信自己一定可以。 2. 价值澄清 希望大家遇到难题要迎难而上，不轻言放弃，努力克服困难，不惧挑战，不负青春。 因为：奋斗的青春最美丽！	**一、组织** 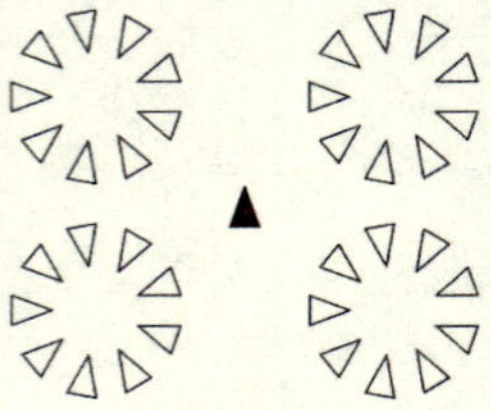 岛屿型 **二、教法** 1. 问题引导法 2. 组内分享和代表分享法 3. 归纳法

<table>
<tr><th colspan="2">评价维度</th><th>评价要点</th><th>评价结果（描述或判断）</th></tr>
<tr><td colspan="2" rowspan="2">教学准备</td><td>1. 是否提前布置好场地？</td><td></td></tr>
<tr><td>2. 是否提前准备好模型、信号塔的相关零件、图文说明手册？</td><td></td></tr>
<tr><td colspan="2" rowspan="6">教学过程</td><td>3. 在活动体验的过程中，组织是否有序？</td><td></td></tr>
<tr><td>4. 在讲解带领过程中，对自己的表情、肢体动作、语言表达等如何评价？</td><td></td></tr>
<tr><td>5. 在活动过程中，是否发挥教师作为引导者、观察者、分享者的角色功能？</td><td></td></tr>
<tr><td>6. 你是否能对学生的问题做及时有效的回应？</td><td></td></tr>
<tr><td>7. 在活动过程中，你在哪些方面给予了学生针对性指导？</td><td></td></tr>
<tr><td>8. 在活动过程中，是否有安全事故发生？</td><td></td></tr>
<tr><td colspan="2" rowspan="3">教学效果</td><td>9. 你能否引导所有学生有效完成学习手册？</td><td></td></tr>
<tr><td>10. 学生是否能坚持完成制作任务？</td><td></td></tr>
<tr><td>11. 在分享中，学生是否感受到勇毅的重要性？</td><td></td></tr>
<tr><td rowspan="3">活动小结</td><td>优点</td><td colspan="2"></td></tr>
<tr><td>不足</td><td colspan="2"></td></tr>
<tr><td>改进</td><td colspan="2"></td></tr>
</table>

长征之路

适用年级：初中　　　　建议时长：90分钟

教学内容	课程目标	教学重点与难点
1. 组织学生了解长征知识。 2 组织学生练习打绑腿、知识抢答和学唱红歌。 3. 组织学生对活动体验进行分享总结。	1. 通过老师讲解、视频学习，使学生了解长征精神、路线、背景等知识。 2. 通过体验打绑腿，培养学生动手及团队协作能力。 3. 通过体验长征中的活动，培养学生艰苦奋斗、勇往直前、百折不挠、坚持不懈的精神，让学生铭记历史，增强其民族自豪感。	1. 重点：活动线是学习长征知识，练习打绑腿和学唱红歌。教育线是使学生了解长征精神，培养学生迎难而上、坚持不懈的品质。 2. 难点：如何引起学生对历史知识的兴趣，怎样让学生认识到我们现在幸福生活的来之不易。

结构	教学内容	组织与教法
活动准备	**一、前期布置** 1. 场地：长征教育馆。 2. 器材：视频、蜡像、绑腿。	**一、实景图** 
活动实施 （70分钟）	**一、课堂常规（5分钟）** 1. 集合分组 6～8人一组。 2. 师生认识和问好 老师：同学们好，我是××老师。奋斗的青春？ 学生：最美丽！	**一、组织** 

结构	教学内容	组织与教法
活动实施 （70分钟）	**二、活动环节** （一）课程导入（5分钟） 请看，九位领导人的雕像以及正上方的三大主力军旗。大家一起来诵读毛泽东的《沁园春·雪》。你知道长征精神吗？新时代的长征精神对我们的生活有哪些影响？通过今天的《长征之路》课程，让我们一起感受历史，铭记历史，珍惜今天的美好生活！ （二）绑腿方法练习（10分钟） 同学们,你知道红军长征路上为什么要打绑腿吗？又是如何打绑腿的吗？ 在红军长途跋涉过程中，打绑腿有以下好处：登山时感到小腿不酸累，防止血脉下积而引起的涨疼；山地行军，防止山虫蚂蝗随时顺着裤管爬进去咬吸，且有效防止荆棘树枝刺扎与牵挂；如果负伤骨折三角巾急救包不管用时，解下绑腿布可以起到固定骨头的作用；在遇到山岩陡坡需要攀爬降落时，将几根绑腿布连接绞成绳索作牵引用。 接下来，我们一起体验打绑腿活动，两人一组合作，要求互相为对方打绑腿。 （三）长征知识讲解（30分钟） 1. 重兵围剿苏区，红军被迫转移 长征的背景。通过视频介绍及讲解，使学生了解红军为什么开始长征？熟悉长征的路线。 2. 遵义拨正航向，开启伟大转折 了解遵义会议的时间、背景及其意义。 3. 破敌出奇制胜，斩关甘洒热血 介绍长征过程中的重要事件：飞夺泸定桥、强渡大渡河、巧渡金沙江等。 4. 不畏艰难困苦，彰显坚定信念	**二、教法** 1. 讲授法 2. 体验法 3. 视频法 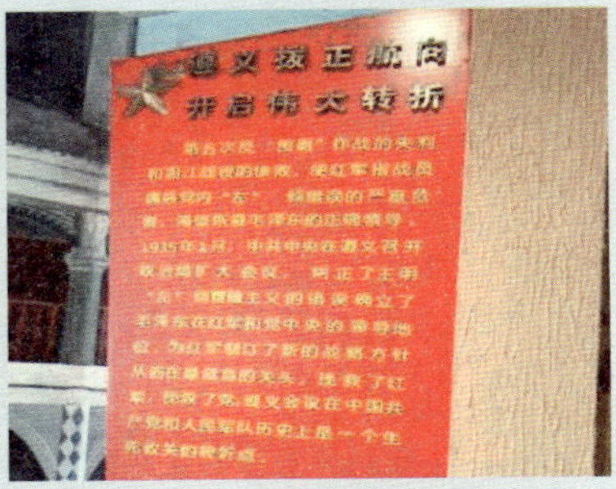

结构	教学内容	组织与教法
活动实施（70分钟）	翻雪山、过草地等长征过程中代表事迹的讲解。 5. 玉川星火燎燃，烽烟铸就忠诚 学习济源人民参与抗日武装的相关事迹，增强大家对家乡的热爱和自豪感。 （四）知识抢答，学唱红歌（20分钟） 1. 小组进行知识抢答，检测整节课的学习内容及效果。 2. 学唱红歌，传承长征精神。 **三、注意事项** 1. 先观看视频资料后讲解会更容易接受。 2. 举例，对比过去的艰苦生活和现在的幸福日子，提醒学生珍惜美好生活。 3. 关注动手能力差的学生，并且给予赏识性教育。 4. 讲解过程中，不能大声喧哗，不能随意走动。 **四、活动监控** 1. 安全监控 （1）让学生和电子设备及蜡像保持一定安全距离，如有同学靠近，要及时提醒和制止。 （2）发现有学生奔跑和打闹行为及时制止。 2. 语言监控 （1）聆听学生讨论及自由参观过程中的语言交流。 （2）聆听学生对于打绑腿的感受分享。 3. 行为监控 （1）观察学生绑腿过程中互帮互助的情况。 （2）观察学生在知识抢答和学唱红歌时的投入度。	4. 体验法 

结构	教学内容	组织与教法
活动总结 （20分钟）	**一、集合整队（1分钟）** **二、学生分享（14分钟）** 1. 回顾反思 （1）长征过程中哪些战役让你印象深刻？ （2）你理解的长征精神是什么？ （3）你最大的收获是什么？ （4）感悟了长征精神，当生活中遇到困难时，你会怎么办？会轻易放弃吗？ 2. 组织分享 **三、教师总结（5分钟）** 1. 分享整合 红军不怕远征难，万水千山只等闲——几十年来，每当人们朗诵起这熟悉的诗句，就会回想起两万五千里长征的艰苦卓绝和红军战士顽强不屈的英雄气概。这穿透历史的诗句陪伴鼓舞着一代又一代中国人，在长征精神的指引下，开拓进取、持续奋斗。 长征是一次理想信念的伟大远征。不论对个人还是对国家而言，离开了理想信念的支撑，都不可能在奋斗的道路上持久前行。在不同的历史环境下，人们理想信念的具体表现或许会有所不同，但其背后的精神内核，却坚定执着、始终如一，那就是：为中华民族的伟大复兴不懈奋斗。当年红军的理想信念，是抵达陕北苏区，继续完成未完成的革命事业；今天我们	**一、组织形式**  **二、教法** 1. 问题引导法 2. 组内分享和代表分享法 3. 归纳法

结构	教学内容	组织与教法
活动总结（20分钟）	的理想信念，则是在中国走向社会主义现代化强国的历史进程中，不忘初心、牢记使命，实现中华民族伟大复兴的中国梦。 长征也是一次艰难逆境中的绝地反击。当年，面对数十万“围剿”大军，工农红军身陷绝境。凭着对革命胜利的坚定信念和顽强精神，革命军队突出重围走向胜利。在造访苏区的美国记者斯诺看来，共产党人将一场“原来可能是军心涣散的溃退”，变成了“一场精神抖擞的胜利进军”，他们靠的不是别的，正是坚定不移的抗日救国决心。今天的中国固然已经取得了傲人的成就，但在国家建设“爬坡过坎”的关键时期，在风云变幻的国际局势中，依然有诸多的艰难险境、急流险滩，需要我们不懈努力、奋勇前行。 2. 价值澄清 希望大家拥有艰苦奋斗、勇往直前、百折不挠、坚持不懈的精神，铭记历史，奋勇向前，不负青春。 因为：奋斗的青春最美丽！	

评价维度		评价要点	评价结果（描述或判断）
教学准备		1. 是否提前准备好视频播放设施？	
		2. 是否提前准备好活动体验所用到的绑腿带？	
教学过程		3. 在活动体验的过程中，组织是否有序？	
		4. 在讲解带领过程中，对自己的表情、肢体动作、语言表达等如何评价？	
		5. 在活动过程中，是否发挥了教师作为引导者、观察者、分享者的角色功能？	
		6. 你是否能对学生的问题做及时有效的回应？	
		7. 在活动过程中，你在哪些方面给予了学生针对性指导？	
		8. 在活动过程中，是否有安全事故发生？	
教学效果		9. 你能否引导所有学生有效完成学习手册？	
		10. 你是否通过课程提升了学生的团队合作能力？	
		11. 你是否通过课程增强了学生的民族自豪感？	
活动小结	优点		
	不足		
	改进		

中空漫步

适用年级：初中　　　　建议时长：90分钟

教学内容	课程目标	教学重点与难点
1. 组织学生进行热身运动。 2. 组织学生体验中空漫步活动。 3. 组织学生对活动体验进行分享总结。	1. 通过教师讲解，了解极限安全装备的相关专业知识。 2. 通过体验活动，提升学生克服困难和突破自我的能力。 3. 通过体验活动，培养学生勇于突破自我、克服困难、积极向上的心态。	1. 重点：活动线是让学生顺利穿戴安全装备并完成挑战。教育线是让学生面对困难能够迎难而上，培养学生勇敢坚毅的品质。 2. 难点：如何使学生克服恐惧迅速跨越断桥。

结构	教学内容	组织与教法
活动准备	**一、前期布置** 1. 场地：中空断桥器械场。 2. 器材：断桥装备。	**一、实景图** 
活动实施（70分钟）	**一、课堂常规（5分钟）** 1. 集合分组 分成4组。 2. 师生认识和问好 老师：同学们好，我是××老师。奋斗的青春？ 学生：最美丽！	**一、组织** 1. 集合时队形 

结构	教学内容	组织与教法
活动实施 （70分钟）	**二、破冰热身——空中加油站（10分钟）** 1. 热身运动 扩胸运动、伸展运动、腰部运动、全身运动、跳跃运动；前压腿、左压腿、右压腿 2. 口号 师：1—2—3—4 生：5—6—7—8 **三、活动讲解（15分钟）** 1. 活动导入 同学们，欢迎大家来到中空漫步的场地，在老师的身后有一个xx米的断桥。 2. 活动目标 接下来是个人挑战的活动，你们需要做的是走到断桥一端，双脚一前一后，前脚脚掌前三分之一露出，迅速跨越到另一端，而后采取相同方法，从另一端跨越回来，则视为挑战成功。 3. 活动规则 （1）所有人员列队站好（坐好）。 （2）选出3～5名安全员帮助穿戴安全装备。 （3）在保护措施到位的情况下上器械。 （4）教师再次检查装备是否穿戴正确。 4. 注意事项 （1）此活动应提前做好安全调查，三个月内做过大型手术的，或者有先天性疾病的，或者手腕、脚腕、肩膀习惯性脱臼的，可以不参与今天的活动，如果你现在感到身体特别不舒服的，可以到旁边休息。 （2）整理队伍前所有人取下高空容易掉落的物品，如手表、眼镜、钥匙、发卡等。	2. 活动讲解时队形 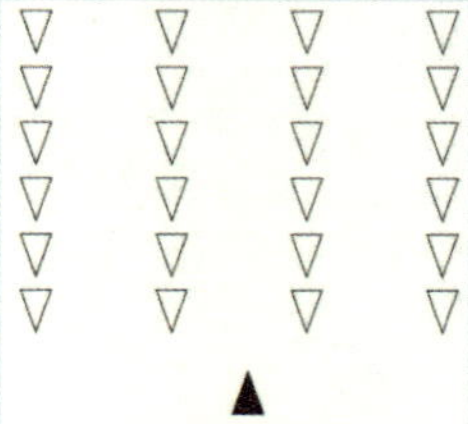 纵路型 **二、教法** 环境导入法

结构	教学内容	组织与教法
活动实施（70分钟）	(3) 长头发的女同学要把头发平铺到安全头盔内。 (4) 每次学生开始攀爬前需要让老师确认后方能出发。 (5) 时刻关注挑战过程中学生动态，让学生量力而行，避免因体力不支受伤。 5. 操作流程 安全装备的穿戴是非常重要的，我们使用的高空装备是登山攀岩使用的专用装备，均通过UIAA（国际登山联合会）或CE（欧盟检测认证）的专业认证。 (1) 头盔：上去之前必须要佩戴头盔，我们的头盔为即碎型头盔（遭击猛烈撞击后会第一时间发生粉碎，均衡受力，缓冲冲击力起到保护头部的作用），我们看到在里圈后侧有调节扣，是用来调节头盔头围大小的装置，通过试戴调整到头部合适位置，左右不可晃动，前头盔与眉毛一厘米左右的距离为宜，在头盔左右下端有第二条固定带扣调到合适位置扣紧就好。 (2) 安全带：安全带分为全身和半身，在这里我们主要用到的是半身安全带。半身安全带由腰带、腿带、安全拉环、装备环组成。穿戴时左手提腰带、右手提拉环，由腿部提至胯部以上，调整好松紧程度（侧面两个手指插进去不能轻松反转为宜）。 (3) 主锁：主锁是用于攀岩过程中的保护，是连接主绳与安全带的主要装备工具，在这里我们设置的都是双重保护（两把丝扣锁连接），主锁开口向下，相向挂于安全拉环，拧紧丝扣即可。 (4) 动力绳：大家看到我手中的绳子学名叫动力绳，其特性是具有延展性，可以缓冲冲击力，承受22KN以上的拉力，也就说能承受大约2.2吨的重量。	

结构	教学内容	组织与教法
活动实施（70分钟）	穿好安全装备后，由实践教师再次检查装备是否穿戴完好，而后在老师的指挥下攀爬器械，攀爬时，面向脚架，匀速向上攀爬，直至到达挑战位置。到达断桥后，走到断桥一端，双脚一前一后，前脚脚掌的前三分之一漏空，呈准备跨越姿势。准备完毕后迅速跨越到另一端，而后采取相同方法，从另一端跨越回来，然后利用安全绳回到地面。将装备脱放到指定地点，即为挑战结束。 在整个挑战过程中，其他同学应以掌声、加油声，为挑战同学鼓励加油，增强对项目挑战的信心。 **四、活动监控（40分钟）** 1. 安全监控 （1）如果发现有学生攀爬过快要及时提醒或制止。 （2）禁止学生私自触碰处于保护状态的安全主锁，如有发现要及时提醒或制止。 （3）如果出现危险动作必须及时制止。 2. 语言监控 （1）聆听学生在断桥上挑战时发出的声音。 （2）聆听学生挑战成功后发出的声音。 3. 行为监控 （1）观察恐高人员的行为。 （2）观察动作敏捷人员的行为。	
活动总结（20分钟）	**一、集合整队（1分钟）**	**一、组织** 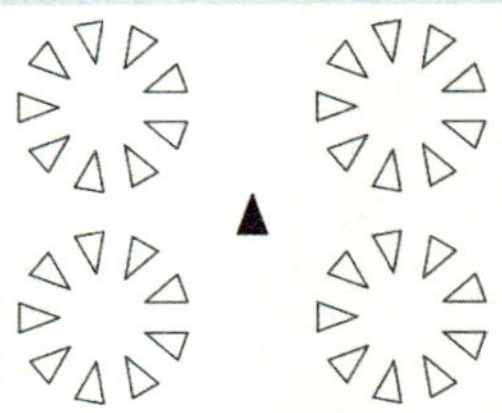 岛屿型

结构	教学内容	组织与教法
活动总结（20分钟）	**二、学生分享（14分钟）** 1. 回顾反思 （1）当你穿上装备的时候是什么样的心情？当你攀爬的时候又是什么样的心情？当你站立在空中的时候又是什么样的心情？当你跨过去的那一刻又是什么样的心情？当你降落在地面的时候是什么样的心情？ （2）你最佩服你们团队中哪一位同学？为什么？ （3）当你听到伙伴给你鼓励的时候是什么样的心情？ （4）这个活动挑战的是你的能力还是心态？我们应该以什么样的心态去面对？ 2. 组织分享 **三、教师总结（5分钟）** 1. 分享整合 如果有人问你能否一步迈过0.8米的距离，你可能会觉得有些好笑，那有什么难的。但是，试想一下把这个距离放到3米高空，你脚下踩的是一块只有0.3米宽、1米左右长的钢板，要跨到另一块同样细长的钢板上，两者之间虽然只有0.8米，你能保证自己心里一点也不紧张吗？中空断桥就是通过让你在高空迈过这艰难的一步来进行心理训练，它能令你勇气倍增。如果你身后有一只老虎，你还敢犹豫吗？你会怎样跳？果敢地跳过去。为什么？那只老虎在生活中像什么？断桥像什么？ 2. 价值澄清 希望大家能勇于突破自我、克服困难、积极向上，做一个勇毅的少年，不负青春。 因为：奋斗的青春最美丽！	**二、教法** 1. 问题引导法 2. 代表分享法 3. 归纳法

评价维度	评价要点	评价结果（描述或判断）
教学准备	1. 是否提前布置好活动场地？	
	2. 是否提前准备好安全保护装备？	
教学过程	3. 在活动体验的过程中，组织是否有序？	
	4. 在讲解带领过程中，对自己的表情、肢体动作、语言表达等如何评价？	
	5. 在活动过程中，是否发挥了教师作为引导者、观察者、分享者的角色功能？	
	6. 你是否能对学生的问题做及时有效的回应？	
	7. 在活动过程中，你在哪些方面给予了学生针对性指导？	
	8. 在活动过程中，是否有安全事故发生？	
教学效果	9. 你能否引导所有学生有效完成学习手册？	
	10. 你是否能通过课程帮助学生克服困难、实现自我突破？	
	11. 你是否通过课程增强了学生之间互相鼓励、互相支持的团队氛围？	
活动小结	优点	
	不足	
	改进	

勇攀高峰

适用年级：初中　　　　建议时长：90分钟

教学内容	课程目标	教学重点与难点
1. 组织学生体验空中加油站。 2. 组织学生体验活动勇攀高峰。 3. 组织学生对活动体验进行分享总结。	1. 通过老师讲解，了解攀岩和相关装备的基本使用常识。 2. 通过体验向上攀爬的过程，锻炼学生肢体的协调力、爆发力、耐力和意志力。 3. 通过体验攀岩活动，培养学生不断挑战、坚持不懈的毅力和勇敢的优秀品质。	1. 重点：活动线是体验攀岩活动。教育线是培养学生勇毅的品质。 2. 难点：学生攀岩方法的教学和攀岩过程中安全的把控。

结构	教学内容	组织与教法
活动准备	**一、前期布置** 1. 场地：攀岩墙。 2. 器材：30米长动力绳1根、半身安全带3条、安全头盔3个、扁带长（短）各4条、丝扣锁（主锁）6把、钢锁4把、八字环2把。	**一、实景图** 
活动实施 （70分钟）	**一、课堂常规（5分钟）** 1. 集合分组 分成4组。 2. 师生认识和问好 老师：同学们好，我是××老师。奋斗的青春？ 学生：最美丽！	**一、组织** 1. 集合时队形 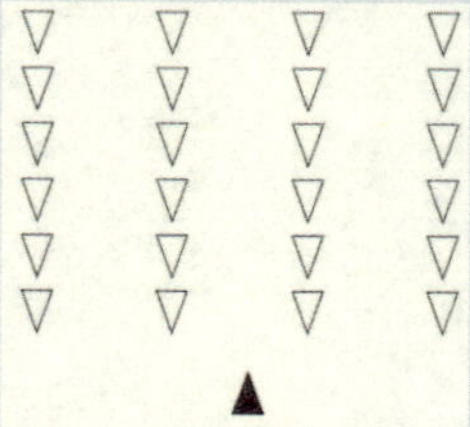 纵路型

结构	教学内容	组织与教法
活动实施 （70分钟）	**二、破冰热身（10分钟）** 空中加油站 1. 热身运动 扩胸运动、伸展运动、腰部运动、全身运动、跳跃运动；前压腿、左压腿、右压腿 2. 口号 师：1—2—3—4 生：5—6—7—8 **三、活动讲解（15分钟）** 1. 活动导入 今天我们要体验的活动是勇攀高峰，需要借用攀岩墙和相应的安全装备。攀岩有一个非常艺术性的名字，叫岩壁上的芭蕾，是个人挑战的项目，对同学们的身体素质和心理素质有着非常高的要求，具有较强的趣味性和挑战性，培养我们勇敢面对困难、勇于攀登、超越自我、敢于挑战的精神，不知道各位优秀的同学们有没有信心完成接下来的挑战？ 2. 活动目标 各组按照规定顺序依次完成攀岩挑战。 3. 活动规则 （1）除挑战人员和辅助人员以外，其余人员不得进入挑战区域。 （2）安全装备穿戴完毕后，经辅助人员检查后必须由老师再次检查。 （3）穿戴挑战流水作业，避免在穿戴装备上浪费过多时间。 4. 攀岩装备介绍 请问各位优秀的同学们在做任何事情之前，我们是不是要做好充分的准备，那么第一步我们是不是要熟悉和掌握攀岩的装备呢？接下来我们一起来了解一下所需装备的性能、构造及使用方法。现在大家面前的装备都是通过 CE（欧盟检测认证）或者	2. 活动讲解时队形 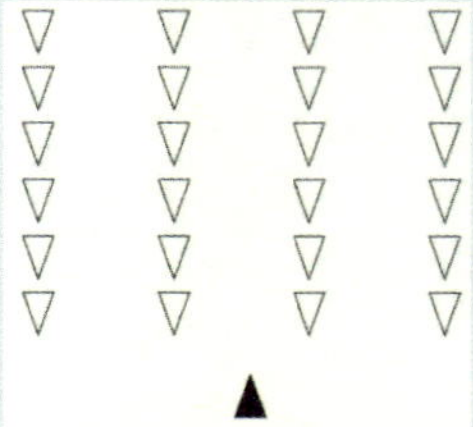 纵路型 **二、教法** 环境导入法

结构	教学内容	组织与教法
活动实施（70分钟）	UIAA（国际登山联合会）认证，并且符合国际标准和要求的装备。 （1）头盔：上去之前必须要佩戴头盔，我们的头盔为即碎型头盔（遭猛烈撞击后会第一时间发生粉碎，均衡受力，缓冲冲击力起到保护头部的作用），我们看到在里圈后侧有调节扣是用来调节头盔头围大小的装置，通过试戴调整到头部合适位置，左右不可晃动，头盔前沿与眉毛一厘米左右的距离为宜，在头盔左右下端有第二条固定带扣，调到合适位置扣紧就好。 （2）安全带：安全带分为全身和半身，在这里我们主要用到的是半身安全带。半身安全带由腰带、腿带、安全拉环、装备环组成。穿戴时左手提腰带、右手提拉环，由腿部提至胯部以上，调整好松紧程度（侧面两个手指插进去不能轻松反转为宜）。 （3）主锁：主锁是用于攀岩过程中的保护，是连接主绳与安全带的主要装备工具，在这里我们设置的都是双重保护（两把丝扣锁连接），主锁开口向下，相向挂于安全拉环，拧紧丝扣即可。 （4）动力绳：大家看到我手中的绳子学名叫动力绳，其特性是具有延展性，可以缓冲冲击力，承受22KN以上的拉力，也就说能承受大约2.2吨的重量。 5. 基本技巧讲解 基本动作 （1）抓：用手抓住岩石的突起部分。 （2）抠：用手扣住岩石的棱角、缝隙和边缘。 （3）拉：在抓住上方支撑点的前提下，小臂贴于岩壁，扣住石缝或其他地形，用手指和小臂使身体	

结构	教学内容	组织与教法
活动实施（70分钟）	向上或向左右移动。 （4）推：利用侧面、下面的岩体或物体，用手臂的力量使身体移动。 （5）张：将手伸进缝隙里，用手掌或手指弯曲张开，以此抓住岩石缝隙作为支点，移动身体。 （6）蹬：用前脚掌内侧或脚趾的蹬力把身体支撑起来，减轻上肢的负担。 （7）跨：利用自身的柔韧性，避开难点，寻求有力的支撑点。 （8）挂：用脚尖或脚跟挂住岩石，维持身体平衡使身体移动。 （9）踏：利用脚前部下踏较大的支点，减轻上肢负担，移动身体。 （10）有效的休息：攀岩不可能一口气完成，所以想爬得更高一些，一般是达到一个比较容易的位置，以最省力的姿势，边休息边观察下一段攀爬的线路。 （11）呼吸的调节：攀爬一条路线是一个连续的过程，从一开始就应该主动去调节呼吸，而不应该等快坚持不住了再去调整。 手法： 攀登中用手的根本目的是使身体向上运动和贴近岩壁。根据支点上突出（凹陷）的位置和方向，有抠、捏、拉、握、推等方法。攀登中手指的力量十分重要，平常可用手做指卧撑、引体向上、指挂引体向上、提捏重物等方法练习。 脚法： 攀岩要想达到一定水平，必须学会腿脚的运用。腿的负重力和爆发力都很大，而且耐力强，攀登中要充分利用腿脚力量。正确方法是要保证平稳，不增加手上的负担，以从右脚到左脚为例，先把左脚提到右脚上方，右脚在支点最右侧为	

结构	教学内容	组织与教法
活动实施（70分钟）	轴逆时针（向下看）运动，把支点左侧空出来，重心还在右脚上，左脚从上方切入，踩点，右脚顺势抽出，把重心过渡到左脚。 6. 注意事项 （1）此活动应提前做好安全调查，三个月内做过大型手术的，或者有先天性疾病的，或者手腕、脚腕、肩膀习惯性脱臼的，可以不参与今天的活动，如果现在感到身体特别不舒服的，可以到旁边休息。 （2）整理队伍前所有人取下高空容易掉落的物品，如手表、眼镜、钥匙、发卡等。 （3）长头发的女同学要把头发平铺到安全头盔内。 （4）每次学生开始攀爬前须让老师确认后方能出发。 （5）时刻关注挑战过程中学生动态，让学生量力而行，避免因体力不支受伤。 **三、活动监控（50分钟）** 1. 安全监控 （1）禁止手抓绳子。 （2）禁止在攀登过程中摘掉安全头盔。 （3）禁止人员在岩壁下方2米内活动。 （4）提醒攀登者在没有抓稳岩点时，不要向上攀登。 2. 语言监控 （1）聆听攀登者行进中的语言表达。 （2）聆听地面人员与挑战者之间互动的声音。 3. 行为监控 （1）观察地面人员的站位分配。 （2）观察攀登者的手势和身体状态。	

结构	教学内容	组织与教法
活动总结 （20分钟）	**一、集合整队（1分钟）** **二、学生分享（14分钟）** 1. 回顾反思 （1）当你成功攀到你设定的目标的时候是什么样的心情？ （2）在活动中你最佩服的一位同学是谁？为什么是他？ （3）这个活动给你带来最大的收获是什么？ （4）你认为完成这个挑战，最应该具备哪种品质？ （5）你是如何理解勇攀高峰的？这给你以后的学习生活会带来什么样的启发？ 2. 组织分享 **三、教师总结（5分钟）** 1. 分享整合 每一个人都努力地向上攀爬，虽然有些人因为身体状况没能登顶，但大家都感觉到了努力到极限的喜悦。此时，是否登顶，对每个人来说已不再重要，重要的是留在我们每个人心中的那义无反顾勇攀高峰的身影；重要的是队友们为我们每一次努力的喝彩；重要的是我们在勇敢和坚持中所感悟到的真谛；重要的是它对我们今后生活的影响。 2. 价值澄清 希望大家把学习生活中的每一个任务都当作自己攀登的目标，勇敢地面对，不懈地追求，不负青春。 因为：奋斗的青春最美丽！	**一、组织** 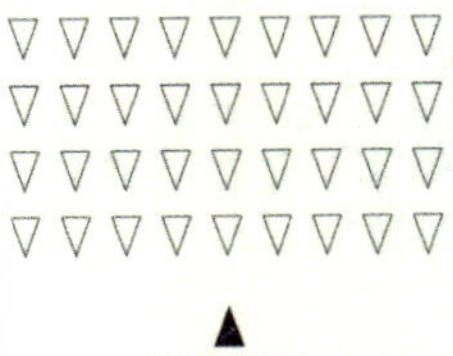 讲授型 **二、教法** 1. 问题引导法 2. 小组内部分享和代表分享法 3. 归纳法

<table>
<tr><th colspan="2">评价维度</th><th>评价要点</th><th>评价结果（描述或判断）</th></tr>
<tr><td colspan="2" rowspan="2">教学准备</td><td>1. 是否提前布置好活动场地？</td><td></td></tr>
<tr><td>2. 是否提前准备好安全保护装备？</td><td></td></tr>
<tr><td colspan="2" rowspan="6">教学过程</td><td>3. 在活动体验的过程中，组织是否有序？</td><td></td></tr>
<tr><td>4. 在讲解带领过程中，对自己的表情、肢体动作、语言表达等如何评价？</td><td></td></tr>
<tr><td>5. 在活动过程中，是否发挥了教师作为引导者、观察者、分享者的角色功能？</td><td></td></tr>
<tr><td>6. 你是否能对学生的问题做及时有效的回应？</td><td></td></tr>
<tr><td>7. 在活动过程中，你在哪些方面给予了学生针对性指导？</td><td></td></tr>
<tr><td>8. 在活动过程中，是否有安全事故发生？</td><td></td></tr>
<tr><td colspan="2" rowspan="3">教学效果</td><td>9. 你能否引导所有学生有效完成学习手册？</td><td></td></tr>
<tr><td>10. 学生是否都能成功地完成自己的攀岩挑战目标？</td><td></td></tr>
<tr><td>11. 课程结束后是否增强了学生之间互相鼓励、互相支持的团队氛围？</td><td></td></tr>
<tr><td rowspan="3">活动小结</td><td>优点</td><td colspan="2"></td></tr>
<tr><td>不足</td><td colspan="2"></td></tr>
<tr><td>改进</td><td colspan="2"></td></tr>
</table>

5

第五单元

奋斗之魂

FENDOUZHIHUN

追梦小浪底——协作制胜

适用年级：初中　　　建议时长：一天

教学内容	课程目标	教学重点与难点
1. 组织学生参观观景平台、雕塑广场、黄河微缩景观、工程文化广场。 2. 组织学生进行净水实验。 3. 组织学生参观爱国主义教育展厅。 4. 组织学生进行保卫母亲河宣誓仪式。 5. 组织学生对各个活动环节进行分享总结。	1. 通过探究活动，重温课本上与黄河相关的历史文化知识，增强对这些知识的记忆和理解，了解小浪底的相关知识，深刻认识红旗渠精神。 2. 通过参与保卫母亲河的系列活动锻炼学生的合作创新能力和实践能力。 3. 通过深入了解小浪底的建设过程，增强学生对母亲河的热爱之情，深度理解红旗渠精神，培养学生攻坚克难、协作制胜的品质。	1. 重点：活动线是学生对黄河和小浪底工程的参观与探究。教育线是培养学生的责任、合作与创新意识。 2. 难点：引导学生以积极的心态参加一天的研学活动，正确理解小浪底精神和红旗渠精神的相似之处。

结构	教学内容	组织与教法
活动准备	**一、前期布置** 1. 场地：小浪底、净水实验场地。 2. 器材：研学手册、旗帜、音响、净水实验所需器材（矿泉水瓶、石子、沙子、木炭、水、卫生纸、剪刀等）、食材。	**一、实景图** 

结构	教学内容	组织与教法
活动实施 （360分钟）	**一、课堂常规（10分钟）** 1. 集合分组 活动开始之前，首先进行分组，按照现在的队列分为四组，每个队列的排头即为小组长，组长负责本组的人数清点。 2. 师生认识和问好 老师：同学们好，我是××老师。奋斗的青春? 学生：最美丽！ 教师：非常欢迎大家来到小浪底景区进行一天的研学活动。 3. 讲解活动任务及要求 教师：活动中我们会给各小组派发研学手册，请大家严格按照手册上的任务探究和学习，妥善保管研学手册，如有丢失，请及时报告老师。 4. 讲解安全注意事项 小浪底景区比较大，请大家跟好自己的队伍，不要私自行动。景区内水域比较多，请大家不要靠近水源，注意安全。 **二、活动环节** 活动（一）——纵览世纪工程（40分钟） 环节1：教师讲解（15分钟） 今天我们研学的第一站是观景平台。这里是参观小浪底工程的最佳位置之一，在这里我们可以清晰地看到小浪底工程的一标工程大坝标和二标工程排沙泄洪系统，小浪底的三标工程则是整个都在山体之下，我右手边的三条尾水洞是发完电的水流出的地方。眼前的消力塘是全世界最大的消力塘，分为一级消力塘和二级消力塘。 环节2：学生探究（10分钟） 学生在观景平台探究，主要观察小浪底的二标工程——排沙泄洪系统，	**组织** 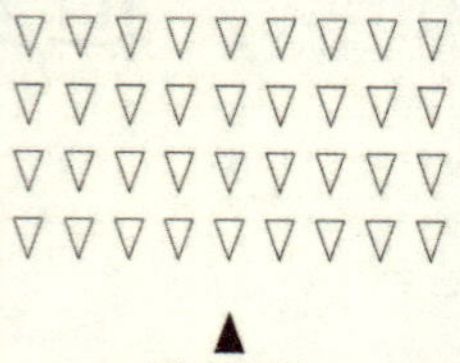 讲授型 **教法** 讲授法 **组织** 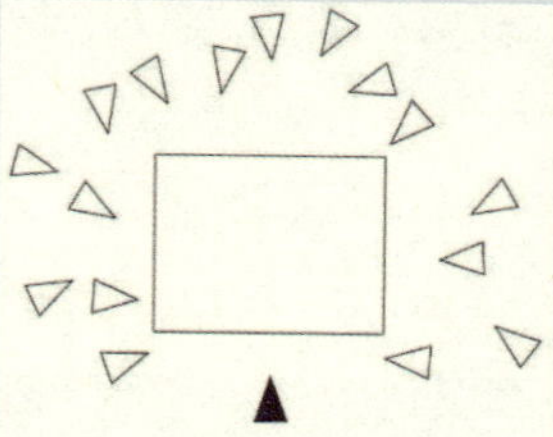 环绕情景型 **教法** 1. 讲授法 2. 探究法 

结构	教学内容	组织与教法
活动实施 （360分钟）	并讨论该系统的作用，以及上面各条渠和各个洞室对应的作用，想象一下它是如何实现泄洪排沙功能的，完成研学手册任务1。 环节3：学生分享（10分钟） 1. 回顾反思 （1）小浪底名字的由来？ （2）大家认为小浪底工程都有哪些作用？ （3）在如此浩大的工程面前，大家有何感想？ （4）小浪底的建设历经十年，红旗渠的建设同样历经十年，是什么样的精神在支撑着这些建设者？他们身上有哪些品质值得我们学习？ 2. 组织分享 环节4：教师总结（5分钟） 1. 分享整合 小浪底主要有三个标段：大坝标、排沙泄洪系统标及发电标。工程凝聚了小浪底建设者的努力与智慧。小浪底主要有防洪、防凌、减淤、灌溉、供水、发电六大功能，实现排沙泄洪功能需要靠多个环节相互配合。 2. 价值澄清 小浪底水利枢纽工程是一座世纪工程，凝聚着千万人的努力与智慧。刚才我们对小浪底的基本情况进行了介绍与探讨，希望同学们在接下来的研学过程中，带着问题，深入地去了解小浪底工程。在这个过程中，需要大家进行合理的小组分工，密切合作与交流，认真观察与发现，这样才能学有所获。遇到困难时，也应想办法去攻坚克难，这样才能看到胜利的曙光。 活动（二）——那些年的小浪底（40分钟） 环节1：雕塑广场讲解（5分钟） 欢迎大家来到研学的第二站——	**组织** 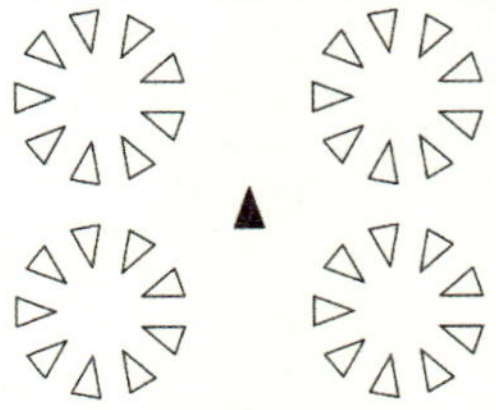 岛屿型 **教法** 1. 问题引导法 2. 代表分享法 3. 归纳法 **组织** 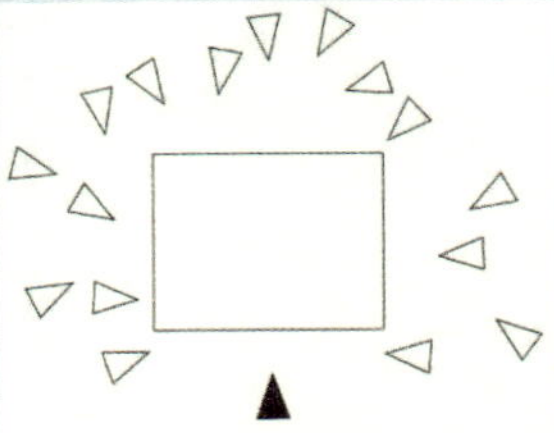 环绕情景型

结构	教学内容	组织与教法
活动实施（360分钟）	雕塑广场。现在大家可以看到这里一共有8座雕塑，整个广场是以《建设者之歌》为主题，分别把工程的管理、设计、施工、移民等方面的丰功伟绩，以超凡脱俗、豪迈奔放的艺术形成留在人们的记忆中。 请大家在研学过程中不要在雕塑上乱写乱画，文明参观。 环节2：分组探究（10钟） 各小组在组长的带领下参观雕塑广场，记录雕塑周身的内容，并完成研学手册任务2，10分钟后集合。 环节3：学生分享（15分钟） 1. 回顾反思 （1）哪几座雕塑分别代表了小浪底工程的一标、二标、三标？ （2）大家发现有哪些国家参与了小浪底的建设？ （3）中国水电在整个建设中扮演了什么样的角色？ （4）回顾一下这两天在基地参与的实践活动，大家认为合作在团队活动中有什么样的重要作用？ 2. 组织分享 环节4：教师总结（10分钟） 1. 分享整合 小浪底水利枢纽工程于1991年动工，2001年竣工，历经10年，被称为世纪工程。当时向世界银行贷款11.09亿美元，按照国际惯例，需要向全世界公开招标，因此很多国家参与了工程的建设。这是一个令全世界瞩目的工程，也是一个凝聚了全世界人民心血的工程。 2. 价值澄清 诸多国家参与了小浪底水利枢纽工程的建设，这充分说明了合作的重要性。 大家回顾一下我们在基地的实践课程，无论是室内的，还是室外的，基本上都是小组合作完成的。小浪底	**教法** 讲授法 **组织** 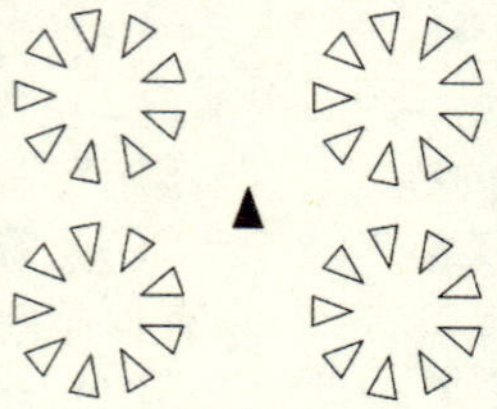 岛屿型 **教法** 1. 问题引导法 2. 代表分享法 3. 归纳法

结构	教学内容	组织与教法
活动实施 （360分钟）	工程就是国际间合作与交流的成果，也就是我们现在常谈的“人类命运共同体”。 我们河南的三大时代精神之一的红旗渠精神，就发生在我们河南省的林州，在那里数十万河南人民历经十年共同协作在太行山上开凿了一条“人工天河”。小浪底和红旗渠的建设，无不彰显了协作制胜的重要性，也希望大家在今后的学习和生活中，都能通力合作，用更加开放的心态去沟通和交流。 活动（三）——蜿蜒母亲河（50分钟） 环节1：分组探究（20分钟） 学生分组参观黄河微缩景观，三人一组，进行探究式学习，分工完成任务3。结束后，三人互相分享。 注意：道路较狭窄，请大家不要拥挤，不要追逐打闹，避免掉入沟里。 环节2：学生分享（20分钟） 1. 回顾反思 （1）刚才我们在黄河微缩景观上经过哪几座大型的水电站？ （2）为什么要在黄河上建设这些水电站？ （3）今天我们参观的小浪底水利枢纽工程和下游西霞院枢纽工程之间又有着什么联系呢？ （4）回顾黄河的治理历史，大家认为科技创新对我们的生活有着怎样的影响？ 2. 组织分享 环节3：教师总结（10分钟） 1. 分享整合 黄河流经世界上水土流失最严重的黄土高原，进入下游平原后泥沙沉积，河床抬高，河流频繁改道。历史上黄河曾经北抵天津，南犯江淮，纵	**组织** 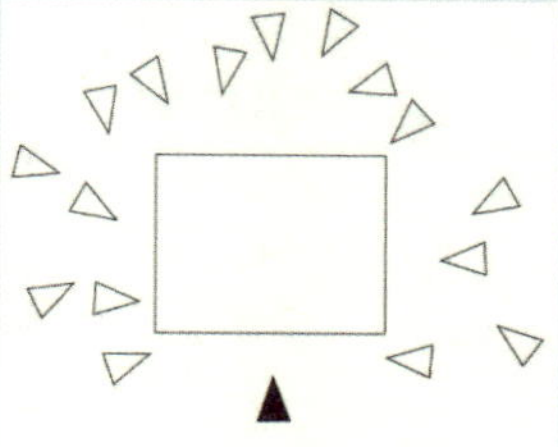 环绕情景型 **教法** 探索法 **组织** 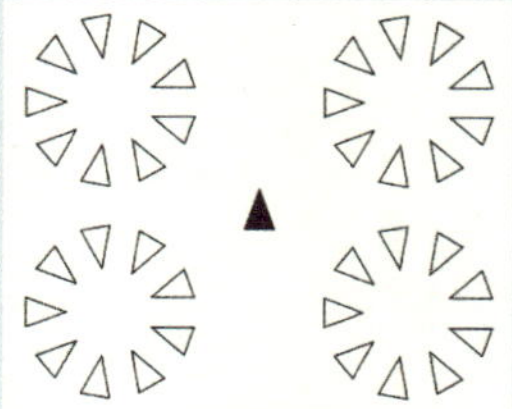 岛屿型 **教法** 1. 问题引导法 2. 组内分享和代表分享法 3. 归纳法 

结构	教学内容	组织与教法
活动实施 （360分钟）	横25万平方公里，被称为“中国之忧患”。 4000年前大禹治水的故事，至今仍家喻户晓。然而，大禹之后数千年中，黄河下游仍然不断泛滥。滚滚洪流自天而降，周而复始，将一代代繁华湮没在泥沙之下。 2. 价值澄清 （1）纵观整个治理黄河的历史，也是人们与大自然斗争的历史，是一部不停歇的奋斗史，正因为人们有改造自然的决心，才有今天的大河安澜。我们在学习和生活中也应该有不达目的誓不罢休的决心。 （2）黄河治理手段从传统的河道修复到借助现代信息技术构建的数字化虚拟平台（数字黄河）来对黄河上游的自然现象进行模拟、分析和研究，为后期开发管理和各种方案提供技术支持。一座座水电站水利枢纽工程的建造，一次次治理方法的改进，都是人类不断创新的过程，社会的发展需要创新，祖国未来的发展需要创新，所以，树立创新意识、培养创新能力也成为新时代对我们青少年提出的要求。未来是属于我们的，衷心希望在未来的生活中，大家能一如既往地奋斗不息，为中国的未来贡献力量。 活动（四）——厉害了，我的小浪底！（40分钟） 环节1：教师讲解（15分钟） 工程文化广场再现了小浪底工程波澜壮阔的建设场景。广场展品以小浪底工程施工机械为主，其中设置了大坝断面模型，使人们更直观、大尺寸地观察国内最大的土石坝结构。洞群施工用的钢模台车和一辆由意大利生产制造、当时载重量最大的工程运输车“佩尔蒂尼”两种实物模型，代	**组织** 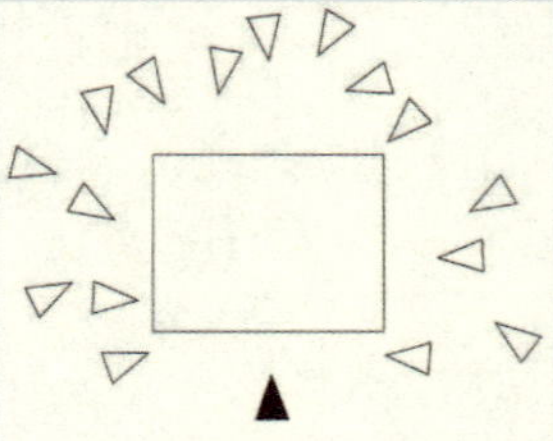 环绕情景型 **教法** 1. 讲授法

结构	教学内容	组织与教法
活动实施 （360分钟）	表了当时世界最先进的技术。 环节2：学生参观（10分钟） 学生参观工程文化广场主要景观，各小组在组长的带领下参观佩尔蒂尼自卸车、壤土斜心墙堆石坝横剖面及钢模台车，并且完成研学手册任务4。 环节3：学生分享（10分钟） 1. 回顾反思 （1）在工程文化广场，大家都看到了哪些可以代表当时先进生产技术的设备？ （2）钢模台车的工作原理是什么？ （3）你知道还有哪些类似小浪底的工程建设？ （4）无论是小浪底的建设，还是今天的超级工程港珠澳大桥、三峡工程、南水北调工程等，对于中国来说都是巨大的挑战，那么在生活和学习中，面对挑战，你会怎么做？ 2. 组织分享 环节4：教师总结（5分钟） 1. 分享整合 历史选择了小浪底，于是一个承载着民族希望的工程应运而生，在建设的过程中，小浪底人肩扛重任，经历了无数的艰难险阻，攻克了无数的技术难题，时刻铭记：在外国人面前我们是中国人，在中国人面前我们是小浪底人。十年磨砺，小浪底人向全世界人民交出了满意的答卷。 2. 价值澄清 同样，在19世纪70年代，河南林县人民在一次又一次面临着“水贵如油”的局面时，身为县委书记的杨贵，带领全县人民克服种种困难，以“敢教日月换新天”的奋斗之力，修建了一条属于林县人民的“水长城”。 人类的进步与中华民族的发展都是一部奋斗史，我们每个人的成长过程也是奋斗的过程。在成长的过程中	2. 探究法 **组织** 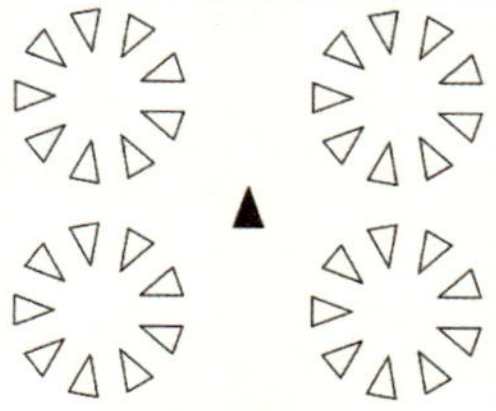 岛屿型 **教法** 1. 问题引导法 2. 代表分享法 3. 归纳法

结构	教学内容	组织与教法
活动实施（360分钟）	也会遇见各种各样的困难，这就需要我们去直面困难，挑战困难，战胜困难，未来终将属于奋斗的人们！ 活动（五）——文明室外餐（40分钟） 环节1：问题导入（5分钟） 大家平时都喜欢吃什么饭？最喜欢的菜是什么？ 随着经济的发展，餐饮的形式逐渐多样化，可供大家选择的餐饮方式也越来越多，应运而生的美团外卖、饿了么等也在充斥着大家的生活。那么同学们有没有听自己的爸爸妈妈或者爷爷奶奶讲起过属于他们那个年代的饭菜？大家可以通过餐桌上的变化真切地感受到时代的变化，通过今昔生活的对比，感受今天幸福生活的来之不易。也希望在座的各位能够珍惜每一粒粮食，珍惜这次集体外出就餐的机会。 环节2：集体就餐（15分钟） 1. 分组 纵队是一组，每一队排头是组长（根据实际人数决定每组人数）。 2. 就餐 按组领取食物，由小组长领取分发给组员。之后进行交流收获。 3. 垃圾分类 就餐结束以后，把就餐垃圾分类整理，投放到相应垃圾桶内。 给“小浪底洗洗澡”，每位同学在小浪底捡一片垃圾投放到相应的垃圾桶内。 4. 完成任务5 环节3：学生分享（10分钟） 1. 回顾反思 （1）今天的就餐秩序大家觉得怎么样？ （2）就餐完毕你的餐后垃圾有没	组织 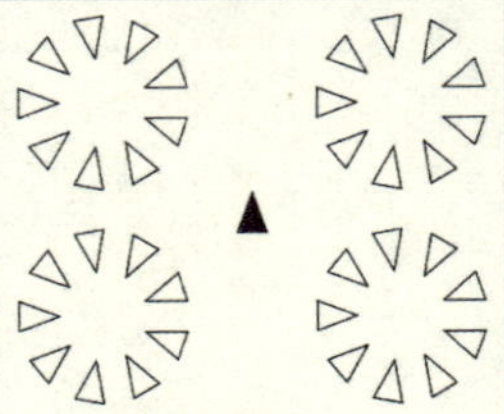 岛屿型 教法 1. 问题导入法 2. 讲授法

结构	教学内容	组织与教法
活动实施 （360分钟）	有分类处理？ （3）纵观近些年的餐饮方式的变化，大家有什么样的感慨？ （4）通过这节室外就餐课，大家有什么想法？对于未来的生活，大家又会有什么样的实际行动？ 2. 组织分享 环节4：教师总结（10分钟） 1. 分享整合 小浪底在建设初期正值19世纪末，面对黄河的严峻形式，工程需要即刻上线，无数的建设者为了赶工期，不分昼夜，馒头和水就是一顿饭，终于如期完成了任务。 回顾19世纪70年代，林县人民在修筑红旗渠的过程中，因为粮食紧缺，经济困难，修渠人只能靠着红薯叶、挖野菜作为自己的一日三餐，风餐露宿，终于还是凭借着惊人的毅力铸就了属于林县人民的“生命渠”。再联想到红军长征时期，食不果腹，吃草根，煮皮带，最终赢得了胜利。 2. 价值澄清 今天我们进行了集体就餐，同时也了解了前人艰苦奋斗的故事。希望大家能够明白我们今天的幸福生活是无数先辈们用热血，用青春，用顽强的毅力换来的。也希望在未来的生活中，大家能够从珍惜每一粒粮食做起，珍惜今天的幸福生活，用更加饱满的热情投入到学习和生活中。 活动（六）——实践出真知（40分钟） 环节1：情景导入（5分钟） 我国是一个严重缺水的国家，人均水资源量仅为世界平均水平的1/4，是全球人均水资源最贫乏的国家之一。然而，中国又是世界上用水量最多的国家。目前全世界的淡水资源仅	**组织** 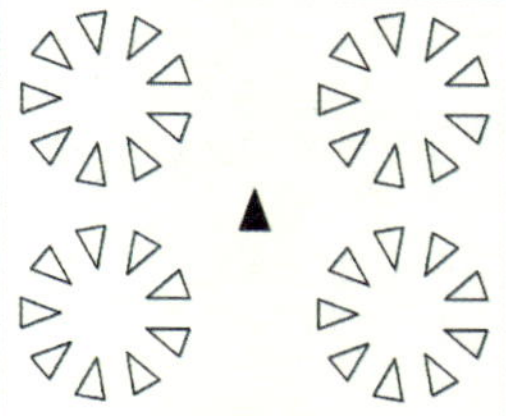 岛屿型 **教法** 1. 问题导入法 2. 代表分享法 3. 归纳法

结构	教学内容	组织与教法
活动实施（360分钟）	占其总水量的2. 5%，其中70%以上被冻结在南极和北极的冰盖中，加上难以利用的高山冰川和永冻积雪，有86%的淡水资源难以利用。目前，全世界有1/6的人口、约10亿多人缺水。专家估计，到2025年世界缺水人口将超过25亿。 目前，随着全球人口的急剧增长，工业发展迅速，世界上许多国家正面临水资源危机，水资源危机带来的生态系统恶化和生物多样性破坏，也将严重威胁人类的生存。水资源危机既阻碍世界可持续发展，也威胁着世界和平。 总而言之，目前中国乃至全世界都存在水资源紧缺和水资源污染严重的问题。 接下来，请大家按照要求各小组分工合作完成净水实验！ 环节2：净水实验任务及规则（5分钟） 1. 讲解净水实验的规则 任务：根据提供的器材，各小组自行完成净水实验。（活动方法不限，形式不限） 2. 规则 （1）活动分组规则：按照列队的形式分成四组，每列队伍的排头是组长，组长领取器材后，带领组员进行实验。 （2）实验的时间为20分钟。 （3）所提供的器材有：剪刀、矿泉水瓶、石子、木炭、沙子、卫生纸和取水桶。 （4）规定的时间内，保质保量完成任务的即为优胜者。 3. 注意事项 实验过程中正确使用剪刀，注意安全，不要伤到自己和他人。 环节3：分小组进行净水实验（20分钟）	组织 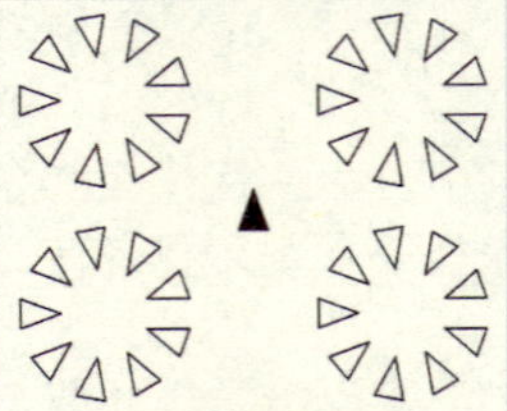 岛屿型 教法 1. 场景导入法 2. 讲授法 3. 体验法

结构	教学内容	组织与教法
活动实施 （360分钟）	1. 以组为单位进行净水实验 按照队列的形式分成四组，每列队伍的排头是组长，组长领取净水器材，带领组员围成圆进行实验。 2. 教师指导 教师在整个过程中负责监督每个小组的实验进度。 环节4：小组分享（5分钟） 1. 回顾反思 （1）在刚才的实验过程中，大家都使用了哪些器材？ （2）整个净水实验一共分为哪几个步骤？ （3）现实生活中还有哪些净水的方法？ （4）刚才的净水实验是集大家智慧的结果，也是一次小的创新实践，这种创新实践对于我们的日常生活和学习有什么启发？ 2. 组织分享 环节5：教师总结（5分钟） 1. 分享整合 活性炭的吸附原理就是利用自身发达的孔隙结构，把水中或空气中的有害物质吸附过来，从而达到净化的目的，活性炭除了具有发达的孔隙结构，还有表面积大、性能稳定和再生能力强等优点。沙子的吸附原理是在压力差的作用下，悬浮液中的液体（或气体）透过可渗性介质（过滤介质），固体颗粒为介质所截留，从而实现液体和固体的分离。卫生纸过滤水的原理是卫生纸对污水中的固体杂质起到了过滤作用，同时卫生纸的生产过程经过了氧化类型的具有消毒的化学物质的漂白，自身沾上了具有消毒作用的化学物质，对污水也就起到了一定的杀菌消毒作用。 水，是生命之源，是人类赖以生存和发展的不可缺少的物质资源之一。我们每天的生活需要用水，工业	组织 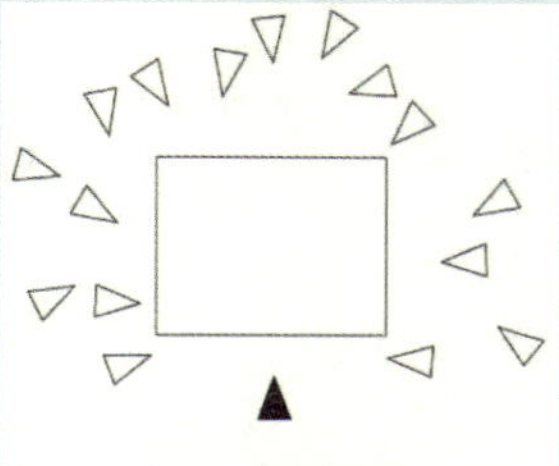 环绕情景型 教法 1. 问题引导法 2. 代表分享法 3. 归纳法 

结构	教学内容	组织与教法
活动实施（360分钟）	生产也离不开水，人的生命一刻也离不开水。 小浪底水利枢纽工程其实也是对于黄河水的净化，拦河大坝将黄河水拦截后经过沉淀，上部分清水或进入山体进行发电，或通过泄洪洞进入下游地区进行灌溉；下部分泥沙每年的6月底7月初会进行调节，这样就解决了黄河中下游地区泥沙含量大的问题。 刚才的净水实验，虽然操作起来比较简单，但是非常实用，可以极大地提高大家的动手实践能力和野外生存能力。 2. 价值澄清 本次净水实验，同学们根据提供的器材有效地完成了任务，大家表现得都很不错。 我们就红旗渠和小浪底来做比较，红旗渠的修建解决了千万林县人民吃水难的问题，小浪底的修建使得满是泥沙的黄河水变得清澈见底。然而它们都是从无到有的过程，都彰显了人们改造自然，人定胜天的决心，都是人类勇于拼搏的显著成果，这所有的一切也是人们创新创造、协作制胜的结果。我也衷心希望在座的同学们能发扬这种精神，在生活和学习中无论遇到什么困难，请坚信拼搏后就能迎来曙光！ 活动（七）——我们是小浪底人（50分钟） 环节1：攀登大坝总结及爱国主义教育展厅简介（5分钟） 攀登大坝的过程也是一种体验，这不仅是一次体力上的考验，也是对建设者的一种敬畏。大家在这个过程中可以切身地感受到工程的艰辛。 接下来我们讲一下爱国主义教育展厅的建造背景。1996年，时任总书	组织

结构	教学内容	组织与教法
活动实施 （360分钟）	记的江泽民同志在视察小浪底工程时指出：小浪底工程规模宏大，技术很复杂，一定要确保安全，把工作做好。小浪底工程很壮观，体现出一种宏伟的气势，是进行爱国主义教育的好场所。根据江泽民同志的指示精神，水利部党组决定把爱国主义教育基地设在小浪底。展厅里的沙盘模型可以让大家直观地了解这项世纪工程，展厅内图片、文字、模型、工具等资料和实物的陈列展览，呈现了小浪底宏伟工程的重要性、艰巨性、挑战性、建设者的风采和业绩以及国际接轨的撞击和爱国主义精神。 进入展厅请勿大声喧哗，请勿破坏展厅内文字及物品，文明参观。 环节2：分组探究（20钟） 按照列队的形式分成四组，每列队伍的排头是组长，带领组员依次进入展厅进行探究式学习，完成研学手册任务7。15分钟后展厅外集合。 环节3：学生分享（15分钟） 1. 回顾反思 （1）修建拦河大坝用到的土石方垒成了一米见方的墙，可以绕地球多少圈？ （2）“地上悬河”是如何形成的？ （3）小浪底有六大重要作用，除此之外还有什么作用？ （4）小浪底地位重要，责任重大，联系我们的生活和学习，我们也肩负着祖国更加繁荣富强的重任，对你的未来有什么影响？ 2. 组织分享 环节4：教师总结（10分钟） 1. 分享整合 爱国主义教育展厅用文字和图片讲述了黄河和小浪底工程的基本情况，在这里我们可以再次感受工程的伟大、建设历程的艰辛、施工场面的波澜壮阔、关系处理的尖锐复杂以及建设者	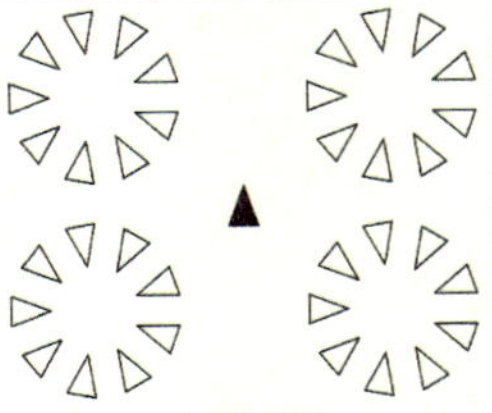 岛屿型 **教法** 1. 讲授法 2. 探究法 **组织** 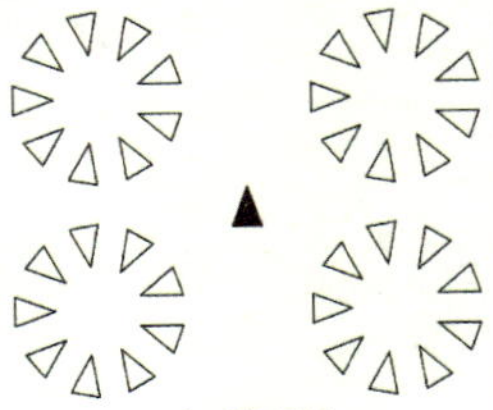 岛屿型 **教法** 1. 问题引导法

结构	教学内容	组织与教法
活动实施 （360分钟）	豪迈的爱国主义热情。回想一下我们今天走过的各个研学点，内心是否会生出自豪感、敬慕感以及爱国之情？ 2. 价值澄清 历史选择了小浪底，在经历了多次治河失败后，小浪底工程终于从人们的意愿变成现实。走过了漫长而艰辛的10年建设时期，如今的小浪底承担着重任，成为黄河上的一颗蓝宝石，成为黄河母亲的心脏。 现如今的我们，作为新时代冉冉升起的新星，也应该肩扛责任，为了祖国的明天，为了更美好的未来而奋斗不止！ 活动（八）——爱我母亲河（50分钟） 环节1：感悟黄河历史文化，争当优秀传统文化接班人。（10分钟） 滚滚黄水九曲回，一路奔涌，在晋陕峡谷骤然受束，水面由浩瀚的400米，乍缩为50米，落差30米的深峡急流，势如巨壶，倒悬倾注。早在远古时代，黄河已经开始孕育华夏的炎黄子孙。黄河，如一位伟大的母亲，用她的乳汁哺育着大地；黄河，是中华上下5000年的灿烂文化的发源地。因此，黄河被称作“母亲河”是当之无愧的！ 今天，就让我们站在黄河岸边，一起走进黄河，一起感受黄河的风采，一起歌颂黄河，一起探寻黄河的足迹，唤醒我们作为黄河儿女内心深处的黄河之情。 环节2：黄河诗朗诵（20分钟） 1. 分组 每个小组成员在组长的带领下，集思广益，商讨出一首有关黄河的古诗词或者现代诗，组内练习，要求有队形，有感情朗诵。	2. 代表分享法 3. 归纳法 **组织** 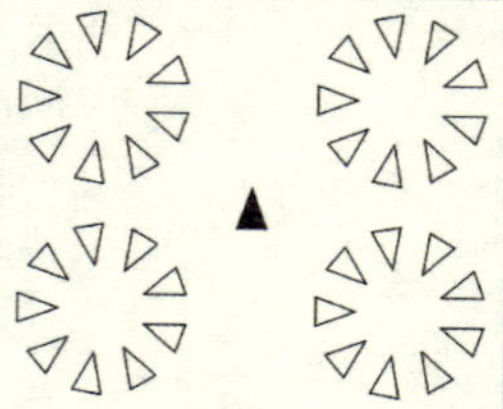 岛屿型 **教法** 1. 讲授法 

<table>
<tr><th>结构</th><th>教学内容</th><th>组织与教法</th></tr>
<tr><td>活动实施
（360分钟）</td><td>（教师也可以提前准备几首诗）
2. 成果展示
各小组依次进行朗诵。
环节3：保护母亲河宣誓、拍照留念（10分钟）
1. 宣誓仪式
连队所有成员集合列队，之后由连长挑选出领誓人，带领大家进行宣誓仪式。宣誓方式：右手握拳，拳心对着太阳穴，跟读内容。
宣誓内容：从我做起，积极践行，植绿护绿，珍爱生灵；治理水土，优化环境；抵制污染，倡树文明；奉献青春，不辱使命！
2. 完成任务8
3. 拍照留念
连队所有成员集合列队，拍照纪念。
照相三个动作：
为母亲河点赞；
为母亲河加油；
我爱母亲河。
环节4：学生分享（5分钟）
1. 回顾反思
（1）黄河为什么被称之为“母亲河”？
（2）黄河的忧患在哪里，目前存在的问题都有哪些？
（3）保护母亲河，在未来的日子里，大家将用什么样的方式去保护母亲河，保护绿水青山？
2. 组织分享
环节5：教师总结（5分钟）
1. 分享整合
母亲河，它从远古流淌到今，孕育了伟大的华夏文明；它从高山流向大海，滋润着万顷良田；它从每个中华儿女心上流过，有笑有泪，有灾难也有丰收；它就像我们的母亲，无私奉献，给我们提供资源，但是随岁月流逝而愈见沧桑。</td><td>2. 体验法

3. 代表分享法
4. 归纳法</td></tr>
</table>

结构	教学内容	组织与教法
活动实施（360分钟）	现在，泥沙大量增加，污染越来越严重；黄河频繁断流，昔日的天际之水变成了苍白的裸石和干涸的黄沙土，听不见那震天的涛声，看不见那一泻千里的浩瀚。在刚才的保卫母亲河的系列活动中，我们通过集体朗诵和宣誓的形式，表达了对母亲河发自内心的呐喊。 2. 价值澄清 今天的母亲河不再咆哮，安静流淌，滋润着万千儿女，但是我们也应该清楚地认识到母亲河仍然存在很多亟待解决的问题。为了使母亲河永不干涸，我们必须从自己做起，小手拉大手，同时呼吁自己的朋友，自己的家人，甚至是陌生人，让我们共同投入到保卫母亲河的实际行动当中来。 **三、注意事项** 1. 活动时间的把控。 2. 探究活动和讲授的有效结合与运用。 3. 关注语言能力表达欠佳的学生，并且给与赏识性教育。 **四、活动监控** 1. 安全监控 （1）学生不得靠近水域。 （2）登大坝的过程中避免拥挤和跑跳。 （3）道路狭窄地带不得拥挤。 2. 语言监控 聆听学生过程的交流和对话。 3. 行为监控 观察学生在过程中的动作是不是文明。	

结构	教学内容	组织与教法
活动总结（360分钟）	**一、集合整队（1分钟）** 各连队迅速整队集合，按照岛屿型位置坐下，在行动中做到快静齐。 **二、学生分享（14分钟）** 1. 回顾反思 （1）今天的研学活动你最深的感受是什么？ （2）你印象中的黄河跟现实中的黄河水有什么样的差别？你还去到过哪一段黄河？ （3）小浪底修建的过程和红旗渠开凿的过程有什么相似之处？ （4）拥抱母亲河，徜徉小浪底，今天的研学对你日后的学习和生活有什么样的启示？ 2. 组织分享 **三、教师总结（5分钟）** 1. 分享整合 今天，当我们以另一种形式走进小浪底，如今的母亲河在经历了几千年的千疮百孔后，不再咆哮，大河安澜，风光无限。 十年逐梦，小浪底，一个寄托着民族千年愿景的宏伟目标豁然呈现。它用强劲的心跳，均衡协调，使得河流再生，使得百姓安宁。 今天，当我们再次以无比崇敬的心情走进小浪底时，我相信每个人的心中都是波澜壮阔的，作为黄河儿女，内心的自豪感也油然而生。为了生存和延续，人们征服自然、改造自然的脚步从来都没有停歇。多国合作，开拓创新，肩扛重任，勇往直前，这是小浪底工程中的奋斗精神。 2. 价值澄清 希望在今后的学习和生活中，大家在回忆起今天的研学经历时，能从中汲取更多的力量和方向，无论遇见什么困难和挑战，都能充分发扬小浪底和红旗渠精神，艰苦奋斗，奋发向上，因为：奋斗的青春最美丽！	**一、组织** 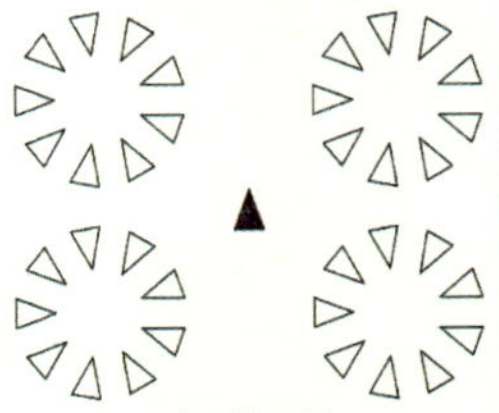 岛屿型 **二、教法** 1. 问题引导法 2. 代表分享法 3. 归纳法

评价维度	评价要点	评价结果（描述或判断）
教学准备	1. 是否和景区提前做好对接（时间、人数、讲解安排等）?	
	2. 是否准备好用到的研学手册、旗帜、音响、净水实验所需的器材?	
教学过程	3. 每个活动时间节点把控是否按计划进行?	
	4. 开展研学的八个活动时，是否给与学生们足够的时间进行探究?	
	5. 在讲解带领过程中，对自己的表情、肢体动作、语言表达等如何评价?	
	6. 在研学过程中，是否发挥教师作为引导者、观察者、分享者的角色功能?	
	7. 在研学活动中，你对哪个活动的组织最满意?	
	8. 你是否能对学生的问题做及时有效的回应?	
	9. 在研学过程中，你在哪些方面给予了学生针对性指导?	
	10. 在研学过程中，是否有安全事故发生?	
教学效果	11. 你能否引导所有学生有效完成研学手册?	
	12. 你是否能通过本课程让学生在整个研学过程中保持环境卫生?	
	13. 你能否引导学生有秩序地完成八个活动?	
	14. 学生是否能认识到小浪底工程中所蕴含的奋斗精神?	
活动小结 优点		
活动小结 不足		
活动小结 改进		

问道王屋山——学习之道

适用年级：初中　　　　建议时长：一天

教学内容	课程目标	教学重点与难点
1. 组织学生参观王屋山道境广场。 2. 组织学生参观皇家道观阳台宫。 3. 组织学生参观王屋山地质博物馆。 4. 组织学生参观愚公群雕和愚公故居。 5. 组织学生对各个活动环节进行分享总结。	1. 通过王屋山探究活动，了解王屋山历史文化和中国传统文化，了解王屋山地质地貌特征。 2. 通过研学实践活动，提升学生的合作能力、观察能力、解决问题的能力。 3. 通过一系列探究活动，探索生命的意义，培养学生珍爱生命、热爱学习、勇于探索、不断攀登人生高峰的价值理念。	1. 重点：活动线是学生在道境广场、阳台宫、地质博物馆、愚公群雕参与各种探究活动。教育线是培养学生的学习力和对愚公移山精神的理解。 2. 难点：理解研学中的各个活动与学习、生活的结合。

结构	教学内容	组织与教法
活动准备	**一、前期布置** 1. 场地：王屋山景区。 2. 器材：研学手册、旗帜、音响、签字笔、条幅等。	**一、实景图** 
活动实施（190分钟）	**一、课堂常规（10分钟）** 1. 集合分组 活动开始之前，首先进行分组，按照现在的队列分为四组，每个队列的排头即为小组长，组长负责清点本组人数。	

结构	教学内容	组织与教法
活动实施（190分钟）	2. 师生认识和问好 老师：同学们好，我是××老师。奋斗的青春？ 学生：最美丽！ 教师：非常欢迎大家来到王屋山景区进行一天的研学活动。 3. 讲解活动任务及要求 教师：活动中我们会给各小组派发研学手册，请大家严格按照手册上的任务探究和学习，妥善保管研学手册，如有丢失，请及时报告老师。 4. 讲解安全注意事项 教师：王屋山景区比较大，请大家跟好自己的队伍，不要随意离队。景区内台阶比较多，请大家注意安全。如有什么问题，请及时报告老师。 **二、活动环节** 活动（一）看一卷艺术经墙（45分钟） 环节1：教师讲解（15分钟） 欢迎大家来到王屋山道德经墙，这里是道文化的代表作《道德经》的经典再现。《道德经》又名《老子》《五千言》，就是这样一部集修身、齐家、治国、平天下为一体的巨著，对中国的哲学、科学、政治、宗教等产生了深远的影响，体现了古代中国人的一种世界观和人生观，直到现在还在影响我们的生活、工作和学习。耳熟能详的“千里之行，始于足下”“上善若水，水善利万物而不争”“宠辱不惊”“天网恢恢，疏而不失”等皆出自于《道德经》。 道德经墙位于“天下第一洞天”王屋山道境广场的核心位置，石刻作品全长101米（寓意老子在世101载），高81分米（寓意《道德经》全篇81章）。经卷采用原土、原石、原版、原创、原注，体现道法自然。石刻经卷形若苍龙，即指老子龙也；状似如意，借喻道	**组织**  **教法** 1. 讲授法、图示法 

<table>
<tr><th>结构</th><th>教学内容</th><th>组织与教法</th></tr>
<tr><td>活动实施
（190分钟）</td><td>益人生；更像春蚕，寓意老子悟道王屋山，正如蚕之成长、成熟、吐丝三个阶段，以彰显王屋山对《道德经》成书的作用。

环节2：学生探究（10分钟）
1. 分组探究
学生在道德经墙按照既定的分组探究。
2. 布置任务
了解《道德经》相关内容，释义《道德经》名言警句。并填写研学手册任务1。

环节3：学生分享（10分钟）
1. 回顾反思
（1）除了刚才提到了的《道德经》名言警句，还有哪些耳熟能详的句子？
（2）今天你学到了哪些新的名言警句？
（3）《道德经》对我们的学习和人生有什么指导意义？
2. 组织分享

环节4：教师总结（10分钟）
1. 分享整合
《道德经》给人的启发非常多，每一句都可以看作一个蕴含深意的金句，一千个读者眼里有一千个《道德经》，人人都可以用《道德经》检视自己，都能从中找到自己需要的东西。与此同时，作为一部哲学经典，《道德经》的语言非但不枯燥艰涩，还凝练简洁，充满诗意。其中不少内容都是从实践中总结出的经验，其文字虽然抽象，意思却并不难懂。
《道德经》中有许多内容是可以指导我们的学习和定位我们的人生的，例如：
（1）天下难事，必作于易；天下</td><td>组织
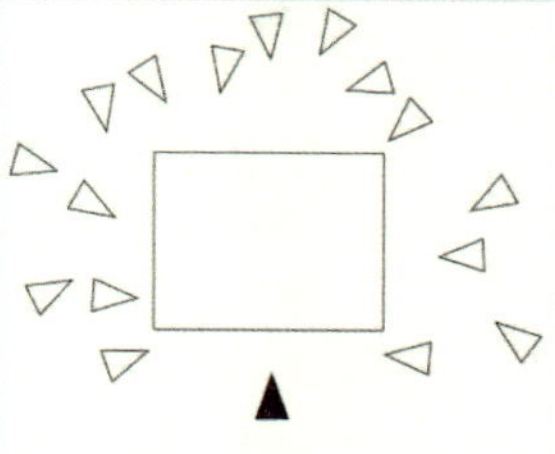
环绕情景型

教法
探究法

组织
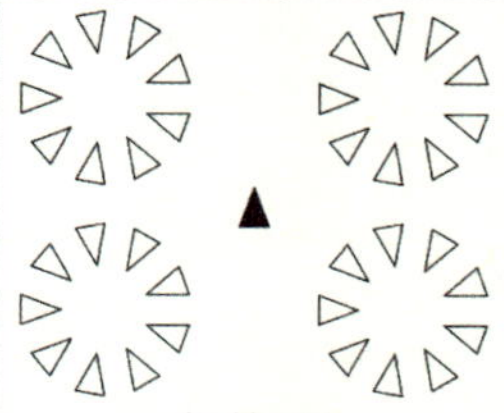
岛屿型

教法
1. 问题引导法
2. 代表分享法
3. 归纳法</td></tr>
</table>

结构	教学内容	组织与教法
活动实施（190分钟）	大事，必作于细。 释义：天下所有的难事都是从简单的事情变化而来的；天下所有的大事，都是从一件件小事做起来的。 （2）知人者智，自知者明。胜人者有力，自胜者强。 释义：了解、通晓别人的人算是很聪明，了解自己的人才是有智慧的明白人。战胜别人的人算是有力量，战胜自己的人才是有本事的强者。 （3）为学日益。 释义：为学就是坚持不懈地向外界探索新知，知识是无限的，既没有开始，也没有结束，所以我们对知识的探索也就永远没有尽头。庄子也说“吾生也有涯，而知也无涯”，意思是生命是有限的，知识是无限的，要把有限的生命，投入到对无限知识的追求中去。可见，纵然是用尽一生的时间来学习，也不能把所有的知识学完。尽管如此，我们还是要“活到老学到老”，这是因为知识能使人们的认知更接近真理，所以要坚持不懈地学习知识。 2. 价值澄清 女娲补过的天，愚公移过的山，黄帝祭过的天，大禹治过的水，这里就是王屋山。从上古时代的原始崇拜，到黄老道的发展，再到洞天福地学说中的十大洞天之首，王屋山作为“天下第一洞天”，彰显着其道教圣地的重要地位。老子、司马承祯等道家人物的悟道，李白、白居易等文人墨客的游历，药王孙思邈的采药炼丹，都为王屋山增添了神秘的气息。走进王屋山，犹如走进仙境，我们可以在这里接收来自于王屋山的灵气，洗涤和安放自己的心灵，学习道文化，并用其中的精髓知识指导我们的学习和生活。 道文化在中华传统文化中占据着重要的地位，《道德经》作为一部道文化重要的指导著作，可以净化我们的心	

结构	教学内容	组织与教法
活动实施（190分钟）	灵，提升认知的能力，打开智慧的大门。也可以提升我们为人处世的能力，对人生规划也有很好的指导意义。希望大家在日后的学习中，多读《道德经》，汲取其精华，让《道德经》成为指引我们前行的灯塔，也希望大家能够在《道德经》的指引下走得更远。 活动（二）观一处皇家道观（65分钟） 环节1：教师讲解（25分钟） 同学们，我们先观察整个阳台宫的建筑风格，以及面前的娑罗树和柏树，完成研学手册任务2。之后由老师讲解阳台宫的历史，以及菩提树、龙柏、凤柏和鸟柏的历史由来和意义。结合任务卡领悟我们民族宗教和谐共处、共同发展的高超思想境界。 接下来我们观察三清殿以及殿前画联上的内容，之后由教师讲解三清殿相关知识及延伸：三清殿是我国现存规模最大的明代歇山式木结构建筑。整个殿堂是由30根石柱子支撑的，每根石柱子上都雕刻有龙凤呈祥的吉祥图。尤其是外面这四根柱子雕刻的画联，讲解画联的含义。整个画联展示的是“风调雨顺、国泰民安、苦海无边、回头是岸”“八仙过海，各显神通”。体会了道家顺其自然，无为而治，与自然和谐相处的思想。 最后来观察玉皇阁以及石柱上的小故事，由老师来讲解相关知识。玉皇阁是河南目前最大的歇山式阁楼建筑，明三暗二建筑，下层供奉神仙，上层用做藏书。阁外20根石柱雕刻着盘龙彩凤、花草虫鱼和神话故事，雕工精湛，形象逼真，为明代石雕精品。在这里可以体会古代人民精湛的手工艺术。了解石柱上的传奇故事，田真哭树、苏武牧羊、李存孝打虎、桃源洞、狐狸和乌鸦。 环节2：学生探究（15分钟）	**组织** 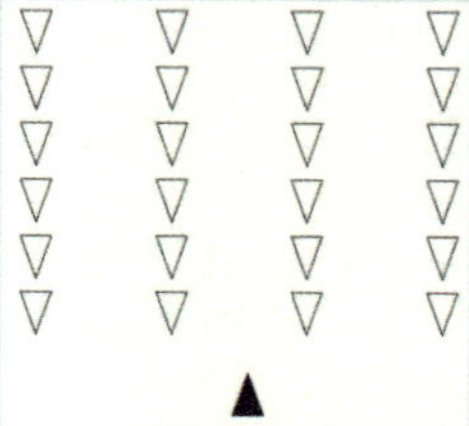 纵路型 **教法** 讲授法  **教法** 探究法

结构	教学内容	组织与教法
活动实施 （190分钟）	每个研学点，学生先观察，完成研学手册任务2，之后由教师针对学生的填写情况进行总结及知识延伸。 环节3：保护文物宣誓仪式、拍照留念（10分钟） 1. 教师讲解 文物是中华民族的一个象征，它具有很高的艺术、精神、研究、欣赏、历史价值。文物是祖先留给我们的无价之宝，是金钱买不到的。经过多少年的风雨和战乱，流传至今的文物相对来说已经不多了，而且随着时间的推移，能够流传于世的文物会越来越少，所以文物十分珍贵。日用品坏了，可以再生产制造，文物却不同，它不能再生产，再生产出的东西不是文物，是仿制品或者赝品，是没有任何文物价值的。文物一旦损坏，就永远不能复原，没有众多的文物史迹，文明古国也就名存实亡，失去其传统的风采和内涵。 2. 宣誓活动 （1）学生先在阳台宫外平台处集合列队，之后由教师挑选出领誓人，带领大家进行宣誓。宣誓方式：右手握拳，跟读内容。可以参考以下内容引出宣誓仪式。 （2）我愿意成为一名文物保护志愿者。我承诺：尽己所能，严谨尽责，团结协作。践行志愿精神，为中国文物保护与传承奉献力量！ 3. 签字仪式 教师组织学生在保护文物的条幅上签字留念。 4. 拍照留念 连队所有成员集合列队，拿起条幅，拍照纪念。 环节4：学生分享（10分钟） 1. 回顾反思 （1）大家一起来回顾下三清殿前画	**组织** 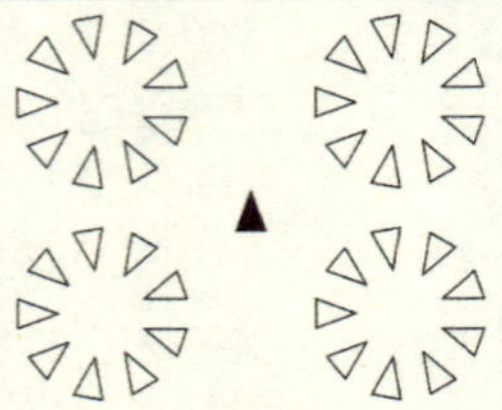 岛屿型 **教法** 讲授法 

结构	教学内容	组织与教法
活动实施 （190分钟）	联的内容是什么？ （2）大家一起来回顾下玉皇阁前石柱上的小故事都有哪些？ （3）如何践行保护文物？ （4）参观完阳台宫后，那些故事对我们的学习和生活有什么样的影响？ 2. 组织分享 环节5：教师总结（5分钟） 1. 分享整合 阳台宫作为唐朝时期的皇家道观，其建筑别具一格，其装饰内容更是精彩纷呈，不管是从外观还是到文化内涵，都体现了古代人民的勇气与智慧。 宫观内的菩提树体现了宗教自由和宗教平等。殿前的画联体现了道家顺从自然的无为思想。石柱子上的传统的神话故事更是发人深省，蕴含了令人深思的哲理。 2. 价值澄清 有着1000多年历史的阳台宫，作为全国重点保护文物，在大家的精心保护下，依然保持着它的原样。中学生是国家的未来，将是文物保护的中坚力量，我们要肩负起这个责任，为文物保护贡献自己的力量。 中国的传统文化博大精深，也希望大家在日后的学习中能广泛学习，认真传承，让中华文化源远流长。 活动（三）阅一部地质史书（40分钟） 环节1：教师讲解（10分钟） 现在大家来到的是王屋山地质博物馆，2006年这里被联合国教科文组织评定为“世界地质公园”，它也成为济源市唯一一张世界级名片，这里详细记录了25亿年以来华北地区地壳的海陆变迁过程，是一部记录于石头上的、天然的“地质史书”。 地质博物馆由入口广场、元古宙	**组织** 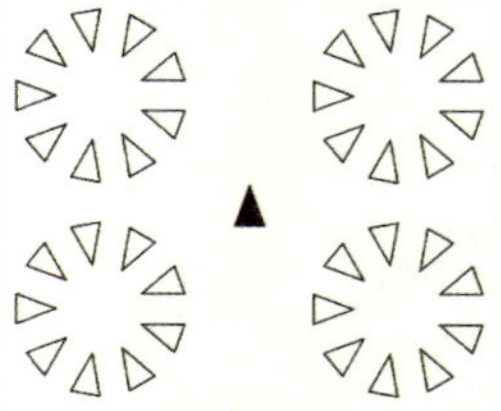 岛屿型 **教法** 1. 问题引导法 2. 代表分享法 3. 归纳法 **组织** 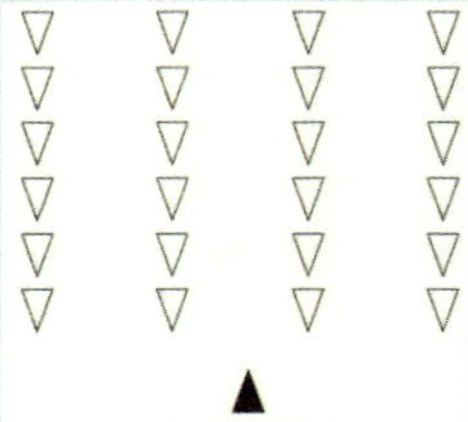 纵路型

结构	教学内容	组织与教法
活动实施 （190分钟）	广场、古生代广场、中生代广场、新生代五个广场和地球馆、古海洋馆、硅化木馆、恐龙馆、多功能馆、展示馆六个展馆构成。今天我们以小组为单位进行参观，观察不同地质时期的古生物遗迹和古生物化石，了解生命的起源和发展，深入研究王屋山的地质地貌特征，学习和掌握相关地质学知识。 环节2：学生探究（15分钟） 按照纵队形式分成四组，每组选出组长，各小组在组长的带领下，完成研学手册上的任务3，进行学习探究。探究后可以进行小组讨论，15分钟后集合。 环节3：学生分享（10分钟） 1. 回顾反思 （1）在地质博物馆中，你看到了哪些古生物化石和古生物遗迹? （2）王屋山经历了哪几个地质发展时期? （3）地质时期的演变对生命起源和发展有何影响? （4）学习这些生命起源和地质学知识对我们认知世界有何帮助? 2. 组织分享 环节4：教师总结（5分钟） 1. 分享整合 王屋山地质博物馆是一座以典型地质地貌景观为主，以古生物化石、水体景观和地质工程景观为辅，以生态和人文景观相互辉映为特色的综合型世界地质公园。公园由一系列的地质遗迹组成，它们具有特殊的科学意义和美学价值，能够代表本地区地质历史和地质事件。这里具有极高的地质科学、历史文化和美学观赏价值。 2. 价值澄清 王屋山地质博物馆，清晰地记录	教法 讲授法 组织 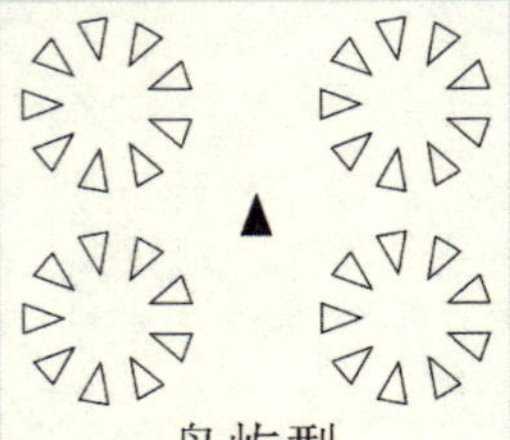 岛屿型 教法 探究法  组织 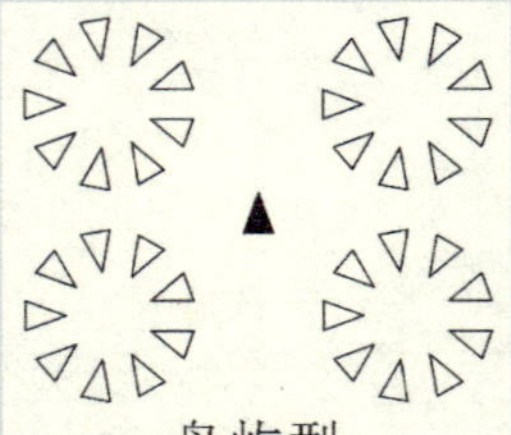 岛屿型

结构	教学内容	组织与教法
活动实施 （190分钟）	了太古宙、元古宙、古生代、中生代、新生代五个地质发展时期的地球发展及演变过程，在今天我们的探究过程中，可以看到恐龙和其他古生物化石；也可以感受地球的海陆变迁和人类的进化历程；同时可以探索地球奥秘和学习地质学知识，通过观察、探究、学习进而加深自己对世界的认知和对生命价值的认同！ 活动（四）访一处愚公故居（30分钟） 环节1：教师讲解（5分钟） 现在我们来到的是愚公群雕，群雕是由郑州雕塑研究室研究设计，它形象地再现了老愚公吕三太和他的儿子以及邻居共同挖山的场景，上刻毛泽东手迹：愚公移山，改造中国。 对面是愚公故居，我们看到的“中华愚公村”几个大字是由国务院副总理方毅题写，相传这里曾是老愚公居住的地方。 环节2：学生探究（10分钟） 按照既定的分组，在组长的带领下有序探究愚公群雕和愚公故居，并完成研学手册任务4，10分钟后群雕处集合。 环节3：学生分享（10分钟） 1. 回顾反思 （1）《愚公移山》的作者是谁？选自哪本著作？ （2）毛泽东在七届二中全会上号召人民用愚公移山的精神推翻哪两座大山？ （3）愚公移山的精神是什么？ （4）愚公移山精神对我们的学习有什么样的影响？ 2. 组织分享	**教法** 1. 问题引导法 2. 代表分享法 3. 归纳法 **组织** 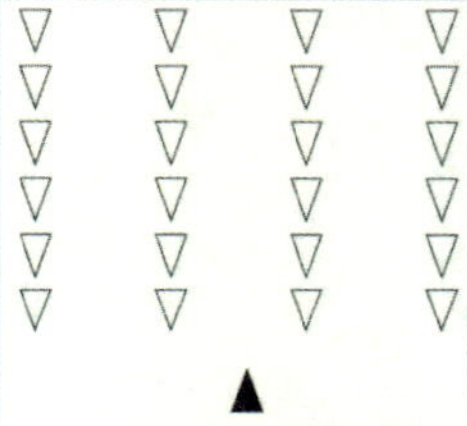 纵路型 **教法** 讲授法 **组织** 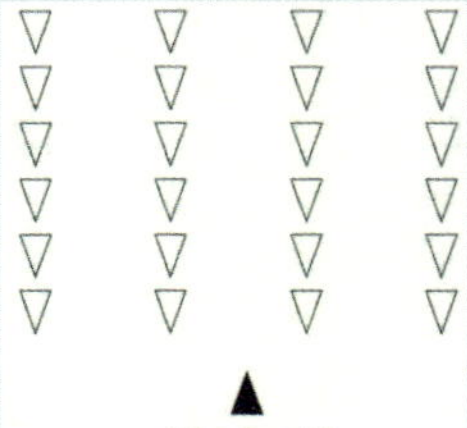 纵路型 **教法** 探究法 **教法** 1. 问题引导法 2. 代表分享法

结构	教学内容	组织与教法
活动实施 （190分钟）	环节4：教师总结（5分钟） 1. 分享整合 今天我们在愚公移山故事的发源地重新踏访愚公生活过的地方，寻找愚公移山的足迹，愚公这个人物似乎在我们的脑海里鲜活起来。故事虽然离我们很遥远，但是愚公移山的精神却永远镌刻在这里，成为一盏明灯，指引着济源人民，指引全中国人民穿过迷雾，克服艰难险阻，赢得胜利。 2. 价值澄清 愚公移山精神目前已经成为河南省三大时代精神之一，也是济源市唯一一种上升到国家议题的精神，迎难而上，坚忍不拔，敢为人先，攻坚克难等精神也是值得我们学习的，无论在学习和生活中遇到多大的困难，请时刻铭记：坚持了才有机会，努力了才有结果，经历了才有成长！奋斗了才会有更幸福美好的生活！习主席说：幸福是奋斗出来。对正值青春的我们来说，未来是奋斗出来的，因为：奋斗的青春最美丽！	组织  教法 归纳法
活动总结 （20分钟）	**一、集合整队（1分钟）** 各连队迅速整队集合，按照岛屿型位置坐下，在行动中做到快静齐。 **二、学生分享（14分钟）** 1. 回顾反思 （1）今天我们去了哪些研学点？ （2）每组找一位同学分享一下印象最深刻的地点和内容？	组织 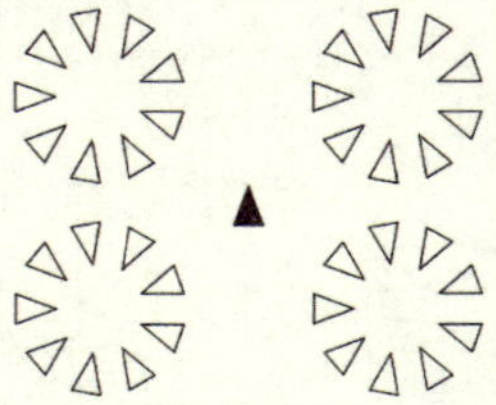 岛屿型 教法 1. 问题引导法

结构	教学内容	组织与教法
活动总结（20分钟）	（3）今天的研学内容对于我们未来的学习和生活有什么样的指导作用？ （4）今天的研学结束后，你最大的改变或者会即刻开始学习的内容有哪些？ 2. 组织分享 **三、教师总结（5分钟）** 1. 分享整合 浩荡王屋内藏五千年文明，巍峨天坛擎起八万里云天。今天当我们带着敬畏之心走进王屋山，吸纳了王屋山的灵气之后，仿佛看到了那些年那些文人墨客在这里留下的足迹。这里有丰富的道文化，有璀璨的中华文化，有影响深远的时代精神，有来自亿万年前的生命记载，这里的一切看似没有生命，却无时不刻地在穿透我们的身体直至灵魂的深处。 问道王屋山，在领略了王屋山的风采后，相信大家对于生命的思考、学习的方向、思想的指引、生活的警示都有了重新的认识。 2. 价值澄清 希望大家在以后的学习和生活中，能认清自己、认清自己的责任、认清自己努力的方向，一次次突破自己！不负青春。 因为：奋斗的青春最美丽！	2. 代表分享法 3. 归纳法

<table>
<tr><th colspan="2">评价维度</th><th>评价要点</th><th>评价结果（描述或判断）</th></tr>
<tr><td colspan="2" rowspan="2">教学准备</td><td>1. 是否和景区提前做好对接（时间、人数、讲解安排等）？</td><td></td></tr>
<tr><td>2. 是否准备好用到的研学手册、旗帜、音响、签字笔、条幅等？</td><td></td></tr>
<tr><td colspan="2" rowspan="8">教学过程</td><td>3. 每个活动时间节点把控是否按计划进行？</td><td></td></tr>
<tr><td>4. 开展研学的四个活动时，是否给与学生足够的时间进行探究？</td><td></td></tr>
<tr><td>5. 在讲解带领过程中，对自己的表情、肢体动作、语言表达等如何评价？</td><td></td></tr>
<tr><td>6. 在研学过程中，是否发挥教师作为引导者、观察者、分享者的角色功能？</td><td></td></tr>
<tr><td>7. 在研学活动中，你对哪个活动的组织最满意？</td><td></td></tr>
<tr><td>8. 你是否能对学生的问题做及时有效的回应？</td><td></td></tr>
<tr><td>9. 在研学过程中，你在哪些方面给予了学生针对性指导？</td><td></td></tr>
<tr><td>10. 在研学过程中，是否有安全事故发生？</td><td></td></tr>
<tr><td colspan="2" rowspan="3">教学效果</td><td>11. 能否引导所有学生有效完成研学手册？</td><td></td></tr>
<tr><td>12. 能否引导学生有秩序地完成四个活动？</td><td></td></tr>
<tr><td>13. 通过研学活动，有没有激发学生对优秀传统文化的学习热情？</td><td></td></tr>
<tr><td rowspan="3">活动小结</td><td>优点</td><td colspan="2"></td></tr>
<tr><td>不足</td><td colspan="2"></td></tr>
<tr><td>改进</td><td colspan="2"></td></tr>
</table>

中小学实践教育教学研究

高中教师◎指导用书

刘国战 著

中国美术学院出版社

责任编辑：史梦龙
版式设计：李世静
责任校对：杨轩飞
责任出版：张荣胜

图书在版编目(CIP)数据

中小学实践教育教学研究 /刘国战著． --杭州：
中国美术学院出版社，2020.1
（济源市示范性综合实践基地课程与线路系列丛书）
ISBN 978-7-5503-2079-6

Ⅰ．①中… Ⅱ．①刘… Ⅲ．①中小学教育—教学研究
Ⅳ．①G63

中国版本图书馆CIP数据核字（2019）第236135号

中小学实践教育教学研究
刘国战　著

出 品 人：祝平凡
出版发行：中国美术学院出版社
社　　址：中国・杭州市南山路218号
网　　址：http://caapress.com
邮　　编：310002
印　　刷：济源佳彩印务传媒设计有限公司
版　　次：2020年1月第1版
印　　次：2020年1月第1次印刷
印　　张：59.75
开　　本：787mm×1092mm　1/16
字　　数：870千
图　　数：300幅
印　　数：0001-1000
书　　号：ISBN 978-7-5503-2079-6
定　　价：260.00元（全六册）

中小学实践教育教学研究

高中教师◎指导用书

刘国战 著

中国美术学院出版社

责任编辑：史梦龙
版式设计：李世静
责任校对：杨轩飞
责任出版：张荣胜

图书在版编目(CIP)数据

中小学实践教育教学研究 /刘国战著． --杭州：中国美术学院出版社，2020.1
（济源市示范性综合实践基地课程与线路系列丛书）
ISBN 978-7-5503-2079-6

Ⅰ.①中… Ⅱ.①刘… Ⅲ.①中小学教育—教学研究 Ⅳ.①G63

中国版本图书馆CIP数据核字（2019）第236135号

中小学实践教育教学研究
刘国战　著

出 品 人：祝平凡
出版发行：中国美术学院出版社
社　　址：中国·杭州市南山路218号
网　　址：http://caapress.com
邮　　编：310002
印　　刷：济源佳彩印务传媒设计有限公司
版　　次：2020年1月第1版
印　　次：2020年1月第1次印刷
印　　张：59.75
开　　本：787mm×1092mm　1/16
字　　数：870千
图　　数：300幅
印　　数：0001-1000
书　　号：ISBN 978-7-5503-2079-6
定　　价：260.00元（全六册）

序　言

济源，是全国具有重要影响力的中小学研学旅行实验区。

济源市示范性综合实践基地（营地），是全国首批河南省首家“全国中小学生研学实践教育营地”。

“十二五”以来，济源市示范性综合实践基地（营地）在国家教育部、财政部等部委，河南省委省政府和济源市委市政府的大力支持和帮助下，立足中国特色社会主义新时代，把握教育事业发展新要求，依托中原区位资源优势，紧紧抓住各种有利时机，积极探索中小学研学实践教育科学发展的新路子，以发展中小学生研学实践教育为重要内容，加快推进研学实践教育发展，取得了初步成效，先后获得“全国课程建设示范性基地联盟常务理事单位”“全国中小学生研学实践教育营地”“全国中小学生研学实践教育示范营地”“河南省首批省级青少年户外体育活动营地”“河南省中小学综合性社会实践教育基地”“河南省中小学社会实践教育基地（综合性基地）”和“河南省研学旅游示范基地”等荣誉称号。

着眼长远、不断发展是济源市示范性综合实践基地（营地）矢志不渝的战略目标。自投入使用以来，实践基地始终本着“实践出真知”的教育理念，全面贯彻落实“立德树人”根本任务，持续开展研学实践教育活动，接待青少年学生达10万余人次，开发线路24条，研发综合实践课程86门，为青少年学生提供了广阔的研学实践教育平台。

优势独特、资源丰富是济源市示范性综合实践基地（营地）快速发展的坚

实基础。河南是中华文明和中华民族最重要的发源地，中国八大古都河南占有其四，文物古迹众多，地下文物和馆藏均居全国首位；是中国姓氏的重要发源地，孕育的风流人物灿若群星；也是自然景观荟萃之地，山川壮美，风光秀丽，融南秀北雄于一体。济源作为华夏文明和中原文化的重要传承区，具备得天独厚的文化资源、自然资源、生态资源和交通区位优势。中华“四渎”，济源独占其二，济水、黄河文化源远流长；愚公移山，发祥于济源，是中华民族宝贵的精神财富和动力源泉；王屋山，世界地质公园，号称“天下第一洞天”；小浪底工程举世闻名，一座水利大坝，千年治黄历史；留庄民兵营、杜八联、晋豫革命边区、朱德出太行旧线，红色基因在济源代代相传；济源地处豫西北，毗连晋东南，区位独特，能够立足河南、辐射中部，实现全国营地优质教育资源的交流和共享。

前景广阔、佳境可期是济源市示范性综合实践基地（营地）持续发展的不竭动力。济源市委市政府高度重视研学实践教育营地建设，市委、市政府主要领导多次到实践基地现场调研、听取专题汇报，先后做出“全力争取国家级重点示范性营地项目、建设全国一流的研学实践教育营地、打造国内独一无二的研学小镇”的重要批示；利用省教育厅爱国主义教育基地周边资源，进一步开拓营地格局、打开发展空间。济源市示范性综合实践基地将借助上级领导的重视和支持，全面整合周边的土地、自然、人文、旅游资源，广泛与林业、交通、农业、体育、规划等部门开展共建共创，凝聚发展合力，将实践基地打造成国内规模一流、设施一流、师资一流、课程一流的研学实践教育营地。

“雄关漫道真如铁，而今迈步从头越。”济源市示范性综合实践基地（营地）将乘着国家大力发展校外教育事业的东风，发扬“愚公移山，敢为人先”的精神，更新观念，顺时应势，在加强研学实践教育效果的前提下，立足“奋斗青春美丽”的基本教育思想，围绕不同学段和主题，科学开发并利用好宝贵而独特的华夏文明研学实践教育资源，设计基地（营地）特色课程体系，使其成为推进河南乃至全国校外实践教育的新动力，谱写新时代研学实践教育发展的崭新篇章。

济源市示范性综合实践基地简介

济源市示范性综合实践基地是“十二五”期间，由教育部、财政部利用中央专项彩票公益金支持建设的全国首批、河南省首家公益性校外教育场所项目，同时也是“十三五”期间全国首批、河南省首家国家级“全国中小学生研学实践教育营地”项目，2018年又被教育部评为“全国中小学生研学实践教育示范营地”。实践基地位于黄河小浪底库区的大峪镇涅泉，占地面积约2.1万余平方米（310亩），建筑面积4.5万余平方米，总投资1.54亿元，可同时接待1000余名中小学生开展活动并保障食宿。

实践基地建设了室内综合实践区、室外劳动实践区、综合训练区和生活区四大功能分区，设施先进，设备齐全。在室内综合实践区建设有防震减灾体验馆、公共安全体验馆、科技体验馆、金工木工实践馆、机器人竞技体验馆、模拟金融体验馆、模拟法庭体验馆等19个专题实践场馆；在室外劳动实践区建设有农业示范区、自主厨艺加工区等活动场所；在综合训练区建设有拓展训练区、交通园区、学军活动区、攀岩区、户外体育活动营地这5个室外活动区，为广大青少年搭建了广阔的研学实践教育平台。

实践基地拥有一支思想素质好、业务水平高的师资队伍。实践老师队伍力量雄厚，拥有（专职、兼职、全职）研学实践教育老师104名，完全能够满足1000余名青少年学生开展各类研学实践教育活动的需求；师资队伍年龄结构合理，中青年老师102人，占比98%；实践老师全部具备与岗位相适应的学历水平和岗位技能，其中专科以上学历老师96人，占比92%，大学本科以上学历老

师55人，占比52%；专职实践老师持证上岗率为100%。

济源市示范性综合实践基地初步建立了符合研学实践教育要求和青少年成长需求的实践课程体系，全面落实《示范性综合实践基地实践活动指南(试行)》《济源市中小学研学旅行课程方案》的相关要求，制订了《研学线路及课程建设规划（2017—2020）》。充分利用河南省社会教育资源，开展各种基于济源地域特点的整合性校外教育活动课程体系。从国家战略高度落实有关研学实践、综合实践等政策，结合河南省的“愚公移山精神”“红旗渠精神”“焦裕禄精神”这三大“时代精神”，立足现有课程体系和运营模式，围绕和利用基地现有设施条件、自然环境，整合周边社会教育资源，定位开展以“奋斗青春美丽”为教育主题思想的济源基地综合实践活动课程，把教育目标确定为“奋斗的人格”教育，即：培养锲而不舍、坚忍不拔的愚公移山精神；鼓励攻坚克难、协作制胜的红旗渠精神；倡导艰苦奋斗、迎难而上的焦裕禄精神。小学以“愚公移山精神”为单元主题、中学以“红旗渠精神”为单元主题、高中以“焦裕禄精神”为单元主题的营地实践教育活动，目前已经完成小学28门、初中32门、高中26门，共计86门活动课程。研发研学线路26条，其中市内线路6条、省内线路17条、省外线路3条，囊括了优秀传统文化、革命传统教育、国防科工、自然生态、国情教育等研学实践教育的各个版块，研发面向小学、初中、高中三个阶段的线路课程五大版块共78门，完全能够满足当前营地研学实践教育活动开展需求。

多年来，济源市示范性综合实践基地坚持大力开展面向广大青少年学生的研学实践教育活动，基地总接待数量达10万余人次，在研学实践教育领域形成了一定的影响力，先后被评为“全国示范性综合实践基地课程联盟常务理事单位”“全国中小学生研学实践教育营地”“全国中小学生研学实践教育示范营地”“全国青少年农业科普示范基地”“河南省中小学社会实践教育基地（综合性基地）”“河南省省级青少年户外体育活动营地”“河南研学旅游示范基地”“河南省科普教育基地”“河南省防震减灾科普教育基地”“济源市青少年法治教育实践基地”“济源市科普教育基地”“济源市妇女儿童教育实践基地”“济

源市关心下一代教育基地”“智慧营地研究中心”“安徽工程大学体育学院、安徽工程大学体验产业学院硕士研究生实践教学和研究基地”。今后，济源市示范性综合实践基地将继续坚持上级部门的正确领导，紧紧依托黄河以北这片教育热土，紧密联合周边众多研学基地，发挥丰厚教育资源的集中优势，持之以恒推进研学实践教育发展，全面贯彻落实“立德树人”根本任务，为社会主义现代化建设培养更多又红又专、德才兼备、全面发展的合格建设者和可靠接班人。

目录
CONTENS

高中阶段“焦裕禄精神”系列课程教学大纲 ……001

第一单元 务实

刀刻人生 ……013
逻辑魔阵 ……019
真相旋涡 ……025
智慧拼图 ……030
团队攀岩 ……036
数字迷城 ……043

第二单元 自律

破冰行动 ……051
直击庭审 ……057
通天塔 ……063
孤岛求生 ……068
千手观音 ……074
背摔 ……079

第三单元 乐观

曼妙沙舞 ……089
四季之歌 ……095

突破壁垒 ……101
跳出真我 ……107
高空漫步 ……113
胜利墙 ……119
笑傲浮桥 ……126
相信的力量 ……134

第四单元　立志

第一时间 ……141
为目标而奔跑 ……150
三五之争 ……155
圆梦未来 ……163

第五单元　奋斗之魂

追梦小浪底——艰苦奋斗 ……171
问道王屋山——责任之道 ……191

高中阶段“焦裕禄精神”系列课程
教学大纲

课程性质	综合实践课程	先修课程	高中学科课程
开课单位	济源市示范性综合实践基地	适用对象	高中阶段
综合实践学时	48	研学实践学时	两天

一、课程背景说明

（一）理论背景

1. 2014年教育部研制印发《关于全面深化课程改革落实立德树人根本任务的意见》提出：“教育部将组织研究提出各学段学生发展核心素养体系，明确学生应具备的适应终身发展和社会发展需要的必备品格和关键能力。”从中观层面深入回答“立什么德、树什么人”的根本问题。以培养“全面发展的人”为核心，分为文化基础、自主发展、社会参与三个方面，综合表现为人文底蕴、科学精神、学会学习、健康生活、责任担当、实践创新六大素养，具体细化为国家认同等18个基本要点。各素养之间相互联系、互相补充、相互促进，在不同情境中整体发挥作用。根据这一总体框架，可针对学生年龄特点进一步提出各学段学生的具体表现要求。

2. 2017年4月份，教育部印发关于《中小学综合实践活动课程指导纲要》中对我国开展中小学生综合实践活动的总目标进行明确规定：要提高中小学生价值体认、责任担当、问题解决、创意物化等方面的意识和能力。其中高中阶段具体目标：

（1）价值体认：通过自觉参加班团活动、走访模范人物、研学旅行、职业体验活动、组织社团活动，深化社会规则体验、国家认同、文化自信，初步体悟个人成长与职业世界、社会进步、国家发展和人类命运共同体的关系，增强根据自身兴趣专长进行生涯规划和职业选择的能力，强化对中国共产党的认识和感情，具有中国特色社会主义共同理想和国际视野。

（2）责任担当：关心他人、社区和社会发展，能持续地参与社区服务与社会实践活动，关注社区及社会存在的主要问题，热心参与志愿者活动和公益活动，增强社会责任意识和法治观念，形成主动服务他人、服务社会的情怀，理解并践行社会公德，提高社会服务能力。

（3）问题解决：能对个人感兴趣的领域开展广泛的实践探索，提出具有一定新意和深度的问题，综合运用知识分析问题，用科学方法开展研究，增强解决实际问题的能力。能及时对研究过程及研究结果进行审视、反思并优化调整，建构基于证据的、具有说服力的解释，形成比较规范的研究报告或其他形式的研究成果。

（4）创意物化：积极参与动手操作实践，熟练掌握多种操作技能，综合运用技能解决生活中的复杂问题。增强创意设计、动手操作、技术应用和物化能力。形成在实践操作中学习的意识，提高综合解决问题的能力。

3. 2016年11月30日，教育部、国家发展改革委等11部门以教基一〔2016〕8号印发《关于推进中小学生研学旅行的意见》中对各年级学段开展研学旅行的主要任务做了明确要求：在纳入中小学教育教学计划的同时在高中阶段开展以省情国情为主的研学旅行活动课程体系。即：高中年级参与研学旅行时，宜设计以体验考察型和励志拓展型资源为主的产品，并以省情国情研学为主。

（二）基地资源分析

1. 焦裕禄精神的形成

20世纪60年代，焦裕禄临危受命，在盐碱、风沙、内涝（三害）最严重的时候孤身前往兰考。他刚到兰考时，眼前是一望无际的漫漫黄沙、白茫茫的盐碱地，随处可见的低洼内涝。面对这600多万平方千米（90多万亩）遭受“三害”侵蚀的土地，焦裕禄同志没有退缩，他直面困难，破釜沉舟。他曾穿一双破旧的鞋子踏遍127个村庄，带一小袋干粮摸查数个大风口，身上的衣服缝了又缝补了又补。面对破旧的办公室，焦裕禄同志提出“坐破椅子就不能革命?”的责问。治理“三害”中，他从不一拍脑袋就做决策，凡事多调查、剖析规律、科学决策。他对兰考县的“三害”进行丈量、绘图和编号，掌握“三害”形成发展的一手资料，为“三害”治理提供了非常有针对性的方法和思路。每逢大雨大风天，他带头下去查流水走势，探风口。不畏肝病折磨，常年奔波于百姓、农田、村庄中，最后把生命奉献给了兰考人民。在这个“最苦、最累、最穷”的地方，他带领全县人民战天斗地除“三害”，为兰考县留下宝贵的精神财富——焦裕禄精神。

2. 焦裕禄精神的内涵

1966年6月27日，新华社记者穆青在《人民日报》上发表了《县委书记的好榜样——焦裕禄》一文，全国迅速掀起了学习焦裕禄同志的热潮，至此，焦裕禄精神影响了一代又一代的中国人。

2009年3月31日，习近平在河南省兰考县考察时，对焦裕禄精神做了精辟的概述：“亲民爱民、艰苦奋斗、科学求是、迎难而上、无私奉献。”

党的十九届一中全会上习近平又一次强调：“要在全党大兴调查研究之风。我说过，调查研究是谋事之基、成事之道，没有调查就没有发言权，没有调查就没有决策权。调查研究是我们做好工作的基本功。”如果没有正确的世界观和方法论，就做不到透过事物现象洞察本质，也就做不到把握事物的内在关联，比如会陷入盲目、片面、被动中，也就做不到实事求是、一切从实际出发。

2014年3月，习近平在河南省兰考县调研指导党的群众路线教育实践活动时指出：“要实实在在做人做事，做到严以修身、严以用权、严以律已，谋事要实、创业要实、做人要实。”

焦裕禄精神包含了艰苦奋斗、科学求实、迎难而上、无私奉献的思想。这些思想都是中国共产党的思想核心，是中国共产党为人民服务的集中体现，为新时代攻坚克难提供精神动力，促进社会形成艰苦奋斗的良好风气。

3. 新时代焦裕禄精神的发展

2014年，习近平总书记特别强调，焦裕禄精神同井冈山精神、延安精神、雷锋精神等革命传统和伟大精神一样，过去是、现在是，将来依然是我们党的宝贵精神财富。指出要学习焦裕禄“心中装着人民，唯独没有他自己”的公仆情怀，学习他“吃别人嚼过的馍没有味道”的求实作风、“敢教日月换新天”的奋斗精神，以及他“任何时候都不搞特殊化”的道德情操。新时代，我们要正确学习焦裕禄精神，深入认识新思想，坚定信仰，启迪思想，助力实现中华民族的复兴。

（三）资源关联分析

1. 新时代教育的需求

党的十九大中提出“建设教育强国是中华民族伟大复兴的基础工程”，从实现民族复兴的视角来看教育事业的重要性，旨在培养具有自觉性、主动性和创造性的未来建设者和接班人。焦裕禄精神是我国宝贵的精神财富，是严以修身的典范，青年学生要以焦裕禄为精神楷模，践行立德树人，树立正确的人生观、世界观和价值观，不断地学习、思考，在实践中增长见识、增长才干，提升自己的道德境界。同时青年学生要以焦裕禄的事迹为一面镜子，树立为社会服务的理想意识，坚定信念，把自己的理想追求融入实现中华民族伟大复兴的“中国梦”的社会实践中，做事从实际出发，符合客观规律，坚持科学精神，务实进取。焦裕禄精神给青年学生最重要的启示就是做事先做人，做人要实。做老实人、说老实话、干老实事；要有担当精神、责任意识。

2. 济源基地的区位优势

焦裕禄精神是河南省三大时代精神代表之一，是发生在豫东兰考县的真实故事，是古老的中原大地形成的宝贵精神财富，是塑造河南人包容宽厚、大气淳朴的内在品格体现。是中华民族艰苦奋斗、迎难而上的浓缩。每一位河南人、每一位中华青年都需要这种品格、这种精神。而焦裕禄精神带给新时代青年学习成长及共产党人建设中国使命的影响始终存在。济源市示范性综合实践基地肩负“立德树人”的责任，以此精神为主题指引济源的青年、河南的青年、中国的青年立宏志、做实事、艰苦奋斗、迎难而上，实现中华民族的伟大复兴。

3. 高中阶段匹配

高中一、二年级的学生处于成长的稳定期，初步完成了从具体思维到抽象思维的过渡，思维的独立性和自我意识进一步发展。情绪情感都比较稳定，能较长时间地注意与自己兴趣有关的事物，并能分配注意力。观察具有一定的目的性、系统性、全面性。意志具有主动性、目的性、能掌握自己的行为。自信心、判断力、自制力等能力在不断发展，开始形成自己的价值取向，对自身的义务、责任和实际行动的认识在不断增强。大部分学生开始要求别人了解、理解和尊重自己，要求自我发展和自我实现。对职业的选择逐渐有了理性的思考，能结合自己的兴趣、能力、社会价值取向以及切身利益的需求，选择具体职业。焦裕禄精神是求真务实、科学干事、责任担当、迎难而上的集中体现，是我国优秀共产党人的代表，是“为人民服务”的宗旨的体现，以“焦裕禄精神”作为高中学段学生的综合实践活动指导精神，更有助于培养学生的创新意识、辩证意识、服务意识、担当意识、奋斗意识，汲取更多的焦裕禄精神营养，促进“奋斗的人格”的形成。

（四）课程的性质、地位和任务

济源市示范性综合实践基地课程体系包括三个部分：以“愚公移山精神”为主题的课程系列、以“红旗渠精神”为主题的课程系列、以“焦裕禄精神”为主题的课程系列。其中以“焦裕禄精神”为主题的课程系列是济源市示范性综合实践基地课程体系中适用于高中阶段的综合实践课程。课程以河南时代精神为主线与背景，在主题思想的指导下，依托有效的综合实践活动和研学实践活动，实现“奋斗的人格”的育人目标。

本课程是教育部基础教育指导纲要规定的课程，结合教育部等11部委联合下发的全面推进有关中小学生营地学习指导文件规定，开设满足学生“读万卷书，行万里路”的教育形式，通过对各种项目活动的体验、分享、反思、总结，完成对学生“奋斗的人格”的教育与培育目标。

课程的主要任务是通过三天的体验教学，让学生们在体验中认知、在体验中反思、在体验中领悟，作为祖国的未来，应学习中华民族精神中最优秀的人物与事迹，牢记中华民族的优秀的民族精神，并能将之体悟，进而树立远大理想和奋斗目标，明确责任始于足下，感悟幸福都是奋斗出来的，以济源市特有地域文化精神熏陶其浓厚的自豪感和社会责任感。

（五）课程教学的基本要求

本课程是基于学校学科教学和生活教育为本的整合性综合实践课程。在《济源市示范性综合实践基地教育总纲》的指导下，以“焦裕禄精神”为学段主题精神，培养青少年“艰苦奋斗，迎难而上”的精神品质，实现“奋斗 青春 美丽”的教育思想。

教学中立足理论与实践结合、体验与探究结合、营地内与营地外结合、训练与教练结合、学习与带领结合等方面的结合。以学生为中心，以互动为中心，以价值引导为中心，构建师生互动平等的“教学做”关系，让学生在课堂中主动学习，以实践为导向，坚持理论来源于实践、理论服务于实践、实践检验理论、实践创造理论的教育方针，侧重引导和关注学生的实践理论、实践技能、实践成效。注重培养学生的社会责任感。在教学中运用讲授式、体验式、探究式、团队式、问题式、分享式等多元化教学方法和手段，充分发挥基地及周边环境等教学资源的作用，调动学生积极、主动、快乐的学习情绪和渴望成长发展的内在动力需求，高效率地实现课堂教学目的。

（六）本课程的重点与难点

重点：每个活动课堂中潜移默化地引导“艰苦奋斗，迎难而上”教育目标的实现；课程结束前的引导分享和价值澄清时针对教学目标的有效组织。

难点：引导技术的合理使用、课程安全的把控与监管、课程实施中教学目标的凸显与课堂元素的整合统一、课堂的总结性评价。

二、课堂教学时数及课后任务分配

“焦裕禄精神”——艰苦奋斗，迎难而上的单元结构

单元名称		诠释	体验活动	环境	核心素养	学时	课后任务	
							反思	计划
第一单元	务实	求真是认识事物的本质，把握事物的规律，务实是要在这种规律性认识的指导下，去实践。焦裕禄同志面对“三害”，坚持实地调研，科学分析，亲自查风口、探流沙，总结方法，有效治理。活动中就是要培养学生的求真精神和务实作风，在策略与方法上的求真精神，在做事上脚踏实地的良好品质。	刀刻人生	室内	人文底蕴	90分钟		
			逻辑魔阵	室内	责任担当	90分钟		
			真相旋涡	室外	责任担当	90分钟		
			智慧拼图	室外	学会学习	90分钟		
			团队攀岩	室外	责任担当	90分钟		
			数字迷城	室外	责任担当	90分钟		
第二单元	自律	严格要求自己，规范自己的行为举止。在治沙过程中，不因条件艰苦而有怨言，事事亲力亲为，从不搞特殊。对学生而言，就是要通过实践活动，正确认识自己、审视自我、善于自省、明辨是非并养成良好的行为习惯。在成就自己的同时，也为他人树立榜样。	破冰行动	室内	健康生活	90分钟		
			直击庭审	室内	责任担当	90分钟		
			通天塔	室内	责任担当	90分钟		
			孤岛求生	室外	责任担当	90分钟		
			千手观音	室外	责任担当	90分钟		
			背摔	室外	责任担当	90分钟		

“焦裕禄精神”——艰苦奋斗，迎难而上的单元结构								
单元名称		诠释	体验活动	环境	核心素养	学时	课后任务	
							反思	计划
第三单元	乐观	乐观是面对生活的一种积极心态，奋发向上，求取进步，努力向前，立志有所作为。焦裕禄在面对“三害”时并没有退缩，而是迎难而上、积极解决。在活动中要培养学生笑对困难、挑战挫折的乐观精神，培养学生坚持不懈、奋斗进取、顽强拼搏的精神。	曼妙沙舞	室内	人文底蕴	90分钟		
			四季之歌	室内	人文底蕴	90分钟		
			突破壁垒	室外	责任担当	90分钟		
			跳出真我	室外	健康生活	90分钟		
			高空漫步	室外	健康生活	90分钟		
			胜利墙	室外	责任担当	90分钟		
			笑傲浮桥	室外	责任担当	90分钟		
			相信的力量	室外	责任担当	90分钟		
第四单元	立志	立志是立下报效祖国的远大志向。焦裕禄同志是共产党的优秀代表，真正体现了共产党“为人民服务”的思想。青年作为国家栋梁，要有正确的三观，尤其是在职业规划中要脚踏实地，要有担当精神和责任意识，坚定理想、努力奋斗，为实现中华民族伟大复兴的中国梦，树立远大抱负。	第一时间	室内	科学精神	90分钟		
			为目标而奔跑	室外	责任担当	90分钟		
			三五之争	室外	健康生活	90分钟		
			圆梦未来	室外	健康生活	90分钟		
第五单元	奋斗之魂	奋斗是指为达到一定目的而努力，是为了实现目标不断克服困难的过程。在面对世界水利工程史上最具有挑战性的工程时，毫不退缩、迎难而上，发扬艰苦奋斗的传统美德，积极面对。通过400多次科学研究与实践，采用多种新型技术最终完成了黄河上	小浪底——焦裕禄精神	研学实践	人文底蕴	405分钟		

“焦裕禄精神”——艰苦奋斗，迎难而上的单元结构								
单元名称		诠释	体验活动	环境	核心素养	学时	课后任务	
							反思	计划
第五单元	奋斗之魂	的奇迹。是艰苦创业的集中体现，是中华民族奋斗中的一个壮举。小浪底的修建造福了千千万万黄河中下游的百姓，一如焦裕禄同志在兰考治沙拯救百姓。在研学过程中，通过一系列活动培养学生在面对挑战时，艰苦奋斗、求真务实、勇于进取、报效国家的精神品质。	小浪底——焦裕禄精神	研学实践	人文底蕴	405分钟		
		道即规律、即自然，是万事万物运行的轨道，是事物变化运动的场所。奋斗是逢山开路、遇水搭桥的开拓精神。世间万物的进化，恰合愚公之说法；人类文明的发展，亦皆因从古以来的人类，不知不觉地慢慢移山上的石头土块。进取奋斗就是要实现与自然的和谐相处。愚公移山红色教育基地以还原式情境演绎古代、现代、当代的“愚公”故事。在研学过程，通过一系列活动的探访、探究来领悟愚公坚持不懈、坚忍不拔、吃苦耐劳的精神，培养学生的责任意识，敢于在生活和学习中担当责任。	问道王屋山：责任之道	研学	人文底蕴	365分钟		

三、教学参考书目

[1] 薛保红. 活动策划 [M]. 北京：中国标准出版社，2014.

[2] 薛保红，盛建华，肖沛宇. 体验培训——创造优秀的培训师 [M]. 北京：中国标准出版社，2016.

[3] 薛保红. 营地教育 [M]. 北京：中国标准出版社，2016.

[4] 李一新. 最新野外生存手册 [M]. 北京：石油工业出版社，2007.

[5] 戴育红. 营地心理辅导手册 [M]. 广州：广东教育出版社，2003.

[6] 薛保红. 体验教育创新——原理与方法 [M]. 北京：中国标准出版社，2013.

[7] 靳义亭. 焦裕禄精神的当代价值及对青年学生的启示 [J]. 郑州：河南工业大学学报（社会科学版），2018，14（06）:112—116—124.

[8] 关兵峰. 焦裕禄精神的内涵及时代价值 [J]. 长春：长春市委党校学报，2018（06）:47—50.

[9] 文见宝. 牢记县委书记的责任与担当 [N]. 北京：学习时报，2019-01-04（007）.

[10] 王育选. 实干是对初心和使命的最好践诺 [N]. 西安：西安日报，2018-10-31（5）.

1

第一单元

务实

WUSHI

中小学实践教育
教学研究

ZHONGXIAOXUE
SHIJIANJIAOYU JIAOXUEYANJIU

刀刻人生

适用年级：高中　　　　建议时长：90分钟

教学内容	课程目标	教学重点与难点
1. 组织学生了解刻纸的相关知识。 2. 组织学生进行刻纸雕刻。 3. 组织学生对活动体验进行分享总结。	1. 通过体验，了解刻纸、刻纸艺术和刻纸题材的分类。 2. 通过体验刻纸练习，锻炼学生的控制能力和审美能力。 3. 通过体验刻纸活动，培养学生对民间艺术的热爱之情和做事务实的作风。	1. 重点：活动线是使用刻刀进行雕刻创作。教育线是培养学生脚踏实地的行事品格。 2. 难点：保持画面的连续性和完整性以及画面线条的流畅性。

结构	教学内容	组织与教法
活动准备	**一、前期布置** 1. 场地：多米诺场馆。 2. 器材：刻刀、刻板、棉签、胶水、黑色卡纸、视频资料、PPT课件、铅笔、橡皮、白纸。	**一、实景图** 
活动实施（70分钟）	**一、课堂常规（5分钟）** 1. 集合分组 6~8人一组。 2. 师生认识和问好 老师：同学们好，我是××老师。奋斗的青春？ 学生：最美丽！	**一、组织** 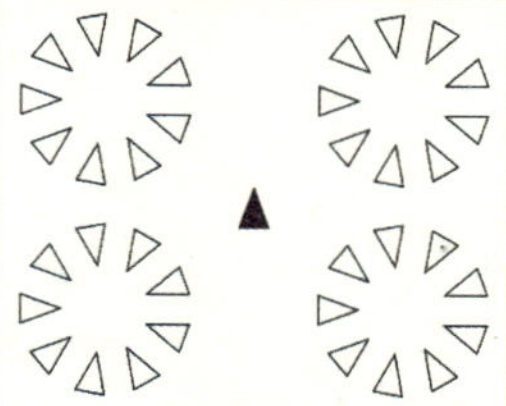 岛屿型

结构	教学内容	组织与教法
活动实施（70分钟）	**二、活动环节** （一）刻纸文化导入（15分钟） 1. 提问 （1）给你一张纸，你可以折出什么作品？ （2）一张纸加上一把刻刀又能做出什么作品呢？ （3）如何才能用刻刀雕刻出完美的作品？ （4）这个作品如果和你的人生联系起来，那会是一个什么作品呢？ 2. 通过提出问题引入课堂 向学生讲述刻纸是剪纸的一种表现形式，是人民通过劳动和生活实践创造出来的一种民间艺术，也称为剪纸、窗花。 （二）刻纸题材识别（5分钟） 接下来是刻纸识别活动，我们要观察几幅作品，然后进行讲解并介绍刻纸的题材。讲解刻纸识别活动的规则：5人一组识别刻纸作品，并总结刻纸的题材。在这个过程中需要尽可能详细描述刻纸的内容题材。 （三）刻纸的表现形式（5分钟） 刻纸的表现形式分为：阴刻、阳刻、阴阳刻。 阴刻：刻去画面上描绘的线条，保存底面而形成的图案。 阳刻：保留画面上描绘的线条，刻掉空白的部分而形成的图案。 阴阳刻：阴刻和阳刻的结合，多用于复杂的作品。 观看视频，引导学生分辨刻纸的表现形式，并加深对刻纸的印象。 （四）刻纸的雕刻过程（35分钟） 1. 任务	**二、教法** 1. 问题导入法 2. 观察法 3. 视频法

<table>
<tr><th>结构</th><th>教学内容</th><th>组织与教法</th></tr>
<tr><td>活动实施（70分钟）</td><td>每人刻一幅和自己未来的人生相关的作品。
2. 刻刀的正确使用方法和刻纸雕刻的步骤
介绍刻刀的正确使用方法：
雕刻的时候，刻刀要持正，刻直线时从上到下，刻横线时从左到右，刻弧线或圆形时，不可一刀刻成，需要从左至右，连续不断地沿弧线一刀连一刀移动雕刻而成。雕刻的时候，用力要适当，特别是落刀和起刀的两端，刀尖要刻穿纸张，如若发现刻掉的部分还未雕刻下来，不能直接拉扯，需要再补刻一刀，使其自然脱落，以免扯坏作品。
刻纸的雕刻方法：
第一步:设计样稿。设计的样稿要和自己的人生有关联。比如设计一个理想大学的logo、一个梦想的家园、一个向往的职业等。
第二步：用胶水将样稿粘贴到红纸上，样稿在上，红纸在下。
第三步：刻刀离纸面呈15~30度的斜角进行雕刻。雕刻的时候由内到外，从局部到整体进行雕刻，雕刻完成后将两张纸分离即可。
第四步：棉签裹上胶水，从中间向四周粘，将其固定到黑卡或白卡上。
三、注意事项
1. 握刀要正确，要让手作用在刀上的力，与刀杆成一条直线。
2. 雕刻圆形或者弧形时，不可用力扭动刻刀，而是每刻一刀时，用手捻动刀杆，调整角度。
3. 不用刻刀的时候及时合上盖子。
四、活动监控
1. 安全监控
（1）关注学生是否正确使用刻刀。
（2）插座周围不允许有学生。</td><td>4. 任务法
</td></tr>
</table>

结构	教学内容	组织与教法
活动实施 （70分钟）	2. 语言监控 （1）聆听学生关于雕刻过程的对话。 （2）聆听学生关于样稿设计的讨论。 3. 行为监控 （1）观察学生在雕刻过程中的认真度和专注度。 （2）观察学生之间的互相帮助行为。	
活动总结 （20分钟）	**一、集合整队(1分钟)** **二、学生分享(14分钟)** 1. 回顾反思 （1）完成作品后，你有什么样的感受或想法？为什么会产生这样的感受或想法？ （2）通过小组成员的作品对比，说一说自己作品的优缺点，探讨如何完善作品？ （3）回顾刻纸的过程，你能感受或领略到古代工匠的哪些精神？对你有什么启迪？ 2. 组织分享 **三、教师总结（10分钟）** 1. 分享整合 简单的刻刀、简单的方法、创意的雕刻作品，每一件事都要注重细节，并	**一、组织** 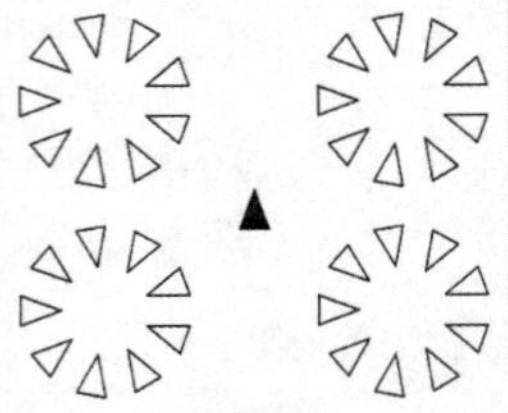 岛屿型 **二、教法** 1. 问题引导法 2. 组内分享和代表分享法 3. 归纳法

结构	教学内容	组织与教法
活动总结（20分钟）	认真对待。每个人都要以务实的态度进行实践，不能好高骛远，眼高手低。 刻纸的表现语言不是简单的平铺直抒，而是托物寄语，借用那些约定俗成的观念文化寄托人们对美好生活的向往，对幸福人生的期盼。 什么是工匠精神呢？ 工匠，是有工艺专长的匠人。工匠精神是指工匠不仅要具有高超的技艺和精湛的技能，而且还要有严谨、细致、专注、负责的工作态度和精雕细琢、精益求精的工作理念，以及对职业的认同感、责任感、荣誉感和使命感。 其实，工匠精神在每个国家都有其不同的说法，德国人称为“劳动精神”，美国人称为“职业精神”，日本人称为“匠人精神”，韩国人称为“达人精神”。 经过对德国、日本等工匠精神盛行国家的比较研究，以及对我国古今工匠精神的收集整理，大国工匠精神主要表现在以下五个方面：执着专注、作风严谨、精益求精、敬业守信、推陈出新。因此，我们的人生也需要用工匠精神来经营。 2. 价值澄清 刻纸是一刀一刀刻出的艺术，希望大家脚踏实地，一步一个脚印地去勾画自己的人生，不负青春。 因为：奋斗的青春最美丽！	

评价维度		评价要点	评价结果（描述或判断）
教学准备		1. 是否提前准备好视频资料、PPT课件？	
		2. 是否准备好用到的刻刀、刻板、棉签、胶水、黑色卡纸等器材？	
教学过程		3. 每个活动时间节点把控是否按计划进行？	
		4. 针对剪刀等使用方式是否有安全隐患内容的讲解？	
		5. 在讲解带领过程中，对自己的表情、肢体动作、语言表达等做怎样的评价？	
		6. 在教学过程中，是否发挥了教师作为引导者、观察者、分享者的角色功能？	
		7. 在教学活动实施中，你对哪个环节的组织最满意？	
		8. 你能否引导学生有秩序地进行商讨、分工、合作以及动手制作？	
		9. 在教学活动中，你在哪些方面给予了学生针对性指导？	
		10. 在教学活动中，你能否做出更多不同成品用来展示？	
教学效果		11. 你能否引导所有学生有效完成刻纸工艺品？	
		12. 你是否能让学生在整个课程活动过程中保持环境卫生？	
		13. 学生是否能认识刻纸文化课程背后的精神？	
活动小结	优点		
	不足		
	改进		

逻辑魔阵

适用年级：高中　　　　建议时长：90分钟

教学内容	课程目标	教学重点与难点
1. 组织学生进行逻辑魔阵活动的角色和任务分配。 2. 组织学生体验逻辑魔阵活动。 3. 组织学生对活动体验进行分享总结。	1. 通过体验角色分工，了解团队配合的重要性，掌握各种不规则图形的合理拼法。 2. 通过活动中不断尝试拼图，锻炼学生的问题解决能力和团队协作能力。 3. 通过体验逻辑魔阵活动，培养学生做事脚踏实地、实事求是的优秀品质。	1. 重点：活动线是学生探索完成逻辑魔阵拼图。教育线是培养学生的务实品质。 2. 难点：各组员间寻找高效率的沟通合作方法和探索逻辑魔阵的内在规律。

结构	教学内容	组织与教法
活动准备	**一、前期布置** 1. 场地：多米诺场馆。 2. 器材：逻辑魔阵器材、执行团队任务卡、计划团队任务卡，以及观察团队任务卡。	**一、实景图** 
活动实施（70分钟）	**一、课堂常规（5分钟）** 1. 集合分组 分成4组。将每组人员分成三个小队，分别为计划团队、执行团队、观察团队，其中计划团队分为4~6人，执行团队为6~8人，观察团队为2人。 2. 师生认识和问好 老师：同学们好，我是××老师。奋	**一、组织** 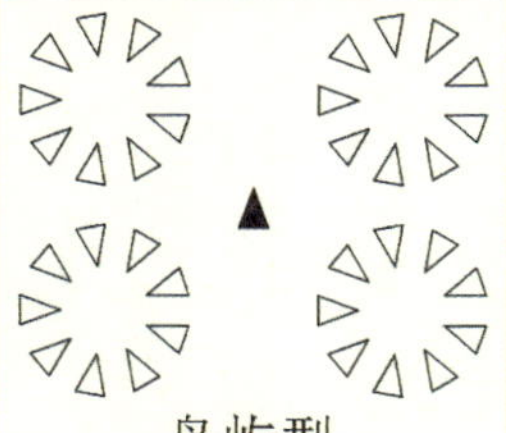 岛屿型

结构	教学内容	组织与教法
活动实施（70分钟）	斗的青春？ 学生：最美丽！ **二、活动环节** （一）课程导入（10分钟） 介绍逻辑魔阵活动，讲解规则： （1）将三份不同的任务书分别交给计划团队、执行团队、观察团队，同时将图纸交给计划团队。 （2）在五分钟后收回计划团队的图纸，并给计划团队发放信封。其中计划团队和执行团队要求分开，围圈就座，两组保持一定的距离。 （3）计划团队在观看图纸时不能拍照或画图。 （4）观察团队只能观看不能发言，保持沉默。 （二）执行过程（45分钟） 1. “计划团队”任务书 （1）你们有25分钟时间计划并指导执行团队完成指定的图形。其中你们只有5分钟的时间记忆图纸，5分钟记忆时间结束后你们会有四个人拿到信封。 （2）不得以任何形式使得执行团队直接观察到指定图形。 （3）你信封中的模板只可以摆放在你面前的工作台上（操作白纸）。在整个活动过程中，不允许接触其他伙伴的模板，也不可以把所有模板混合起来。 （4）在整个活动过程中，组合指定图形只能由执行团队来执行。 （5）不得在模板和信封上做任何的标记。 （6）在执行团队开始操作后，计划团队不得再进行任何形式的指导，只可以在附近观察。 2. “执行团队”任务书 （1）在规定时间内完成计划团队交给你们的任务，计划团队会随时叫你们	**二、教法** 1. 直接导入法 2. 讲授法

结构	教学内容	组织与教法
活动实施（70分钟）	接受任务及指导，同时，你们也可以主动向计划团队汇报工作，但只能由一名代表前去进行汇报。 （2）当你们开始执行任务后，计划团队将不再对你们进行任何形式的指导。 （3）整个活动的时间是有限的，当你拿到任务书后就意味着计时开始。 3.“观察团队”任务书 （1）你将观察一项团队练习，在这项练习中有2个团队参加活动，一个“计划团队”和一个“执行团队”，他们将共同努力拼16块魔板，如果拼排正确，将会排出一个空方阵。 （2）“计划团队”必须决定如何将这些魔板拼在一起，然后指导“执行团队”按计划将魔板拼在一起。 （3）“计划团队”只能提供一些建议和大致的拼图轮廓，但不能亲自动手做，只用言语指导，让“执行团队”来完成整项任务。当“执行团队”开始动手执行任务时，“计划团队”将不能再作任何指导。 （4）过程中“观察团队”手持图纸，观察“执行团队”“计划团队”的动作，并进行记录。 （三）讨论分享（5分钟） 最先完成的小组，请他们分享为什么能够这么快地完成任务。 最后由每组的观察员谈谈小组在排列任务过程中的表现，总结在这个活动中最大的启发是什么，合作及配合是否融洽，通过什么方法来解决问题。 **三、注意事项** 1.“计划团队”在记忆图纸时，不允许将图案画下来。 2.“计划团队”在讨论的时候声音不能让“执行团队”听到，以免影响之后的任务执行。 3.“执行团队”在拼组魔阵时禁止	

结构	教学内容	组织与教法
活动实施（70分钟）	抛扔模板。 4. 提前制定各团队分工明确的规则，方便活动实施。 **四、活动监控** 1. 安全监控 （1）观察学生是否有拿着模板嬉戏打闹的情况。 （2）观察并提醒学生不要靠近带电设备。 2. 语言监控 （1）聆听学生关于任务的交流。 （2）聆听“计划团队”是如何指挥执行团队的。 3. 行为监控 （1）观察“执行团队”的行为表现。 （2）观察“观察团队”的行为表现。 （3）观察“计划团队”的行为表现。	
活动总结（20分钟）	**一、集合整队（5分钟）** **二、学生分享（15分钟）** 1. 回顾反思 （1）“计划团队”是通过什么样的方法来辅助“执行团队”的？ （2）你的角色是什么？体验后你有什么样的感受？ （3）通过这次活动，你最大的收获是什么？ （4）在学习生活中，遇到问题的时候你会以怎样的态度去面对？ 2. 组织分享	**一、组织** 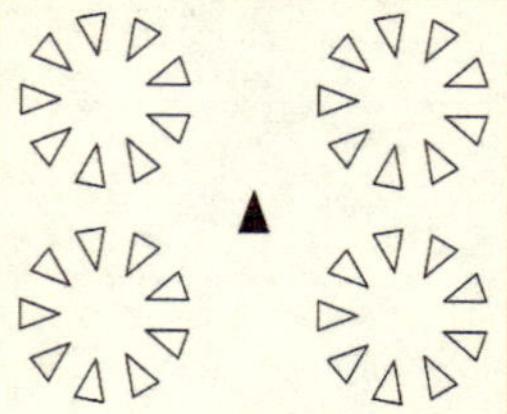 岛屿型 **二、教法** 1. 问题引导法 2. 组内分享和代表分享法

结构	教学内容	组织与教法
活动总结（20分钟）	**三、教师总结（5分钟）** 1. 分享整合 逻辑魔阵的活动培养我们务实的精神，古人云“天下大事，必作于细”，再大的事情，都是由一个个细节组成，不肯认真从每个细节做起，不愿意抓好每一件小事，大事的成功也就无从谈起。务实之人，无论说话做事都讲究实效，脚踏实地，一切从实际出发，绝不好高骛远。 2. 价值澄清 希望大家拥有着眼当下、脚踏实地的品质，不负青春。 因为：奋斗的青春最美丽！	3. 归纳法

评价维度		评价要点	评价结果（描述或判断）
教学准备		1. 是否提前布置好场馆？	
		2. 是否提前准备好逻辑魔阵器材、执行团队任务卡、计划团队任务卡、观察团队任务卡？	
教学过程		3. 每个活动时间节点是否按计划进行？	
		4. 针对尖锐道具传递的问题，是否有关于安全知识的讲解？	
		5. 在教学过程中是否进行了启发性的帮助？	
		6. 在教学过程中，你是否可以根据现场情况调整活动难度？	
		7. 在教学活动实施中，能否灵活地调整分组情况？	
		8. 你是否能对学生的问题及时有效地回应？	
		9. 在教学活动中，你能否灵活地处理突发问题？	
		10. 在教学活动中，你能否做到语言简练，含义表述精准？	
教学效果		11. 你能否引导所有学生有效完成任务？	
		12. 你是否能通过本课程让学生在整个体验过程中保持较高参与度？	
		13. 你能否引导学生有秩序地进行商讨、分工、合作？	
活动小结	优点		
	不足		
	改进		

真相旋涡

适用年级：高中　　　　建议时长：90分钟

教学内容	课程目标	教学重点与难点
1. 组织学生体验活动真相旋涡。 2. 组织学生对活动体验进行分享总结。	1. 通过真相旋涡这个活动，让学生认识到有效沟通的方式和重要性。 2. 通过真相旋涡这个活动，锻炼学生的沟通能力、表达能力和逻辑分析能力。 3. 通过真相旋涡体验信息交互的过程，使学生认识到真实理性表达的重要性，培养学生尊重事实、崇尚实干的品质。	1. 重点：活动线是团队成员在看不见的情况下探秘板块的真相。教育线是培养学生尊重事实、实事求是的品质。 2. 难点：在体验过程中怎样合理地引导学生对信息进行整合分析。

结构	教学内容	组织与教法
活动准备	**一、前期布置** 1. 场地：多元实践馆或者室外空旷场地。 2. 器材：彩色板、眼罩、凳子。	**一、实景图** 
活动实施（70分钟）	**一、课堂常规（5分钟）** 1. 集合分组 分成两大组，分别围成圆圈坐好。 2. 师生认识和问好 老师：同学们好，我是××老师。奋斗的青春？ 学生：最美丽！	**一、组织** 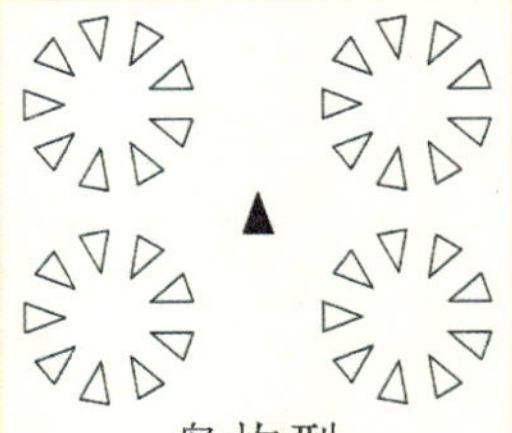 岛屿型

<table>
<tr><th>结构</th><th>教学内容</th><th>组织与教法</th></tr>
<tr><td>活动实施
（70分钟）</td><td>二、活动环节
（一）故事导入（10分钟）
从前，有四个盲人，从来没有见过大象，不知道大象长得什么样，他们就决定去摸摸大象。第一个人摸到了鼻子，他说：“大象像一条弯弯的管子。”第二个人摸到了尾巴，他说：“大象像个细细的棍子。”第三个人摸到了身体，他说：“大象像一堵墙。”第四个人摸到了腿，他说：“大象像一根粗粗的柱子。”四个盲人争吵不休，都说自己摸到的才是大象真正的样子，而实际上呢？他们谁都没有发现真相。
同学们，如果让你们蒙着眼睛去触摸大象，你们会觉得大象是什么样子呢？而今天，我们就要带大家去体验一个活动——真相旋涡，模拟在黑暗中探索和挑战任务，所有同学请戴上眼罩。每组会提供一套彩色板，这是我们活动的道具，我会随机拿走几块。
（二）活动任务（5分钟）
40分钟之内，在蒙着眼睛的情况下，探讨出老师随机拿走了几块？分别是什么颜色？什么形状？
（三）活动规则（10分钟）
1. 活动一旦开始，任何人不得私自摘下眼罩。
2. 只能在自己的位置，严禁在场地内走动。
3. 不允许交换彩色板，不允许触摸他人的彩色板。
4. 老师仅会告诉每位同学一次你手上彩色板的颜色。
三、注意事项
1. 提醒学生手中的彩色板数量不同。
2. 提醒学生遵守规则，不要摘下眼</td><td>二、教法
故事导入法</td></tr>
</table>

结构	教学内容	组织与教法
活动实施（70分钟）	罩，保证活动期间的黑暗状态。 3. 人多的情况，可以安排学生做观察员。 4. 以小组为单位，确保每小组25人以内。 5. 六种颜色，六种形状的彩色板共计36块，取出不同形状的2～3块。 **四、活动监控（40分钟）** 1. 安全监控 （1）禁止在体验过程中推、挤。 （2）禁止抛扔彩色板。 （3）如果发现以上现象要及时提醒或制止。 2. 语言监控 （1）聆听学生是如何描述自己手里的彩色板的。 （2）聆听大家是如何商讨出行动方案的。 3. 行为监控 （1）观察各个小组的完成进度。	
活动总结（20分钟）	**一、集合整队（1分钟）** **二、学生分享（14分钟）** 1. 回顾反思 （1）回顾一下，活动刚开始时，现场发生了什么？ （2）当别人听不懂你的描述时，你的心情如何？当你听不懂别人的描述时，你的心情如何？ （3）过程中有没有发生冲突？后	**一、组织** 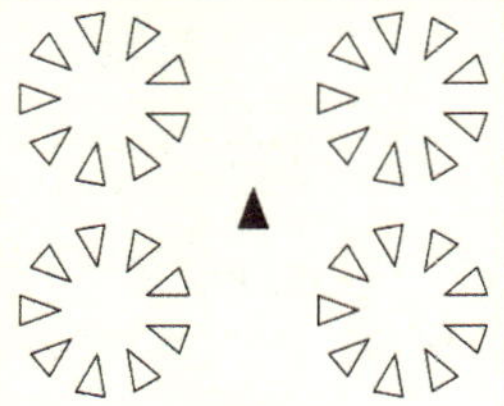 岛屿型 **二、教法** 1. 问题引导法

结构	教学内容	组织与教法
活动总结（20分钟）	来是怎么解决的？ （4）通过这个活动，可以给你带来哪些启发？ 2. 组织分享 **三、教师总结（5分钟）** 1. 分享整合 探索彩色板真相的过程中，我们会碰到的沟通旋涡是什么？首先，同学们探索的目标一致吗？目标是找到老师拿走色板的数量，以及分别是什么颜色，什么形状的。第一个旋涡是我们一共有多少块，这个好办，先报出自己手上的彩色板数量，很快就达成共识。第二个旋涡是我们先从哪里开始找规律，从形状，还是从颜色？如果从形状开始，我们发现大家描述同一块板的时候观点不同，需要花费大量时间达成共识。如果从颜色开始，发现很快就能达成共识。并且发现总颜色是六种，每一种最多是6个，最少是4或5个，那么就可以推断出每种颜色是有6种形状，每一种形状有6个不同的颜色，一共36块，老师拿走的就很容易算出来。 在沟通有障碍的时候，自己所掌握的信息，也可能是片面的，所以在学习、生活中，当我们无法客观公正地评价一个事物的时候，千万不要轻易下定论。我们要严格约束自己的行为，求真务实、脚踏实地，永远保持一颗真心。 2. 价值澄清 希望大家拥有尊重事实、实事求是的品质，不负青春。 因为：奋斗的青春最美丽！	2. 组内分享和代表分享法 3. 归纳法

评价维度		评价要点	评价结果（描述或判断）
教学准备		1. 是否提前布置好多元实践馆或者室外空旷场地？	
		2. 是否提前准备彩色板、眼罩、凳子？	
教学过程		3. 是否可以用一句话清晰地讲解课程任务？	
		4. 过程中学生是否都遵守规则没有摘眼罩？	
		5. 在教学过程中是否进行了启发性的帮助？	
		6. 在教学过程中是否可以根据现场情况调整活动难度？	
		7. 是否可以整理出一套清晰的课程讲解流程？	
		8. 是否能对学生的问题及时有效地回应？	
		9. 在教学活动中能否灵活地处理突发问题？	
		10. 在教学活动中能否做到教具合理使用？	
教学效果		11. 能否引导所有学生有效完成学习手册？	
		12. 是否能通过引导让学生明白眼罩的引申作用？	
		13. 能否引导学生有秩序地进行商讨、分工、合作？	
活动小结	优点		
	不足		
	改进		

智慧拼图

适用年级：高中　　　　建议时长：90分钟

教学内容	课程目标	教学重点与难点
1. 组织学生体验破冰活动交换纸牌。 2. 组织学生体验智慧拼图活动。 3. 组织学生对活动体验进行分享总结。	1. 通过体验领导在团队当中的作用,了解竞争与合作的价值与意义。 2. 通过不同组多次完成拼图，锻炼学生的沟通能力和分析能力。 3. 通过体验团队沟通交流共同完成目标，培养学生求真务实、自省自悟的品质。	1. 重点：活动线是学生体验分组完成七巧板拼图任务。教育线是培养学生脚踏实地、敢于尝试的品质。 2. 难点：在整个活动体验中引导学生有效沟通。

结构	教学内容	组织与教法
活动准备	**一、前期布置** 1. 场地：室内或室外空场地。 2. 器材：七巧板、图纸、任务书、计分板、记号笔。	**一、实景图** 

结构	教学内容	组织与教法
活动实施 （70分钟）	**一、课堂常规（5分钟）** 1. 集合分组 分成两队。每队分为7个小组，以第7组为圆心，剩余6个组围成一个圆圈。 2. 师生认识和问好 老师：同学们好，我是××老师。奋斗的青春？ 学生：最美丽！ **二、破冰活动——交换纸牌（10分钟）** 1. 活动导入 接下来我们将进行一个交换纸牌的活动。一会儿将给每人发5张扑克牌，每张的价值是1，我们将通过交换的方式让它们升值。最后我们会评选出最富有的同学和最贫穷的同学。 2. 活动规则 （1）每人随机发放5张扑克牌。 （2）升值可从两个方面进行，组成更多相同花色的牌，或者组成更多相同数字的牌。 （3）计算规则：相同花色或相同数字达到5时，组成的牌的价值升值两倍，比如组成5张红桃，这五张牌的价值变成5×2=10；达到10时升值三倍，比如组成10张K，这十张牌的价值变成10×3=30。 （4）要么按同花色进行升值，要么按同数字进行升值，不能同花色和同数字叠加升值。比如同时组成5张红桃K时价值还是10。不足5张的价值不变。 （5）交换时必须双方同意，开始时需要说“请问可以和你交换一张纸牌吗？”交换结束后要说“谢谢”。 （6）交换时间10分钟。 3. 注意事项 （1）需要做好观察、提醒，避免出现混乱和争执。 （2）计算规则比较复杂，要确保学生理解。	**一、组织** 1. 集合时队形  讲授型 2. 破冰活动时队形 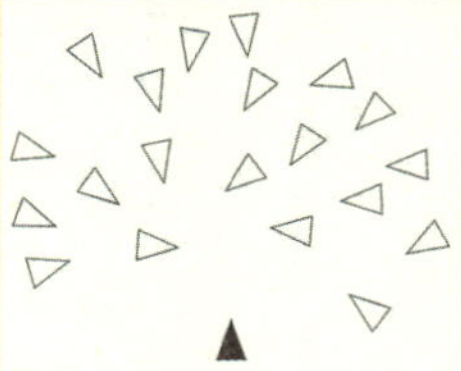 松散落座型 3. 活动讲解时队形 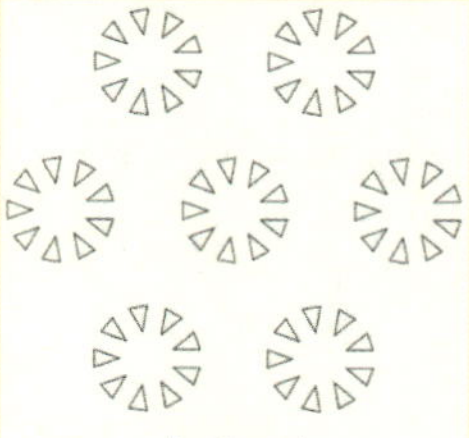 岛屿型

结构	教学内容	组织与教法
活动实施（70分钟）	**三、活动讲解（15分钟）** 1. 活动导入 七巧板，是一个非常经典的团队挑战活动。通过操作，我们会发现里面蕴含了很多道理，接下来就让我们一起来探究一下其中的奥秘。该活动将一个团队分成7个小组，模拟企业中不同部门或者各个分支机构。通过团队完成一系列复杂的任务，这个过程需要充分发挥团队的智慧。 2. 活动目标 所有小组在40分钟之内，完成各自小组的任务，使全队总分达到1000分以上。 3. 活动规则 （1）活动过程中，不允许移动位置，不得离开固定区域。 （2）七巧板和图纸如果需要传递，必须通过第7组传递。 （3）在传递七巧板和图纸时，必须手递手传递，不允许抛接。 （4）拼好图形后需举手示意,老师确认,符合要求的,在计分板上计分。 4. 注意事项 （1）提醒身体不舒服、不宜久坐的同学可以站起来原地活动。 （2）尽量按照男女搭配和人数相当的原则进行分组，但第7组人员可以少一些。 （3）每一组可以设计不同角色，比如主管、助理等。 （4）每组人员尽量不要超过4人，人多体验度就会少。 **四、活动监控（40分钟）** 1. 安全监控 （1）禁止抛扔七巧板。 （2）禁止争夺七巧板。 （3）出现以上现象要及时提醒或制止。	**二、教法** 情境导入法

结构	教学内容	组织与教法
活动实施 （70分钟）	2. 语言监控 （1）聆听各小组学生关于任务书的讨论。 （2）聆听第7小组是如何指挥其他小组的。 3. 行为监控 （1）观察各小组成功完成挑战的各种行为。 （2）观察第7小组在活动中发挥的作用。	
活动总结 （20分钟）	**一、集合整队（1分钟）** **二、学生分享（14分钟）** 1. 回顾反思 （1）你们小组是否知道其他小组的任务？如果不知道怎么办？ （2）每组派一个代表来说一下，我们小组出现了哪些问题？ （3）如果你在第7组你将会怎样指挥？ （4）这个活动给你的最大启发是什么？ 2. 组织分享 **三、教师总结（5分钟）** 1. 分享整合 体验智慧拼图，不是考验各位小组完成任务的速度，而是团队靠智慧完成总任务的速度。总任务是什么？每组一开始都忙于本组的任务，而忽	**一、组织** 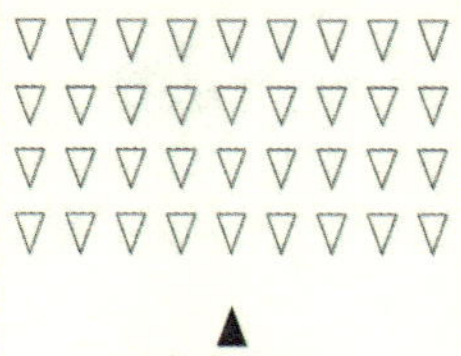 讲授型 **二、教法** 1. 问题引导法 2. 小组内部分享和代表分享法 3. 归纳法

结构	教学内容	组织与教法
活动总结（20分钟）	略了总任务的存在。完成任务的前提是明确总任务。怎么才能知道总任务呢？ 可能同学们会说任务书不让看也不让传递，那怎么办？我们可以沟通。只要一交流，我们就会发现一个惊天的秘密，我们1、3、5组任务书是一样的，2、4、6组任务书是一样的，第7组和大家的都不一样。第7小组可以领导指挥我们，还有提分值。一共有多少个任务呢？1~6组一共是4个任务，加上第7组1个任务，一共5个任务。如果不沟通，我们就会去完成19个任务。我们可以从容易得分的任务开始，可以从得分多的任务开始，也可以两种方法同时开始。因为通过沟通，我们能够非常清楚地知道目标在哪里，实现目标的路径在哪里，所以做任何事，需要脚踏实地，需要仰望星空。 2. 价值澄清 希望大家在做事情之前一定要有计划，脚踏实地地做好自己，做好事情，不负青春。 因为：奋斗的青春最美丽！	

评价维度		评价要点	评价结果（描述或判断）
教学准备		1. 是否提前布置好活动场地？	
		2. 是否提前准备好七巧板、图纸、任务书、计分板、记号笔等器材？	
教学过程		3. 是否可以快速并有序地进行小组分配？	
		4. 在教学过程中是否进行了启发性的帮助？	
		5. 在教学过程中，你是否可以根据现场情况调整活动难度？	
		6. 是否可以整理出一套清晰的课程讲解流程？	
		7. 是否通过引导让学生从小团体意识转向大团体意识？	
		8. 在教学活动中，你能否灵活地处理突发问题？	
		9. 在教学活动中，你能否做到及时为各小组加分？	
教学效果		10. 能否引导所有学生有效完成任务？	
		11. 能否通过引导让第7小组发挥关键作用？	
		12. 能否引导学生有秩序地进行商讨、分工、合作？	
活动小结	优点		
	不足		
	改进		

团队攀岩

适用年级：高中　　　　建议时长：90分钟

教学内容	课程目标	教学重点与难点
1. 组织学生学习攀岩的基础知识。 2. 组织学生体验活动团队攀岩。 3. 组织学生对活动体验进行分享总结。	1. 通过老师讲解，了解攀岩的相关知识和基本动作要领。 2. 通过体验向上攀爬的过程，锻炼学生的协调能力、团队合作能力。 3. 通过体验攀岩，培养学生遇事保持冷静、脚踏实地、步步为营的品质。	1. 重点：活动线是让学生体验团队攀岩活动。教育线是培养学生踏实走好每一步的品质。 2. 难点：学生攀岩方法的教学和攀岩过程中安全的把控。

结构	教学内容	组织与教法
活动准备	**一、前期布置** 1. 场地：攀岩专业场地。 2. 器材：动力绳、八字环、主锁、半身式安全带、全身式安全带、安全头盔、线手套、扁带、白板、白板笔。	**一、实景图** 
活动实施（70分钟）	**一、课堂常规（5分钟）** 1. 集合分组 分成4组。 2. 师生认识和问好 老师：同学们好，我是××老师。奋斗的青春？ 学生：最美丽！	**一、组织** 1. 集合时队形 

结构	教学内容	组织与教法
活动实施 （70分钟）	**二、热身破冰——空中加油站（10分钟）** 1. 热身运动 头颈部运动，肩部运动，振臂运动，扩胸运动，腹背运动，弓步仆步压腿，膝关节踝关节、腕关节运动（每个动作做四个八拍）。 2. 口号 师：1—2—3—4 生：5—6—7—8 **三、活动讲解（15分钟）** 1. 活动导入 攀岩有一个非常艺术性的名字，叫岩壁上的芭蕾。今天我们的攀岩不是个人挑战的攀岩，而是一个团队合作的攀岩，所以叫作团队攀岩。 2. 活动目标 岩壁上不同的高度对应不同的分值，各组提前设定出本组的目标，按照小组顺序依次完成攀岩挑战，最终小组考核分最多者为胜。 3. 活动规则 （1）本组成员合作穿戴安全装备。 （2）安全装备穿戴完毕后，必须由教师再次确认后方可攀爬。 （3）小组制定团队目标，个人制定个人目标。 （4）每人均有一次攀登的机会，除非本组有人获得100分，可以为小组其他分数低的人争取一次机会。 （5）最终考核得分=实际攀登分数-5×[（实际攀登分数-目标分数）/10]。 4. 攀岩装备介绍 请问同学们，在做事情之前，我们是不是要做好充分的准备，那么第一步我们是不是要熟悉和掌握攀岩的装备呢？接下来我们一起来了解所需装备的性能、构造及使用方法。现在	2. 热身破冰时队形 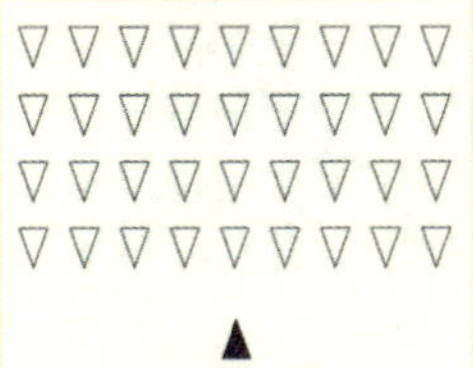 讲授型 3. 活动讲解时队形 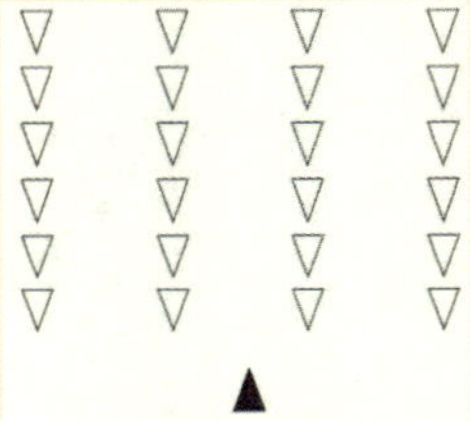 纵路型 **二、教法** 1. 直接导入法 2. 讲授法

结构	教学内容	组织与教法
活动实施（70分钟）	大家面前的装备都是通过CE（欧盟检测认证）或者UIAA（国际登山联合会）认证的。 （1）头盔：上去之前必须要佩戴头盔，我们的头盔为即碎型头盔（遭猛烈撞击后会第一时间发生粉碎，均衡受力，缓冲冲击力起到保护头部的作用），我们看到在里圈后侧有调节扣是用来调节头盔头部大小的装置，通过试戴调整到头部合适位置，左右不可晃动，前头盔与眉毛一厘米左右的距离为宜，在头盔左右下端有第二条固定带扣调到合适位置扣紧就好。 （2）安全带：安全带分为全身和半身，在这里我们主要用到的是半身安全带。半身安全带由腰带、腿带、安全拉环、装备环组成。穿戴时左手提腰带、右手提拉环，由腿部提至胯部以上，调整好松紧程度（侧面两个手指插进去不能轻松反转为宜）。 （3）主锁：主锁用于攀岩过程中的保护，是连接主绳与安全带的主要装备工具，在这里我们设置的都是双重保护（两把丝扣锁连接），主锁开口向下，相向挂于安全拉环，拧紧丝扣即可。 （4）动力绳：大家看到我手中的绳子学名叫动力绳，其特性是具有延展性，可以缓冲冲击力，承受22KN以上的拉力，也就说能大约承受2.2吨的重量。 5. 基本技巧讲解 基本动作 （1）抓：用手抓住岩石突起部分。 （2）抠：用手扣住岩石的棱角、缝隙和边缘。 （3）拉：在抓住上方支撑点的前提下，小臂贴于岩壁，扣住石缝或其他地形，以手臂和小臂使身体向上或向左右移动。	

结构	教学内容	组织与教法
活动实施（70分钟）	（4）推：利用侧面、下面的岩体或物体，以手臂的力量使身体移动。 （5）张：将手伸进缝隙里，用手掌或手指屈曲张开，以此抓住岩石缝隙作为支点，移动身体。 （6）蹬：用前脚掌内侧或脚趾的蹬力把身体支撑起来，减轻上肢负担。 （7）跨：利用自身的柔韧性，避开难点，寻求有力的支撑点。 （8）挂：用脚尖或脚跟挂住岩石，维持身体平衡使身体移动。 （9）踏：利用脚前部下踏较大的支点，减轻上肢负担，移动身体。 （10）有效的休息：攀岩不可能一口气完成，所以想爬得更高一些，一般是达到一个比较容易的位置，以最省力的姿势，边休息边观察下一段攀爬的线路。 （11）呼吸的调节：攀爬一条路线是一个连续的过程，从一开始就应该主动去调节呼吸，而不应该等快坚持不住了再去调整。 6. 注意事项 （1）此活动应提前做好安全调查，三个月内做过大型手术的，或者有先天性疾病的，或者手腕、脚腕、肩膀有习惯性脱臼的同学，可以不参与今天的活动，如果有感到身体特别不舒服的同学，可以到旁边休息。 （2）整理队伍前所有人取下高空容易掉落的物品，如手表、眼镜、钥匙、发卡等。 （3）长头发的女同学要把头发盘到安全头盔内。 （4）每次学生开始攀爬前一定要让老师确认安全后方能出发。 （5）时刻关注挑战过程中学生动态，让学生量力而行，避免因体力不支受伤。	

结构	教学内容	组织与教法
活动实施 （70分钟）	**三、活动监控（40分钟）** 1. 安全监控 （1）禁止手抓绳子。 （2）禁止在攀登过程中摘掉安全头盔。 （3）禁止人员在岩壁下方2米内活动。 （4）提醒攀登者在没有抓稳岩点时，不要向上攀登。 2. 语言监控 （1）聆听攀登者行进中的语言表达。 （2）聆听地面人员与挑战者之间互动的声音。 3. 行为监控 （1）观察地面人员的站位分配。 （2）观察攀登者的手势和身体状态。	
活动总结 （20分钟）	**一、集合整队（1分钟）** **二、学生分享（14分钟）** 1. 回顾反思 （1）我们制定的目标分数是否达到？我们制定的目标是否合理？ （2）如果用三个词来形容我们完成活动的感受，你会用哪三个词？为什么？ （3）在体力不支时，是什么让我们坚持了下来，登上峰顶？ （4）目标的制定对我们在学习中的启发是什么？ 2. 组织分享	**一、组织** 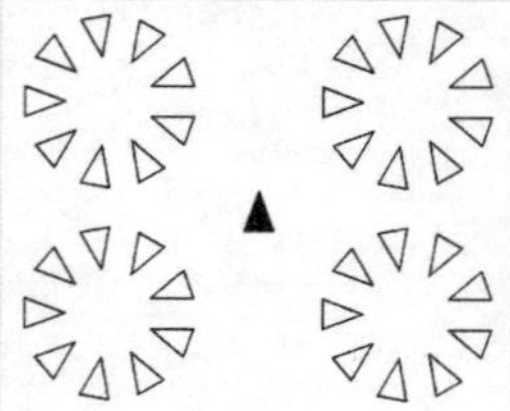 岛屿型 **二、教法** 1. 问题引导法 2. 代表分享法

结构	教学内容	组织与教法
活动总结（20分钟）	**三、教师总结（5分钟）** 1. 分享整合 当我们学会应用目标制定的原则，就会很务实地为目标去努力、去奋斗，最终达到目标的实现。高中学习生活也是一样的。 目标制定的SMART原则： S：（Specific）明确性 目标要清晰、明确，让考核者与被考核者能够准确理解目标； M：（Measurable）可测量 目标要量化，考核时可以采用相同的标准准确衡量； A：（Achievable）可实现 目标要通过努力可以实现，也就是目标不能过低和偏高，偏低了无意义，偏高了实现不了； R：（Relevant）相关性 组织目标与个人工作能结合 T：（Time table）时间表，要在规定的时间内完成。 2. 价值澄清 希望大家挑战目标时，能时刻保持冷静、脚踏实地、持之以恒、努力奋斗、不负青春。 因为：奋斗的青春最美丽！	3. 归纳法

<table>
<tr><th colspan="2">评价维度</th><th>评价要点</th><th>评价结果（描述或判断）</th></tr>
<tr><td colspan="2" rowspan="2">教学准备</td><td>1. 是否提前布置好攀岩场地？</td><td></td></tr>
<tr><td>2. 是否提前准备好动力绳、八字环、主锁、半身式安全带、全身式安全带、安全头盔、线手套、扁带、白板、白板笔等器材？</td><td></td></tr>
<tr><td colspan="2" rowspan="8">教学过程</td><td>3. 是否让学生将身上所有的尖锐、易脱落的物品取下？</td><td></td></tr>
<tr><td>4. 是否安排学生有序进行挑战？</td><td></td></tr>
<tr><td>5. 能否简要、有逻辑地讲解安全装备的使用方法？</td><td></td></tr>
<tr><td>6. 是否在课程挑战之前做好身体健康调查？</td><td></td></tr>
<tr><td>7. 是否安排不能参与挑战的学生进行帮助？</td><td></td></tr>
<tr><td>8. 能否通过引导让学生从个人意识转向团队意识？</td><td></td></tr>
<tr><td>9. 在教学活动中，能否及时发现安全隐患？</td><td></td></tr>
<tr><td>10. 在教学活动中，能否做到遵循学生自愿参与原则？</td><td></td></tr>
<tr><td colspan="2" rowspan="3">教学效果</td><td>11. 能否在规定时间内组织学生完成挑战？</td><td></td></tr>
<tr><td>12. 能否通过课程挑战让学生提升自信？</td><td></td></tr>
<tr><td>13. 能否把控无安全事故发生？</td><td></td></tr>
<tr><td rowspan="3">活动小结</td><td>优点</td><td colspan="2"></td></tr>
<tr><td>不足</td><td colspan="2"></td></tr>
<tr><td>改进</td><td colspan="2"></td></tr>
</table>

数字迷城

适用年级：高中　　　　建议时长：90分钟

教学内容	课程目标	教学重点与难点
1. 组织学生体验破冰活动奇妙报数。 2. 组织学生体验活动数字迷城。 3. 组织学生对活动体验进行分享总结。	1. 通过学生体验活动，学习团队合作完成任务的有效方式和方法。 2. 通过体验活动，锻炼学生的沟通能力、分工协作能力。 3. 通过活动体验，培养学生珍惜机会、脚踏实地走好每一步的做事风格。	1. 重点：活动线是让学生挑战数字迷城的活动。教育线是使学生懂得做事要脚踏实地。 2. 难点：如何引导学生快速发现数字迷城中的规律。

结构	教学内容	组织与教法
活动准备	**一、前期布置** 1. 场地：室外或者室内平整安全的场地。 2. 器材：乒乓球、数字喷绘图纸。	**一、实景图** 
活动实施（70分钟）	**一、课堂常规（5分钟）** 1. 集合分组 分成4组。 2. 师生认识和问好 老师：同学们好，我是××老师。奋斗的青春？ 学生：最美丽！	**一、组织** 1. 集合时队形 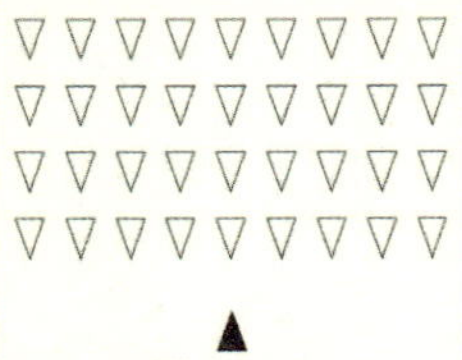 讲授型

结构	教学内容	组织与教法
活动实施（70分钟）	**二、破冰活动——奇妙报数（10分钟）** 1. 活动导入 我们接下来从1报到16，16报完以后继续从1开始（带领大家报一遍）。现在报完一遍，大家觉得简单吗？接下来我们要把这个报数变得与众不同，这是比较奇妙的报数，也叫“颠三倒四，七上八下，十五的月亮十六圆”。让我们一起来挑战好吗？ 2. 活动规则 （1）所有同学围成圆形，按照顺时针1~16循环报数。 （2）该报“3”的时候报“4”，该报“4”的时候报“3”；该报“13”的时候报“14”，该报“14”的时候报“13”，这叫“颠三倒四”。 （3）该报“7”的时候不说话用手指向上方，该报“8”时不说话用手指向地面即可，这叫“七上八下”。 （4）该报“15”的时候说“月亮”，该报“16”时不说话用双手比一个圆即可，这叫“十五的月亮十六圆”。 （5）报数时每个人只有两秒时间反应，若出现错报、漏报、抢报等现象，需要重新开始。 3. 注意事项 （1）先做一轮示范练习，给到大家一个适应的过程。 （2）若时间充分，可以引导大家讨论，创造出更多的玩法。 **三、活动讲解（15分钟）** 1. 活动导入 同学们，阿拉伯数字相信我们大家都不陌生吧，在日常的学习生活中我们都会经常用到。那么今天这节课我们就用这些大家都熟悉的数字来进行一场比拼。 这些数字在我们初次看到时，你	2. 破冰活动时队形 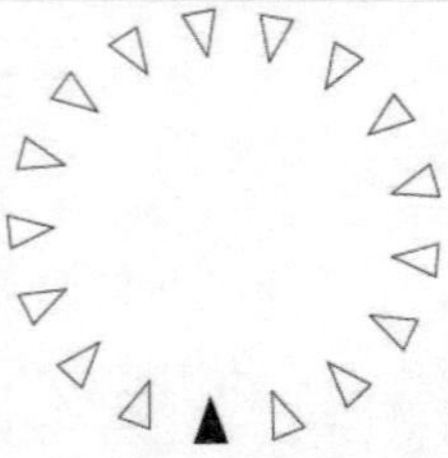 圆桌会议型 3. 活动讲解时队形 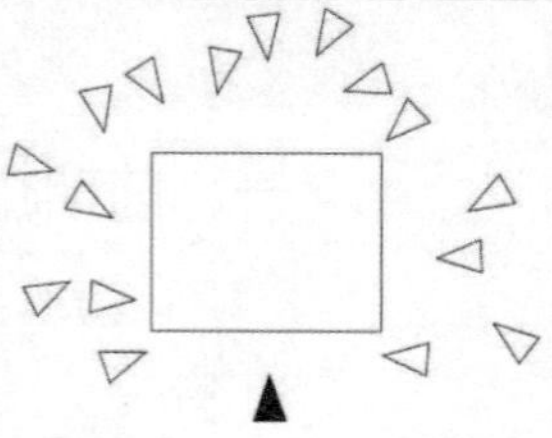 环绕情景型 **二、教法** 1. 直接导入法

结构	教学内容	组织与教法
活动实施（70分钟）	会觉得它是随意摆放，毫无秩序的，其中的奥秘就像谜一样，所以，我们这个活动就叫数字迷城。 2. 活动目标 在规则要求内用手指把这些数字按1~50顺序依次触碰出来。 3. 活动规则 第一轮规则： （1）每次每队派出三个人，一人负责触碰指出的数字，剩余两人负责观察。 （2）每组每次只能进行一分钟，每组有5次机会，最后记总数，总数高的胜利。 第二轮规则： （1）所有人一起出发，每人每次只能去碰3个连续的数。 （2）碰完后将乒乓球交给下一个队员，下一个队员方可进行挑战。（举例：一个队员手持乒乓球触碰了数字1、2、3后，该队员快速将乒乓球交给下一个队员，下个队员方可碰4、5、6）如果球掉下来，就要从1开始挑战。 （3）不允许漏碰、错碰、跳碰，只要违反就得重新开始。 （4）完成任务，用时最短为胜。 4. 注意事项 （1）设定挑战区和起点距离不宜太远，确保挑战区的图在起点看不见即可。 （2）近期手术、身体不适，或有隐性疾病的学生提前告知老师。 （3）活动开始前要求学生取下身上尖锐或易脱落的物品，统一摆放。 **四、活动监控（40分钟）** 1. 安全监控 （1）如果发现有学生奔跑过快，要及时提醒或制止。	

结构	教学内容	组织与教法
活动实施 （70分钟）	（2）保持组与组之间的安全距离，如果发现有学生跑偏，要及时提醒或制止。 2. 语言监控 （1）聆听每一轮各组关于操作方法的讨论。 （2）聆听各组同学在操作时信息的反馈。 3. 行为监控 （1）观察各组操作者的站位。 （2）观察各组观察员的行为表现。	
活动总结 （20分钟）	**一、集合整队（1分钟）** **二、学生分享（14分钟）** 1. 回顾反思 （1）在整个活动中，我们团队在沟通交流中遇到过哪些问题？ （2）第一轮与第二轮挑战相比，我们的心态发生了哪些变化？ （3）哪一轮的成绩最好？为什么？ （4）这个活动给你带来最大的收获是什么？ 2. 组织分享 **三、教师总结（5分钟）** 1. 分享整合 （1）活动的体验已经结束了，现在大家回顾一下，在别的小组挑战时	**一、组织** 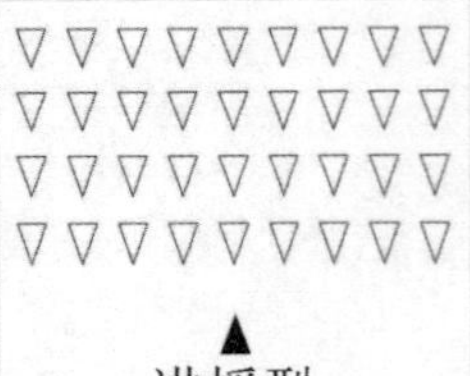 讲授型 **二、教法** 1. 问题引导法 2. 小组内部分享和代表分享法 3. 归纳法

结构	教学内容	组织与教法
活动总结（20分钟）	我们小组在做什么？有没有进行讨论，有没有合理分工，我们的沟通是否有效？ （2）在我们挑战过程中，各个小组都有人因为违规而重新开始，但是在第二轮每个小组失误的次数都降低了。现在大家想一想我们到底做了哪些改变？第一轮和第二轮体验的心态一样吗？ （3）我们挑战之前有没有商讨出本轮用什么样的方式更加有效？观察者在比赛的过程中起到什么样的作用？在每一次的挑战之中合理的分工显得格外重要，如果观察者和挑战者在比赛中用同样的思路对待比赛，无疑是一种资源的浪费，因为在比赛时观察者要把更多的精力放在规律的查找上，由于比赛时间有限，两位观察者提前分工就会比较具有优势，一位从小数开始观察，另一位从大数开始观察就会更容易整合资源，便于发现规律，而这一切都要在比赛之前利用有限的时间做最高效的沟通。 （4）乒乓球的作用是什么？它的存在是限制了我们的行动还是有利于我们行动？只要我们在比赛之前将任务分工明确，彼此之间按照计划行事交接乒乓球这个动作其实是有利于我们行动的，因为我们只有拿着球的人才有权利接触数字，就会避免有人盲目行动，反而对成绩造成影响，但前提是我们一定要提前做好任务的对接，增加彼此合作的默契，才可以更高效地把任务完成。 2. 价值澄清 希望大家能脚踏实地走好每一步，认真把握每次机会，不负青春。 因为：奋斗的青春最美丽！	

<table>
<tr><th colspan="2">评价维度</th><th>评价要点</th><th>评价结果（描述或判断）</th></tr>
<tr><td colspan="2" rowspan="2">教学准备</td><td>1. 是否提前布置好场地？</td><td></td></tr>
<tr><td>2. 是否提前准备好乒乓球、数字喷绘图纸？</td><td></td></tr>
<tr><td colspan="2" rowspan="7">教学过程</td><td>3. 每个环节的组织与把控是否按计划进行？</td><td></td></tr>
<tr><td>4. 能否通过引导让学生发现数字规律？</td><td></td></tr>
<tr><td>5. 在教学过程中，是否发挥教师作为引导者、观察者、分享者的角色功能？</td><td></td></tr>
<tr><td>6. 能否对学生的问题做及时有效的回应？</td><td></td></tr>
<tr><td>7. 在教学活动实施中，对哪个环节的组织最满意？</td><td></td></tr>
<tr><td>8. 在教学活动中，在哪些方面给予了学生针对性指导？</td><td></td></tr>
<tr><td>9. 在教学活动中，能否引导大家发挥团队作用？</td><td></td></tr>
<tr><td colspan="2" rowspan="3">教学效果</td><td>10. 能否避免课程挑战过程中出现安全事件？</td><td></td></tr>
<tr><td>11. 能否引导所有学生有效完成任务？</td><td></td></tr>
<tr><td>12. 能否引导学生从本课程中学会合理分工？</td><td></td></tr>
<tr><td rowspan="3">活动小结</td><td>优点</td><td colspan="2"></td></tr>
<tr><td>不足</td><td colspan="2"></td></tr>
<tr><td>改进</td><td colspan="2"></td></tr>
</table>

2

第二单元

自律

ZILU

破冰行动

适用年级：高中　　　　建议时长：90分钟

教学内容	课程目标	教学重点与难点
1. 组织学生了解毒品的种类和危害。 2. 组织学生学习预防毒品的方法。 3. 组织学生对活动体验进行分享总结。	1. 通过老师讲解，了解毒品的社会危害性，认识吸毒行为对身体的危害。 2. 通过体验禁毒教育活动，提高学生防毒、拒毒的心理防御能力、分析能力。 3. 通过体验禁毒教育活动，培养学生禁毒意识，提升其拒绝毒品的自律意识。	1. 重点：活动线是学生对毒品危害的认知。教育线是提升学生拒绝毒品的自觉性。 2. 难点：预防学生在认知毒品危害时容易引起的不必要的好奇心，不能以严肃的心态对待毒品。

结构	教学内容	组织与教法
活动准备	**一、前期布置** 1. 场地：公共安全体验馆。 2. 器材：毒品样品、活动卡片、吸毒血液循环模型、视频资料。	**一、实景图** 
活动实施（70分钟）	**一、课堂常规（5分钟）** 1. 集合分组 分成两组。 2. 师生认识和问好 老师：同学们好，我是××老师。奋斗的青春？	**一、组织** 

结构	教学内容	组织与教法
活动实施（70分钟）	学生：最美丽！ **二、活动环节** （一）毒品危害活动（5分钟） 毒品是人类的公害，它不仅危害广大青少年的身心健康，而且严重威胁着社会的稳定，影响经济发展和社会进步。在中国的近代历史上，毒品曾给中华民族带来深重的灾难。如今毒品问题已成为全球性问题，它与恐怖主义、艾滋病并称为当今世界三大公害。为什么毒品会并入三大公害呢？我们一起来从一段视频中寻找一下答案。 大家知道，冰毒是新型毒品的代表，其危害程度并不亚于传统毒品。所以，我们今天的课程名称就叫破冰行动。 （二）毒品种类认知体验活动（15分钟） 1. 学习墙面上的各种毒品知识并认识毒品样品。 2. 毒品连连看体验活动。 把学生分为两组，教师把打乱顺序的毒品的图案卡片和知识卡片分发给两组学生。其中一组每人拿一张图案卡片，另一组每人拿一张知识卡片，教师每念出一种毒品的名字，拿有该毒品相对应的图案和知识的学生连线成功，先找出来正确答案的一组得1分，以此类推。 （三）对毒品危害进行讲解活动（10分钟） 1. 导入 （1）毒品对人类生理健康造成哪些伤害？ （2）毒品对人类心理健康造成哪些伤害？	**二、教法** 1. 视觉导入法 2. 体验法 3. 问题导入法

结构	教学内容	组织与教法
活动实施（70分钟）	2. 操作吸毒血液循环模型，注意观察和记录每种吸毒方式的血液流经方向的不同之处。 3. 讲解毒品的危害，让学生建立远离毒品的意识。 （四）“说句心里话”活动（15分钟） 1. 导入 （1）吸毒者中为什么以青少年居多？ （2）在你的学习生活当中有哪些压力让你无处释放？ 2. 注意事项 教师对学生回答的问题积极引导，使学生意识到利用吸毒的方式缓解压力的行为是不可取的。 （五）防毒方法讲解活动（10分钟） 1. 以小组为单位，由组长组织每名同学在各自小组中对防毒方法进行分享，由组长对分享内容进行总结。5分钟后，每个组推选一名代表分享讨论结果。 2. 教师对防毒方法进行补充。 （六）自由活动（8分钟） 让学生自由参观和学习公共安全体验馆内的内容，有问题向老师咨询并解决。 （七）宣读“珍爱生命，安全同行”寄语（2分钟） 生命只有一次，可贵却脆弱。珍爱生命，从自我保护做起，提高安全警觉意识，养成良好行为习惯，平安、健康、快乐成长。注意安全，寄语未来，做有原则、有责任、有担当的好青年。	4. 问题导入法 5. 讲授法 

结构	教学内容	组织与教法
活动实施 （70分钟）	**三、注意事项** 1. 播放视频资料后再讲解会让学生更认真听讲。 2. 通过毒品连连看活动使学生更快记忆各种毒品的危害。 **四、活动监控** 1. 安全监控 （1）禁止触碰未经老师允许的教学设备。 （2）禁止触碰馆内电源插头、消防设施等基础设施。 （3）禁止在活动场地追逐打闹。 2. 语言监控 （1）聆听学生关于毒品危害的讨论。 （2）聆听学生关于防毒方法的讨论。 3. 行为监控 （1）观察学生是否全心投入了学习、活动中。 （2）观察学生探索的行为表现。	
活动总结 （20分钟）	**一、集合整队（1分钟）** **二、学生分享（14分钟）** 1. 回顾反思 （1）毒品的种类有哪几种？ （2）吸毒的危害有哪些？	**一、组织** 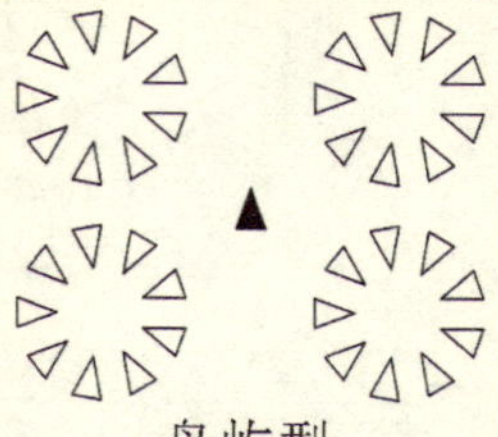 岛屿型 **二、教法** 1. 问题引导法

结构	教学内容	组织与教法
活动总结（20分钟）	（3）以后，你会用什么方式向别人宣传毒品的危害？ （4）本次活动你最大的收获是什么？ 2. 组织分享 **三、教师总结（5分钟）** 1. 分享整合 吸毒可以破坏人体的正常机能和新陈代谢，还可以导致多种传染病。不仅仅如此，毒品之“毒”还表现在吸食它的人，会在不知不觉中上瘾，而上瘾后又极其难以戒断，形成对它的身体依赖和心理依赖。身体依赖可以通过药物和强制戒毒办法消除，最困难的是消除心理依赖。 作为一名高中生，也作为社会这个大家庭中的一员，我们有义务、有能力做好禁毒工作，养成良好的生活习惯；正确地认识毒品，远离毒品。从自己做起，从现在做起，树立正确的人生观。增强自律意识，不盲目追求享受、寻求刺激、赶时髦。在学校协助老师宣传禁毒知识，力争让每颗星星都散发光彩，让每颗心灵为禁毒呐喊。 2. 价值澄清 希望大家拥有对不良事物坚决抵制的自制力，让自己以更健康的方式学习、生活，不负青春。 因为：奋斗的青春最美丽！	2. 代表分享法 3. 归纳法

<table>
<tr><th colspan="2">评价维度</th><th>评价要点</th><th>评价结果（描述或判断）</th></tr>
<tr><td colspan="2" rowspan="2">教学准备</td><td>1. 是否提前布置好公共安全体验馆。</td><td></td></tr>
<tr><td>2. 是否提前准备好毒品样品、活动卡片、吸毒血液循环模型、视频？</td><td></td></tr>
<tr><td colspan="2" rowspan="8">教学过程</td><td>3. 是否可以快速并有序地进行小组分配？</td><td></td></tr>
<tr><td>4. 是否提前设计好参观流程及路线？</td><td></td></tr>
<tr><td>5. 在教学过程中是否进行了启发性的引导？</td><td></td></tr>
<tr><td>6. 在教学过程中，能否多维度、多感官地让学生了解毒品的危害？</td><td></td></tr>
<tr><td>7. 是否按照教学时间节点实施课程？</td><td></td></tr>
<tr><td>8. 是否能够通过引导让学生学习防毒品的方法？</td><td></td></tr>
<tr><td>9. 在教学活动中，你能否灵活地处理突发问题？</td><td></td></tr>
<tr><td>10. 在教学活动中，你能否及时给学生解答疑惑？</td><td></td></tr>
<tr><td colspan="2" rowspan="3">教学效果</td><td>11. 你能否引导所有学生有效完成学习手册？</td><td></td></tr>
<tr><td>12. 你是否能通过引导让学生自发向家人宣传毒品的危害？</td><td></td></tr>
<tr><td>13. 学生是否清晰地认识到毒品的危害？</td><td></td></tr>
<tr><td rowspan="3">活动小结</td><td>优点</td><td colspan="2"></td></tr>
<tr><td>不足</td><td colspan="2"></td></tr>
<tr><td>改进</td><td colspan="2"></td></tr>
</table>

直击庭审

适用年级：高中　　　　建议时长：90分钟

教学内容	课程目标	教学重点与难点
1. 组织学生了解人民法院基本的审判制度。 2. 组织学生了解基本的审判原则。 3. 组织学生了解审判法庭位置的分布及各个职位的职责。 4. 组织学生体验庭审剧场直击案件。	1. 通过观看视频和教师讲解，了解刑事审判庭各个职位的职责。 2. 通过模拟庭审现场，锻炼学生语言表达能力和辩论能力，提高学生团结协作能力。 3. 通过体验不同角色，培养学生严于律己、审视自己、明辨是非的品质。	1. 重点：活动线是学习基本的刑法原则，体验审判程序。教育线是以法律的明确界限，培养学生严于律己、审视自己、明辨是非的品质。 2. 难点：引导学生自主运用法律条文，设计台词，进行法庭裁判。

结构	教学内容	组织与教法
活动准备	**一、前期布置** 1. 场地：模拟法庭馆。 2. 器材：剧本大纲、刑法修正案（十）、《刑法》条文、视频资料、PPT。	**一、实景图** 
活动实施 （70分钟）	**一、课堂常规（5分钟）** 1. 集合分组 分成4组。 2. 师生认识和问好 老师：同学们好，我是××老师。奋斗的青春？ 学生：最美丽！	**一、组织** 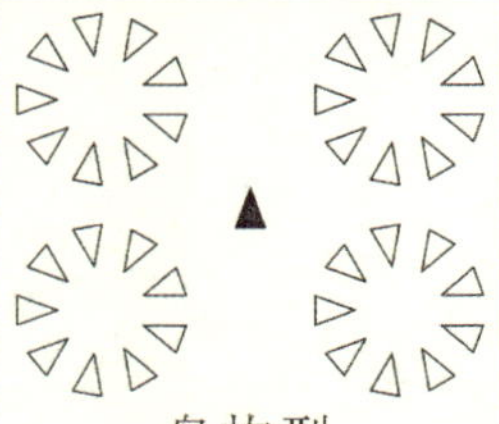 岛屿型

结构	教学内容	组织与教法
活动实施 （70分钟）	**二、活动环节** （一）活动导入（5分钟） 1. 观看短视频 《全民目击》（庭审片段） 2. 激发兴趣 同学们刚刚我们看到的是电影《全民目击》庭审现场的片段，激烈且紧张的对白让大家跃跃欲试，都想到台上更直观地感受庭审的魅力，下面我们就一起走进今天的课堂——直击庭审！ （二）讲解我国人民法院基本的审判制度和基本原则（10分钟） 1. 人民法院基本的审判制度 （1）公开审判制度（法律规定涉及国家机密、个人隐私、未成年人犯罪的一律不公开，离婚案件和商业秘密案件根据当事人申请依法酌情不公开）。 （2）辩护制度（任何刑事案件的被告人都享有辩护权）。 （3）回避制度（亲属、利害关系）。 （4）合议制度（民主集中制原则在审判工作中的具体运用）。 （5）两审终审制（一审、二审、执行）。 2. 我国刑法的基本原则 （1）罪刑法定原则：法无明文规定不为罪，法无明文规定不处罚。 （2）罪刑相适应原则：指人民法院对犯罪分子判处刑罚的轻重，应当与犯罪分子所犯罪行和承担的刑事责任相适应，重罪重判，轻罪轻判。 （3）适用法律一律平等原则。 （三）介绍刑事审判法庭组成人员的位置及职责（10分钟） 1. 法官 审判长中间一位，审判员左右两边	**二、教法** 1. 视频导入法 2. 讲授法  3. 讲授法 

结构	教学内容	组织与教法
活动实施（70分钟）	各一位，三位组成合议庭，依法行使审判权的审判人员，其职责是以事实为依据，以法律为准绳，做出合法判决。 2. 书记员 审判工作的事务性辅助人员，主要负责审判庭的记录工作，并办理有关审判的辅助性事项。 3. 公诉人 受检察长指派，以国家公诉人的身份出席法庭支持公诉，进一步阐述公诉机关的指控意见，并通过举证、质证和辩论，使合议庭确认公诉机关对被告人的指控，依法宣判被告人有罪，并处以相应的刑罚。 4. 辩护人 指接受被追诉一方委托或者受人民法院指定，帮助犯罪嫌疑人、被告人行使辩护权以维护其合法权益的人。 5. 法定代理人 指被代理人的父母、养父母、监护人和负有保护责任的机关团体的代表。 6. 被害人 在刑事案件中合法权益遭受犯罪行为侵害的人，是当事人之一，在一定程度上起到证人的作用。 7. 被告人 被公诉机关指控涉嫌犯罪的当事人称作被告人。但在民商事、行政案件中的当事人称作“被告”，引起诉讼发生的一方则称为“原告”，也就是说只有在刑事案件中才有“被告人”的称谓。（重点强调） （四）模拟庭审（40分钟） 1. 案情简介 2016年11月26日凌晨，犯罪	4. 演绎法

结构	教学内容	组织与教法
活动实施（70分钟）	嫌疑人王晓天伙同原大壮为满足自身不法利益在被害人金某住处附近对其进行人身伤害，造成金某重伤的严重后果。案发后王晓天和原大壮在家长陪同下进行自首，本案涉嫌故意伤害罪，现依法进行审理（其中王晓天15岁，原大壮16岁）。 2. 庭审准备 学生自主选择角色后，根据选择相同角色进行分组，然后根据提供的法律条文，自己设计台词。 3. 模拟庭审现场 参照标准庭审流程，按照角色扮演进行现场庭审模拟。 **三、注意事项** 1. 先使用视频资料，然后讲解会更容易接受。 2. 法庭辩论环节时双方对话，教师及时关注，给予适当帮助。 3. 关注学生小组合作，并且给予赏识性教育。 **四、活动监控** 1. 安全监控 （1）关注学生是否因观点不一致发生争执动手打人的现象。 （2）禁止学生追逐打闹，破坏场馆器材。 2. 语言监控 （1）倾听学生在活动过程中语言是否文明，是否辱骂他人。 （2）倾听在庭审过程中各个角色的发言重点。 3. 行为监控 （1）观察学生有没有全心投入角色当中。 （2）观察学生参与活动的积极性。	

<table>
<tr><th>结构</th><th>教学内容</th><th>组织与教法</th></tr>
<tr><td>活动总结（20分钟）</td><td>

一、集合整队（1分钟）

二、学生分享（14分钟）

1. 回顾反思

（1）作为你们小组的代表，你们运用了哪些法律条文？模拟过程中你心情如何？

（2）你们小组遇到哪些问题？怎么解决的？

（3）如果下次再接触庭审现场的话，你会参与哪个角色？未来是否考虑从事法律相关职业？

（4）在今后的学习生活中，如果你和同学、朋友发生矛盾冲突，你会用哪些方式解决？

2. 组织分享

三、教师总结（5分钟）

1. 分享整合

同学们，我们生活中到处都有法律的身影，比如：购物会有《消费者权益保护法》，出行有《道路交通安全法》，上学有《教育法》《未成年人保护法》，等等。直击庭审是同学们了解法律、认识法律、体会法律威严、感受法律魅力的一个途径，今天你们自己亲自设计庭审细节，运用法条解决实际问题，是法律的践行者、传播者，希望我们一起努力，做遵纪守法的好公民！

社会主义法治进程的推进需要每一个公民一起努力，尤其是青年学生，要严格要求自己，规范自己的行为，明辨是非，严于律己，不要触犯法律的红线，做合格的社会主义接班人。

2. 价值澄清

希望大家都能做到严格要求自我、规范自我行为、明辨是非，不负青春。

因为：奋斗的青春最美丽！

</td><td>

一、组织

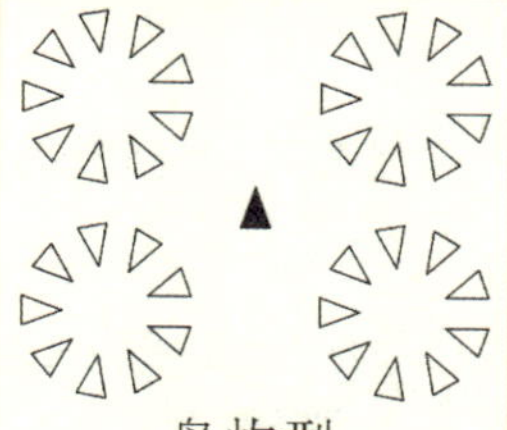

岛屿型

二、教法

1. 问题引导法

2. 组内分享和代表分享法

3. 归纳法

</td></tr>
</table>

评价维度	评价要点	评价结果（描述或判断）
教学准备	1. 是否提前准备好视频资料、PPT等道具？	
	2. 是否提前准备好了剧本大纲、刑法修正案（十）、《刑法》条文？	
教学过程	3. 在讲解带领过程中，对自己的表情、肢体动作、语言表达等如何评价？	
	4. 能否通过引导让学生快速进入状态？	
	5. 在教学过程中，是否发挥教师作为引导者、观察者、分享者的角色功能？	
	6. 你是否能对学生的问题做及时有效的回应？	
	7. 在教学活动中，你在哪些方面给予了学生针对性指导？	
	8. 能否为学生营造一个公平辩论的环境？	
	9. 能否保持良好的教学状态？	
教学效果	10. 能否通过课程体验让学生了解庭审流程？	
	11. 能否通过课程体验增强学生的法律意识？	
	12. 能否引导学生懂法、尊法、守法？	
活动小结	优点	
	不足	
	改进	

通天塔

适用年级：高中　　　　建议时长：90分钟

教学内容	课程目标	教学重点与难点
1. 组织学生了解通天塔的由来。 2. 组织学生体验活动通天塔。 3. 组织学生对活动体验进行分享总结。	1. 通过图片展示与讲解，了解通天塔的由来和通天塔结构。 2. 通过体验活动，锻炼学生肢体表达能力和团队协作能力。 3. 通过体验活动，培养学生自我管理、自觉遵循规则的自律行为习惯。	1. 重点：活动线是团队一起动手完成通天塔活动。教育线是培养学生做一个严于律己的中国好青年。 2. 难点：如何激发学生自律意识。

结构	教学内容	组织与教法
活动准备	**一、前期布置** 1. 场地：多米诺骨牌馆。 2. 器材：任务书、积木。	**一、实景图** 
活动实施（70分钟）	**一、课堂常规（5分钟）** 1. 集合分组 7人一组。 2. 师生认识和问好 老师：同学们好，我是××老师。奋斗的青春？ 学生：最美丽！ **二、活动环节** （一）课前小调查（10分钟）	**一、组织** 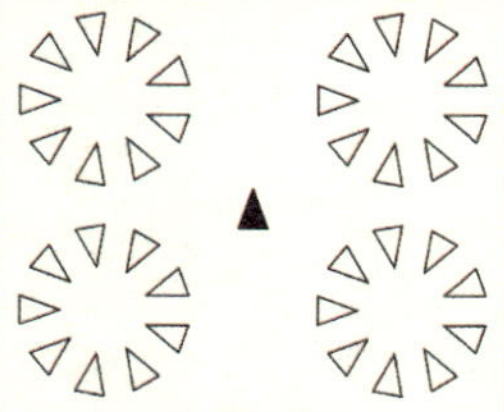 岛屿型

结构	教学内容	组织与教法
活动实施（70分钟）	同学们知道世界上目前为止比较著名的塔有哪些吗？它们分别在哪个国家？它们的特点分别是什么？ （二）活动讲解（15分钟） 1. 活动导入 传说，人类的祖先最初讲的是同一种语言。他们在底格里斯河和幼发拉底河之间，发现了一块异常肥沃的土地，于是就在那里定居下来，修起城池，建造繁华的巴比伦城。后来，人类的日子越过越好，为了传颂人类的赫赫威名，并作为集合全天下人的标记，他们决定在巴比伦修一座通天的高塔。因为大家语言相通，同心协力，阶梯式的通天塔修建得非常顺利，很快就高耸入云。上天得知此事，又惊又怒，他不允许凡人达到自己的高度，决定惩罚这些狂妄的人们。看到人类这样齐心协力，统一强大，他心想，人类因为语言相通，思想统一，就能建起这样的巨塔，日后哪还有办不成的事情？于是，上帝决定让人世间的语言发生混乱，使人们彼此言语不通。因为说着不同的语言，人与人之间无法了解对方说的是什么意思，想干什么，难以合作，通天塔也终于半途而废。 今天，我们也要造一座塔，在造塔的过程中，也会存在各种沟通的障碍。接下来，让我们一起来体验这个活动——通天塔。 2. 活动目标 在40分钟时间内，用所提供的材料，按照规定的方法，建造一座符合要求的塔。 3. 活动规则 （1）活动开始后，任何人禁止说话。 （2）老师发给每位学生一份个人任务书，这份任务书不得以任何方式被他人看到。 （3）每个小组只有三次机会向老师申报完成任务。	二、教法 1. 问题引导法 2. 道具导入法

结构	教学内容	组织与教法
活动实施（70分钟）	(4)各小组只能派一人拿积木,并且在每个小组桌上的积木不得超过十块(已被筑进塔中的积木除外)。 4. 个人任务清单 (1)你是队长,塔高15层,必须在30分钟内完成,你的小队有三次机会失败。 (2)全队只有你跟队长两个人可以动手筑塔。 (3)塔的第二层必须全部为玫红色,塔的第五层必须全部为蓝色。 (4)塔的第八层不得少于2块积木,塔的第十层不得少于三种颜色的积木。 (5)塔的顶层至少有3种颜色,第11层全部为黄色。 (6)塔的第3层不得是玫红色,第8层不得是蓝色。 (7)你是观察员,不得参与任何小组行动。 **三、注意事项** 1. 过程中禁止语言交流。 2. 记录学生违规次数。 3. 重点观察队长和筑塔学生的表现并记录。 **四、活动监控(40分钟)** 1. 安全监控 (1) 禁止学生投掷积木。 (2) 禁止学生追逐打闹，破坏场馆器材。 2. 语言监控 (1) 观察学生肢体语言是否有效。 (2) 观察队长的指挥肢体语言是否有效。 3. 行为监控 (1) 观察学生活动过程中自我约束的能力。 (2) 关注学生在筑塔过程中的行为表现。	

结构	教学内容	组织与教法
活动总结（20分钟）	**一、集合整队（1分钟）** **二、学生分享（14分钟）** 1. 回顾反思 （1）你在小组中担任什么角色？你是否严格遵守了活动规则？ （2）你们小组会进行怎样的沟通方式？ （3）你们是怎样明白谁是队长，哪两位可以动手的？ （4）这个活动给你带来最大的启发是什么？ 2. 组织分享 **三、教师总结（5分钟）** 1. 分享整合 语言是沟通的桥梁，当没有这座桥梁的时候难道人类就不能沟通了吗？今天同学们就很好地诠释了沟通的多样性。当我们的语言受到限制的时候，在遵循规则的前提下寻求更多的沟通方式，正确认识自己，审视自己的言行，成就自己的同时为团队贡献自己的力量，帮助团队取得成功。 大家正处在身心发展的关键期，容易为了目的忽视规则，通天塔的挑战让大家明白在学习和生活中，要严格规范自己的行为举止，正确认识自己的任务，审视自我，善于自省，明辨是非，严于律己才能创造更大价值！ 2. 价值澄清 希望大家都能做一个自觉遵循规则，严于律己的中国好青年，不辜负青春。 因为：奋斗的青春最美丽！	**一、组织** 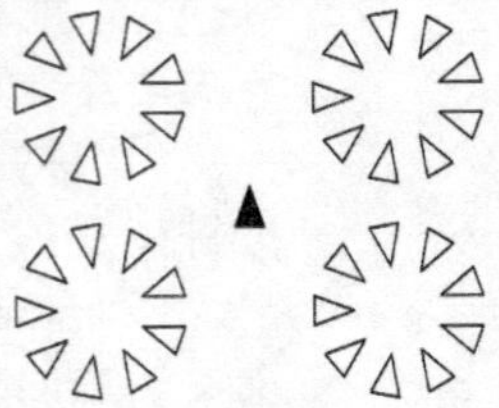 岛屿型 **二、教法** 1. 问题引导法 2. 组内分享和代表分享法 3. 归纳法

评价维度	评价要点	评价结果（描述或判断）
教学准备	1. 是否提前布置好室内场馆？	
	2. 是否提前准备好任务书、积木？	
教学过程	3. 在讲解带领过程中，对自己的表情、肢体动作、语言表达等如何评价？	
	4. 能否通过引导让学生快速投入课程体验中？	
	5. 在教学过程中，是否发挥教师作为引导者、观察者、分享者的角色功能？	
	6. 是否对学生的问题及时有效地回应？	
	7. 在教学活动中，在哪些方面给予了学生针对性指导？	
	8. 能否灵活把控筑塔过程中的难度？	
	9. 能否保持良好的教学状态？	
教学效果	10. 能否通过课程，锻炼学生肢体表达能力和交流协作能力？	
	11. 能否通过引导帮助所有同学完成任务？	
	12. 能否通过体验活动，培养学生自我管理、自觉遵循规则的自律行为习惯？	
活动小结	优点	
	不足	
	改进	

孤岛求生

适用年级：高中　　　　建议时长：90分钟

教学内容	课程目标	教学重点与难点
1. 组织学生体验破冰活动思维体操。 2. 组织学生体验孤岛求生活动。 3. 组织学生对活动体验进行分享总结。	1. 通过完成任务的过程，增加对自我角色的认知。 2. 通过三种角色的体验，锻炼学生的沟通能力、合作能力和领导能力。 3. 通过学生行为与规则限制的冲突体验，培养学生自我约束、自我管理的意识。	1. 重点：活动线是所有人安全地转移到珍珠岛。教育线是培养学生遵守规则、自我管理的意识。 2. 难点：队员对团队共同目标的认同与执行。

结构	教学内容	组织与教法
活动准备	**一、前期布置** 1. 场地：室外或者室内平整安全场地。 2. 器材：孤岛求生器材。	**一、实景图** 
活动实施 （70分钟）	**一、课堂常规（5分钟）** 1. 集合分组 分成4组。 2. 师生认识和问好 老师：同学们好，我是××老师。奋斗的青春？ 学生：最美丽！	**一、组织** 1.集合时队形 

结构	教学内容	组织与教法
活动实施 （70分钟）	**二、破冰活动——思维体操（10分钟）** 1. 活动导入 同学们，我们都有双手和大脑，大脑有左脑和右脑，左脑是理性脑，右脑是感性脑。左脑负责我们的右手，右脑负责我们的左手，你想不想让自己的左右脑更灵活呢？今天我们通过用手来做动作训练实现灵活性。我们一起来做个思维体操，我怎么做你跟着我怎么做就可以了。 2. 活动规则 （1）动作一：左手捏鼻子，同时右手捏左耳。“123，换”，拍手三次，动作迅速换成右手捏鼻子，同时左手捏右耳。 （2）动作二：左手拍头，右手揉肚子。“123，换”，拍手三次，动作迅速换成右手拍头，左手揉肚子。 （3）动作三：左手掌搓左腿，右手拳头敲右腿。“123，换”，拍手三次，动作迅速换成左手拳头敲左腿，右手掌搓右腿。 （4）动作四：左手顺时针转，右手逆时针转。“123，换”，拍手三次，动作迅速换成左手逆时针转，右手顺时针转。 3. 注意事项 （1）老师带领多练习几次，先慢后快，先易后难。 （2）老师在过程中注意观察学生的表现，对特别现象进行描述，会让氛围更好。 **三、活动讲解（15分钟）** 1. 活动导入 各位同学我们做个场景的假设，现在我们在泰坦尼克号上做研学实践活动，大家都知道泰坦尼克号撞到冰山沉没了，咱们随着海浪漂泊到三个	2. 破冰活动时队形 3. 活动讲解时队形 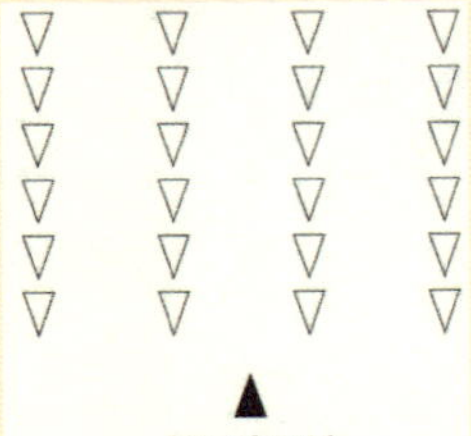 纵路型 **二、教法** 1. 情境导入法

结构	教学内容	组织与教法
活动实施（70分钟）	孤岛上。第一个岛上由于误食了一些有毒水果，导致大家双眼失明；第二个岛上由于误食不明鱼类，导致该岛全体变成哑巴了；第三个岛物产丰富，所有人都身体健全。我们虽然在不同的岛上，但是我们有共同的任务，我们体验的活动名称叫作孤岛求生、孤岛求生、孤岛求生。 2. 活动目标 在规定的时间内完成任务卡上的所有任务。 3. 活动规则 （1）扮演盲人的同学不能偷看；扮演哑人的同学不能说话；不能违反任务卡上的规则。 （2）违反规则，老师给出警告。 （3）老师在整个过程中不回答任何问题。 4. 注意事项 （1）重复项目名称：孤岛求生，孤岛求生，孤岛求生至少重复3遍。 （2）时间在珍珠岛的任务书上写着，不允许告知队员时间。 （3）所有人上岛后,先给珍珠岛任务卡,再给哑人岛任务卡,最后给盲人任务书和球,大声地宣布计时开始。 **四、活动监控（45分钟）** 1. 安全监控 （1）严禁嬉笑打闹，以及离开挑战场地。 （2）关注转移过程中有无危险动作，如果发现及时提醒或制止。 2. 语言监控 （1）聆听盲人岛上学生的讨论。 （2）聆听珍珠岛上学生与其他岛上学生的沟通。 3. 行为监控 （1）观察珍珠岛上的学生在岛上都做了哪些事情。 （2）观察哑人岛上学生的情绪变化。	

结构	教学内容	组织与教法
活动总结（20分钟）	**一、集合整队（1分钟）** **二、学生分享（14分钟）** 1. 回顾反思 （1）盲人知道自己的任务吗？哑人知道珍珠岛的任务吗？大家知道活动的时间和总任务吗？如何才能知道？ （2）珍珠岛的人在岛上做了什么？什么才是我们最重要的任务？ （3）为什么哑人岛上的人不能一开始就动小船？你们遵守任务规则了吗？ （4）上岛后，盲人岛上的人能做什么？不能做什么？大家有没有按要求来行动？ （5）如果把你安排到珍珠岛或者其他岛上，你会怎么做？ 2. 组织分享 **三、教师总结（5分钟）** 1. 分享整合 我们在这个活动中都有不同的角色，每个角色都有不同的要求，完成岛上的任务也有不同的要求。盲人不能偷看，你做到了吗？哑人不能说话，你做到了吗？珍珠岛的重点任务是救人，而珍珠岛的伙伴在忙什么呢？ 哑人上岛后，为什么会动船，动了几次？我们在怎样的情况下才能动船呢？盲人完成第一个任务后才能动，那么盲人的第一个任务是	**一、组织** 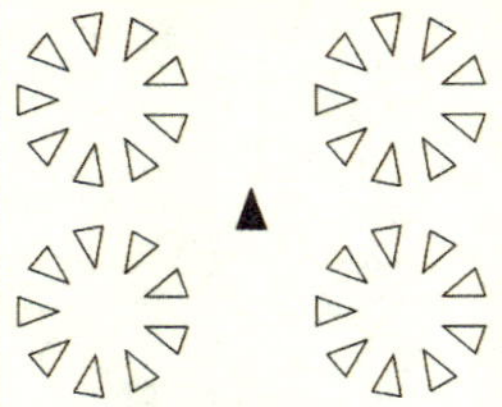 岛屿型 **二、教法** 1. 问题引导法 2. 组内分享和代表分享法 3. 归纳法

结构	教学内容	组织与教法
活动总结 （20分钟）	什么？怎样才能知道呢？盲人也有任务，但是他们看不到，我们能看到，我们怎样才能帮助他们呢？ 三个岛上的任务卡最后一条规则是任何人和物品一旦落入水中都会被急流冲到盲人岛。哑人岛和珍珠岛分别派一位代表带着任务卡到盲人岛，珍珠岛的人可以大声念一下三个岛的任务卡，接下来就容易了。 珍珠岛指挥投球、哑人协助投球、盲人投球，球投进后哑人开始操控船转移盲人到珍珠岛，最后任务完成。 然而，我们在整个过程中只有根据任务要求做好自己，严格按照任务卡执行，才能少犯错误，高效能地完成任务。 2. 价值澄清 希望大家都能正确认识自己、审视自我、做一个自律的青年，不负青春。 因为：奋斗的青春最美丽！	

评价维度	评价要点	评价结果（描述或判断）
教学准备	1. 是否提前布置好课程现场？	
	2. 是否准备好孤岛求生器材？	
教学过程	3. 在讲解带领过程中，对自己的表情、肢体动作、语言表达等如何评价？	
	4. 能否通过引导让学生快速投入场景模拟的体验中？	
	5. 在教学过程中，是否发挥教师作为引导者、观察者、分享者的角色功能？	
	6. 是否选择合适的人群分到珍珠岛？	
	7. 是否解决学生多次犯规的情况？	
	8. 在岛屿与岛屿距离的布置上，能否设计合适的难度方便学生在伸展区体验？	
教学效果	9. 能否通过课程，锻炼学生肢体表达能力？	
	10. 能否通过引导帮助所有同学完成任务？	
	11. 能否通过体验活动，培养学生自我管理、自觉遵循规则的自律意识？	
活动小结	优点	
	不足	
	改进	

千手观音

适用年级：高中　　　　建议时长：90分钟

教学内容	课程目标	教学重点与难点
1. 组织学生体验破冰活动逢三抓手。 2. 组织学生体验千手观音活动。 3. 组织学生对活动体验进行分享总结。	1. 通过体验千手观音，认知控制和坚持的意义。 2. 通过不断挑战，锻炼学生的沟通和配合能力。 3. 通过体验不断受挫，培养学生立足本职角色的自律品质。	1. 重点：活动线是集体体验将杆从齐眉高放到地面上。教育线是培养学生专注自己、完成任务的品质。 2. 难点：引导学生做好自己并完成团队挑战目标。

结构	教学内容	组织与教法
活动准备	**一、前期布置** 1. 场地：室外或者室内平整安全场地。 2. 器材：专业的长杆。	**一、实景图** 
活动实施 （70分钟）	**一、课堂常规（5分钟）** 1. 集合分组 分成4组。 2. 师生认识和问好 老师：同学们好，我是××老师。奋斗的青春？ 学生：最美丽！	**一、组织** 1. 集合时队形 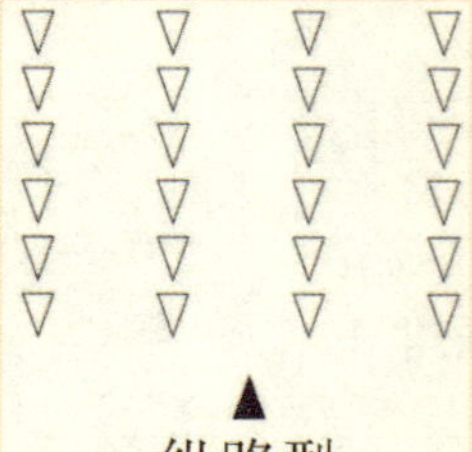 纵路型

结构	教学内容	组织与教法
活动实施（70分钟）	**二、破冰活动——逢三抓手（10分钟）** 1. 活动导入 同学们，在我们课程开始之前，老师带大家做一个小小的测试，测试一下各位的专注度。 2. 活动规则 （1）全员一起围成圆圈。 （2）请将左手手掌心向下，然后把右手食指垂直放到右侧同学左手的掌心下。 （3）接下来老师会讲个故事，当故事当中出现“3”时，左手去抓住左边同学的食指，而右手食指快速逃掉。听清楚，是数字“3”，它的谐音都不算，比如“山、闪、扇”。 （4）老师可以让大家先熟练一下，可以喊“1、2、3”，在宣布开始以后，老师可以讲故事。 我们都知道，猴子特别爱吃香蕉。有一次，一群猴子在吃香蕉，有一只小猴子在吃之前先要数一数总共有多少个香蕉。它是这样数的，一只香蕉，两只香蕉，还有一只香蕉。另一只小猴子说，你这样数可不行，你得这样数，一只香蕉，两只香蕉，再加上一只香蕉。这时候老猴子过来啦，它说，你们是怎么数香蕉的啊，数来数去“3”去哪了？ 3. 注意事项 （1）提醒大家，抓手时不要用力过猛，防止受伤。 （2）彼此的距离近一些，以避免双臂长时间保持同一姿势容易疲劳。 （3）如果场地有限，也可以坐成几排。 （4）讲故事时要生动，在语调和语速上有所变化。 **三、活动讲解（15分钟）** 1. 活动导入 同学们，在2005年的春节联欢晚	2. 破冰活动时队形 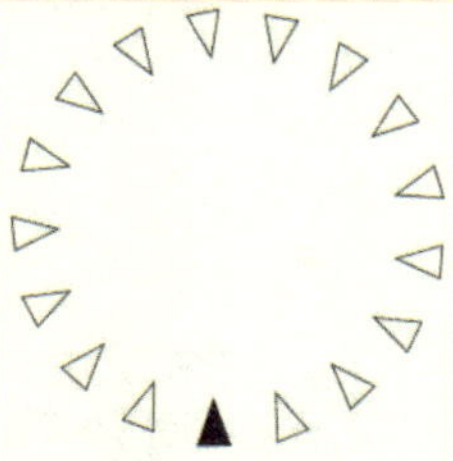 圆桌会议型 3. 活动讲解时队形  并列型 **二、教法** 直接导入法

结构	教学内容	组织与教法
活动实施（70分钟）	会上，由聋哑女孩邰丽华带领着20位聋哑演员排练出来的《千手观音》，将舞蹈演绎得惟妙惟肖，舞动时，犹如千手观音降临人世。营造出层出不穷、千变万化的震撼的视觉冲击力，赢得了全国观众“激动、流泪”的评价。她们是一群聋哑人，在高度的配合下完成了这个舞蹈，今天我们就来挑战一个需要大家共同完成的活动，也叫“千手观音”。 2. 活动目标 将杆水平放在每个人右手的食指第二关节处，高度是组长的眉目处。在40分钟内，所有人食指不离开杆子的情况下把杆子降到地面上。 3. 活动规则 （1）高度以组长的眉心位置为准。 （2）所有人食指第二关节处需要水平放在杆下，在整个过程中不能离开。 （3）小组成员必须全员参加。 （4）如果有任何一名同学违规就必须回到起点重新开始。 4. 注意事项 （1）过程中要多鼓励和肯定，严格监督。 （2）分组尽量按照男女搭配和人数相当的原则。 四、活动监控（40分钟） 1. 安全监控 （1）各组之间保持一定距离，如果发现彼此靠得太近要及时提醒。 （2）禁止学生拿着杆玩耍，在大家的动作失控时防止杆碰到学生的脸。 2. 语言监控 （1）聆听学生关于操作方法方面的讨论。 （2）聆听学生在重新开始时的语言内容。 3. 行为监控 （1）观察学生的情绪变化。 （2）观察学生在活动中的投入度。	

结构	教学内容	组织与教法
活动总结 （20分钟）	**一、集合整队（1分钟）** **二、学生分享（10分钟）** 1. 回顾反思 （1）请问在过程中你关注的焦点在哪里？ （2）当我们每次重新开始的时候，你的情绪有什么变化？我们该如何做好自己？ （3）由于你自己手指离开导致活动重新开始时你是什么样的心情？ （4）你认为完成这个挑战应该具备什么样的品质？ 2. 组织分享 **三、教师总结（9分钟）** 1. 分享整合 我们可以欣赏到《千手观音》带给我们的震撼，一群聋哑人可以配合得行云流水，绝非是一朝一夕所能完成的，他们背后所付出的努力是几年甚至是数十年的汗水。在刚才这个活动过程中我们不断遇到挫折，很多时候是由于大家没有关注到自己的手指，没有做好自我的控制，没有静下心来投入进去。如果每个人都像千手观音里面的演员一样，做好自己，做最优秀的自己，那么就很容易成功。 2. 价值澄清 我们要做自律的青年。 希望大家都能让自己遇事保持冷静、脚踏实地，一步步走向成功，不负青春。 因为：奋斗的青春最美丽！	**一、组织** 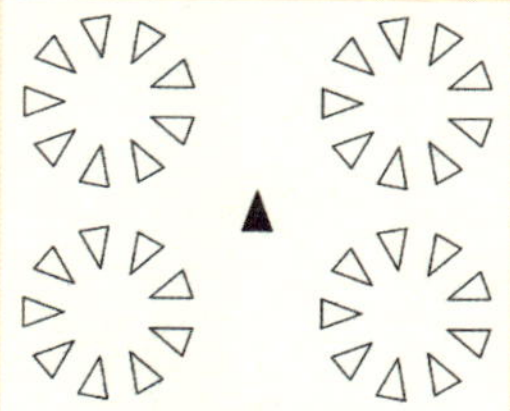 岛屿型 **二、教法** 1. 问题引导法 2. 小组内部分享和代表分享法 3. 视频法

<table>
<tr><th colspan="2">评价维度</th><th>评价要点</th><th>评价结果（描述或判断）</th></tr>
<tr><td colspan="2" rowspan="2">教学准备</td><td>1. 是否提前布置好课程现场?</td><td></td></tr>
<tr><td>2. 是否准备好长杆?</td><td></td></tr>
<tr><td colspan="2" rowspan="7">教学过程</td><td>3. 在讲解带领过程中，对自己的表情、肢体动作、语言表达等如何评价?</td><td></td></tr>
<tr><td>4. 能否通过引导让学生快速投入场景模拟的体验中?</td><td></td></tr>
<tr><td>5. 在教学过程中，是否发挥教师作为引导者、观察者、分享者的角色功能?</td><td></td></tr>
<tr><td>6. 是否能处理好学生不断失败时候的情绪问题?</td><td></td></tr>
<tr><td>7. 是否在挑战过程中不断引导学生尝试新的方法?</td><td></td></tr>
<tr><td>8. 是否灵活地调整课程挑战难度?</td><td></td></tr>
<tr><td>9. 能否保持良好的教学状态?</td><td></td></tr>
<tr><td colspan="2" rowspan="3">教学效果</td><td>10. 能否引导所有学生顺利完成学生手册?</td><td></td></tr>
<tr><td>11. 能否通过引导让所有同学完成任务?</td><td></td></tr>
<tr><td>12. 学生在分享时，能否主动分享自律的重要性?</td><td></td></tr>
<tr><td rowspan="3">活动小结</td><td>优点</td><td colspan="2"></td></tr>
<tr><td>不足</td><td colspan="2"></td></tr>
<tr><td>改进</td><td colspan="2"></td></tr>
</table>

背摔

适用年级：高中　　　建议时长：90分钟

教学内容	课程目标	教学重点与难点
1. 组织学生体验背摔活动。 2. 组织学生对活动体验进行分享总结。	1. 通过教师讲解，掌握背摔的操作和保护者的操作动作。 2. 通过体验活动，锻炼学生执行能力、合作能力。 3. 通过活动体验，培养学生的自我规范、自我要求的自律品质。	1. 重点：活动线是完成背摔挑战。教育线是让学生懂得严于律己，尽到自己的角色责任方可获得信任。 2. 难点：如何引导学生勇于面对挑战、做好自己、信任同伴。

结构	教学内容	组织与教法
活动准备	**一、前期布置** 1. 场地：室外背摔场地。 2. 器材：背摔台、背摔绳、手套。	**一、实景图** 
活动实施 （70分钟）	**一、课堂常规（5分钟）** 1. 集合分组 分成4组。 2. 师生认识和问好 老师：同学们好，我是××老师。奋斗的青春？ 学生：最美丽！	**一、组织**  并列型

<table>
<tr><th>结构</th><th>教学内容</th><th>组织与教法</th></tr>
<tr><td>活动实施
（70分钟）</td><td>二、活动讲解（15分钟）
1. 活动导入
今天我们体验的活动是背摔，什么是背摔？我身后有一个背摔台，每一位同学将会走到背摔台上，背对着大家，然后笔直地倒下来，当然不用担心，下边会安排人来保护你。
2. 活动目标
每一位同学能够成功地完成挑战。
3. 活动规则
（1）背摔者动作：背摔者上到背摔台中间位置后手部做反手结动作，双手前伸，拇指向下，双臂交叉十指相扣，向下翻转贴紧身体，食指抵住下颚。绑好背摔绳后，令背摔者站在背摔挑战位置，脚跟并拢，膝盖后压，腰挺直，含胸、低头，慢慢后退至脚跟超出背摔台边缘2厘米，准备背摔。背摔者倒下时，需挺胸直腰，腰部和腿部不要弯曲，不可以抬腿，不可以跳下或者向后跃出。
（2）保护者动作：保护者两人一组，一共五组，做左弓步，每组的两个人要左脚内侧靠拢并齐，左膝外侧相互交叉顶紧，腰挺直，伸出双臂，双手以相互交错的形式置于对方的左肩窝处，两掌相叠，掌心向上（要注意五指自然并拢、拇指不能上翘），抬头斜向上45度看背摔者肩背部。
当接住倒下的同学时，第一组保护者（靠近背摔台）先放下挑战者的腿和脚，后面的保护者确认挑战者站好后，使他（她）平稳站立在地面上。谨记，左弓步站立时，腰杆挺直，否则双臂无法用力。当接触到倒下的同学时有一点缓冲，不要向上迎。只要背摔者还没有站稳，任何人都不允许放手。
（3）挑战开始时，挑战者大声喊“亲爱的伙伴们，我准备好了，你们准备好了吗？”保护者回应“时刻准备着，请相信我们！”</td><td>二、教法
直接导入法</td></tr>
</table>

结构	教学内容	组织与教法
活动实施（70分钟）	4. 注意事项 （1）本活动为危险系数最高的活动，为保障同学安全，无论是保护者还是背摔者，全程必须严格按照老师要求的动作规范执行。 （2）所有同学在活动挑战前，须将身上的尖锐和容易掉落物品（如：眼镜、手表、手链、钥匙等）全部取下，以免在活动过程中伤到同学和自己。 （3）倒下的同学须谨记，在倒下时身体一定要笔直，不得倾斜，否则将伤到同学和自己。 （4）保护者要保持高度专注，时刻关注即将倒下的同学以便随时应对，同时不得嬉笑打闹。 （5）保护者在接到背摔者后，一定要等同学平稳站立，方可松手，否则极有可能让同学坠地受伤。 （6）练习中，老师要认真检查所有人员动作是否正确规范并做指导。 **三、活动监控（50分钟）** 1. 安全监控 （1）禁止学生私自上背摔台。 （2）禁止学生不按要求标准进行操作。 （3）禁止保护者将背摔者抛起。 2. 语言监控 （1）聆听背摔者和保护者之间的口号互动。 3. 行为监控 （1）观察每位背摔者的情绪。 （2）观察每位背摔者和保护者的动作。	

结构	教学内容	组织与教法
活动总结 (20分钟)	**一、集合整队(1分钟)** **二、学生分享(14分钟)** 1. 回顾反思 (1)什么支撑你勇敢地向后倒? (2)当你在下面做保护的时候,你的职责是什么?你做到了吗? (3)当你站在背摔台上挑战的时候,你的职责是什么?你做到了吗? (4)你能否主动按照要求规范自己的动作? (5)你要求别人做到的事情自己会先做到吗? 2. 组织分享 **三、教师总结(5分钟)** 1. 分享整合 同学们,背摔的体验你以前有没有经历过?在体验活动之前,你觉得这个活动危险吗?刚才的体验过程你和其他的同学安全吗? 这其实真的是一个非常危险的活动,一不小心就会出现安全问题。但是,怎么刚才我们都安全地体验了一遍呢?我们是怎么做到的呢? 回想一下,我们从一开始来到这个活动场地,到我们挑战完成,我们都做了些什么? 一开始,我们有没有把身上尖锐、容易掉落的物品取下来?有没有同学摘下手表?有没有同学取下眼镜?有没有同学拿出钥匙?有没有同学放下手机?我们为什么要做这些动作?为了安全。当然如果你不取下眼镜,我能够发现,但是,如果你不取下口袋里的钥匙或手机,	**一、组织** 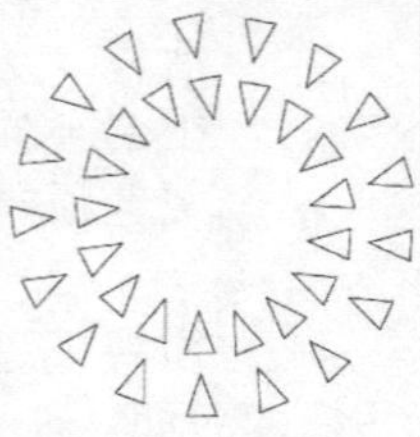 同心圆型 **二、教法** 1. 问题引导法 2. 代表分享法 3. 归纳法

结构	教学内容	组织与教法
活动总结（20分钟）	我就不容易发现了。老师和其他同学都看不到你口袋里的东西，你完全可以不把钥匙和手机拿出来，但你还是拿出来了。是这样的吗？ 之后老师还做了什么？老师有没有给同学们做身体调查？有的同学的身体状况不太适合体验这个活动，你自己的身体状况只有你自己知道。你也可以不告诉老师，但是你还是跟老师说了。是这样的吗？我们出于什么样的考虑这样做呢？ 之后我们又做了什么？有没有讲解背摔者的动作要领？反手结的动作你熟练吗？你习惯吗？绑上背摔绳之后你觉得自由吗？但你还是配合着按要求做了。我们出于什么样的考虑这样做呢？ 接下来我们又做了什么呢？有没有讲解保护者的动作要领？长时间地抬手、仰头你舒服吗？背摔者砸在你的手臂上累吗？酸痛吗？虽然不舒服、又累又痛，你有放弃吗？为什么呢？ 你是第一次站在背摔台上吧？你会有一点紧张吗？会有一点忐忑吗？你有放弃挑战吗？为什么呢？为什么不跟随自己的身体本能和情绪本能，做最舒服最习惯的选择呢？ 以上所有的一切，除了老师的要求之外，你有主动对自己提出要求吗？你有主动约束自己想休息、想换个舒服的姿势、想放弃的想法和行为吗？我们的这种品质叫什么呢？叫自律。自律就是指遵循法律、规则和约定并以此为基础进行的自我约束。 自律是一种不可或缺的人格力量，没有它，一切纪律、规则和约定都会变得形同虚设。真正的自律是一种自省、一种自爱、一种觉悟，它会让你发觉健康之美，感到幸福快乐、淡定从容、内心强大。 同时，我们也看到一些现象。有的同学在中间休息的时候去拿了手机，去带了眼镜，但是在开始活动体验的时候	

结构	教学内容	组织与教法
活动总结（20分钟）	却忘了放下手机、摘下眼镜。我也看到一些同学在保护的过程中有些松懈，没有按标准动作进行保护。你有没有约束自己的行为？还有的同学跟背摔者开玩笑，说一些影响背摔者勇敢挑战的话。你有没有约束自己的语言？ 这个活动体验结束，把最优秀的掌声送给自己，送给我们优秀的团队。我们挑战成功的原因是什么？我们在活动中都有不同的角色，有挑战者，有保护者，我们扮演不同的角色，最重要的是能够在角色中严于律己做好应该做的动作。所以，尽到自己的角色责任，约束自己的行为，把自己应该做的事做好，这就是对团队最好的贡献。 许衡是我国古代杰出的思想家、教育家和天文历法学家。一年夏天，许衡与很多人一起逃难。在经过河阳时，由于长途跋涉，加之天气炎热，所有人都感到饥渴难耐。 这时，有人突然发现道路附近刚好有一棵大大的梨树，梨树上结满了清甜的梨子。于是，大家都你争我抢地爬上树去摘梨来吃，唯独许衡一人，端正坐于树下不为所动。 众人觉得奇怪，有人便问许衡："你为何不去摘个梨来解解渴呢？"许衡回答说："不是自己的梨，岂能乱摘！"问得人不禁笑了，说："现在时局如此之乱，大家都各自逃难，眼前的这棵梨树的主人早就不在这里了，主人不在，你又何必介意？" 许衡说："梨树失去了主人，难道我的心也没有主人吗？"许衡始终没有摘梨。在许衡心目中的这个"主"就是自律。有了自律，才能在没有纪律约束的情况下亦能牢牢把握住自己。 2. 价值澄清 希望大家都在今后的人生中能继续严于律己，规范自己，不负自己，不负青春。 因为：奋斗的青春最美丽！	

评价维度	评价要点	评价结果（描述或判断）
教学准备	1. 是否提前布置好课程现场并排除安全隐患？	
	2. 是否准备好背摔绳、手套？	
教学过程	3. 在讲解带领过程中，对自己的表情、肢体动作、语言表达等如何评价？	
	4. 能否通过示范让学生清楚每个角色的动作要领？	
	5. 在教学过程中，是否发挥教师作为引导者、观察者、分享者的角色功能？	
	6. 你是否能处理好身体较重学生的背摔保护？	
	7. 你是否能在挑战过程中不断排除安全隐患？	
	8. 你是否能灵活地调整保护者的站位？	
	9. 是否能够持续保持良好的教学状态？	
	10. 能否通过引导让学生愿意保护、支持他人？	
教学效果	11. 能否通过引导让所有同学完成背摔挑战？	
	12. 能否通过体验活动，锻炼学生的协调能力、团队合作能力？	
	13. 能否通过学生体验背摔和保护接人，让学生懂得严于律己，规范自己方可获得信任？	
活动小结	优点	
	不足	
	改进	

3

第三单元

乐观

LEGUAN

曼妙沙舞

适用年级：高中　　　　建议时长：90分钟

教学内容	课程目标	教学重点与难点
1. 组织学生了解沙画的基本手法。 2. 组织学生练习12种沙画技法。 3. 组织学生自由创造沙画。 4. 组织学生进行分享总结。	1. 通过教师讲解，了解沙画的由来、使用工具和历史意义。 2. 通过沙画中12种基础手法的练习，掌握对沙的流量和力度的控制。 3. 通过体验沙画创作，培养学生奋发向上、努力进取、挑战挫折的乐观品质。	1. 重点：活动线是体验沙画创作活动。教育线是培养学生遇到挫折时，能够积极面对的乐观精神。 2. 难点：对于转瞬即逝的沙画艺术和多重的技法，如何连贯运用手法演绎沙画故事。

结构	教学内容	组织与教法
活动准备	**一、前期布置** 1. 场地：雏鹰成长馆。 2. 器材：沙画台、细沙、刷子；提前检查沙画台设备、准备好视频设备。	**一、实景图** 
活动实施（70分钟）	**一、课堂常规（5分钟）** 1. 集合分组 6~8人一组。 2. 师生认识和问好 老师：同学们好，我是××老师。奋斗的青春？ 学生：最美丽！	**一、组织** 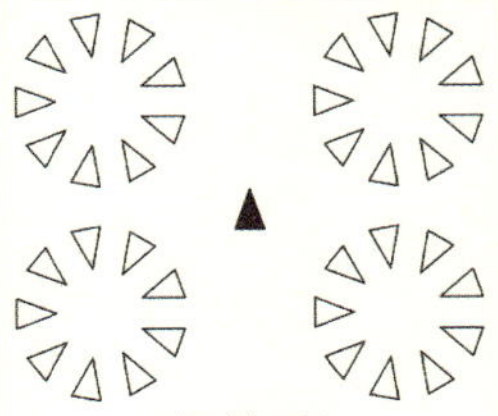 岛屿型

结构	教学内容	组织与教法
活动实施（70分钟）	**二、活动环节** （一）课程导入（10分钟） 1. 视频 观看《丝路》沙画视频，了解沙画的由来。学生观察视频里表演的是什么？说一说它和平时我们学习的绘画有什么区别？ 2. 由来 沙画表演是一门神奇的艺术，一种前卫高雅的艺术表现形式，最早是由来自匈牙利的世界著名沙画大师弗兰克·库科（Ferenc Cako）所创造。它是指在白色背景板上现场用沙子作画，并结合音乐通过投影展现在屏幕上。沙画具有的独特表演魅力，能使现场观众进入梦幻般的感觉和前所未有的视觉享受。 3. 思考 这个视频给你什么样的感受？ 看看沙画台上的沙子和平时我们所见到的沙子有什么区别？回忆沙画视频中有哪些沙画的画法？ 4. 学生讨论回答 （二）讲解沙画基本手法（10分钟） 沙画的手法很重要，今天我们来学习画法中常用的铺沙、漏沙、勾沙、点沙、推沙、揉沙、抛沙、拨沙等12种手法。 要求： 充分调动手的各个部位（手指指尖、指甲、指腹、手掌、掌根、手背等不同部位）来表达不同的效果。 （三）练习12种技法（15分钟） 结合上述12种手法，练习梅花、兰花、竹子、菊花的画法与手法运用。 要求： 1. 线条流畅一次成形，不做修改。 2. 形体准确，看山是山看水是水。 3. 控制沙的厚薄，能控制越薄的	**二、教法** 1. 视频导入法 2. 讲授法 3. 问题引导法 4. 讲授法 5. 讲授法 6. 探究法

结构	教学内容	组织与教法
活动实施（70分钟）	沙，你所呈现的层次就更多，画面的立体感就更强。 （四）进行自由创作玩转沙子（30分钟） 1. 演示沙画连续变形。例如将沙堆变成弯月，弯月变成香蕉，香蕉变成海豚等。 2. 运用前一个作品的一部分进行新作品的尝试练习。例如：由圆形变化成太阳、花朵、笑脸等。 3. 以小组为单位，围绕“探索月球”故事，结合所学的沙画手法，创作出连贯的沙画作品。 要求： 沙画构图处理上要有主次、虚实之分。通过取舍、概括、选择等组织好画面，分清远近以及对视觉中心的考虑与安排。 4. 以小组为单位，对自己的作品进行展示。 **三、注意事项** 1. 为确保地面整洁，禁止沙子随意散落。 2. 提醒学生严格遵守规则，确保学生自身安全。 3. 上课前将手洗干净，晾干。 4. 及时观察学生的绘画过程，纠正错误手法。 5. 及时解答课堂中学生们提出的疑问。 6. 提醒学生注意纪律，不允许大声喧哗，有问题请举手示意。 7. 不许随意跑动，嬉笑打闹和摆弄沙子。 8. 不许将沙子撒到自己和他人身上，特别是脸上，更不许撒到地面。 **四、活动监控** 1. 安全监控	

结构	教学内容	组织与教法
活动实施（70分钟）	（1）留意学生操作沙子的力量，如果发现有用力过大的情况及时提醒。 （2）留意学生离电源插头的距离，如果发现有学生靠近电源要及时提醒。 2. 语言监控 （1）聆听小组成员之间关于创意的讨论。 （2）聆听学生关于作品的理解和评价。 3. 行为监控 （1）观察小组成员如何互帮互助。 （2）观察小组如何使用沙画手法。	
活动总结（20分钟）	**一、集合整队（1分钟）** **二、学生分享（14分钟）** 1. 回顾反思 （1）你是第一次参与沙画制作吗？在创作环节，哪个环节让你记忆犹新？ （2）当你完成一幅作品时，那一刻的心情如何？ （3）创作的过程中，你认为最难的是什么？后来是怎么克服的？ 2. 组织分享 **三、教师总结（10分钟）** 1. 分享整合 普通的一捧黄沙，到了沙画大师	**一、组织** 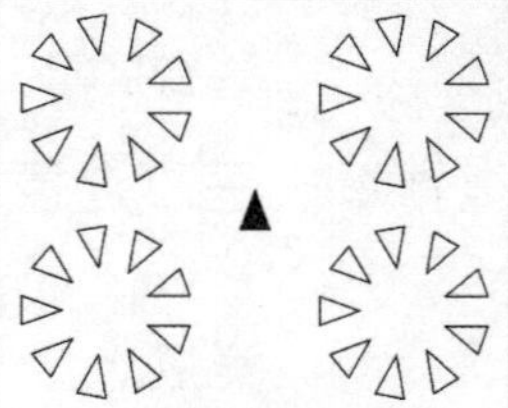 岛屿型 **二、教法** 1. 问题引导法 2. 组内分享和代表分享法 3. 归纳法

结构	教学内容	组织与教法
活动总结（20分钟）	手里，就变成了金沙。沙画表演符合现代化城市人对艺术欣赏的需求，传统的艺术类演出活动已经不能满足现在的观众的要求，沙画表演，瞬间万变，同时沙画也是转瞬即逝的一种艺术，但其表演形式变化万千，具有极高的观赏价值。 同学们，你在玩沙子的过程中，心情是怎么样的？是不是很开心很快乐？为什么会有这样的感觉呢？因为沙画可以让我们压抑在内心的潜意识释放于玩沙子的过程中，这种直观的感受会让我们焦虑、抑郁、不安等负面情绪得到合理宣泄，从而以积极向上的心态去面对生活。 2. 价值澄清 希望大家拥有奋发向上、努力进取、挑战挫折的乐观品质，不负青春。 因为：奋斗的青春最美丽！	

<table>
<tr><th>评价维度</th><th colspan="2">评价要点</th><th>评价结果（描述或判断）</th></tr>
<tr><td rowspan="2">教学准备</td><td colspan="2">1. 是否提前布置好课程现场并排除安全隐患？</td><td></td></tr>
<tr><td colspan="2">2. 是否准备好沙画台、细沙、刷子；提前检查沙画台设备、准备好视频设备？</td><td></td></tr>
<tr><td rowspan="8">教学过程</td><td colspan="2">3. 在讲解过程中，对自己的表情、肢体动作、语言表达等如何评价？</td><td></td></tr>
<tr><td colspan="2">4. 能否通过视频教学让学生掌握每个沙画技巧？</td><td></td></tr>
<tr><td colspan="2">5. 在教学过程中，是否发挥教师作为引导者、观察者、分享者的角色功能？</td><td></td></tr>
<tr><td colspan="2">6. 你是否能处理好后排学生距离屏幕远的问题？</td><td></td></tr>
<tr><td colspan="2">7. 你是否能通过引导让学生保持室内环境卫生？</td><td></td></tr>
<tr><td colspan="2">8. 你是否能灵活地调整沙画模板？</td><td></td></tr>
<tr><td colspan="2">9. 能否持续保持良好的教学状态？</td><td></td></tr>
<tr><td colspan="2">10. 能否有效地激发学生对沙画的兴趣？</td><td></td></tr>
<tr><td rowspan="3">教学效果</td><td colspan="2">11. 能否通过引导让所有同学完成任务？</td><td></td></tr>
<tr><td colspan="2">12. 能否通过课程教会学生沙画中12种基础手法，掌握对沙的流量和力度的控制？</td><td></td></tr>
<tr><td colspan="2">13. 能否通过体验沙画创作，培养学生奋发向上、努力进取、挑战挫折的乐观品质？</td><td></td></tr>
<tr><td rowspan="3">活动小结</td><td>优点</td><td colspan="2"></td></tr>
<tr><td>不足</td><td colspan="2"></td></tr>
<tr><td>改进</td><td colspan="2"></td></tr>
</table>

四季之歌

适用年级：高中　　　　建议时长：90分钟

教学内容	课程目标	教学重点与难点
1. 组织学生了解二十四节气。 2. 组织学生体验二十四节气探秘活动。 3. 组织学生进行二十四节气诗词组合活动。 4. 组织学生练习二十四节气健身操。 5. 组织学生对活动体验进行分享总结。	1. 通过讲解二十四节气，熟悉节气知识，熟记节气歌。 2. 通过体验各项活动，锻炼学生团队合作能力，调动其思考和解决问题的积极性。 3. 通过健身操体验和探讨环境保护，培养学生传承传统文化的意识和乐观向上的生活态度。	1. 重点：活动线是让学生学习二十四节气知识。教育线是培养学生对节气文化的传承和积极乐观心态。 2. 难点：熟记二十四节气逻辑顺序。

结构	教学内容	组织与教法
活动准备	**一、前期布置** 1. 场地：多元实践馆。 2. 器材：每组一套二十四节气卡片、贴纸若干。	**一、实景图** 
活动实施（70分钟）	**一、课堂常规（5分钟）** 1. 集合分组 分成4组。 2. 师生认识和问好 老师：同学们好，我是××老师。奋斗的青春？ 学生：最美丽！	**一、组织** 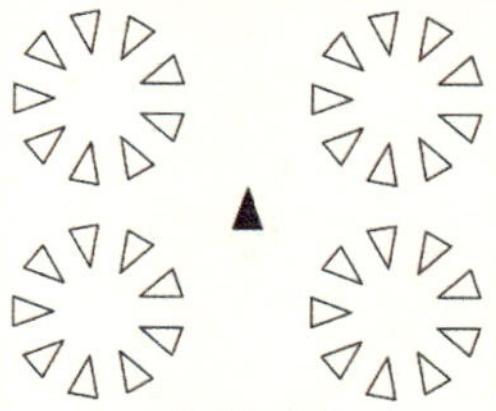 岛屿型

结构	教学内容	组织与教法
活动实施（70分钟）	**二、活动环节** （一）二十四节气·视频导入（15分钟） 1. 学生根据经验自行排列24个节气。 （1）在贴纸上写出你所知道的节气。 （2）组长收集贴纸按照24个节气的顺序粘贴于黑板上。 （3）同学们补充缺少的节气，并最终将24个节气贴纸完整排列。 2. 观看视频 了解二十四节气的知识，知道二十四节气是指导农业生产的指南针，凝聚着中华文明的历史文化精髓，被国际气象界誉为“中国的第五大发明”。 3. 活动 集体诵读《二十四节气歌》。 （二）二十四节气·探秘之旅（15分钟） 1. 活动介绍 按照二十四节气的逻辑顺序翻卡片，四个小组竞赛，用时最少的获胜。 2. 规则 （1）每组24张节气卡片，按照一定的图形呈现摆放。 （2）每人每次只能翻开一张卡片，并且念出是什么节气，把认为符合顺序的卡片放在指定位置。 （3）返回和下一位队员击掌，下一位方能出发，然后到队尾。 （4）结束之后，各组互相确认任务是否按要求完成。 3. 讨论 每张卡片的正面都有节气的详细描述，不同的节气有不同的习俗，请大家说一说知道的二十四节气的习俗或故事。 （三）二十四节气·诗词组合（15分钟） 1. 活动介绍 根据24个节气汇总24句相对应各个	**二、教法** 1. 视频导入法 2. 直接导入法

结构	教学内容	组织与教法
活动实施（70分钟）	节气的诗句。例如： 立春：春日春盘细生菜，忽忆两京全盛时。 雨水：天将化雨舒清景，萌动生机待绿田。 惊蛰：微雨众卉新，一雷惊蛰始。 春分：仲春初四日，春色正中分。 清明：清明时节雨纷纷，路上行人欲断魂。 谷雨：正好清明连谷雨，一杯香茗坐其间。 2. 规则 （1）一共48张诗词卡片，24句诗词上半句对应其下半句。（可根据人数制定卡片数量） （2）A组成员拿上半句诗词卡片寻找B组成员的下半句诗词卡片，拼接成完整的一句诗。 （3）在15分钟内完成任务。 诗词组合活动完成后，按照二十四节气诗词以春、夏、秋、冬四个季节，将全体同学分为四个小组。 （四）二十四节气·顺时健身（10分钟） 养生健身操：每一个节气都应该是强身壮体的大好时节，根据一年中24个节气变化与人体气血的运行规律，学习当下时节的健身操，可提升正气，保持乐观精神，提高人对自然环境的适应、协调能力。 （五）二十四节气·环境保护（10分钟） 立霾节，是网友创造的一个节日，2016年冬至节气，北方多地遭遇雾霾天气，雾霾污染已经扩大至71个城市，空气污染指数爆表，大家纷纷表明，称这天是第25个节气，而这个“立霾节气”的“民间习俗”则是全民戴口罩。中小学生往往是停课回家，忌出行，忌户外。	3. 卡片法 4. 体验法 5. 讨论法

结构	教学内容	组织与教法
活动实施（70分钟）	讨论： 雾霾天气，大家都是怎样保护自己的？ 设想什么情况下会出现电影《流浪地球》中的极寒天气？你愿意过这样的生活吗？ 针对环境污染、气候变暖、极冷极寒等全球性问题，你对大自然的环境还保持乐观吗？你有什么方法能促使人与自然和谐统一？你如何呼吁大家为保护环境做出努力？ **三、注意事项** 1. 禁止在场馆内追逐打闹、大声喧哗。 2. 在探秘之旅活动之前，把黑板上的二十四节气贴纸清除。 3. 第三环节进行之前，给予学生短暂讨论时间。 4. 帮助学生找规律熟记二十四节气排序。 **四、活动监控** 1. 安全监控 （1）禁止使用道具进行危险的操作。 （2）禁止在活动场地乱跑。 （3）按照要求进行操作，避免出现扭伤、拉伤等现象。 2. 语言监控 （1）聆听学生对二十四节气的探讨。 （2）聆听学生对于学习二十四节气方法的讨论。 3. 行为监控 （1）观察小组成员的活动分工。 （2）观察小组互帮互助的行为。	

结构	教学内容	组织与教法
活动总结 （20分钟）	**一、集合整队（1分钟）** **二、学生分享（10分钟）** 1. 回顾反思 （1）我们现在正处于什么节气？你还对哪些节气印象深刻？ （2）你认为二十四节气在现代社会中还能在哪些方面发挥作用？ （3）结合现代社会，如果你对二十四节气进行再设计，让其重新融入现代生活，你有什么创新的想法吗？ （4）看到生机勃勃的大自然，我们应该以什么样的态度面对生活？ 2. 组织分享 **三、教师总结（9分钟）** 1. 分享整合 观看视频：顺时养生。 以春夏秋冬为主线，按时令的不同调整作息、调节身心、调理五脏。 人们应该顺应天时，修生养息，健康饮食。同样，处于高中阶段的我们，学习压力日益增长，我们更应该关爱自己，做到定时就寝，坚持锻炼。面对生活和学习，随时调整自我，笑对挫折，挑战困难，拥有乐观积极的生活态度，这样我们才能不断进取，更上一层楼。 二十四节气是中国古代劳动人民长期经验的积累和智慧的结晶，它是中国特有的，对现代人仍有积极的意义。希望同学们传承并发扬民俗文化。 学习不仅仅限于课堂，我们应该敞开心扉，迈出脚步走出去，拥抱大自然，感恩大自然。 2. 价值澄清 希望大家都能以乐观积极的生活态度面对未来，面对人生，面对社会，不负青春。 因为：奋斗的青春最美丽！	**一、组织** 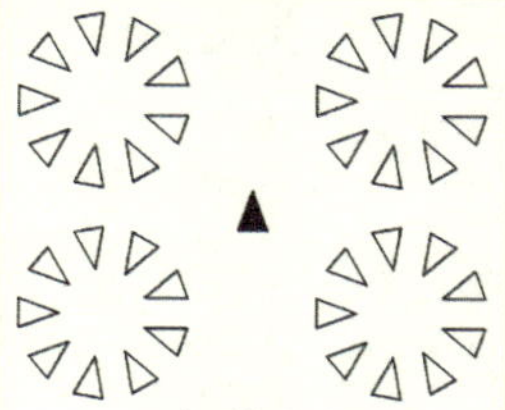 岛屿型 **二、教法** 1. 问题引导法 2. 组内分享和代表分享法 3. 视频法、归纳法

评价维度		评价要点	评价结果（描述或判断）
教学准备		1. 是否提前布置好课程现场？	
		2. 是否准备好道具：每组一套二十四节气卡片、贴纸若干？	
教学过程		3. 在讲解带领过程中，对自己的表情、肢体动作、语言表达等如何评价？	
		4. 能否通过二十四节气顺口溜让学生记住节气顺序？	
		5. 在教学过程中，是否发挥教师作为引导者、观察者、分享者的角色功能？	
		6. 是否处理好多轮比赛的计分问题？	
		7. 是否通过引导让学生懂得团队学习的力量？	
		8. 是否灵活地布置比赛中奔跑的距离？	
		9. 你能否保持良好的教学状态？	
		10. 你能否灵活设置多轮不同的体验形式？	
教学效果		11. 能否通过引导让所有同学完成任务？	
		12. 能否通过体验各项活动，锻炼学生团队合作能力，调动其思考和解决问题的积极性？	
		13. 能否通过健身操体验和探讨环境保护，培养学生传承传统文化的精神和乐观向上的生活态度？	
活动小结	优点		
	不足		
	改进		

突破壁垒

适用年级：高中　　　　建议时长：90分钟

教学内容	课程目标	教学重点与难点
1. 组织学生体验破冰活动撕纸。 2. 组织学生体验活动突破壁垒。 3. 组织学生对活动体验进行分享总结。	1. 通过活动体验，了解公司管理的基本结构。 2. 通过活动体验，锻炼学生的书面沟通能力和协作能力。 3. 通过多轮挑战，培养学生面对困难时，迎难而上，积极乐观的心态。	1. 重点：活动线是让学生有效传递信息完成任务。教育线是培养学生在面对挑战时应大胆创新、拥有积极乐观的心态。 2. 难点：如何激发学生的积极性、主动性和大局观。

结构	教学内容	组织与教法
活动准备	**一、前期布置** 1. 场地：平整开阔的室内或室外场地。 2. 器材：笔、任务卡、信息卡、便签纸、马扎。	**一、实景图** 
活动实施（70分钟）	**一、课堂常规（5分钟）** 1. 集合分组 8人一组。 2. 师生认识和问好 老师：同学们好，我是××老师。奋斗的青春？ 学生：最美丽！	**一、组织** 1. 集合时队形 

结构	教学内容	组织与教法
活动实施（70分钟）	**二、破冰活动——撕纸（10分钟）** 1. 活动导入 同学们，同样一件事情，我来说，你们来做，会有什么结果出现呢？接下来我们通过一个活动体验一下，这件事情非常简单，就是撕纸。 2. 活动规则 （1）请大家根据我的指令做动作。 （2）大家闭上眼睛，全过程不许问问题。 （3）把纸对折，再对折，再对折。 （4）把右上角撕下来，转180度，把左上角也撕下来。 （5）睁开眼睛，把纸打开。 3. 注意事项 （1）提前给每位同学发一张纸。 （2）完成之后可以问大家，为什么会有这么多不同的结果，让大家展开讨论。 **三、活动讲解（15分钟）** 1. 活动导入 刚才的撕纸活动中，我们发现，大家呈现的结果都不太一样。如果，我只是按照我的想法来表达的话，那么，我往往得不到我想要的结果。这其实是我们人际沟通中主动或被动形成的沟通壁垒。今天，我们就来突破这种壁垒，实现有效的沟通。 接下来，做个场景的模拟角色的转换，我们是几家公司，现在准备进行竞标，每个公司有8个人，其中一名总经理，2名部门经理，4名员工，1名信息传递员负责信息传递。总经理坐在最前面，2名部门经理左右分开坐在总经理身后，并保持2米的间距，每名部门经理身后有2名员工，位置在部门经理左右两侧，并保持1米的间距。	2. 破冰活动时队形  3. 活动讲解时队形  **二、教法** 场景导入法

结构	教学内容	组织与教法
活动实施 （70分钟）	2. 活动目标 总经理任务书：在你们公司里，每人都有一张图纸，但是图纸上的图形不太一样，在40分钟内，请找出你们公司所有图纸上都有的图形。 3. 活动规则 （1）所有人保持安静，不允许用语言沟通。 （2）每人手中都会有4张便签纸和一张图纸，每张便签纸只能使用和传递一次。 （3）图纸信息只能自己观看，不能传阅给他人。 （4）信息只能单向传递，传递顺序为(总经理→部门经理→员工→总经理) （5）总经理确认答案可以举手示意，由教师核对。 4. 注意事项 （1）确保各小组间距合适。 （2）单独跟各个小组的总经理交代任务，并确认他们理解任务。 **四、活动监控（40分钟）** 1. 安全监控 时刻关注学生，防止学生过于急躁和信息传递员发生冲突。 2. 语言监控 关注总经理发出的第一条信息。 3. 行为监控 监督各组是否按规则操作，有无讲话或者偷看其他人员信息等违规情况。	
活动总结 （20分钟）	**一、集合整队（1分钟）**	**一、组织** 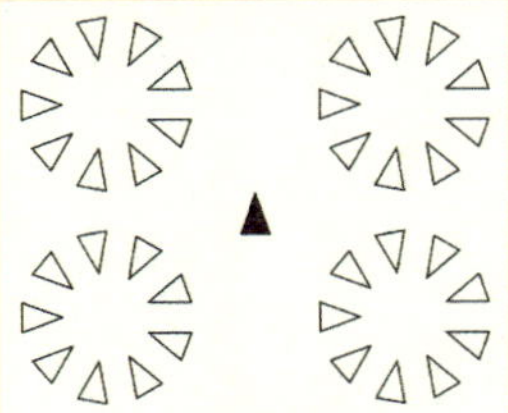 岛屿型

结构	教学内容	组织与教法
活动总结 （20分钟）	**二、学生分享（14分钟）** 1. 回顾反思 （1）在挑战过程中你们小组进行了几轮信息传递？ （2）迟迟不出结果时，大家都有哪些情绪产生？ （3）作为中层你认为高层如何下达指令？作为基层你认为中层如何下达指令？作为高层你希望基层如何给你传递信息？ （4）在有各种沟通障碍的时候，团队如何实现高效沟通？ （5）什么是沟通壁垒？今天的活动体验对你带来什么样的启发？ 2. 组织分享 **三、教师总结（5分钟）** 1. 分享整合 信息需要一级一级地传递，信息传递清晰准确是非常重要的。如果在信息传递的过程中没有信息的反馈和确认，就容易在传递的过程中出现信息失真的现象。 据说，1910年美军的一个部队命令是这样传达的。 营长告诉值班军官：明晚8点钟左右，哈雷彗星可能会在附近出现。这种彗星每隔76年才能看见一次。命令所有士兵穿上野战服，在操场上集合。我将给大家介绍一下这种罕见的天文现象。如果碰到下雨天，就在礼堂集合，我会给大家放一部有关彗星的影片。 值班军官告诉连长：根据营长的命令，明晚8点钟，哈雷彗星将在操场上空出现。如果碰上下雨，就让士兵们穿上野战服，列队去礼堂，哈雷彗星将在那里出现。 连长告诉排长：明晚8点钟，营	**二、教法** 1. 问题引导法 2. 小组内部分享和代表分享法 3. 归纳法

结构	教学内容	组织与教法
活动总结 （20分钟）	长将带着哈雷彗星去礼堂。这是每隔76年才能见到的事。如果碰到下雨，营长还将命令彗星穿上野战服，到操场上去。 班长告诉士兵：如果明晚8点钟下雨的话，已经76岁的著名将军哈雷将在营长的陪同下，身穿野战服，开着他的“彗星”牌汽车，经过操场前往礼堂。 以上故事是否真实我们无法考证，但它所反映出来的问题，即信息在传递过程中会失真的问题，确实值得我们深入研究。 在挑战中我们可能会因急于求胜而传错信息，从而导致挑战失败。团队可能会出现相互埋怨，情绪低迷，感觉胜利无望等一系列负面情绪。要想取得成功，必须克服以上种种状况，这就需要我们调整好自己的心态。心中有目标，不放弃，保持积极乐观心态，成功就会找上门。 2. 价值澄清 希望大家都能以积极乐观的心态面对困难，迎难而上，不负青春。 因为：奋斗的青春最美丽！	

评价维度		评价要点	评价结果（描述或判断）
教学准备		1. 是否提前布置好课程现场？	
		2. 是否准备好笔、任务卡、信息卡、便签纸、马扎？	
教学过程		3. 在讲解带领过程中，对自己的表情、肢体动作、语言表达等如何评价？	
		4. 能否快速调整所有小组的座位队形？	
		5. 在教学过程中，是否发挥教师作为引导者、观察者、分享者的角色功能？	
		6. 你是否能解决好学生纸资源不够的问题？	
		7. 你是否能通过引导让团队找到最适合做总经理的人？	
		8. 你是否能灵活地布置挑战所用的时间？	
		9. 你能否保持良好的教学状态？	
		10. 你能否创新新的体验队形？	
教学效果		11. 能否通过引导让所有同学完成任务？	
		12. 能否通过体验活动，锻炼学生的书面沟通能力和协作能力？	
		13. 能否通过多轮挑战，培养学生面对困难时，迎难而上，积极乐观的心态？	
活动小结	优点		
	不足		
	改进		

跳出真我

适用年级：高中　　　　建议时长：90分钟

教学内容	课程目标	教学重点与难点
1. 组织学生了解高空装备的穿戴和使用方法。 2. 组织学生体验活动跳出真我。 3. 组织学生对活动体验进行分享总结。	1. 通过体验活动，了解极限安全装备的相关专业知识。 2. 通过体验活动，掌握高空装备穿戴的技巧、攀爬的技巧、抓杠的技巧、下降的技巧。 3. 通过体验活动，培养个人积极、乐观向上、克服困难的品质。	1. 重点：活动线是让学生顺利穿戴安全装备并完成挑战。教育线是培养学生奋斗进取、顽强拼搏的精神。 2. 难点：如何引导学生勇敢面对高空中跳起抓杠的压力。

结构	教学内容	组织与教法
活动准备	**一、前期布置** 1. 场地：高空器械场。 2. 器材：高空保护装备三套、高空保护装备提前设置好。	**一、实景图** 
活动实施（70分钟）	**一、课堂常规（5分钟）** 1. 集合分组 分成4组。 2. 师生认识和问好 老师：同学们好，我是××老师。奋斗的青春？ 学生：最美丽！	**一、组织** 1. 集合时队形 ▽▽▽▽▽▽▽▽▽ ▽▽▽▽▽▽▽▽▽ ▽▽▽▽▽▽▽▽▽ ▽▽▽▽▽▽▽▽▽ ▲ 讲授型

结构	教学内容	组织与教法
活动实施 （70分钟）	**二、破冰热身——空中加油站（10分钟）** 1. 热身运动 扩胸运动、伸展运动、腰部运动、全身运动、跳跃运动；前压腿、左压腿、右压腿。 2. 口号 师：1—2—3—4 生：5—6—7—8 **三、活动讲解（15分钟）** 1. 活动导入 同学们，你们现在所看到的是高空单杠。我们所需要做的是在安全保护的情况下攀爬到9米的高台上，然后跃身跳起抓住单杠，跳出真我，遇到最优秀的自己。 2. 活动目标 在安全保护的情况下，在起跳点跳起双手抓住单杠。 3. 活动规则 （1）所有人员列队站好或坐好。 （2）选出3~5名安全员帮助穿戴安全装备。 （3）出发前请教师再次检查装备是否穿戴正确。 4. 注意事项 （1）此活动应提前做好安全调查，三个月内做过大型手术的，或者有先天性疾病的，或者手腕、脚腕、肩膀有习惯性脱臼的同学，可以不参与今天的活动，如果现在有感到身体特别不舒服的同学，可以到旁边休息。 （2）活动开始前所有人取下高空容易掉落的物品，如手表、眼镜、钥匙、发卡等。 （3）长头发的同学要把头发平铺到安全头盔内。 （4）每次学生开始攀爬前一定让	2. 破冰热身时队形  3. 活动讲解时队形 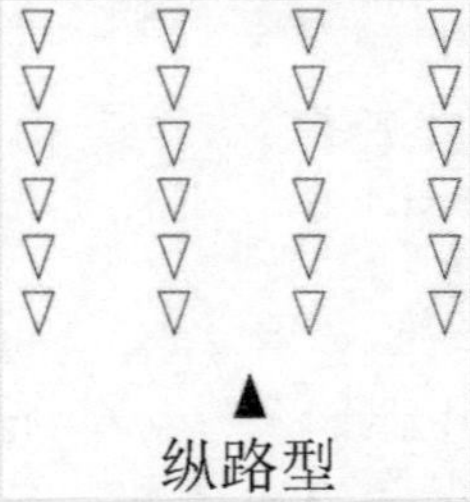 **二、教法** 1. 环境导入法 2. 讲授法

结构	教学内容	组织与教法
活动实施（70分钟）	老师确认后方能出发。 （5）时刻关注挑战过程中学生动态，让学生量力而行，避免因体力不支受伤。 5. 操作流程 安全装备的穿戴是非常重要的，我们使用的高空装备是高空活动专用装备，均通过UIAA（国际登山联合会）或CE（欧盟检测认证）的专业认证。 （1）头盔：上去之前必须要佩戴头盔，我们看到在头盔里圈后侧有调节扣是用来调节挑战者头部大小的装置，通过试戴调整到头部合适位置，左右不可晃动，头盔前沿与眉毛距离1厘米左右为宜，在头盔左右下端有两条固定带调到合适位置扣紧就好。 （2）安全带：安全带分为全身和半身，在这里我们主要用到的是半身安全带。半身安全带由腰带、腿带、安全拉环、装备环组成。穿戴时左手提腰带、右手提拉环，由腿部提至胯部以上，调整好松紧程度（侧面两个手指插进去不能轻松翻转为宜）。 （3）主锁：主锁是连接主绳与安全带的主要装备工具，在这里我们设置的都是双重保护（两把丝扣锁连接），主锁开口向下，相向挂于安全拉环，拧上丝扣即可。 （4）动力绳：大家看到我手中的绳子学名叫动力绳，其特性是具有延展性，可以缓冲冲击力，承受22KN的拉力，也就说能大约承受2.2吨的重量。 穿好安全装备后，由教师再次检查装备是否穿戴完好。攀爬时，面向脚架，匀速向上攀爬，直至到达挑战位置。在起跳点站稳后奋力跃出，用双手抓住单杠，然后利用安全绳回到地面。将装备脱放到指定地点，即为挑战结束。 在整个挑战过程中，其他同学应	

结构	教学内容	组织与教法
活动实施 （70分钟）	以掌声、加油声，为挑战同学鼓励加油，增强对活动挑战的信心，不得出现喝倒彩、说脏话等消极行为。 **四、活动监控（40分钟）** 1. 安全监控 （1）提醒大家注意上下器械时的安全。 （2）监控有无私自操作其他器械。 2. 语言监控 （1）聆听学生挑战时发出的声音。 （2）聆听学生挑战成功后发出的声音。 3. 行为监控 （1）观察恐高学生的行为。 （2）观察动作敏捷学生的行为。	
活动总结 （20分钟）	**一、集合整队（1分钟）** **二、学生分享（14分钟）** 1. 回顾反思 （1）当你站立高台看着横杠的时候，感觉远吗？是什么力量让你勇敢地一跳？ （2）当你抓住横杠一瞬间有什么样的感受？ （3）在学习生活中那个横杠象征着什么？这为你带来什么启发？ （4）这个活动体验给你带来最大的收获是什么？	**一、组织** 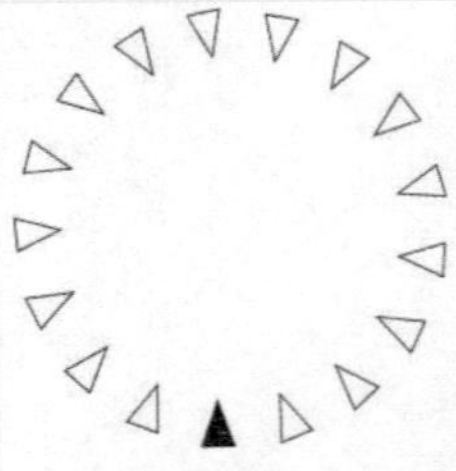 圆桌会议型 **二、教法** 1. 问题引导法

结构	教学内容	组织与教法
活动总结 （20分钟）	2. 组织分享 **三、教师总结（5分钟）** 1. 分享整合 舒适圈虽然安逸，但不跳出来就不会进步。往上跳是需要勇气的，我们要克服恐惧，建立自信，肯定自己，“我一定行”，不要轻易说“我不行”，给自己正面的心理暗示。 罗斯福说过“人类最该恐惧的事情是恐惧本身”。往后退是很舒适的，但不能为了舒适而后退，哪怕前进是艰辛的，我们也要不畏艰辛继续前行。你们在这里突破了自己，相信以后遇到任何困难也能够毅然地迈过去。 在以后的学习和生活中，遇到困难要积极克服，要乐观而不是自暴自弃，相信自己的潜力是无穷的。 2. 价值澄清 希望大家都能做一个乐观向上、顽强拼搏的时代青年，不负青春。 因为：奋斗的青春最美丽！	2. 代表分享法 3. 归纳法

<table>
<tr><th colspan="2">评价维度</th><th>评价要点</th><th>评价结果（描述或判断）</th></tr>
<tr><td colspan="2" rowspan="2">教学准备</td><td>1. 是否提前布置好高空装备并排除安全隐患？</td><td></td></tr>
<tr><td>2. 是否准备好高空装备三套、高空保护装备是否提前设置好？</td><td></td></tr>
<tr><td colspan="2" rowspan="8">教学过程</td><td>3. 在讲解带领过程中，对自己的表情、肢体动作、语言表达等如何评价？</td><td></td></tr>
<tr><td>4. 能否快速高效地组织所有学生进行热身？</td><td></td></tr>
<tr><td>5. 在教学过程中，是否发挥教师作为引导者、观察者、分享者的角色功能？</td><td></td></tr>
<tr><td>6. 你是否能引导不能参与挑战的学生也能从活动中有所收获？</td><td></td></tr>
<tr><td>7. 你是否能完整、清晰、有逻辑地讲解清楚安全装备的使用方法？</td><td></td></tr>
<tr><td>8. 你是否能妥善处理学生因恐惧而不敢去挑战的情况？</td><td></td></tr>
<tr><td>9. 你能否持续保持良好的教学状态？</td><td></td></tr>
<tr><td>10. 你能在指定时间组织所有学生完成挑战吗？</td><td></td></tr>
<tr><td colspan="2" rowspan="3">教学效果</td><td>11. 能否做到无安全事故发生？</td><td></td></tr>
<tr><td>12. 能否通过体验活动，让学生掌握高空装备穿戴的技巧、攀爬的技巧、抓杠的技巧、下降的技巧？</td><td></td></tr>
<tr><td>13. 能否通过体验活动，培养个人积极、乐观向上、克服困难的品质？</td><td></td></tr>
<tr><td rowspan="3">活动小结</td><td>优点</td><td colspan="2"></td></tr>
<tr><td>不足</td><td colspan="2"></td></tr>
<tr><td>改进</td><td colspan="2"></td></tr>
</table>

高空漫步

适用年级：高中　　　　建议时长：90分钟

教学内容	课程目标	教学重点与难点
1. 组织学生了解高空装备的穿戴和使用方法。 2. 组织学生体验活动高空漫步。 3. 组织学生对活动体验进行分享总结。	1. 通过体验活动，了解极限安全装备的相关专业知识。 2. 通过体验活动，掌握高空装备穿戴的技巧、攀爬的技巧、跨越的技巧、下降的技巧。 3. 通过体验活动，培养学生敢于突破自我、克服困难、积极乐观的心态。	1. 重点：活动线是让学生顺利穿戴安全装备并顺利完成挑战。教育线是培养学生挑战挫折、奋斗进取的乐观精神。 2. 难点：如何使学生能够克服恐惧迅速跨越断桥。

结构	教学内容	组织与教法
活动准备	**一、前期布置** 1. 场地：高空拓展场。 2. 器材：高空装备三套、高空保护装备提前设置好。	**一、实景图** 
活动实施（70分钟）	**一、课堂常规（5分钟）** 1. 集合分组 分成4组。 2. 师生认识和问好 老师：同学们好，我是××老师。奋斗的青春？ 学生：最美丽！	**一、组织** 1. 集合时队形 

结构	教学内容	组织与教法
活动实施 （70分钟）	**二、破冰热身——空中加油站（10分钟）** 1. 热身运动 扩胸运动、伸展运动、腰部运动、全身运动、跳跃运动；前压腿、左压腿、右压腿。 2. 口号 师：1—2—3—4 生：5—6—7—8 **三、活动讲解（15分钟）** 1. 活动导入 同学们，你们现在所看到的是高空漫步。高空一小步，人生一大步。这节课你们所需要做的就是来跨越它。跨越它，就是一场蜕变，经历困难的磨练，会有意想不到的收获。 2. 活动目标 你们需要做的是走到断桥一端，跨越到另一端，然后采取相同方法，从另一端跨越回来，则视为挑战成功。 3. 活动规则 （1）所有人员列队站好或坐好。 （2）选出3~5名安全员帮助穿戴安全装备。 （3）出发前请教师再次检查安全头盔和安全带是否穿戴正确。 4. 注意事项 （1）此活动应提前做好安全调查，三个月内做过大型手术的，或者有先天性疾病的，或者手腕、脚腕、肩膀有习惯性脱臼的同学，可以不参与今天的活动，如果现在有感到身体特别不舒服的同学，可以到旁边休息。 （2）活动开始前所有人取下容易掉落的物品，如手表、眼镜、钥匙、发卡等。 （3）长头发的同学要把头发平铺到安全头盔内。	2. 破冰热身时队形  并列型 3. 活动讲解时队形 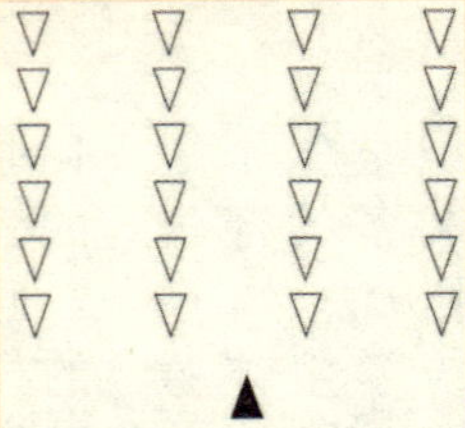 纵路型 **二、教法** 1. 直接导入法

结构	教学内容	组织与教法
活动实施（70分钟）	（4）每次学生开始攀爬前一定让老师确认后方能出发。 （5）时刻关注挑战过程中学生动态，让学生量力而行，避免因体力不支受伤。 5. 操作流程 安全装备的穿戴是非常重要的，我们使用的高空装备是高空活动专用装备，均通过UIAA（国际登山联合会）或CE（欧洲贸易共同体）的专业认证。 （1）头盔：攀爬之前必须要佩戴头盔，我们看到在头盔里圈后侧有调节扣是用来调节挑战者头部大小的装置，通过试戴调整到头部合适位置，左右不可晃动，头盔前沿与眉毛距离一厘米左右为宜，在头盔左右下端有两条固定带调到合适位置扣紧就好。 （2）安全带：安全带分为全身和半身，在这里我们主要用到的是半身安全带。半身安全带由腰带、腿带、安全拉环、装备环组成。穿戴时左手提腰带、右手提拉环，由腿部提至胯部以上，调整好松紧程度（侧面两个手指插进去不能轻松翻转为宜）。 （3）主锁：主锁是连接主绳与安全带的主要装备工具，在这里我们设置的都是双重保护（两把丝扣锁连接），主锁开口向下，相向挂于安全拉环，拧上丝扣即可。 （4）动力绳：大家看到我手中的绳子学名叫动力绳，其特性是具有延展性，可以缓冲冲击力，承受22KN的拉力，也就说能大约承受2. 2吨的重量。 穿好安全装备后，由实践教师再次检查装备是否穿戴完好，而后在实践教师的指挥下攀爬器械，攀爬时，面向脚架，匀速向上攀爬，直至到达挑战位置。到达断桥后，走到断桥一	2. 讲授法

结构	教学内容	组织与教法
活动实施 （70分钟）	端，双脚一前一后，前脚脚掌的前三分之一露出，呈准备跨越姿势。准备完毕后迅速跨越到另一端，而后采取相同方法，从另一端跨越回来，然后利用安全绳回到地面。将装备脱放到指定地点，即为挑战结束。 在整个挑战过程中，其他同学应以掌声、加油声，为挑战同学鼓励加油，增强对活动挑战的信心，不得出现喝倒彩、说脏话等消极行为。 **四、活动监控（40分钟）** 1. 安全监控 （1）提醒大家注意上下器械时的安全。 （2）监控有无人员私自操作其他器械。 2. 语言监控 （1）聆听学生在断桥上挑战时发出的声音。 （2）聆听学生挑战成功后发出的声音。 3. 行为监控 （1）观察恐高学生的行为。 （2）观察动作敏捷学生的行为。	
活动总结 （20分钟）	**一、集合整队（1分钟）** **二、学生分享（14分钟）** 1. 回顾反思 （1）在跨越成功的前后你的心情	**一、组织**  并列型 **二、教法** 1. 问题引导法

结构	教学内容	组织与教法
活动总结（20分钟）	发生了什么变化？ （2）是什么力量让你敢于跨出那一步？ （3）你认为突破是什么？ （4）学习生活中有没有类似断桥的挑战？一旦碰到类似的场景你该如何面对？ 2. 组织分享 **三、教师总结（5分钟）** 1. 分享整合 （1）如果有人问你能否一步迈过1.2米的距离，你可能会觉得有些好笑，那有什么难的？但是，试想一下把这个距离放到9米高空，你脚下踩的是一块只有30厘米宽，1米左右长的钢板，要跨到另一块同样细长的钢板上，两者之间虽然只有1.2米，你能保证自己心里一点也不紧张吗？高空断桥就是让你在高空迈过这艰难的一步来进行心理训练，它能令你在以后的生活学习中勇气倍增。 （2）其实在生活中我们都会面临很多“断桥”，断桥象征着什么？是机会？是挑战？当我们在高空潇洒漫步，留下的是美丽的弧线，它象征我们有能力走出自己的心理困境，相信我们以后无论遇到什么样的困境，都能用永不服输的劲头来接受、来面对、来战胜。 2. 价值澄清 希望大家都能成为一个乐观向上，顽强拼搏的时代青年，不负青春。 因为：奋斗的青春最美丽！	2. 代表分享法 3. 归纳法

评价维度		评价要点	评价结果（描述或判断）
教学准备		1. 是否提前布置好高空装备并排除安全隐患？	
		2. 是否准备好高空装备三套，高空保护装备是否提前设置好？	
教学过程		3. 在讲解带领过程中，对自己的表情、肢体动作、语言表达等如何评价？	
		4. 能否快速高效地组织所有学生进行热身？	
		5. 在教学过程中，是否发挥教师作为引导者、观察者、分享者的角色功能？	
		6. 你是否能引导不能参与挑战的学生也能从活动中有所收获？	
		7. 你是否能完整、清晰、有逻辑地讲解清楚安全装备的使用方法？	
		8. 你是否能妥善处理学生因恐惧而不敢去挑战的情况？	
		9. 你能否持续保持良好的教学状态？	
		10. 你能在指定时间组织所有学生完成挑战吗？	
教学效果		11. 能否做到无安全事故发生？	
		12. 能否通过体验活动，让学生掌握高空装备穿戴的技巧、攀爬的技巧、跨越的技巧、下降的技巧？	
		13. 通过体验活动，培养学生敢于突破自我、克服困难、积极、乐观向上的心态？	
活动小结	优点		
	不足		
	改进		

胜利墙

适用年级：高中　　　　建议时长：90分钟

教学内容	课程目标	教学重点与难点
1. 组织和引导学生在规定时间内全员安全翻越高墙。 2. 组织和引导学生对活动体验进行分享总结。	1. 通过倾听老师讲解，了解有关胜利墙相关历史背景和一些安全保护常识。 2. 通过活动挑战，锻炼学生分析能力、决策能力、评估能力和解决问题的能力。 3. 通过活动挑战，培养学生勇于实践，不断尝试的乐观品质。	1. 重点：活动线是让学生成功翻越高墙。教育线是培养学生勇于挑战、敢于实践的乐观品质。 2. 难点：引导学生在攀爬过程中，使用正确的方法。

结构	教学内容	组织与教法
活动准备	**一、前期布置** 1. 场地：拓展训练毕业墙区域。 2. 器材：音响、话筒、胜利墙。	**一、实景图** 
活动实施（70分钟）	**一、课堂常规（5分钟）** 1. 集合 2. 师生认识和问好 老师：同学们好，我是××老师。奋	

结构	教学内容	组织与教法
活动实施 （70分钟）	斗的青春？ 学生：最美丽！ **二、活动讲解（15分钟）** 1. 活动导入 在西点军校的历史上，在第46期学生毕业的前一天晚上，46期学生执行离校前的最后一次水上巡逻任务，因为没有认真驾驶导致巡逻艇撞上了海面上的油轮，由于深夜无人知晓，学生们都很着急，此时要想活命就只能爬上油轮高达4.2米的甲板。在艇上没有任何攀爬工具，学生们靠着搭人梯的方法爬上了甲板。后来西点军校受此启发，在学校的训练场上搭起了高达4.2米的墙，每一期学生以60人为单位必须在规定时间内全部爬上高墙才能获得毕业证书，获得最后的胜利。 所以今天我们所面对的这面墙又叫胜利墙，能否获得胜利，就要看我们接下来的表现了。 2. 活动目标 所有学生40分钟内爬过高墙，不能借助任何外力和工具，包括衣服、皮带等，必须从墙正面上去。 3. 活动规则 （1）摘去身上的一切尖锐和易掉落的物品，如手表、眼镜、钥匙、发卡等。 （2）采用搭人梯的方法，必须采用主梯和副梯。主梯双手叠加贴于墙面，额头贴于手背，注意腰部用力挺直。副梯单腿跪地，双手环抱主梯学生的腰部，头部埋在主梯学生的胸前，露出自己外侧的大腿。学生攀爬时不可踩人梯学生的头、颈椎、脊椎，只可以踩肩和大腿。 （3）让学生将衣服扎进腰带，拉人时不可以拉衣服，拉手时要手腕相扣成生死扣，不可直接拉手或者手指，不可将被拉学生的胳膊搭在墙沿上，	**一、组织** 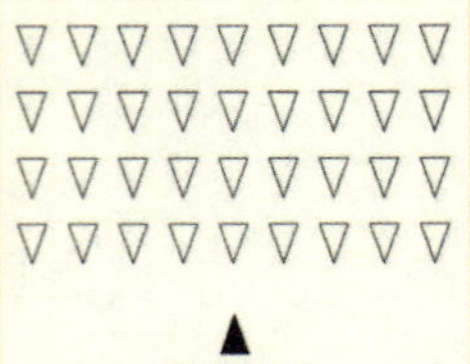 讲授型 **二、教法** 故事导入法 

结构	教学内容	组织与教法
活动实施（70分钟）	只能垂直上提，当肩部以上超过墙沿时可以靠在墙沿上，从侧面将腿上提。 （4）不得助跑起跳，上墙时不可采用蹬走上墙的动作。 （5）所有学生必须参与保护，双手举过头，肘略曲，掌心对着攀爬者，抬头密切关注攀爬者，随时准备接应和保护。 （6）当有人跌落，保护人员在保护自己的同时掌心对着跌落者或者人梯将其按在墙上，切忌按头。当攀爬者在较高的地方倒落或者滑落的时候，保护人员应上前托住。当攀爬者向外摔出，保护人员应迅速顺势接住，轻放在地面上。 （7）三个月内做过大型手术的，或者有先天性疾病的，或者手腕、脚腕、肩膀有习惯性脱臼的同学，可以不参与今天的活动，如果有感到身体特别不舒服的同学，可以到旁边休息。 4. 注意事项 （1）活动过程中时刻把握学生动作变化，出现危险动作及时制止。 （2）通过语言、动作、声音等方法激励学生，调动课堂气氛。 （3）大声讲解，细致强调，鼓励学生参加。解决问题的办法由学生自己想，不用给安全操作规则外的任何建议。学生讨论时间过长没有决策和执行的时候可以提醒时间，一般要留2/3的时间用于攀爬。 （4）在搭救最后一名学生时对下挂学生的安全要不断强调、监控，并要求学生讲出他们的安全措施，老师对此进行判断，可以否决或者补充要求。 （5）最后一名学生离地，脚上举或者做其他动作，老师应站在学生侧后方，一方面避免头朝下坠落，另一方面避免脸或者头磕在墙上，如坠落顺势接住或者揽到垫子中间，必须休息一会儿再尝试。 （6）有安全隐患时应果断鸣哨或者叫停。女学生未经特殊训练一般不做中间连接人员。提醒学生在被队友往上提	

结构	教学内容	组织与教法
活动实施（70分钟）	拉时不要用脚蹬墙，以免磕伤腿及面部。 **三、活动监控（40分钟）** 1. 安全监控 （1）监督墙上学生的安全，不准骑跨或者站立在墙头，注意墙后平台的空间，平台上不得超过10人。 （2）最后一人的时候无论采用什么方法都要听中间学生的感受，中间学生认为不行应立即停止，不可长时间尝试。 2. 语言监控 （1）聆听攀爬前学生探讨的行动计划。 （2）聆听攀爬中学生之间的加油鼓励。 3. 行为监控 （1）观察人梯学生的状态和情绪。 （2）观察攀爬中的学生的状态和情绪。 （3）观察墙上学生的状态和情绪。	
活动总结（20分钟）	**一、集合整队** **二、学生分享** 1. 回顾反思 （1）我们获得了最后的胜利，靠的是什么？ （2）你还记得你拉着谁的手，踩	**一、组织** 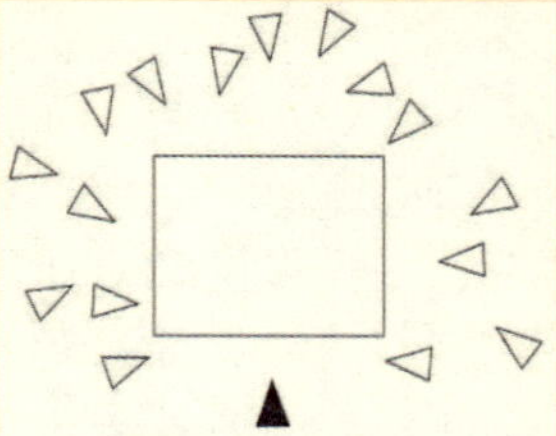 环绕情景型

<table>
<tr><th>结构</th><th>教学内容</th><th>组织与教法</th></tr>
<tr><td>活动总结
（20分钟）</td><td>着谁的肩部吗？
（3）今天这面墙是有形的墙，看得见摸得着，在未来生活中我们还会碰到无形的墙，我们该如何面对呢？
2. 组织分享
三、教师总结
1. 分享整合
这面墙，如果让你一个人翻，你用多长时间？可能一辈子都翻不过去；可是这一辈子都翻不过去的墙，今天我们征服了它，把它踩在脚下，各位这是一种什么样的力量？团队！团队的力量可以创造奇迹，团队的力量可以1+1>2。什么叫团队？什么叫团队的势气？什么叫团队精神？什么叫团队的合力？什么叫团队的凝聚力？刚才大家用自己的行动给出了最好的答案，做出了最好的诠释。这是任何一个人都无法独立完成的活动，团队精神在这里得以充分体现。刚才大家都看到了团队合作的巨大力量，这面墙用我们一个人的力量是非常难翻越过去的。团结就是力量，这力量是铁，这力量是钢，比铁还硬比钢还强；是的这就是团结的力量，这就是团队的力量；这力量比铁还硬比钢还强。
各位同学你在这一刻感受到了团队的力量了吗？你相信团队的力量可以创造奇迹吗？
过程中我发现：有几位女同学，站在人梯上身体颤抖，不过，最后她们也成功地翻上去了。
有几位同学身体比较重，可能会担心自己上不去，可是，随后也挑战成功了。
回想一下，当你刚刚听到我们所面对的挑战时，你对我们的表现有什么期待？你能预测到我们有这样的表现吗？你能想象到我们会这么快胜利完成挑战吗？</td><td>二、教法
1. 问题引导法
2. 代表分享法
3. 归纳法</td></tr>
</table>

<table>
<tr><th>结构</th><th>教学内容</th><th>组织与教法</th></tr>
<tr><td>活动总结
（20分钟）</td><td>所以，相信团队，对团队未来的表现拥有乐观的期待，你就会和团队一起，创造卓越的成就。
同样，你对自己的高考有什么期待？你对自己的成就有什么期待？你对自己未来的表现有什么期待？你对自己的人生有什么期待？相信自己，你的潜力会超出你的想象。乐观面对人生，你就会有一个乐观的人生。
各位最亲爱的同学，也许在那短短的时间内，那些一直在下面为我们苦苦支撑的同学，我们已经记不清他们，就像今天这样在人海茫茫之中，我们再也找不到他了，其实在我们人生的道路上也有许许多多人像我们今天一样，在不经意中拉我们一把，推了我们一把，然而就像今天这样对我们有过帮助的，有过支持的，有过理解的，当我们再回过头找他们的时候，就像刚才那几个同学他们的身影消失在人海中一样，当回过头来感谢他们，想告诉他在以后有困难有挫折我愿意和你一起承担的时候，那个身影消失了。我只是在今天用了短短的时间，让我们非常清晰地看到原来我们如此的团队，我们周围的同学如此的可爱，不管以前我们有多少的矛盾，多少隔阂，他都伸手拉了你一把，他都用他的肩膀让你走上成功的巅峰。接下来不要忘记感恩，走过去拍拍他肩膀的尘土，或给他个拥抱对他说声谢谢。
接下来请你们双手握紧昂起高昂的头颅，向天空大声说同学你是最棒的，同学明天会更好！
2. 价值澄清
希望大家都能具有不怕前方、勇于实践、不怕失败、不断尝试的乐观品质，不负青春。
因为：奋斗的青春最美丽！</td><td></td></tr>
</table>

评价维度	评价要点	评价结果（描述或判断）
教学准备	1. 是否提前排除场地存在的安全隐患？	
	2. 是否做好了课程的情绪调整？	
教学过程	3. 在讲解带领过程中，对自己的表情、肢体动作、语言表达等如何评价？	
	4. 能否快速高效地组织所有学生进行攀爬动作要领学习？	
	5. 在教学过程中，是否发挥教师的引导者、观察者、分享者的角色？	
	6. 你是否能安排不能参与挑战的学生进行其他帮助？	
	7. 你是否能完整、清晰、有逻辑地讲解课程场景模拟？	
	8. 你是否能妥善处理学生因恐惧而不敢去挑战的情况？	
	9. 你能否持续保持良好的教学状态？	
	10. 你能在指定时间组织所有学生完成挑战吗？	
教学效果	11. 能否做到无安全事故发生？	
	12. 能否通过活动，锻炼学生分析能力、决策能力、评估能力和解决问题的能力？	
	13. 能否通过活动挑战，培养学生勇于实践、不断尝试的乐观品质？	
活动小结	优点	
	不足	
	改进	

笑傲浮桥

适用年级：高中　　　　建议时长：90分钟

教学内容	课程目标	教学重点与难点
1. 组织学生体验破冰活动谁最棒。 2. 组织学生体验活动笑傲浮桥。 3. 组织学生对活动体验进行分享总结。	1. 通过倾听老师的讲解，了解相关道具的使用操作方法，学生身体受力状态下的相关保护常识。 2. 通过活动体验，锻炼学生的团队合作能力和组织能力。 3. 通过活动挑战，使同学们学会换位思考，懂得感恩与奉献，勇于承担责任；同时培养决不轻言放弃、乐观向上的拼搏精神。	1. 重点：活动线是按照角色分配完成挑战任务。教育线是培养学生勇于承担责任与乐观进取的品质。 2. 难点：在挑战中，不断激励学生承担责任，全身心投入活动。

结构	教学内容	组织与教法
活动准备	**一、前期布置** 1. 场地：平整安全的室外或者室内。 2. 器材：音箱、话筒、浮桥、浮台。	**一、实景图** 
活动实施 （70分钟）	**一、课堂常规（5分钟）** 1. 集合分组 分成两组。 2. 师生认识和问好 老师：同学们好，我是××老师。奋斗的青春？ 学生：最美丽！	**一、组织** 1. 集合时队形 

结构	教学内容	组织与教法
活动实施 （70分钟）	**二、破冰活动（10分钟）** 谁最棒？ 1. 活动导入 同学们，请伸出一个大拇指，这个代表你很棒的含义，来请对旁边的同学说：你很棒！请问当你听到别人赞美你的时候，是什么样的心情？用自己的两个大拇指，指向自己对自己说：我的确很棒！此刻，你感觉如何？我们每一位同学其实都很棒！接下来我们一起来做一个活动，叫作：谁最棒？ 2. 活动规则 （1）两人面对面站立。 （2）两人同时说“谁最棒呀”，同时出“石头剪刀布”。如果有输赢，赢的一方用大拇指指向自己，同时说“我最棒”，输的一方用大拇指指向对方，同时说“你最棒”；如果两人出的一样，则同时用大拇指指向旁边，说“他最棒”。 （3）如果指向不对、语言不对、手指不对、则判为输。 3. 注意事项 （1）强调手势：用大拇指不要用食指指向。 （2）操作过程中先慢后快。 **三、活动讲解（10分钟）** 1. 活动导入 1948年11月8日夜，曾在攻打潍县时，因顽强作战被命名为“潍县团”的华野九纵27师79团，追击黄百韬兵团至宿迁县西北的堰头镇时，被一条三丈宽的大河拦住去路。 1排3班担负架桥任务。对岸就是黄百韬兵团第63军，时间一分一秒地过去，战机稍纵即逝。面对滔滔河水，副排长范学福和班长马选云同时做出了惊人的举动。 副排长范学福第一个下水，说大	2. 破冰活动时队形  并列型 3. 活动讲解时队形 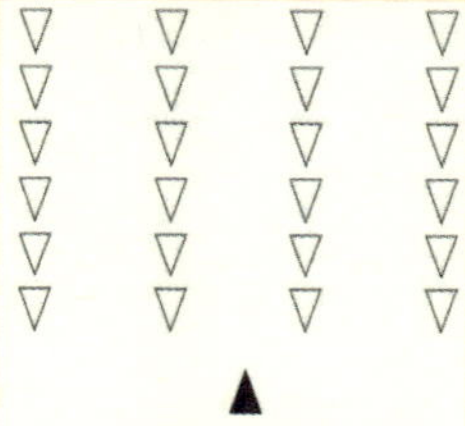 纵路型 **二、教法** 故事导入法

结构	教学内容	组织与教法
活动实施（70分钟）	家都跟我来，没有桥腿我们人当桥腿!十名战士纷纷跳下，站在刺骨的河水中做桥墩，架起一座30多米的浮桥，全团官兵从他们的肩头飞奔而过。 惊人的意志换取了战场的主动，随后赶到的主力部队追击63军主力至窑湾，全歼该部两个师1.3万人。 今天让我们回到当年的战争时期，转换一下角色，假设我们就是负责架桥的战士，我们将如何面对这一挑战呢？我们能向当年的战士一样出色地完成任务吗？今天我们体验的活动就叫笑傲浮桥。 2. 活动目标 所有人在规定时间内从浮台A前进到浮台B即为挑战成功。 3. 活动规则 （1）摘去身上的一切尖锐容易掉落的物品，如手表、眼镜、钥匙、发卡等。 （2）只能使用膝盖在浮桥上面慢慢前进，不允许直接使用双脚。 （3）两名身高、体态相仿的同学面对面站着，浮桥放在同一侧（相对应）的肩膀。 （4）上浮桥时，应动作缓慢，不允许在浮桥上跑跳。 （5）浮桥超过肩膀一拳，四指弯曲，双手交叉叠放，把浮桥固定。 （6）肩扛浮桥的同学换肩时，必须是挑战者从浮台A前进到浮台B后方可换肩。换肩时，两人同时从左至右（从右至左）在头顶以画圆形式换到另一侧。 （7）选出一名有责任心的队长。 （8）队长站在浮台B，给挑战者加油，大声喊出挑战者名字，其余同学一起合作喊加油。 （9）当挑战者前进到倒数第二块浮桥时，队长要帮助搀扶挑战者	

结构	教学内容	组织与教法
活动实施（70分钟）	安全到达浮桥B。 （10）挑战者到达浮台B后，回头看一下帮助自己的同学，鞠躬感谢。 （11）挑战过程中，只能有一种声音，给挑战者的加油声。 4. 注意事项 （1）团队之中三个月内做过大型手术的，或者手腕、脚腕、肩膀有习惯性脱臼的同学，担任团队观察员和监护员。 （2）检查浮桥是否断裂或者存在毛刺等安全隐患。 （3）对爬行者、搭桥者、安全员的安全要求不断强调，做到安全事故防患于未然。 **四、活动监控（30分）** 1. 安全监控 （1）监督桥上同学的安全，不准站立在浮桥上，有安全隐患时应果断鸣哨或者叫停。 （2）监督搭桥同学的身体状况，发现不适及时叫停。 2. 语言监控 （1）聆听学生之间的鼓励加油。 （2）聆听学生之间对于分工协作的沟通。 3. 行为监控 （1）观察学生的表现出来的积极乐观的状态。 （2）观察桥上学生与桥下学生的互动行为。	

结构	教学内容	组织与教法
活动总结（35分钟）	**一、集合整队（1分钟）** **二、学生分享（14分钟）** 1. 回顾反思 （1）当你在浮桥上爬的时候你想到了什么？ （2）当你做搭桥者的时候肩膀疼吗？是什么力量支持你坚持到最后？ （3）当你看到同伴安全通过的时候是什么样的心情？ （4）此刻你最想感谢谁？你最想对他说什么？ 2. 组织分享 **三、教师总结（20分钟）** 1. 分享整合 各位同学此时此刻请你慢慢地坐下来，大家在忙着活动而可能忘记了这个过程，接下来请你闭上眼睛，让我带领大家一起回忆一下刚才的30分钟发生了什么。 大家可能会感受到曾经在冰冷刺骨的河流中那些解放军战士的不容易了吧？除了冷，还有什么感受？你还记得：我们第一位同学开始爬行的过程，我们会突然感觉肩膀是沉重的一压，然后有皮肉的疼和痛，看到我们的同学顺利地通过时，我们忘记了肩部的痛和疼，送去欣慰的微笑，然而我们的同学在不断通过，我们会感受到肩膀越来疼、越来越痛，有时真想放下，甚至还	**一、组织**  并列型 **二、教法** 1. 问题引导法 2. 代表分享法 3. 归纳法

<table>
<tr><th>结构</th><th>教学内容</th><th>组织与教法</th></tr>
<tr><td>活动总结
（35分钟）</td><td>会后悔，一旦放下就可以减少疼，然而整个过程中我们中间没有一位放下，也没有一位放弃，这是什么力量在支持着我们呢？这是一种责任和担当，这是一种积极和乐观！
　　你还记得当你战战兢兢爬上浮桥的那一刻，你的心在害怕，你在害怕什么呢？害怕同学一旦扛不住，自己会摔下来，会受伤；在害怕自己的体重会不会压得同学肩部很疼很痛；在想……是什么力量让你越爬越勇敢？是什么力量让你越爬越快？是信任和信心，是感动和感恩。因为你在爬行的过程中，你也许会听到我们的同学他那急促的呼吸声，你能看到他脸颊正流淌的汗水，你看得真真切切，当你爬到某些同学肩膀的时候他满脸胀红，仍咬着牙在努力坚持着，有些同学爬着爬着不由自主地流下了眼泪，其实我知道这是一种感动的泪水，这是一种幸福的泪水，这是一种感恩的泪水。当我们成功顺利通过的那一刻，我们转过身来、扭过头来笑傲那浮桥，原来幸福是奋斗出来的！当大声用心喊出谢谢的那一刻，是多么的幸福呀！
　　今天我们面对高考的压力，几乎每天都在挑灯夜战，然而其实不是你一个人在努力、在奋斗，不信当你回过头看看浮桥下那么多人在支持你、扶持你、帮助你，这些人可能是你最亲的人，也许是你最近的人，难道不是吗？他们是我们的爸爸、妈妈、老师、同学等。
　　你还记得曾经在小时候让你当大马骑的那双伟岸又高大的肩膀吗？当时我们认为这双肩膀是世界上最伟大的肩膀，他能扛起一切，他是我们心中的大英雄、大超人，他就是我们的父亲，每天他都在奋斗，希望我们幸福，其实有时他也会有扛不住的时候，</td><td>
</td></tr>
</table>

结构	教学内容	组织与教法
活动总结（35分钟）	然而当他扛不住的时候，可能他会抽两口烟，喝两口闷酒，但是他从来不会告诉我们，因为他爱我们，他深深地知道自己既然选择了这个家庭，选择了你，必须要学会承担，学会乐观面对。 你还记得，为了我们的学业每天为我们上课、批改作业、辛苦教导我们的老师吗？他们难道不正像浮桥下的桥墩吗？有时我们休息了，他们还在为备课写教案，有时辅导我们时间太长，回到家自己的孩子都睡了，没有时间陪伴自己的孩子，没有时间辅导自己的孩子，但是他们从来没有后悔过，因为他们知道自己选择了这个事业，就选择了蜡炬成灰泪始干的奉献。现在她们依然陪同在我们身边，关注着我们的成长，我们又有什么理由，不好好读书呢？让我们笑傲学业，笑傲未来。幸福都是奋斗出来的！ 今天我们能顺利地挑战成功，我们不是靠一个人，是靠我们身边每一个人，我们要懂得感恩，懂得感谢，感恩不是一个名词，感恩是一个动词，感恩是需要你走出去给老师、给同学一个大大拥抱，对他说一句：有你真好，谢谢你！ 2. 价值澄清 希望大家都成为一个懂得感恩、勇于承担、乐观向上的时代青年，不负青春。 因为：奋斗的青春最美丽！	

评价维度		评价要点	评价结果（描述或判断）
教学准备		1. 是否提前排除场地存在的安全隐患？	
		2. 是否准备好音箱、话筒、浮桥、浮台？	
教学过程		3. 在讲解带领过程中，对自己的表情、肢体动作、语言表达等如何评价？	
		4. 能否快速高效地组织所有学生进行攀爬动作要领学习？	
		5. 在教学过程中，是否发挥教师的引导者、观察者、分享者的角色？	
		6. 你是否能安排不能参与挑战的学生进行其他帮助？	
		7. 你是否能完整、清晰、有逻辑地讲解课程场景模拟？	
		8. 你是否能灵活把控课程情绪的变化？	
		9. 你能否持续保持良好的教学状态？	
		10. 你能否把控学生的情绪的变化，并在课程结束后平复学生的情绪？	
教学效果		11. 能否做到无安全事故发生？	
		12. 能否通过活动体验，锻炼学生的团队合作能力，以及组织能力？	
		13. 通过活动挑战，使同学们学会换位思考，懂得感恩与奉献，勇于承担责任；同时培养决不轻言放弃、乐观向上的拼搏精神。	
活动小结	优点		
	不足		
	改进		

相信的力量

适用年级：高中　　　　建议时长：90分钟

教学内容	课程目标	教学重点与难点
1. 组织学生体验破冰活动传球。 2. 组织学生体验活动相信的力量。 3. 组织学生对活动体验进行分享总结。	1. 通过学生体验活动，了解目标对于激发团队潜能的重要性。 2. 通过学生体验活动，锻炼学生的团队协作能力和身体协调能力。 3. 通过学生体验活动，培养学生坚持到底、勇于拼搏、笑对困难、挑战挫折的乐观精神。	1. 重点：活动线是培养学生按照一定节奏摇动绳子完成目标。教育线是学生在活动中学会在困难面前不认输，积极鼓励自己：激励同伴。 2. 难点：避免在活动中滥竽充数的行为。

结构	教学内容	组织与教法
活动准备	**一、前期布置** 1. 场地：平整开阔无障碍的室外或者室内。 2. 器材：静力绳（绳长等于人数乘以80厘米）、手套每人一双。	**一、实景图** 
活动实施 （70分钟）	**一、课堂常规（5分钟）** 1. 集合分组 分成4组。 2. 师生认识和问好 老师：同学们好，我是××老师。奋斗的青春？ 学生：最美丽！	**一、组织** 1. 集合时队形 

结构	教学内容	组织与教法
活动实施 （70分钟）	**二、破冰活动——传球（10分钟）** 1. 活动导入 同学们，这是什么？（老师拿着网球展示）这是一个网球。接下来我们一起挑战一个活动，以最快的速度传递这个网球。从第一位同学传递到最后一位同学，老师给大家记录时间。 2. 活动规则 （1）球在传递的过程中不能掉到地上，如果掉在地上需要重新开始。 （2）每一位同学都必须参与其中，并且与球有身体接触。 3. 注意事项 （1）第一次和第二次体验完毕后，引导学生思考是否还可以传递得更快。 （2）到第三次或者第四次时设定挑战目标。 （3）老师在过程中记录好时间，多激励和正向引导。 **三、活动讲解（15分钟）** 1. 活动导入 接下来我们要面对一项挑战，这可能是你从来没有面对过的挑战。你可能不相信我们能完成，然而只要你相信自己、相信团队、相信相信的力量，相信奇迹一定会发生，我们就一定能完成挑战。 2. 活动目标 大家一起摇动绳子至少2000次。 3. 活动规则 （1）绳子拉紧后，所有同学的手必须和左右同学的手挨着。 （2）挑战中所有人的手不得放开绳子。 （3）坐下后腿要伸直，腰要挺直。 （4）摇动绳子时应按照左上、右上、右下、左下的方向顺时针旋转。 4. 注意事项 （1）时刻注意活动氛围，可以通	2. 破冰活动时队形  3. 活动讲解时队形 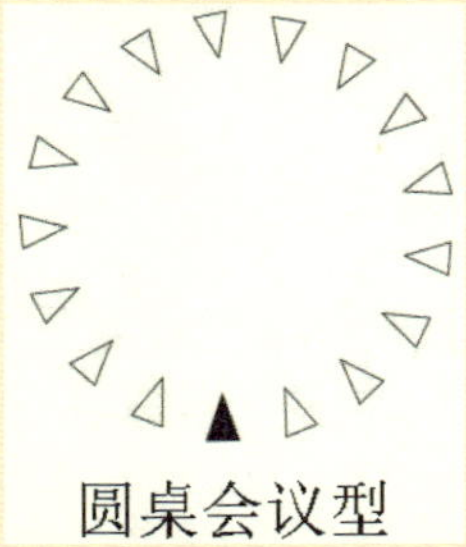 **二、教法** 1. 现象导入法

结构	教学内容	组织与教法
活动实施 （70分钟）	过音乐、啦啦队、旗手挥动连旗来烘托氛围。 （2）提前做身体调查，在过程中关注学生的身体状况。 （3）让学生摘去身上的所有硬质物品，如手表、眼镜、钥匙、发卡等。 **四、活动监控（40分钟）** 1. 安全监控 （1）如果发现有学生不按要求摇动绳子，要及时提醒或制止。 （2）结束时提醒学生不要突然放手。 2. 语言监控 （1）聆听学生在挑战过程中的口号。 （2）聆听学生在挑战过程中彼此的鼓励。 3. 行为监控 （1）观察学生的挑战状态。 （2）观察学生在挑战过程中的投入程度。	
活动总结 （20分钟）	**一、集合整队（1分钟）** **二、学生分享（14分钟）** 1. 回顾反思 （1）在活动开始的时候，你如何看待2000次的挑战目标？ （2）在体验过程中，有没有想要放弃的时候，又是什么力量让你坚持	**一、组织** 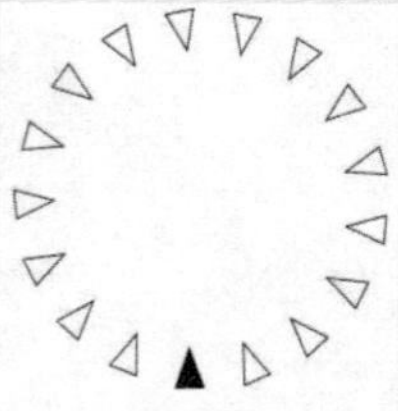 圆桌会议型 **二、教法** 1. 问题引导法

结构	教学内容	组织与教法
活动总结（20分钟）	到最后？ （3）当挑战成功的那一刻，你的心情是什么样的？ （4）这个活动给你的学习生活带来什么样的启发？ 2. 组织分享 **三、教师总结（5分钟）** 1. 分享整合 各位同学，任何一个人想要改变自己的人生，改变自己的命运，要相信相信的力量。通过这个活动，请让我们相信目标的力量，有了目标我们就有了方向，有了奋斗的力量；相信奋斗的力量，将来的你一定会感激现在拼命的自己，当我们停下来休息时，别忘记了别人还在奔跑。最后请你相信坚持的力量。 王羲之是1600年前我国晋朝的一位大书法家，被人们誉为“书圣”。王羲之7岁练习书法，勤奋好学。王羲之练字专心致志，达到废寝忘食的地步。他吃饭走路也在揣摩字的结构，不断地用手在身上划字默写，久而久之，衣襟也磨破了。 他每天坐在池子边练字，送走黄昏，迎来黎明，每天练完字就在池水里洗笔，不知用了多少墨水，写烂了多少笔头，天长日久竟将一池水都洗成了黑色，这就是人们今天在绍兴看到的传说中的墨池。 王羲之的成功告诉我们一个深刻的道理，成功要有持之以恒的精神，要有坚持不懈的努力！ 相信信任的力量，你就是创造奇迹的人！ 2. 价值澄清 希望大家能拥有坚持到底、勇于拼搏、笑对困难、挑战挫折的乐观精神，不负青春。 因为：奋斗的青春最美丽！	2. 代表分享法 3. 归纳法、故事法

评价维度		评价要点	评价结果（描述或判断）
教学准备		1. 是否提前排除场地存在的安全隐患？	
		2. 是否提前准备好静力绳和手套？	
教学过程		3. 在讲解带领过程中，对自己的表情、肢体动作、语言表达等如何评价？	
		4. 能否快速高效地组织所有学生入场？	
		5. 在教学过程中，是否发挥教师作为引导者、观察者、分享者的角色功能？	
		6. 你是否安排不能参与挑战的学生进行加油助威？	
		7. 你是否能完整、清晰、有逻辑地讲解活动？	
		8. 你是否能灵活把控课程的节奏？	
		9. 你能否保持良好的教学状态？	
		10. 你能否把控学生的情绪的变化，并在课程结束后平复学生的情绪？	
教学效果		11. 能否做到无安全事故发生？	
		12. 能否通过学生体验活动，锻炼学生的团队协作能力和身体协调能力？	
		13. 能否通过学生体验活动，培养学生坚持到底、勇于拼搏、挑战挫折的乐观精神？	
活动小结	优点		
	不足		
	改进		

4

第四单元

LIZHI

立志

中小学实践教育
教学研究

ZHONGXIAOXUE
SHIJIANJIAOYU JIAOXUEYANJIU

第一时间

适用年级：高中　　　　建议时长：90分钟

教学内容	课程目标	教学重点与难点
1. 组织学生学习急救知识。 2. 组织学生学习如何拨打急救电话。 3. 组织学生进行急救情景演练。 4. 组织学生对活动体验进行分享总结。	1. 通过现场急救知识的学习，了解心肺复苏、伤口止血等知识。 2. 通过现场急救的情景模拟演练，提升救护的能力和应对突发状况的能力。 3. 通过对现场救护的学习体验，培养学生珍爱生命、关爱他人的品质，弘扬人道、博爱、奉献的红十字精神。	1. 重点：活动线是对现场急救知识进行学习和实操。教育线是培养学生认识医疗行业，对医护人员的工作有一个新的认知。 2. 难点：在抢救的不同阶段对人员进行合理分配，并在救援中选择正确、合理的救援方法。

结构	教学内容	组织与教法
活动准备	**一、前期布置** 1. 场地：防震减灾体验馆。 2. 器材：模拟假人、一次性呼吸面膜、止血带。	**一、实景图** 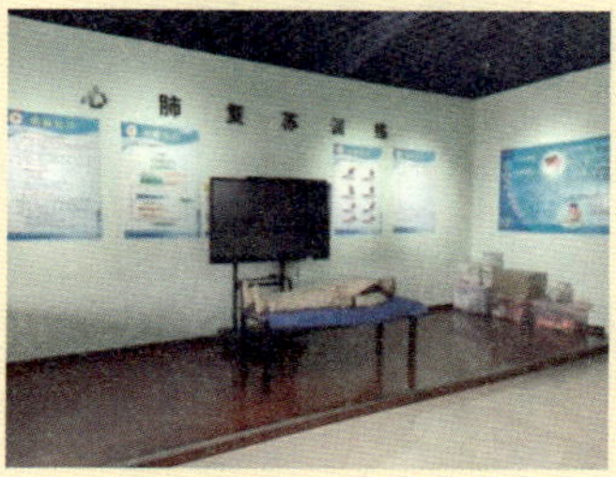
活动实施（70分钟）	**一、课堂常规（5分钟）** 1. 集合分组 6~8人一组。 2. 师生认识和问好 老师：同学们好，我是××老师。奋斗的青春？ 学生：最美丽！	**一、组织** 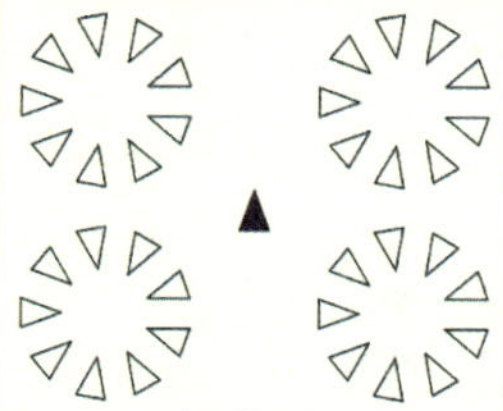 岛屿型

<table>
<tr><th>结构</th><th>教学内容</th><th>组织与教法</th></tr>
<tr><td>活动实施
(70分钟)</td><td>二、活动环节
(一)急救知识导入(10分钟)
现场救护,是指在社会生活和劳动生产过程中发生的各种意外伤害、急性中毒、外伤和出现突发危重病员等情况的现场,没有医务人员时,为了防止病情恶化,减少病人痛苦和预防休克等所采取的一种初步紧急救护措施,又称院前急救。
由于伤情的急迫性,最有效的救护人员往往是第一目击者。所以,现场第一时间的救护往往能给危重病员赢得宝贵的“救命黄金时刻”。
1. 现场救护的步骤
(1)脱离险区;(2)检查病情;(3)对症救治;(4)安全转移。
2. 现场救护的原则
(1)稳定情绪,保持冷静,并帮助他人也保持冷静。
(2)评估现场,理智科学地判断,确保自身、伤病员,及旁观者的安全。
(3)分清轻重缓急,先救命,后治伤;先重伤,后轻伤。
(4)绝对尊重伤者生命、肢体完整及尊严。
(5)条件允许时,尽量减轻伤病员的痛苦。
(6)就地取材,充分利用可支配的人力、物力。
(7)对伤员告知的一切信息尤其是隐私要保密。
3. 救护员的责任
(1)迅速观察现场安全情况,确保伤员、急救人员及周围人员的安全,不可贸然进入危险环境中。
(2)能够迅速辨认出伤病员的受伤程度。
(3)尽快寻求帮助,呼叫医务人员到现场救治并运送伤病员到医院。</td><td>二、教法
1. 直接导入法
2. 讲授法</td></tr>
</table>

结构	教学内容	组织与教法
活动实施（70分钟）	（4）利用曾学过的急救知识和技能小心处理伤病员，尽快对伤病员做出初步处理，在医务人员到场后帮助施救。 （5）遇到群体突发事件时，首先到达现场的救护员应全面关注并指挥对所有伤病员的处理，切勿只顾救助某一位伤病员而忽视对其他伤病员的早期救助。 4. 注意事项 （1）注意现场安全，要做到“先脱险再救人”。 （2）从正面接近伤病员，表明身份，安慰伤病员，说明采取的救护措施。 （3）避免盲目移动伤者，避免二次伤害。 （4）除非必要，不要给伤员任何饮食或药物。 （5）注意保护警方需要的现场证物。 （6）及时报告有关部门，寻求救援。 （二）心肺复苏（20分钟） 1. 心肺复苏的操作步骤 （1）评估现场环境是否安全。 （2）判断患者反应。 轻拍重喊，判断病人有无反应；用食指和中指探测颈动脉有无搏动。 （3）呼救/报警。 若病人无反应，且颈动脉无搏动，则立刻向四周人员表明情况，并表明自己救护员身份，并请学过心肺复苏的人一起抢救，同时让人拨打120求救、寻找AED、录视频。 （4）胸外按压。 将病人仰卧于坚硬平面上，解开上衣、领带等保证气道通畅。施救人员立于病人一侧肩胸部。 部位：胸骨下1/3交界处或双乳头与前正中线交界处。 定位：用一手食指和中指从一侧乳头开始垂直于前正中线向中间滑动至与中线相交，另一只手掌根置于交点并手指全部翘起，抽出定位手叠加之上，手指	3. 讲授法、演示法 **三、实景图** 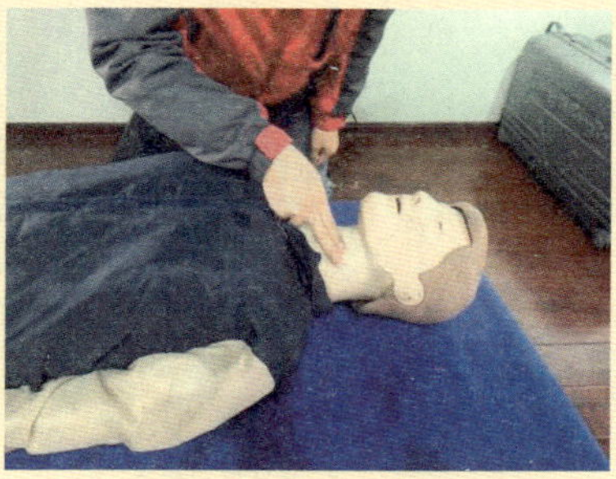 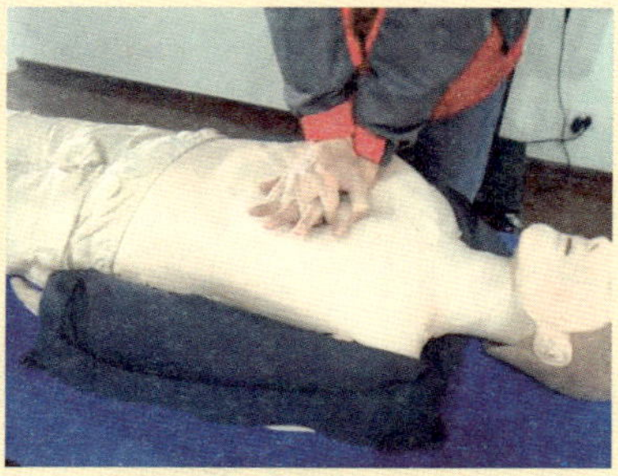

结构	教学内容	组织与教法
活动实施（70分钟）	锁住，交叉抬起。 按压方法：按压时上半身前倾，腕、肘、肩关节伸直，以髋关节为支点，垂直向下用力进行按压。 频率：不少于100次/分且不多于120次/分。 按压幅度：成人胸骨下陷5至6厘米压下后应让胸廓完全回弹，但是掌根不能离开胸壁，保持双手位置固定，婴幼儿胸骨下陷3至4厘米，按压通气比值为30比2。 （5）开放气道。 头偏向一侧，用手指清理口腔异物。 抬颏法：将一手手掌侧面置于患者前额部，用力使头部后仰，另一手置于下颏骨部分向上抬颏，使下颌尖、耳垂连线与地面垂直。 （6）人工呼吸。 一手捏住鼻子，另一只手抬起下颌，用嘴包住病人嘴，匀速向病人口中吹气。吹完之后抬起头松开捏鼻子的手间隔5秒再次人工呼吸。 吹气量：病人胸廓隆起即可，不能过度吹气。 胸外按压与人工呼吸以30∶2的比例进行操作，做完30次胸外按压和2次人工呼吸为一个循环，每5个循环判断一次病人脉搏是否恢复。 2. 心肺复苏有效的体征和终止抢救的指征 （1）CPR有效指征。 ①触到脉搏； ②瞳孔逐渐缩小； ③口唇转红； ④开始有自主呼吸等。 （2）终止CPR的指标。 ①深度昏迷，对任何刺激无反应； ②脑干反射全部消失（瞳孔对光反射、角膜反射、吞咽反射、睫毛反射）； ③自主呼吸心跳停止，并且无心跳和脉搏；	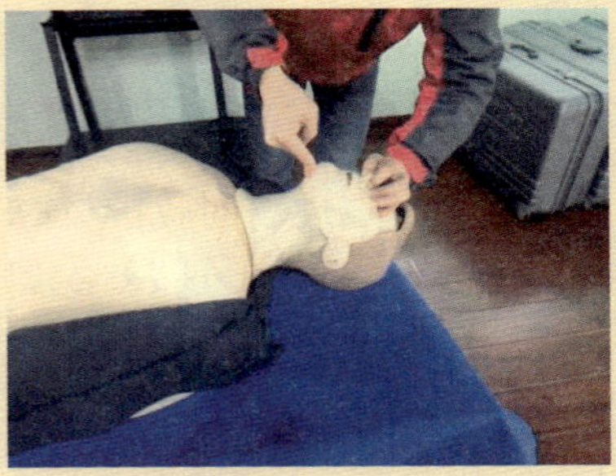 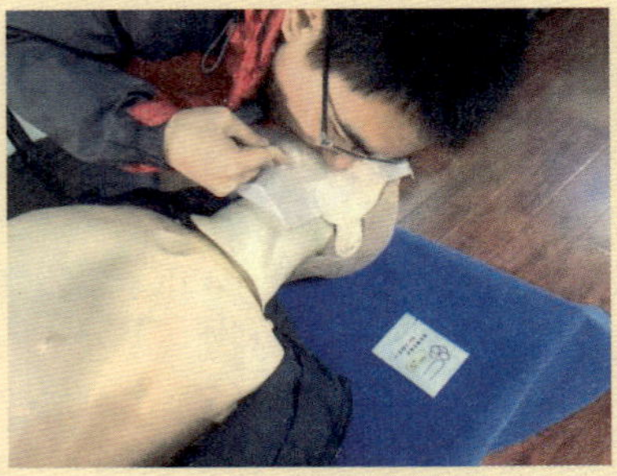

结构	教学内容	组织与教法
活动实施 （70分钟）	④CPR30分钟以上； ⑤医务人员到达现场。 （三）止血的方法（15分钟） 1. 指压止血法 止血原理——利用大拇指的压力，将出血伤口的供血动脉（近心端）压向骨骼。 适用范围——头部、四肢较大动脉的出血。 止血特点——止血快速、效果好，但不能长久。 2. 填塞止血 伤口较大、出血多、组织损伤严重的应急现场救治。 用消毒纱布或敷料等填塞伤口后，再用加压包扎法包扎。 注意：一般只塞四肢伤，不塞胸腔、腹腔、盆腔伤。 对于深部伤口出血，如肌肉、骨端等，一定要用大块纱布条、绷带等敷料填充其中，外面再加压包扎，以防止血液沿组织间隙渗漏。 注意不要将伤裂的皮肤组织、脏物一起塞进去，所用的填塞物一定要尽量无菌或干净，并且应使用大块的敷料，这样既能保障止血效果，又能尽可能避免在随后的进一步处理时遗漏填塞物在伤口内。 此法的缺点：止血不彻底且增加感染机会。 3. 压迫包扎止血法 头部、四肢小动脉、小静脉的出血，大面积毛细血管渗血。 4. 加压屈肢止血法 前臂出血时，在肘窝部加垫、屈肘。 上臂出血时，在腋窝内加垫，上臂紧靠胸壁。 小腿出血时，在腘窝加垫，屈膝。 膝或大腿出血时，在大腿根部加垫，屈髋，然后用三角巾或绷带将位置固定。	 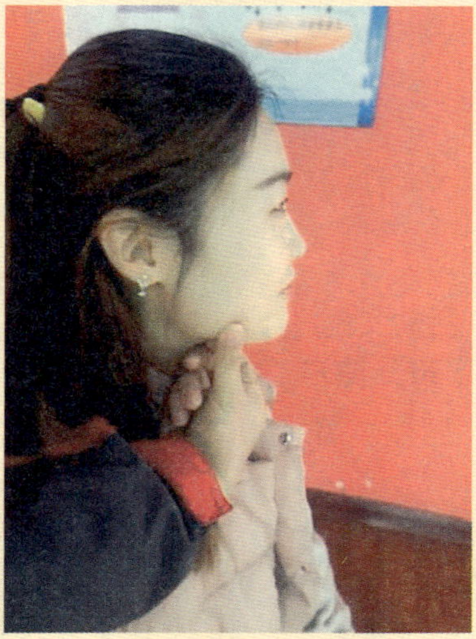 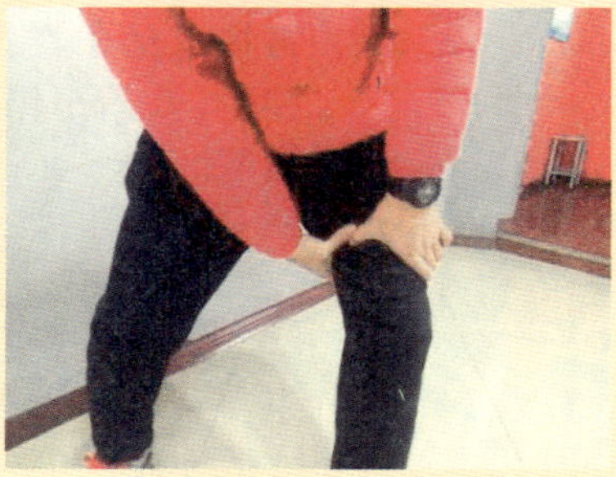

结构	教学内容	组织与教法
活动实施（70分钟）	5. 止血带止血法 适用于上、下肢大出血，指压止血法或加压包扎止血法无效时。 止血动脉: 上肢肱动脉——上臂上1/3处 下肢股动脉——大腿上1/3处 （四）如何拨打急救电话（10分钟） 1. 意外发生的地点 要详细说明意外事故发生的确切地点，最好说明事发地附近的标志性建筑物或易看到的标志。 2. 现场可联系电话和报警人姓名 要说清报警人的姓名和现场可联系的电话号码，并保持电话畅通。 3. 发生意外的原因 要详细说明意外是由什么引起的，如触电、溺水、中毒、交通事故等。 4. 伤病人数的具体情况 说明伤病人数和具体情况，如伤病员的清醒程度、呼吸状况、脉搏状况、有无大出血。 5. 急救措施 说明是否采取了急救措施，采取了什么样的急救措施。 6. 保持通话 千万不要先挂断电话，待对方问完情况得到可以挂断电话的提示后，再挂电话。在拨打急救电话15~20分钟后，救护车仍未到达，可以再次打电话咨询。 （五）情景演练（25分钟） 学生分组进行模拟演练，增强学生实践动手能力。介绍活动规则并发放活动任务单。 活动场景一： 参演学生来到一处交通事故现场，发现有三名伤员，一人左侧脸颊部位流血不止，另一人右前臂流血不止，第三名伤员心跳呼吸停止。	4. 情景模拟法

结构	教学内容	组织与教法
活动实施（70分钟）	活动场景二： 参演学生来到一处火灾现场，在火场救出两名伤员，一名伤员在被营救的过程当中左手被烧伤，另一人在被救的过程中右腿被划破流血不止。 活动场景三： 参演学生来到一处斗殴事件的现场，有三名参与斗殴的人员在斗殴过程中受伤，一人左侧额头部位被砍伤，另一人左手食指被砍断，第三名伤员胸口受到重击心跳呼吸骤停。 活动要求：参演人员对伤员进行心肺复苏、止血、伤员转移等现场急救处理，并拨打120求救。要求沉着应对，组织合理，救护方法正确，包扎正确美观。 **三、注意事项** 1. 先观看视频资料然后讲解会让学生更容易接受。 2. 亲自示范如何安排人员进行合理分工。 3. 模拟练习过程中进行亲自指导。 **四、活动监控** 1. 安全监控 （1）禁止把盛放假人的箱子打开置于一旁。 （2）禁止在活动场地追逐打闹。 （3）按照要求进行操作，正确使用道具。 2. 语言监控 （1）注意学生在发现病患后是怎么进行讨论的。 （2）注意判断意识环节怎么进行呼救的。 （3）聆听学生呼救环节的内容。 3. 行为监控 （1）观察小组成员的操作顺序和人员角色分配。 （2）观察小组成员之间互帮互助的行为。	

结构	教学内容	组织与教法
活动总结 （20分钟）	**一、集合整队（1分钟）** **二、学生分享（4分钟）** 1. 回顾反思 （1）哪些伤害是需要优先处理的？ （2）根据自己的学习讨论一下在今后生活中遇到相同的病患我们应该怎么做？ （3）你们的操作与平时看到的医护人员进行的救护过程有什么区别？ （4）你是如何看待120急救这个职业的？ 2. 组织分享 **三、教师总结（5分钟）** 1. 分享整合 现场急救知识的掌握不但能在人受到伤害或者疾病突发时及时伸出援助之手拯救他人，在关键时刻也许能够第一时间挽救自己的生命。 危重急症或意外伤害一旦发生，人们首先想到的是拨打120，然后做些简单的护理工作，面对严重创伤病人，不懂得抓住“救命黄金时刻”进行自救、互救，导致不该出现的死亡与伤残等悲剧发生。由此可以看出掌握医疗知识是多么的必要，同样，医护人员在我们的生活中也起到了至关重要的作用。希望我们同学之中未来也会有优秀的医务人员。 2. 价值澄清 希望大家能珍惜生命，当身边人遇见危险时能用所学的技能及时救助。健康快乐生活每一天，不负青春。 因为：奋斗的青春最美丽！	**一、组织** 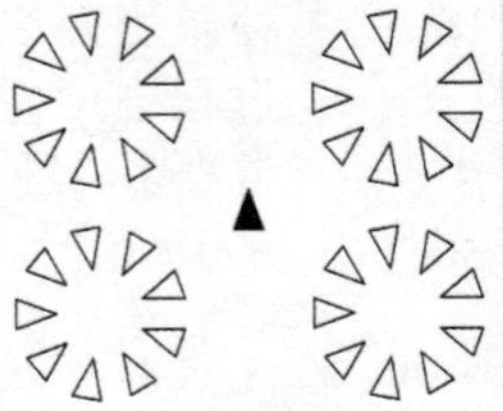 岛屿型 **二、教法** 1. 问题引导法 2. 组内分享和代表分享法 3. 归纳法

<table>
<tr><th colspan="2">评价维度</th><th>评价要点</th><th>评价结果（描述或判断）</th></tr>
<tr><td colspan="2" rowspan="2">教学准备</td><td>1. 是否提前布置好室内场馆？</td><td></td></tr>
<tr><td>2. 是否准备好模拟假人、一次性呼吸面膜、止血带等其他器具？</td><td></td></tr>
<tr><td colspan="2" rowspan="7">教学过程</td><td>3. 在讲解带领过程中，对自己的表情、肢体动作、语言表达等如何评价？</td><td></td></tr>
<tr><td>4. 能否清晰地讲解现场救护的步骤？</td><td></td></tr>
<tr><td>5. 在教学过程中，是否发挥教师作为引导者、观察者、分享者的角色功能？</td><td></td></tr>
<tr><td>6. 你是否能有逻辑地讲解现场救护的原则？</td><td></td></tr>
<tr><td>7. 你是否能有秩序地组织学生参观体验？</td><td></td></tr>
<tr><td>8. 你是否能讲解更多的紧急逃生、救护的案例？</td><td></td></tr>
<tr><td>9. 你能否持续保持良好的教学状态？</td><td></td></tr>
<tr><td colspan="2" rowspan="3">教学效果</td><td>10. 通过情景模拟，学生能否掌握正确的呼救方法？</td><td></td></tr>
<tr><td>11. 通过情景模拟，学生能否正确拨打120急救电话？</td><td></td></tr>
<tr><td>12. 通过活动体验，学生能否对医务人员有新的认知？</td><td></td></tr>
<tr><td rowspan="3">活动小结</td><td>优点</td><td colspan="2"></td></tr>
<tr><td>不足</td><td colspan="2"></td></tr>
<tr><td>改进</td><td colspan="2"></td></tr>
</table>

为目标而奔跑

适用年级：高中　　　建议时长：90分钟

教学内容	课程目标	教学重点与难点
1. 组织学生体验破冰活动——抢21。 2. 组织学生体验活动为目标而奔跑。 3. 组织学生对活动体验进行分享总结。	1. 通过图片化授课，了解不同数字信息的表现形式。 2. 通过让学生体验挑战受挫，培养学生的沟通及协作能力。 3. 通过多轮挑战，培养学生认真负责、不怕挑战、坚持目标的品质。	1. 重点：活动线是分组按顺序完成数字排序任务。教育线是培养学生受挫后勇于承担、坚持挑战的品质。 2. 难点：如何正确引导学生在挑战过程中不服输的信念。

结构	教学内容	组织与教法
活动准备	**一、前期布置** 1. 场地：平整开阔的室内或者室外场地。 2. 器材：活动卡片、粉笔。	**一、实景图** 
活动实施 （70分钟）	**一、课堂常规（5分钟）** 1. 集合分组 分成4组。 2. 师生认识和问好 老师：同学们好，我是××老师。奋斗的青春？ 学生：最美丽！	**一、组织** 1. 集合时队形 

结构	教学内容	组织与教法
活动实施 （70分钟）	**二、破冰活动（10分钟）** 抢21 1. 活动导入 同学们，接下来这个活动叫抢21，看似简单，但想赢得比赛可不简单哦。 2. 活动规则 （1）两人轮流数数，从1数到21，先数到21的人赢得比赛。 （2）每人每次至少数1个数字，最多数2个数字。 3. 注意事项 （1）可以让对方选择谁先说，先说有一定的优势。 （2）先带领大家玩，然后再让大家两两一组玩。 **三、活动讲解（15分钟）** 1. 活动导入 各位同学，就像刚才我们体验的抢21活动，我们学习和生活中要有追求，有目标，人生才会更精彩！今天的活动名称叫作为目标而奔跑。用到的道具是这些卡片，一共30张，分别代表1至30的数字信息。我们要做的就是将卡片按照从小到大的顺序依次拿出来。30张卡片就代表我们的目标，用的时间就是我们实现目标的时间。 2. 活动目标 以小组接力的形式，快速把30张卡片按照从小到大的顺序依次摆放出来，进行三轮，得分最高的为获胜小组。 3. 活动规则 （1）活动开始前所有学生必须站在起点线以外，不允许踏过起点线。 （2）每次只能一个人进入圆圈内，只能挑选出一个数字，返回后和下一位击掌才能出发。 （3）每轮结束后老师和各组组长一起确认，给出相应的分数，只有连续三	2. 破冰活动时队形 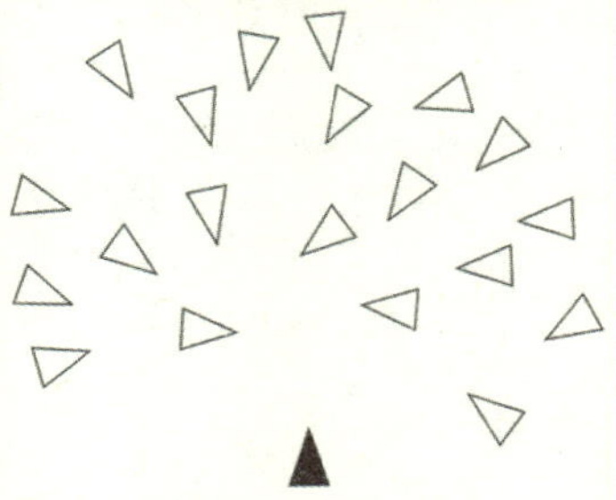 松散落座型 3. 活动讲解时队形 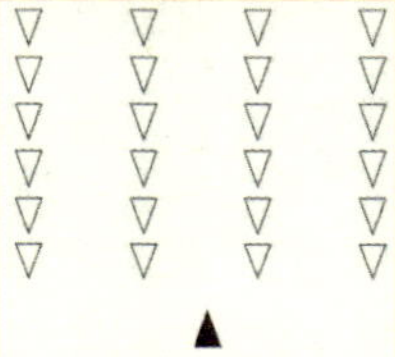 纵路型 **二、教法** 直接导入法

结构	教学内容	组织与教法
活动实施 （70分钟）	个或三个以上数字相连方可得分，几个相连就可以得几分。 （4）活动将进行3轮，每轮都将规定不同的挑战时间。 4. 注意事项 （1）设计奔跑的距离不可太长，场地的选择要平整开阔。 （2）分组时应注意男女搭配，人数应相当。 （3）引导学生合理分工，并培养学生各负其责的态度。 **四、活动监控（40分钟）** 1. 安全监控 （1）监控学生在奔跑时是否速度过快。 （2）监督学生的奔跑路线是否有偏差。 （3）如果发现以上行为及时提醒或制止。 2. 语言监控 （1）聆听学生关于得分信息的争议。 （2）聆听学生关于技巧方法的讨论。 3. 行为监控 （1）观察学生是否存在违规行为。 （2）观察学生的参与度和投入度。	
活动总结 （20分钟）	**一、集合整队（1分钟）** **二、学生分享（9分钟）** 1. 回顾反思 （1）第一次奔跑过去有目标吗？	**一、组织** 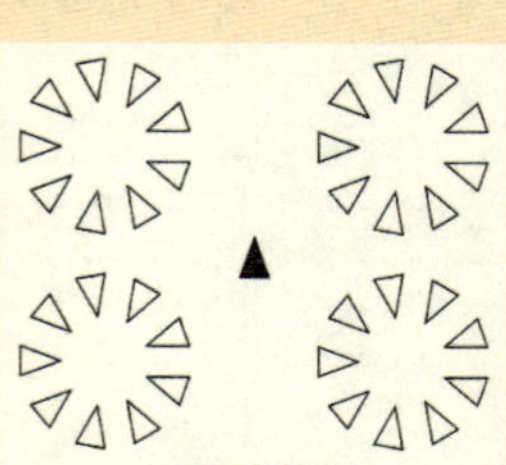 岛屿型 **二、教法** 1. 问题引导法

结构	教学内容	组织与教法
活动总结 （20分钟）	（2）第二轮和第一轮，你们小组在操作上发生了什么变化？ （3）你们小组哪一轮的成绩最好，为什么？ （4）这个活动为你的学习生活带来什么样的启发？ 2. 组织分享 **三、教师总结（10分钟）** 1. 分享整合 父亲带着三个儿子到草原上猎杀野兔。到达目的地，一切准备得当，开始行动之前，父亲向三个儿子提出了一个问题：“你看到了什么呢？”老大回答道：“我看到了我们手里的猎枪、在草原上奔跑的野兔，还有一望无际的草原。”父亲摇摇头。 老二的回答是：“我看到了爸爸、大哥、弟弟、猎枪、野兔，还有茫茫无际的草原。”父亲又摇摇头。 而老三的回答只有一句话：“我只看到了野兔。”这时父亲点了点头。 有了明确的目标，才会为行动指出正确的方向，才会在实现目标的道路上少走弯路。事实上，漫无目标，或目标过多，都会阻碍我们前进，要实现自己的心中所想，如果不切实际，最终可能是一事无成。 在人生的竞赛场上，没有确立明确目标的人，是不容易得到成功的。许多人并不缺乏信心、能力、智力，只是没有确立目标或没有选准目标，所以没有走上成功的途径。 2. 价值澄清 希望大家都能为自己寻找并确定一个目标，并能坚定自己的目标，百折不挠，不负努力，不负青春。 因为：奋斗的青春最美丽！	2. 小组内部分享和代表分享法 3. 故事法

评价维度		评价要点	评价结果（描述或判断）
教学准备		1. 仪容仪表仪态是否符合教师礼仪规范？	
		2. 是否准备好活动卡片、粉笔？	
教学过程		3. 在讲解带领过程中，对自己的表情、肢体动作、语言表达等如何评价？	
		4. 能否清晰地讲解多轮体验规则？	
		5. 在教学过程中，是否发挥教师作为引导者、观察者、分享者的角色功能？	
		6. 是否能清晰地记录多个小组多轮的比赛成绩？	
		7. 是否能对学生的问题做出及时有效的回应？	
		8. 是否能够合理地应对课堂上出现的突发事件？	
		9. 能否持续保持良好的教学状态？	
		10. 能够确保教学过程中无安全事故发生？	
教学效果		11. 能否引导所有学生有效完成学习手册？	
		12. 能否通过让学生体验挑战受挫，培养学生的沟通及协作能力？	
		13. 能否通过多轮挑战，培养学生认真负责、不怕挑战、坚持目标的品质？	
活动小结	优点		
	不足		
	改进		

三五之争

适用年级：高中　　　　建议时长：90分钟

教学内容	课程目标	教学重点与难点
1. 组织学生体验破冰活动百花争艳。 2. 组织学生体验活动三五之争。 3. 组织学生对活动体验进行分享总结。	1. 通过本次活动，了解五子棋的相关知识。 2. 通过体验活动，提高学生的团队计划、组织协调、领导沟通能力。 3. 通过体验活动，培养学生的大局观念，激发学生的职业规划意识。	1. 重点：活动线是让学生完成活动挑战。教育线是培养学生做事情时的大局观念，激发人生职业规划意识。 2. 难点：指导学生执行过程中高效沟通与默契配合。

结构	教学内容	组织与教法
活动准备	**一、前期布置** 1. 场地：平整安全的室外或者室内场地。 2. 器材：三五之争棋盘教具、平整的地面铺好活动专用图纸。	**一、实景图** 
活动实施（70分钟）	**一、课堂常规（5分钟）** 1. 集合分组 分成3组。 2. 师生认识和问好 老师：同学们好，我是××老师。奋斗的青春？ 学生：最美丽！	**一、组织** 1. 集合时队形 

结构	教学内容	组织与教法
活动实施 （70分钟）	**二、破冰活动——百花争艳（10分钟）** 1. 活动导入 同学们，今天我们来做一个活动，叫作百花争艳。 2. 活动规则 （1）所有人手拉手围成一个圈。 （2）所有参加活动的同学必须记住以下7字口诀。 牵牛花1瓣围成圈， 杜鹃花2瓣好作伴， 山茶花3瓣结兄弟， 马兰花4瓣手拉手， 野梅花5瓣力气大， 茉莉花6瓣好亲热， 水仙花7瓣是一家。 （3）老师念口诀，随时会停止，当老师喊出任意花名时同学们迅速完成相应动作。例如：老师喊“山茶花”，同学们迅速3人围成一个圈蹲下代表完成。老师喊“野梅花”，同学们迅速5人围成一个圈蹲下代表完成。老师喊“牵牛花”，场内伙伴所有人蹲下代表完成。 （4）凡是没有能够与他人结成圈的或者数字错误的同学，其任务失败。 3. 注意事项 （1）场地要求平整开阔。 （2）确保同学们熟悉口诀。 **三、活动讲解（15分钟）** 1. 活动导入 三国时代（184—280年）是指中国历史上的一段时期，有曹魏、蜀汉、孙吴三个国家。三国的发展经历了三分雏形、三国鼎立、内争外战和三分归晋四个阶段。这段三国历史的演变过程与内容为我们这个活动的创意与开发注入了深厚的历史印记。	2. 破冰活动时队形 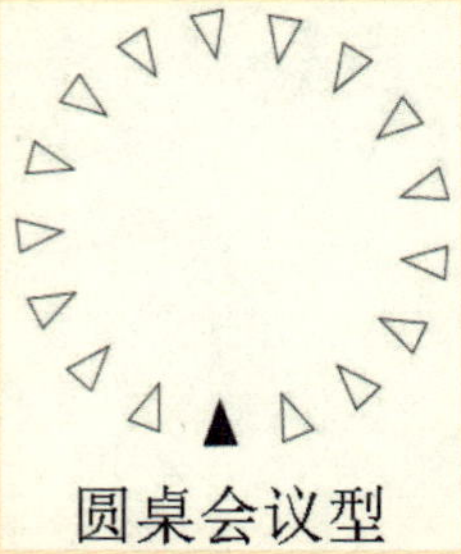 3. 活动讲解时队形 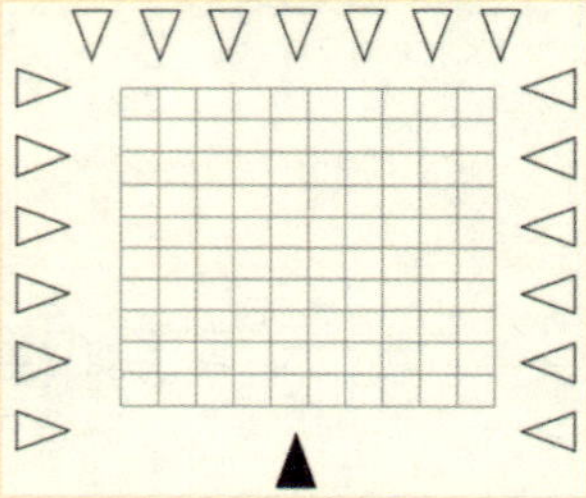 **二、教法** 情境导入法

结构	教学内容	组织与教法
活动实施（70分钟）	五子棋起源于4000多年前的尧帝时期，它是一种两人对弈的纯策略型棋类游戏。五子棋不仅能够增强思维能力，提高智力，而且富含哲理，有助于修身养性。两人对局，各执一色，轮流下一子，先将横、竖或斜线的5个或5个以上的同色棋子连成不间断的一排者为胜。五子棋中包含着极为深刻的数学问题，五子连珠是一个最佳的攻守平衡值，一个达成连珠的最大值。而游戏规则必须让游戏双方处于平等的位置才可能进行。由于五子棋的动态性，虽然棋盘是静态的二维平面，但行棋博弈是一个动态的过程，因此这一攻防策略又与博弈理论紧密结合。于是，蕴含着深厚哲理的五子棋便成为此活动设计的基础原理之一。 我们这三个组模拟三个国家，要在这五子棋盘上争夺地盘，所以，我们这个活动就叫三五之争。 2. 活动目标 现在你们三个队伍就分别代表魏、蜀、吴三个国家。每个国家都有将军和士兵两个角色。接下来每个国家选出一位将军，其余均为士兵。你们的任务是全队通力配合，在40分钟内完成4局地盘争夺的比赛。 3. 活动规则 （1）在一个10×10的方格区域内，按五子棋的规则，排成5个人连在一起，即为完成任务，按照完成任务的次序排名获得分数，4局总分合计，得分高者获胜。 （2）三国争夺中心区域的资源，只要被占领，此方格就归占领国所有。 （3）当一个国家有士兵进入方格区域时，其他国家人员等待，每一轮次各国家将军通过“石头、剪刀、布”的游戏，决定进入方格区域的先后顺序，胜者先进。	

结构	教学内容	组织与教法
活动实施（70分钟）	（4）每次每个国家只能进入一名士兵，可以站到任何一个方格内，进入方格站定位置后背对自己的团队，以此表明这名士兵属于哪个国家。 （5）进入方格的士兵站好后，老师会问此士兵：“确定吗?”此士兵如果站好了，只需点头向老师确认。 （6）共有四轮比赛，每轮赛前均有特别规则宣布。 （7）每一轮次，本队占领的方格有五个连成一线时，即为完成任务，和下五子棋一样，只不过五子棋是双人对战，这个活动是三方对战。完成任务，须由士兵举手向老师确认。 （8）将军指挥士兵布阵到位后，不得调整士兵站位。 4. 注意事项 （1）随机进行分组。 （2）严格把控规则，不断提醒规则要求。 **四、活动监控（40分钟）** 1. 安全监控 （1）要求学生不能随意离开活动场地。 （2）禁止学生在现场奔跑。 2. 语言监控 （1）倾听各组如何沟通活动策略。 （2）倾听将军是如何向士兵下达命令。 3. 行为监控 （1）关注活动过程中学生各组的组织纪律。 （2）关注活动过程中学生的投入程度。	

结构	教学内容	组织与教法
活动总结 （20分钟）	**一、集合整队（1分钟）** **二、学生分享（9分钟）** 1. 回顾反思 （1）如果你是将军你会怎么排兵布阵？ （2）这个活动带给你最大的收获是什么？ （3）你觉得活动中每种角色都需要哪些能力，这些能力对我们学习生活有什么样的影响？ 2. 组织分享 **三、教师总结（10分钟）** 1. 分享整合 有四只吃苹果的毛毛虫，都长大了，各自去森林里找苹果吃。 （1）第一只毛毛虫。 第一只毛毛虫跋山涉水，终于来到一株苹果树下。它根本就不知道这是一棵苹果树，也不知树上长满了红红的可口的苹果。当它看到其他的毛毛虫往上爬时，稀里糊涂地就跟着往上爬。不过可以确定的是，大部分的虫都是这样活着的，没想过什么是生命的意义，为什么而活着。 （2）第二只毛毛虫。 第二只毛毛虫也爬到了苹果树下。它知道这是一棵苹果树，也确定它的“虫”生目标就是找到一棵大苹果。问题是它并不知道大苹果会长在什么地方？但它猜想：大苹果应该长	**一、组织** 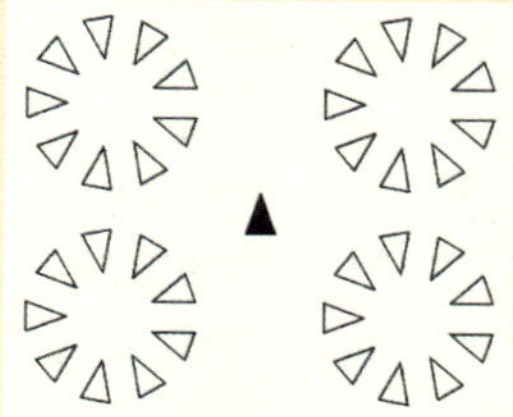 岛屿型 **二、教法** 1. 问题引导法 2. 小组内部分享和代表分享法 3. 故事法

结构	教学内容	组织与教法
活动总结（20分钟）	在大枝叶上吧！于是它就慢慢地往上爬，遇到分支的时候，就选择较粗的树枝继续爬。于是它就按这个标准一直往上爬，最后终于找到了一颗大苹果，这只毛毛虫刚想高兴地扑上去大吃一顿，但是放眼一看，它发现这颗大苹果是全树上最小的一个，上面还有许多更大的苹果。更令它泄气的是，要是它上一次选择另外一个分枝，它就能得到一个大得多的苹果。 （3）第三只毛毛虫 第三只毛毛虫也到了一株苹果树下。这只毛毛虫知道自己想要的就是大苹果，并且研制了一副望远镜。还没有开始爬时就先利用望远镜搜寻了一番，找到了一颗很大的苹果。同时，它发现当从下往上找路时，会遇到很多分支，有各种不同的爬法；但若从上往下找路时，却只有一种爬法。它很细心地从苹果的位置，由上往下反推至目前所处的位置，记下这条确定的路径。于是，它开始往上爬了，当遇到分支时，它一点也不慌张，因为它知道该往哪条路走，而不必跟着一大堆虫去挤破头。最后，这只毛毛虫应该会有一个很好的结局，因为它已经有自己的计划。但是真实的情况往往是，因为毛毛虫的爬行相当缓慢，当它抵达时，苹果不是被别的虫捷足先登，就是苹果已熟透而烂掉了。这只毛毛虫有非常清晰的职业规划，也总是能做出正确的选择，但是，它的目标过于远大，而自己的行动过于缓慢，成功对它来说，已经是昨日黄花。 （4）第四只毛毛虫 第四只毛毛虫可不是一只普通的虫，做事有自己的规划。它知道自己要什么苹果，也知道苹果将怎么长大。因此当它戴着望远镜观察苹果时，它的目标并不是一颗大苹果，而是一朵	

结构	教学内容	组织与教法
活动总结（20分钟）	含苞待放的苹果花。它计算着自己的行程，估计当它到达的时候，这朵花正好长成一个成熟的大苹果，它就能得到自己满意的苹果。结果它如愿以偿，得到了一个又大又甜的苹果，从此过着幸福快乐的日子。 这只毛毛虫不仅知道自己想要什么，也知道如何去得到自己的苹果，以及得到苹果应该需要什么条件，然后制定清晰实际的计划，在望远镜的指引下，它一步步实现自己的理想。 其实我们的人生就像毛毛虫，而苹果就是我们的人生目标——职业成功。爬树的过程就是我们职业生涯的道路。毕业后，我们都得爬上人生这棵苹果树去寻找未来，完全没有规划的职业生涯注定是要失败的。现代社会，规划决定命运。有什么样的规划就有什么样的人生。我们的时间非常有限，越早规划你的人生，你就能越早成功。要想得到自己喜欢的苹果，想改变自己的人生，就要先从改变自己开始，做好自己的职业生涯规划，做第四只毛毛虫。 2. 价值澄清 希望大家都能合理规划自己的未来，从现在立志，从现在开始，让每一天都在为未来的发展继续力量，不负青春。 因为：奋斗的青春最美丽！	

<table>
<tr><th colspan="2">评价维度</th><th>评价要点</th><th>评价结果（描述或判断）</th></tr>
<tr><td colspan="2" rowspan="2">教学准备</td><td>1. 仪容仪表仪态是否符合教师礼仪规范？</td><td></td></tr>
<tr><td>2. 是否准备好三五之争棋盘教具、平整的地面铺好活动专用图纸？</td><td></td></tr>
<tr><td colspan="2" rowspan="8">教学过程</td><td>3. 在讲解带领过程中，对自己的表情、肢体动作、语言表达等如何评价？</td><td></td></tr>
<tr><td>4. 能否及时记录每一轮各组比赛情况？</td><td></td></tr>
<tr><td>5. 在教学过程中，是否发挥教师作为引导者、观察者、分享者的角色功能？</td><td></td></tr>
<tr><td>6. 是否能第一时间记录下各小组讨论的战术？</td><td></td></tr>
<tr><td>7. 是否能对学生的问题做出及时有效的回应？</td><td></td></tr>
<tr><td>8. 是否能够合理地应对课堂上出现的突发事件？</td><td></td></tr>
<tr><td>9. 能否持续保持良好的教学状态？</td><td></td></tr>
<tr><td>10. 能够确保教学过程中无安全事故发生？</td><td></td></tr>
<tr><td colspan="2" rowspan="3">教学效果</td><td>11. 能否引导所有学生有效完成学习手册？</td><td></td></tr>
<tr><td>12. 能否通过破冰活动让学生快速进入状态？</td><td></td></tr>
<tr><td>13. 是否激发了学生的职业规划意识？</td><td></td></tr>
<tr><td rowspan="3">活动小结</td><td>优点</td><td colspan="2"></td></tr>
<tr><td>不足</td><td colspan="2"></td></tr>
<tr><td>改进</td><td colspan="2"></td></tr>
</table>

圆梦未来

适用年级：高中　　　　建议时长：90分钟

教学内容	课程目标	教学重点与难点
1. 组织学生体验破冰活每人一笔。 2. 组织学生体验活动圆梦未来。 3. 组织学生对活动体验进行分享总结。	1. 通过调制颜料，学习颜料的基本配色原理。 2. 通过小组分工合作，锻炼学生的沟通能力及协作能力。 3. 通过学生在活动中克服困难完成挑战，培养学生坚定信念、努力奋斗的品质。	1. 重点：活动线是让学生分小组创设巨画。教育线是培养学生为了集体的荣誉感努力奋斗的品质。 2. 难点：在体验过程中，怎样合理地引导学生完成任务。

结构	教学内容	组织与教法
活动准备	**一、前期布置** 1. 场地：室外开阔平整场地。 2. 器材：画板、颜料、画笔、大图纸、小图纸、铅笔、A4纸。	**一、实景图** 
活动实施 （70分钟）	**一、课堂常规（5分钟）** 1. 集合分组 分成5组。 2. 师生认识和问好 老师：同学们好，我是××老师。奋斗的青春？ 学生：最美丽！	

结构	教学内容	组织与教法
活动实施 （70分钟）	**二、破冰活动——每人一笔（10分钟）** 1. 活动导入 同学们，大家都会画画吗？都画过什么呢？你们有没有几个人合作完成过一幅画呢？接下来，我们来体验一种新的画法，小组合作来完成一幅画，我们这个活动的名称叫作每人一笔。我很期待大家的作品，接下来给大家讲解活动规则，请大家认真聆听。 2. 活动规则 （1）以小组为单位进行比赛。 （2）老师将会抽取一张卡片，卡片上有可能写着树上的猴子、跳绳的同学、房子、车子等。 （3）每个小组的队员在白板前以接力的方式将卡片上的内容画出来，每人只能画一笔（下笔后从接触纸面到离开纸面为一笔，全程不能涂擦），共进行四轮。 （4）比一比哪组画得生动、形象、有创意。 （5）最后要给你们的作品命名，并根据命名和作品讲一个故事。 3. 注意事项 （1）每组十人左右。 （2）作画之前可以给予5~10分钟交流的时间。 （3）有时候同学之间会有责怪与抱怨，注意引导。 （4）没有白板的时候，也可以把海报纸贴在墙上作画。 **三、活动讲解（15分钟）** 1. 活动导入 纳斯卡巨画位于南美洲西南部的秘鲁，秘鲁西南沿海伊卡省的东南部的“纳斯卡荒原”，就是纳斯卡巨画所处的地理位置。 不少天文学家推测“纳斯卡荒原”	**一、组织** 1. 集合时队形  2. 破冰活动时队形 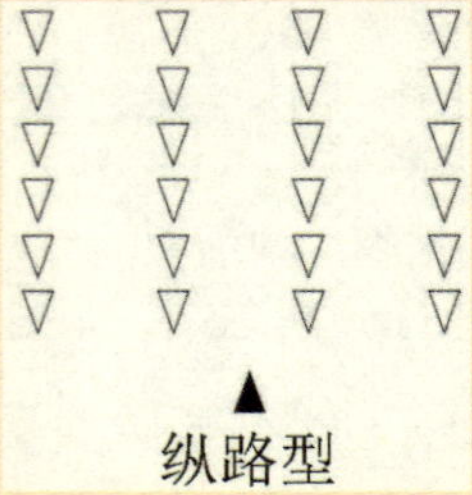 3. 活动讲解时队形 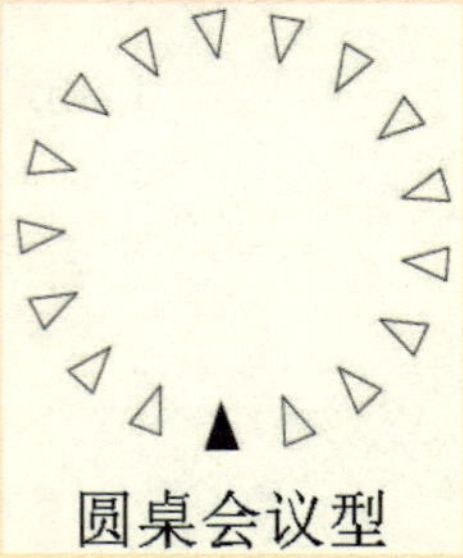 **二、教法** 故事导入法

结构	教学内容	组织与教法
活动实施（70分钟）	在古代很可能曾经是外星人设在地球上的一个宇宙航空港，而其中的扇形场地很可能是一个宇宙机场，而巨画里的各种神秘图案也许是远古时代迎接外星人飞碟着陆的导航标记。此外，现今纳斯卡巨画被世人称为“世界第八奇迹”。 今天我们用团队巨画作为道具，来谱写属于我们班级的梦想板，所以，我们的活动就叫圆梦未来。 2. 活动目标 班级所有同学共同创设一幅巨画——我们的未来不是梦。 3. 活动规则 第一阶段：班级分成5个大组，每个大组下辖3个职能小组，分别为设计组、绘图组、保障组。各小组通过对小样图重新设计和放大，完成一幅本组的巨型图画。 第二阶段：班长为总指挥，每组选出1个组长，1个协调员，1个监督员。 （1）组长负责本组的全面工作。 （2）协调员负责5个大组之间的协调。 （3）监督员负责监督和提醒是否按照图纸的设计执行，质量是否达标。 第三阶段：总指挥在教师的协助下，负责指挥5名组长，将各组的巨型图画拼接起来，完成最后具有班级文化特殊意义的巨型画作。 4. 注意事项 （1）分组时应注意男女搭配，人数应相当。 （2）引导学生分工应合理。 （3）在学生面对挫折和困难时，要给予正面鼓励，并带动其他人加油鼓劲。	

结构	教学内容	组织与教法
活动实施（70分钟）	**四、活动监控（40分钟）** 1. 安全监控 （1）防止学生在操作中碰倒跌伤。 （2）禁止学生在现场奔跑打闹。 2. 语言监控 （1）聆听各组组长如何分配组内工作。 （2）聆听协调员如何协调各组的工作。 3. 行为监控 （1）留意学生在活动中是否主动和其他组成员进行协作配合。 （2）观察组长工作安排是否合理。	
活动总结（20分钟）	**一、集合整队（1分钟）** **二、学生分享（14分钟）** 1. 回顾反思 （1）你们为什么要呈现这样的主题和内容? （2）在活动中你们都遇到了哪些问题? （3）是什么激励着你们不断挑战直至成功? （4）今天体验完圆梦未来对你自己未来的学业有什么帮助? 2. 组织分享 **三、教师总结（5分钟）** 1. 分享整合 大家一起手拉手围着我们的巨画，唱响《我的未来不是梦》: 你是不是像我在太阳下低头	**一、组织** 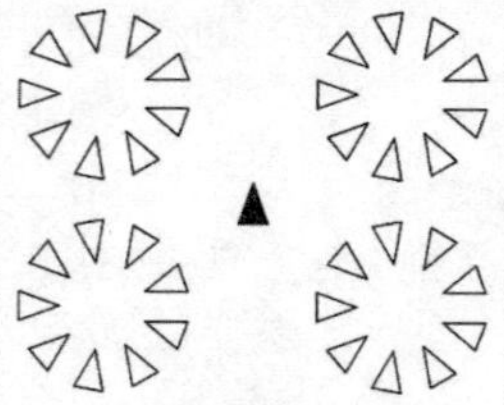 岛屿型 **二、教法** 1. 问题引导法 2. 代表分享法 3. 歌唱法

结构	教学内容	组织与教法
活动总结（20分钟）	流着汗水默默辛苦地工作 你是不是像我就算受了冷漠 也不放弃自己想要的生活 你是不是像我整天忙着追求 追求一种意想不到的温柔 你是不是像我曾经茫然失措 一次一次徘徊在十字街头 因为我不在乎别人怎么说 我从来没有忘记我 对自己的承诺对爱的执着 我知道我的未来不是梦 我认真地过每一分钟 我的未来不是梦 我的心跟着希望在动 我的未来不是梦 我认真地过每一分钟 我的未来不是梦 我的心跟着希望在动 跟着希望在动 你是不是像我整天忙着追求 追求一种意想不到的温柔 你是不是像我曾经茫然失措 一次一次徘徊在十字街头 因为我不在乎别人怎么说 我从来没有忘记我 对自己的承诺对爱的执着 我知道我的未来不是梦 我认真地过每一分钟 我的未来不是梦 我的心跟着希望在动 我的未来不是梦 我认真地过每一分钟 我的未来不是梦 我的心跟着希望在动 跟着希望在动 2. 价值澄清 希望大家都能坚持梦想，努力拼搏，在最好的时光里为实现梦想而不断奋斗，不负青春。 因为：奋斗的青春最美丽！	

评价维度		评价要点	评价结果（描述或判断）
教学准备		1. 是否提前布置好平整空旷的场地？	
		2. 是否提前准备好画板、颜料、画笔、大图纸、小图纸、铅笔、A4纸？	
教学过程		3. 在讲解带领过程中，对自己的表情、肢体动作、语言表达等如何评价？	
		4. 在教学过程中，是否发挥教师作为观察者、引导者、分享的角色功能？	
		5. 你是否能指引学生正确使用小型图纸的用法？	
		6. 你是否能对学生的问题做出及时有效的回应？	
		7. 你是否能够合理地应对课堂上出现的突发事件？	
		8. 你能否持续保持良好的教学状态？	
		9. 你能够确保教学过程中无安全事故发生？	
教学效果		10. 能否引导所有学生有效完成学习手册？	
		11. 能否通过破冰活动让学生快速进入状态？	
		12. 能否通过活动培养学生努力奋斗的品质？	
活动小结	优点		
	不足		
	改进		

5

第五单元

奋斗之魂

FENDOUZHIHUN

中小学实践教育
教学研究

ZHONGXIAOXUE
SHIJIANJIAOYU JIAOXUEYANJIU

追梦小浪底——艰苦奋斗

适用年级：高中　　　　建议时长：一天

教学内容	课程目标	教学重点与难点
1. 组织学生参观观景平台和雕塑广场。 2. 组织学生探究黄河微缩景观和工程文化广场。 3. 组织学生做水土流失对比实验。 4. 组织学生参观爱国主义教育展厅。 5. 组织学生对研学活动体验进行分享总结。	1. 通过探究活动，将书本与现实生活联系起来，丰富学生的知识储备、增长见识。了解小浪底建设的前世今生，明白小浪底水利枢纽工程的重要作用与意义。 2. 通过研学实践活动，增强学生理论联系实际的能力；培养学生的观察能力和思考能力，能用所学知识理解和解释生活中所见事物。 3. 通过深入了解小浪底的建设过程，感受劳动人民的艰辛，同时体悟小浪底建设者求真务实、严于律己、乐观进取、立志报国的高尚情怀。	1. 重点：活动线是小浪底水利枢纽工程的系列探究活动。教育线是培养学生求真务实，乐于进取和解决困难的能力。 2. 难点：如何将小浪底工程与焦裕禄精神相结合。

结构	教学内容	组织与教法
活动准备	**一、前期布置** 1. 场地：小浪底景区。 2. 器材：研学手册、旗帜、音响、签字笔、水土流失实验所需器材、塑料托盘、U型塑料槽、木板、桌子、洒水壶（也可用钻有小孔的可乐瓶代替）、量杯、泥土、草皮、食材。	**一、实景图** 
活动实施（360分钟）	**一、课堂常规（10分钟）** 1. 集合分组 分成4组。活动开始之前，我们首先进行分组，按照现在的队列分为四组，	

结构	教学内容	组织与教法
活动实施 （360分钟）	每个队列的排头即为小组长，组长负责清点本组的人数。 2. 师生认识和问好 老师：同学们好，我是××老师。奋斗的青春？ 学生：最美丽！ 教师：非常欢迎大家来到小浪底景区进行一天的研学活动。 3. 讲解活动任务及要求 教师：活动中我们会给各小组派发研学手册，请大家严格按照手册上的任务探究和学习，妥善保管研学手册，如有丢失，请及时报告老师。 4. 讲解安全注意事项 教师：小浪底景区比较大，请大家跟好自己的队伍，不要私自行动。景区内水域比较多，请大家不要靠近水源，注意安全。 **二、活动环节** 活动（一）——纵览世纪工程（40分钟） 环节1：教师讲解（10分钟） 小浪底工程位于洛阳市以北40千米的黄河干流上，处在控制黄河下游水沙的关键部位，是黄河干流在三门峡以下唯一能够取得较大库容的控制性工程。工程建成后，可使下游防洪标准从目前的60年一遇提高到1000年一遇，与三门峡水库联合运用，可基本解除凌汛威胁，同时可以减缓下游河道的淤积，确保下游河床20年内不抬高，为束水冲沙争取时间。 环节2：学生探究（10分钟） 请大家根据研学手册任务1上的任务进行探究，总结并填写。 环节3：学生分享（10分钟） 1. 回顾反思 （1）小浪底地位极其重要，为什么要建在这里？ （2）小浪底工程是如何发挥其六	**组织** 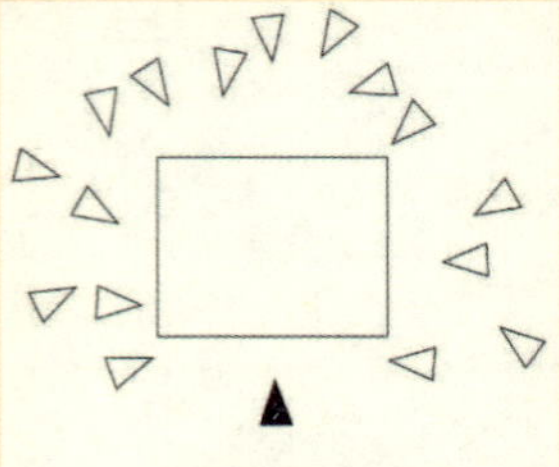 环绕情景型 **教法** 讲授法 **组织** 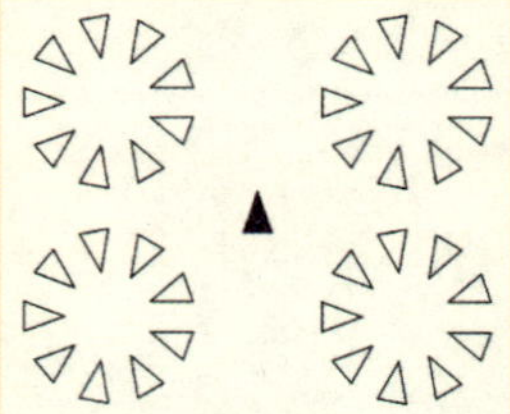 岛屿型 **教法** 1. 问题引导法 2. 代表分享法

结构	教学内容	组织与教法
活动实施（360分钟）	大主体作用的？ （3）消力塘的作用是什么？请用你学到的物理知识来说明。 （4）探讨世纪工程的历史重要性。 2. 组织分享 环节4：教师总结（10分钟） 1. 分享整合 通过刚才的观察和探究，相信大家对小浪底工程已经有了初步的认识。从蛮荒时期到20世纪后期，中华儿女认识和治理母亲河，经过了无数次博弈，中国人治理黄河的脚步从未停歇。1991年到2001年，10年的建设，小浪底人用青春和热血铸就了这样的世纪工程，让母亲河焕发生机！ 2. 价值澄清 小浪底水利枢纽工程是一座世纪工程，凝聚着千万人的努力与智慧，它的建成离不开来自各个领域的专家学者和劳动人民的努力。小浪底的建设者们在这个过程中互帮互助，艰苦奋斗，无私奉献，不计较个人得失，经历了10年与水和沙的较量。 面对黄河中下游出现的泥沙堆积等诸多问题，治黄人和小浪底人坚持从实际出发，多年实地考察，勘测规划，合理布局，克服各种自然灾害和建设困难，不怕牺牲，勇往直前，铸就了“小浪底精神”。 其实，在我们国家具有这种精神的人有很多，在我们河南就有这样一个人——焦裕禄。1962年冬天，焦裕禄同志来到兰考县，时值该县遭受严重的内涝、风沙、盐碱三害，他坚持实事求是、群众路线的领导工作方法，同全县干部和群众一起，与严重的自然灾害进行顽强斗争，努力改变兰考面貌。他身患肝癌，依旧忍着剧痛坚持工作，用自己的实际行动，铸就了“焦裕禄精神”。 希望大家以这些人为榜样，不断地匡正自己，不断地激励自己，不断奋发	3. 归纳法

结构	教学内容	组织与教法
活动实施（360分钟）	向上。 活动（二）——建设者之歌（70分钟） 环节1：雕塑广场讲解（5分钟） 欢迎大家来到研学的第二站——雕塑广场。现在大家可以看到这里一共有8座雕塑，整个广场是以《建设者之歌》为主题，分别把工程的管理、设计、施工、移民等方面的丰功伟绩，以超凡脱俗、豪迈奔放的艺术永远留在人们的记忆中。 请大家在研学过程中不要在雕塑上乱写乱画，文明参观。 环节2：分组探究（15分钟） 各小组在组长的带领下参观雕塑广场，记录雕塑周围的内容，并完成研学手册任务2，15分钟后集合。 环节3：不朽建筑（30分钟） 引导：小浪底工程是凝聚了全世界人民心血的工程，是一个不朽的世纪建筑，它彰显了数万个建设者的聪明才智和赤诚之心。接下来让我们用身体为语言，向他们致敬！ 任务：完成研学手册上任务2（第4题）。 环节4：学生分享（10分钟） 1. 回顾反思 （1）大坝标、排沙泄洪标、引水发电标分别是哪座雕塑？ （2）在雕塑广场上我们可以看到多个国家参与了建设，浅谈我们为什么要采用这样的模式？ （3）从多国参与小浪底建设，浅谈世界合作。 （4）在雕塑广场上看到的参与小浪底建设的单位都是中国和世界水利界的佼佼者，大家在参观完后有没有对自己的未来志愿选择和职业有新的规划？	**组织**  讲授型 **教法** 讲授法 **组织**  松散落座型 **教法** 探究法 **组织** 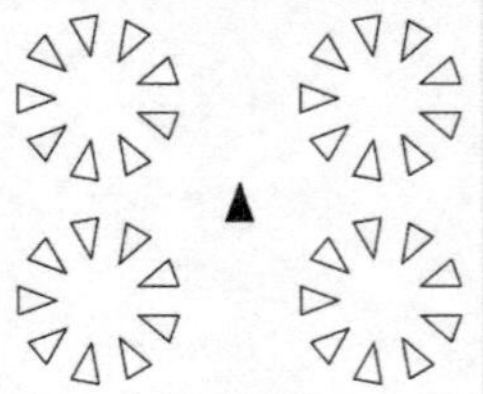 岛屿型 **教法** 1. 问题引导法

结构	教学内容	组织与教法
活动实施（360分钟）	2. 组织分享 环节5：教师总结（10分钟） 1. 分享整合 10年的建设，20多个国家的参与，20万库区移民，多项中国和世界之最，152位建设者牺牲，全世界的水利建设者共聚一堂，为了一个共同的目标，共同谱写了一曲唱响母亲河的华丽乐章。 20世纪90年代的中国，经济和技术还不够发达，但是人们依然能够艰苦奋斗、求真务实、迎难而上，这些精神是值得我们去学习的。 在小浪底的建设过程中，我们国家采取了多国合作的模式，一方面是因为当时资金紧缺，另外一方面则是因为我们国家在很多领域的技术还比较落后，与世界先进水平还有很大的差距。 故事分享：焦裕禄同志在当时经济比较困难的情况下，仍然不忘为了国家发展而努力学习。1954年8月，金矿公路刚刚通车，厂党委决定让焦裕禄和一部分转业干部，到哈尔滨工业大学学习。当时，个别干部因家庭有困难，怕学习坚持不下去。在焦裕禄的带动下，家庭有困难的同志也都到哈尔滨考工业大学去了。他们在哈尔滨复习课程时，刻苦钻研工业管理知识，为由外行变为内行奠定了理论知识的基础。 凡是同管理业务有关的问题，焦裕禄都刨根问底。有时为弄清某个零件的加工过程，他一连跑几个车间。为了早日掌握工业管理知识，他一面跟调度员学调度，一面跟计划员学安排生产计划。 2. 价值澄清 作为新时代的主人翁，我们肩负着共同推动中国跻身发达国家的重任，真切地希望大家在以后的学习中	2. 代表分享法 3. 归纳法

结构	教学内容	组织与教法
活动实施（360分钟）	能够充分发挥主人翁意识，努力学习、积极钻研，用大胆的想法、创新的思维，自主地去研发、掌握核心技术，致力于祖国的各项建设，为祖国的发展奉献出自己的力量。 短暂的三年高中生活结束后，我们将面临着大学的选择和所学专业的选择，我也相信每个人的心中都有了很好的人生规划。也希望大家能够通过自己的努力，选择理想的专业，积极投身祖国未来的建设中。 活动（三）——黄河九曲万里沙（50分钟） 环节1：分组探究（20分钟） 探究黄河微缩景观，小组共同完成任务3。 道路较狭窄，请大家不要拥挤，不要追逐打闹，避免掉入河沟里。 环节2：学生分享（20分钟） 1. 回顾反思 （1）通过探究黄河微缩景观，我们了解到了黄河上一共有几座大型水电站？ （2）为什么要建造这些水电站？ （3）黄河治理的终极目标是什么？我们能为“维持黄河的生命健康”做些什么？ （4）黄河治理的过程中，无数治黄人求真务实，踏实奋进，请问这种精神对我们的学习和生活有什么样的指导作用？ 2. 组织分享（分享研学手册任务3） 环节3：教师总结（10分钟） 1. 分享整合 从大禹治水开始，人类对黄河的治理脚步就从未停歇过。从最初的拦、排、放、调、挖，到兴修大型地下水库和水利工程。在新形势下，水利工作者通过高度概括，把治河理念提升	组织  松散落座型 教法 1. 探究法 2. 问题引导法 3. 代表分享法

结构	教学内容	组织与教法
活动实施（360分钟）	到全新的高度——维持河流健康生命！对于黄河来讲，未来黄河治理的终极目标就是“维持黄河健康生命”。黄河健康的表现是“堤防不决口，河床不抬高，河道不断流，污染不超标”。 近年来，虽然黄河不再泛滥，但是泥沙含量大始终是黄河面临的极为重要的问题。目前，治黄人通过人工手段，采用“三条黄河”联动，重塑理想的水沙关系。首先是“原型黄河”，即为现实中真实的黄河。其次是“数字黄河”，也称“装在计算机里的黄河”，也就是通过计算机模拟、分析、研究黄河的自然现象，探索其内在规律，为黄河治理、开发管理提供科学技术支持。最后是“模型黄河”，也称“实验室里的黄河”，也就是将黄河按照一定的比例缩小，通过各种实验与其他两条黄河进行数据对比，合成分析，从而掌握水沙平衡。 2. 价值澄清 纵观整个治理黄河的历史，是一部人们与大自然斗争的历史，治黄人遵循客观规律，求真务实，乐观进取，充分显示了各个时期的人们改造自然的决心。 而焦裕禄同志在改造自然的过程中也发挥了非常巨大的作用，在除“三害”的斗争中，为了取得经验，焦裕禄同志发扬求真务实、乐于进取的精神，亲自率领干部、群众进行了小面积翻淤压沙、翻淤压碱、封闭沙丘试验。然后以点带面，全面铺开，总结出了整治“三害”的具体策略，从而为改造自然提供了方法与策略。 作为中华儿女，我们也应继往开来，共同致力于保卫母亲河和改造母亲河的行动，求真务实、乐于进取、不畏艰难，探索出治理黄河的方法并有效执行，让母亲河永不干涸、永远	4. 归纳法 

结构	教学内容	组织与教法
活动实施 （360分钟）	流淌。 活动（四）——厉害了，我的小浪底！（45分钟） 环节1：教师讲解（15分钟） 工程文化广场再现了小浪底工程波澜壮阔的建设场景。广场展品以小浪底工程施工机械为主，其中设置了大坝横剖面模型，使人们更直观、大尺寸地观察国内最大的土石坝结构；通过洞群施工用的钢模台车和一辆由意大利生产制造、当时载重量最大的工程运输车“佩尔蒂尼”两种实物模型，感受工程施工时所采用的世界最先进的技术和设备。 同学们通过参观当时修建小浪底工程的工具，能联想到现在社会我们在修建大型工程时使用的比较先进的工具吗？例如徐工集团生产的采矿自卸汽车DE400，额定载重400吨；中国自主研制的盾构机等。 环节2：分组探究（10分钟） 同学们探究工程文化广场主要景观，各小组在组长的带领下探究佩尔蒂尼自卸车、壤土斜心坝剖面图及钢模台车，并且完成研学手册上的任务4。 环节3：学生分享（10分钟） 1. 回顾反思 （1）佩尔蒂尼自卸车和钢模台车分别是建设工程的哪一部分？ （2）在信息技术高速发展的今天，大家都有通过哪些途径去了解中国的超级工程？都有哪些超级工程？试列举一个，并讲解其经济、政治或者战略意义。 （3）在工程文化广场，结合今天的发展，我们可以清晰地感受到	**组织**  讲授型 **教法** 讲授法 **组织**  松散落座型 **教法** 探究法 **组织** 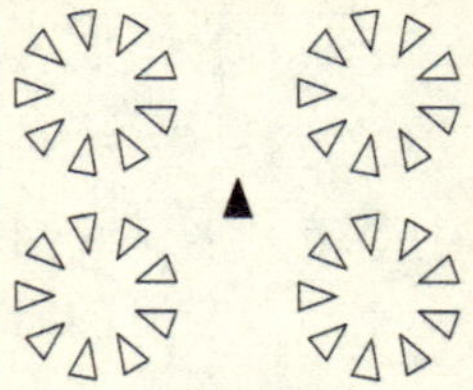 岛屿型

结构	教学内容	组织与教法
活动实施 （360分钟）	工业的变迁和科技的进步，请从这个变迁过程浅谈国家力量。 （4）浅谈什么样的精神是小浪底精神？ 2. 组织分享 环节4：教师总结（10分钟） 1. 分享整合 工程文化广场清晰地再现了小浪底工程波澜壮阔的建设场景，广场上的佩尔蒂尼自卸车和钢模台车代表了当时先进的生产力，它们一直留在这里，和小浪底不离不弃。 在整个施工过程中，困难和危险重重，塌方事故屡见不鲜，有152位建设者把年轻的生命永远定格在了小浪底。所有的建设者高喊着“在外国人面前我们是中国人，在中国人面前我们是小浪底人”的口号，乐观进取，克服艰难险阻，吹响了奋进的号角。 2. 价值澄清 焦裕禄也一样，秉承“越是困难的地方越锻炼人”信念，乐观向上，顶住来自各方面的压力，经受住重重考验，终于改变了兰考落后的经济面貌，也将生命永远定格在兰考县。 如今的中国，正在实现“站起来、富起来、强起来”的跨步，在这个过程中，中国经受了各种压力和困难，有错误决策导致的走弯路，有强制性的国际抵制，有无法克服的技术难题，但是党和国家始终坚持正确的导向，带领全国人民走向一个新的征途。 在生活和学习中也一样，我们也有过迷茫，有过失落，有过彷徨，但是也只有秉持信念，不断奋斗，追逐梦想，人生才可以大放光彩！	**教法** 1. 问题引导法 2. 代表分享法 3. 归纳法  

结构	教学内容	组织与教法
活动实施 （360分钟）	活动（五）——合理膳食 健康体魄（40分钟） 环节1：科学饮食（5分钟） 先请同学们以小组为单位谈一谈自己的饮食习惯，再请同学们讲一讲哪些饮食习惯是健康的，哪些是健康的，为什么？ 环节2：就餐（15分钟） 1. 分组 纵队是一组，每一队排头是组长(根据实际人数决定每组人数)。 2. 就餐 按组领取食物，由小组长领取分发给组员。可以进行交流收获。 3. 垃圾分类 就餐结束以后，把就餐垃圾分类整理，投放到相应垃圾桶内。 给“小浪底洗洗澡”，每位同学在小浪底捡一片垃圾投放到相应的垃圾桶内。 4. 完成任务5 环节3：学生分享（10分钟） 1. 回顾反思 （1）你如何评价自己的饮食习惯？有哪些不合理的饮食习惯？ （2）如何合理膳食，均衡营养？ （3）科学的饮食习惯对于我们的生活有什么重要作用？ （4）请浅谈垃圾分类的社会价值。 2. 组织分享 环节4：教师总结（10分钟） 1. 分享整合 我们每个人都要重视营养，因为营养不仅是个人问题，而且是社会问题，关系整个民族。营养问题是一个人文化素质的表现，通过合理饮食保持自己的身体健康。 2. 价值澄清 希望大家能够重视营养，合理膳	**组织** 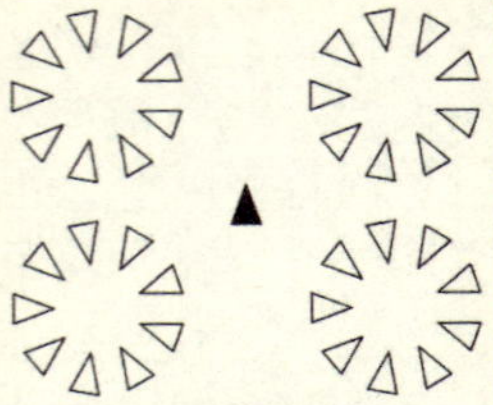 岛屿型 **教法** 1. 讲授法 2. 问题引导法 3. 代表分享法 4. 归纳法

结构	教学内容	组织与教法
活动实施 （360分钟）	食，拥有健康的身体，才能有更多的机会创造更美好的生活，才能有更美丽的人生。 活动（六）——跳进黄河洗得清（50分钟） 环节1：水土流失实验导入（5分钟） 同学们，有句话叫作“跳进黄河洗不清”。你们知道这句话是什么意思吗？为什么跳进黄河也洗不清呢？因为黄河水的泥沙含量太大了，水不清，怎么能洗得清呢？ 那么，如何才能实现“跳进黄河洗得清”呢？ 我们先来了解一下，是什么原因让黄河变黄。 刚才大家参观了小浪底，对工程也有了一个全面的了解。小浪底工程作为黄河上的一座特大型控制性工程，为保证黄河下游不断流发挥了关键作用。黄河也是我国含沙量最大的河流，黄河上游流经黄土高原，那里植被稀少，土质疏松，降雨后这些黄土直接冲入黄河。加上人们对植被的破坏也造成了水土流失，加速了荒漠化。所以，加强黄土高原的水土保持工作尤为重要。下面我们即将进行这组水土流失对比实验，目的是让大家观察在有植被和无植被的情况下，土壤的蓄水能力及水土流失的情况。分析水土流失主要原因，得出相关结论，结合植树种草等生物措施进行治理。 环节2：教师示范（5分钟） 1. 讲解实验的步骤 （1）塑料托盘2个、U型塑料槽2段、木板1块、桌子1张、洒水壶1个（也可用钻有小孔的可乐瓶代替）、量杯2个、泥土、草皮。 （2）利用高低凳将底板（木板）	**组织** 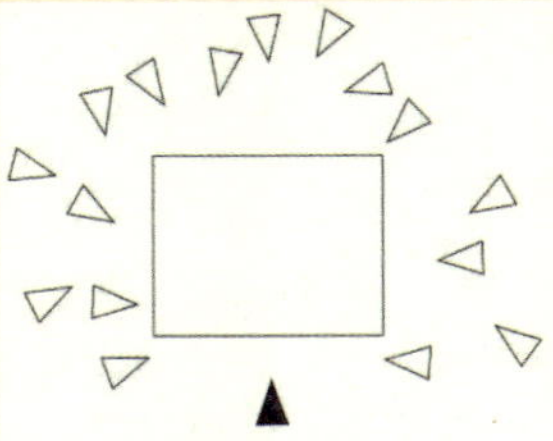 环绕情景型 **教法** 讲授法 **组织** 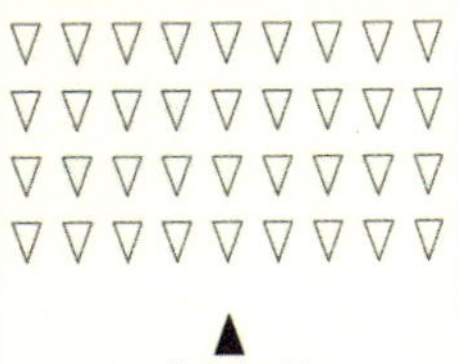 讲授型

结构	教学内容	组织与教法
活动实施 （360分钟）	倾斜放置，在下端的2个凹槽出口处各放1个量杯。 （3）在室外分别选取无植被土壤和有植被土壤，用铲子将两种土壤取相同量运至塑料托盘内。 （4）将洒水壶（或打过孔的可乐瓶）装满水，两手平端（小孔朝下）至合适的位置和高度，对准土坯，双手均匀用力挤压瓶身，使喷出的水流均匀落洒在放泥土的托盘里。 （5）观察在水流的冲刷下，土层的变化和流水的痕迹，比较水土流失的速度、流失的水土量。 （6）完成研学手册上的任务6。 环节3：各分小组进行实验（20分钟） 1. 以组为单位进行实验 按照队列的形式分成四组，每列队伍的排头是队长，组长领取实验材料，带领组员围成圆进行实验。教师在整个过程中负责监督每个小组的实验进度。 环节4：学生分享（10分钟） 1. 回顾反思 （1）通过水土流失对比实验，大家得出了哪些结论？ （2）你认为造成水土流失的主要原因是什么？ （3）生活中可以采取什么措施防止水土流失？ （4）如何才能实现“跳进黄河洗得清”？ 2. 组织分享 环节5：教师总结（10分钟） 1. 分享整合 黄河泥沙源自何处？黄土高原的水土流失严重，90%的黄河泥沙来自黄土高原，黄土高原是世界上最大的黄土堆积处，因黄土多为风积物，遇水浸润后易崩解、抗蚀力很低，加上地形、降雨、植被等自然因素和人为	**教法** 讲授法  **组织** 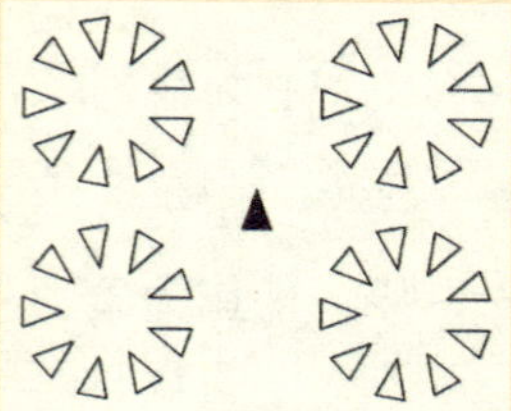 岛屿型 **教法** 1. 问题引导法  2. 代表分享法 3. 归纳法

结构	教学内容	组织与教法
活动实施（360分钟）	因素的影响，使黄土高原成为世界上水土流失最严重的地区。通过刚才的水土流失对比实验，相信大家对水土流失的理解已经很清晰了。所以，针对黄河上游水土流失严重的现象，广泛的植树造林成为治理黄河的重要手段之一。 　　案例分享：为了了解“三害”，起风沙时，焦裕禄带头去查风口，探流沙；下大雨时，焦裕禄趟着齐腰深的洪水察看洪水流势。他所开创的水利工程，经后来引黄淤灌，最终让二十多万亩盐碱地变为良田。在草庵、牛棚，焦裕禄总结出治理风沙的办法：“贴膏药”“扎针”。所谓“贴膏药”，就是把淤泥翻上来压住沙丘。焦裕禄看到农民这种做法效果很好，就在全县推广。所谓“扎针”，就是大规模栽种泡桐。焦裕禄了解到，兰考有“三宝”:泡桐、花生和大枣。他对泡桐特别重视，这种树能在沙窝生长，长得又快，五六年就能长成大树，既能挡风又能压沙。并且泡桐年年生根发新苗，可以陆续移栽，不用多投资。成林之后，旱天能散发水分，涝天又能吸收水分，可以林粮间作，以林保粮。 　　焦裕禄针对种树被毁坏、不好管理、老百姓积极性不高等问题建立了一套有效的制度：确定林权，订立护林公约，设立奖罚制度，定期检查，各公社、各大队设护林主任、护林员并大建育苗场。焦裕禄描述希望，提振士气，凝聚人心，全兰考总动员，人人种树，泡桐遂蔚然成林。 　　“奋斗的青春最美丽”，曾经有一部电视剧火遍了全国，这就是以三代造林人通过不懈努力将塞罕坝从荒漠变成森林的真实故事改编的电视连续剧《最美的青春》。塞罕坝之前是清	

结构	教学内容	组织与教法
活动实施（360分钟）	朝的皇家围场，自从晚清开围以来，森林遭受严重破坏，后又历经日本侵略者肆意掠夺，塞罕坝几乎沦为一片荒原，土地贫瘠，生存条件极其恶劣，1962年到现在的50多年来，三代林场干部职工前仆后继，在高寒贫瘠的沙地上种植树木，他们在冰天雪地里抛洒热血和青春，用一年又一年的努力，一点点扩大林场面积，从最初的树木成活率为0到现在的筑起坚固的绿色屏障，塞罕坝人把最美好的青春留在了这里，创造了荒原变林海的人间奇迹，用实际行动诠释了绿水青山就是金山银山的理念，铸就了艰苦创业、绿色发展的塞罕坝精神。 几千年里，无数治黄人一样，经历了黄河的泛滥决堤断流，但是始终没有停止治理黄河的脚步，希望同学们在以后的生活和学习中也能向他们学习，生命不息，奋斗不止！ 2. 价值澄清 实践出真知，毛主席也曾经说过“没有调查就没有发言权”。 在治理黄河的过程中，治黄人也在通过不同形式的实验对比，在遵循客观规律的基础上，充分发挥主观能动性，不懈努力地为维系黄河生命健康做贡献。同时也希望大家在未来的日子里，可以通过自己的努力，把学到的知识运用到治理黄河中去。 高中生活可谓题海生活，每天都沉浸在对新知识的记忆和旧知识的运用中，很多知识点已经不能停留在死记硬背上，我们可以通过实践去对比，去理解，去记忆，才能更好地掌握这些知识点，也希望同学们在今后的学习和生活中，灵活运用所学到的知识并大胆实践。	

结构	教学内容	组织与教法
活动实施 （360分钟）	活动（七）——我们都是追梦人（40分钟） 环节1：攀登大坝总结及爱国主义教育展厅简介（5分钟） 攀登大坝的体验，不仅是一次体力上的考验，也是对建设者的一种致敬。大家在这个过程中可以切身地感受到工程作业的艰辛。 接下来我们讲一下爱国主义教育展厅的建造背景。1996年，时任总书记的江泽民同志在视察小浪底工程时指出：小浪底工程规模宏大，技术复杂，一定要确保安全，把工作做好。小浪底工程很壮观，气势宏伟，是进行爱国主义教育的好场所。根据江泽民同志的指示精神，水利部党组决定把爱国主义教育基地设在小浪底。 进入展厅请勿大声喧哗，请勿破坏展厅内物品。文明参观。 环节2：分组探究（15钟） 各小组在组长的带领下参观爱国主义教育展厅，并完成研学手册任务7，15分钟后展厅外集合。 环节3：学生分享（10分钟） 1. 回顾反思 （1）修建拦河大坝用到的土石方垒成一米见方的墙，可以绕地球2. 5圈，如何通过计算得出这个数字？ （2）拦河大坝为什么设计成梯形？ （3）小浪底书写了一部怎样的建设史？ 2. 小组分享 环节4：教师总结（10分钟） 1. 分享整合 爱国主义教育展厅用文字和图片讲述了黄河和小浪底工程的基本情况，在这里我们可以再次感受宏伟工程的伟大、艰辛的建设历程、波澜壮阔的施工场面，以及建设者豪迈的爱国主	**组织**  **教法** 1. 讲授法   **教法** 1. 探究法 2. 问题引导法 3. 小组代表分享法 4. 归纳法

结构	教学内容	组织与教法
活动实施（360分钟）	义热情。 2. 价值澄清 小浪底书写了一部属于20世纪90年代的豪迈建设史，这里也镌刻了那个年代的科技创新。在经济和技术高速发展的今天，时代赋予了我们新的征程，作为新时代的主人，我们更应当学习焦裕禄求真务实、严于律己、乐观进取、立志报国的优良作风与高尚情怀。不辜负祖国的期许，发挥自己的聪明才智，求真务实，踏实肯干，走好人生的每一步，积极投身祖国的各项建设，为祖国更加美好的未来添砖加瓦，奋斗不止！ 活动（八）——爱我母亲河（60分钟） 环节1：保卫黄河（20分钟） 古老的黄河为中华民族创造源源不断的物质财富的同时，也留下了宝贵的精神财富。抚今追昔，在泱泱中华大地上，在亿万民众的心里，传唱着多少关于黄河的美妙传说，又有多少关于黄河的华丽诗篇和秀美画卷影响着一代又一代的中华儿女。它们像星星一样闪烁，像河水一样流淌！今天，当我们驻足在母亲河畔，回首那些年中华民族复兴走过的不平凡的路，似乎听到了中华儿女蓬勃的心跳声。下面请我们在这里共同唱响《保卫黄河》，共同感受属于母亲河的，属于中华儿女的蓬勃张力。 （1）分组进行大合唱《保卫黄河》，体会黄河的磅礴气势，以及作为中华儿女的自豪感。 （2）号召同学们铭记历史，奋发图强，立志报国，为祖国的发展承担相应的责任。 环节2：风采展示（20分钟） 1. 小组合作完成研学手册任务	组织 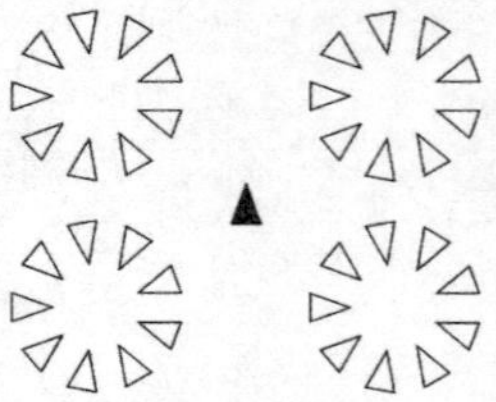 岛屿型 教法 讲授法 组织 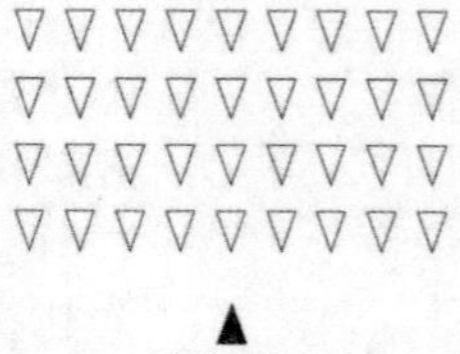 讲授型 教法 1. 讲授法

<table>
<tr><th>结构</th><th>教学内容</th><th>组织与教法</th></tr>
<tr><td>活动实施
（360分钟）</td><td>2. 小组风采展示任务第2题
环节3：学生分享（10分钟）
1. 回顾反思
（1）黄河为什么被称之为“母亲河”？
（2）黄河治理目前还存在哪些未解难题？
（3）请阐述习总书记提出的“绿水青山就是金山银山”的意义，以及习总书记多次提出的生态保护的重要性。
2. 组织分享
环节4：教师总结（10分钟）
1. 分享整合
气势磅礴的黄河，体现了中华民族无坚不摧、无往不胜、坚韧刚强的品格。黄河是中华文明最主要的发源地，中国人称其为“母亲河”。每年都会产生16亿吨泥沙，其中12亿吨流入大海，剩下4亿吨长年留在黄河下游，形成冲积平原，有利于种植。黄河中上游以山地为主，中下游以平原、丘陵为主。由于河流中段流经中国黄土高原地区，因此夹带了大量的泥沙，所以它也被称为世界上含沙量最大的河流。“黄河宁，天下平”一直是中华儿女的美好愿望。
2. 价值澄清
通过刚才的活动，我们进一步感受到了黄河历史文化的博大精深。黄河所凝聚的“团结、务实、开拓、拼搏、奉献”的精神力量激励着一代又一代中华儿女奋勇向前。正如习总书记所说“一个流动的中国，充满了繁荣发展的活力。我们都在努力奔跑，我们都是追梦人”。也正如焦裕禄同志出身贫寒，历经坎坷，也不忘以身作则，甘于奉献。我们也应该将小浪底精神和焦裕禄精神，付诸于学习中，严于律己，求真务</td><td>2. 问题引导法
3. 代表分享法
4. 归纳法</td></tr>
</table>

结构	教学内容	组织与教法
活动实施 （360分钟）	实，积极进取，奋发图强，励志为祖国的明天而奋斗。 **三、注意事项** 1. 活动时间的把控。 2. 探究活动和讲授的有效结合与运用。 3. 关注语言能力表达欠佳的学生，并且给予赏识性教育。 **四、活动监控** 1. 安全监控 （1）学生不得靠近水域。 （2）在下大坝的过程中避免拥挤和跑跳。 （3）道路狭窄地带不得拥挤。 2. 语言监控 聆听学生过程的交流和对话。 3. 行为监控 观察学生过程中的行为是否文明。	
活动总结 （20分钟）	**一、集合整队（1分钟）** 各连队迅速整队集合，按照岛屿型位置坐下，在行动中做到快静齐。 **二、学生分享（14分钟）** 1. 回顾反思 （1）通过今天对小浪底水利枢纽工程的了解，有哪些方面是可以和我们的学科知识结合起来的？ （2）通过对小浪底工程的了解，内心深处最大的感受是什么？	**组织** 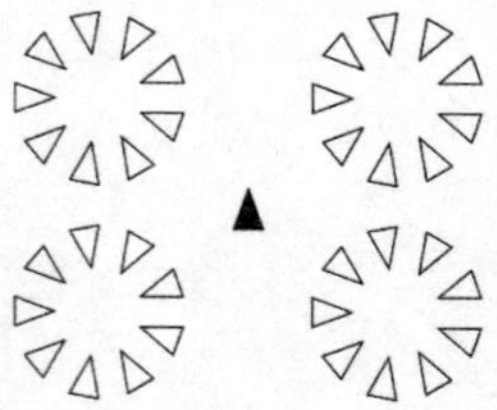 岛屿型 **教法** 1. 问题引导法

结构	教学内容	组织与教法
活动总结 （20分钟）	（3）通过今昔的对比、工业和科技的变迁，最大的触动是什么，有什么努力的方向？ （4）你发现小浪底精神和焦裕禄精神有哪些共同之处，这些精神对你的生活有哪些启发？ 2. 组织分享 **三、教师总结（5分钟）** 1. 分享整合 今天，我们用了一整天的时间探究母亲河上跳动的心脏工程——小浪底水利枢纽工程，了解了黄河作为中华文明起源的重要作用、治理现状以及终极目标。这里是一部人们改造自然、征服自然、重塑自然的可歌可泣的奋斗史，现如今，站在黄河的岸边，大家又是否能想象到那些年那些人奋不顾身、浴血奋斗的场面？ 2. 价值澄清 千秋遗梦，世纪寻梦，十年追梦，大河圆梦。小浪底以梦为马，不负韶华，向祖国人民交上了一份满意的答卷。如今的中国人民，在党的领导下，追逐梦想，奋斗不息。年轻的我们，更应该规划好自己的人生，踏实肯干，乐观进取，扬帆起航。 让脚步在奋斗中铿锵，让青春在奋斗中飞扬，让梦想在奋斗中绽放，让生命在奋斗中美丽。 因为：奋斗的青春最美丽！	2. 代表分享法 3. 归纳法

<table>
<tr><th>评价维度</th><th></th><th>评价要点</th><th>评价结果（描述或判断）</th></tr>
<tr><td colspan="2" rowspan="2">教学准备</td><td>1. 是否和景区提前做好对接（时间、人数、讲解安排等）?</td><td></td></tr>
<tr><td>2. 是否准备好用到的研学手册、旗帜、音响、音响、签字笔、水土流失实验等器材?</td><td></td></tr>
<tr><td colspan="2" rowspan="8">教学过程</td><td>3. 每个活动时间节点把控是否按计划进行?</td><td></td></tr>
<tr><td>4. 开展研学的八个活动时，是否给予学生足够的时间进行探究?</td><td></td></tr>
<tr><td>5. 在讲解带领过程中，对自己的表情、肢体动作、语言表达等如何评价?</td><td></td></tr>
<tr><td>6. 在研学过程中，是否发挥教师作为引导者、观察者、分享者的角色功能?</td><td></td></tr>
<tr><td>7. 在研学活动中，你对哪个活动的组织最满意?</td><td></td></tr>
<tr><td>8. 你是否能对学生的问题做出及时有效的回应?</td><td></td></tr>
<tr><td>9. 在研学过程中，你在哪些方面给予了学生针对性指导?</td><td></td></tr>
<tr><td>10. 在研学过程中，是否有安全事故发生?</td><td></td></tr>
<tr><td colspan="2" rowspan="4">教学效果</td><td>11. 你能否引导所有学生有效完成研学手册?</td><td></td></tr>
<tr><td>12. 你是否能通过课程培养学生在整个研学过程中保持环境卫生的意识?</td><td></td></tr>
<tr><td>13. 你能否引导学生有秩序地完成八个活动?</td><td></td></tr>
<tr><td>14. 学生是否能认识到小浪底工程中所蕴含的奋斗精神?</td><td></td></tr>
<tr><td rowspan="3">活动小结</td><td>优点</td><td colspan="2"></td></tr>
<tr><td>不足</td><td colspan="2"></td></tr>
<tr><td>改进</td><td colspan="2"></td></tr>
</table>

问道王屋山——责任之道

适用年级：高中　　　　建议时长：一天

教学内容	课程目标	教学重点与难点
1. 组织学生探究学习道家文化。 2. 组织学生学习《道德经》经典思想，体会学习与做人之道，明白青年应担负的责任。 3. 组织学生参观阳台宫，了解中国雕刻艺术与古人智慧，同时让学生将传承传统文化及保护文物行为作为自己的责任。 4. 组织学生深入学习愚公精神，体会新时期的愚公精神。 5. 组织学生对活动体验进行分享总结。	1. 通过研读《道德经》，深入学习中国传统文化，通过体验愚公移山红色教育基地系列活动，了解近现代充分发挥愚公精神的先进集体与个人。 2. 通过收集、整理、调查取证、参观体验、研讨等方式，全方位了解王屋山和愚公移山精神，锻炼学生合作探究、动手实践的能力。 3. 通过学习《道德经》增进学生对于传统文学的了解和热爱，并在《道德经》中体会做人做事的道理，明白责任的重要性。通过学习愚公移山的故事，让学生领悟愚公坚持不懈、坚韧不拔、吃苦耐劳的精神，了解先进人物榜样力量，培养学生的责任意识，敢于在生活和学习中担当责任。	1. 重点：活动线是学生在教师引导下参观和探究道境广场、阳台宫及愚公移山红色教育基地;教育线是提升学生对于中国优秀传统文化的理解和热爱。更深入领悟愚公移山精神的内涵，从而激发学生的奋斗意识和责任意识。 2. 难点：如何在讲解道家文化时让学生领悟到中国传统文化的精髓。如何在体验和探究愚公精神时，让学生领悟到责任的重要性。

结构	教学内容	组织与教法
活动准备	**一、前期布置** 1. 场地：王屋山。 2. 器材：研学手册、旗帜、音响、签字笔、条幅。	**一、实景图** 

<table>
<tr><th>结构</th><th>教学内容</th><th>组织与教法</th></tr>
<tr>
<td>活动实施
（365分钟）</td>
<td>
一、课堂常规（10分钟）
1. 集合分组
6~8人一组。活动开始之前，我们首先进行分组，按照现在的队列分为四组，每个队列的排头即为小组长，组长负责清点本组的人数。
2. 问好
老师：同学们好，我是××老师。奋斗的青春?
学生：最美丽!
教师：非常欢迎大家来到王屋山景区进行一天的研学活动。
3. 讲解活动任务及要求
教师：活动中我们会给各小组派发研学手册，请大家严格按照手册上的任务探究和学习，妥善保管研学手册，如有丢失，请及时报告老师。
4. 讲解安全注意事项
教师：王屋山景区比较大，请大家跟好自己的队伍，不要随意离队。景区内台阶比较多，请大家注意安全。如有什么问题，请及时报告老师。
二、活动环节
活动（一）——走一走道境广场（50分钟）
环节1：教师讲解（10分钟）
中华传统文化源远流长，有佛家文化、儒家文化、道家文化等。而王屋山是一个以道文化为特色的景区，王屋山的道文化可以说是历史悠久，一座王屋山，半部道教史，从华夏始祖轩辕黄帝王屋山设坛祭天开始，王屋山道文化就与中华五千年文明相伴而行。接下来请大家跟着我开启一天的研学。
首先我们可以看到牌坊上面的四
</td>
<td>
组织
▽▽▽▽▽▽▽▽▽▽
▽▽▽▽▽▽▽▽▽▽
▽▽▽▽▽▽▽▽▽▽
▽▽▽▽▽▽▽▽▽▽
▲
讲授型
教法
讲授法
组织
▽▽▽▽▽▽▽▽▽▽
▽▽▽▽▽▽▽▽▽▽
▽▽▽▽▽▽▽▽▽▽
▽▽▽▽▽▽▽▽▽▽
▲
讲授型
教法
1. 讲授法
</td>
</tr>
</table>

结构	教学内容	组织与教法
活动实施 （365分钟）	个大字："第一洞天"。这四个字从哪里来呢？这个要追溯到唐朝时期，来自唐朝的道教首座，当时中国最著名的道士司马承祯。司马承祯是温县人，出身自贵族家庭，后来出家修道，最终在王屋山完成他的著作《上清天宫地府经》，并受到唐朝三个皇帝的召见。阳台宫就是他按照唐玄宗李隆基的指示建造的。司马承祯在《上清天宫地府经》中把天下适合修炼的名山大川分为十大洞天，三十六小洞天，七十二福地。其中王屋山是"天下第一洞天"，可见王屋山在道教中的重要地位。 环节2：学生探究（5分钟） 接下来请大家分组探究，看看王屋山道境广场入口处都有哪些建筑，他们分别都代表什么？ 环节3：画联临摹（15分钟） 同学们，现在我们可以在原地坐下来，仔细观察一下面前这个牌坊上面都有什么内容，重点观察六根柱子上所雕刻的内容，每个柱子上的图案都雕刻着一个神话故事。我们可以把上面的图案画到研学手册任务1上，并且给其他小组成员分享你对这个故事的理解。 环节4：学生分享（10分钟） 1. 回顾反思 （1）在道境广场的入口处都看到了哪些景观？它们分别代表什么？含义是什么？ （2）牌坊上的六大创世神话分别是什么？ （3）这些创世神话对我们的学习和生活有什么样的启发？ （4）中国的传统文化灿若星河，作为祖国未来的接班人，我们有什么样的责任去弘扬中华传统文化？ 2. 组织分享 环节5：教师总结（10分钟） 1. 分享整合 我们面前这个牌坊，被称为五门六	2. 探究法 3. 讲授法 **组织** 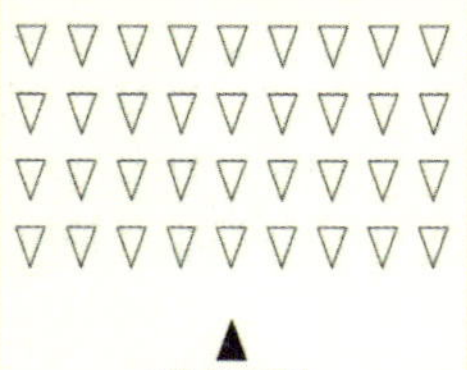 讲授型 **教法** 1. 问题引导法 2. 代表分享法 3. 归纳法

结构	教学内容	组织与教法
活动实施（365分钟）	柱十一楼牌坊，六根柱子上面是用图画表示的对联，叫作画联。这在全国乃至世界都是独一无二的。柱子上雕刻的是发生在王屋山的六大创世神话。东为上，从东边看，第一根柱子上部分是嫦娥奔月，下部分是后羿射日，这发生在五龙口。第二根柱子上部分是轩辕黄帝在王屋山设坛祭天，下部分是黄帝大战蚩尤，这发生在王屋山天坛顶。第三根柱子上部分是伏羲测影定历，下部分是推演八卦。第四根上部分是女娲补天，下部分是抟土造人，这发生在济源小沟背。第五根上部分是神农尝百草，下部分是播谷物，这发生在济源的药柜山、圣王坪。第六根雕刻的是大禹治水，遇到千年一遇的大水，上部分禹的父亲以堵治水，以失败而告终，下部分大禹以疏治水，疏通河道，三过家门而不入。这都是发生在王屋山的故事。五门，代表福禄寿喜财，象征着增福、升官、长寿、添喜、发财，你可以选择你想走的门。 2. 价值澄清 六大创世神话大多数都是耳熟能详的，但是每个神话故事背后蕴藏的哲理是值得我们去深思的。 嫦娥奔月的传说有几个版本，其中有个版本讲的是嫦娥遭恶人所逼，为了不让恶人得到丹药而长生不老，便自己吞下了丹药而升天，这体现了嫦娥敢于担当责任；轩辕黄帝则是为了自己部族的安危而与蚩尤屡次战斗，最终战胜了蚩尤，壮大了自己部族，这体现的是对部族的责任；伏羲测影定历法也是为了帮助人类更好地进行农耕作业，体现了对华夏民族的责任；女娲补天同样也是为了华夏民族，体现了她对民族发展负责的态度；神农尝百草、播种谷物，也是为了民族兴旺，体现了他舍小为大，对民族负责的责任；大禹治水的故事对我们来说	

结构	教学内容	组织与教法
活动实施（365分钟）	则更加熟悉，为了黎民百姓，为了华夏民族，三过家门而不入，也是为百姓不再遭受洪水灾害而勇于肩负重任的体现。 这些神话故事都是关于个人与部落、民族之间的责任。作为一名高中生，即将迎来崭新的人生阶段，我们应该担负起哪些责任呢？大家可以思考一下。 活动（二）——读一读《道德经》书（40分钟） 环节1：《道德经》相关知识简介（10分钟） 现在我们来看面前这面墙，上面一共有5210个石头，雕刻着老子的著作《道德经》。道德经是道家思想中重要的著作。最右边的石头造像就是老子其人。老子原名李耳，是春秋时期陈国人，也就是现在的河南省鹿邑人。这面墙长101米，象征老子活了101岁，高8.1米，象征道德经一共81章。 《道德经》以哲学意义之“道德”为纲宗，论述修身、治国、用兵、养生之道，它是中国历史上最伟大的名著之一，对传统哲学、科学、政治、宗教等产生了深刻影响。 老子出生于春秋时期，当时的环境是周朝势微，各诸侯为了争夺霸主地位，战争不断。严酷的动乱与变迁，让老子目睹到民间疾苦，作为周朝的守藏史，于是他提出了治国安民的一系列主张。这也体现了老子对国家和人民负责的态度，旨在通过思想传播为百姓谋福。大家可以回忆一下《道德经》里的哪些内容是与责任有关的。 环节2：各分组探究和分享（15分钟）	**组织** 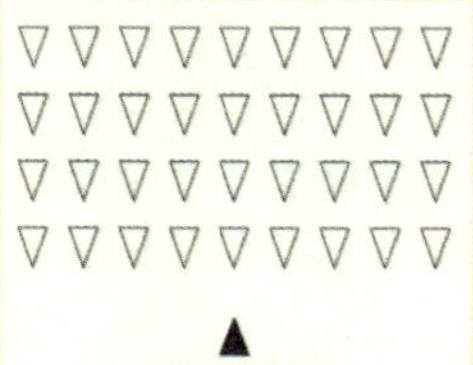 讲授型 **教法** 1. 讲授法 2. 探究法 

结构	教学内容	组织与教法
活动实施 （365分钟）	各小组在组长的带领下参观道德经墙，完成研学手册任务2。找出能体现老子责任意识的语句并记录下来，想一想这些句子都是什么意思，体现了什么思想？我们在生活学习中应该怎么样去贯彻这样的思想？组长组织小组内分享结果。 环节3：学生分享（10分钟） 1. 回顾反思 （1）《道德经》的作者是谁？你对他了解多少？ （2）《道德经》中关于责任的章节都有哪些？代表了什么样的含义？ （3）针对这些句子，哪些是和我们的学习、生活、做人相关的，请列举其一。 2. 组织分享 环节4：教师总结（5分钟） 1. 分享整合 刚才同学们发表了自己对于《道德经》中经典语录的理解，也具体说明了我们在生活中应该如何去运用这些理念。《道德经》是老子留给后人的一笔宝贵的精神财富。它内容涵盖哲学、伦理学、政治学、军事学等诸多学科，被后人尊奉为治国、齐家、修身、为学的宝典。它对中国的哲学、科学、政治、宗教等产生了深远的影响，体现了古代中国人的一种世界观和人生观。对于这笔精神财富，我们要足够重视，在发扬传统文化的同时，取其精华，去其糟粕，将它里面的金玉良言变成我们的行动。 2. 价值澄清 老子之所以伟大，并不仅仅是因为静思好学，知识渊博，为道家思想奠定了基础，更是因为老子具有中国文人忧国忧民的责任意识。纵观中国历代名士，他们都把修身治国作为自己的目标，一方面对自己负责，不断	组织 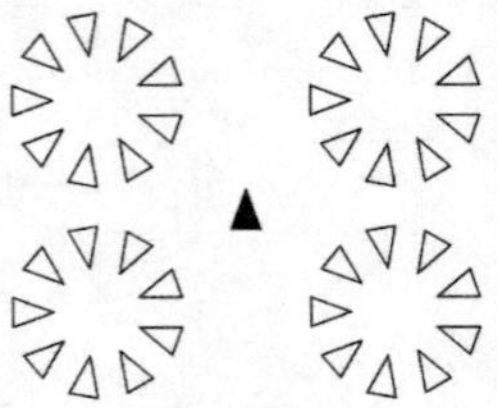 岛屿型 教法 1. 问题引导法 2. 代表分享法 3. 归纳法

结构	教学内容	组织与教法
活动实施 （365分钟）	提升自己的知识与思想，另一方面，也在积极承担着自己的社会责任，为天下百姓谋福。例如：古有范仲淹的“先天下之忧而忧，后天下之乐而乐”，今有毛泽东的“为人民服务”，而今习近平同志也说过“我是人民的勤务员”，这都体现了他们对于国家和人民的责任。那么我们作为一个新时代的中国人，也应该扛起自己的责任，并且为担当责任而不断努力。 活动（三）——品一品阳台宫观（60分钟） 环节1：教师讲解（10分钟） 下面我们即将到达的就是王屋山的三宫之首——阳台宫。前面我们讲了这是唐朝的道教首座司马承祯主持建造的，全名叫作大阳台万寿宫，现在留存下来的建筑是明朝修缮形成的。我们看门口这棵大树叫作娑罗树，又叫作菩提树。同学们有没有听过一句话“菩提本无树，明镜亦非台”？这是一句非常著名的佛语。菩提树在佛教中有非常重要的地位，佛教的始祖释迦牟尼在菩提树下静坐七七四十九天，悟出佛道，普度众生，最后又圆寂在菩提树下。所以菩提树便成了佛教的象征。那为什么会在皇家道观里栽上这么一棵树呢？事实上，在唐朝之前，尤其是南北朝时期，佛教在中国是非常繁荣的，杜牧的诗云“南朝四百八十寺，多少楼台烟雨中”，就描绘了这样的场景。后来到了唐朝，统治者又弘扬道教，唐玄宗更是派他的亲妹妹玉真公主来王屋山学习道教。玉真公主为了和之前的广大佛教徒和平共处，就亲手在道观里种了这颗菩提树，距今已有1200多年的历史了。这件事情也反映了我们古代民族宗教和谐共处、共同发展的高超思想境界。	**组织** 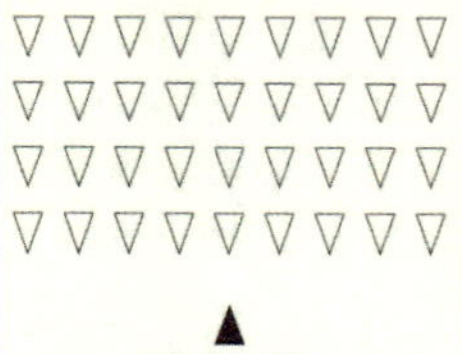 讲授型 **教法** 讲授法

结构	教学内容	组织与教法
活动实施 （365分钟）	环节2：小组合作探究（20分钟） 同学们请在组长的带领下参观阳台宫的主要景观，重点观察一下主殿三清殿正门上的画联与后殿玉皇阁东侧的几根柱子上的柱雕，猜想一下它们表达什么含义。同时完成研学手册任务3。 另外我们也要观察一下阳台宫的各个建筑的受损情况，看看有哪些破坏，它们是人为的还是自然损坏的？小组也可讨论一下如何避免这些破损，我们该如何保护文物？ 环节3：保护文物宣誓仪式（10分钟） 学生按教师的要求站好队形，选出领誓人，进行保护文物的宣誓仪式，宣誓仪式结束以后请同学们在条幅上签上自己的名字，并且铭记自己的誓言。在生活中，真真正正将保护文物作为自己的一项责任，做到保护文物的同时，也要提醒和监督身边的人保护文物。这样才能更好地保护我们优秀的传统文化和古建筑。 宣誓誓词：保护文化遗产，守望精神家园，肩负历史责任，弘扬传统文化。保护文物，刻不容缓，积极践行，从我做起。 环节4：学生分享（5分钟） 1. 回顾反思 （1）大家对于三清殿门口的画联和玉皇阁门前石柱子上的小故事都有哪些了解？ （2）它们各自都有什么含义？ （3）你是否发现哪些建筑已经受损，是人为的还是自然损坏？ （4）传承优秀传统文化和保护文物都是我们的责任，那么我们具体该怎么做呢？ 2. 组织分享 环节5：教师总结（15分钟） 1. 分享整合	**组织** 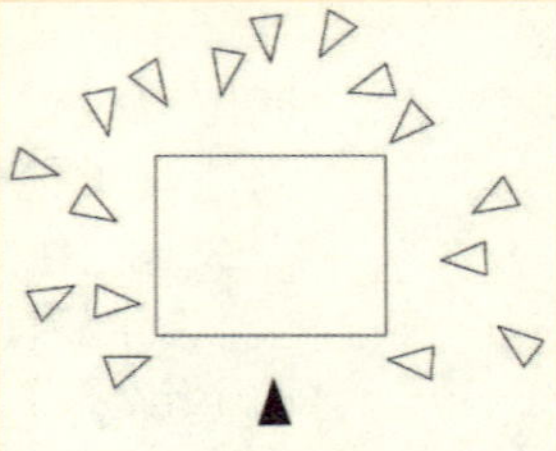 环绕情景型 **教法** 探究法  **组织** 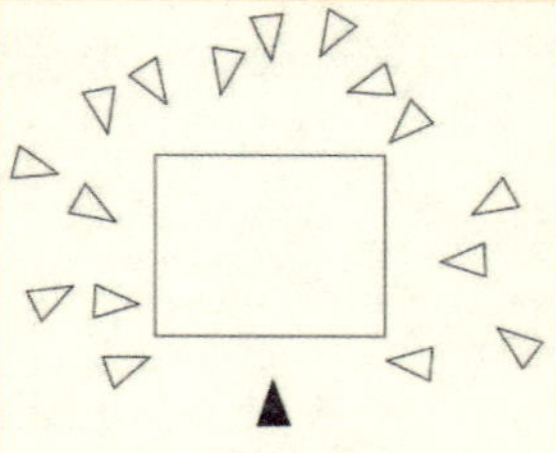 环绕情景型

结构	教学内容	组织与教法
活动实施（365分钟）	三清殿门口雕刻的是一幅对联和一幅中联。它们都是以图画来表示的，所以又称作“画联”，这个在中国是非常罕见的。现在我们先看上联，东为上，它可以分为两部分，上部分是兴云布雨图，下部分是雨后农耕图。最上面头顶着太阳手拿宝剑的是天宫总护法神，它指挥各路小将兴云布雨，它一声令下，云母开始布云，闪电娘娘手拿两面镜子，一张一合形成闪电；雷公是手脚并用敲打五鼓，形成雷声；龙王乘龙吩咐雨师打开宝葫芦，使雨降下来；风婆婆则摇摆着大树使雨下得均匀；整个画联起来便是“风调雨顺”。我们再看下部分，雨过天晴之后，一个大伯头戴斗笠，肩背锄头，到农地干活，老婆婆则是手拿毛巾、饭罐到农地送饭，吃过饭后，老伯又开始赶着耕牛开始犁地；整个下部分描述的是夫妻和睦、安居乐业的景象，象征着“国泰民安”。上下连起来便是“风调雨顺，国泰民安”。道教讲究的是顺其自然，上联从上往下看，下联是从下向上看。下联也分为两部分，上部分是天堂，下部分是地狱，地狱也称“苦海”，相传人做了坏事，将会被打入地狱，我们可以看一下，在茫茫苦海中有两个人，一个即将被淹没，一个在苦苦挣扎。他们都是做了坏事的人，如果他们现在改过自新，回头是岸的话，便可以登上后面这条普度众生的船。上岸后，他们会有两条路可以走，一条就是读书做官，一条是修道成仙，这两条路都可以使他们一步一步到最上面的人上人的境界。（一个人站在另一个人身上，就是人上人的境界。）整个下联从下往上概括起来就是“苦海无边，回头是岸”。 玉皇阁东侧的几根柱雕上雕刻的	**教法** 1. 问题引导法 2. 代表分享法 3. 归纳法

结构	教学内容	组织与教法
活动实施 （365分钟）	是田真哭树、龙抓王小、李存孝打虎、桃源洞的故事，这些故事蕴含着很多为人处世的哲理，是非常优秀的传统文化，我们有责任去传承，并且将之发扬光大。 2. 价值澄清 在中华文明五千年的发展历程中，华夏民族创造出来许许多多璀璨的精神文化和物质文化，而阳台宫一方面是古代中国优秀建筑文化的代表，另一方面也凝聚了丰富多彩的道家文化。它巧夺天工的建筑工艺、精致绝美的艺术雕刻是优秀物质文化的代表，而它所蕴含的道家文化则体现了中国源远流长的精神文明。对于这些传统文化，我们作为祖国未来的接班人，要继承、保护和发扬。 活动（四）——探一探愚公故里（45分钟） 环节1：教师讲解（5分钟） 列子当年前来王屋山云游，修行悟道，在群山环绕之中，看到人工开挖的山路，前往北山愚公村一问究竟，最后据村民叙述写下流传千古的寓言故事《愚公移山》。 接下来我们就到愚公村去探寻一下愚公的足迹。 环节2：学生参观（20分钟） 学生到达列子像处集合，分享关于列子的寓言故事及成语。 在这个过程中，同学们可以有秩序地进行参观，欣赏历代文人有关愚公移山的诗文，感受千年寓言故事的不朽魅力。参观愚公村，了解王屋山先民的民俗民风及生活生产方式。 讲解员进行补充： 我们可以通过石碑上的故事了解列子，了解《愚公移山》这篇千年寓	**组织** 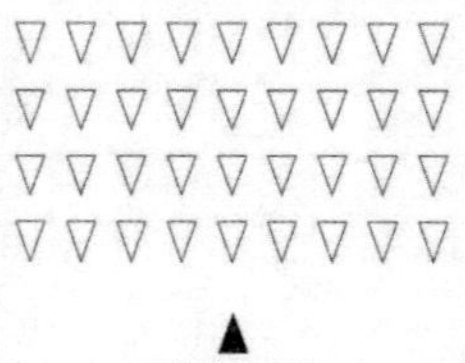 讲授型 **教法** 讲授法 **组织** 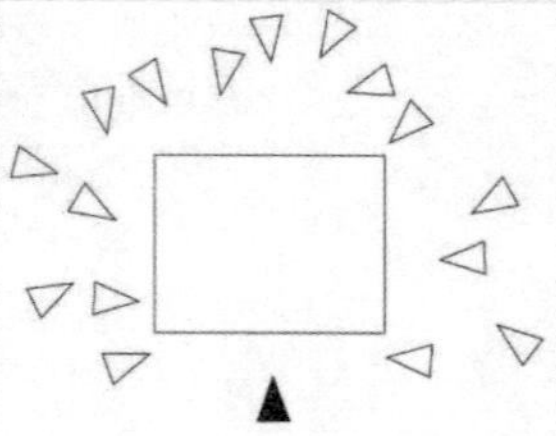 环绕情景型

结构	教学内容	组织与教法
活动实施 （365分钟）	言故事的由来。唐代诗人邱鸿渐曾这样说“止万物者艮，汇万灵者人，艮为山以设险，人体道以通神，是知山之大，人之心亦大，故可以议其厉害也”。同学们可以在古文人题词墙处领略《愚公移山》带给后人的思考。 愚公村内容展现了当时畜牧、制陶、纺织、冶铁、养殖等社会生活状况，同学们也可以进行观赏。 环节3：学生分享（10分钟） 1. 回顾反思 （1）通过参观愚公村，你对他们生活的年代有什么了解？ （2）通过参观愚公故里，你对愚公移山这个故事有什么新的理解和感受呢？ （3）通过学习愚公移山精神，你认为作为一名新时代的青年，应该承担怎么样的责任？ 2. 组织分享 环节4：教师总结（10分钟） 1. 分享整合 《愚公移山》，是一篇具有朴素唯物主义和朴素辩证法思想的寓言故事。它借愚公形象的塑造，表现了中国古代劳动人民有移山填海的坚定信心和顽强毅力，表明了“愚公不愚，智叟不智”，只要不怕困难，坚持斗争，定能获得事业上的成功，这对人们有很大的启发。 2. 价值澄清： 愚公移山的动力最初来自于对家庭和民族的责任，这种动力不断发展，最终撼动了大山，造福了子孙。作为一名新时代的青少年，我们应该把愚公移山精神作为我们奋斗的方向，勇于承担责任，具有“咬定青山不放松”的坚韧品质，努力向上，为了自己的明天，为了祖国的强盛而不懈努力。	**教法** 参观法 **组织** 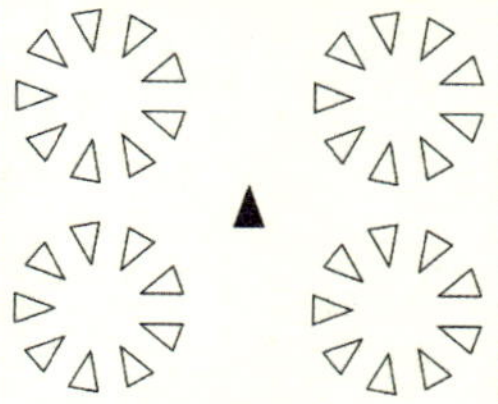 岛屿型 **教法** 1. 问题引导法 2. 代表分享法 3. 归纳法

结构	教学内容	组织与教法
活动实施（365分钟）	活动（五）——辨一辩愚公其人（70分钟） 环节1：朗诵愚公移山全文，感受古文魅力（10分钟） 现在大家可以看到这里有一面用石头砌成的墙，墙上面就是《愚公移山》完整的文章。下面大家一起读一遍，大家对愚公移山这个故事应该是不陌生的。 接下来给大家五分钟时间自行参观学习，请大家在参观的过程中不要在石头墙壁上乱写乱画，文明参观。 环节2：分组探究（10钟） 参观以壁画和蜡像所展现的愚公移山场景，观看《愚公移山》皮影戏，加深对《愚公移山》文章的理解。 环节3：辩论赛（30分钟） 根据实际人数把学生分成两组，每组选出四位辩手： 辩题一： 正方：愚公不愚，智叟不智。 反方：愚公愚，智叟智。 辩题二： 正方：愚公移山精神没有过时。 反方：愚公移山精神过时了。 找一片空旷的地方作为辩论场地。十分钟的准备时间，二十分钟进行辩论赛。 辩论流程：立论阶段→驳立论阶段→质辩环节→自由辩论→总结陈词。 环节4：学生分享（10分钟） 1. 回顾反思 （1）愚公移山志墙一共有多少块石头？ （2）通过观看皮影戏，以动态的形式加深了对愚公移山故事的了解，你有什么感触？ （3）通过辩论赛，你们同意哪个观点呢？ 2. 组织分享	**组织**  **教法** 1. 辩论法 2. 问题引导法 3. 代表分享法 4. 归纳法 

结构	教学内容	组织与教法
活动实施（365分钟）	环节5：教师总结（10分钟） 1. 分享整合 愚公移山的故事，反映了我国古代劳动人民改造自然的伟大气魄和惊人毅力，说明了要克服困难就必须下定决心，持之以恒，坚持不懈的道理。 愚公移山故事的流传，得益于毛泽东1945年在中国共产党的七大闭幕会上的讲话。新中国成立后，又作为“老三篇”之一在社会上普及，乃至进入中小学语文课本。习近平总书记也多次强调，我们要让劳动最光荣、劳动最崇高、劳动最伟大、劳动最美丽的观念蔚然成风，要让崇尚劳动、尊重劳动者成为全社会的价值追求。在这里，劳动不仅是辛勤劳动，还是诚实劳动，也是创造性劳动。这些都赋予了愚公移山精神新的内涵。 活动（六）——悟一悟愚公精神（50分钟） 环节1：欣赏《愚公移山图》（10分钟） 同学们，接下来我们来欣赏徐悲鸿的《愚公移山图》，各组在小组长的带领下有序参观。 道路较狭窄，请大家不要拥挤，注意沿途安全，有序文明参观。 环节2：参观觉悟院展厅(10分钟) 到达觉悟院展厅之前，在小组组长带领下，按照顺序进入展厅，认真观看学习展厅里的内容，观看学习以后，以小组为单位分享自己的所获所得。 进入展厅不得随意触碰展厅里的陈列摆设，不得在展厅里随意图画，不得乱扔垃圾随地吐痰。 环节3：续写愚公故事（10分钟） 完成研学手册任务6。 环节4：学生分享（10分钟） 1. 回顾反思	组织  教法 1. 讲授法

结构	教学内容	组织与教法
活动实施 （365分钟）	（1）愚公在挖山过程中有哪些困难？ （2）这个故事为什么要用神话结尾？ （3）新时代的愚公精神是什么？ 2. 组织分享 环节4：教师总结（10分钟） 1. 分享整合 作为“老三篇”之一的《愚公移山》，它的来历是1945年6月11日，毛泽东在中共“七大”以“愚公移山”为题作了闭幕词。毛泽东详细引用了中国古代“愚公移山”的寓言故事之后发出号召：愚公家门前有两座山，中国人民头上也有两座大山，一座叫作帝国主义，一座叫作封建主义，只要中国共产党发扬愚公移山的精神，不断地工作，动员全国人民大众团结起来，就会推翻这两座大山。 习近平总书记在几次讲话中提倡要发扬愚公移山精神，他在讲话中谈到的踏石留印、水滴石穿、久久为功、功成不必在我、战略定力、咬定青山不放松、善作善成等等，实际上就是在新的历史条件下，呼吁大家发扬光大愚公移山精神。 2. 价值澄清 “愚公移山”寓言在今天要再次焕发出强大的生命力，就需要进一步挖掘和阐发其时代意蕴，愚公移山精神也需要被赋予新的时代意义。寓言中智叟的胆小怯弱反衬了愚公的坚持不懈，把“愚”和“智”做对比告诉人们，无论遇到什么困难的事情，只要有恒心有毅力地做下去，就有可能成功。	2. 问题引导法  3. 代表分享法 4. 归纳法 组织 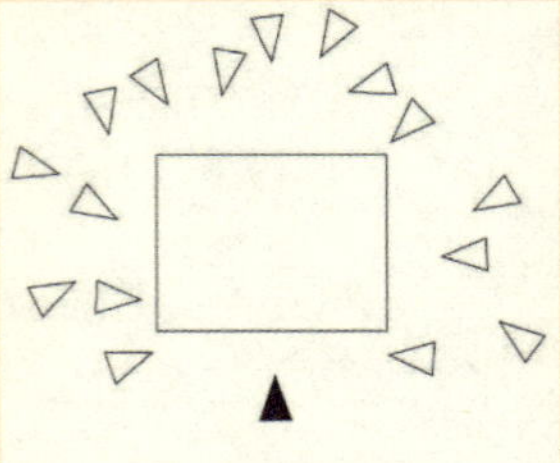 环绕情景型

结构	教学内容	组织与教法
活动实施 （365分钟）	活动（七）——抡一抡开山之石（40分钟） 环节一：实景体验（20分钟） 学生按照既定的分组，在工作人员的指导下，体验挑石运石，通过亲身体验，感受当年移山的艰辛与不易，通过今昔生活的对比，感受新生活的幸福。 环节2：学生分享（10分钟） 1. 回顾反思 （1）通过实地体验“愚公移山”的活动，你有什么体会感受？ （2）在我们的学习生活中，有没有碰到过类似这“两座大山”的困难，你都是如何解决的？ （3）在生活中我们该如何发扬愚公移山精神？ 2. 组织分享 环节3：教师总结（10分钟） 1. 分享整合 愚公移山精神之所以历代相传，永传不朽，是因为这种精神符合我们中华民族的世代拼搏、不畏艰险、迎难而上、持之以恒、争取最后的胜利的民族精神。愚公之所以不放弃移山，是因为肩上扛着让每一位村民都可以方便出行的责任，所以大家在以后的生活、学习以及工作中，一定要认清自己的责任，并且勇于承担责任，这样可以锻炼自己的意志品质。 2. 价值澄清 《愚公移山》自其诞生之日起，其精神的传承和传播仅限于文人士大夫阶层，被视为个人励志故事。直到近代学者傅斯年发起《愚公移山》研究的先河，上升到人生观和世界观的哲学层次；我们伟大的领袖毛泽东主席在马克思主义的引领下，结合中国传统文化及国情，在中共七大上将愚公移山精神上升为民族精神，成为一种时代精神，在	**教法** 1. 问题引导法 2. 代表分享法 3. 归纳法  

结构	教学内容	组织与教法
活动实施 （365分钟）	新中国的不同发展时期发挥着不忘初心牢记使命的作用。作为新一代的接班人，我们一定要肩负起我们应该承担的责任，坚持不懈，坚忍不拔地向着自己的目标奋力前行。 **三、注意事项** 1. 活动时间的把控。 2. 探究活动和讲授的有效结合与运用。 3. 关注语言能力表达欠佳的学生，并且给与赏识性教育。 **四、活动监控** 1. 安全监控 （1）学生不得进入景区未开放区域。 （2）台阶较多，为防止摔倒禁止学生快速跑动。 （3）注意队伍纪律，教师讲解时同学应保持安静。 （4）组内各个同学是否积极参与完成小组任务。 2. 语言监控 聆听学生过程的交流和对话。 3. 行为监控 观察学生过程中的行为是否文明。	
活动总结 （20分钟）	**一、集合整队（1分钟）**	**组织** 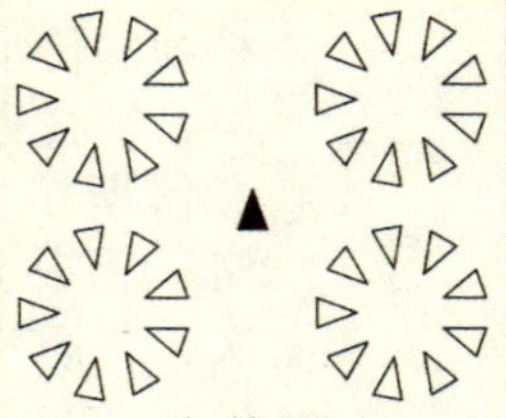 岛屿型

结构	教学内容	组织与教法
活动总结（20分钟）	**二、学生分享（14分钟）** 1. 回顾反思 （1）通过今天的研学你对王屋山有了哪些新的认识？ （2）你是否理解《道德经》中所蕴含的责任？ （3）你对愚公移山精神如何理解？ （4）如何运用愚公精神更好地去提升自己的思想境界与言行，做一位有责任感的青年？ 2. 组织分享 **三、教师总结（5分钟）** 1. 分享整合 请大家回顾我们一天的经历：在道境广场的画联上面我们感受到了古代神话故事中每位神化人物对部落和民族的责任；在《道德经》我们感受到了老子对于国家的责任；在阳台宫我们看到损坏的古建筑，感受到了要对传统文化和文物保护和传承的责任；在愚公移山红色教育基地我们感受到了对家人、对人民、对国家的责任。 今天参观了王屋山景区的一系列景点和愚公移山红色教育基地，感受到了古人给我们留下的优秀的精神文明，既领略了愚公移山的伟大精神，又学习了《道德经》所蕴含的修身治国的高尚情怀。 习近平总书记强调的，“青年兴则国兴，青年强则国强”。希望广大青年珍惜大好学习时光，求真学问，练真本领，为了更好地为国争光，为民造福不断奋斗，励志报国！同时也要在这个过程中充分发挥愚公移山精神，生命不息，奋斗不止！ 2. 价值澄清 希望大家拥有奋发向上、努力进取、挑战挫折的乐观品质，不负青春。 因为：奋斗的青春最美丽！	**教法** 1. 问题引导法 2. 组内分享和代表分享法 3. 归纳法

评价维度		评价要点	评价结果（描述或判断）
教学准备		1. 是否和景区提前做好对接（时间、人数、讲解安排等）？	
		2. 是否准备好课程所需的研学手册、旗帜、音响、签字笔、条幅等？	
教学过程		3. 每个活动时间节点把控是否按计划进行？	
		4. 开展研学的七个活动时，是否给予学生足够的时间来进行探究？	
		5. 在讲解带领过程中，对自己的表情、肢体动作、语言表达等如何评价？	
		6. 在研学过程中，是否发挥教师作为引导者、观察者、分享者的角色功能？	
		7. 在研学活动中，你对哪个活动的组织最满意？	
		8. 你是否能对学生的问题做出及时有效的回应？	
		9. 在研学过程中，你在哪些方面给予了学生针对性指导？	
		10. 在研学过程中，是否有安全事故发生？	
教学效果		11. 你能否引导所有学生有效完成研学手册？	
		12. 你能否引导学生有秩序地完成七个活动？	
		13. 通过研学活动，学生是否能认识到新时代的愚公精神和责任意识？	
活动小结	优点		
	不足		
	改进		